Lebensstandard
und Wirtschaftssysteme

Herausgegeben von
Professor Drs. Wolfram Fischer

Veröffentlichungen der
DG BANK Deutsche Genossenschaftsbank
Band 20

Lebensstandard und Wirtschaftssysteme

Studien
im Auftrage des
Wissenschaftsfonds der
DG BANK

Herausgegeben von
Professor Drs. Wolfram Fischer

Fritz Knapp Verlag · Frankfurt am Main 1995

Redaktion:
Dr. Gunther Aschhoff, Eckart Henningsen,
Helge Jan Schmodde und Michael Stappel;
DG BANK Deutsche Genossenschaftsbank,
Frankfurt am Main.

ISBN 3-7819-0564-0

Satz und Druck: Oehms Druck GmbH, Frankfurt am Main
Schrift: Linotype Aldus-Buchschrift
Bindearbeit: C. Fikentscher Großbuchbinderei GmbH, Darmstadt
Papier: 110 g/m² maschinenglatt holzfrei gelblichweiß Werkdruck 1,3fach.

Redaktionsschluß: 31. Januar 1995.

Vorwort

Ausgangs des 20. Jahrhunderts steht die »soziale Frage«, der sich Hermann Schulze-Delitzsch und Friedrich Wilhelm Raiffeisen in ihrer Zeit gestellt haben, erneut auf der gesellschaftspolitischen Tagesordnung, nunmehr allerdings im Weltmaßstab und damit jenseits nationaler sozialreformerischer Gestaltungsmöglichkeiten.
Die Spannungen zwischen »Arm« und »Reich«, das Ringen um Anteile an den wirtschaftlichen Grundlagen menschenwürdigen Lebens und an möglichem Wohlstand sind zwar innerhalb der Industriestaaten des »Westens« deutlich entschärft, nicht aber in anderen, überwiegend wesentlich stärker bevölkerten Teilen der Erde. Darin liegt ein Konfliktstoff, der mit seiner kritischen Masse alle Versuche, zu einer neuen Weltordnung des Friedens zu gelangen, vereiteln könnte.
Der Wissenschaftsfonds der DG BANK im Stifterverband für die Deutsche Wissenschaft hat aus Anlaß des 100jährigen Bestehens des Spitzeninstituts der deutschen Genossenschaftsbanken eine Untersuchung angeregt und gefördert, die der Vertiefung und der Zusammenführung von Erkenntnissen zum Verständnis der neuen, nunmehr global gestellten sozialen Frage dienen soll.
Dabei lag es im Hinblick auf die enge Verbundenheit des deutschen Genossenschaftswesens der Gegenwart mit der Sozialen Marktwirtschaft nahe, insbesondere die entwicklungspolitische Relevanz und die »Wohlstands-Produktivität« unterschiedlicher Gesellschaftsordnungen und Wirtschaftssysteme betrachten zu lassen, und zwar sowohl empirisch als auch unter methodisch-theoretischen Aspekten. Für die wissenschaftliche Umsetzung unserer Vorstellungen und die Koordinierung der daraufhin durch Nationalökonomen und Wirtschaftshistoriker aus vier Ländern erarbeiteten Studien danken wir Professor Drs. Wolfram Fischer von der Freien Universität Berlin als dem Herausgeber des Werkes, das hiermit in der vor rund drei Jahrzehnten eröffneten Schriftenreihe der DG BANK vorgelegt wird.

Das Kompendium »Lebensstandard und Wirtschaftssysteme« erschließt – in dieser Form erstmals – einer breiten Öffentlichkeit den Zugang zu der komplexen Frage nach den institutionellen Voraussetzungen wirtschaftlichen und gesellschaftlichen Wohlstands. Von ihrer Berücksichtigung durch die entwicklungspolitische Praxis dürfte der soziale Friede in der »einen Welt«, in der wir im 21. Jahrhundert leben werden, in hohem Maße abhängen.

Frankfurt am Main, den 1. Oktober 1995

Dr. Bernd Thiemann
Vorsitzender
des Kuratoriums des
Wissenschaftsfonds
der DG BANK

Dr. Christopher Pleister
Stellvertretender Vorsitzender
des Kuratoriums des
Wissenschaftsfonds
der DG BANK

Inhaltsverzeichnis

Wolfram Fischer

Professor an der Freien Universität Berlin

Zur Einführung

Spätestens der Zusammenbruch des Sowjetblocks hat jedermann vor Augen geführt, wie unterschiedlich die Leistungsfähigkeit von Wirtschaftssystemen ist. Daß zwischen der Leistungsfähigkeit eines Wirtschaftssystems und dem Lebensstandard einer Bevölkerung ein Zusammenhang besteht, ist offensichtlich. *Worin* er aber besteht, ist nicht leicht zu beschreiben, geschweige denn schlüssig nachzuweisen, da auch bei einander ähnlichen Wirtschaftssystemen der Lebensstandard sehr unterschiedlich sein kann, so daß andere Faktoren eine Rolle spielen müssen. In diesem Band versuchen verschiedene Autoren – Ökonomen, Statistiker und Historiker –, sich dem Thema teils theoretisch und methodisch, teils durch die Analyse einzelner oder den Vergleich unterschiedlicher Gesellschaften zu nähern.

In einem ersten Teil werden die allgemeinen Fragen erörtert: GERNOT GUTMANN (Köln) stellt die wesentlichen theoretischen und politischen Unterscheidungsmerkmale zwischen Marktwirtschaften und Zentralverwaltungswirtschaften dar und demonstriert ihre praktische Relevanz für die Effizienz des jeweiligen Systems anhand eines Vergleichs der alten Bundesrepublik mit der DDR. Während die Grundfunktion eines marktwirtschaftlichen Systems darin besteht, die Verwendung knapper Produktionsfaktoren so zu lenken, daß die Zielsetzungen und Wünsche der Bürger eines Landes möglichst umfassend verwirklicht werden können, sollen in einer zentralgeleiteten Wirtschaft jene Zielsetzungen möglichst weitgehend realisiert werden, die eine politische Führungsgruppe setzt. Das nimmt den in den Betrieben Wirtschaftenden die Motivation und die Möglichkeit zu optimaler Gestaltung ihrer Aufgaben und führt zu ungenügender Nutzung der Ressourcen. Dabei wird oft auch die Gewinnung und Nutzung von Informationen verfälscht, die in einer hochtechnisierten Wirtschaft immer wichtiger werden. Daher verwundert es nicht, daß die zentralgeleiteten Volkswirtschaften trotz quantitativer Erfolge in denjenigen Bereichen, die hohe Priorität genossen, in bezug auf den Lebensstandard, gemessen etwa am Einkommen oder an der Versorgung mit Gütern, immer weiter hinter den Marktwirtschaften des Westens zurückblieben.

Was aber ist Lebensstandard? Hier lassen sich zwei Klassen von Definitionen unterscheiden. Die eine geht von den Wünschen und Erwartungen der Menschen aus, über bestimmte Güter und Dienstleistungen verfügen zu können, einen bestimmten Lebensstil verwirklichen, eine bestimmte *Lebensqualität* erreichen zu können. Dies ist sozusagen die subjektive Seite der Sache, die die *Befindlichkeit* mißt – was man heute mit Hilfe von Umfragen tun kann, wofür es aber für weiter zurückliegende Zeiten nur impressionistische Daten gibt. Daneben gibt es eine eher objektive, statistisch überprüfbare Definition. Danach bezieht sich der Lebensstandard, um die »Encyclopaedia Britannica« zu zitieren, auf »die Art und Quantität der Konsumgüter, die einem Individuum, einer Familie oder einer ganzen Nation zur Verfügung stehen«.[1] Für Vergleiche des Lebensstandards, gleichgültig, ob dieser zwischen Einzelpersonen, zwischen Familien oder Haushalten, sozialen oder Berufsgruppen oder ganzen Nationen gesucht wird, ist es nun unerläßlich, einen gemeinsamen Nenner zu finden. Dieser heißt in der Ökonomie *Realeinkommen*. Dieses ist abhängig von dem Nominaleinkommen, das in Geldgrößen ausgedrückt wird, und den Preisen für einen Waren- (und Dienstleistungs-)Korb, den man dafür erwerben kann. Er variiert nach Haushaltsgröße, Kinderzahl, auch Lebensalter. Von Zeit zu Zeit muß er geändert werden, weil neue Waren (oder Dienstleistungen) aufgenommen werden müssen, die es vorher nicht gab, oder weil die *Bedürfnisse*, die man am Kaufverhalten ablesen kann, sich verändern. Warenkörbe ändern sich aber nicht nur in der Zeit, sondern zeigen auch kulturelle oder klimatisch bedingte Unterschiede. Der internationale Vergleich bereitet also erhebliche Probleme, denen sich im 20. Jahrhundert ein Heer von Statistikern in den Statistischen Ämtern der einzelnen Länder und in den internationalen Organisationen widmet.

In diesem Band befaßt sich Peter von der Lippe (Essen) mit den Tücken, die mit der Messung des Lebensstandards verbunden sind – insbesondere, wenn man dabei über die streng definierten Indikatoren der Volkswirtschaftlichen Gesamtrechnung hinausgehen und ein *Öko-Sozialprodukt*

1 Encyclopaedia Britannica, 15th Edition, Vol. IX, Chicago 1973/74, S. 520. Vgl. auch Hugo E. Pipping, Standards of Living. The Concept and its Place in Economics, Helsingfors 1953; Amartya Sen, The Standard of Living, Cambridge 1987.

definieren oder wenn man den Lebensstandard in unterschiedlichen Wirtschaftsordnungen, die unterschiedliche Indikatoren zugrunde legen, miteinander vergleichen will. Der Zusammenhang zwischen Wirtschaftswachstum, Lebensstandard und Umweltbedingungen in globalem Ausmaß ist statistisch jedenfalls nicht zu erfassen. Aber auch die Messung der Einkommensungleichheit (oder gar der sozialen Ungleichheit) *innerhalb* einer Gesellschaft wirft erhebliche Probleme auf, wie VON DER LIPPE anhand der verschiedenen Möglichkeiten darlegt, Armutsgrenzen zu definieren, einen Armutsindex zu konstruieren und Armut zu messen. Daher unterscheidet er strikt zwischen Ungleichheit und Armut und warnt generell davor, andere als in der Volkswirtschaftlichen Gesamtrechnung definierte Größen, zum Beispiel die *Wohlfahrt* oder die *Armut*, messen zu wollen.

Auf den ersten Blick scheint die darauf folgende Studie von ANGUS MADDISON (Groningen) gerade gegen diese Warnung zu verstoßen. MADDISON wagt nämlich einen breit angelegten empirischen Vergleich des wirtschaftlichen Wachstums und der Wohlstandssteigerung von 20 Ländern auf vier Kontinenten über einen Zeitraum von mehr als 100 Jahren hinweg. Aufgrund zahlreicher früherer Arbeiten schätzt er das Bruttoinlandsprodukt pro Kopf und die Wachstumsraten von sieben entwickelten Industriegesellschaften (einschließlich Japans) im Vergleich mit Ländern der europäischen Peripherie, den drei größten Staaten Lateinamerikas, vier asiatischen und zwei afrikanischen Ländern. Für das 20. Jahrhundert analysiert er überdies den Strukturwandel – gemessen an der Beschäftigung in verschiedenen Sektoren und der Verwendung des Bruttoinlandsprodukts. Dem sich verändernden Lebensstandard versucht er vor allem durch den Wandel der Ausgabenstruktur auf die Spur zu kommen und führt wichtige ergänzende Indikatoren wie Lebenserwartung und Bildungsstand, Arbeitszeit, Arbeitslosigkeit und Freizeit ein. Dabei verfällt er jedoch eben nicht in den von VON DER LIPPE gegeißelten methodischen Fehler, daraus einen Gesamtindikator machen zu wollen. In seinen Schlußfolgerungen bleibt er vorsichtig und deutet Möglichkeiten der Interpretation eher an, als daß er endgültige Schlüsse zieht. Er meint, daß man einige Elemente der Homogenität entdecken könne, die nahelegen, daß es eine Gruppe von Ländern mit gemeinsamen institutionellen und wirtschaftspolitischen Charakteristika gebe, die sie von anderen Ländergruppen unterscheiden. Während im *Goldenen Zeitalter* von 1950 bis 1972 starke globale Wachstumstendenzen die schwächeren Länder mitgeführt hätten, zeigten die sich anschließenden konjunkturellen Schwächeperioden, die zu Anpassung und Umorientierung zwingen, klare Unterschiede zwischen flexiblen und inflexiblen Wirtschaftssystemen. Flexibel sind vor allem solche, in denen Menschen und Unternehmen auf Herausforderungen positiv reagieren, wo Anreize gegeben sind, sich neuen Problemen zu stellen, umzudenken und neu zu gestalten.

Hansjörg Siegenthaler (Zürich) formuliert dazu eine allgemein gültige Regel: »Gesellschaften befinden sich auf dem Weg zum Wohlstand, wenn ihre Strukturen – die Regeln des Handelns und des Denkens – die Menschen dazu anregen, entwicklungsträchtige Entscheidungen zu treffen, Sach- und Fähigkeitskapital zu bilden, Lernprozesse einzuleiten und zu fördern, ökonomisch verwertbares Wissen zu mehren und dieses in Produktions- und Tauschprozessen zu nutzen.«[2] Solche entwicklungsträchtigen Anreizstrukturen bildeten sich in der Geschichte der Menschheit nur unter sehr spezifischen Bedingungen heraus. Damit Wachstumsgesellschaften auf ihrem Weg zum Wohlstand nicht gehemmt würden, brauchten sie »zweckmäßig konzipierte Strukturen der Kommunikation«, die sie »auf ihrem Weg zum Wohlstand« festhielten. Kommunikationsstrukturen einer Gesellschaft müßten sich vor allem in Krisen bewähren. Dies sucht er anhand der jüngeren Wirtschaftsgeschichte dreier sehr ungleicher Länder – der Schweiz, der USA und Brasiliens – zu verdeutlichen. In den Vereinigten Staaten sei es am Ende des 19. Jahrhunderts gelungen, einen Konsens über einen neuen Entwicklungspfad – das intensive Wachstum – zu finden, nachdem der natürlich vorgegebene extensive Wachstumspfad an sein Ende gekommen war. Die Schweiz habe in Zeiten allgemeiner politischer und wirtschaftlicher Krisenerscheinungen während der beiden *Großen Depressionen* in den 1870/80er und den 1930er Jahren in einem mit Leidenschaft geführten öffentlichen Disput sich neue Ziele gesetzt und damit verhindert, in die allgemeine Krise voll mit hineingerissen zu werden, und Brasilien habe möglicherweise nach mehreren steckengebliebenen Ansätzen in den 1980er Jahren den Weg in eine demokratisch orientierte Modernisierung gefunden. Im Unterschied zu anderen Autoren betrachtet Siegenthaler die Wirtschaft nicht isoliert, sondern in engem Zusammenhang mit Gesellschaft und Politik.

2 Siehe S. 175.

Auch der universalgeschichtlich angelegte Essay des Wirtschaftshistorikers DAVID S. LANDES von der Harvard University zielt in die gleiche Richtung. Er nimmt Fragen auf, die immer wieder gestellt worden sind, seit sich die Europäer mit dem beschäftigen, was sie von der übrigen Welt unterscheidet: Warum ist die moderne Welt, die Industrie- und Wachstumsgesellschaft mit all ihren expansiven Kräften in Europa entstanden und nicht in einer der älteren Kulturen, die Europa gerade im 18. Jahrhundert zu bewundern gelernt hatte, zum Beispiel in China? Warum ist die moderne Welt europäisch geprägt, die Expansion in nur dünn besiedelte, bis dahin unbekannte Weltteile von dort und nicht von Ost- oder Südasien ausgegangen? Warum haben die Europäer Amerika »entdeckt« und die Expansion sowohl nach dem Westen wie nach dem Osten vorangetrieben? Vor allem aber: Warum wurden Europa und Nordamerika reich, und warum blieben Indien und China arm? Eine der Antworten, wie sie in letzter Zeit vor allem von dem in Australien lehrenden Engländer ERIC JONES gegeben wird, lautet: Europa war schon im Mittelalter nicht ein hierarchisch festgefügtes Reich, selbstgenügsam und in sich gekehrt, sondern von Konkurrenz bestimmt – von der Konkurrenz der italienischen Stadtstaaten, von der Konkurrenz der entstehenden Nationalstaaten und der Konkurrenz zwischen Kirche und Staat generell, dann zwischen den Konfessionen ebenso wie zwischen einzelnen Kaufleuten und Unternehmen, zwischen Rechtssystemen und Weltbildern.[3] LANDES spitzt die Antwort noch stärker zu: »Je despotischer eine Gesellschaft ist, je mehr Macht also in den Händen einer oder weniger Personen konzentriert ist, desto stärker konzentriert sich auch der Reichtum in den Händen weniger. Solche Gesellschaften zerfallen typischerweise in wenige Reiche und viele Arme...«[4] Es war also die innere Ordnung, das politische und wirtschaftliche System, nicht die Ausbeutung durch andere, wie vielfach behauptet wird, die in den großen Reichen des Ostens das Wachstum und die Wohlstandsmehrung blockierte, während sie in Europa spätestens seit dem ausgehenden Mittelalter im Gange sind.

3 Vgl. Eric L. Jones, The European Miracle. Environment, Economics and Geopolitics in the History of Europe and Asia, Cambridge 1991 (Deutsch: Das Wunder Europa. Umwelt, Geschichte und Geopolitik in der Geschichte Europas und Asiens, Tübingen 1991). Vgl. ferner derselbe, Growth Recurring. Economic Change in World History, Oxford 1988.
4 Siehe S. 143.

Landes spricht ausdrücklich von West- und Mitteleuropa (was heute meist die skandinavischen Länder stillschweigend einschließt). Blickt man jedoch auf die ost- und südeuropäische Peripherie, so zeigt auch Europa sich nicht homogen, sondern äußerst vielgestaltig. Auch innerhalb Europas haben sich wettbewerbsorientierte Gesellschaften oder Regionen herausgebildet, deren Wirtschaft sich früh kommerzialisierte. Ihnen stehen weite Teile Süd- und Osteuropas gegenüber, in denen altertümliche Agrarverfassungen sich bis ins 20. Jahrhundert hinein erhalten haben, ja dominierten. Nationale Abschließungstendenzen nach dem Ersten Weltkrieg und die den osteuropäischen Ländern nach dem Zweiten Weltkrieg auferlegte sozialistische Wirtschaftsordnung taten ein übriges, sie von der Wohlstandsentwicklung des Westens und des Nordens abzukoppeln.

Die Unterschiede, die sich daraus seit langem für den Lebensstandard ergeben, sucht der Herausgeber herauszuarbeiten, während Gert Leptin (Berlin) analysiert, vor welche Probleme sich einige der ostmitteleuropäischen Länder gestellt sehen, nachdem sie aus dem Sowjetblock entlassen worden sind. Auch er betont den engen Zusammenhang zwischen politischen Grundentscheidungen und wirtschaftlicher Transformation. Zu den schwierigsten Entscheidungen gehört die – möglichst parallele – Einführung einer demokratischen Staatsverfassung und einer zivilrechtlichen Grundordnung, die die Bedingungen für eine auf Privateigentum basierende Markt- und Wettbewerbswirtschaft schafft. Das Verhältnis von Staat und Individuum muß neu geregelt werden, wenn eine Privatisierung und Neustrukturierung der Wirtschaft Erfolg haben soll. Diese Probleme sind unterschiedlich angepackt und außer in den neuen Bundesländern, die die Staats- und Rechtsordnung der alten Bundesrepublik einschließlich ihres sozialen Netzes übernehmen konnten, noch nirgends voll befriedigend gelöst worden. Rußland und die anderen Nachfolgestaaten der Sowjetunion liegen auf diesem Wege am weitesten zurück; die kleineren Länder haben unterschiedliche Prioritäten gesetzt. Art und Grad der Privatisierung variieren. Überall führte die Transformation zunächst zu schwerwiegenden Strukturbrüchen mit Arbeitslosigkeit, Rückgang der Realeinkommen und einer wachsenden Disparität der Einkommen. Nur in Ostdeutschland ist der Lebensstandard wegen wirtschaftspolitischer Grundentscheidungen zugunsten der neuen Bundesbürger bei der Währungsunion, wegen massiven Kapitaltransfers und wegen der sozialen Absicherung beachtlich gestiegen.

Daß die größten Schwierigkeiten bei dieser Transformation naturgemäß in denjenigen Ländern auftreten, deren Wirtschaft am längsten und am entschiedensten einer zentralen Leitung unterworfen war, verwundert nicht. Das Modell aller zentralverwalteten Wirtschaften, die Sowjetunion, stellt STEPHAN MERL (Bielefeld) vor. Hier war die Entwicklung des Lebensstandards vor allem von politischen Entscheidungen abhängig. Während Rußland vor 1914 zu den Ländern gehörte, die zu einem Aufholprozeß gegenüber dem Westen angesetzt hatten, der auch mit einer Erhöhung des Lebensstandards zumindest in den sich schnell entwickelnden Regionen einherging, begann mit der forcierten Industrialisierung unter STALIN die Entkoppelung von Wirtschaftswachstum und Lebensstandard. Trotz schnell steigender industrieller Produktion stagnierte der Lebensstandard bis 1953. Die Ineffizienz der administrativen Kommandowirtschaft wurde durch erzwungenen Konsumverzicht kaschiert. Erst CHRUSCHTSCHOW stellte die Weichen um und räumte der Befriedigung der Konsumbedürfnisse der Bevölkerung eine höhere Priorität ein. Der Lebensstandard stieg, vor allem weil die Preise für die Grundbedürfnisse – Lebensmittel und Wohnungen – niedrig gehalten wurden, aber die Leistungsschwäche des Wirtschaftssystems wurde nicht beseitigt, so daß die zunehmenden Ansprüche der Bevölkerung nur zu einem kleinen Teil und für eine privilegierte Elite erfüllt werden konnten. Versuche, das Wirtschaftssystem zu reformieren, stießen bald an politisch gesetzte Grenzen, und die Konsumorientierung verminderte die Investitionen, so daß ein *circulus vitiosus* entstand, an dem das System zugrunde ging.

Die größten Unterschiede im Lebensstandard der Menschen werden jedoch erst deutlich, wenn man auch die außereuropäische Welt einbezieht, wie das in den Beiträgen von DAVID S. LANDES und HANSJÖRG SIEGENTHALER geschehen ist. Eine weitere Gruppe von Autoren dieses Bandes beschäftigt sich ausschließlich mit außereuropäischen Ländern, zum Teil vergleichend – so ALBERT FISHLOW (Berkeley) mit vier lateinamerikanischen Ländern, A. GHANIE GHAUSSY (Hamburg) mit vier arabischen Ländern und DETLEF LORENZ (Berlin) mit den vier »kleinen Drachen« oder »Tigern« in Ostasien: Süd-Korea, Taiwan, Hongkong und Singapur. Andere Beiträge widmen sich jeweils einem der vier dominierenden Länder in Amerika und Asien: den USA, Indien, China und Japan, von denen zwei zu den reichsten und zwei zu den ärmeren Ländern der Welt gehören.

Peter Temin vom Massachusetts Institute of Technology verfolgt, wie in den Vereinigten Staaten sich zunächst die regionale Wirtschafts- und Einkommensstruktur und damit der Lebensstandard auseinanderentwickelte, weil der Norden sich zu einer modernen Industrienation wandelte, während der Süden eine von Großgrundbesitzern beherrschte Plantagenwirtschaft betrieb mit schroffem Gegensatz von Arm und Reich. Die regionalen Unterschiede erreichten ihren Höhepunkt um 1880, die individuelle Einkommensungleichheit um 1930. Seitdem setzte mit der Sozialpolitik des *New Deal*, aber auch im Gefolge der Expansion der amerikanischen Wirtschaft während und nach dem Zweiten Weltkrieg eine Tendenz zur Konvergenz der Einkommen ein, sowohl regional wie zwischen den sozialen Schichten. Die Verlangsamung des Wachstums nach der Ölkrise der 1970er Jahre stoppte den regionalen Einkommensausgleich nicht, aber die individuellen Einkommen entwickelten sich wieder stärker auseinander, ohne daß schon klar ist, ob es sich dabei um einen längerfristigen Trend oder nur um eine vorübergehende Erscheinung handelt, die mit der notwendigen Anpassung an die weltweiten technologischen Schübe und ihre Auswirkungen auf die Organisationsstruktur der Unternehmen und auf die Qualifikationsstruktur ihrer Belegschaften zu tun hat. Jedenfalls sind seit 1979 rund 98 Prozent des Einkommenszuwachses der Familien in Höhe von über 800 Milliarden Dollar dem obersten Fünftel der Einkommensbezieher zugute gekommen – im wesentlichen Managern, Akademikern und hochqualifizierten Fachkräften –, während 80 Prozent der Familien sich mit den restlichen 2 Prozent des Einkommenszuwachses begnügen mußten. Für die 40 Prozent der Erwerbstätigen, die keinen College-Abschluß besitzen, stagnieren die Realeinkommen schon seit 20 Jahren.[5] Hier tut sich eine »Wohlstandsschere« auf, die möglicherweise auch auf Europa übergreifen wird. Im statistischen Durchschnitt bleiben die Vereinigten Staaten jedoch eines der reichsten Länder der Welt, übertroffen nur von einigen kleineren Ländern in Europa wie der Schweiz, Luxemburg oder Dänemark und – Japan.[6]

5 Vgl. Carola Kaps, Amerikas offene Wohlstandsschere, in: Frankfurter Allgemeine Zeitung vom 24. Januar 1995, S. 11.

6 Vgl. Statistisches Bundesamt, Statistisches Jahrbuch für das Ausland 1994, Wiesbaden 1994, S. 352 f. Berechnet man das Bruttosozialprodukt pro Kopf jedoch nach Kaufkraftparitäten, so fallen Japan, die skandinavischen Länder und die Schweiz zurück, und die USA nehmen nach Luxemburg und vor der Schweiz und den Vereinigten Arabischen Emiraten Platz 2 ein. Vgl. World Bank Atlas 1995, Washington 1994, S. 18 f.

In Lateinamerika hingegen blieben, wie Albert Fishlow zeigt, die regionalen Unterschiede kraß, und verschiedene Wachstumsansätze seit dem 19. Jahrhundert brachen immer wieder ab, so daß Lateinamerika insgesamt nicht das Wohlstandsniveau der industriellen Länder Europas oder Nordamerikas erreichte. Verantwortlich dafür können wohl vor allem drei Defekte im Wirtschafts- und Sozialsystem Lateinamerikas gemacht werden: die große Ungleichheit von Einkommen und Vermögen, die im Unterschied zu den klassischen Industrieländern sich im letzten Jahrhundert kaum abschliff, ineffiziente Regierungen und Verwaltungen, denen es auch nicht gelang, das Bildungs- und Gesundheitsniveau der Masse der Bevölkerung entscheidend zu verbessern, und eine ungenügende Eingliederung in den arbeitsteiligen Weltmarkt. Eine zu geringe einheimische Spar- und Investitionsquote führte zu einer andauernden Abhängigkeit von Kapitaleinfuhren, eine lasche Finanzpolitik zu immer wiederkehrenden Inflationen, die die einheimische Oberschicht eher zu Kapitalexporten als zu einheimischen Investitionen anregte und die Leistungsbilanz trotz zeitweise hoher Handelsbilanzüberschüsse meist negativ werden ließ. Immerhin lassen sich zumindest für Brasilien und Mexiko in den letzten Jahren wieder Zeichen dafür erkennen, daß der Anschluß an die entwickelte Welt doch gelingen könnte. Insgesamt aber lag das Pro-Kopf-Einkommen Lateinamerikas 1989 im Verhältnis zu dem der Vereinigten Staaten niedriger als 1900, als vor allem Argentinien eines der sich am schnellsten entwickelnden Länder der Welt zu sein schien. Was Lateinamerika nach Fishlow braucht, ist ein aktiverer und stärker regulierender Staat, der sich gleichwohl der Marktwirtschaft verpflichtet fühlt, der öffentliches Sparen statt Schuldenwirtschaft erreicht und sich der Verbesserung des Loses der Armen tatkräftig annimmt.

Nicht sehr ermutigend ist auch das Bild in den arabischen Ländern, sofern sie nicht von ihrem Ölreichtum zehren können. A. Ghanie Ghaussy legt dies am Beispiel von zwei Staaten des islamischen Maschrek – Ägypten und Syrien – sowie zwei Staaten des islamischen Maghreb – Algerien und Tunesien – dar. Alle vier bevorzugten nach dem Ende der Kolonialzeit, in der zumindest die Oberschicht westlichen Einflüssen ausgesetzt war, das sozialistische Modell vor dem liberalen des Westens, das sie den Kolonialherren zuordneten, und versuchten, es mit dem islamischen Charakter ihrer Gesellschaften in Einklang zu bringen. Das funktionierte nirgends, sondern führte zur Erstarrung des Wirtschaftssystems und konnte das Ziel einer größeren Wohlfahrt für die Masse der Bevölkerung nicht erreichen; nur die politisch-administrativen, militärischen und gewerkschaftlichen Eliten hatten einen Nutzen von der bis dahin nicht gekannten zentralen Kontrolle. Tunesien und Ägypten führten in den siebziger Jahren marktwirtschaftliche Reformen ein und ließen dem privaten Sektor breiteren Raum; sie erreichten dadurch etwas zufriedenstellendere Wachstumsraten, ohne aber das Los der breiten Massen wirklich verbessern zu können. Algerien und Syrien hielten an dem System zentraler Verwaltung fest und verursachten so – wie die Staaten des Ostblocks – eine Verschlechterung des Lebensstandards, der auch ihre politische Stabilität gefährdet.

Hoffnungsvoller ist hingegen der Ausblick, den DIETMAR ROTHERMUND (Heidelberg) für Indien gibt. Auch dort versuchte zunächst die Regierung NEHRU, die Rückständigkeit des Landes mit planwirtschaftlichen Mitteln, die an die kriegsbedingten Interventionsmechanismen der britischen Kolonialregierung anknüpfen konnten, zu beseitigen. Die Abhängigkeit von Großbritannien sollte durch Importsubstitution und Protektionismus vermindert werden. Indiens ohnehin geringer Anteil am Welthandel verminderte sich so noch mehr. Im Innern wurden die Nahrungsmittelpreise künstlich niedrig gehalten, bis eine verheerende Trockenheit 1965/66 diese Politik nicht länger ermöglichte. Die »Grüne Revolution«, die durch die Einführung neuer Getreidesorten und bessere Düngung einsetzte, hob immerhin die Produktivität der Landwirtschaft beträchtlich, so daß eine langanhaltende gesamtwirtschaftliche Wachstumsrate von durchschnittlich 3,5 Prozent pro Jahr trotz der weiterhin hohen Geburtenrate auch zu einem realen Einkommenszuwachs pro Kopf führte. Seitdem steigt der Lebensstandard der Bevölkerung langsam, ohne daß die Massenarmut beseitigt werden konnte. Auch die regionalen Disparitäten bleiben hoch, wenn auch kaum höher als in Europa, wenn man Osteuropa einbezieht. Die in den letzten Jahren eingeführte Liberalisierung der Außenwirtschaft stößt noch immer auf große Schwierigkeiten in der übersetzten und an starre Regeln gewöhnten Staatsbürokratie und wurde nur ungenügend durch eine innere Liberalisierung, eine Ausdehnung des privaten Sektors begleitet. Erst seit Beginn der neunziger Jahre kann man von einer in sich konsistenteren Wendung hin zur Marktwirtschaft sowohl im Innern wie nach außen sprechen, die einzelne Inseln des Wachstums gestärkt hat.

Einen noch weiteren Weg von der Kommandowirtschaft hin zu einer – zunächst noch als »sozialistisch« bezeichneten – Marktwirtschaft hat die

Volksrepublik China zu gehen. Seit 1978 beschreitet sie diesen Weg, indem sie erst die Landwirtschaft aus dem Kollektivismus entließ, dann Freiräume für Unternehmer in einzelnen besonderen Wirtschaftszonen gestattete und nun vor allem in den traditionellen Wirtschaftszentren des Landes mit Hilfe westlichen Kapitals und Know-hows die Industrie zu modernisieren versucht. Enorme Anstrengungen sind aber ebenfalls für den Ausbau der Infrastruktur und der Energieversorgung nötig. Dabei zeigt sich, wie Roderich Ptak (München) darlegt, ein uraltes Problem des chinesischen Reiches – das Auseinanderdriften der Regionen. Während die Städte an der Küste ein stürmisches Wachstum durchmachen und der Zentrale in Peking Steuern verweigern, um ihre eigenen Investitionen tätigen zu können, bleiben die unterentwickelten Regionen im Westen und Norden auf die Hilfe der Zentralregierung angewiesen, wenn sie ihren Lebensstandard verbessern wollen. Die Disparität zeigt sich auch innerhalb der Provinzen zwischen Stadt und Land und hat große Wanderungsbewegungen hervorgerufen. Die Zentralverwaltungswirtschaft funktioniert nur noch begrenzt und die Marktwirtschaft noch nicht voll. In dieser Situation eines nicht mehr konsistenten Wirtschaftssystems gerät auch die politische Stabilität in Gefahr, wenn die sozialen Spannungen steigen.

Ganz anders Japan, das bis vor kurzem einzige nichtwestliche Land, das ein Jahrhundert mit starkem Wirtschaftswachstum und steigendem Lebensstandard hinter sich hat, so daß es heute zur Gruppe der fünf einkommensstärksten Länder der Welt gehört. Gibt es Eigentümlichkeiten des japanischen Wirtschaftssystems oder spezifisch japanische Verhaltensweisen, die diesen fast einzigartigen Erfolg erklären können? Japanologen haben teils die Ausrichtung an westlichen Vorbildern, teils das Festhalten an japanischen Traditionen dafür verantwortlich gemacht. Erich Pauer (Marburg), der seit längerem der eigentümlichen Mischung von Tradition und Fortschritt in Japan auf der Spur ist, sieht einen Schlüssel in der pragmatischen Denkweise der Japaner und in einer geistig-religiös fundierten »Regelorientierung«. Er meint, daß japanische Denkmuster sich insofern von abendländischen unterscheiden, als sie nicht auf Prinzipien und Axiomen aufbauen, sondern die Tugenden der Menschen und ihre sozialen Pflichten durch »Regeln« bestimmen, »die eher diffus sind und kein geschlossenes Gedankengebäude bilden, aus dem sich Handlungen ableiten oder gar rechtfertigen ließen«.[7] Jedoch gehört zu diesem Denken auch die

7 Siehe S. 604.

Formulierung gemeinsamer Ziele, in denen staatliche und private Interessen zusammengeführt werden. Die pragmatische Suche nach Wegen, um diese Ziele zu erreichen, hat den Japanern Flexibilität und Anpassungsfähigkeit verliehen, und eine jahrhundertelange Tradition des Lernens von Fremden hat ihnen früh ein Verständnis für die Bedeutung von Informationen gegeben, so daß sie nun in der sich abzeichnenden Informationsgesellschaft einen makroökonomischen Standortvorteil besitzen.

Ob zu den wirtschaftlich vorteilhaften japanischen Eigenschaften auch die (neo-)konfuzianische Ethik gehört, ist unter den Forschern ebenso umstritten wie die Bedeutung der protestantischen Ethik als Voraussetzung für den Kapitalismus in Westeuropa und Nordamerika. Einer der besten Ostasienkenner, Ezra Vogel (Harvard), hat die Rolle des Neokonfuzianismus auch für die vier »kleinen Drachen« oder »Tiger« – Süd-Korea, Taiwan, Hongkong und Singapur – bejaht. Detlef Lorenz gibt in diesem Band eine eher wirtschaftswissenschaftliche Erklärung, ohne die spezifisch ostasiatische Mentalität als Ursache auszuschließen. So betont auch er die hohe Motivation und Flexibilität der Bevölkerung in diesen Ländern als Voraussetzung für den schnellen Aufholprozeß in den letzten Jahrzehnten. Aber er sieht einen wichtigen Grund vor allem in der bewußten Eingliederung ihrer Volkswirtschaften in eine weltweite arbeitsteilige Marktwirtschaft unter Ausnutzung der für sie vorteilhaften komparativen Kosten und in einer pragmatischen Entwicklungspolitik ihrer Regierungen, die sich von ideologischen Vorgaben freihält. Sie ist ähnlich zielgerichtet wie die japanische, und sie nutzt die Lernfähigkeit als komparativen Kostenvorteil, so daß diese Volkswirtschaften nicht wie andere Entwicklungsländer nur ihre natürlichen Ressourcen oder niedrigen Löhne einsetzen, sondern auch das wachsende Wissen und Können der Bevölkerung sowie ihren Willen zum Sparen, was sich – ähnlich wie in Japan – in einer ungewöhnlich hohen Investitionsrate niederschlägt. Hinzu kommt die im Vergleich zu anderen asiatischen, afrikanischen oder lateinamerikanischen Ländern effiziente und korruptionsarme Verwaltung. Das führt auch zu einer gleichmäßigeren – nicht gleichen – Verteilung der materiellen Früchte des Fortschritts, wie nicht nur die Indikatoren zur Einkommensverteilung, sondern auch die zur Schulbildung, zur Gesundheitsfürsorge oder zur Lebenserwartung zeigen.

Was können wir aus den hier versammelten Beiträgen zum Verhältnis von Wirtschaftssystem und Lebensstandard lernen? Zum einen bestätigen sie, was seit dem Zusammenbruch des Ostblocks offen zutage liegt, aber von liberalen Ökonomen auch vorher stets betont worden ist: die mangelnde Leistungsfähigkeit von zentralgeleiteten Wirtschaften, auch in bezug auf den Lebensstandard der Bevölkerung. Sowohl die ordnungstheoretischen Überlegungen GUTMANNS und sein Vergleich der beiden deutschen Staaten wie der weltweite, langfristigere empirische Vergleich MADDISONS und die genauen historischen Darlegungen MERLS zur Sowjetwirtschaft belegen dies; aber auch GHAUSSYS Analyse der Wirtschaftspolitik in vier arabischen Ländern oder ROTHERMUNDS Ausführungen über das Indien NEHRUS und seiner Nachfolger weisen in die gleiche Richtung.

Darüber hinaus aber machen diese Beiträge auch deutlich, welch große Unterschiede es innerhalb von Marktwirtschaften gibt. Sie sind, wie eine Gegenüberstellung Lateinamerikas mit Ostasien zeigt, einmal wohl auf unterschiedliche Verhaltensweisen zurückzuführen. Die Alltagserfahrung, daß die Motivation zu Arbeit und Leistung in verschiedenen Gesellschaften unterschiedlich ausgebildet ist, wird durch diese Beiträge bestätigt. Freilich handelt es sich dabei nicht um unveränderliche Voraussetzungen, sondern um Variablen, die historisch geformt sind und sich im Laufe der Zeit verändern. Sie können auf sehr langer Tradition beruhen oder innerhalb weniger Generationen ausgebildet worden sein. Sir ARTHUR LEWIS, Nobelpreisträger der Wirtschaftswissenschaft, kam nach einer Untersuchung der wirtschaftlichen Entwicklung von zwölf tropischen Ländern in Asien, Afrika und Lateinamerika im Zeitraum von 1880 bis 1913 zu der Überzeugung, daß überall dort, wo es genügend und zuverlässig Wasser und Transportmöglichkeiten gab und die Eigentumsrechte gesichert waren, die einheimische Bevölkerung bereit und in der Lage gewesen ist, Exportmöglichkeiten zu nutzen und so wirtschaftliches Wachstum in Gang zu setzen. Man solle, so meinte er daher, kulturelle Erklärungen so lange zurückstellen, wie näherliegende ökonomische Gründe zu finden seien. Allerdings räumte auch er ein, daß dann immer noch ein Rest bleibe, für den man unterschiedliche Arbeitsmotivation oder ein unterschiedliches Bedürfnis nach Leistung annehmen könne, die unternehmerische Initiative also nicht gleich verteilt sei.[8]

Gleichverteilung gibt es auch im Lebensstandard nirgends. Dort, wo sie angestrebt wurde, kam es bestenfalls zu einer Nivellierung nach unten, meist

8 Vgl. W. Arthur Lewis (Hrsg.), Tropical Development 1880–1913. Studies in Economic Progress, London 1970, S. 21.

jedoch zur Ausbildung einer privilegierten Schicht, die oberhalb der großen Masse der Gleichen residierte und regierte. Insofern waren diese sich meist als *sozialistisch* bezeichnenden Gesellschaften den traditionellen, oft – auch in der MARXschen Terminologie – *feudalistisch* genannten, nicht unähnlich. Denn extreme Ungleichheit durchzieht die gesamte ältere Geschichte der Menschheit. Wo sie bis heute beibehalten oder nur unbedeutend gemildert wurde, zum Beispiel in Lateinamerika und der arabischen Welt, aber auch in Süd- und Osteuropa bis zum Ersten Weltkrieg und zum Teil darüber hinaus, konnte der Lebensstandard des größten Teils der Bevölkerung nur langsam oder gar nicht steigen. Extreme Ungleichheit, so kann man daraus lernen, befördert den Lebensstandard der Mehrzahl der Menschen genauso wenig wie extreme Gleichheit.

Sicher gibt es keinen optimalen Grad von Ungleichheit. Aber das Beispiel der erfolgreichen Gesellschaften in Europa, Nordamerika und Ostasien zeigt, daß es weniger auf den Grad der Spreizung der Einkommen und Vermögen ankommt als auf die Beseitigung von Barrieren für den wirtschaftlichen und sozialen Aufstieg. Wo Bildungs-, Berufs- und Einstiegschancen für viele bestehen, gibt es Anreize, sie zu nutzen. Weniger der absolute Unterschied in der Einkommensschichtung oder in dem sozialen Prestige verschiedener sozialer Schichten als die Durchlässigkeit zwischen ihnen entscheidet über die Leistungsfähigkeit eines Wirtschaftssystems. Denn Durchlässigkeit läßt Leistungswillige und Leistungsfähige zur Geltung kommen, nutzt, wie Ökonomen das formulieren, das Potential an *human resources* besser, pflegt und verstärkt das *human capital* und verbessert somit den Lebensstandard, wenn nicht aller, so doch der meisten.

Gernot Gutmann

Professor an der Universität zu Köln

Marktwirtschaftliche und zentralgeleitete Wirtschaftsordnungen: Ein System- und Effizienzvergleich

Inhaltsverzeichnis

Einleitung

Die Jahrzehnte nach dem Ende des Zweiten Weltkrieges waren geprägt von der Konfrontation zweier fundamental verschiedenartiger politischer, gesellschaftlicher und wirtschaftlicher Systeme. Ökonomisch betrachtet, ging es um die Rivalität zwischen den Zentralverwaltungswirtschaften in Ost- und Südosteuropa – zusätzlich jener in Ländern wie der Volksrepublik China und Vietnam – auf der einen und den Marktwirtschaften in den westlichen Industrienationen auf der anderen Seite, wobei Staaten wie Japan zum Westen zu rechnen sind. Dieser nach Kriegsende auf breiter Front einsetzende und fast ein halbes Jahrhundert andauernde Wettstreit der Systeme ist zu Ende gegangen. Die Zentralverwaltungswirtschaften sowjetischen Typs und die politischen Einparteiendiktaturen haben sich als der Marktwirtschaft und der politischen Demokratie auf Dauer unterlegen und nicht überlebensfähig erwiesen. Was sind die Gründe dafür, daß marktwirtschaftliche Ordnungen – trotz aller Probleme, die auch ihnen anhaften – leistungsüberlegen sind? Worauf ist die offenkundige Effizienzschwäche von Wirtschaften mit zentralverwaltungswirtschaftlicher Ordnung zurückzuführen? Diese Fragen sollen im Rahmen eines kurzen System- und Effizienzvergleichs unter Rückgriff auf wissenschaftliche Erkenntnisse und praktische Erfahrungen thematisiert werden, wobei es freilich hier nur darum gehen kann, unter bewußtem Verzicht auf auch wichtige Details und durch Reduktion sehr komplexer Zusammenhänge auf möglichst einfache Linien die Kernpunkte herauszuarbeiten.

I. Grundprobleme eines jeden Wirtschaftssystems

Will man marktwirtschaftliche und zentralverwaltungswirtschaftliche Systeme miteinander auf ihre Funktionsweise und Funktionsprobleme und damit auf den unterschiedlichen Grad von Effizienz hin vergleichen, dann ist es zweckmäßig, dabei von einigen Grundsachverhalten des Wirtschaftens und von Basisproblemen einer jeden Wirtschaftsgesellschaft auszugehen, auf die in den beiden Typen wirtschaftlicher Ordnungen unterschiedlich reagiert wird und zu deren Lösung sehr verschiedenartige Wege beschritten werden. In dieser Verschiedenartigkeit des Reagierens auf solche Grundsachverhalte und Basisprobleme liegt nämlich die Eigentümlichkeit der beiden Wirtschaftssysteme und die jeweils größere oder geringere Effizienz der Wirtschaft begründet.

A. Knappheit und das Problem der effizienten Ressourcenlenkung

In jeder Wirtschaftsgesellschaft lassen sich menschliche Wünsche und Bedürfnisse, also Ziele der Lebenserhaltung und der Lebensgestaltung individueller, gesellschaftlicher und politischer Art, nur in jenem Umfang verwirklichen, in welchem die hierfür erforderlichen Sachgüter und Dienstleistungen verfügbar sind. Es ist aber eine elementare Erfahrung, daß die meisten dieser Güter in dem Sinne knapp sind, daß ihre an einem bestimmten Ort und zu einer bestimmten Zeit vorhandene Menge nicht ausreicht, alle Ziele, die sich darauf richten, völlig zu verwirklichen. Es ist daher die zentrale Aufgabe des Wirtschaftens, den Grad von Knappheit möglichst weitgehend zu mindern, also das Gemeinwesen bei sparsamem Ressourceneinsatz in möglichst großem Umfang mit den gewünschten Gütern zu versorgen und dadurch Wohlstand im Sinne der jeweiligen Subjekte des Wirtschaftens zu bewirken. Je besser das bei gegebener Faktorausstattung gelingt, um so größer ist die ökonomische Effizienz der betrachteten Volkswirtschaft.

Um dies zu erreichen, müssen fortlaufend Entscheidungen darüber getroffen werden, für welche Zwecke im einzelnen die der Menge und der Quali-

tät nach immer nur begrenzt vorhandenen Bestände an Produktionsfaktoren im Prozeß des Wirtschaftens verwendet werden sollen. Dabei spielt aber die Tatsache eine wichtige Rolle, daß sich der Prozeß des Wirtschaftens in Großgesellschaften arbeitsteilig in und zwischen sehr vielen Wirtschaftseinheiten vollzieht, weshalb es dem einzelnen nicht möglich ist, alle Wünsche und Ziele der jeweils anderen Partner des Wirtschaftens und den Bedarf an Gütern, der sich daraus ergibt, unmittelbar zu erkennen. Es ist daher – um das Problem einer effizienten Lenkung der verfügbaren Ressourcen hinreichend bewältigen zu können – ein Verfahren notwendig, mit dessen Hilfe die unterschiedlichen und sich fortlaufend ändernden Grade von Knappheit und Begehrtheit der einzelnen Güter und Produktionsfaktoren zumindest mittelbar erkennbar werden.
Die Bewältigung dieses (und für jede Wirtschaftsgesellschaft zentralen) Problems der effizienten Ressourcenlenkung (Lenkungsproblem, Allokationsproblem) wird dadurch kompliziert, daß die einer Gesellschaft innewohnende Dynamik ständig Veränderungen bewirkt. Diese Dynamik drückt sich nicht nur in der Vergrößerung des Kapitalstocks und in mengenmäßiger Ausweitung der Erzeugung bereits bekannter Produkte mittels bereits bekannter Herstellungsverfahren aus. Neue Herausforderungen – man denke an die Umweltproblematik – machen neue Problemlösungen erforderlich. Durch Forschung und Entwicklung, Ersteinführung neuer, etwa ressourcensparender Produkte sowie neuer Herstellungsverfahren und neuer Organisationsmuster sowie durch Verbreitung dieser Neuerungen, also durch Innovationen und Diffusion dieser Innovationen, stellen sich neue Aufgaben und müssen alte Aufgaben auf neue Weise bewältigt werden. Je flexibler die Entscheidungsträger auf solche Veränderungen der Lebensumstände reagieren, je schneller und flexibler sie die Dynamik des wirtschaftlichen Ablaufs antizipieren, um so umfassender erfolgt die Lösung des Lenkungsproblems, um so effizienter ist der Einsatz der Produktionsfaktoren.

B. Information und Wissensnutzung als Grundlage der Problemlösung

Damit aber Entscheidungen über den Einsatz von Produktionsfaktoren so getroffen werden können, daß das wirtschaftliche Lenkungsproblem sowohl in seiner gegenwarts- wie auch in seiner zukunftsbezogenen Dimension möglichst gut gelöst wird, ist es unverzichtbar, daß die jeweiligen Entscheidungsträger in ausreichendem Maße Wissen über alle relevanten Umstände besitzen. Dabei ist freilich von der Tatsache auszugehen, ». . . daß die Kenntnis der Umstände, von denen wir Gebrauch machen müssen, niemals zusammengefaßt oder als Ganzes existiert, sondern immer nur als zerstreute Stücke unvollkommener und häufig widersprechender Kenntnisse, welche all die verschiedenen Individuen gesondert besitzen«.[1] Es entspricht also dem Prozeß der Arbeitsteilung eine Wissensteilung, bei welcher die einzelnen Träger ökonomischer Entscheidungen oft in unvollständiger und auch in asymmetrischer Verteilung über Wissen verfügen, das nicht nur für sie selbst und ihre eigenen Dispositionen wichtig ist, sondern auch für die anderen Partner im arbeitsteiligen Verkehr. Wenn aber für die Dispositionen eines Entscheidungsträgers über die Verwendung von Gütern und Produktionsfaktoren Wissen bedeutsam ist, das er selbst nicht besitzt, dann ist ein Netz von Kommunikationswegen erforderlich, das den Beteiligten durch vielfältige Informationen dieses Wissen vermittelt,[2] damit auf diese Weise die Einzelentscheidungen sinnvoll miteinander koordiniert werden können. Bei gegebener Verteilung der Entscheidungsbefugnisse auf die Wirtschaftseinheiten und die in ihnen handelnden Akteure und bei gegebener Verteilung des Wissens bestimmt dann dieses Kommunikationsnetz wesentlich mit darüber, inwieweit das verstreut vorhandene Wissen auch tatsächlich genutzt und der Ressourceneinsatz effizient wird.

Um sich aber möglichst großes Wissen anzueignen und es den Dispositionen auch zum Nutzen anderer Wirtschaftssubjekte zugrundezulegen, müssen die Entscheidungsträger hierzu motiviert sein. Es muß daher in jeder Wirtschaftsgesellschaft Vorkehrungen und Mechanismen geben, welche die Suche nach neuem Wissen und neuen Leistungen stimulieren und erzwingen, damit das wirtschaftliche Handeln und Entscheiden nicht nur den jeweiligen Handlungs- und Entscheidungsträgern selbst Vorteile einbringt, sondern auch den anderen Menschen, mit denen sie mittelbar oder unmittelbar arbeitsteilig verbunden sind.

Um in einer komplexen Wirtschaftsgesellschaft diese Probleme der Ressourcenlenkung, der Informationsgewinnung und der Wissensnutzung

1 Friedrich August von Hayek, Die Verwertung des Wissens in der Gesellschaft, in: derselbe, Individualismus und wirtschaftliche Ordnung, Erlenbach-Zürich 1952, S. 103 f.

2 Vgl. Eva Bössmann, Die ökonomische Analyse von Kommunikationsbeziehungen in Organisationen, Berlin-Heidelberg-New York 1967, S. 2 f.

sowie der Leistungsmotivierung bewältigen zu können, sind institutionelle Arrangements erforderlich, die sich mit dem Begriff der Wirtschaftsordnung beschreiben lassen. Die Wirtschaftsordnung eines Landes, also der institutionelle Bedingungsrahmen für das ökonomische Handeln und Verhalten, besteht in jenen Regeln des Rechts und der Konvention, welche die der Volkswirtschaft eigenen Formen der Planung des Wirtschaftsprozesses, der Ausübung von Eigentumsrechten, der Preisbildung, des Entstehens des Tauschmittels Geld, der betriebs- oder unternehmensinternen Willensbildung und der Zielsetzung der Wirtschaftseinheiten bedingen, sowie in den jeweils vorfindbaren Ausprägungen dieser Elementarformen des Wirtschaftens selbst. In der Wirtschaftsordnung einer bestimmten Gesellschaft manifestieren sich die das jeweilige Wirtschaftssystem prägende Entscheidungsstruktur – nämlich die Art und Weise, in welcher die Kompetenz auf die Gesellschaftsmitglieder verteilt ist, ökonomisch relevante Dispositionen zu treffen –, die Informationsstruktur – also die Mechanismen und Wege zur Gewinnung, Vermittlung und Nutzung von entscheidungsrelevantem Wissen – sowie die Motivationsstruktur, womit die Formen und Vorkehrungen gemeint sind, welche zu Leistungen auch für andere stimulieren und solche Leistungen erzwingen.

Unterschiedliche Wirtschaftsordnungen haben aber nicht nur Auswirkungen hinsichtlich einer besseren oder weniger befriedigenden Bewältigung des ökonomischen Lenkungsproblems und damit der größeren oder geringeren Effizienz im Einsatz der Produktionsfaktoren, sondern darüber hinaus auch auf die anderen Bereiche der Gesellschaftsordnung, und es gehen von diesen anderen Bereichen Rückwirkungen auf die Wirtschaftsordnung selbst aus. Man hat es mit dem Tatbestand der ordnungspolitischen Interdependenz zu tun.[3]

In den beiden ganz verschiedenen Typen von Wirtschaftsordnungen, in den zentralverwaltungswirtschaftlichen des Ostens und in den marktwirtschaftlichen des Westens, waren die drei oben genannten Strukturen fundamental verschiedenartig beschaffen, wodurch das ökonomische Kardinalproblem der intensiven Nutzung und Lenkung begrenzter Bestände von menschlichen und sachlichen Ressourcen in die gesamtwirtschaftlich zweckmäßigsten Verwendungen (Lenkungsproblem) ganz verschiedenartig gesehen und unterschiedliche Wege zu dessen Lösung beschritten wurden.

3 Vgl. Walter Eucken, Grundsätze der Wirtschaftspolitik, 3. Aufl., Tübingen-Zürich 1960, S. 183.

II. Der marktwirtschaftliche Lösungsweg

A. Die Wettbewerbsordnung

Das Leitbild einer marktwirtschaftlichen Ordnung, mit deren Hilfe das skizzierte Lenkungsproblem in spezifischer Weise bewältigt werden kann, ist die Wettbewerbsordnung, die freilich in der Realität immer nur unvollkommen verwirklicht ist. Sie beruht – rechtlich gesehen – auf gewissen Prinzipien des Rechtsstaatsdenkens.[4] Ökonomisch betrachtet, erfordert sie eine dezentralisierte volkswirtschaftliche Entscheidungsstruktur, also dezentralisierte Planung der Wirtschaftsprozesse. Damit ist gemeint, daß alle Wirtschaftseinheiten entsprechend ihren jeweils eigenen Zielsetzungen und auf der Grundlage ihres jeweiligen Wissens selbst darüber entscheiden, welche und wie viele Sachgüter oder Dienstleistungen bereitgestellt und verbraucht, welche Herstellungsverfahren angewendet, welche Produktionsfaktoren in welchen Mengen wo eingesetzt und was und wieviel gekauft oder verkauft wird, und dabei nicht der Unterordnung unter eine volkswirtschaftliche Planungszentrale ausgesetzt sind, welche Planauflagen erteilt oder spezifische Verhaltensregeln für die Einzelwirtschaften vorgibt.

Kernstück des diesem Leitbild entsprechenden marktwirtschaftlichen Ordnungskonzepts ist der Wettbewerb, hier verstanden als eine Art der marktlichen Interaktion zwischen den Wirtschaftssubjekten bei ausreichender Geldwertstabilität, durch welche Informationen gewonnen, vermittelt und genutzt, Pläne koordiniert, Anpassung der Güternachfrage an das vorhandene Produktionspotential erreicht, zu Leistungen motiviert, Machtausübung unterbunden sowie Tatsachen und Problemlösungen entdeckt werden, die sonst nicht bekannt oder zumindest nicht genutzt wür-

4 Vgl. Franz Böhm, Der Rechtsstaat und der soziale Wohlfahrtsstaat, in: Grundsatzfragen der Wirtschaftsordnung. Ein Vortragszyklus, veranstaltet von der Wirtschafts- und Sozialwissenschaftlichen Fakultät der Freien Universität Berlin, Sommersemester 1953, Berlin 1954, wieder abgedruckt in: Ernst-J. Mestmäcker (Hrsg.), Franz Böhm. Reden und Schriften, Karlsruhe 1960, S. 95–111.

den.[5] Diese wettbewerblichen Interaktionen setzen Freiheit der Tauschpartner voraus, Entscheidungs- und Handlungsfreiheit für die Nachfrager – also die Möglichkeit, aus dem vorhandenen Angebot auszuwählen – ebenso wie Freiheit für die Anbieter, die Zusammensetzung des je eigenen Produktions- und Angebotsprogramms zu bestimmen.

Weil die frei getroffenen Entscheidungen der vielen Wirtschaftssubjekte nicht den Planbefehlen einer volkswirtschaftlichen Entscheidungszentrale ausgesetzt sind, ist es prinzipiell möglich, für den Wirtschaftsprozeß insgesamt auch jenes Wissen zu nutzen, das nicht zentralisiert werden kann. Es ist leicht einsehbar, »... daß es zweifellos eine Menge von sehr wichtigen, aber nicht organisierten Kenntnissen gibt, ... nämlich die Kenntnis der besonderen Umstände von Ort und Zeit. In dieser Hinsicht hat praktisch jedermann irgendeinen Vorteil vor allen anderen Menschen, besitzt Alleinkenntnisse, von denen er vorteilhaften Gebrauch machen könnte, vorausgesetzt, daß die daran hängenden Entscheidungen ihm überlassen oder mit seiner tätigen Mithilfe geschaffen werden.«[6] Viele Kenntnisse solcher Art sind nicht auf volkswirtschaftliche Planungsinstanzen oder wirtschaftspolitische Gremien zentralisierbar und würden daher dem wirtschaftlichen Geschehen verlorengehen, wenn dieses nicht durch die im Besitz dieses Wissens befindlichen Wirtschaftssubjekte selbst entschieden würde. Eine Bedingung dafür, daß die wettbewerblichen Interaktionen der Marktpartner die erwähnten Funktionen zureichend erfüllen können, ist freilich die, daß weder der Staat noch Private die Wettbewerbsfreiheit der Tauschpartner beschränken.

Im Leitbild einer marktwirtschaftlichen Ordnung ist dieser Wettbewerb untrennbar verbunden mit der Institution des Privateigentums an den sachlichen Produktionsmitteln. Durch geeignete Spezifizierung von Eigentumsrechten an diesen Gütern werden nämlich Motivationen begründet, Risiken zu übernehmen und Leistungen für das arbeitsteilige Ganze zu erbringen. Sofern Wettbewerb an den Märkten besteht, erwachsen aus Gewinnchancen und Verlustrisiken – die ja Chancen und Risiken

5 Vgl. Friedrich August von Hayek, Der Wettbewerb als Entdeckungsverfahren. Vortrag, gehalten am 5. Juli 1968 im Institut für Weltwirtschaft an der Universität Kiel, veröffentlicht in: Erich Schneider (Hrsg.), Kieler Vorträge, N.F. 56, Kiel 1968, wieder abgedruckt in: Friedrich August von Hayek, Freiburger Studien, Tübingen 1969, S. 249–265.

6 von Hayek, Die Verwertung des Wissens in der Gesellschaft, a. a. O., S. 107.

zu Wertsteigerungen oder Wertminderungen des Eigentums darstellen – Anreize zu sparsamem Ressourcengebrauch, zur Anpassung der Produktion an die Nachfrage sowie zur Einführung neuer Produkte und Herstellungsverfahren, aber auch zur Imitation solcher Innovationen. Privateigentum bringt diese für die Ressourcenlenkung und die Effizienz der Wirtschaft positiven Effekte insbesondere dann hervor, wenn die durch das Eigentum begründeten Rechte zum Gebrauch bestimmter Produktionsmittel (Verfügungsrechte) den gleichen Personen zustehen, die auch das Recht haben, das Ergebnis des Ressourcengebrauchs für sich zu beanspruchen (Nutzungsrecht), wie das in Personenunternehmen der Fall ist. Es gilt aber auch dann, wenn durch eine geeignete Unternehmensverfassung für Kapitalgesellschaften Organe (Aufsichtsrat) zur Kontrolle des Verhaltens des Managements (Vorstand) geschaffen werden, die tatsächlich die Verfügungsrechte im Auftrag jener Personen ausüben, denen das Nutzungsrecht zusteht (Aktionäre), und wenn es diesen letzteren durch funktionierende Kapitalmärkte jederzeit möglich ist, ihre Unzufriedenheit mit dem Management durch Abwanderung, also durch Verkauf ihrer Anteile, auszudrücken.

Unter diesen – hier bewußt idealisierten – Bedingungen läßt sich der volkswirtschaftliche Entscheidungsprozeß, aus dem die grundsätzliche Bewältigung des Lenkungsproblems hervorgeht, vereinfacht wie folgt skizzieren, ohne dabei auf die vielfältigen Deformationen einzugehen, denen dieser Prozeß in der Realität oftmals ausgesetzt ist.[7]

B. Ressourcenlenkung bei privaten Gütern

1. Entscheidungsträger und ihre Wissensbasis

Die gesamte Kompetenz zur Entscheidung über die Verwendung der Produktionsfaktoren ist auf eine sehr große Zahl von Entscheidungsträgern, nämlich auf private, gesellschaftliche und öffentliche Haushalte sowie die Unternehmungen, verteilt. Sie alle treffen für ihren jeweiligen Kompetenzbereich Verwendungsdispositionen. Die für diese Entscheidungen re-

7 Vgl. hierzu ausführlich Gernot Gutmann, Volkswirtschaftslehre. Eine ordnungstheoretische Einführung, 5. Aufl., Stuttgart-Berlin-Köln 1993, S. 81 ff.

levanten Informationen werden zu einem großen Teil zwischen den selbständigen Wirtschaftseinheiten im Tauschverkehr vermittelt. Träger solcher Informationen sind die Preise, Angebots- und Nachfragemengen und deren Veränderungen, Lieferfristen und sonstige Markttatbestände, die für die Entscheidungsträger Daten darstellen. Zu diesen Entscheidungsdaten gehören auch die Beschaffenheit jener institutionellen Arrangements, die zusammengenommen die Wirtschaftsordnung ausmachen, sowie die durch sonstige Instrumente der Wirtschaftspolitik bewirkten Umstände (Steuersätze, Mindestreservesätze und so weiter), die gesetzt wurden, um den Ablauf des Wirtschaftsprozesses gegen konjunkturelle und strukturelle Verwerfungen so zu stabilisieren, daß dadurch der Wettbewerbsprozeß gefördert wird. Wichtigstes Handlungsziel der Entscheidungsträger in den Unternehmungen sind Rentabilität des eingesetzten Kapitals und die Erzielung eines Gewinns.

Private Einpersonen- und Familienhaushalte, gesellschaftliche Haushalte wie Vereinigungen, Verbände und sonstige Gemeinschaften sowie öffentliche Haushalte planen als Verbraucher von Konsumgütern Kauf und Verwendung dieser Produkte so, wie es zur Erreichung der jeweils erstrebten individuellen, kollektiven oder politischen Zielsetzungen sinnvoll und notwendig ist. Die Haushalte besitzen unmittelbar Kenntnisse von entscheidungsrelevanten Gegebenheiten. Dazu gehören: ihre derzeitige Vermögensausstattung, die Verwendbarkeit der vielfältigen Konsumgutarten für Zwecke der Zielerreichung, die Höhe ihres laufenden Einkommens und jene rechtlichen, konventionellen und faktischen Gegebenheiten der Wirtschaftsordnung, mit denen sie unmittelbar konfrontiert sind. Für den künftigen Zeitraum, auf den sich ihre Planung erstreckt, hegen sie bezüglich dieser Umstände bestimmte Erwartungen.

In den Unternehmungen auf den verschiedenen Stufen des vertikal und horizontal gegliederten volkswirtschaftlichen Produktionsprozesses werden die Produktionsprogramme aufgestellt. Zu den Entscheidungen über das Produktionsprogramm gehören Dispositionen hinsichtlich der Art, der Menge und der Qualität der zu erzeugenden Güter, des anzuwendenden technischen Verfahrens, des Bedarfs an Arbeitskräften sowie an Roh-, Hilfs- und Betriebsstoffen und deren Beschaffung. Auch die kurzfristige und langfristige Finanzierung des betrieblichen Geschehens und die Investitionstätigkeit sind Gegenstand der Dispositionen des unternehmerischen Produktionsprogramms. Auch die Unternehmungen verfügen unmittelbar über ganz bestimmte Kenntnisse: Sie wissen um die eigenen, derzeit angewandten Produktionstechniken und um die derzeitigen Vorräte an Roh-, Hilfs- und Betriebsstoffen; sie kennen die Zahl und die Qualifikationen der bei ihnen beschäftigten Arbeitskräfte; es sind ihnen die Absatz- und Beschaffungsmärkte, an denen sie als Anbieter von Produkten oder als Nachfrager nach Produktionsfaktoren handeln, üblicherweise vertraut, und sie kennen jene Ordnungstatbestände, mit denen sie ständig unmittelbar konfrontiert werden. Für die Zeitspanne, auf die sich die Entscheidungen der Programmplanung erstrecken, haben die Entscheidungsträger in den Unternehmungen ganz bestimmte Erwartungen hinsichtlich der Beschaffenheit der eben erwähnten Tatbestände.

2. *Entscheidungskoordination durch den Markt*

Der Mechanismus, mit dem im Rahmen einer Marktwirtschaft die dezentralisiert in den vielen Haushalten und Unternehmungen getroffenen Entscheidungen über das wirtschaftliche Geschehen koordiniert werden und der Einsatz von Produktionsfaktoren gelenkt wird, ist der Markt. Jeder Haushalt und jedes Unternehmen befindet sich – bildlich gesprochen – im Schnittpunkt zahlreicher Produkt- und Faktormärkte. Aus den Plänen der Unternehmungen gehen das Angebot von Sachgütern und Dienstleistungen und die Nachfrage nach Faktoren hervor. Aus den Plänen der privaten, gesellschaftlichen und öffentlichen Haushalte ergeben sich die Nachfrage nach Produkten und das Angebot an Produktionsfaktoren. Ist die Summe der Einzelangebote für ein Produkt am Markt kleiner als dessen Nachfrage, dann manifestiert sich in der Mengendifferenz zwischen diesen beiden Größen der derzeitige Knappheitsgrad für dieses Gut. Freilich ist dieser als mengenmäßige Differenz den einzelnen am Markt operierenden Wirtschaftseinheiten in dieser Form gar nicht bekannt. Informationen über den geänderten Knappheitsgrad werden dadurch vermittelt, daß bei der skizzierten Ausgangslage eine Preisveränderung beobachtet werden kann. All jene Marktbeteiligten, die bei ihren ursprünglichen Planansätzen mit einem anderen Preis gerechnet hatten, werden nun darüber informiert, daß der tatsächliche Knappheitsgrad ein anderer ist als der ursprünglich erwartete, und sie werden aufgrund dieser Information zu Anpassungsreaktionen gezwungen.

Durch Korrekturen der Pläne von Anbietern und Nachfragern des eben betrachteten Marktes werden auch die Angebots- und Nachfragemengen auf anderen Produkt- und Faktormärkten verschoben. Es kommt daher letztlich auf allen Märkten als Folge des beschriebenen Anpassungsvorgangs auch zu Preisveränderungen. Diese sind dann Ausdruck für die ebenfalls geänderten relativen Knappheitsgrade all der Produkte, die mittelbar oder unmittelbar von diesen Anpassungsvorgängen berührt werden. Gleiches gilt auch für die Märkte jener Produktionsfaktoren, die von den Unternehmungen in verstärktem Maße nachgefragt werden. Steigen aber die Faktorpreise als Ausdruck eines größer gewordenen Knappheitsgrades, dann erhöhen sich in allen hiervon betroffenen Unternehmungen die Kosten der Produktion. Dies führt zu dem Versuch, die teurer gewordenen Produktionsfaktoren – falls produktionstechnisch möglich und von der Qualität der erzeugten Produkte her vertretbar – durch billigere zu ersetzen. Dazu ist es jedoch häufig erforderlich, neue Fertigungsverfahren anzuwenden. Es kommt daher zu einer ständigen Umlenkung von Ressourcen aus ihren bisherigen Verwendungen in andere, neue Verwendungsrichtungen, zu Verfahrensinnovationen und zur Schaffung neuer Produkte, also zur Umsetzung vorhandenen technisch-organisatorischen Wissens in die Praxis, zur Lösung des Lenkungsproblems.

3. Gewinnstreben und Leistungsmotivation

Zu all diesen Aktivitäten werden die in den privaten Unternehmungen agierenden Entscheidungsträger üblicherweise durch ihr Interesse an Gewinn und Kapitalrentabilität motiviert, also durch die Chance, das Eigentum zu vergrößern. In der gesellschaftspolitischen Diskussion wird aber das Streben nach Gewinn als Motiv unternehmerischen Handelns häufig als etwas moralisch Bedenkliches oder gar Verwerfliches angesehen. »Profitorientiertes Wirtschaften, Profitstreben, Bereicherungssucht«, so lauten häufig die Vorwürfe. Diese ablehnende Haltung gegenüber dem Gewinnstreben wird meistens von der Vorstellung getragen, das Wirtschaften der Menschen habe sich nicht an irgendwelchen materiellen Erfolgsinteressen zu orientieren, sondern am irgendwie verstandenen »Gemeinwohl«. Die Frage, ob es überhaupt möglich ist, daß der wirtschaftende Einzelne, sei er Arbeitnehmer oder sei er Unternehmer, unmittelbar zu erkennen vermag, worin dieses Gemeinwohl eigentlich besteht, zu dessen Verwirklichung er beitragen soll, wird meist gar nicht gestellt. Es ist aber infolge der außerordentlichen Komplexität der interdependenten Wirtschaftsabläufe gar nicht möglich, daß der einzelne das unmittelbar erkennen kann, was als Gemeinwohl verstanden wird. Nur mittelbar läßt sich dies erfassen. Und hierbei spielt eben das Streben nach Gewinn eine entscheidende Rolle. Gewinne und Kapitalrentabilität werden vom erzielten Umsatz und von den Kosten bestimmt. Umsatz und Kosten basieren aber – außer auf den Absatzmengen und den Aufwandsmengen – auf den Preisen der hergestellten Produkte und der eingesetzten Produktionsmittel. Und diese Preise sind Träger von Informationen über Knappheitsgrade. Die von den Preisen abhängigen Erfolgsgrößen Gewinn und Rentabilität stellen somit verdichtete Informationen darüber dar, ob das unternehmerische Handeln und die eingegangenen Risiken volkswirtschaftlich richtig waren oder nicht. Da die bisher tatsächlich entstandenen Gewinne oder Verluste die Zukunftserwartungen der Unternehmer mit beeinflussen, sind sie auch bedeutsam für die Entscheidung, in der Zukunft erneut Risiken einzugehen oder dies nicht zu tun. Die Funktion des Gewinns als Maßstab der einzelwirtschaftlichen Erfolgskontrolle und seine gesamtwirtschaftliche Bedeutung lassen sich bildhaft vergleichen mit einem Radargerät in der Luftfahrt: Der Pilot eines Flugzeugs ist bei Nacht überhaupt nicht in der Lage, den ihn umgebenden Luftraum und den Boden unmittelbar zu sehen. Er hat also nicht die Möglichkeit, sein Handeln durch direkte Beobachtung als richtig oder falsch einzustufen. Über seine Umgebung und seine Position im Raum über dem Boden wird er aber durch Beobachten des Radarschirms mittelbar informiert. Indem er dann seine Steuergeräte entsprechend der Radaranzeige bedient, handelt er sowohl in seinem eigenen Interesse als auch gleichzeitig im Interesse seiner Passagiere (Gemeinwohl) richtig. Für die Bewältigung des volkswirtschaftlichen Lenkungsproblems erfüllt der Gewinn unter Bedingungen des Wettbewerbs ähnlich unverzichtbare Funktionen.

4. Deformationen des Marktgeschehens

Freilich muß auch deutlich gesagt werden, daß es privaten Machtgruppen und staatlichen Instanzen immer wieder gelingt, bereits etablierte Märkte gegen potentielle inländische oder ausländische Wettbewerber zu schließen und so innovatorischen Druck auszuschalten. Instrumente dazu sind prohibitive Einfuhrzölle, Einfuhrverbote oder -kontingentierungen, Investitionsverbote oder lange dauernde Genehmigungsverfahren wie auch Preisbindungen der zweiten Hand, Kartellbildung, Großfusionen, Liefersperren oder Exklusivverträge, Streiks und Aussperrungen und andere Praktiken der privaten Beschränkung von Wettbewerbsfreiheit. In solchermaßen von außen reglementierten oder gegen potentielle Konkurrenz geschützten Märkten wird der Prozeß der Preisbildung zunehmend deformiert, und er verliert seine Grundfunktion, Informationen über die tatsächlichen Grade der Knappheit von Gütern und Faktoren zu vermitteln. Gewinne und Verluste werden auf solchen Märkten – volkswirtschaftlich betrachtet – weitgehend funktionslos. Sie sind vorwiegend nur noch Ergebnis von Macht.

Privateigentum und das Streben nach Kapitalrentabilität und Gewinn haben also nur dann die skizzierten positiven Effekte für die Lösung des volkswirtschaftlichen Lenkungsproblems und damit für einen effizienten Ressourceneinsatz, wenn sie sich mit hinreichendem Wettbewerb verbinden. Dies gilt grundsätzlich für alle Märkte, für Dienstleistungsmärkte nicht weniger als für solche, an denen Sachgüter angeboten und nachgefragt werden.

C. Ressourcenlenkung bei öffentlichen Gütern

Der vorstehend skizzierte Prozeß marktwirtschaftlicher Lenkung des Faktoreinsatzes im Rahmen einer dezentralisierten Entscheidungsstruktur, bei durch Marktsignale vermittelter Informationsgewinnung und bei einer aus den Eigentumsrechten hervorgehenden und auf Gewinninteresse basierenden Motivation des ökonomischen Handelns, spielt freilich nur dort wirklich eine Rolle, wo private Güter hergestellt und umgesetzt werden, bei denen die Möglichkeit besteht, all jene Personen von der Nutzung dieser Sachgüter und Dienstleistungen auszuschließen, die nicht bereit sind, durch das Bezahlen eines Preises ihren Beitrag zu den Kosten zu leisten, die die Herstellung dieser Produkte verursacht hat. Anders liegen die Dinge bei spezifisch öffentlichen und bei meritorischen Gütern,[8] bei denen dieses Ausschlußprinzip nicht anwendbar ist oder nicht angewendet werden soll. Wird durch politische Entscheidung und staatliches Handeln die Sicherheit des Gemeinwesens gewährleistet, dann kann dieses spezifisch öffentliche Gut »Sicherheit« von jedermann genutzt werden, auch von denen, die freiwillig nicht bereit sind, einen Beitrag zu den Verteidigungskosten zu leisten. Es bedarf hier der Steuerhoheit und damit der staatlichen Zwangsgewalt zum Eintreiben von Steuern, um die Finanzierung solcher öffentlicher Güter sicherzustellen. Werden ferner durch politische Entscheidungen Leistungen im Bildungs- oder Gesundheitswesen bereitgestellt, die jedermann nutzen darf, ohne daß der volle Kostenbeitrag eingefordert wird, dann ist auch zur Finanzierung solcher meritorischer Güter die Zwangsgewalt des Staates zum Eintreiben von Steuern unerläßlich. Produzenten von solchen öffentlichen und meritorischen Gütern sind aber keine privaten Unternehmer, sondern politische Gremien und öffentliche Verwaltungseinrichtungen. Die hierbei beobachtbaren Entscheidungs-, Informations- und Motivationsstrukturen weichen jedoch erheblich von jenen ab, die für die Herstellung von privaten Gütern und für das Marktgeschehen beschrieben wurden. Rentabilitäts- und Gewinninteressen spielen als Anreize für Politiker und Verwaltungsbeamte wohl kaum eine entscheidende Rolle. Einer Leistungskontrolle durch Wettbewerber an den Märkten sind sie auch nicht ausgesetzt, da es keinen Markt für diese öffentlichen Güter gibt. In Unternehmungen, in denen private Güter produziert werden, geht fehlerhaftes Wirtschaften unter der Voraussetzung des Wettbewerbs an den Märkten unweigerlich zu Lasten der Erreichung der erstrebten Rentabilitäts- und Gewinnziele. In öffentlichen Verwaltungen hingegen werden wirtschaftlich unzweckmäßige Handlungen nicht notwendig mit Einkommenseinbußen bei jenen Personen geahndet, die Fehlverhalten an den Tag legen. Letzteres geht dann zu Lasten der Allgemeinheit. In öffentlichen Verwaltungen ist Streben nach Wirtschaftlichkeit kei-

8 Meritorische Güter sind solche, die zwar privatwirtschaftlich an Märkten angeboten werden könnten, die aber dennoch der Staat bereitstellt oder bereitstellen läßt, weil kostendeckende Marktpreise bewirken würden, daß diese Güter in einem als zu gering erachteten Umfang oder nur von bestimmten Schichten der Bevölkerung nachgefragt würden.

neswegs eine dominierende Verhaltensweise. Hingegen spielen Ziele wie Budgetmaximierung, Gewinnung von Prestige und Bequemlichkeit eine wichtige Rolle.
Trotz der Verschiedenartigkeit der Entscheidungsteilprozesse, die der Produktion von privaten und von öffentlichen Gütern im Rahmen einer privatwirtschaftlichen Marktwirtschaft zugrunde liegen, sind sie miteinander verzahnt und bilden in dieser Verknüpfung den tatsächlichen Entscheidungsprozeß, aus dem die konkrete Lösung des Lenkungsproblems und damit die Effizienz der gesamten Wirtschaft erwächst.

III. Lösungsversuche in der zentralgeleiteten Wirtschaft

A. Zum Effizienzbegriff

Dient im Rahmen einer marktwirtschaftlichen Ordnung der gesamte Wirtschaftsablauf und der ihm zugrundeliegende Prozeß der Entscheidung über den Einsatz und die Lenkung von Produktionsfaktoren letztlich dem Zweck, daß die wirtschaftenden Menschen ihre jeweils eigenen Zielsetzungen verfolgen und möglichst umfassend verwirklichen können, ohne daß sie dabei gezwungen werden, politisch gesetzten »übergeordneten« Zwecken zu dienen, so ist dies in einer zentralgeleiteten Wirtschaft fundamental anders. Infolge der zentralisierten Planung des Wirtschaftsprozesses und seiner Lenkung und Kontrolle durch bürokratische Instanzen waren in den Zentralverwaltungswirtschaften des Ostens die Spitzengremien der herrschenden Partei und des Staates die wirklichen Subjekte des Wirtschaftens. Die Konzentration wirtschaftlicher Planungs- und Leitungsmacht in der Hand einer politischen Führungselite hatte – wegen der Interdependenz zwischen der Wirtschaftsordnung und den anderen Bereichen der Gesellschaftsordnung – zur Folge, daß sich dieses Machtmonopol nicht nur auf die Wirtschaft, sondern auch auf alle Lebensbereiche erstreckte.

Von diesem Umstand her betrachtet, wird für eine Zentralverwaltungswirtschaft der Begriff der Effizienz des Ressourceneinsatzes doppeldeutig. Die Tatsache nämlich, daß das gesamte wirtschaftliche Geschehen von oben her geplant wurde, ermöglichte es grundsätzlich, jene Güter mit Vorrang herstellen zu lassen, die entsprechend den Präferenzen der politischen Führungsspitze von besonderer Bedeutung waren. Die individuellen Ziele der Bürger ließen sich dann lediglich in jenem Umfang durch Bereitstellung von Konsumgütern verwirklichen, als dies der politischen Führung – aus welchen Motiven auch immer – opportun erschien. Diese Konkurrenz zwischen den politisch gesetzten und in den Produktionsplänen enthaltenen Zielen der Führungselite und den individuellen Zielen der Bürger brachte dann schon deshalb Versorgungsmängel für die Bevölkerung mit sich, weil ein bestimmter Teil des Bestandes an Produktionsfaktoren vorrangig zur Herstellung solcher Produkte verwendet wurde, die bei der politischen Führung des Landes Priorität genossen. Erachtete es diese Führungsspitze – weil ihr andere politische Ziele wichtiger waren – als nicht erwünscht oder als unwichtig, daß die Bürger des Landes räumliche Entfernungen in technisch komfortablen Personenwagen überwinden, miteinander in breitem Umfang in Kommunikation treten und in intakten Gebäuden mit modern ausgestatteten Wohnungen leben, dann mußte man auf ein neues Auto mit veralteter Technik mehr als ein Jahrzehnt warten, wurde das Telefonnetz nicht leistungsfähig ausgebaut und verfiel die Bausubstanz von Wohnhäusern. Die Grundfunktion einer zentralgeleiteten Wirtschaft besteht eben darin, die Macht einer politischen Kaste zu sichern, und nicht primär darin, Wohlstand für die Bevölkerung hervorzubringen. Eine Zentralverwaltungswirtschaft ist deshalb in erster Linie dann effizient, wenn es gelingt, den Einsatz der vorhandenen Bestände an Produktionsfaktoren so zu lenken, daß dadurch die gegenwärtig verfolgten und die zukünftigen Ziele dieser politischen Entscheidungszentrale so weitgehend wie möglich realisiert werden. Nur in einem nachgeordneten Verständnis ist hier der Effizienzbegriff mit Bezug auch auf die individuellen Ziele der Bürger brauchbar. Ein direkter Effizienzvergleich zweier Volkswirtschaften mit etwa gleicher Faktorenausstattung, aber fundamental unterschiedlicher Wirtschaftsordnung, der mit Hilfe von Indikatoren des Lebensstandards der Menschen durchgeführt wird, hat deshalb nur sehr begrenzte Aussagefähigkeit, weil eben die Grundfunktion einer Marktwirtschaft völlig verschieden ist von der einer Zentralverwaltungswirtschaft.

Der Aufbau der früheren zentralverwaltungswirtschaftlichen Ordnung in den ost- und südosteuropäischen Ländern und der Prozeß der Entscheidung über die Ressourcenlenkung, mit dessen Hilfe die Bewältigung des Lenkungsproblems versucht wurde, läßt sich wie folgt skizzieren.

B. Ressourcenlenkung durch administrativ-zentrale Planung

1. Elemente der Wirtschaftsordnung

Bei der zentralen Planung des Wirtschaftsprozesses handelte es sich um den Versuch, auf verwaltungsmäßigem Wege Art, Zusammensetzung, Umfang und Verwendung der Güterproduktion für jeweils eine bestimmte Zeitperiode (zum Beispiel ein Jahr) zentral festzulegen. Integraler Bestandteil der zentralen Planung war auch das Geld- und Finanzsystem, welches das Währungswesen, das Staatsbudget, das Kreditsystem, das Versicherungssystem einschließlich der Sozialversicherung, die Valutabeziehungen zum Ausland sowie die Finanzen der sozialistischen Betriebe umfaßte. Vermittels der sogenannten »Bilanzierungsmethode« und einer mehrstufig gegliederten, hierarchisch gestalteten Wirtschaftsadministration versuchte man, den Wirtschaftsablauf auf die Ziele hin auszurichten, die von den politischen Entscheidungsträgern festgelegt und formuliert wurden. Man hatte es also mit einer hierarchisch zentralisierten und weitgehend konzentrierten volkswirtschaftlichen Entscheidungsstruktur zu tun.

Komplement dieser zentralen Planung war das Rechtsinstitut des Kollektiveigentums an den sachlichen Produktionsmitteln. Als Ergebnis von Enteignungen wurde staatliches Eigentum (Volkseigentum) geschaffen und oft für bestimmte Branchen der Wirtschaft, insbesondere die Industrie, als einzig zulässige Eigentumsform von der Verfassung vorgeschrieben. Daneben wurde – vor allem in der Landwirtschaft und im Handwerk – auch kollektives Gruppeneigentum in der Form sozialistischer Genossenschaften zugelassen. Privateigentum an den Produktionsmitteln wurde – sieht man von der weitgehend in privatem Eigentum verbliebenen Landwirtschaft in Polen ab – nur in sehr beschränktem Umfang geduldet.

Preise für die Produkte und Produktionsfaktoren bildeten sich – sieht man von illegalen Tauschhandlungen ab – nicht auf Märkten, sondern sie wurden von Preisgenehmigungsbehörden staatlich festgelegt. Preise hatten daher nicht die gleichen Funktionen der Vermittlung von Informationen für die Entscheidungsträger und eines Instruments der Koordination von Plänen wie in Marktwirtschaften.

Die Außenwirtschaft unterlag vielfältigen Regulierungen. Zieht man die diesbezüglichen Verhältnisse der einstigen DDR als Beispiel heran, dann läßt sich sagen, daß die Außenwirtschaft durch Verfassungsgebot einem staatlichen Außenwirtschaftsmonopol unterlag, welches ein Außenhandelsmonopol, ein Valutamonopol sowie ein Außenhandelstransportmonopol umfaßte. Von Ausnahmen abgesehen, war den Betrieben der direkte Kontakt mit den ausländischen Partnern untersagt. Nur spezialisierte Außenhandelsbetriebe hatten hierzu die Erlaubnis, und sie waren dabei der umfassend geplanten und organisierten staatlichen Lenkung unterworfen.

2. *Planauflagen und Verhaltensstimulierung*

Zwischen den verschiedenen Ebenen der Planungshierarchie gab es einen auf- und absteigenden Fluß von Informationen, die vorwiegend in Kennziffern enthalten waren. Den Betrieben wurden durch Vermittlung der Mittelinstanzen der Planung Mengen- und Wertkennziffern über Produktion und Leistung, den Absatz, die Verwendung von Roh-, Hilfs- und Betriebsstoffen, den Einsatz von Arbeitskräften, die Investitionen, die Kostengestaltung, den zu erzielenden Gewinn und die Art der Finanzierung vermittels von Plankennziffern vollzugsverbindlich vorgeschrieben. Und sie meldeten die Erfüllung solcher Planauflagen durch Abrechnungskennziffern an die zentralen Instanzen zurück. Man hatte es also mit einer Informationsstruktur zu tun, die durch verwaltungsmäßige Kommunikationswege und auch dadurch gekennzeichnet war, daß sich in den meisten Fällen Absender und Empfänger von Informationen gegenseitig kannten. Mit der mittelbaren und weitgehend anonymisierten Vermittlung von Informationen über Märkte hatte diese Art der Informationsgewinnung und Wissensnutzung nichts gemein.

Die politischen Entscheidungsinstanzen versuchten, die in den Betrieben tätigen Menschen sowohl durch sozialpsychologisch wirkende Formen der Leistungsstimulierung als auch durch Formen der materiellen Stimulierung zu jenem Leistungsverhalten zu bewegen, das notwendig war, um die Produktionspläne zu erfüllen und dadurch die politisch gesetzten Ziele des Wirtschaftens zu erreichen. Zu den erstgenannten Formen der Stimulierung zählten die Verleihung von Auszeichnungen und Ehrentiteln (Held der Arbeit) sowie die Präsentation von bewährten Mitarbeitern in den Medien. Zu den Anreizen der persönlichen materiellen Interessiertheit zählten Lohnzuschläge für die Erfüllung und Übererfüllung individuell zugewiesener Normen und Planauflagen sowie die Gewährung von Prämien aus dem betrieblichen Prämienfonds, die speziell für individuelle Leistungen gewährt wurden. Da Planerfüllung oder -übererfüllung mit Leistungsprämien belohnt, Nichterfüllung von Planauflagen hingegen durch den Verlust von Prämien sanktioniert wurde, wurde Prämienmaximierung zum Erfolgsziel der im kollektiven Eigentum befindlichen Betriebe; sie prägte in hohem Maße die volkswirtschaftliche Motivationsstruktur.

C. Systeminterne Defekte

1. Informations- und Motivationsdefizite

Die administrativ-zentrale Planung des volkswirtschaftlichen Geschehens bewirkte jedoch in Verbindung mit dem kollektiven Eigentum an den sachlichen Produktionsmitteln und den erwähnten Formen der Leistungsstimulierung entscheidende Defekte im ökonomischen Verhalten. Anders formuliert: Die zentralverwaltungswirtschaftliche Ordnung und die von ihr geprägten Entscheidungs-, Informations- und Motivationsstrukturen bewirkten eine nur sehr unbefriedigende Lösung des Lenkungsproblems. Infolgedessen konnte diese Ordnung im Laufe der Zeit ihre Grundfunktion nicht mehr zureichend erfüllen, die politische Macht der Führungselite zu gewährleisten. Sie war also nicht genügend effizient. Gleichzeitig erbrachte sie auch nur sehr bescheidene Ergebnisse hinsichtlich der Versorgung der Bevölkerung mit Gütern verschiedenster Art, so daß sich die individuellen Ziele der Bürger ebenfalls nur unzulänglich verwirklichen ließen. Die Zentralverwaltungswirtschaft erwies sich auch in diesem Verständnis als wenig effizient.
Der Grund dafür waren schwere Mängel im Bereich der Informationsgewinnung und -nutzung sowie in der Leistungsmotivation. Den zentralen Planungsinstanzen fehlte für ihre Planungsarbeit vielfach das erforderliche Wissen über die konkreten produktionstechnischen und finanziellen Möglichkeiten der Betriebe, deren faktischen Bestand an Vorprodukten, die tatsächliche Leistungsfähigkeit der Anlagen und den wirklichen Bedarf an Arbeitskräften. Um ihr diesbezügliches Wissensdefizit abzubauen,

waren die Planungsinstanzen genötigt, entsprechende Informationen aus den Betrieben zu gewinnen. Hierbei gab es aber ein doppeltes Problem:

– Da die Planungsgremien zumindest teilweise nicht wissen konnten, über welche Kenntnisse die in den Betrieben tätigen Menschen tatsächlich verfügten, konnten die auf Informationsgewinnung ausgerichteten Meldeanforderungen nicht genügend präzisiert werden. Da andererseits die Betriebsangehörigen oft nicht wußten, welche Informationen für die zentralen Instanzen bedeutsam waren, wurde das von oben her nicht abgefragte Wissen auch nicht abgegeben. Da zudem über die verschiedenen Hierarchiestufen hinweg der tatsächliche Informationsfluß immer wieder aggregiert beziehungsweise disaggregiert werden mußte, waren systematische Informationsverzerrungen unvermeidbar. Schon aus diesen Gründen war die Wissensbasis, die der administrativ-zentralen Planung zugrundelag, defizitär.

– Da das in den Betrieben arbeitende Management und die Belegschaften an Prämienerzielung interessiert waren, wobei Prämien grundsätzlich dann gewährt wurden, wenn Planvorgaben erfüllt oder übererfüllt wurden, waren die Betriebe an »weichen« Plänen interessiert. Das geeignete Instrument zur Erreichung solcher »weicher« Planauflagen war die Falschinformation der Planungsinstanzen über die tatsächliche Leistungsfähigkeit des Betriebes. Sie war deshalb möglich, weil den Planungsinstanzen eben vielfach das Wissen um wichtige betriebliche Fakten fehlte. Theoretisch formuliert: Man hatte es mit einer asymmetrischen Verteilung von Wissen bei der Entscheidungszentrale (*principal*) und den Betrieben (*agents*) zu tun.

Der Wille in den Betrieben, vorhandenes Wissen durch geeignete Informationen an die Planungs- und Leitungsgremien abzugeben, war begrenzt. Die Weitergabe solchen Wissens brachte ja die Gefahr mit sich, daß die Organe der Wirtschaftsplanung dieses Wissen dann dazu benutzen würden, den Betrieben »harte« Planauflagen zu erteilen, die nur unter großer Anstrengung zu erfüllen oder überzuerfüllen waren. Die betriebliche Strategie der Prämienmaximierung, welche Ergebnis der ordnungsbedingten Motivationsstruktur war, bewirkte interessenbedingte Informationsverfälschung.

Die Strategie der Prämienmaximierung nötigte die Betriebe auch zu dem Versuch, Produkt- und Verfahrensinnovationen, also dem technischen Fortschritt, nach Möglichkeit auszuweichen. »Die Einführung technisch verbesserter oder neuer Produkte, die technische Entwicklung selbst, die Umorganisierung der Produktionsbasis innerhalb des Jahres et cetera, alle diese Schritte halten den Betrieb bei der unmittelbaren (jährlich geplanten) Steigerung der Quantität der Produktion auf. Um also den Plan in der Quantität zu erfüllen, mußte der Direktor versuchen, allem auszuweichen, was ihn bei den rein quantitativen Entwicklungen bremsen würde. Er kann später noch so glaubwürdig argumentieren, daß er den Plan nicht erfüllt hätte, weil er neue Produkte oder organisatorische Änderungen eingeführt habe et cetera, das wird ihm niemand abnehmen, denn das entscheidende Kriterium ist und bleibt die Planerfüllung.«[9]

Weil die Gewährung von Leistungsprämien nicht an tatsächliche ökonomische Leistungen geknüpft war – an besonders sparsamen Ressourcenverbrauch, an rentable Produktion und an technischen Fortschritt –, sondern an den Nachweis der Planerfüllung, also letztlich von der mengenmäßigen Differenz zwischen Plankennziffern und Ist-Größen der Planerfüllung abhing, erwies sich die in der volkswirtschaftlichen Motivationsstruktur begründete Politik der »weichen« Pläne zwar vielfach als eine, einzelwirtschaftlich gesehen, rationale betriebliche Strategie. Sie war aber nicht geeignet, Effizienz des Ressourceneinsatzes im Interesse der politischen Führung zu bewirken. »Die vielfach geradezu grotesken Erscheinungsformen dieser betrieblichen Planerfüllungsstrategie sind Ausdruck des Widerspruchs zwischen betrieblichen Erfolgsinteressen und dem Gesamtinteresse an der Knappheitsminderung oder zwischen den einzelwirtschaftlichen Rationalitätsbestrebungen und den Erfordernissen der gesamtheitlichen Rationalität. Bei der ordnungspolitischen Konstellation: zentrale Planung, Planauflagen, Planerfüllungs- und Prämienprinzip werden die betrieblichen Erfolgsinteressen ökonomisch geradezu pervertiert.«[10]

9 Ota Šik, Argumente für den dritten Weg, Hamburg 1973, S. 74 f.

10 K. Paul Hensel, Das Profitprinzip – seine ordnungspolitischen Alternativen in sozialistischen Wirtschaftssystemen, in: K. Paul Hensel, Kurt Wessely und Ulrich Wagner, Das Profitprinzip – seine ordnungspolitischen Alternativen in sozialistischen Wirtschaftssystemen, Stuttgart 1972, S. 17.

2. *Fehlverhalten infolge von Kollektiveigentum*

Zur Schwächung der Effizienz zentralgeleiteter Wirtschaften trug – in Verbindung mit den übrigen Ordnungselementen – vor allem auch das kollektive Eigentum an den Produktionsmitteln bei.[11] Ein Charakteristikum der Eigentumsordnung in den ost- und südosteuropäischen Zentralverwaltungswirtschaften war eine ökonomisch problematische Spezifizierung von Eigentumsrechten. Da private Eigentumsrechte nur als Randerscheinung geduldet wurden, mußten Verfügungs- und Nutzungsrechte staatlichen Instanzen zugeordnet werden. Dabei ergab sich als Konstruktionsdefekt eine Trennung von Verfügungs- und Nutzungsrechten. Die Leiter staatlicher Planungsorgane (Staatliche Plankommission, Ministerien, regionale Planungsinstanzen) waren mit beträchtlichen Rechten dahingehend ausgestattet, über den Gebrauch der Produktionsmittel zum Zwecke der Realisierung politisch gesetzter Ziele zu disponieren, also Verfügungsrechte auszuüben. Sie hatten zu entscheiden, welches Produktionsprogramm in den Betrieben aufzulegen war, welche Verfahren angewendet, welche Vorleistungen eingesetzt und ob, in welchem Umfang und wo Investitionen oder Desinvestitionen vorgenommen werden sollten. Aus diesen Plandispositionen, also aus dieser Ausübung von Verfügungsrechten, erwuchs dann ein bestimmtes Wirtschaftsergebnis, das sich – finanziell gesehen – in Verlusten und Gewinnen der Betriebe äußerte. Unbeschadet des Umstandes, daß solche Gewinne oder Verluste schon wegen der staatlichen Festsetzung der Preise keineswegs jene ressourcenlenkende Bedeutung haben konnten wie in einer Marktwirtschaft, ist doch festzuhalten, daß sie nicht jenen Personen zufielen, welche die Verfügungsrechte ausübten, sondern im wesentlichen mit dem Staatshaushalt verrechnet wurden, dem das so zu verstehende Nutzungsrecht zufiel. Deshalb konnte sich bei den Leitern der Planungs- und Leitungsinstanzen kaum ein Interesse daran entwickeln, daß die ihnen zugeordneten Betriebe rentabilitäts- und kostenbewußt arbeiteten.[12]

11 Vgl. Helmut Leipold, Das Eigentumsproblem in der Transformationspolitik, in: derselbe (Hrsg.), Privatisierungskonzepte im Systemwandel. Arbeitsberichte zum Systemvergleich der Forschungsstelle zum Vergleich wirtschaftlicher Lenkungssysteme der Philipps-Universität Marburg, Nr. 16 (Juni 1992), S. 3 ff.

12 Vgl. Leipold, Das Eigentumsproblem in der Transformationspolitik, a. a. O., S. 4.

IV. Versuch eines quantitativen Effizienzvergleichs

A. Grundsätzliche und statistische Meßprobleme

Versucht man, einen Effizienzvergleich zwischen einer konkreten zentralgeleiteten Wirtschaft und einer konkreten Marktwirtschaft anhand quantitativer Größen durchzuführen, dann stößt man auf allergrößte Schwierigkeiten. Wegen der bereits erläuterten Unterschiede in den Grundfunktionen, welche die Wirtschaften der beiden Ordnungstypen zu erfüllen haben, müßte eigentlich festgestellt werden, in welchem Umfang der Faktoreinsatz – der üblicherweise quantitativ und qualitativ verschiedenartig ist – im einen Fall dazu beigetragen hat, die Ziele der politischen Führung des Landes, und im anderen Falle, die der Staatsbürger zu verwirklichen. Da jedoch alle diese Zielsetzungen subjektiver Bewertung unterliegen und die Intensität der Zielrealisation weder kardinal meßbar noch interpersonell vergleichbar ist, ist diese Art eines Effizienzvergleichs nicht leistbar. Man kann nur punktuell, anhand einiger mehr oder weniger willkürlich herausgegriffener Indikatoren, einen gewissen Eindruck davon zu vermitteln suchen, wie unterschiedlich die Effizienzgrade wohl sein könnten. Das ist zwar wissenschaftlich nicht sehr befriedigend, aber zumindest nicht anmaßend.

Da sich in der Zeit nach dem Zweiten Weltkrieg auf deutschem Boden sowohl eine zentralgeleitete Wirtschaft als auch eine Marktwirtschaft herausgebildet hatten, liegt es nahe, einer solchen Illustration der unterschiedlichen Effizienz Daten aus diesen beiden Volkswirtschaften zugrunde zu legen. Aber selbst hier steht man vor erheblichen statistischen Problemen.[13] Die Vergleichbarkeit der benutzten Daten wird schon dadurch erschwert, daß die in den Statistiken verwendeten Definitionen, Begriffe und Abgrenzungen oft nicht einheitlich waren, aber vor allem auch dadurch, daß es ein Bewertungsproblem gibt. Da Gütermengen vermittels von Preisen bewertet werden müssen, ist zu berücksichtigen, daß die

13 Vgl. Bundesministerium für innerdeutsche Beziehungen, Materialien zum Bericht zur Lage der Nation im geteilten Deutschland 1987, Bonn 1987, S. 250 f.

D-Mark eine international konvertible Währung war und ist und sich die Preise der Güter hier überwiegend an international offenen Märkten bilden, wohingegen die Mark der DDR – wie auch die Währungen der übrigen Länder des ehemaligen Rates für gegenseitige Wirtschaftshilfe – eine reine Binnenwährung war und die Güterpreise staatlich und national festgesetzt wurden. Es ist daher nicht ohne weiteres möglich, die in den jeweiligen Währungseinheiten ausgedrückten statistischen Wertgrößen miteinander zu vergleichen. Hier sind mit Unsicherheit behaftete Schätzungen erforderlich. Gleichwohl soll versucht werden, anhand von drei Größen ein Vergleichsbild zu skizzieren, nämlich anhand

- der Arbeitsproduktivität,
- der Einkommen privater Haushalte und
- der Versorgung der Bevölkerung mit bestimmten Konsumgütern.

B. Vergleich von Einzelindikatoren

1. Arbeitsproduktivität

Ein grundsätzlich sicherlich aussagefähiger Indikator für die Effizienz einer Wirtschaft ist die Arbeitsproduktivität, also das Verhältnis zwischen erzeugtem Gütervolumen und den dafür eingesetzten Arbeitseinheiten. Nach Schätzungen des Deutschen Instituts für Wirtschaftsforschung in Berlin[14] aus dem Jahre 1986/87 belief sich die Arbeitsproduktivität in der Industrie der DDR insgesamt im Jahre 1983 auf 47 Prozent des Niveaus der Bundesrepublik, wobei berücksichtigt wurde, daß in den beiden Teilen Deutschlands unterschiedliche Arbeitszeiten galten. In den einzelnen Industriezweigen schwankte dieser Prozentsatz, bezogen auf das Niveau der westdeutschen Arbeitsproduktivität, zwischen 65 Prozent in der Wasserversorgung und 41 Prozent in den Bereichen Energiewirtschaft und Kohlenbergbau, Steine und Erden sowie Nahrungs- und Genußmittelgewerbe.

Nun bieten freilich derartige quantitative Aussagen leicht Anlaß zu Fehlinterpretationen der tatsächlichen Situation. Geht man von der Vorstel-

14 Vgl. Bundesministerium für innerdeutsche Beziehungen, a. a. O., S. 4.

lung aus, daß eine Volkswirtschaft dann effizient ist, wenn der begrenzt gegebene Ressourcenbestand so genutzt wird, daß mit seiner Hilfe der Quantität und der Qualität nach möglichst viele solcher Güter entstehen, die den Bürgern mittelbar und unmittelbar ein hohes Maß an Verwirklichung ihrer jeweiligen Ziele der Lebenserhaltung und der Lebensgestaltung ermöglichen, dann stoßen Arbeitsproduktivitätsvergleiche zwischen Ländern mit so grundsätzlich verschiedener Wirtschaftsordnung – worauf hier nochmals hingewiesen werden soll – auf das Problem, daß in einer Marktwirtschaft die Individuen die bewertenden Wirtschaftssubjekte sind, in einer zentralgeleiteten Wirtschaft dagegen politische Spitzengremien. Selbst wenn die statistisch-neutrale Meßgröße der durchschnittlichen Arbeitsproduktivität in zwei solchen Ländern den gleichen rechnerischen Wert hätte, wäre die gesamtwirtschaftliche Produktivität des Ressourceneinsatzes und damit die Effizienz der Wirtschaft deshalb noch keineswegs gleich. Nach aktuellem Berechnungsstand belief sich die gesamtwirtschaftliche Arbeitsproduktivität je Stunde in Ostdeutschland im vierten Quartal 1990 – also unmittelbar nach der Wiedervereinigung Deutschlands – auf etwa 30 Prozent des westdeutschen Niveaus.[15] Im Vergleich mit Westdeutschland war also die Effizienz des Ressourceneinsatzes der zentralgeleiteten Wirtschaft der DDR sehr schlecht. Daß sich dieses Urteil nicht auf eine Momentaufnahme stützt, beweist der Umstand, daß die Arbeitsproduktivität in der Industrie der DDR schon für 1970 nur auf 48 Prozent der westdeutschen geschätzt wurde.[16]

2. *Einkommen privater Haushalte*

Finanzielle Grundlage für den laufenden Kauf von Konsumgütern, mit deren Hilfe private Haushalte ihre jeweiligen Ziele verwirklichen können, ist ihr Einkommen, das als Arbeitseinkommen, als Besitzeinkommen oder als Einkommen aus öffentlicher Übertragung entsteht. In der Bundesrepublik ist das durchschnittliche Nettoeinkommen der privaten Haushalte von monatlich 1 570 DM im Jahre 1970 auf 3 470 DM im Jahre 1983 angestie-

15 Vgl. Franz Josef Link, Lohnpolitik in Ostdeutschland aus ökonomischer und sozialer Perspektive, in: Institut der deutschen Wirtschaft, Köln, Beiträge zur Wirtschafts- und Sozialpolitik, Nr. 207, Köln 1993, S. 8 f.
16 Vgl. Bundesministerium für innerdeutsche Beziehungen, a. a. O., S. 392.

gen, es hatte sich also in dieser Zeitspanne nominal mehr als verdoppelt. Das gilt auch dann, wenn man die Einkommen der Arbeitnehmerhaushalte gesondert betrachtet. In der DDR hingegen hatte sich das Haushaltseinkommen von monatlich 1025 Mark im Jahre 1970 auf durchschnittlich 1620 Mark im Jahre 1983 erhöht, also um rund 60 Prozent.[17] Rein nominell betrachtet war also die Einkommensentwicklung westdeutscher Haushalte wesentlich besser als die der ostdeutschen. Allerdings ist ein solcher Nominalvergleich, wenn er etwas über Unterschiede in der Effizienz von Volkswirtschaften aussagen soll, sehr problematisch, weil die Preisbildung für die Güter eine jeweils ganz andere war und auch das Preisniveau völlig unterschiedlich sein konnte, die Kaufkraft des Einkommens also prinzipiell differieren mußte. Ein etwas realistischeres Bild erhält man dann, wenn die Haushaltseinkommen in beiden Volkswirtschaften um Kaufkraftunterschiede bereinigt werden. Die Nominaleinkommen der Arbeitnehmerhaushalte lagen 1970 in der DDR um ein Drittel unter denen in der Bundesrepublik. Wegen der niedrigen Kaufkraft der Mark der DDR im Vergleich mit der D-Mark war dieser Abstand real noch etwa um 10 Prozentpunkte größer. Nach 1970 hatten zwei Umstände besonderen Einfluß auf die Entwicklung der realen Einkommen in den beiden Teilen Deutschlands: In der Bundesrepublik stiegen die Nominaleinkommen schneller an als in der DDR, jedoch veränderte sich die Kaufkraftparität zugunsten der Mark der DDR. Entscheidend war jedoch das Wachstum des Nominaleinkommens, welches die relative Kaufkraftverbesserung der Mark der DDR überkompensierte. »Die Schere zwischen den Einkommen öffnete sich sowohl nominal als auch real weiter. Der Abstand erhöhte sich (nominal und real) bis zu Beginn der achtziger Jahre auf rund 55 Prozent . . . Über den gesamten Zeitraum betrachtet, hat sich das Einkommensgefälle zwischen der Bundesrepublik und der DDR weiter vergrößert.«[18]

17 Vgl. Bundesministerium für innerdeutsche Beziehungen, a. a. O., S. 499.
18 Bundesministerium für innerdeutsche Beziehungen, a. a. O., S. 504.

3. Versorgung der Bevölkerung

Vergleicht man die Versorgung der Bevölkerung der DDR und der Bundesrepublik mit Gütern des täglichen Bedarfs, dann lassen sich sowohl Gleichartigkeiten wie auch signifikante Unterschiede feststellen.[19] Der mengenmäßige Pro-Kopf-Verbrauch an Nahrungs- und Genußmitteln entsprach in der DDR im großen und ganzen jenem in der Bundesrepublik. Eine Ausnahme hiervon bildete jedoch der Verbrauch von Südfrüchten und von anderen Importen. Hier war das reguläre Angebot äußerst bescheiden. Preise für bestimmte Grundnahrungsmittel – so für Brot, Gemüse, Kartoffeln, Fleisch und Fisch, Milch, Käse, Zucker und Obst – wurden durch beträchtliche Subventionen aus dem Staatshaushalt sehr niedrig gehalten. Die Mieten für Altbauwohnungen wurden auf dem Niveau des Jahres 1936 eingefroren, und sie blieben für Neubauwohnungen seit den fünfziger Jahren praktisch unverändert. Die Folge davon war, daß notwendige Reparaturen unterblieben, die Wohngebäude sich in einem äußerst schlechten Zustand befanden und Bausubstanz verfiel. Strom, der öffentliche Nahverkehr sowie andere Dienstleistungen wurden ebenfalls subventioniert. Hingegen fand man in den Delikat- sowie in den Exquisit-Läden verfeinerte Lebensmittel und hochwertige Textilien sowie Lederwaren zu Preisen, die drei- bis viermal so hoch waren wie die Preise der einfachen Produkte. Bestimmte Erzeugnisse aus westlicher Produktion waren gegen konvertible Währung in den Intershops zu erwerben.

Ein generelles Problem war die Versorgung der DDR-Bevölkerung mit industriell gefertigten Konsumgütern. Um ein neues Auto mit wenig ansprechender Technik zu kaufen, bedurfte es einer Wartezeit von zwölf bis 15 Jahren. Es herrschte ansonsten Massenware vor. Darüber hinaus gab es immer wieder Probleme bei der räumlichen Verteilung des Konsumgüterangebotes. Engpässe bei Reparaturleistungen und Ersatzteilen waren an der Tagesordnung. Was die Ausstattung der privaten Haushalte mit langlebigen Konsumgütern betrifft, so vermitteln die folgenden Kennziffern ein bezeichnendes Bild:

19 Vgl. Gernot Gutmann, Die Wirtschaft der DDR: Situationsdiagnose, in: Volkswirtschaftliche Korrespondenz der Adolf-Weber-Stiftung, Nr. 3, München 1990, sowie die dort genannten Quellen.

– In der DDR verfügten von 100 privaten Haushalten nur 16 über ein Telefon; in der Bundesrepublik waren es 93.
– Von 100 Haushalten in der DDR verfügten 43 über ein Gefriergerät; in der Bundesrepublik waren es hingegen 70.
Daß dabei auch noch hinsichtlich der Güterqualität erhebliche Unterschiede bestanden, sei am Rande bemerkt. Grundsätzlich ist festzustellen, daß der Standard der langlebigen Haushaltsgüter in der DDR hinsichtlich ihrer technischen Ausstattung, des Bedienungskomforts, der Reparaturanfälligkeit und des Energieverbrauchs vergleichsweise niedrig war.

C. Schlußbemerkung

Ergänzt man diese Ziffern noch durch den Hinweis, daß in der DDR im Vergleich zur Bundesrepublik Deutschland
– kaum Produkte erzeugt wurden, die an den westlichen Weltmärkten wettbewerbsfähig waren,
– sich die Infrastruktur – also das Kommunikations- und das Transportwesen – in einer desolaten Verfassung befand
– und das Wirtschaftssystem insgesamt zunehmend nicht mehr in der Lage war, seine eigentliche Grundfunktion zu erfüllen, nämlich die Macht der politischen Kaste zu sichern,
dann wird – auch wenn sich das nur schwer und unvollkommen quantifizieren läßt – recht deutlich, daß die Effizienz einer zentralgeleiteten Wirtschaft gegenüber jener einer Marktwirtschaft beträchtliche Defizite aufweist, selbst dann, wenn man typische Funktionsprobleme von Marktwirtschaften, wie Kaufkraftverluste durch Inflation sowie Beschäftigungsprobleme aus konjunkturellen und strukturellen Ursachen, in die Betrachtung einbezieht.

Summary

The difference in the efficiency of market economies and centrally administered economic systems is due to the specific ways in which either system attempts to deal with basic circumstances and problems of economic activity. Important aspects and questions are, how those who make economic decisions acquire the information needed in order to ensure efficient use of the available resources, and how these persons can be motivated to maximize their performance.

The basic function of a market economy consists in regulating the utilization of limited productive factors in such a way that its members are enabled to realize their economic objectives to the highest possible degree – in other words, that scarcity be reduced. The better this is being achieved within the framework of the institutional arrangements of a society (its "economic order"), the more efficient will be the economic process.

The basic function of a centrally administered economy is a different one. Here, the aim is to ensure maximum realization of objectives prescribed by a group of political leaders. The extent to which the population will be able or unable to realize individual objectives becomes a political goal whose importance is being determined by the political leaders at the top. Accordingly, the efficiency of resource utilization within such a system has to be reviewed in terms of the respective politically stipulated objectives. In doing so, we find that central administration of an economy causes deficiencies in the behavior of those engaged in economic activity since its system of procuring and applying pertinent information is inadequate, and the motivation of the work force does not ensure sufficiently efficient resource allocation. This explains why the centrally administered economies of eastern and southeastern Europe have ultimately failed to accomplish their basic function.

If we endeavor to compare the efficiency of the two types of economic systems in quantitative terms, taking East and West Germany as examples, we are being confronted with both fundamental and statistical problems. It is, however, possible to ascertain that the efficiency of resource allocation in the centrally administered economy of the former German Democratic Republic – as measured in terms of labor productivity, individual income, and goods and services available to the population – has been considerably inferior to that of the market economy of the western Federal Republic of Germany.

Literaturverzeichnis

Böhm, Franz, Die Aufgaben der freien Marktwirtschaft, München 1951.

Böhm, Franz, Der Rechtsstaat und der soziale Wohlfahrtsstaat, in: Grundsatzfragen der Wirtschaftsordnung. Ein Vortragszyklus, veranstaltet von der Wirtschafts- und Sozialwissenschaftlichen Fakultät der Freien Universität Berlin, Sommersemester 1953, Berlin 1954, wieder abgedruckt in: Ernst-J. Mestmäcker (Hrsg.), Franz Böhm. Reden und Schriften, Karlsruhe 1960.

Bössmann, Eva, Die ökonomische Analyse von Kommunikationsbeziehungen in Organisationen, Berlin-Heidelberg-New York 1967.

Bundesministerium für innerdeutsche Beziehungen, Materialien zum Bericht zur Lage der Nation im geteilten Deutschland 1987, Bonn 1987.

Cassel, Dieter (Hrsg.), Wirtschaftspolitik im Systemvergleich. Konzeption und Praxis der Wirtschaftspolitik in kapitalistischen und sozialistischen Wirtschaftssystemen, München 1984.

Eucken, Walter, Grundsätze der Wirtschaftspolitik, 3. Aufl., Tübingen-Zürich 1960.

Gutmann, Gernot, Die Wirtschaft der DDR: Situationsdiagnose, in: Volkswirtschaftliche Korrespondenz der Adolf-Weber-Stiftung, Nr. 3, München 1990.

Gutmann, Gernot, Volkswirtschaftslehre. Eine ordnungstheoretische Einführung, 5. Aufl., Stuttgart-Berlin-Köln 1993.

Hayek, Friedrich August von, Individualismus und wirtschaftliche Ordnung, Erlenbach-Zürich 1952.

Hayek, Friedrich August von, Die Verwertung des Wissens in der Gesellschaft, in: derselbe, Individualismus und wirtschaftliche Ordnung, Erlenbach-Zürich 1952, S. 10–121.

Hayek, Friedrich August von, Freiburger Studien, Tübingen 1969.

Hayek, Friedrich August von, Der Wettbewerb als Entdeckungsverfahren. Vortrag, gehalten am 5. Juli 1968 im Institut für Weltwirtschaft an der Universität Kiel, veröffentlicht in: Erich Schneider (Hrsg.), Kieler Vorträge, N.F. 56, Kiel 1968, wieder abgedruckt in: Friedrich August von Hayek, Freiburger Studien, Tübingen 1969.

Hensel, K. Paul, Grundformen der Wirtschaftsordnung. Marktwirtschaft – Zentralverwaltungswirtschaft, München 1972.

Hensel, K. Paul, Das Profitprinzip – seine ordnungspolitischen Alternativen in sozialistischen Wirtschaftssystemen, in: K. Paul Hensel, Kurt Wessely und Ulrich Wagner, Das Profitprinzip – seine ordnungspolitischen Alternativen in sozialistischen Wirtschaftssystemen, Stuttgart 1972, S. 4–22.

Hensel, K. Paul, Kurt Wessely und Ulrich Wagner, Das Profitprinzip – seine ordnungspolitischen Alternativen in sozialistischen Wirtschaftssystemen, Stuttgart 1972.

Leipold, Helmut, Wirtschafts- und Gesellschaftssysteme im Vergleich, 5. Aufl., Stuttgart 1988.

Leipold, Helmut (Hrsg.), Privatisierungskonzepte im Systemwandel. Arbeitsberichte zum Systemvergleich der Forschungsstelle zum Vergleich wirtschaftlicher Lenkungssysteme der Philipps-Universität Marburg, Nr. 16 (Juni 1992).

Leipold, Helmut, Das Eigentumsproblem in der Transformationspolitik, in: derselbe (Hrsg.), Privatisierungskonzepte im Systemwandel. Arbeitsberichte zum Systemvergleich der Forschungsstelle zum Vergleich wirtschaftlicher Lenkungssysteme der Philipps-Universität Marburg, Nr. 16 (Juni 1992), S. 1–26.

Link, Franz Josef, Lohnpolitik in Ostdeutschland aus ökonomischer und sozialer Perspektive, in: Institut der deutschen Wirtschaft, Köln, Beiträge zur Wirtschafts- und Sozialpolitik, Nr. 207, Köln 1993.

Mestmäcker, Ernst-J. (Hrsg.), Franz Böhm. Reden und Schriften, Karlsruhe 1960.

Šik, Ota, Argumente für den dritten Weg, Hamburg 1973.

Peter von der Lippe

Professor an der Universität – Gesamthochschule – Essen

Die Messung des Lebensstandards

Inhaltsverzeichnis

Einleitung

In diesem Beitrag soll dargestellt werden, was vom Standpunkt der Statistik zum Thema »Lebensstandard«, insbesondere auch im Hinblick auf den Systemvergleich, zu sagen ist. Im Vordergrund steht dabei die Frage, wie man den Lebensstandard messen kann und was von entsprechenden statistischen Ergebnissen zu halten ist.
Es ist heutzutage in Wirtschaft und Politik üblich, Zustandsbeschreibungen und Wünsche an die Zukunft und damit auch Planungsüberlegungen in bezug auf Ziele und Maßnahmen nicht ohne statistische Daten vorzutragen. Es gilt deshalb nicht nur als naheliegend, sondern für viele auch als geradezu unerläßlich, daß man alles und jedes mit Zahlen »belegen« kann. Hinzu kommt, daß »Wohlstand« *das* Ziel schlechthin sein dürfte – das Ziel von Einzelpersonen, aber auch von ganzen Nationen – und daß man mit dem Wort Wohlstand oder Lebensstandard ganz selbstverständlich die Vorstellung von »mehr« oder »weniger« verbindet: Es gibt ohne Zweifel reichere und ärmere Menschen, so daß »Lebensstandard« auch eine meßbare Größe sein müßte.
Von der Statistik wird also erwartet, den Lebensstandard zu messen, und zwar mit einer einzigen Zahl, die »alle« (!) Aspekte des Lebensstandards verbindet – und dies in einer Weise, die jederzeit internationale Vergleiche ermöglicht und auch Einzelerscheinungen wie zum Beispiel die Umweltsituation zutreffend abbildet. Es bedarf schon fast einer Portion Mut, sich in dieser Situation zu Grenzen der Statistik und damit auch zu einer Art Agnostizismus zu bekennen, denn der »Bedarf« an Statistiken wird allenthalben als dringlich dargestellt und der Gedanke, man müsse etwas auch »messen« können, was ohnehin jeder als etwas »Quantitatives« empfindet (wovon es also mehr oder weniger geben kann), als eigentlich selbstverständlich.
In diesem Beitrag wird versucht zu zeigen, daß bisher bei keinem Versuch, den Lebensstandard zu messen, etwas wirklich Vernünftiges herausgekommen ist, daß auch nicht zu erwarten ist, daß dies jemals geschehen wird, und daß es schließlich auch gar nicht sinnvoll ist, ständig nach einem »Maß« zu rufen.

I. Lebensstandard als Gegenstand statistischer Messung

A. Begriff, Beobachtung und Messung

1. Gründe für eine Messung

Offensichtlich gibt es einen Bedarf nach der Messung des Wohlstands, denn in einem sehr allgemeinen Sinne ist der Wohlstand (oder »Lebensstandard«)[1] das Ziel aller wirtschaftlichen Bemühungen. Wir sind auch gewöhnt, wie selbstverständlich davon auszugehen, daß die Menschen nach Wohlstand streben, wohl deshalb, weil für sie Wohlstand und Zufriedenheit (oder »Glück«, wie man früher sagte) eng miteinander verbunden sind. Fragt man nicht nach dem Wohlstand als einer Eigenschaft, die ein Kollektiv auszeichnet, sondern nach dem Glück des Einzelnen, so ist es vielleicht weniger offensichtlich, warum dies gemessen werden sollte. In früheren Zeiten wäre vermutlich niemand auf die Idee gekommen, so etwas wie Glück für sich oder gar für ein ganzes Volk messen oder auch nur näher definieren zu wollen. Es scheint, daß es den Menschen früher nicht so unerträglich war, wie es wohl heute ist, zu sehen, daß alle nach etwas streben, aber gleichwohl niemand so richtig sagen kann, was es ist, wonach alle streben, geschweige denn dafür Zahlen angeben kann, es also messen kann.

Heutzutage befinden wir uns eher in der gegenteiligen Situation: Man ist nicht überrascht, wenn jemand etwas messen will, sondern eher dann, wenn jemand fragt, warum etwas überhaupt gemessen werden soll. In einem Wohlfahrtsstaat – oder besser »Sozialstaat«, wenn man dieses Wort vermeiden möchte, weil es oft sehr negativ belegt wird – erscheint der Gedanke unerträglich, man könne die Wohlfahrt nicht messen. Kaum wurde das Umweltproblem ins öffentliche Bewußtsein gerückt, mußte ein »Öko-Sozialprodukt« (ÖSP) her, weil angeblich eine sinnvolle Umweltpolitik ohne diese Größe nicht möglich sei.

1 Genaugenommen wird Lebensstandard für eine Norm, eine Soll-Größe benutzt, während das Lebensniveau die Ist-Größe darstellt. Man kann auch etwas feiner unterscheiden zwischen Wohlstand und diesen Größen sowie zwischen Wohlstand und Wohlfahrt, was jedoch im folgenden nicht geschehen soll.

Um ein weiteres Beispiel anzuführen für die Manie, alles messen zu wollen: In einigen Ministerien hat man den Eindruck, die Studenten würden vor allem deswegen so lange studieren, weil die Professoren didaktisch so unfähig seien. Also will man die »Qualität der Lehre« messen. Fragt man, wann genau eine Lehre gut und wann sie schlecht ist, so entsteht meist eine gewisse Verlegenheit. Man glaubt sich aber schnell wieder auf der sicheren Seite, denn die Lösung liegt ja auf der Hand: Man fragt einfach die Studenten – mit dem Argument, einer kann sich irren, aber es können sich nicht viele irren.[2]

Aus einem Grunde, der nur oberflächlich betrachtet klar und einfach ist, verfällt man aber nicht immer auf den Gedanken, etwas schwer zu Definierendes, Vages oder Ungewisses durch Befragung der »Betroffenen« messen zu wollen. Warum mißt man nicht die »Intelligenz«, indem man die Menschen einfach fragt, ob sie sich für intelligent halten, oder die »Lebenserwartung«, indem man sie fragt, wie lange sie noch zu leben glauben? Die Antwort mag sein, daß man einmal etwas Subjektives, die Eitelkeit Berührendes erfragt und deshalb keine ehrliche Aussage über etwas Objektives zu erwarten ist, und zum anderen etwas, was man nicht wissen kann, weil es die Zukunft betrifft, auch wenn es allein die Zukunft des »Betroffenen« ist. Bei der Befragung nach dem Wohlbefinden, nach der Zufriedenheit mit diesem oder jenem, nach der sogenannten »Zahlungsbereitschaft« (was wäre man bereit, für eine bessere Qualität der Luft, weniger Lärm oder mehr Freizeit, mehr Sicherheit und so weiter zu zahlen) für nicht marktfähige und rein ideelle Güter oder nach der Qualität der Lehre, um nur einige Beispiele zu nennen, hat man solche Skrupel nicht. Durch irgendeinen mysteriösen Prozeß wird offenbar aus Subjektivem Objektives, löst sich von der Person des Befragten ein unabhängig von ihr existierendes Faktum ab und entsteht ein Maß für etwas, was exakt zu definieren eigentlich allen schwer fällt.

2 Dahinter steckt das vage Gefühl für das fast immer gründlich mißverstandene Gesetz der großen Zahl der Statistik. Dabei ist die Annahme, es könnten sich nicht viele gemeinsam irren, keineswegs so selbstverständlich richtig, wie das erscheinen mag. Hätte man im 15. Jahrhundert die Menschen gefragt, ob ihrer Meinung nach die Erde eine Kugel oder eine Scheibe sei, dann hätte sich eine überwältigende Mehrheit für die Scheibe ausgesprochen. Der Gedanke an eine Kugel wäre fast allen vollkommen abwegig erschienen, weil man dann ja an den Rändern und auf der unteren Halbkugel nicht stehen könnte und ins Nichts fallen würde.

Dabei ist der ungeklärte Zusammenhang zwischen Begriff und Messung noch nicht einmal das gravierendste Problem.[3] Viel schlimmer ist es, daß wir heutzutage nach einem Maß rufen, ohne klar sagen zu können, wofür wir es wirklich brauchen. Zwischen Deutschland und Indien mag ein beträchtlicher Unterschied hinsichtlich des Lebensstandards bestehen, aber es wird schwer sein, genau zu sagen, wie groß der Unterschied ist. Was ändert sich an den Verhältnissen in den beiden Ländern oder an den für die Politik erforderlichen Einsichten, wenn man diesen auch genauer beziffern kann? Wo und in welchem Ausmaß entsteht ein Schaden, wenn man über solche Zahlen nicht verfügt?

Noch bedenklicher ist es bei dem sogenannten »Öko-Sozialprodukt« (ÖSP). Angeblich kann die Umweltpolitik auf eine solche Größe nicht verzichten, weil sie den Maßstab des Erfolges dieser Politik abgeben soll. Aber welche Folgerungen sind etwa aus dem Ergebnis »90 Milliarden DM« zu ziehen, einem Geldbetrag, den man in keiner Kasse finden wird und der immer nur auf dem Papier existieren kann? Ich kenne niemanden, der jemals solche Folgerungen genannt hätte, aber gleichwohl rufen viele nach einem ÖSP. Dabei ist noch zu bedenken, daß sich diese Summe beispielsweise zusammensetzt aus den folgenden Milliarden-Beträgen: 70 mehr Artenvielfalt, 50 mehr Genuß bei Waldspaziergängen abzüglich 30 für mehr Lärm. Denn von solcher Art sind die Bestandteile des ÖSP. Dann fragt es sich doch: Was macht die Summe zu etwas Besserem oder Nützlicherem als die Summanden? Die Summe dürfte doch eher noch schlechter und weniger aussagefähig sein als die Summanden, und die sind schon schlecht genug.

Woher kommt der Wahn, alles messen zu wollen, und die Angst der Politiker, ohne Zahlen dazustehen? Ohne auf Einzelheiten einzugehen,[4] soll nur eine Vermutung ausgesprochen werden. Der Grund dürfte das mechanistische Politikverständnis sein. Eine Wahrnehmung wird zum Hand-

3 Es ist nicht in jedem Fall notwendig, eine klare Definition *vor* einer Messung zu haben. Rein statistisch-formale Überlegungen und auch die Betrachtung statistischer Daten können der Klärung von Begriffen dienen, und insofern kann die Statistik zur concept formation beitragen. Die Möglichkeit einer Definition *mit* und *durch* eine Messung ist aber begrenzt und an bestimmte Voraussetzungen gebunden.

4 Der Verfasser hat die Geisteshaltung, die hinter diesem Mißbrauch der Statistik steht, einmal Computopia genannt. Das ist der Glaube, eine bessere Politik werde nur verhindert durch einen Mangel an statistischen Daten. Im Grunde sei alles optimal zu lösen, wenn es nur hinreichend viele Daten und Computer gäbe. Nach dieser Auffassung ist der Zusammenbruch des real existierenden Sozialismus vollkommen unverständlich, denn an Daten, periodischen Berichten, Planungen und Analysen, computergestützten Überwachungen und dirigistischen Eingriffen hat es wahrlich nicht gefehlt. Vgl. Peter von der Lippe, Wirtschaftsstatistik, 4. Aufl., Stuttgart 1990, S. 216 ff.

lungsbedarf, und politisches Handeln wird verstanden als Bedienen von Hebeln, nach dem Motto »ein Hebel – eine Wirkung« (etwa mehr Geld = mehr Nutzen, bessere Professoren = bessere Studenten).[5] Ein Mechanismus verlangt auch Kontrollinstrumente. Wer ein Gaspedal und eine Bremse hat, wird sich auch einen Tachometer wünschen. Die Faszination des Meßinstruments geht sogar so weit, daß man es bereits für den Hebel hält.[6] Dieser ganze Prozeß von der Entdeckung eines Handlungsbedarfs bis zum Ruf nach einem Meßinstrument geht sogar so schnell, daß die Frage nach dem Sinn der statistischen Bemühungen bereits verschwunden ist zu einer Zeit, zu der die methodischen Vorarbeiten für ein halbwegs brauchbares Meßinstrument gerade erst begonnen haben. In den siebziger Jahren war die Messung des Lebensstandards oder der »Qualität des Lebens«, wie es damals hieß und was der Sache einen noch etwas vageren Anstrich gab, *das* Thema. Heutzutage ist es das ÖSP. Ob so etwas jemals sinnvoll zu messen ist, halten noch einige für zweifelhaft. Für viele ist es aber nur eine Frage der Zeit und des verstärkten Nachdenkens, bis man es geschafft hat. Und es gibt nur ganz wenige Ökonomen und Statistiker, die meinen, so etwas sei im Ergebnis immer nur Unsinn oder gar vollkommen überflüssig.[7]

5 Manchmal wird die Hebelwirkung sogar einfach nach dem beliebten Dreisatz der Mathematik berechnet: 10 Prozent weniger Arbeitszeit = 10 Prozent mehr Beschäftigung, 20 Prozent weniger Vorlesungen und Prüfungen = 20 Prozent kürzere Studiendauer. Man kann auch ausrechnen, um wieviel der Benzinpreis steigen müßte, um das Waldsterben um einen bestimmten Prozentsatz zu verringern. Natürlich könnte man auch abschätzen, um wieviel ein wie auch immer berechneter Glücksindex steigen wird, wenn man auf Arbeit und Prüfungen ganz verzichtet.

6 Utz-Peter Reich nennt diese Größe einen Fetisch. Vgl. Utz-Peter Reich, Der falsche Glanz am Ökosozialprodukt, in: Zeitschrift für Umweltpolitik und Umweltrecht, Nr. 1 (1994), S. 27. Er vergleicht den wenig durchdachten Zusammenhang zwischen Umweltpolitik und ÖSP (als modifiziertem Sozialprodukt) mit einem zu kalten Raum: ». . . die Heizung ist zu ändern, nicht das Thermometer«. Derselbe, a. a. O., S. 39. Es wäre wirklich schwer zu verstehen, wenn bei Betreten eines kalten Raumes das Thermometer das einzige oder auch nur das primäre Gesprächsthema wäre.

7 Die Vermutung, daß ein ÖSP so notwendig gar nicht sein kann, wie oft vorgegeben wird, scheint sich auch durch den Umstand zu bestätigen, daß über das Warum kaum gesprochen wird. Es gibt selten Versuche, zu zeigen, daß die ganze Herangehensweise, die hinter dem Ruf nach einem ÖSP steht, vielleicht gar nicht sinnvoll ist oder der Umweltpolitik eher schadet. Zu einer solchen Betrachtung vgl. Gerhard Maier-Rigaud, Zum ökonomischen Konzept des Sachverständigenrates für Umweltfragen, in: Helmut Schreiber und Gerhard Timm (Hrsg.), Im Dienste der Umwelt und der Politik, Berlin 1990, S. 77 ff.

2. Dimensionalität und Sinnhaftigkeit einer Messung

Die Frage ist nicht, ob man etwas messen kann, sondern wie sinnvoll das ist, was man gemessen hat. Zwei Aspekte sind dafür entscheidend: die Art, in der man das Meßergebnis *interpretiert,* und der Zusammenhang, in dem es zu *Beobachtungen* steht. Leben zwei Personen A und B zusammen in einem Haushalt, dann kann man das Gesamteinkommen sinnvoll interpretieren, die Summe der Intelligenzquotienten von A und B dagegen nicht. Das Gesamteinkommen kann beobachtet werden, es existiert sogar unmittelbar ablesbar auf einem Kontoauszug, wenn A und B ein gemeinsames Konto haben; aber die Summe der Zufriedenheiten von A und B mag man errechnen können, beobachten kann man sie bestenfalls sehr indirekt.

Formal sind alle diese Größen gleichermaßen Summen, die gedachte Größe ist nicht schlechter als die direkt beobachtbare, und die uninteressante oder irrelevante ist nicht weniger eine Summe als die für ihren Zweck aussagefähige Zahl.[8] Die Sinnhaftigkeit einer Messung ist also nicht »von außen« erkennbar.

Von einer Messung verspricht man sich vor allem einen »besseren« (objektiveren) Vergleich. Dabei sind wir von der Natur insofern benachteiligt, als es uns schwer fällt, einen Vergleich in mehr als einer Dimension anzustellen. Eine Messung ist eindimensional, wenn das Meßergebnis mit einer einzigen Zahl auszudrücken ist.[9] Es ist dann leicht, eine Rangordnung herzustellen, die transitiv ist, das heißt: Ist $a<b$ und $b<c$, so ist auch $a<c$. Die Transitivität ist kennzeichnend für die Eindimensionalität. Kann eine Eigenschaft nur mit mehreren Zahlen ausgedrückt werden, so spricht man von Mehrdimensionalität. In einem solchen Fall vergeht die Freude an der Messung schnell, weil die Transitivität nicht gewährleistet ist, oft sogar

8 Was aussagefähig ist, hängt auch vom Zweck ab, ist also nie absolut. Schon deshalb ist die eingangs gestellte Frage nach dem Grund einer Messung wichtig, und der Unsinn beginnt schon damit, daß man schnell vergißt, sich mit ihr auseinanderzusetzen. Es ist keine Schwierigkeit, eine Statistik zu produzieren, für die niemand so recht einen Zweck angeben kann. So soll der belgische Statistiker Alfonse Quetelet einmal das Gesamtgewicht der Bevölkerung von Brüssel ausgerechnet haben. Ein Zweck dieser Zahl könnte sein, ein Luftfahrzeug zu konstruieren, mit dem man diese Masse wegheben kann, aber es ist nicht anzunehmen, daß dieses Problem jemals relevant werden wird.

9 Genaugenommen gelten die folgenden Betrachtungen nur, wenn mindestens eine Ordinalskala gegeben ist, was im folgenden auch vorausgesetzt wird. Bei einem niedrigeren Meßniveau, etwa einer Nominalskala, spricht man auch im Alltagsleben gar nicht von einer Messung.

noch nicht einmal die Unterscheidbarkeit, wenn man irgendwie versucht, die verschiedenen Dimensionen zusammen zu betrachten.[10]

Wie schwierig es ist, allein zwei Dimensionen gleichzeitig zu betrachten, wird schon deutlich beim Vergleich der Flächen von Rechtecken. Einfach ist es, wenn man nur die Breite (B) bei *gleicher* Höhe (H) variiert oder umgekehrt H bei gleichem B. Werden H *und* B gegensinnig variiert, so wird es schwierig, die Flächen zu vergleichen. Das Beispiel zeigt, *wann* es möglich ist, zwei Dimensionen zu einer zu reduzieren, und wann nicht. Es ist im wesentlichen[11] eine Frage der Korrelation. Die gleichsinnige Variation von H und B führt zu einer hohen positiven Korrelation zwischen H und B. Ist die Korrelation dagegen Null oder negativ, so ist der Vergleich der Flächen zumindest schwieriger. Eine Summe von H und B kann man in jedem Fall bilden, also aus jeweils zwei Zahlen eine Zahl H+B konstruieren. Aber die Größe H+B ist unterschiedlich sinnvoll: Im Falle hoher positiver Korrelation erlaubt sie eine gute Differenzierung der Rechtecke, obgleich nicht H+B, sondern eigentlich H·B, die Fläche, Gegenstand der Betrachtung ist, weil in diesem Fall H und B weitgehend das gleiche messen. Es gibt also durchaus Kriterien, die es erlauben zu unterscheiden, ob die Zusammenfassung mehrerer Dimensionen zu einer Dimension bei den gegebenen Daten sinnvoll erscheint oder nicht.[12]

Keinesfalls kann die Gleichheit der Maßeinheiten oder das gemeinsame Fehlen einer Maßeinheit ein Kriterium dafür sein, ob es sinnvoll ist, eine Summe zu bilden. Aber dieses Vorurteil ist sehr verbreitet. Weil man nicht durch unterschiedliche Maßeinheiten für Artenvielfalt, Waldspaziergänge und Lärm von vornherein daran gehindert wird, eine Summe zu bilden, ist deshalb die erwähnte Summe von 90 Milliarden DM doch keineswegs sinnvoller als die Summe von 50 t, 24 sec und 16 Stück, die ebenfalls 90 ergibt.

10 Man könnte versuchen, durch eine lange Liste von Meßwerten etwa einen Hund zu charakterisieren. Angesichts der sehr unterschiedlichen Formen, Größen und Farben von Hunden dürfte das zwar nicht einfach sein, aber es ist denkbar. Die Zusammenschau der Zahlenfülle wird allerdings sehr schwierig sein, und so ist es auch nicht sicher, daß man in jedem Fall einen Hund von einer Katze oder gar einem Wolf unterscheiden kann, was dem Auge aber offenbar leicht gelingt.

11 Die vage Formulierung soll andeuten, daß die statistischen Einzelheiten bei den entsprechenden Methoden, die Dimensionalität einer Messung zu reduzieren, etwas komplizierter sind.

12 Eine Methode, die auf solchen Überlegungen aufbaut, ist die Faktorenanalyse. Von ihr wird ausgiebig Gebrauch gemacht bei der Intelligenzmessung, die – wie gesagt – natürlich nicht durch eine Selbsteinschätzung der Befragten erfolgen kann. Von solchen Methoden wird aber meines Wissens bei der Messung des Lebensstandards nicht Gebrauch gemacht.

Eine extensive Verwendung der Geldrechnung (Monetarisierung) zwecks Summenbildung wurde zum Beispiel in Polen (1976) bei einem Index des Lebensstandards versucht,[13] wobei mit fiktiven »Renten« für die Nutzung der verschiedensten im individuellen oder kollektiven Eigentum befindlichen Kapitalgüter im weitesten Sinne (einschließlich Humankapital, Freizeit, Infrastruktur) gerechnet wurde, aber auch mit Nutzungen (»Renten«) von Gebrauchsgütern (selbst nicht dauerhaften Gütern wie Lebensmitteln, Alkohol, Tabak, Energieverbrauch in Haushalten) und Dienstleistungen (Rente für die Nutzung einer Wohnung und für häusliche Dienste).

Man begegnet hier bereits dem Unsinn, der bei den verschiedensten Wohlfahrtsmaßen, auch beim Öko-Sozialprodukt und ähnlichen Größen, die angeblich eine Verbesserung der Ermittlung des Sozialprodukts darstellen (siehe Kapitel II), zur vollen Blüte gelangt: der Kapitalisierung (Aktivierung als Vermögen) beziehungsweise Berechnung von »Renten« (als fiktive Entgelte für die Nutzung solcher Aktiva) bei allem, was gut sein soll, und entsprechend der »Abschreibung« (quasi als negative Rente) bei allem, was schlecht sein soll. Dabei kann man oft schon über das Vorzeichen (gut/schlecht) streiten. Ein Nichtraucher und Antialkoholiker wird sich darüber entrüsten, daß hier ein Geldbetrag als »Rente« für den Alkohol- und Tabakgenuß in den Wohlfahrtsindex eingeht. Ein anderer mag sich fragen, warum in diesem Index eine Nutzung des Bestandes an Theatern, aber nicht Kinos, an Krankenhäusern, aber nicht Ferienhäusern und so weiter vorgesehen ist. Es gibt in diesem Index zwar eine Rente für die Freizeit[14] und für das Humanvermögen, aber es gibt keinen Ausgleichsposten für den »negativen Nutzen« der Arbeitslosigkeit, weil dieser durch mehr Freizeit ausgeglichen sein soll. Da nicht jede geistige und emotionale Bereicherung auch das Humanvermögen, also die Erwerbsfähigkeit verbessert, geht auch die Position »Rente für den Besitz von Bildungsgütern,

13 Die Methode stammt von Mieczyslaw Rakowski (der später einmal polnischer Ministerpräsident war) und der Staatlichen Plankommission Polens. Hierüber wurde ausführlich berichtet in Peter von der Lippe und Viktor Heese, Probleme des Lebensstandardvergleichs, in: Gernot Gutmann (Hrsg.), Das Wirtschaftssystem der DDR, Stuttgart 1983, S. 417 ff. und S. 431 ff.

14 Das Gewicht dieser Position im Index ist außerordentlich hoch (fast 16 Prozent), was damit begründet wird, daß viel Freizeit die Menschen zu einer höheren Arbeitsproduktivität motiviert. Es mag eine unbeabsichtigte Bestätigung dieser Hypothese sein (die so natürlich nicht gemeint war), daß etwa zur gleichen Zeit ein polnischer Ökonometriker eine hohe Korrelation zwischen der Abwesenheit vom Arbeitsplatz und der Arbeitsproduktivität errechnete.

die nicht im Zusammenhang mit dem Beruf stehen« mit einem Prozent in den Index ein (die Rentenbeträge werden nämlich mit Gewichtung addiert). Dazu gehört wohl ein Roman (aber keine »Schundliteratur«), vielleicht auch ein Gemälde, eine Schallplatte oder eine Blume.
Wohin man sieht, es gibt Abgrenzungs-, Bewertungs-, Doppelzählungsprobleme, und bei positivem und negativem Nutzen ist auch der Phantasie keine Grenze gesetzt. Aber als Ergebnis erhält man eine in Geldeinheiten (in diesem Fall in Zloty) ausgedrückte Zahl, und in puncto Statistik gibt es nicht wenige, die irgendeine Zahl immer besser finden als gar keine Zahl.

B. Dimensionen und Indikatoren des Lebensstandards

1. Vielschichtigkeit des Lebensstandards

Auch wenn es schwierig sein mag, den Begriff »Lebensstandard« in einer Weise zu definieren, daß daraus auch folgt, wie man ihn messen kann, so wie man zum Beispiel das »Alter« einer Person definiert als Anzahl der vollendeten Lebensjahre,[15] so ist doch eine zumindest vage Klärung dessen möglich, was im Alltagssprachgebrauch üblicherweise darunter verstanden wird. Unter »Lebensstandard« oder »Wohlfahrt« versteht man als »gut« eingestufte Lebensbedingungen in der Annahme, daß diese einhergehen mit einem subjektiven Wohlbefinden. Diese Größe hat eine individuelle und eine gesellschaftliche Dimension, ferner eine objektive (Lebensbedingungen) und eine subjektive (Wohlbefinden). Der statistischen Darstellung erschließt sich der Lebensstandard nicht direkt durch Beobachtung *einer* Größe (etwa allein des Einkommens), sondern mehr indirekt durch eine *Vielzahl* von »Indikatoren«. Beobachtbar sind in erster Linie Indikatoren der objektiven individuellen Wohlfahrt – und auch hierbei nur ein Ausschnitt, wie etwa der Verbrauch bestimmter Sachgüter (also die

15 Man nennt so etwas eine operationale Definition. Das kann eine Näherung sein für das, was man eigentlich messen will, die mehr oder weniger adäquat ist. In diesem Sinne spricht man in der Statistik vom Operationalisierungs- oder Adäquationsproblem. Eine Operationalisierung der Betriebsgröße ist die Anzahl der Beschäftigten. Für die meisten Branchen wird das ein sinnvolles Maß sein. Für bestimmte Branchen mag dagegen der Umsatz oder die Bilanzsumme adäquater sein. Vielen Begriffen ist die Vorstellung von Abstufungen immanent. Ein Beispiel ist der Nutzen. Man kann sich leicht vorstellen, daß A einen größeren Nutzen stiftet als B. Das reicht aber nicht aus, um den Nutzen auch zu messen, weil er nicht operational zu definieren ist.

»Versorgung«) und Dienstleistungen (Wohnen, die Kommunikation, die Befriedigung kultureller Bedürfnisse und so weiter), der Bestand an Gütern und finanziellen Aktiva (also das Vermögen im Unterschied zum Einkommen), aber auch Indikatoren wie Bildungsstand, Gesundheit und so weiter. Mit den beiden Dichotomien (individuell/gesellschaftlich und objektiv/subjektiv) mag man verschiedene Dimensionen unterscheiden, was häufig geschieht, aber das Verhältnis zwischen ihnen ist nicht klar.
Ist eine – wie immer zu definierende – gesellschaftliche Wohlfahrt die Summe der individuellen Wohlfahrten oder kommt dabei etwas hinzu, was von überindividuellem Charakter ist? Wenn dem so ist, macht es dann Sinn, von individueller Wohlfahrt zu sprechen, ohne dies zu berücksichtigen? Ist der Lebensstandard eine Eigenschaft, die die Gesellschaft als solche auszeichnet? Ist die gesellschaftliche Dimension primär und die individuelle daraus abgeleitet, weil ein nicht geringer Teil der Lebensbedingungen, die für das Wohlbefinden der Menschen wichtig sind, nicht speziell für bestimmte einzelne Personen, sondern für viele oder alle Menschen bereitsteht? Oder ist die individuelle Dimension das Primäre, weil es zumindest auf das Empfinden ankommt und eine subjektive gesellschaftliche Wohlfahrt schwer vorstellbar ist, weil die Gesellschaft nicht als solche Freude und Leid, Befriedigung und Mangel empfinden kann?[16]
Unter »*welfarism*« versteht man die Auffassung, daß für die Gesamtwohlfahrt U gemäß einer gesellschaftlichen Wohlfahrtsfunktion (Nutzenfunktion) f allein die individuellen »Wohlfahrten« oder Nutzen $u_1, u_2, \ldots, u_n$ verantwortlich sind[17]

$$U = f(u_1, u_2, \ldots, u_n)$$

und daß gewisse überindividuelle Werte, wie Liberalität, Menschenrechte, sozialer Ausgleich und so weiter, wenn nicht unmittelbar, so doch zumindest »letzten Endes«, auf individuell nachvollziehbare Kosten-Nutzen-Erwägungen zurückzuführen sind.

16 Wenn mit solchen Formulierungen das Problem der gesellschaftlichen Wohlfahrt beschrieben wird, dann mag es vielleicht überraschend erscheinen, mit welcher Leichtigkeit Ökonomen mit einer gesellschaftlichen Wohlfahrts-/Nutzenfunktion operieren. Oft wird die mangelnde empirische Nachvollziehbarkeit solcher Überlegungen beklagt, aber die grundsätzliche Frage, ob solche Überlegungen nicht notwendig stets fiktiv sind, wird selten gestellt.

17 Im folgenden soll noch nicht einmal davon gesprochen werden, ob es überhaupt gelingen kann, die Gestalt dieser Funktion f zu spezifizieren, sondern nur davon, ob für f allein individuelle Nutzengrößen maßgebend sind, wie das meist angenommen wird.

Dem wird entgegengehalten, daß nicht alles, was als Moral, Recht oder zumindest Konvention existiert, auf Nutzenempfindungen zurückzuführen ist, und daß es überindividuelle materielle und ideelle Komponenten der gesellschaftlichen Wohlfahrt gibt, die als solche und unabhängig vom Nutzen oder Schaden einzelner Individuen bestehen und diese auch überdauern. So kann etwa eine Gesellschaft für sich das Prinzip der Vermeidung von Gewalt anerkennen, und es ist ohne Zweifel besser, in einer solchen Gesellschaft zu leben, als in einer, die Gewalt verharmlost oder gar propagiert. Dann ist es aber eben nicht so, daß die gesellschaftliche Wohlfahrt gesteigert wird, wenn eine sadistische Person Lust empfindet – selbst dann nicht, wenn diese größer ist als das Leid der von ihr drangsalierten Personen. Man kann in moralischen Prinzipien wie ·Ehrlichkeit, Verantwortungsgefühl und dergleichen Werte an sich sehen, die zu pflegen eine Aufgabe ist und die nicht jeweils begründet werden müssen, indem beispielsweise jedem einzelnen der Schaden der Unehrlichkeit demonstriert wird.[18] Auch im materiellen Bereich gibt es Entscheidungen, die als positive Beiträge zum Lebensstandard aller zu verstehen sind, wie zum Beispiel mehr Ausgaben für den Umweltschutz oder für das Bildungswesen, auch dann, wenn Einzelne dies für unnötig halten mögen, etwa weil sie glauben, daß sie das Waldsterben nicht mehr erleben werden, oder weil sie mit ihrem geringen Wissen ganz zufrieden sind.

Man kann diese Dimensionen des Lebensstandards – die gesellschaftliche und die individuelle, die objektive und die subjektive, deren Beziehung untereinander, wie man sieht, auch viele Fragen aufwirft – zwar gedanklich trennen. Bei jeder praktischen Frage der Abgrenzung und Messung entstehen aber große Schwierigkeiten. Ein Wirtschaftssystem bringt unter anderem auch Leistungen hervor, wie Schonung der Umwelt, viel oder wenig Freizeit, Absicherung von Lebensrisiken und so weiter. Im weitesten Sinne und letztlich entscheidend (auch in der zeitlichen Dimension) sind für die gesellschaftliche Wohlfahrt (auch für die Individuen) der »Reichtum von Nationen« und die internationale Wettbewerbsfähigkeit. Dies alles sowie auch beispielsweise Reisefreiheit, Meinungsfreiheit und die Befriedigung

18 Für den welfarism oder Utilitarismus ist es dagegen eine Illusion, anzunehmen, es gäbe solche überindividuellen Prinzipien, die nicht letzten Endes auf Nutzenkalkülen einzelner Menschen basieren. Die Illusion entstehe, weil das Kalkül inzwischen zur Konvention geronnen sei, aber bei allen moralischen Konflikten werde es wieder lebendig, und die Menschen verhalten sich dann im Konflikt nach dem Nutzenkalkül, nicht nach weniger nützlichen Prinzipien.

kultureller Bedürfnisse, ganz zu schweigen von Kategorien wie politische Stabilität, wirtschaftliche Dynamik, sozialer Friede, Sicherheit und Gerechtigkeit, messen und zu einem Gesamtausdruck der Wohlfahrt zusammenfassen zu wollen, dürfte stets ein vergebliches Unterfangen sein.

2. *Vielfalt der Indikatoren*

Ein Indikator X_i ist eine Größe, die meist als eine Variable neben anderen eine komplexe Erscheinung Y zu messen geeignet ist. Sie erfaßt das mit der zu messenden komplexen Größe Y gemeinte Konstrukt nie vollständig, sondern immer nur zum Teil, was sich statistisch ausdrückt in einer hohen Korrelation, die aber auch wieder nicht so hoch ist, daß man von einer funktionalen Beziehung zwischen X_i und Y sprechen kann, bei der sich Y aus X_i einfach errechnen ließe.

So ist das Einkommen in der Regel mit dem Wohlstand korreliert, weil man sich mit höherem Einkommen auch einen luxuriöseren Verbrauch leisten kann, mehr Vermögen ansammeln kann, mehr Annehmlichkeiten genießen kann und vielleicht auch mehr Prestige hat. Man kann dem entgegenhalten, daß es auch Menschen gibt, die in den Genuß all solcher Dinge kommen, obgleich sie nur ein geringes Einkommen haben, etwa weil sie Vermögen geerbt haben, einen angesehenen, aber nicht besonders gut bezahlten Beruf ausüben und viele Beziehungen, Freunde, Kreditgeber haben. Umgekehrt mag es Fälle geben, in denen trotz hohen Einkommens die üblichen Attribute des Wohlstands einer Person fehlen, weil diese sie sich nicht leisten kann oder will, etwa weil sie verschuldet, extrem geizig, asketisch oder philanthropisch ist. Hinzu kommt, daß man mit »Lebensstandard« irgendwie »mehr« als nur die materielle Wohlfahrt meint. Die Eignung des Individualeinkommens zur Messung des Lebensstandards ist aber auch aus anderen Gründen umstritten. Aussagefähiger dürfte das Haushaltseinkommen sein. Dann ist aber auch die Größe und Zusammensetzung des Haushalts zu berücksichtigen, um auf den potentiellen Verbrauch schließen zu können.[19]

19 Es ist unmittelbar einsichtig, daß ein Haushaltseinkommen von 5000 DM etwas jeweils ganz anderes bedeutet, wenn der Haushalt aus einer, zwei oder vier Personen besteht und wenn in dem Mehrpersonenhaushalt nur Erwachsene oder auch Kinder leben. Das wird meist durch sogenannte Äquivalenzziffern berücksichtigt, wonach etwa ein Kind 0,7 und eine erwachsene Person 1,0 Verbrauchseinheiten darstellen. Es gibt sehr viele Veröffentlichungen, in denen Vorschläge gemacht werden, wie solche Ziffern gefunden und begründet werden können.

Neben monetären (in Geldeinheiten ausgedrückten) Indikatoren gibt es auch viele in naturalen (physischen) Einheiten gemessene Indikatoren, mit denen auch Aspekte der gesellschaftlichen und der individuellen Wohlfahrt zum Ausdruck kommen sollen. Beispiele hierfür sind der Besitz dauerhafter Gebrauchsgüter im Haushalt, der Fleischverbrauch, die Freizeit, die Wohnungsgröße oder die Analphabetenquote. Es gibt dann beim internationalen Vergleich nicht die bekannten Probleme der Umrechnung auf eine andere Währungseinheit. Andererseits ist es schwieriger, Qualitätsunterschiede zu berücksichtigen, was sonst meist durch Abschläge an den Preisen geschieht, indem man zum Beispiel den Wert einer Wohnung oder die unterstellte monatliche Miete um 10 Prozent kürzt, wenn die Wohnung kein Bad hat.

Eine Beschreibung durch eine lose Vielfalt von »Indikatoren« ist, für sich genommen, noch keine überzeugende Messung. Weil es keinen Indikator gibt, der allein den Lebensstandard befriedigend wiedergibt, werden mehrere Indikatoren herangezogen.[20] Dann entsteht aber auch die Frage, ob und wie man diese zu einem eindimensionalen Gesamtausdruck des Lebensstandards zusammenfassen sollte.[21] Insgesamt ist die Herangehensweise eher impressionistisch als statistisch. Kennzeichnend für die impressionistische Betrachtungsweise ist, daß sie unsystematisch, konkret und anschaulich, vage und nicht notwendig zahlenmäßig ist und daß meist nicht bekannt ist, ob sie verallgemeinerungsfähig ist. Statistische Informationen sind dagegen systematisch gewonnene, repräsentative, eher abstrakte und zahlenmäßige Beschreibungen, die nicht notwendig auch besser, sondern nur weniger mehrdeutig sind.[22]

In Kapitel II wird gezeigt, daß es meist erst dann gelingt, aus dem impressionistischen Stadium der Beobachtung herauszutreten, wenn man die Beobachtungen mit einem »Modell« verbinden kann. Beim Volkseinkommen (Sozialprodukt) ist es das Modell des Wirtschaftskreislaufs, bei der

20 Es ist üblich, den Lebensstandard als komplexe Größe zu begreifen. Sie zu erfassen, verlangt die Beobachtung aller relevanten Lebensumstände. Aber was heißt alle oder relevant? Irgendwie scheint die Vorstellung zu existieren, man könne der Komplexität um so besser gerecht werden, je mehr Indikatoren betrachtet werden. Auch das ist eine populäre mißbräuchliche Anwendung des Gesetzes der großen Zahl.

21 Das sind die typischen Probleme der Indexmethode zur Messung des Lebensstandards (siehe Kapitel II. A.).

22 Wenn man feststellt, es seien 124 Stück, so ist das einfach weniger mehrdeutig, als wenn man sagt, es sei ein Haufen. Ob die Zählung von 124 Stück für analytische oder auch nur illustrative Zwecke wirklich weiterführt, ist damit aber noch keineswegs gesichert.

Lebenserwartung ist es das Modell der Sterbetafelbevölkerung (stationäre Bevölkerung),[23] das eine Messung überhaupt erst möglich macht, aber beim Lebensstandard oder beim Öko-Sozialprodukt gibt es kein solches Modell.

C. Internationaler Vergleich

Eine Anwendung der Statistik, die oft schon per se nützlich sein dürfte, ist der internationale Vergleich, der übrigens auch das ursprüngliche Ziel der Statistik war. Dabei kommen allerdings Schwierigkeiten hinzu, die es bei der Messung allein auf nationaler Ebene noch nicht gibt. Das betrifft insbesondere den Systemvergleich. Der Vergleich im Weltmaßstab weist außerdem einen weiteren Aspekt der Wohlfahrtsmessung auf, nämlich die Messung der Ungleichheit, die nicht einfach abzugrenzen ist von der Messung des Lebensstandards (siehe Kapitel III).

1. Die »Weltverteilung« der Einkommen

Seit einigen Jahren werden auf der Basis der Sozialproduktsrechnungen vieler Länder Vergleiche der Pro-Kopf-Einkommen angestellt. Ergänzend dazu gibt es internationale Projekte zum Vergleich der Preise, um Realeinkommen und den realen Verbrauch privater Haushalte in Ländern mit unterschiedlichem Entwicklungsstand und Wirtschaftssystem schätzen zu können.[24] Ein Punkt der Kritik an einer »*world distribution*« der Einkommen war nämlich stets die Umrechnung auf die gemeinsame Währung US-Dollar mit den offiziellen Wechselkursen, die vermutlich zu einer Unterbewertung der Einkommen in Entwicklungsländern führte.[25] Andere kritische Einwendungen sind die Nichtberücksichtigung

23 Auch der (bei der Intelligenzmessung) erwähnten Faktorenanalyse liegt ein Modell über den Zusammenhang zwischen beobachteten (manifesten) Größen (das Lösen von Testaufgaben) und der dahinterstehenden (latenten) Dimension Intelligenz zugrunde.

24 Ein solches Projekt ist das International Product and Purchasing Power Comparison Project (ICP), das von der United Nations Organization (UNO) in Zusammenarbeit mit der University of Pennsylvania durchgeführt wird. Auf die Einbeziehung sozialistischer Länder wird im Unterabschnitt 2 eingegangen.

25 Der Grund ist das oft sehr viel geringere Preisniveau von Gütern, die nicht international gehandelt werden, im Vergleich zu solchen, die Gegenstand des internationalen Handels sind und primär die Wechselkurse bestimmen.

– der Altersstruktur sowie der Zusammensetzung der Haushalte,
– des kollektiven Konsums, insbesondere der unentgeltlichen Nutzung öffentlicher Einrichtungen, etwa im Bereich Gesundheits- und Bildungswesen,
– der oft recht mangelhaften Qualität nationaler Volkswirtschaftlicher Gesamtrechnungen, die zum Beispiel den Eigenverbrauch in der Landwirtschaft nicht einschließen,
– der unterschiedlichen Größe der Länder sowie
– der Besonderheiten nationaler Verbrauchsgewohnheiten, der klimatischen Bedingungen, der Wirtschaftsstruktur und so weiter und schließlich
– der Ungleichheit der Einkommensverteilung innerhalb der Länder.[26]

All diese Einwände können das vor allem entwicklungspolitisch bedeutsame Ergebnis einer enormen Disparität der Einkommen im Weltmaßstab, die zudem auch noch steigt, nicht wirklich entkräften.[27] Sie ist weit größer als die Disparität *innerhalb* der meisten Länder. Die Spannweite reichte 1989 von 80 (Mosambik) bis 29880 US-Dollar (Schweiz)[28] oder von 262 bis 19542 US-Dollar für das unterste und das oberste Quintil (Fünftel) der globalen Einkommensverteilung, wobei sich die Relation (etwa 1:75 für die Quintile) erheblich erhöhen dürfte (auf etwa 1:150), wenn man noch die Disparität innerhalb der Länder berücksichtigt. Der Anteil des wohlhabendsten Fünftels[29] am »Weltsozialprodukt« ist von 70,2 Prozent (1960) auf 82,7 Prozent (1989) gestiegen und der des ärmsten Fünftels von 2,3 Prozent auf 1,4 Prozent gesunken. Methodische Verfeinerungen mögen dazu führen, dem Bild etwas die Dramatik zu nehmen, aber grundsätzliche Änderungen sind nicht zu erwarten.

26 Das oberste Zehntel (Dezil) der Einkommensverteilung eines Entwicklungslandes kann durchaus viel wohlhabender sein als die 25 Prozent ärmsten Einkommensbezieher (also das unterste oder erste Quartil der Einkommensverteilung) eines hochentwickelten Industrielandes. Das prominenteste Beispiel hierfür sind die OPEC-Länder (Organization of Petroleum Exporting Countries), die bei Pro-Kopf-Einkommensvergleichen meist sehr gut abschneiden, in denen aber der Lebensstandard für die Masse der Bevölkerung eher gering ist. Die Berücksichtigung der Ungleichheit (Disparität) innerhalb der Länder zusätzlich zur Ungleichheit zwischen den Ländern, also der Übergang von einer Verteilung auf Länder zu einer Verteilung bezogen auf Personen, führt in jedem Fall zu einer größeren Disparität.

27 Hinzu kommt, daß es auch Einwände gibt, die in die entgegengesetzte Richtung führen, wie etwa die Nichtberücksichtigung der Qualität und Nutzung dauerhafter Gebrauchsgüter im Haushalt (imputed services of consumer durables).

28 Jeweils Bruttosozialprodukt pro Kopf. Vgl. United Nations Development Programme (UNDP), Human Development Report 1992, New York-Oxford 1992, S. 98 f.

29 Gemessen an der Bevölkerungszahl, also jeweils ein Fünftel der Bevölkerung, nicht der Anzahl der Länder.

Der Entwicklungsstand und das Lebensniveau eines Landes können auch anschaulich charakterisiert werden durch Extrapolationen des Wachstums. So wurde zum Beispiel geschätzt, daß unter den Bedingungen der sechziger Jahre (hinsichtlich des Wirtschafts- und Bevölkerungswachstums) der Rückstand Indiens gegenüber den USA selbst nach 200 Jahren noch nicht aufgeholt sein dürfte, und zwar selbst dann nicht, wenn es in diesen Jahren in den USA jeweils ein »Nullwachstum« gäbe.[30]

Der internationale Einkommensvergleich ist nicht klar zu trennen von der Wohlstandsmessung durch Indikatoren (siehe Kapitel II), weil nicht selten der Versuch unternommen wird,

- die Einkommensvergleiche durch Hinzunahme weiterer Merkmale im Sinne eines Wohlstandsvergleichs zu »verfeinern«,
- die Realeinkommen und den realen Verbrauch in Ermangelung geeigneter nationaler Daten durch typische »soziale Indikatoren« zu schätzen wie Säuglingssterblichkeit, Anzahl der Ärzte oder Telefone, Kalorienverbrauch und so weiter, wie sie auch für die Konstruktion von Indizes des Lebensstandards benutzt werden.[31]

Der Unterschied zwischen der Schätzung der Realeinkommen mit Indikatoren und der Zusammenfassung der Indikatoren zu einem Index besteht darin, daß im ersten Fall mit der Regressionsrechnung die Indikatoren zur Schätzung der *beobachteten* Variable »Realeinkommen« kombiniert werden,[32] während man im zweiten Fall mit einem meist recht willkürlichen Gewichtungsschema zu einer Größe addiert, von der man annimmt, daß sie den *nicht beobachtbaren* Lebensstandard wiedergibt.

30 Zitiert nach Anthony B. Atkinson, The Economics of Inequality, Oxford 1975, S. 245.

31 Typisch hierfür ist die Arbeit von M. K. Bennett, International Disparities in Consumption Levels, in: American Economic Review, Bd. 41 (1951), in der jedoch die Indikatoren noch nach Art eines Indexes des Lebensstandards (siehe Kapitel II. A.) einfach gemittelt werden, während in der Arbeit von Wilfried Beckermann und Robert Bacon, International Comparisons of Income Levels: A Suggested New Measure, in: Economic Journal, Vol. 76 (1966), S. 519 ff., die Regressionsrechnung angewandt wird. Empirische Untersuchungen haben ergeben, daß die Schätzung des realen Pro-Kopf-Sozialprodukts aufgrund entsprechend korrigierter Wechselkurse und mit dem beschriebenen Verfahren einer Regressionsanalyse (aufgrund von physical indicators) etwa gleich gut geeignet ist. Vgl. Robert Barlow, A Test of Alternative Methods of Making GNP Comparisons, in: Economic Journal, Vol. 87 (1977). Bei korrekter Realwertrechnung wird auch gelegentlich die unterschiedliche Struktur der Preise in den verglichenen Ländern berücksichtigt. Ein solches repricing mit einer einheitlichen Preisstruktur ist aber sehr aufwendig.

32 Vgl. zur Methode die gerade erwähnte Schrift von Beckermann und Bacon. Indikatoren, die danach für den Realeinkommensvergleich besonders aussagefähig sein sollen, sind die Zeitungsproduktion und die Anzahl der Telefonanschlüsse. Vgl. auch Atkinson, The Economics of Inequality, a. a. O., S. 243.

2. *Spezielle Probleme des Systemvergleichs*

Die Erfahrungen mit der Wiedervereinigung Deutschlands haben reichlich Anschauungsmaterial geliefert für Probleme des Systemvergleichs, insbesondere auch für die Möglichkeiten und Grenzen eines empirischen Vergleichs unterschiedlicher Wirtschaftssysteme mit Hilfe von Statistiken. Als besonders interessant wurden dabei stets Vergleiche der Leistungsfähigkeit der Wirtschaft (etwa der Arbeitsproduktivität) und des Lebensstandards der Bevölkerung empfunden, aber auch Einschätzungen der Entwicklungsmöglichkeiten einer Volkswirtschaft. Im nachhinein läßt sich feststellen, daß erhebliche Fehler bei der Gesamteinschätzung des Entwicklungsstandes der DDR gemacht wurden,[33] insbesondere bei der Interpretation von Statistiken, die von der amtlichen Statistik der DDR übernommen worden sind. Zur Entlastung ist zu sagen, daß die Problematik genauso die übrigen westlichen Länder und internationalen Organisationen betraf bei deren statistischen Feststellungen zu den sozialistischen Ländern (nicht nur der DDR).

Zusammenfassend läßt sich wohl sagen, daß man das Vergleichsproblem zu sehr als Problem mangelnder Verfügbarkeit von Daten empfand und zu wenig Augenmerk auf systembedingte Grenzen der Interpretation von Daten richtete.

Ein Fehler war es sicher, anzunehmen, die Daten der amtlichen Statistik seien in Ost und West in vergleichbarem Maße seriös gewesen. Es war eine weit verbreitete Vermutung, daß die Daten der DDR zwar lückenhaft und oft nicht ausreichend methodisch erläutert waren, aber daß sie andererseits auch nicht vor Veröffentlichung durch die Parteiführung manipuliert, also bewußt »gefälscht« worden sind. Wir wissen heute, daß es effektiv Fälschungen gegeben hat und daß deshalb die Datenprobleme nicht nur in Nichtveröffentlichungen bestimmter Zahlen, zweifelhaften Methoden der Preisbereinigung oder unterschiedlichen Abgrenzungen bestimmter Begriffe bestanden haben. So wurde zum Beispiel der Neubau von Wohnun-

33 Um nur ein Beispiel zu nennen: Die Kapitalintensität in der DDR wurde als vergleichbar hoch derjenigen der Bundesrepublik eingeschätzt, so daß es eigentlich keinen Kapitalbedarf gegeben hätte, um ostdeutsche Unternehmen auf das Niveau der westdeutschen zu bringen. Zu relativieren ist das Ergebnis mit dem Hinweis darauf, daß zwar in verbalen Erläuterungen zu den Schätzungen für die DDR auf die Veralterung des Kapitalstocks der DDR hingewiesen wurde und auch das Niveau der Arbeitslosigkeit der DDR nur auf die Hälfte des Niveaus der Bundesrepublik geschätzt wurde. Gleichwohl scheint es insgesamt doch wohl eine nicht unbeträchtliche Überschätzung der DDR gegeben zu haben, was auch daran zu erkennen ist, daß schon kurz nach der Wende in der DDR viele Schätzungen in rascher Folge nach unten korrigiert wurden.

gen in der DDR aufgrund einer politisch motivierten Abgrenzung nicht unerheblich überschätzt, und diese für die Einschätzung des Lebensstandards nicht unwichtige Zahl wurde vom Statistischen Amt der DDR selbst noch (vor der Wiedervereinigung am 3. Oktober 1990) nach unten korrigiert.[34] Es wurden von der DDR an internationale Organisationen sogar bewußt manipulierte Außenhandelsangaben gemeldet.

Die Probleme des Vergleichs von Statistiken sind aber noch etwas subtiler. Bei jedem empirischen Systemvergleich sollte man darauf achten, daß nicht die Grenzen unserer Wahrnehmung bestimmt werden durch die Grenzen, die durch die Datenbeschaffung und Meßbarkeit komplexer Konzepte gezogen sind, aber diese Gefahr kann man kaum vermeiden.

Es entsteht einfach ein falsches Bild, wenn man die Ausstattung privater Haushalte mit langlebigen Gebrauchsgütern vergleicht und allenfalls in einer Fußnote erwähnt, daß die Qualität sehr unterschiedlich ist, was in den Zahlen zu berücksichtigen wäre, aber wegen fehlender Daten kaum möglich sei. Qualitative Faktoren können die oft ausschließlich betrachteten quantitativen Indikatoren in einer Weise überlagern, daß mit den Zahlen ein schiefes Bild entsteht, ohne daß dies angemessen statistisch korrigiert werden könnte, beziehungsweise sogar ohne daß dies überhaupt erkannt wird. Um wieviel hätte beispielsweise der PKW-Bestand in der DDR rechnerisch reduziert werden müssen, wenn man längere Wartezeiten beim Kauf, veraltete Technik, höhere Umweltbelastung, Beschränkung der Reisefreiheit und so weiter berücksichtigen wollte? Man wird mit Recht einwenden, daß solche Korrekturen nicht ohne Willkür und so konstruierte »Daten« letztlich fiktiv seien. Also unterläßt man solche Korrekturen und glaubt, der Vergleich von Unvergleichbarem (aber dafür mit unkorrigierten Daten) sei irgendwie weniger fiktiv.

Datenprobleme sind schwer zu bewältigen, aber es ist ein Fehler, zu meinen, sie seien das hauptsächliche Hindernis beim empirischen Systemvergleich. Gravierender, zugleich aber auch eher vermeidbar sind, wie gesagt, Fehler bei der Interpretation von Daten, die darin bestehen, daß man den Systemunterschied nicht angemessen berücksichtigt. Was für einen Sinn haben beispielsweise Vergleiche der Lohnquoten[35] in Ost und West?

34 Beispiele für unseriöse Praktiken der amtlichen Statistik in sozialistischen Ländern waren schon lange vor der Wende bekannt; beispielsweise aus Polen nach den politischen Umwälzungen 1980. Vgl. hierzu von der Lippe und Heese, a. a. O. Das blinde Vertrauen in die statistischen Daten der DDR war somit eigentlich nicht ganz gerechtfertigt.

35 Anteil der Einkommen aus unselbständiger Arbeit am Volkseinkommen.

Es ist bekannt, daß die Systeme der Sozialproduktsrechnung grundsätzlich verschieden sind, aber nicht nur das (das wäre ein Datenproblem) – auch die Finanzierung des Staatshaushalts und der sozialen Sicherung sowie die Arbeitsteilung zwischen Staat und Betrieben bei der sozialen Betreuung der Bevölkerung waren grundverschieden. Wenn sich beispielsweise ein sozialistischer Staat als Eigentümer der Produktionsmittel vorwiegend aus Abgaben der Betriebe finanziert und deshalb direkte Steuern der Bevölkerung fast bedeutungslos sein können, dann überrascht es nicht, daß die Lohnquote in der DDR viel geringer war als in der Bundesrepublik.[36]
Neben der Verteilung und Umverteilung des Volkseinkommens ist auch die Verwendung des Sozialprodukts in Ost und West nie wirklich vergleichbar gewesen.[37] So wurde in sozialistischen Ländern oft geltend gemacht, daß der Private Verbrauch (»Individuelle Konsumtion« in der Terminologie der DDR) als Aggregat der Volkswirtschaftlichen Gesamtrechnung (VGR) das wahre Volumen des Konsums der Bevölkerung unterrepräsentiere, weil er nur den Kauf materieller Güter aus dem persönlichen Einkommen umfasse, die Preise für die Güter (zumindest des Grundbedarfs) subventioniert seien und ein erheblicher Teil des Konsums, insbesondere von Dienstleistungen, vom Staat und von gesellschaftlichen Institutionen unentgeltlich zur Verfügung gestellt werde.[38] Nach diesem oft zugunsten der sozialistischen Länder vorgebrachten Argument sind Teile des Staatsverbrauchs dem Privaten Verbrauch zuzuordnen, und es gab Versuche, dies zu tun. So wurde etwa in der DDR-Statistik die »lebensstandardwirksame kollektive Konsumtion« (wobei letztere mit dem »Staatsverbrauch« in der westlichen Terminologie nur sehr bedingt vergleichbar war) berechnet oder eine »Bilanz der Realeinkommen« geschätzt, in der dem individuellen nominalen Geld- und Naturaleinkommen bestimmter Haushaltstypen jeweils noch anteilig Aufwendungen aus

36 Ähnlich verhält es sich bei der geringeren Sozialleistungs- und Abgabenquote. Dahinter steht natürlich das sehr viel geringere Rentenniveau. Zu berücksichtigen sind aber auch höhere Kosten im Gesundheitswesen im Westen und die Tatsache, daß für die Absicherung von Arbeitslosigkeit oder Krankheit durch Versicherungen im Osten kein Bedarf bestand. Das heißt nicht, daß entsprechende Kosten nicht in anderer Weise auftreten können.

37 Die Vergangenheitsform wurde gewählt, weil dies zunächst als Datenproblem nur so lange galt, wie sich die sozialistischen Länder bei der Sozialproduktsrechnung an ihrem System der materiellen Produktion orientierten. Aber auch wenn der Unterschied in der statistischen Methode inzwischen weitgehend verschwindet, so bleibt doch ein Unterschied in der Sache, solange in den (ehemaligen) sozialistischen Ländern noch grundlegend andere Verhältnisse herrschen als in marktwirtschaftlichen Ländern.

38 Das ist übrigens ein Element des Verbrauchs, dessen Gewicht bei sozialistischen Ländern (und natürlich auch von diesen bei entsprechenden statistischen Darstellungen) meist stark überbewertet wurde.

gesellschaftlichen Fonds zugeschlagen wurden. Das setzt voraus, daß bestimmt werden kann, wer »letztlich« der Finanzier und wer der Nutznießer der verschiedensten Einrichtungen des Gesundheits- und Bildungswesens, von Sport, Erholung, Kultur und so weiter ist. Ferner ist vorauszusetzen, man könne Staatsausgaben für die verschiedensten Aufgaben bis hin zur Bereitstellung öffentlicher Güter im engeren Sinne (und im Verständnis des Systems) wie Rechtspflege und Polizei, vielleicht sogar die Aufwendungen für die »Stasi« oder die Landesverteidigung, individuell den Haushalten als unterstellte Einkommen zurechnen.

Solche Rechnungen mit fiktiven (»unterstellten«, *imputed*) Elementen des Einkommens und Verbrauchs sind natürlich sehr angreifbar, und sie kommen nicht ohne recht willkürliche Annahmen über die effektive Nutzung staatlicher Leistungen aus.[39] Versucht man dann auch noch die Qualität der vom Staat für die Gesamtheit der Bürger erbrachten Leistungen zu berücksichtigen, dann hat man es mit allen Abgrenzungs- und Bewertungsproblemen der Wohlfahrtsmessung zu tun, obgleich das Ziel solcher Bemühungen zunächst noch gar nicht die Wohlfahrtsmessung war, sondern die Vergleichbarmachung von beobachtbaren Sachverhalten wie des Verbrauchs privater Haushalte.

Das Problem des Systemunterschieds ist somit, daß sich vergleichbare Sachverhalte in nicht vergleichbaren Beobachtungen manifestieren. Das wird noch folgenreicher, wenn man Leistungen (Ziele) der Wirtschaftspolitik messen will, die ohne Zweifel auch als Element der Wohlfahrt gelten. Es ist kein fairer Vergleich, wenn man feststellt, daß in marktwirtschaftlichen Ländern eine beträchtliche Arbeitslosigkeit herrscht, und von analogen Erscheinungen in Planwirtschaften, wie der verdeckten Arbeitslosigkeit und der Vergeudung von Arbeitskräften, so gut wie gar nicht die Rede ist, nur weil solche Erscheinungen weniger gut meßbar sind.

Das gleiche gilt für die Unterscheidung zwischen offener und verdeckter (zurückgestauter) Inflation. Über Jahrzehnte wurde die Kaufkraftparität der Mark der DDR mit der D-Mark der Bundesrepublik berechnet, und

39 Von dieser Vorstellung ging auch das in entsprechenden UNO-Gremien von Statistikern diskutierte Konzept des Gesamtverbrauchs der Bevölkerung (total consumption of the population im Unterschied zur final consumption expenditure of households) aus, das den Verbrauch sämtlicher materieller und nichtmaterieller Produkte umfaßte, unabhängig davon, ob sie aus dem Einkommen der Haushalte oder anders (vom Staat oder von Unternehmen) finanziert wurden, und das deshalb auch weiter gefaßt war als der Private Verbrauch beziehungsweise die Individuelle Konsumtion im Sinne der westlichen oder östlichen Methoden der VGR. Die UNO sprach schon 1963 die Empfehlung aus, dieses Konzept bei internationalen Vergleichen zu verwenden.

zwar mit Methoden, wie sie für den Vergleich zwischen zwei Marktwirtschaften angemessen sind. Daß eine Veränderung der Parität zugunsten der DDR gelegentlich als Verbesserung der Realeinkommen oder gar des Wohlstands der DDR mißverstanden wurde, kann nicht den Statistikern angelastet werden. Wohl aber sollte man sich die Frage stellen, welchen Sinn es hat, von der Kaufkraft einer Währung zu sprechen, wenn diese noch nicht einmal im eigenen Lande die Funktionen einer Währung voll erfüllt.[40] Es wird allzu oft vergessen, daß die Kaufkraft des Geldes und damit auch die Realeinkommen nur unter ganz bestimmten Voraussetzungen durch Beobachtung der Verbraucherpreise gemessen werden können, die nicht immer gegeben sind und insbesondere in den sozialistischen Ländern meist nicht erfüllt sind beziehungsweise waren. Es muß vorausgesetzt werden, daß der Konsum vor allem durch individuelle Käufe gegen Geld auf freien Märkten möglich und auch üblich ist. Ist dies eher unüblich, weil der Konsum zum großen Teil kollektiv erfolgt oder weil Eigenversorgung, Naturaltausch und private Einkommensumverteilung von größerer Bedeutung sind, oder ist dies dadurch behindert, daß die Güter rationiert sind, nur auf grauen oder schwarzen Märkten zu anderen Preisen erhältlich sind, nur mit langen Wartezeiten oder *nicht* gegen die Landeswährung, dann kann man nicht mit dem (offiziellen) Verbraucherpreisniveau die Inflation messen oder Realeinkommen berechnen. Unter solchen Voraussetzungen ist überhaupt das Geldeinkommen ein schlechter Indikator des Lebensstandards.

40 Ein Indikator dafür ist die Existenz einer Parallelwährung, was im Falle der DDR sogar so weit ging, daß bestimmte Waren nur gegen Devisen erhältlich waren. Bei der Bestimmung der Umtauschrelation für die deutschdeutsche Währungsunion im Juli 1990 erwiesen sich die berechneten Kaufkraftparitäten auch aus anderen Gründen als wenig hilfreich. Es stellte sich heraus, daß die Devisenrentabilität der Mark der DDR, eine Art Außenwert dieser Währung, wenn man bei Nichtkonvertierbarkeit überhaupt von einem Außenwert sprechen kann, viel geringer war als die Kaufkraftparität. Hinzu kam, daß die unterschiedlichen Erwägungen, die für die Umstellung von Löhnen einerseits und Vermögen (Schulden) andererseits notwendig waren, unterschiedliche Paritäten nahelegten. Dies alles ist ein Zeichen dafür, daß die Parität wohl doch eher eine Fiktion war.

II. Methoden zur Messung des Lebensstandards

Bisher hat man vor allem zwei Methoden vorgeschlagen, um ein eindimensionales Wohlfahrtsmaß zu konstruieren, nämlich auf der Basis

– einer (gewogenen) Summe von mit »Punkten« bewerteten Einzelindikatoren (ein »Index«); seltener ist eine gewogene Summe fiktiver Geldbeträge (wie der erwähnte Index von Rakowski); und

– einer umfassenden Rechnung in Geldeinheiten nach Art der Sozialproduktsrechnung, das heißt mit einem »Ausbau« der VGR zur Schaffung eines Wohlfahrtsmaßes (oder, was neuerdings mehr interessiert, zur Berechnung des ÖSP).

Das erste Verfahren ist methodisch sehr schlicht, eine typische Messung ohne Theorie, das zweite fasziniert seit jeher viele, beruht aber auf einer Verkennung des Systemcharakters der VGR. Beide Verfahren laufen auf den ebenso fragwürdigen wie vergeblichen Versuch einer Messung des »gesellschaftlichen Nutzens« hinaus.

A. Die Indexmethode

1. Das Verfahren zur Konstruktion eines Indexes

Für m jeweils als für den Lebensstandard wesentlich empfundene Lebensumstände werden Skalen $X_1, X_2, \ldots, X_m$ definiert, und zwar meist so, daß die Werte (Punktzahlen) Null und 100 für den Minimal- und den Maximalwert der Befriedigung eines Bedürfnisses i ($i = 1, 2, \ldots, m$) vergeben werden, und anschließend werden diese Punktwerte mit oder ohne Gewichtung addiert.

Wegen der offenkundigen Mängel der Methode mag es genügen, ein bereits älteres Beispiel[41] zu betrachten aus einer Zeit, als man noch große Hoffnungen in solche Betrachtungen setzte. Es ist der *Standard of Living*-Index des UNRISD[42] von 1966 (auch: Genfer Methode genannt). Dieser

41 Zu weiteren Einzelheiten vgl. von der Lippe und Heese, a. a. O.

42 United Nations Research Institute for Social Development.

Index war eine Punktsumme mit m = 19 Indikatoren, gegliedert nach drei Hauptkomponenten und sieben Komponenten der Wohlfahrt:

- Körperliche Grundbedürfnisse:
  - Ernährung,
  - Wohnung,
  - Gesundheit.
- Kulturelle Grundbedürfnisse:
  - Erziehung,
  - Erholung und Unterhaltung,
  - Soziale Sicherheit.
- Höhere Bedürfnisse:
  - »Freies« Einkommen.[43]

Jede dieser sieben Komponenten wurde mit Einzelindikatoren repräsentiert, die gewichtet wurden. So wurden zum Beispiel die drei Einzelindikatoren für den Bereich Ernährung – Kalorienverzehr, Proteinverzehr und Anteil der Kohlenhydrate an dem gesamten Kalorienverzehr – im Verhältnis 2:1:1 gewogen (eine Relation, die aufgrund von Expertenurteilen festgelegt wurde). Die 19 Einzelskalen X_i ($0 \leq X_i \leq 100$) wurden ferner jeweils multipliziert mit einem Egalitätsmaß $E_i = 1 - G_i$ (wobei G_i die Disparität [Ungleichheit] bei der Variable X_i [Maß nach Gini, siehe auch Kapitel III] ist). Eine nivellierende Politik wirkt danach stets wohlstandssteigernd. Verringert sich die Ungleichheit durch Umverteilungsmaßnahmen um einen bestimmten Prozentsatz, etwa um 15 Prozent, so steigt X_iE_i ebenfalls um 15 Prozent, allerdings nur, wenn $E_i = G_i = 0{,}5$ war, andernfalls um mehr ($G_i > 0{,}5$) oder weniger ($G_i < 0{,}5$) als 15 Prozent.

2. *Kritik an der Methode*

Angreifbar ist vor allem die Auswahl der Indikatoren und die Art ihrer Zusammenfassung. Die Liste der Indikatoren ist beliebig verlängerbar, einzelne Indikatoren sind gegen andere austauschbar, und es gibt keine Möglichkeit, das Ergebnis auf Lücken oder Überschneidungen (Doppel-

43 Definiert als Einkommen, das über den notwendigen Verbrauch hinaus zur Verfügung steht, was sogleich die Frage aufwirft: Wie ist hier »notwendig« zu operationalisieren?

zählungen) zu prüfen. Die Korrelation zwischen den Indikatoren wird meist nicht berücksichtigt. Die Willkür ist bei solchen Indizes schon daran erkennbar, daß meist addiert werden:
– Bestands- und Bewegungsgrößen (Ausstattung mit Wohnungen und Einkommen),
– Größen der Verteilung des Volkseinkommens und der Verwendung des Sozialprodukts (es ist eine Doppelzählung, wenn man Einkommen und Verbrauch addiert),
– naturale (physische) und monetäre Größen (zum Beispiel Kalorienverbrauch und Sozialausgaben),
– Größen, die sich auf Individuen beziehen (Kalorienverbrauch) und solche, die sich auf Kollektive beziehen (zum Beispiel öffentliche Infrastruktur).
Die Auswahl der Indikatoren ist nicht geleitet von einem theoretischen Modell, wie etwa bei der Darstellung des durch Transaktionen entstehenden Wirtschaftskreislaufs mittels der VGR, sondern von einer Besinnung auf menschliche Bedürfnisse. Der Begriff »Lebensstandard« kann die Auswahl nicht eindeutig bestimmen. Er ist vage, und es ist ja gerade die Absicht, die mit Begriffen wie »Lebensqualität« oder »qualitatives Wachstum« verfolgt wird, eine Erweiterung der Betrachtung der marktmäßigen Produktion um eine unbestimmte (potentiell unbegrenzte) Vielfalt subjektiver Faktoren zu verlangen.

B. Manipulationen an der Sozialproduktsrechnung

1. Wohlfahrtsmaße und Sozialindikatoren

Schon vor 40 Jahren wurde die Frage diskutiert, ob das Sozialprodukt primär eine Leistungs- oder eine Wohlfahrtsgröße sei (beziehungsweise zu einer solchen weiterentwickelt werden sollte).[44] Politisch gewichtiger wurde das Thema, als Anfang der siebziger Jahre die Sozialindikatorenbe-

44 Gemeint ist die Diskussion zwischen Simon Kuznets und Richard Stone. Es ist ein Kompromiß gefunden worden, mit einigen unterstellten (fiktiven) Einkommen zur Wohlstandsbetrachtung. Das führte zu der unglückseligen Aussage, daß es eine Sache der Konventionen sei, wie groß das Sozialprodukt ist. Dieser nur zum Teil richtige Satz wird oft dahingehend mißverstanden, daß man dann auch beliebige weitere Konventionen schaffen könnte.

wegung aufkam und versucht wurde, neben dem Sozialprodukt eine Art Nettowohlstandsprodukt zu berechnen. Der bekannteste Versuch dieser Art ist das *Measure of Economic Welfare* (MEW) von WILLIAM D. NORDHAUS und JAMES TOBIN (1973). Darin werden

– einige Ausgaben, die quasi »Werbungskosten« sind oder *regrettable necessities*, wie Polizei, Landesverteidigung, bestimmte Transporte und so weiter, als Vorleistung abgezogen,
– Bildungs- und Gesundheitsausgaben sowie die Anschaffung dauerhafter Konsumgüter als Investitionen verbucht und die Nutzung (»Rente«) solcher *durables* zum Privaten Verbrauch addiert,
– externe Kosten aus Umweltbelastungen sowie Urbanisierungskosten (Verminderung der Lebensqualität in städtischen Gebieten, verglichen mit dem ländlichen Leben) abgezogen und
– der »Wert« der nicht auf Arbeitslosigkeit zurückzuführenden Freizeit als wohlstandssteigernd addiert.

Viel diskutiert wird seit langem auch die Einbeziehung der Hausfrauenarbeit. Mit den »sozialen Indikatoren« wurde dagegen der Anspruch aufgegeben, eine eindimensionale Geldgröße zu konstruieren, die eine Art »gesellschaftlichen Nutzen« angeben sollte. Statt dessen wurden Indikatoren der Art, wie sie schon verschiedentlich erwähnt wurden (etwa Krankenhausbetten, Telefonanschlüsse und so weiter), ohne Verbindung untereinander betrachtet. Um die Sozialindikatorenbewegung ist es sehr still geworden. Denn es ist ihr nicht gelungen, ein »System« von Indikatoren zu entwickeln oder solche Größen nach Art eines Indexes zusammenzufassen. Jeder kann sich für seine Belange die entsprechenden Indikatoren heraussuchen und die Lebensverhältnisse positiv oder negativ darstellen, wobei es in den siebziger Jahren eher üblich war, die positiven Aspekte von Wachstum und Entwicklung herauszustellen.

2. *Positiv-, Negativ- und Totalrechnungen*

Das Thema »Sozialprodukt« und »Wohlfahrt« wurde auch zum Hebel der Systemkritik. In den achtziger Jahren kam die »Folgekostenbewegung«[45] auf, die es sich zum Ziel gesetzt hat, statistisch zu beweisen, daß das Wachstum (und der Kapitalismus) schädlich, teuer und unproduktiv ist. Es ist quasi eine Sozialindikatorenbewegung mit umgekehrten Vorzeichen:

– hier negative (»Kosten«), dort positive Aspekte des Wachstums im Vordergrund,

– hier eine geschlossene Wertrechnung (Monetarisierung), dort qualitative, naturale Indikatoren.

Erfaßt werden soziale und ökologische »Folgekosten« aller Art, von dem verringerten Freizeitwert einer Landschaft über die Verbrechensbekämpfung bis zur psychischen Belastung durch den Konkurrenzdruck, und das alles summiert in Mark und Pfennig. Man begann damit, die verschiedensten tatsächlichen und hypothetischen[46] Ausgaben (etwa für Umweltschutz, Krankheiten, Verbrechensbekämpfung und so weiter) als »defensiv«, das heißt eine Wohlstandsminderung abwehrend, vom Sozialprodukt abzuziehen. Daß es überhaupt noch ein positives »Sozialprodukt« in diesem Sinne gibt, ist hier eher Ergebnis der Phantasielosigkeit oder der Unterbewertung der ganzen psychischen Last des Lebens.

Daher kommt auch die Idee der Freunde des ÖSP, man solle Abschreibungen von einem nicht aus irgendeinem Einkommen durch Investitionen geschaffenen »Umweltkapital« vornehmen, oder eine Ernte von 1 000 Tonnen Weizen sei unter Berücksichtigung der Nachhaltigkeit (*sustainability*) eigentlich nur eine Ernte von 800 Tonnen, weil es im nächsten Jahr ja weniger sein könnte. Die Konsequenz, daß man bei solchen Betrachtungen dann eigentlich der »Umwelt« auch ein Einkommen zurechnen müßte, wird aber meist nicht gezogen (es würde ihr allerdings auch nicht weh tun,

45 Einen guten Überblick vermittelt der Sammelband von Frank Beckenbach und Michaela Schreyer (Hrsg.), Gesellschaftliche Folgekosten. Was kostet unser Wirtschaftssystem?, Frankfurt am Main-New York 1988, in dem Joschka Fischer auch in einem Vorwort in dankenswerter Klarheit deutlich gemacht hat, was politisch hinter den Folgekosten steht, wenn man es nicht schon am Untertitel gemerkt hat.

46 Was sollte man ausgeben, um einen gewünschten Zustand (etwa der Wälder) herzustellen oder wiederherzustellen?

weil es ohnehin nur ein fiktiver, allein auf dem Papier stehender »Einnahmeanspruch« sein könnte).[47]

Die Probleme der Negativrechnung »Folgekosten« beginnen bereits bei der Abgrenzung und Systematisierung der als Folgekosten zu bezeichnenden Sachverhalte. Man beginnt meist damit, Bereiche festzulegen wie Umwelt, Agglomeration, Verkehr, Gesundheit und so weiter, die dann untergliedert werden, wobei auch kaum zu operationalisierende Konzepte auftreten, wie etwa Beeinflussung zusammenhängender Lebensräume, Arbeitszufriedenheit, Zeitsouveränität, kulturelle Pluralität, »Möglichkeiten der Selbstentfaltung« durch sinnerfülltes Leben und Mitspracherechte, deren Beeinträchtigung durch die Industriegesellschaft dann in Geld »bewertet« wird. Oft werden dabei auch Dinge als Kosten beklagt, die es – von einem übergeordneten ordnungspolitischen Standpunkt aus gesehen – gar nicht sind, wie zum Beispiel Konkurse als »wettbewerbsbezogene Folgekosten« oder Kosten der Umschulung als »arbeitsbezogene Folgekosten«. (Ist eine Gesellschaft, in der ein einmal erworbenes Wissen länger Bestand hat, eine bessere Gesellschaft?)

Die zweite Schwierigkeit ist die Zuordnung von Schäden zu den in Frage stehenden Aktivitäten (zum Beispiel Luftverschmutzung), das heißt die Lösung der Kausalfrage. Zu welchem Grad sind beispielsweise »überhöhte« Materialinstandhaltungskosten, vorzeitig vorgenommene Anstriche, Vegetationsschäden oder Erkrankungen der Atmungsorgane auf die Luftverunreinigung zurückzuführen?

Auf die »Monetarisierung« in Form fiktiver Zahlungen, also die Bewertung ideeller Dinge, die überhaupt nicht tauschfähig sind, wie zum Beispiel die besagte »kulturelle Pluralität«, soll hier nicht eingegangen werden. Hinzu kommt: Tatsächliche und hypothetische Kosten, objektive (ärztliche Behandlung, Kauf von Arzneimitteln) und subjektive »Kosten« (Schmerzen) werden ohne Rücksicht auf Doppelzählungen einfach addiert.

Schließlich wird meist übersehen, daß ersparte Folgekosten keine zur Verteilung anstehenden Geldbeträge sind und daß meist nicht einfach Kosten

47 In der zitierten Veröffentlichung von Reich, a. a. O., werden in sehr anschaulicher Form viele solche Inkonsequenzen dargestellt. Reich zeigt, wie willkürlich ein betriebliches Rechnungswesen wäre, wenn man Buchungen ohne Gegenbuchungen zulassen würde, wenn man abschreiben könnte von einem Kapital, das gar nicht investiert worden ist, und wenn es ausreicht, etwas nur irgendwie als nachteilig oder ungünstig plausibel zu machen, um es abschreiben zu können.

eingespart werden können, ohne daß dadurch andere negative Effekte entstehen. So schließt eine Untersuchung über Folgekosten des Verkehrs mit der Bemerkung, mit dem Betrag von jährlich 120 bis 170 Milliarden DM werde zumindest grob »die Dimension deutlich, in der eine Verlagerung auf andere Verkehrsmittel die Folgekosten des Verkehrssektors senken könnte«.[48] Auf die Idee, daß bei einer Rückkehr zur Postkutschenzeit vermutlich dieser Geldbetrag nicht frei verfügbar wird, sondern noch ganz andere Kosten auf uns zukämen, kommt der Verfasser nicht.

Professoren der Ökonomie bringen ihren Studenten meist in den ersten Semestern bei, daß der Nutzen nicht meßbar sei,[49] aber wenn es um die Sozialproduktsrechnung geht, scheinen sie dies meist zu vergessen. Dabei läuft doch die ganze Diskussion darauf hinaus, ob es sinnvoll ist, neben dem statistisch beobachtbaren Sozialprodukt auch ein Konstrukt wie den »Nutzen« zu berechnen. Horst Zimmermann kritisiert zum Beispiel an den Negativrechnungen nur, daß sie die positiven Aspekte ausklammern (was aber verständlich ist, wenn man die politische Zielsetzung erkennt), und fordert[50] als Gebot der Fairneß, man solle neben »defensiven« Ausgaben auch »offensive« Ausgaben berechnen; und: »Ehe ein Wohlstandsmaß abgeleitet werden könnte, müßten zugleich mit dem ›Öko-Sozialprodukt‹ ein genau gleich berechnetes ›Gesundheits-Sozialprodukt‹, ein ›Bildungs-Sozialprodukt‹ und gegebenenfalls weitere Varianten ermittelt werden.«[51] Man könnte das dann die »Totalrechnung« nach der »Negativrechnung« nennen.

Ein anderer Ökonomieprofessor[52] zitiert des längeren Worte von Arthur M. Okun aus dem Jahre 1971, die eigentlich von schwer zu übertreffender Klarheit sind:

»Es ist schwer zu begreifen, wie irgend jemand ernstlich glauben kann, das Bruttosozialprodukt könne in einen aussagekräftigen Indikator des totalen gesellschaftlichen Wohlstands umgewandelt werden. Offensichtlich kann eine Unzahl von Dingen eine Nation besserstellen, ohne daß sich ihr reales

48 Norbert Walter, Folgekosten im Verkehrsbereich, in: Beckenbach und Schreyer, a. a. O., S. 78.

49 Zumindest nicht kardinal, also mit einer metrischen Skala.

50 In vielen Aufsätzen; hier ist nur ein Artikel in der Frankfurter Allgemeinen Zeitung zitiert worden: Horst Zimmermann, Gift und Qualm in Mark und Pfennig, in: Frankfurter Allgemeine Zeitung vom 23. Oktober 1993.

51 Daß die anderen Varianten nicht alle aufgezählt sind, ist kein Zufall, denn die totale Gesamtrechnung ist nun einmal ein Mythos. Das ist genau die von mir mit Computopia beschriebene Denkweise. Vgl. von der Lippe, Wirtschaftsstatistik, a. a. O., und Peter von der Lippe, Stellungnahme für ein Bundestags-Hearing (10. Mai 1989), in: Deutscher Bundestag, Ökologie und Wachstum, Bonn 1990, S. 181 ff. und S. 200 ff.

52 Adolf Wagner, Volkswirtschaft für Jedermann, München 1992, S. 106.

Bruttosozialprodukt . . . erhöht: Wir können die Liste beginnen mit Frieden, Chancengleichheit, der Beseitigung der Ungerechtigkeit und Gewalt, größerer Nächstenliebe zwischen Amerikanern unterschiedlicher rassischer und ethnischer Herkunft, besserer Verständigung zwischen Eltern und Kindern und zwischen Ehemännern und Ehefrauen, und wir könnten in dieser Weise endlos fortfahren. Der Vorschlag, das Bruttosozialprodukt könne *der* Indikator des gesellschaftlichen Wohlstands werden, setzt voraus, daß ein passendes Preisschild auf Änderungen in all diesen sozialen Faktoren von einem Jahr auf das nächste geheftet werden kann. . .«
Es ist schwer verständlich, wie man praktisch unmittelbar nach diesem Zitat den Satz schreiben kann: »Die Konzeption des Sozialprodukts ist nach aktuellen Informationsbedürfnissen zu verbessern, vor allem in Richtung eines Öko-Sozialprodukts.«[53]

3. *Fundierte Schätzung und Milchmädchenrechnung*

Angesichts so vieler Mißverständnisse mag es angebracht sein, kurz einige grundsätzliche Bemerkungen zur Sozialproduktsrechnung zu machen, die offenbar bei Nichtstatistikern gern in Vergessenheit geraten. Die Meinung, man könne nach Belieben am Sozialprodukt (Volkseinkommen) durch Addition oder Subtraktion etwas ändern oder diverse Varianten dieser Größe berechnen, ohne mit der Logik, die hinter der Berechnung steht, in Konflikt zu geraten, zeugt nicht von viel Sachverstand. Wäre bei einer Rechnung in der Statistik so etwas möglich, dann wäre höchste Vorsicht geboten. Zum Glück ist das bei der Sozialproduktsrechnung nicht der Fall, denn sie ist eingebettet in einen geschlossenen Begriffs- und Rechnungszusammenhang, den die Kreislauftheorie liefert. Das Sozialprodukt ist keine freihändig zu berechnende Größe, sondern quasi ein Nebenprodukt, das anfällt im Rahmen einer Darstellung des Einkommenskreislaufs. Das Volkseinkommen ist auch nicht, wie man aufgrund der Assoziation »Ein-

53 Ich vermute, Okun wurde dahingehend mißverstanden, daß er seine Bemerkung mit den Preisschildern nur auf etwas Gutes bezogen hat und nicht auch auf etwas Schlechtes wie etwa die Emission von Giften, und es wurde vielleicht auch nicht gesehen, daß auch das ÖSP, genauso wie ein Wohlstandsmaß, mit dem Nutzenkonzept operieren muß.

kommen des Volkes«[54] meinen könnte, die Summe der Einkommen von Personen, und es wäre deshalb auch unsinnig, es berechnen zu wollen, indem man jeden nach seinem Einkommen fragt.

Die Ableitung des Sozialprodukts aus dem Kreislauf (ein *Modell*, das die Messung *fundiert*) macht es überhaupt erst möglich, diese Größe zu schätzen. Die Konsequenz ist nämlich eine *doppelte* Buchführung und die Möglichkeit, eine Größe mit mehreren unabhängigen Berechnungsmethoden (auch mit Daten unterschiedlicher Erhebungen) oder als Saldo in einem Kontensystem zu schätzen. Das Sozialprodukt kann man auf mehrere Arten schätzen, beim Öko-Sozialprodukt könnte man froh sein, wenn es auch nur eine Art gäbe.

Das sind die Kennzeichen einer sogenannten »fundierten«, das heißt einer auf unabhängige Kontrollrechnungen gestützten Schätzung, und das unterscheidet auch eine Aggregation, die hier vorliegt, von einer Summation. Eine oft übersehene Konsequenz hiervon ist übrigens auch, daß eine aggregierte Größe besser zu schätzen sein kann als eine stark disaggregierte, was zunächst paradox erscheinen mag (es aber nur ist, wenn man an Summation statt Aggregation denkt).

Eine Gesamtrechnung (ebenfalls ein meist falsch verstandener Begriff) sollte

– eine fundierte Schätzung ermöglichen und
– sich möglichst auf tatsächlich beobachtbare Vorgänge beschränken.

Arztkosten für eine Behandlung gegen Schmerzen durch Lärm werden tatsächlich aus einem Einkommen bezahlt, und sie führen auch zu Einkommen (des Arztes). Sie können und müssen von *zwei* Seiten, der des Arztes und der des Patienten, beobachtet werden. Es wäre aber unsinnig, darüber hinaus auch noch den »Wert« (oder besser Unwert) der Schmerzen durch Lärm hinzuzufügen, den man bestenfalls von *einer* Seite betrachten kann und der als »Transaktion« fiktiv ist, obgleich er natürlich sehr unangenehm sein kann und deshalb bei einer Nutzenrechnung unbedingt »zu Buche« (bei einseitiger Buchung) schlagen sollte.

54 Das ist übrigens ein Mißverständnis, dem anfänglich einige Kritiker der Volkseinkommensstatistik erlagen. So kritisierte Friedrich von Gottl-Ottlilienfeld in seinem wortreichen, aber inhaltsarmen Buch Volksvermögen und Volkseinkommen, Kritik, Jena 1928, diese Begriffe mit dem Argument, es gebe ja kein Subjekt Volk, das über dieses Einkommen oder Vermögen verfüge. Der Zusammenhang mit der Kreislauftheorie war ihm, wie auch heutzutage vielen, offenbar gar nicht klar.

Für die Konjunkturanalyse ist es zum Beispiel allein relevant, daß eine teilzeitbeschäftigte Arbeitskraft weniger verdient als eine ganztagsbeschäftigte. Das ist auch eine so beobachtbare Realität. Vom Standpunkt einer Nutzenrechnung aus kann man natürlich sagen, daß, gemessen am »Nutzen der Freizeit«, beide »eigentlich« gleich viel »verdienen« oder daß man bei Teilzeitbeschäftigung (oder gar Arbeitslosigkeit) das große Los gezogen hat. Man könnte aber auch sagen, daß dem nicht so sei, weil die Menschen in ihrer Freizeit nur auf dumme Gedanken kommen. Jedenfalls sind solche Betrachtungen das Einfallstor für alle Arten von Milchmädchenrechnungen.

Laut Duden ist eine Milchmädchenrechnung eine auf Trugschlüssen beruhende Rechnung. Typische Trugschlüsse entstehen, wenn man meint, eine Ausgabe führe zu zwei Einnahmen, man könne tatsächlich eingetretene und erhoffte, erträumte oder gedachte Zahlungen addieren, bei Abschaffung des Autos ändere sich nichts an Produktion und Beschäftigung, man könne »Abschreibungen« vornehmen, wo es kein Kapital gibt, das irgend jemand durch Ersparnisse gebildet hat, man könne Konkurse (die »Kosten« sind) einsparen und dieses Geld für Kindergärten verwenden und es gäbe weiterhin Wettbewerb und so weiter. Dies alles sind typische Milchmädchenrechnungen. Und das kann wohl kaum besser sein als die VGR, die eine fundierte Schätzung und damit ziemlich genau das Gegenteil einer Milchmädchenrechnung ist.

III. Armutsmessung als statistisches Problem

Sehr viele statistisch-methodische Betrachtungen gibt es unter dem Titel »Armut«. Der Zusammenhang zur Wohlfahrtsmessung wird meist mit dem Argument hergestellt, daß Armut das Gegenteil von Wohlstand ist, so daß man quasi indirekt auch den (individuellen) Wohlstand zu messen lernt, wenn man in der Lage ist, die Armut zu messen. Auf die reichhaltige Literatur zu diesem Thema soll hier nicht nur deshalb kurz eingegangen werden, weil dies ein Gebiet ist, auf dem sich viele Statistiker betätigen, die mehr oder weniger ausschließlich »nur« an formalen, mathematischen Problemen interessiert sind, so daß hier auch dieser Teil der Statistik zu seinem Recht gelangen kann, sondern vor allem deshalb, weil die »axiomatische« Herangehensweise an ein Meßproblem eine interessante Alternative zu den bislang vorgestellten Betrachtungen sein kann.

A. Das Konzept der Armut und die Armutslinie

Bei der inhaltlichen Bestimmung des Phänomens »Armut« wird meist nur auf das Einkommen abgestellt, so daß auch das für die Indexmethode so wichtige Problem der Abgrenzung einer Vielfalt von die Armut beschreibenden Merkmalen sowie die Schwierigkeit, Meßwerte hinsichtlich der verschiedensten Dimensionen zu einer Dimension zusammenzufassen, entfallen.

Eine Person $i = 1, 2, \ldots, n$ gilt danach als arm, wenn ihr Einkommen x_i ein bestimmtes Einkommen $x = z$, die Armutslinie (*poverty line*) oder Armutsgrenze[55] (z), nicht überschreitet, so daß $x_i \leq z$ ist. Bei der Festlegung von z und damit der *Identifikation* von »Armut« entsteht das Problem,

- ob man Armut als absolute oder relative Größe begreifen sollte und
- wie man gegebenenfalls die Bestimmung von z objektiv (etwa bezugnehmend auf ein Existenzminimum) oder subjektiv (mit Umfragen und bezugnehmend auf eine Nutzenfunktion) motivieren kann.

55 Man spricht von poverty boundary im Unterschied zu poverty line, wenn die Armut nicht mit einem Merkmal (meist dem Nettoeinkommen), sondern mit mehreren Merkmalen beschrieben wird.

Bei genauer Betrachtung sind Unterscheidungen objektiv/subjektiv und absolut/relativ sehr unbefriedigend, und es gibt fließende Grenzen. Die Konsequenz der unterschiedlichen Herangehensweise ist gleichwohl nicht unerheblich. Hiervon hängt die Beantwortung bestimmter Fragen entscheidend ab, etwa Fragen wie diesen:

– Ist Armut im Prinzip völlig zu beseitigen durch Anhebung des Wohlstands, oder wird es immer »Arme« geben?

– Ist Armut zu verringern durch diese allgemeine Anhebung, also durch Wachstum, oder durch Verringerung der Unterschiedlichkeit (Disparität) der Einkommen?

– Ist Armut Ausdruck objektiver materieller *Not* oder »nur« einer *Benachteiligung?*

Wird z festgelegt ohne Bezugnahme auf das Durchschnittseinkommen oder die Verteilung des Einkommens, so spricht man von absoluter Armut. Bei der anfänglichen statistischen Behandlung der Armutsfrage war diese Herangehensweise vorherrschend. Armut wurde begriffen als Unfähigkeit, ohne fremde Hilfe sein physisches Überleben sicherzustellen. Das legte den Gedanken nahe, einen minimalen Nahrungsmittelbedarf, möglichst gestützt auf gesicherte ernährungsphysiologische Erkenntnisse, zu bestimmen, der dann in Verbindung mit den Preisen für Nahrungsmittel einen Geldbetrag z ergibt, den man als absolute Armutslinie bezeichnen kann. Die Schwierigkeiten, die mit einer solchen Betrachtungsweise verbunden sind, liegen auf der Hand:

– Ein absolutes ernährungsphysiologisches Minimum dürfte es kaum geben, und einige Relativierungen, zum Beispiel Beruf (Ausmaß der körperlichen Anstrengungen), Alter, Lebensgewohnheiten, Landessitten, Klima und so weiter bieten sich sofort an;

– es ist offensichtlich, daß »leben« nicht allein »biologisch intakt bleiben« bedeutet, sondern auch Befriedigung von Bedürfnissen wie Wohnen, Bekleidung und so weiter beinhaltet.

Mit der Einführung von »Bedürfnissen« anstelle von »Notwendigkeiten« kommen jedoch auch Subjektivität und Relativität ins Spiel. Nur bei ungewolltem und unfreiwilligem, durch Mangel erzwungenem geringen Verbrauch liegt »Armut« vor. Und was heißt »Bedürfnisse«? Wir betrachten heutzutage auch viele Güter und Dienste als selbstverständlich und legitim, die Annehmlichkeiten darstellen, die es früher nicht oder nur für wenige gab.

Eine typische Armutslinie im Sinne des relativen Konzepts der Armut ist zum Beispiel die Größe: 20 Prozent unter dem Median ($\tilde{x}$) oder die Hälfte des arithmetischen Mittels ($\bar{x}$), also $z = 0{,}8\tilde{x}$ und $z = 0{,}5\bar{x}$. Das einfachste Maß der Armut ist die *head count ratio* H, der Anteil der so definierten »Armen«. Sind $q < n$ der insgesamt n Personen in diesem Sinne arm, so ist $H = q/n$. Weil $\tilde{x}$ und $\bar{x}$ Kennzahlen (Parameter) der Einkommensverteilung sind, ergeben sich z und H aus der Gestalt der Einkommensverteilung, sie sind nicht von vornherein festgelegt. Wird z aufgrund von Fraktilen bestimmt, etwa $z = \tilde{x}_{0,2}$ (das erste Quintil), so ist H kein Ergebnis der Analyse, sondern *a priori* festgelegt als $H = 0{,}2$.

Bei »relativer Armut« kann die gleiche Person arm sein und dies in einer anderen Gesellschaft oder zu einer anderen Zeit nicht sein. Und ob H größer oder kleiner ist, ist auch meist kein überraschender empirischer Befund, sondern bedingt durch die Definition von z, die in der Tat das Ergebnis entscheidend bestimmt. Das würde auch für eine analoge Definition des »Reichtums« gelten.

Eine Definition des »Reichtums« durch Bestimmung einer Reichtumslinie ist wohl von vornherein zum Scheitern verurteilt. Selbst in der relativen Fassung im Sinne des in der Politik so beliebten Konzepts »Besserverdienende« ist eine Objektivierung wohl nicht zu erwarten, bestenfalls eine Konvention.

Wegen der Schwierigkeiten bei der Festlegung einer objektiven Armutslinie sind immer wieder Versuche unternommen worden, die Armutslinie – oder besser: die Wahrnehmung der Armut in der Bevölkerung (gemessen an den Nutzenvorstellungen der Bürger) – empirisch festzustellen, was ohnehin nicht »objektiv« möglich ist. Insbesondere von holländischen Forschern sind viele Vorschläge erarbeitet worden, wie Anhaltspunkte zur Bestimmung von Nutzenfunktionen empirisch zu gewinnen sind. Die Verfahren laufen darauf hinaus, Haushalte zu fragen, ob sie mit ihrem Einkommen mit »great difficulty«, »difficulty« oder »some difficulty« auskommen können. Oder man läßt sie Einkommen angeben, die ihrer Meinung nach (für Haushalte ihres Typs, das heißt meist ihrer Größe) als »very bad«, »bad« oder »insufficient« empfunden werden.[56] Das Problem

56 Das ist die Methode einer Gruppe von Forschern aus Leyden. Vgl. Aldi J. M. Hagenaars und Bernard M. S. van Praag, A Synthesis of Poverty Line Definitions, in: Review of Income and Wealth, Vol. 31 (1985), S. 139 ff.

ist, daß »Armut« mit der subjektiven Betrachtung immer weniger unterscheidbar wird von »Ungleichheit«[57] und nicht (oder nicht nur) durch einen Mangel, sondern durch das Anspruchsniveau definiert ist.
Unter solchen Voraussetzungen ist die Armutslinie auch nicht nur Ausgangspunkt weiterer Betrachtungen, sondern schon selbst ein ganz interessantes Ergebnis. Eine Befragung von 13 360 Haushalten in acht westeuropäischen Ländern zeigte zum Beispiel,[58] daß um 1980 dieses Anspruchsniveau (und wohl auch Preisniveau) in Dänemark besonders hoch und in Großbritannien besonders niedrig war. Die Bundesrepublik nahm eine mittlere Position ein. Aber das politisch noch akzeptierte Niveau der »Unterprivilegierung« (und damit die Anforderung an die Sozialpolitik) war, gemessen an der Armutslinie eines Vier-Personen-Haushalts, gleichwohl deutlich höher als in Frankreich und Italien.

B. Armutsmaße

Nach der Identifikation der Armen mit der Festlegung der Armutslinie z ist das zweite interessante statistische Problem die Bestimmung eines zusammenfassenden Maßes, das den Gesamtzustand (beispielsweise eines Landes im internationalen Vergleich oder des gleichen Landes im intertemporalen Vergleich) hinsichtlich der Armut angemessen (oder »sinnvoll«) charakterisiert. Dabei zeigt es sich, daß es schwierig ist, den Unterschied zwischen Armut und verwandten Konzepten, wie etwa der »Ungleichheit«, herauszuarbeiten. Hierfür ist die sogenannte »axiomatische« Betrachtungsweise nützlich. Axiome sind formale Eigenschaften, denen ein Maß genügen sollte, um »sinnvoll« zu sein. So ist es beispielsweise unmittelbar einleuchtend, daß ein Mittelwert aus einzelnen Zahlen, etwa $x_1 = 14$, $x_2 = 17, \ldots, x_8 = 26$, nicht kleiner als der kleinste und nicht größer als der größte Einzelwert sein sollte, sondern irgendwo in der Mitte zwischen 14 und 26 liegen sollte (etwa bei 20, wenn die Einzelwerte gleichmäßig in dem Intervall zwischen 14 und 26 verteilt sind). Das ist ein einfaches

57 Siehe Abschnitt B. dieses Kapitels.
58 Vgl. Bernard M. S. van Praag, Aldi J. M. Hagenaars und Hans van Werden, Poverty in Europe, in: Review of Income and Wealth, Vol. 28 (1982), S. 345, und Bernard M. S. van Praag, Theo Goedhart und Arie Kapteyn, The Poverty Line. A Pilot Survey in Europe, in: Review of Economics and Statistics, Vol. 62 (1980), S. 461.

Beispiel für ein Axiom, und mit der weiteren Betrachtung soll gezeigt werden, wie man sich auf diese eher indirekte Art an die Messung einer komplexen Erscheinung herantasten kann, ohne diese in den letzten Einzelheiten befriedigend definieren zu können.

1. *Armut, Reichtum und Disparität*

Liegen die Einkommen von n Personen oder Haushalten der Größe nach geordnet vor ($x_1 \leq x_2 \leq \ldots \leq x_n$) und fallen q Einheiten unter die Armutsgrenze ($x_i \leq z$ für $i = 1,2,\ldots, q$), so ist der Anteil der Armen, die bereits erwähnte »*head count ratio*«

(1) $H = \frac{q}{n}, \quad 0 \leq H \leq 1,$

ein sehr einfaches Maß der *Betroffenheit* von Armut. Auf Änderungen im Niveau der Einkommen der Armen oder in der »Ungleichheit« (Disparität) der Einkommensverteilung unter den Armen reagiert H jedoch nicht, sofern die Größen q und n unverändert bleiben.

Ein weiterer Aspekt der Armut ist deren *Intensität I (income gap ratio)*, mit der man den relativen (auf z bezogenen) mittleren Einkommensabstand $g_i = z - x_i$ und damit auch den relativen Abstand des mittleren Einkommens $\bar{x}_1$ der Armen[59] von z zum Ausdruck bringt:

(2) $$I = \frac{\frac{1}{q}\sum_{i=1}^{q} g_i}{z} = \frac{\sum(z-x_i)}{qz} = \frac{z-\bar{x}_1}{z} = 1 - \frac{\bar{x}_1}{z}.$$

Wenn die Armen hinsichtlich ihres Einkommens gleich sind, das heißt keine Ungleichheit[60] (gemessen am Gini-Maß G) unter den q armen Einheiten besteht, also $G_1 = 0$ ist, dann sollte das Armutsmaß P *(poverty)* einfach das Produkt aus H und I sein:[61]

59 Im folgenden soll zwischen zwei Klassen unterschieden werden, 1: poor und 2: non-poor, so daß $\bar{x}_1$ und $\bar{x}_2$ die mittleren Einkommen der Armen und Reichen (oder besser: Nicht-Armen) bedeuten. Entsprechend sind die Umfänge der Personengesamtheiten $n_1 = q$ und $n_2 = n-q$ für die arme und die nicht-arme Bevölkerung.

60 Eine gewisse Vertrautheit mit der Messung der Ungleichheit (relative Konzentration, Disparität) wird hier vorausgesetzt. Eine geeignete graphische Darstellung ist die Lorenz-Kurve. Das Disparitätsmaß G von Corrado Gini mißt den Grad der Disparität und kann als Flächenverhältnis gedeutet werden. Vgl. hierzu Peter von der Lippe, Deskriptive Statistik, Stuttgart-Jena 1993, S. 157 ff.

61 Wenn $G_1 = G_2 = 0$, also keine Ungleichheit innerhalb der Klassen besteht. Ist diese vorhanden, so ist die Armut P stets größer als der hier angegebene Wert P_0 (siehe Gleichung 7). Auch die Disparität G ist stets mindestens so groß wie in Gleichung 4 angegeben.

(3) $P_0 = H \cdot I = \frac{q}{n}\left(1 - \frac{\bar{x}_1}{z}\right).$

P_0 soll bedeuten *das* Armutsmaß P, wenn keine Ungleichheit unter den Armen besteht, also $G_1 = 0$ ist. Es gilt $P_0 \geq P$. Das Disparitätsmaß von GINI als Ausdruck der Ungleichheit zwischen den beiden Klassen ist dagegen

(4) $G = H\left(1 - \frac{\bar{x}_1}{\bar{x}}\right).$

G unterscheidet sich von P_0 dadurch, daß das Durchschnittseinkommen $\bar{x}_1$ bezogen wird auf den Gesamtmittelwert $\bar{x}$ statt auf die Armutslinie z. Der Einkommensbetrag $E_z = \sum_{i=1}^{q} g_i = q(z - \bar{x}_1)$ im Zähler von Gleichung 2 ist erforderlich, um die Armen auf das Einkommensniveau der Armutslinie z anzuheben. Gelegentlich wird auch dieser Betrag ins Verhältnis zum Bruttoinlandsprodukt gesetzt und als Armutsmaß im internationalen Vergleich benutzt. Der »Pro-Kopf«-Betrag ist dann $E_z^* = H(z - \bar{x}_1)$. Entsprechend kommt es bei der Disparitätsmessung offenbar auf die »Anhebung« der Armen auf das Niveau des *mittleren* (deshalb M) Einkommens $\bar{x}$ (statt der Armutslinie z) an, also auf $E_M = q(\bar{x} - \bar{x}_1) = q(1 - H)(\bar{x}_2 - \bar{x}_1)$ und, pro Kopf gerechnet,
auf $E_M^* = H(1 - H)(\bar{x}_2 - \bar{x}_1)$, so daß man erhält $P_0 = \frac{E_z^*}{z}$ und $G = \frac{E_M^*}{\bar{x}}$.
Wie man sieht, kommt durch G auch der Unterschied der Durchschnittseinkommen zwischen Reichen ($\bar{x}_2$) und Armen ($\bar{x}_1$) ins Spiel.
Armut (P_0) und Disparität (G) sind offenbar Phänomene, die ähnlich, aber doch nicht gleich sind. Nach verbreiteter Ansicht nimmt die Armut ab, wenn sich die Disparität verringert. Aber man kann auch leicht Beispiele konstruieren, bei denen P_0 sinkt, obwohl die Ungleichheit G zunimmt, und zwar deshalb, weil E_M stärker zunimmt als $\bar{x}$.
Ein Reichtumsmaß R analog zum Armutsmaß (Gleichung 3) könnte wie folgt definiert sein:[62]

(5) $R_0 = (1-H)\left(\frac{\bar{x}_2}{z} - 1\right) = (1-H)I^*,$

wobei I^* der relative Einkommens*überschuß* der Nicht-Armen (oder Rei-

62 Das Subskript 0 soll auch hier wieder bedeuten, daß von der Disparität innerhalb der beiden Klassen abgesehen wurde, also $G_1 = G_2 = 0$ angenommen wurde.

chen) ist, so wie I eine relative Einkommens*lücke* (*income gap ratio*) ist. Ein Nachteil von R_0 ist, daß $R_0 > 1$ sein kann.[63] Aus

$$(6) \quad G = \frac{E_M^*}{\overline{x}} = \left[H\frac{z}{\overline{x}}\right]R_0 + \left[(1-H)\frac{z}{\overline{x}}\right]P_0 = HE_2 + (1-H)E_1$$

folgt, daß die Disparität eine gewogene Summe (Gewichte in eckigen Klammern) von Armuts- und Reichtumsmaß ist (Summe der Gewichte: $z/\overline{x}$), beziehungsweise ein gewogenes arithmetisches Mittel von (mit $\overline{x}$) relativierten Einkommensabständen gegenüber der Armutslinie E_1 und E_2 mit

$E_2 = (1 - H)\left(\frac{\overline{x}_2 - z}{\overline{x}}\right)$ und $E_1 = H\left(\frac{z - \overline{x}_1}{\overline{x}}\right)$. Ungleichheit ist somit in einem bestimmten Sinne ein Mittelwert aus Armut und Reichtum. Das erklärt auch, warum eine Verringerung der Disparität nicht notwendig auch eine Verringerung der Armut bedeuten muß und letztere sogar mit einer Vergrößerung der Disparität einhergehen kann, wenn der Reichtum steigt.

Der beschriebene Zusammenhang zwischen Armut und Disparität ändert sich nicht grundlegend, wenn man zusätzlich die Disparität innerhalb der Armen berücksichtigt. Das Armutsmaß von AMARTYA SEN, einem indischen Autor, der auf diesem Gebiet eine wichtige, auch wegbereitende Rolle spielte, ist dann bei $q \rightarrow \infty$

$$(7) \quad P = P_0 + HG_1(1 - I).$$

Die Betrachtung, die zu Gleichung 6 führte, kann auch leicht verallgemeinert werden, etwa mit drei statt zwei Einkommensklassen: »Arme« mit einem mittleren Einkommen $\overline{x}_1$ und einem Anteil h_1 an der Bevölkerung, »Reiche« ($x \geq z_R$) mit einem Einkommen oberhalb der Reichtumslinie z_R sowie $\overline{x}_3 \geq z_R$ und h_3 und einer Mittelklasse (Anteil $h_2 = 1 - h_1 - h_3$).

Für GINIS Disparitätsmaß G erhält man dann[64]

$$(8) \quad G = (1-h_1)h_3\left(\frac{\overline{x}_3 - \overline{x}}{\overline{x}}\right) + (1-h_3)h_1\left(\frac{\overline{x} - \overline{x}_1}{\overline{x}}\right)$$

oder $G = (1 - h_1)R^* + (1 - h_3)P^*$, wenn man Armut ($P^*$) und Reichtum ($R^*$) nicht am Abstand von der Armuts- beziehungsweise Reichtumslinie, son-

63 Während $\overline{x}_1$ nicht größer als z sein kann, ist $\overline{x}_2$ nicht nach oben begrenzt.

64 Von der Disparität innerhalb der Klassen wird wieder abgesehen (also $G_1 = G_2 = G_3 = 0$).

dern vom Mittelwert $\bar{x}$ mißt.[65] Man kann nicht einfach von einem gewogenen Mittel sprechen, weil die Summe der Gewichte nicht eins, sondern $1 + h_2$ ist, aber im Prinzip ist auch hier Disparität eine Art »Mittel« aus Armut und Reichtum.

2. Indirekte Definitionen mit Axiomen

Die Betrachtung von Zusammenhängen zwischen gebräuchlichen und als angemessen betrachteten Maßen von Armut (und analog von Reichtum) einerseits und Disparität andererseits liefert noch keine Beschreibung des »Wesens« der Armut (beziehungsweise des Reichtums). Man versucht dies seit einigen grundlegenden Arbeiten von Amartya Sen[66] mit Axiomen, denen ein sinnvolles Armutsmaß genügen sollte. Als wichtigste Axiome gelten dabei
P1: Monotonie: Verringert sich das Einkommen $x_i < z$ einer armen Person i, so soll sich das Armutsmaß P vergrößern.
P2: Transferiert eine arme Person i einen Teil ihres Einkommens auf eine Person k (mit $x_k > x_i$), so soll P steigen.
Mit P1 (und mit der Armutslinie z) wird der Aspekt der absoluten Höhe des Einkommens ins Spiel gebracht, was im Vergleich dazu bei der Disparitätsmessung nicht üblich ist beziehungsweise nicht auf diese Art geschieht. Das Transfer-Axiom P2 wird aber auch gefordert bei der Disparitätsmessung, wobei i nicht arm sein muß, also in einem etwas allgemeineren Sinne.
Das Problem ist, daß es Armutsmaße gibt, die diese Axiome nicht erfüllen (H erfüllt weder P1 noch P2 und I erfüllt nicht P2, wenn der Transfer unter zwei Personen stattfindet, die beide arm sind, so daß sich $\bar{x}_1$ nicht verändert), und daß es andererseits Disparitätsmaße gibt, die diese Axiome durchaus erfüllen. Auch P1 wird von Disparitätsmaßen meist erfüllt. Die *Disparität* erhöht sich nämlich, wenn eine Person hinzutritt, die ärmer ist

65 Das geschieht in der Armutsmessung deshalb nicht, weil eine auf $\bar{x}$ statt auf z bezogene Lücke (income gap) ein Maß weniger für die Armut als für die Leichtigkeit ihrer Verringerung (the ease of its alleviation) wäre. Vgl. Sudhir Anand, Aspects of Poverty in Malaysia, in: Review of Income and Wealth, Vol. 23 (1977), S. 1–16.

66 Vgl. Amartya Sen, Poverty: An Ordinal Approach to Measurement, in: Econometrica, Vol. 44, Nr. 2 (1976), S. 219–231.

als die bisher ärmste Person oder reicher als die bisher reichste Person. Der erste Fall erhöht auch H, aber der zweite Vorgang berührt das Armutsmaß P nicht.

Das führt zu der Frage, ob nicht der entscheidende Unterschied zur Disparität darin besteht, daß bei der Armutsmessung die Ungleichheit (im Sinne des Transfer-Axioms) in einer *Teil*gesamtheit (der Armen) betrachtet wird,[67] statt für die Gesamtheit von Armen und Reichen.[68] Dieses nicht unumstrittene »*focus axiom*« (kein Einfluß der Einkommen $x > z$ auf P) wird gefordert, weil sich sonst die Armut allein durch Erhöhung des Durchschnittseinkommens der Reichen verringern könnte. Aber auch die Vorstellung, daß Armut und Reichtum jeweils Disparität in Teilgesamtheiten bedeutet, ist unbefriedigend. Es ist auch noch niemand auf die Idee gekommen, die Disparität unter den Reichen als »Reichtumsmaß« vorzuschlagen.

Solche Betrachtungen zum »Verhalten« von Formeln bei bestimmten Gedankenexperimenten (Axiomen) sind in der Statistik nicht selten sehr erfolgreich. So ist etwa die Axiomatik von Indexzahlen, Konzentrations- und Disparitätsmaßen weit fortgeschritten, und es ist dadurch ziemlich klar geworden, wie die Erscheinungen, die mit solchen Maßen gemessen werden sollen (mit den Axiomen), zu definieren sind. Bei der Armutsmessung oder (quasi als Gegenstück) bei der Messung von Lebensstandard oder Reichtum kann davon jedoch leider keine Rede sein. Denn Armut (und wohl erst recht Reichtum) ist schon allein hinsichtlich der formalen Aspekte nicht befriedigend definiert und abgegrenzt gegen andere Konzepte, geschweige denn hinsichtlich der mehr inhaltlichen Aspekte, die auf Wohlfahrtsmessung oder eigentlich auf »Nutzenmessung« (!) hinauslaufen.

67 In der Tat wird auch Ginis Maß für die Teilgesamtheit der Armen (in unserer Notation also G_1) als Armutsmaß empfohlen (etwa von Nanak Kakwani).

68 So ähnlich wird auch der Unterschied oft dargestellt. Sen, Poverty . . ., a. a. O., S. 225 und S. 229, weist darauf hin, daß mit $z = \bar{x}$ und $q = n$ sein Maß P in Ginis Maß übergehe. Diese Art der Abgrenzung zwischen Armut und Disparität ist aber, wie gesagt, höchst unbefriedigend, ganz abgesehen davon, daß beide Gleichsetzungen nicht gleichzeitig erfolgen können, denn es ist unmöglich, daß alle ein Einkommen haben, das unter dem Mittelwert liegt.

Summary

Whenever a political concern or a need for political action is discovered, there is an immediate claim to measure certain complicated concepts like the welfare or health status of a nation and other complex qualities without any clear idea of how to arrive at a meaningful statistical measurement and – which is even worse – without any proof why data of this kind are really indispensable. The necessity of those allegedly necessary and all-embracing statistical data is mostly far from being sufficiently demonstrated and there are many situations in which it would be better to focus more on the general limitations of statistics before trying to construct any "data" of doubtful contents and use.
The contribution discusses at length some general possibilities and limitations of statistical measurement of complex concepts in economics. A critical evaluation of some recent ideas to measure the so-called "green GDP" or to describe the status of individual and collective well-being of a whole nation by means of a "welfare index" is being presented.
The paper also shortly deals with the highly questionable methods by which economists and statisticians used to describe the situation in socialist countries, since by now it has become apparent that most of the work of that kind has overestimated the economic and social performance of these countries. This was not so much a consequence of a general lack of statistical data provided by the statistical offices behind the iron curtain, but to a much higher degree due to certain deficiencies in adequately understanding the specific interpretation of statistical indicators in a socialist system in contrast to a market economy.
In the last section the issue of "poverty" is being discussed to which, since some years ago, a great number of statistical theory has been devoted. After a presentation of some fundamental ideas concerning the identification of the "poor" and the construction of a "poverty index", some attempts are made to distinguish clearly between poverty and inequality. In this respect the state of the art is far from satisfying. Here, in contrast to some other fields of statistics, the axiomatic approach has not yet yielded acceptable results. This shows once more that "welfare" or poverty (which is conceived as "lack of welfare") will hardly ever be measurable, and in view of the initial statement it might be better to refrain from an attempt to produce doubtful statistics.

Literaturverzeichnis

Ahlheim, Michael, und Manfred Rose, Messung individueller Wohlfahrt, Berlin-Heidelberg-New York 1989.

Anand, Sudhir, Aspects of Poverty in Malaysia, in: Review of Income and Wealth, Vol. 23 (1977), S. 1–16.

Atkinson, Anthony B., On the Measurement of Inequality, in: Journal of Economic Theory, Vol. 2 (1970), S. 244–263.

Atkinson, Anthony B., The Economics of Inequality, Oxford 1975.

Barlow, Robert, A Test of Alternative Methods of Making GNP Comparisons, in: Economic Journal, Vol. 87 (1977), S. 450–459.

Beckenbach, Frank, und Michaela Schreyer (Hrsg.), Gesellschaftliche Folgekosten. Was kostet unser Wirtschaftssystem?, Frankfurt am Main-New York 1988.

Beckermann, Wilfried, und Robert Bacon, International Comparisons of Income Levels: A Suggested New Measure, in: Economic Journal, Vol. 76 (1966), S. 519–536.

Bennett, M. K., International Disparities in Consumption Levels, in: American Economic Review, Bd. 41 (1951).

Blackorby, Charles, und David Donaldson, Ethical Indices for the Measurement of Poverty, in: Econometrica, Vol. 48 (1980), S. 1953 ff.

Buhmann, Brigitte, Lee Rainwaiter, Guenther Schmaus und Timothy M. Smeeding, Equivalence Scales, Well-Being, Inequality and Poverty. Sensitivity Estimates Across Ten Countries Using the Luxembourg Income Study (LIS) Database, in: Review of Income and Wealth, Vol. 34 (1988), S. 115-142.

Clark, Stephen, Richard Hemming und David Ulph, On Indices for the Measurement of Poverty, in: Economic Journal, Vol. 91 (1981), S. 515–526.

Dasgupta, Partha, Amartya Sen und David Starrett, Notes on the Measurement of Inequality, in: Journal of Economic Theory, Vol. 6 (1973), S. 180-187.

Donaldson, David, und John A. Weymark, Properties of Fixed-Population Poverty Indices, in: International Economic Review, Vol. 27 (1986), S. 667–688.

Gottl-Ottlilienfeld, Friedrich von, Volksvermögen und Volkseinkommen. Kritik, Jena 1928.

Hagenaars, Aldi J. M., und Bernard M. S. van Praag, A Synthesis of Poverty Line Definitions, in: Review of Income and Wealth, Vol. 31 (1985), S. 139–154.

Hagenaars, Aldi J. M., A Class of Poverty Indices, in: International Economic Review, Vol. 28, Nr. 3 (1987), S. 583–607.

Jansen, M. A., Problems of International Comparisons of National Accounting Aggregates between Countries with Different Economic Systems, in: Review of Income and Wealth, Vol. 19 (1973), S. 69–77.

Kakwani, Nanak, On a Class of Poverty Measures, in: Econometrica, Vol. 48, Nr. 2 (1980), S. 437–446.

Lippe, Peter von der, und Viktor Heese, Probleme des Lebensstandardvergleichs, in: Gernot Gutmann (Hrsg.), Das Wirtschaftssystem der DDR, Stuttgart 1983, S. 417–447.
Lippe, Peter von der, Probleme des statistischen Ost- und West-Vergleichs unter besonderer Berücksichtigung der Sozialproduktsberechnung, in: RWI-Mitteilungen, Nr. 1 (1988), S. 1.
Lippe, Peter von der, Stellungnahme für ein Bundestags-Hearing (10. Mai 1989), in: Deutscher Bundestag, Ökologie und Wachstum, Bonn 1990, S. 181 ff.
Lippe, Peter von der, Wirtschaftsstatistik, 4. Aufl., Stuttgart 1990.
Lippe, Peter von der, Deskriptive Statistik, Stuttgart-Jena 1993.

Maier-Rigaud, Gerhard, Zum ökonomischen Konzept des Sachverständigenrates für Umweltfragen, in: Helmut Schreiber und Gerhard Timm (Hrsg.), Im Dienste der Umwelt und der Politik, Berlin 1990, S. 61 ff.
Moeller, Rudolf, Interpersonelle Nutzenvergleiche. Wissenschaftliche Möglichkeit und politische Bedeutung, Göttingen 1983.

Ng, Yew-Kwang, Welfarism: A Defence Against Sen's Attack, in: Economic Journal, Vol. 91 (1981), S. 527–530.

Praag, Bernard M. S. van, Theo Goedhart und Arie Kapteyn, The Poverty Line. A Pilot Survey in Europe, in: Review of Economics and Statistics, Vol. 62 (1980), S. 461–465.
Praag, Bernard M. S. van, Aldi J. M. Hagenaars und Hans van Werden, Poverty in Europe, in: Review of Income and Wealth, Vol. 28 (1982), S. 345–359.

Reich, Utz-Peter, Der falsche Glanz am Ökosozialprodukt, in: Zeitschrift für Umweltpolitik und Umweltrecht, Nr. 1 (1994), S. 25–41.

Scheuerle, Ulrich, Statistische Erfassung von Armut, Heft 34 der Schriftenreihe Angewandte Statistik und Ökonometrie, Göttingen 1991.
Schneider, Gernot, Qualitatives Wachstum in der DDR-Volkswirtschaft?, in: Deutschland-Archiv, Nr. 11 (1985), S. 1162.
Sen, Amartya, Poverty: An Ordinal Approach to Measurement, in: Econometrica, Vol. 44, Nr. 2 (1976), S. 219–231.
Sen, Amartya, A Reply to »Welfarism: A Defence Against Sen's Attack«, in: Economic Journal, Vol. 91 (1981), S. 531–535.
Summers, Robert, und Alan Heston, A New Set of International Comparisons of Real Product and Price Level Estimates for 130 Countries 1950–1985, in: Review of Income and Wealth, Vol. 34 (1988), S. 1–25.

Takayama, Noriyuki, Poverty, Income, Inequality and their Measures: Professor Sen's Axiomatic Approach Reconsidered, in: Econometrica, Vol. 47 (1979), S. 747–759.

United Nations Development Programme (UNDP), Human Development Report 1992, New York-Oxford 1992.

Wagner, Adolf, Volkswirtschaft für Jedermann, München 1992.

Zimmermann, Horst, Gift und Qualm in Mark und Pfennig, in: Frankfurter Allgemeine Zeitung vom 23. Oktober 1993, S. 13.

Angus Maddison

Professor an der Rijksuniversiteit Groningen

Wirtschaftswachstum und Lebensstandard im 20. Jahrhundert

Inhaltsverzeichnis

I. Die wesentlichen Merkmale der Zwanzig-Länder-Auswahl

In diesem Beitrag unternehme ich den Versuch, einen quantitativen Überblick über das Ausmaß des wirtschaftlichen Fortschritts im 20. Jahrhundert zu geben. Ich stelle eine Auswahl von 20 Ländern vor, für die eine der Erhebung angemessene statistische Grundlage gegeben ist. Die reale Produktion dieser Länder (ihr Bruttoinlandsprodukt) wird für alle in dem Vergleich berücksichtigten Jahre in *internationalen* Dollar des Jahres 1990 ausgedrückt (siehe Tabelle 1). Die Statistischen Ämter der Europäischen Gemeinschaft (EUROSTAT) und der Organisation für wirtschaftliche Zusammenarbeit und Entwicklung (OECD) nchmen in regelmäßigen Abständen Schätzungen der Kaufkraftparitäten (PPP) von Währungen vor, und ich habe anstelle von Wechselkursen die PPP-Umrechnungsfaktoren für das Jahr 1990 verwendet. Für die übrigen Länder habe ich diese Faktoren durch Aktualisierung früherer Kaufkraftschätzungen abgeleitet, die von den Vereinten Nationen und zwei Spezialisten der Universität von Pennsylvania, Robert Summers und Alan Heston, vorgenommen wurden.

Indem man die Schätzungen des Bruttoinlandsprodukts (BIP) von 1990 mit den besten verfügbaren Schätzungen für das Wachstum des realen Bruttoinlandsprodukts im Zeitverlauf (zu konstanten nationalen Preisen) verbindet, ist man in der Lage, Schätzungen des realen Bruttoinlandsprodukts in vergleichbaren Einheiten für den gesamten Zeitraum von 1820 bis 1992 vorzunehmen (siehe Tabelle 2). Bei den Pro-Kopf-Berechnungen waren zum Teil beträchtliche Einflüsse von Grenzänderungen auf die Bevölkerungszahlen zu berücksichtigen (siehe Tabelle 3).

Meine Schätzungen beziehen sich auf 20 Länder, die in zweierlei Hinsicht repräsentativ sind: Auf diese Länder entfielen 1990 rund 64,6 Prozent der Bevölkerung und 74 Prozent des Bruttoinlandsprodukts der Welt, und unter ihnen finden sich Länder aus den meisten Teilen der Erde – sieben führende marktwirtschaftliche Länder, vier Länder der europäischen *Peripherie,* drei lateinamerikanische Länder mit institutionell und politisch iberischer Tradition, vier asiatische und zwei afrikanische Länder. Diese Auswahl stellt einen repräsentativen Querschnitt sowohl in geogra-

Tabelle 1: *Bevölkerung und Bruttoinlandsprodukt (BIP) für eine Zwanzig-Länder-Auswahl und die Welt 1990*

	Bevölkerung (1 000)	BIP (Mio internationale Dollar)	Pro-Kopf-BIP (internationale Dollar)
Führende marktwirtschaftliche Länder			
Deutschland (alte BR)	63 254	1 181 871	18 685
Frankreich	56 735	1 008 601	17 777
Großbritannien	57 411	935 922	16 302
Japan	123 540	2 291 456	18 548
Niederlande	14 951	247 730	16 569
Schweden	8 559	151 451	17 695
USA	249 924	5 464 795	21 866
Europäische »Peripherie«			
Portugal	9 908	105 864	10 685
Spanien	38 959	474 125	12 170
Tschechoslowakei	15 662	132 560	8 464
UdSSR	288 734	1 987 995	6 885
Lateinamerika			
Argentinien	32 293	212 518	6 581
Brasilien	150 368	723 510	4 812
Mexiko	32 345	159 042	4 917
Asien			
China	1 133 680	3 061 000	2 700
Indien	848 000	1 115 999	1 316
Indonesien	179 322	452 807	2 525
Korea	42 793	384 174	8 977
Afrika			
Ghana	14 870	14 362	966
Südafrika	35 919	133 583	3 719
Summe der 20 ausgewählten Länder	3 397 227	20 239 365	5 958
Welt	5 257 176	27 336 256	5 200

Quelle: Angus Maddison, Monitoring the World Economy 1820–1992, OECD Development Centre, Paris 1995.

Tabelle 2: *BIP pro Kopf in 20 repräsentativen Ländern 1820 bis 1992 (in internationalen Dollar von 1990)*

	1820	1900	1950	1973	1992	(1992 ...faches von 1900)
Deutschland	1 112	3 134	4 281	13 152	19 351	(6,2)
Frankreich	1 218	2 849	5 221	12 940	17 959	(6,3)
Großbritannien	1 756	4 593	6 847	11 992	15 738	(3,4)
Japan	704	1 135	1 873	11 017	19 425	(17,1)
Niederlande	1 561	3 533	5 850	12 763	16 898	(4,8)
Schweden	1 198	2 561	6 738	13 494	16 927	(6,6)
USA	1 287	4 096	9 573	16 607	21 608	(5,3)
Portugal	.	1 408	2 132	7 568	11 130	(7,9)
Rußland/UdSSR	751	1 218	2 834	6 058	4 671	(3,8)
Spanien	.	2 040	2 397	8 739	12 498	(6,1)
Tschechoslowakei	849	1 729	3 501	7 036	6 845	(4,0)
Argentinien	.	2 756	4 987	7 970	7 616	(2,8)
Brasilien	670	704	1 673	3 913	4 637	(6,6)
Mexiko	760	1 157	2 085	4 189	5 112	(4,4)
China	523	652	614	1 186	3 098	(4,8)
Indien	531	625	597	853	1 348	(2,2)
Indonesien	614	745	874	1 538	2 749	(3,7)
Korea	.	850	876	2 840	10 010	(11,8)
Ghana	(400)	462	1 193	1 260	1 007	(2,2)
Südafrika	.	(1 244)	2 251	3 844	3 451	(2,8)

Quelle: Maddison, Monitoring ..., a. a. O. Die Angabe für Südafrika 1900 wurde aus der Entwicklung 1913–1950 abgeleitet. Die Angaben in dieser Tabelle wurden um den Einfluß von Grenzänderungen bereinigt und beziehen sich auf die Länder in ihren Grenzen von 1990: Deutschland durchgehend = Bundesrepublik vor der Wiedervereinigung, Korea = Süd-Korea und so weiter. Tabelle 3 vermittelt anhand von Bevölkerungszahlen eine Vorstellung vom Einfluß territorialer Veränderungen.

Tabelle 3: *Bevölkerung, um den Einfluß von Grenzänderungen bereinigt, in 20 repräsentativen Ländern 1820 bis 1992 (in 1 000 zur Jahresmitte)*

	1820	1900	1950	1973	1992
Deutschland (BR)	14 747	31 666	49 983	61 976	64 846
Frankreich	31 250	40 731	41 836	52 118	57 372
Großbritannien	19 832	38 426	50 363	56 210	57 848
Japan	31 000	44 103	83 563	108 660	124 336
Niederlande	2 355	5 142	10 114	13 439	15 178
Schweden	2 585	5 117	7 015	8 137	8 678
USA	9 656	76 391	152 271	211 909	255 020
Portugal	3 297	5 450	8 512	8 630	9 820
Rußland/UdSSR	50 392	122 995	180 050	249 747	289 200
Spanien	12 203	18 566	27 868	34 810	39 085
Tschechoslowakei	7 190	12 120	12 389	14 560	15 726
Argentinien	534	4 693	17 150	25 183	33 003
Brasilien	4 507	17 984	51 941	99 836	156 012
Mexiko	6 587	13 607	27 376	56 481	89 520
China	350 000	400 000	546 815	881 940	1 167 000
Indien	173 083	234 248	359 000	580 000	881 200
Indonesien	17 927	42 746	79 043	124 271	185 900
Korea	.	8 772	20 557	33 935	43 600
Ghana	.	1 784	4 368	9 388	15 800
Südafrika	.	4 768	13 863	24 147	37 600
Welt	1 073 976	1 561 726	2 512 211	3 896 578	5 257 176
	(innerhalb der Grenzen des jeweiligen Jahres)				
Deutschland	24 905	56 046	49 983	61 976	80 576
Frankreich	30 698	38 940	41 836	52 118	57 372
Großbritannien	21 240	41 155	50 363	56 210	57 848
Indien	209 000	284 500	359 000	580 000	881 200
Korea	.	13 218	20 557	33 935	43 600

Quelle: Maddison, Monitoring . . ., a. a. O.

phischer Hinsicht als auch im Hinblick auf staatliche, ordnungspolitische und institutionelle Traditionen dar.

Die Auswahl zeigt in gewisser Hinsicht ein leichtes Übergewicht der reicheren Länder. So belief sich 1990 das durchschnittliche Pro-Kopf-BIP in diesen 20 Ländern (Gesamt-BIP dividiert durch Gesamtbevölkerungszahl) auf 5958 Dollar, während der Durchschnitt für die 199 Länder meiner weltweiten Gesamtrechnung 5200 Dollar betrug und somit um rund 13 Prozent niedriger lag (siehe Tabelle 1).

Es besteht auch Grund zu der Annahme, daß meine Auswahl im Hinblick auf die durchschnittliche Wachstumsrate über den Betrachtungszeitraum hinweg nicht ganz ausgewogen ist. Eine gewisse Unausgewogenheit ist jedoch unvermeidlich, weil sich die qualitativ besten Schätzungen des Wachstums und des Lebensstandards auf die reichsten Länder beziehen und es im Rahmen dieses Beitrags unmöglich gewesen wäre, Schätzungen für 199 Länder vorzulegen.

II. Hauptmerkmale langfristiger Wachstumsentwicklungen

Aus den Tabellen 2 und 4 kann eine Reihe wichtiger Fakten abgelesen werden:

– Wirtschaftswachstum ist im 20. Jahrhundert ein allgemeines Phänomen gewesen. Bei den Wachstumsraten gab es erhebliche Unterschiede, von einer Zunahme des realen Pro-Kopf-BIP auf das 17fache in Japan bis zu einer Verdoppelung in Ghana. In einigen Ländern kam es auch zu vorübergehenden Rückgängen, aber langfristig gesehen zeigen alle 20 Länder ein positives Bild.

– Die Einkommensunterschiede zwischen den einzelnen Ländern sind größer geworden. Im Jahre 1820 lag die Spanne bei 4:1, im Jahre 1900 bei 10:1, 1950 bei 16:1, 1973 bei 20:1 und 1992 bei 22:1. Dieses Gesamtbild eines zunehmenden Auseinanderdriftens gilt aber nicht für sämtliche Länder. Vielmehr verringerte sich im 20. Jahrhundert der relative Abstand zwischen dem führenden Land, den USA, und den *Verfolger*-Staaten Westeuropas und Asiens nach 1950 erheblich.

– Das Tempo des Wachstums war nicht gleichmäßig. Für alle Länder außer den afrikanischen waren die Jahre zwischen 1950 und 1973 ein Goldenes Zeitalter, in dem die Realeinkommen schneller stiegen als je zuvor. Seit 1973 wiederum hat das Wachstum in allen Ländern mit Ausnahme der einkommensschwächeren asiatischen Länder deutlich nachgelassen. Einige Wirtschaftswissenschaftler wie beispielsweise Joseph Schumpeter sahen in solchen Veränderungen der Wachstumsdynamik den Beweis dafür, daß das Wirtschaftsleben einem regelmäßigen Schema langer Wellen folgt. Ich stehe dieser Idee sehr skeptisch gegenüber und bevorzuge die Vorstellung von klar identifizierbaren, aber unregelmäßigen Phasen, in denen geschichtliche *Zufälle* oder Erschütterungen des Systems dazu geführt haben, daß sich die Wachstumsbahn der Weltwirtschaft änderte. Aber ob man nun wie Schumpeter denkt oder wie ich – es ist klar, daß diese Veränderungen den Rahmen von Konjunkturzyklen bei weitem sprengten und einer Erklärung bedürfen.

– Innerhalb der Veränderungen sind einige regional homogene Elemente zu erkennen, die darauf hindeuten, daß es Gruppen von Ländern mit ge-

Tabelle 4: *Reales Wachstum des BIP pro Kopf in 20 repräsentativen Ländern 1820 bis 1992 (kumulative durchschnittliche Jahresraten)*

	1820–1900	1900–50	1950–73	1973–92	1900–92
Deutschland	1,3	0,6	5,0	2,1	2,0
Frankreich	1,1	1,2	4,0	1,7	2,0
Großbritannien	1,2	0,8	2,5	1,4	1,3
Japan	0,6	1,0	5,0	2,4	3,1
Niederlande	1,0	1,0	3,4	1,4	1,7
Schweden	1,0	2,0	3,1	1,2	2,1
USA	1,5	1,8	2,4	1,4	1,8
Portugal	.	0,8	5,7	2,1	2,3
Rußland/UdSSR	0,6	1,7	3,4	−1,4	1,5
Spanien	.	0,3	5,8	1,9	2,0
Tschechoslowakei	0,9	1,4	3,1	−0,1	1,5
Argentinien	.	1,2	2,1	−0,2	1,1
Brasilien	0,1	1,7	3,8	0,9	2,1
Mexiko	0,5	1,2	3,1	1,1	1,6
China	0,3	−0,1	2,9	5,2	1,7
Indien	0,2	−0,1	1,6	2,4	0,8
Indonesien	0,2	0,3	2,5	3,1	1,4
Korea	.	0,1	5,2	6,9	2,7
Ghana	.	1,9	0,2	−1,2	0,9
Südafrika	.	1,2[1]	3,2	0,1	1,1[2]
Durchschnitt der 20 Länder	0,7	1,0	3,4	1,6	1,7

1 1913–50. – 2 1913–92.
Quelle: Maddison, Monitoring ..., a. a. O. Siehe Anmerkung zu Tabelle 2.

meinsamen institutionellen oder wirtschaftspolitischen Merkmalen gibt, die sie von anderen Ländergruppen unterscheiden. Die Tatsache, daß es sich bei der Beschleunigung des Wachstums im Goldenen Zeitalter (1950–1973) um ein universelles Phänomen handelte, deutet andererseits darauf hin, daß es bestimmte allgemeine Einflußfaktoren gibt, die so stark sind, daß sie sich weltweit auswirken. Diese Kräfte scheinen im allgemeinen von der ersten Gruppe ihren Ausgang genommen und auf den Rest der Welt ausgestrahlt zu haben.

– Die Länder der ersten Gruppe hatten, was Produktivität und Technologie angeht, in den vergangenen sechs Jahrhunderten die *Führung* inne. Norditalien und Flandern spielten diese Rolle von 1400 bis 1600, die Niederlande im 17. und 18. Jahrhundert. Seitdem gab es nacheinander zwei *führende* Länder. Während des größten Teils des 19. Jahrhunderts verzeichnete England das höchste Einkommens- und Produktivitätsniveau, seither waren es die USA. Die Technik des 19. Jahrhunderts nahm ihren Ursprung zum größten Teil in England und wurde auf die *Verfolger*-Staaten übertragen. In noch stärkerem Maße galt das im 20. Jahrhundert für die USA. Ihre Produktivitätsentwicklung wies eine höhere Dynamik auf als die Englands im 19. Jahrhundert, und das war wohl der Hauptgrund für die stärkere Gesamtentwicklung der Weltwirtschaft im 20. Jahrhundert.

III. Ebenen der Kausalanalyse

Untersucht man die Gründe für die unterschiedliche Entwicklung im zeitlichen und räumlichen Vergleich, so kann man sich auf zwei Ebenen bewegen, der der *grundlegenden* und der der *unmittelbaren* Kausalität. Eine Untersuchung unter dem Aspekt der *grundlegenden* Kausalität umfaßt die Betrachtung von Institutionen, Weltanschauungen, sozio-ökonomischen Interessengruppen, geschichtlichen *Zufällen* und der jeweiligen nationalen Wirtschaftspolitik; darüber hinaus werden die internationale Wirtschafts*ordnung* (oder -unordnung), *fremde* Weltanschauungen und Erschütterungen, die von freundlichen oder unfreundlichen Nachbarn ausgehen, berücksichtigt.
Auf der *unmittelbaren* Ebene sind wichtige Erkenntnisse aus Darstellungen des Wirtschaftswachstums zu gewinnen, die die Unterschiede in Bereichen wie natürliche Ressourcen, Erwerbsquote, Arbeitszeit, Fertigkeiten und Bildungsstand der Bevölkerung, Größe des materiellen Kapitalstocks, Struktur der Wirtschaft, Rolle des Außenhandels und Tempo des technischen Fortschritts in dem jeweils führenden Land quantifizieren. Diese beiden Kausalitätsebenen beeinflussen einander gegenseitig, aber auf extrem lange Sicht ist die *grundlegende* Kausalität die bedeutendere Interpretationsebene.

IV. Gesellschaftliche und wirtschaftliche Grundlagen des Vorsprungs der westlichen Welt beim Pro-Kopf-Einkommen

Daß der Westen früh in Führung ging und sein Vorsprung um 1950 geradezu gigantische Ausmaße erreichte, ist zum Teil auf ausgeprägte gesellschaftliche und institutionelle Veränderungen zurückzuführen, die sich während der Renaissance und der Aufklärung allmählich vollzogen haben. Die fundamentalste dieser Veränderungen war die Erkenntnis, daß der Mensch in der Lage ist, die Kräfte der Natur durch vernunftgemäße Forschung und Experimente umzugestalten. Im 17. Jahrhundert hatten sich die westlichen Eliten von Aberglauben, Magie und der Unterwerfung unter religiöse Autoritäten abgewandt. Die wissenschaftliche Tradition des Westens, die der modernen Einstellung zu technischem Wandel und Innovation zugrunde liegt, hatte sich deutlich herausgebildet und das Bildungssystem durchdrungen. Zuvor fest umgrenzte Horizonte wurden überschritten, das Streben nach Veränderung und Verbesserung war entfesselt.

Nach dem Wegfall feudaler Beschränkungen des Kaufs und Verkaufs von Grund und Boden setzte eine ganze Reihe von Entwicklungen ein, die Spielraum für erfolgreiches Unternehmertum eröffneten. Ein Rechtssystem, das die Gleichbehandlung vorsah, schützte das Eigentum. Auch die Entwicklung des Rechnungswesens trug dazu bei, daß Verträge durchsetzbar wurden. Staatliche Steuern und Abgaben wurden vorhersehbarer und weniger willkürlich. Die Entstehung vertrauenswürdiger Finanzinstitute und -instrumente verschaffte Zugang zu Krediten und Versicherungen, die die Einschätzung von Risiken und die Organisation von Unternehmen nach rationellen Gesichtspunkten in großem Stil und über große Entfernungen hinweg erleichterten. Es gab Verfahrensfortschritte auf dem Gebiet der Organisation, des Managements und der Arbeitsdisziplin.

Ein drittes charakteristisches Merkmal Westeuropas war die Entstehung eines Systems einander benachbarter Nationalstaaten, die trotz sprachlicher und kultureller Unterschiede bedeutende Handelsbeziehungen und einen relativ unkomplizierten intellektuellen Austausch pflegten. Das förderte Wettbewerb und Innovation. Wagemutige Geister konnten in andere Länder mit anderer Kultur und anderen Lebensbedingungen auswandern oder dort Zuflucht suchen; Druckereien und Universitäten trugen dazu bei, den Austausch zu erleichtern.

Auch in bezug auf die Institution der Familie unterschied sich der Westen von anderen Teilen der Welt: Freiwillige Geburtenkontrolle und eine Begrenzung der Verpflichtungen gegenüber entfernteren Verwandten verstärkten die Möglichkeiten zur Ansammlung von Vermögen.

Seit 1820 sind die institutionellen Rahmenbedingungen in den führenden marktwirtschaftlichen Ländern ständig weiterentwickelt worden. Das Maß an demokratischer Mitwirkung und die sozio-ökonomische Rolle der Regierung wurden in einer Weise verändert, die im allgemeinen wachstumsfördernd wirkte. In der Zeit seit dem Zweiten Weltkrieg kam es in den Beziehungen zwischen diesen Ländern zu systematischer Kooperation und ersten Ansätzen einer bewußt gestalteten internationalen Ordnung. Das wirkte sich ebenfalls sehr günstig auf das Wirtschaftswachstum aus.

Das institutionelle Erbe der europäischen *Peripherie* unterscheidet sich von dem der wirtschaftlich führenden europäischen Staaten. Man muß hier zwischen zwei Arten von Peripherie unterscheiden: Im Osten waren die traditionellen russischen Institutionen ebenso stark asiatisch wie europäisch geprägt, und von 1917 an rückten sie im Zuge eines groß angelegten Experiments zur Schaffung einer völlig anders gearteten wirtschaftlichen und gesellschaftlichen Ordnung immer stärker vom westlichen Modell ab. Den Ländern Osteuropas wurde mehr als 40 Jahre lang eine dirigistische zentrale Planung aufgezwungen. Speziell Tschechien wurde aus der Gruppe der führenden marktwirtschaftlichen Länder herausgerissen und dem kommunistischen Lager einverleibt. Die beiden Länder auf der Iberischen Halbinsel, Portugal und Spanien, unterschieden sich in institutioneller Hinsicht ebenfalls – durch das dort herrschende Maß an religiöser Intoleranz, Zensur, Vernachlässigung der öffentlichen Bildung und finanzpolitischer Verantwortungslosigkeit – von den führenden marktwirtschaftlichen Ländern; in Lateinamerika bewirkte ihre Kolonialpolitik eine Umgestaltung der angestammten Institutionen nach ihrem Vorbild. Lateinamerika erlangte zwar in den zwanziger Jahren des 19. Jahrhunderts seine Unabhängigkeit, behielt aber viele iberisch geprägte institutionelle Merkmale. Das lateinamerikanische Erbe von Leibeigenschaft und Sklaverei führte, verglichen mit den führenden westlichen Ländern, zu außerordentlich großer Ungleichheit in bezug auf Einkommen, Vermögen und wirtschaftliche Chancen. Man neigte zur Vernachlässigung des öffentlichen Bildungswesens, massivem Dirigismus und fiskalischer Verantwortungslosigkeit. Durch chronische Inflation und externe Zahlungsunfähigkeit wurde die Glaubwürdigkeit der Wirtschaftspolitik nahezu zerstört und Lateinamerika in den achtziger Jahren des 20. Jahrhunderts an den Rand des gesellschaftlichen Zusammenbruchs gedrängt.

Die Entwicklung der Länder Asiens und Afrikas wurde, historisch gesehen, durch zwei Arten von Beschränkungen gehemmt. Die dort entstandenen Institutionen waren weniger wachstumsförderlich als die des Westens, und die meisten asiatischen und afrikanischen Länder wurden zu Kolonien. Nach westlichen Maßstäben herrschte in all diesen Ländern mit Ausnahme von Japan bis 1950 relative Stagnation.

In China wurde durch die Herrschaft der Bürokratie und übertriebenen Respekt vor der Tradition die Entstehung eines modernen wissenschaftlichen Ansatzes erschwert und eine Zivilisation gebremst, die zuvor mehr versprochen hatte als Europa. Auch in Indien beeinträchtigte der ausgeprägt defensive und statische Charakter der gesellschaftlichen Institutionen das Wachstumspotential. Innerhalb Asiens nahm Japan mit seiner frühen Nachahmung westlicher Institutionen durch die Meiji-Reformen von 1867 eine einzigartige Position ein; auch seine Familienstruktur und seine Fortpflanzungsgepflogenheiten standen denen des Westens näher als denen anderer asiatischer Länder. Japans Wirtschaftswachstum ist das spektakulärste in unserer Zwanzig-Länder-Betrachtung, sein Einkommensniveau pro Kopf liegt mittlerweile nahe der Spitze der führenden marktwirtschaftlichen Länder.

V. Ordnungspolitische und andere Bestimmungsgründe des Wachstums seit dem Zweiten Weltkrieg

Der Aufschwung Westeuropas nach dem Zweiten Weltkrieg war nicht auf eine Beschleunigung des technischen Wandels zurückzuführen; es handelte sich hier vielmehr in hohem Maße um ein Phänomen des Aufholens: Mehrere Jahrzehnte lang war die Produktivität in Europa gegenüber der in den USA, dem Land, das die Grenzen der Technik am weitesten hinausschob, zurückgefallen. Der Aufholprozeß vollzog sich jedoch nicht automatisch oder zwangsläufig. Nach dem Ersten Weltkrieg hatte er nicht stattgefunden. Die Bedeutung, die er nach dem Zweiten Weltkrieg gewann, hing stark von ordnungspolitischen Fortschritten ab. Durch die MARSHALL-Plan-Hilfe und neue Formen der internationalen Zusammenarbeit angeregt, kehrte man zu einem liberalen handelspolitischen Kurs und zur internationalen Öffnung der Kapitalmärkte zurück. Starke Inlandsnachfrage sorgte für Vollbeschäftigung, eine bessere interne Allokation der Ressourcen und einen Investitionsboom nie gekannten Ausmaßes. Dieser europäische Boom bewirkte in Verbindung mit einer aufgeklärten internationalen Wirtschaftspolitik seitens der USA sowie der Aufgabe des Kolonialismus und seiner Ablösung durch Hilfsprogramme die weltweite Verbreitung des goldenen Nachkriegszeitalters.

Der lange Nachkriegsboom in Europa ergab sich zum großen Teil aus der Nutzung einmaliger Chancen, die während der beiden Weltkriege und infolge der protektionistischen, dirigistischen und in sonstiger Hinsicht defensiven Politik in der Zwischenkriegszeit verpaßt worden waren. Der Boom war am stärksten in denjenigen Ländern, die zuvor am meisten unter dieser Politik gelitten hatten. Als der Boom vorüber war, hatte sich der Produktivitätsrückstand der führenden europäischen Länder gegenüber den USA erheblich verringert. In bezug auf Pro-Kopf-Einkommen und Produktivitätsniveau hatte eine Konvergenz stattgefunden, die bei Ländern mit enger Zusammenarbeit, gleichartigen Institutionen, gleichartigem Humankapital und konvergierenden wirtschaftspolitischen Zielen als durchaus normal anzusehen ist. Hätte es nach dem Zweiten Weltkrieg tatsächlich eine Beschleunigung des technischen Fortschritts gegeben, so wäre damit zu rechnen gewesen, daß sich das Superwachstum der Nachkriegszeit in den führenden europäischen Ländern fortgesetzt hätte. Da sich jedoch der Produktivitätsanstieg in den USA – dem Pionierland – in dieser Zeit nur wenig beschleunigte, erreichten die führenden europäischen Staaten schließlich ein Stadium, in dem hohe Investitionsquoten nicht mehr so viel brachten wie zuvor.

Die Wachstumsverlangsamung nach 1973 war ebenso durchgängig wie kraß. Sie war nicht allein Ausdruck des allmählichen Schwindens der Möglichkeiten des Superwachstums, sondern in ihrer Deutlichkeit auf drei eng miteinander verbundene und einander beeinflussende Entwicklungen zurückzuführen, die einen wirtschaftspolitischen Kurswechsel erforderlich machten: auf die mit einer langen Hochkonjunktur einhergehende Zunahme der Inflationsdynamik, auf den Zusammenbruch der Nachkriegs-Währungsordnung – des auf dem Dollar basierenden Bretton-Woods-Systems fester Wechselkurse – und auf die Ölpreisschocks. Es konnte im Grunde kein Weg daran vorbeiführen, daß bei derartigen Erschütterungen in derartig offenen Volkswirtschaften selbst die ausgeklügeltste Wirtschaftspolitik einen Rückschlag hinnehmen mußte, denn mit der Entwicklung und Anwendung neuer wirtschaftspolitischer Instrumente, beispielsweise frei schwankender Wechselkurse, waren neue Risiken und Anpassungsprobleme verbunden. Das galt gleichermaßen für die Entscheidungsträger in den Unternehmen und den Gewerkschaften, deren Reaktionen gesamtwirtschaftliche Ergebnisse stark beeinflussen.

Ein weiterer Faktor, der die plötzliche Wachstumsverlangsamung noch verstärkte, war ein grundlegender Wandel in den wirtschaftspolitischen Zielsetzungen der maßgeblichen Kreise, des *Establishments.* Der neue Konsens ergab sich als Reaktion auf bestimmte Ereignisse, trug aber auch seinerseits dazu bei, diese zu gestalten. Der Inflationsschock in Verbindung mit der neuen Welle von Zahlungsbilanzproblemen und spekulativen Bewegungen bewirkte eine abrupte Abkehr von den durch John Maynard Keynes geprägten Einstellungen in bezug auf globale Nachfragesteuerung und Vollbeschäftigung. In den meisten Ländern wurde nun der Bekämpfung der Inflation und der Absicherung der Zahlungsbilanz höchste Priorität eingeräumt. Dabei nahm man einen Anstieg der Arbeitslosigkeit auf Vorkriegsniveau in Kauf. Selbst als die Ölpreise verfielen und in den frühen achtziger Jahren die Dynamik der weltweiten Inflation gebrochen war, stellte diese neue Strenggläubigkeit trotz weitverbreiteter Arbeitslosigkeit und starker Zahlungsbilanzpositionen die Gefahren einer expansiven Politik weiter in den Vordergrund. Man vertraute darauf, daß der Aufschwung von selber einsetzen würde, anstatt ihn durch politische Maßnahmen herbeizuführen. Ein weiterer Grund dafür, daß sich die Politik – anders als in den goldenen Jahren – zurückhielt, war die erhöhte Anfälligkeit für spekulative Kapitalbewegungen in einer Welt ohne Devisenhandelsbeschränkungen und mit einer zweigeteilten Währungsordnung – widerruflich fixierten Paritäten und zaghaften Schritten in Richtung einer europäischen Währungsunion auf der einen Seite und frei schwankenden Wechselkursen (USA und Japan) auf der anderen.

Was die Länder der europäischen *Peripherie* angeht, so hatte auf der Iberischen Halbinsel die Nachkriegsbeschleunigung des Wachstums im großen und ganzen die gleichen Ursachen wie in Nordeuropa, aber die Ergebnisse fielen besser aus, da die Ausgangsbasis niedriger und das Ausmaß der institutionellen Modernisierung größer war. Spanien und Portugal profitierten in hohem Maße von ihrer Nähe zu den europäischen Kernländern, die ihnen aufnahmefähige Exportmärkte und sehr hohe Einnahmen aus dem Tourismus und Gastarbeiter-Überweisungen bescherten. In jüngerer Zeit erhielten sie hohe Zuschußzahlungen von der Europäischen Gemeinschaft. Die Gründe für den starken Wachstumsrückgang nach 1973 waren zum Teil die gleichen wie im Kern Europas – aufgrund der nunmehr engen Verflechtung der europäischen Volkswirtschaften bekamen Spanien und Portugal den hemmenden Einfluß der Verlangsamung im Kern Europas voll zu spüren.

Die Entwicklung der kommunistischen Volkswirtschaften ist weniger gut dokumentiert als die der OECD-Länder. Ihre eigenen Maßstäbe für Wachstum und Leistung unterschieden sich bislang von denen des Westens. Wir mußten uns in bezug auf Leistungsmaßstäbe, die materiell mit den von uns für die OECD-Länder verwendeten vergleichbar sind, auf das Können von *Kremlologen* verlassen, und die Wachstumsschätzungen der amerikanischen Central Intelligence Agency (die ich hier verwende) werden mittlerweile als wahrscheinlich überhöht in Frage gestellt. Die kommunistischen Länder kamen nicht in den Genuß von MARSHALL-Plan-Hilfe und nahmen an der neuen Freizügigkeit der Weltwirtschaft kaum teil. Die Beschleunigung ihres Wachstums ergab sich aus den Bemühungen ihrer Regierungen, sehr hohe Investitionsquoten zu erreichen. Ihre schlechteren Ergebnisse waren auf Effizienzmängel in der Ressourcen-Allokation, die Reservierung eines größeren Teils der Ressourcen für militärische Zwecke und die abträglichen Auswirkungen von Zensur und Meinungsunfreiheit auf den Innovationsprozeß zurückzuführen.

Nach 1973 kam es zu einer drastischen Verschlechterung der Leistung der osteuropäischen Volkswirtschaften. Diese Entwicklung war zu einem gewissen Grad von der Wachstumsverlangsamung in den marktwirtschaftlichen Ländern beeinflußt, spiegelte jedoch auch die wachsenden Probleme bei der effizienten Führung einer Planwirtschaft auf einem zunehmend anspruchsvolleren Nachfrage-Niveau wider. Nach 1989 gerieten diese Länder in eine schwere Krise. Es gibt gewisse Übereinstimmungen mit der Situation in Lateinamerika (Hyperinflation, Staatsfinanzkrise, Auslandsverschuldung), aber die Länder Osteuropas befinden sich wegen der beispiellosen Schwierigkeiten mit der Umstellung von einer Planwirtschaft auf eine Marktwirtschaft, des Abbaus des alten Machtapparates (Partei, Geheimpolizei, Streitkräfte und Verwaltung) und der Privatisierung von Volkswirtschaften, in denen praktisch das gesamte Vermögen dem Staat gehörte, in einer sehr viel schlimmeren Lage. Darüber hinaus bereiten der Zerfall der früheren Sowjetunion in 15 Einzelstaaten und das Auseinanderbrechen der Tschechoslowakei enorme Probleme. Diese Teilungen erinnern an die Probleme, die in Mitteleuropa beim Zusammenbruch Österreich-Ungarns auftraten, jedoch ist das Problem in der früheren Sowjetunion aufgrund des extrem zentralistischen Charakters der alten Wirtschaftsordnung und der starken gegenseitigen Abhängigkeit von Anbietern und Herstellern in nunmehr eigenständigen Ländern größer.

Die lateinamerikanischen Länder schnitten in der Zeit von 1913 bis 1950 im Vergleich mit den meisten übrigen Ländern der Welt relativ gut ab. Sie hatten unter den beiden Weltkriegen nicht sonderlich zu leiden und kompensierten die Auswirkungen der Depression der dreißiger Jahre durch erfolgreiche Industrialisierung und die Ersetzung von Einfuhren durch Eigenproduktion. In den ersten Jahren nach dem Zweiten Weltkrieg erfreuten sich diese Länder günstiger externer Austauschverhältnisse.

Da sie keinen Nachkriegs-Nachholbedarf hatten, mit der dirigistischen und korporativen Politik der dreißiger und vierziger Jahre recht zufrieden waren und von den mit dem Marshall-Plan verbundenen Liberalisierungs-Impulsen unberührt blieben, waren die lateinamerikanischen Volkswirtschaften nach dem Krieg ziemlich lange von der Weltwirtschaft abgekoppelt. Von 1950 bis 1973 ging es ihrer Bevölkerung im Durchschnitt besser als vor 1950, aber dieser Fortschritt war relativ bescheiden.

In Lateinamerika kam es 1973 nicht zu so drastischen Wachstumseinbrüchen wie in den führenden marktwirtschaftlichen Ländern, da die Politik dort nicht mit der gleichen Vorsicht auf die Ölpreisschocks reagierte. Die Regierungen glaubten, sie könnten mit hohen Inflationsraten leben, und waren in der Lage, hohe Kredite aufzunehmen, um die infolge ihrer expansiven Politik entstandenen Zahlungsbilanzdefizite zu decken. Zu knirschen begann es in den achtziger Jahren nach dem mexikanischen Schuldenmoratorium, als der Strom der Auslandsgelder versiegte und die Kosten für die Bedienung der Altkredite bei steigenden Zinsen in die Höhe schnellten. Seit 1982 nahmen in den meisten Ländern Lateinamerikas die Realeinkommen ab. Der dramatische Rückschlag war nicht etwa darauf zurückzuführen, daß das Angebotspotential plötzlich ausgeschöpft gewesen wäre, und wurde auch nicht durch irgendwelche Ungerechtigkeiten in der Funktionsweise der Weltwirtschaft verursacht. Er war eindeutig das Ergebnis der eigenen verfehlten Politik. Die Volkswirtschaften Lateinamerikas litten unter vier grundlegenden Problemen:

– Die übermäßige Auslandsverschuldung führte zwar zu einer Einstellung der Tilgungszahlungen, aber die Zinszahlungen stellten eine anhaltend schwere Belastung der Zahlungsbilanz und der staatlichen Haushalte dar. Die entsprechend düsteren Zukunftsaussichten führten zu massiver Kapitalflucht, was die in- und ausländische Kreditwürdigkeit der Regierungen untergrub.
– Die Staatsfinanzen waren allenthalben zerrüttet. Die Regierungen hatten große Schwierigkeiten, die Steuereinnahmen aufrechtzuerhalten und Staatsanleihen zu plazieren. Sie versuchten zunehmend, das Problem mit Hilfe der Notenpresse zu lösen.
– Sowohl in Argentinien als auch in Brasilien kam es zu einer Hyperinflation, und beide Länder schöpften zu ihrer Bekämpfung ein ganzes Arsenal unkonventioneller Methoden aus.
– Verzerrungen der Ressourcen-Allokation, die ursprünglich auf übermäßige staatliche Interventionen und Protektionismus zurückzuführen waren, wurden durch die Hyperinflation noch verstärkt. Argentinien und Mexiko konnten mittlerweile bei der Auseinandersetzung mit diesen Problemen einige Fortschritte erzielen, Brasilien hingegen hat immer noch mit ihnen zu kämpfen.

In Asien war die starke Beschleunigung des Wachstums nach dem Zweiten Weltkrieg möglich, weil die Ausgangsbasis hier hinsichtlich Produktivität und Einkommen sehr niedrig war. Bei Verfolgung einer vernünftigen Politik bestand ausreichendes Potential für schnelles Wachstum. Die Voraussetzungen dafür waren aus mehreren Gründen günstig:

– Das Ende des Kolonialismus und der Umstand, daß neue nationale Eliten an die Macht gekommen waren, schufen neue Möglichkeiten für eine einheimische kapitalistische Klasse, die bereit war, ihre Ersparnisse im Land zu lassen, und ihre eigenen Interessen frei verfolgen konnte.

– Praktisch alle asiatischen Länder brachten eine starke Erhöhung der Investitionsquoten und ein noch schnelleres Wachstum des Kapitalstocks zustande.

– Sie unternahmen große Anstrengungen zur Verbesserung ihres Humankapitals. Im Jahre 1950 betrug ihr *Bildungsvolumen* nur ein Viertel des europäischen; es ist jedoch gewaltig gewachsen und hat in einigen der Länder mit Superwachstumsraten fast europäisches Niveau erreicht.

– Nach der Auszehrung während der Kolonialzeit kam es nun zu einem Nettozufluß ausländischen Kapitals und ausländischer Hilfe.

– Die Nachkriegszeit brachte dank des schnelleren Wachstums in den führenden marktwirtschaftlichen Ländern und des Abbaus von Handelshemmnissen eine starke Belebung des Welthandels. Viele asiatische Länder und insbesondere diejenigen mit Superwachstum nutzten diese neuen Handelsmöglichkeiten, indem sie wettbewerbsfähig blieben und sich neue Märkte aggressiv erschlossen. Die Öffnung ihrer eigenen Volkswirtschaften verbesserte ihre Effizienz und förderte ihr Wachstum.

– In vielen asiatischen Ländern ist der Arbeitseinsatz sehr hoch und die Zahl der Arbeitsstunden pro Jahr wesentlich größer als in anderen Teilen der Welt.

– In Asien hatte man den Geldwert besser im Griff als in Lateinamerika. Die meisten dieser Länder hatten relativ flexible Lohn- und Preisstrukturen; ihre Finanz- und Geldpolitik war im allgemeinen vorsichtig, und sie blieben im großen und ganzen international wettbewerbsfähig.

– Bei der Kreditaufnahme im Ausland waltete mehr Augenmaß als in Lateinamerika. Asiens Auslandsverschuldung betrug pro Kopf durchschnittlich nur ein Drittel der lateinamerikanischen, so daß die asiatischen Regierungen kreditwürdig blieben und nicht in eine so kritische Situation gerieten wie Lateinamerika in den achtziger Jahren.

Diese makropolitischen Tugenden bildeten in Verbindung mit den weiter gegebenen Aufholmöglichkeiten die Grundlage für den Erfolg Asiens. Es

sei auch daran erinnert, daß in den asiatischen Ländern im allgemeinen nicht so extreme Einkommens- und Vermögensungleichheiten herrschen wie in Lateinamerika; das verlieh ihnen wohl größere gesellschaftspolitische Kohärenz und bedeutete, daß sie weniger stark den kurzfristigen Schwankungen einer populistischen Politik unterworfen waren.
Unter dem Aspekt der unmittelbaren Kausalanalyse ist Asiens Wachstum nach dem Zweiten Weltkrieg weder geheimnisvoll noch ein Wunder. Es beruhte auf einer starken Erhöhung des Arbeits- und Kapitaleinsatzes; mit Ausnahme von Japan lag die Gesamtfaktorproduktivität selbst in den Län-

Tabelle 5: *Bevölkerungswachstum in 20 repräsentativen Ländern 1820 bis 1992 (kumulative durchschnittliche Jahresraten)*

	1820–1900	1900–50	1950–73	1973–92	1900–92
Deutschland	1,0	0,9	0,9	0,5	0,8
Frankreich	0,3	0,1	1,0	0,5	0,4
Großbritannien	0,8	0,5	0,5	0,2	0,4
Japan	0,4	1,3	1,1	0,7	1,1
Niederlande	1,0	1,4	1,2	0,6	1,2
Schweden	0,9	0,6	0,6	0,3	0,6
USA	2,6	1,4	1,4	1,0	1,3
Portugal	0,6	0,9	0,1	0,7	0,6
Rußland/UdSSR	1,1	0,8	1,4	0,8	0,9
Spanien	0,5	0,8	1,0	0,6	0,8
Tschechoslowakei	0,7	0,0	0,7	0,4	0,3
Argentinien	2,8	2,6	1,7	1,4	2,1
Brasilien	1,7	2,1	2,9	2,4	2,4
Mexiko	0,9	1,4	3,2	2,5	2,1
China	0,2	0,6	2,1	1,5	1,2
Indien	0,4	0,9	2,1	2,2	1,5
Indonesien	1,1	1,2	2,0	2,1	1,6
Korea	.	1,7	2,2	1,3	1,8
Ghana	.	1,8	3,4	2,8	2,4
Südafrika	.	2,2	2,4	2,4	2,3

Quelle: Maddison, Monitoring ..., a. a. O. Siehe Anmerkung zu Tabelle 2.

dern mit Superwachstumsraten nicht außerhalb der Ergebnisse, die auch einige europäische Länder im Goldenen Zeitalter erreichten. Das gilt auch für die Jahre seit 1973.

In Afrika wuchs die Wirtschaft in den goldenen Nachkriegsjahren wesentlich langsamer als in allen übrigen großen Regionen der Welt. In Ghana war das Pro-Kopf-Einkommen 1992 sogar niedriger als 1950. Die afrikanischen Länder wurden als letzte unabhängig, ihr Bildungs- und Gesundheitswesen und ihre Infrastruktur sind sehr dürftig. Die Bevölkerung wächst sehr viel schneller als in der übrigen Welt (siehe Tabelle 5). Ein weiteres großes Problem ergibt sich daraus, daß Afrika Nationalstaaten bisher nicht kannte und nun versucht wurde, nationale Einheiten durch die Schaffung von Einparteienregierungen herbeizuführen. Dieses Bestreben verstärkte einen Hang zum Dirigismus und führte zu erheblichen Marktverzerrungen, unrealistischen Wechselkursen und einer die Landwirtschaft beeinträchtigenden Politik; es stand auch politischen Veränderungen zum Besseren entgegen. Die afrikanischen Länder südlich der Sahara haben bereits erhebliche Auslandshilfe erhalten, und das wird wahrscheinlich auch in Zukunft der Fall sein, aber ein wirklicher Umschwung bei den Wachstumschancen wird stark von einem Kurswechsel der eigenen Politik dieser Länder abhängen.

VI. Die gesellschaftlichen Auswirkungen des Wirtschaftswachstums im 20. Jahrhundert

Im 20. Jahrhundert stieg das durchschnittliche reale Pro-Kopf-Einkommen in den meisten unserer 20 Länder auf das Fünf- bis Sechsfache seines Anfangsniveaus, und das hatte weitreichende Auswirkungen auf Lebensstandard und Lebensstil.

A. Beschäftigungsstruktur

Tabelle 6 zeigt, wie sich die Beschäftigungsstruktur verändert hat. In allen Ländern ist ein rückläufiger Anteil der Landwirtschaft und eine Zunahme des Dienstleistungsbereichs zu beobachten. Der Anteil der Industrie stieg im allgemeinen bis zu einem bestimmten Niveau des Pro-Kopf-Einkommens, ging jedoch seit den sechziger Jahren in den führenden marktwirtschaftlichen Ländern wieder zurück. Generell ist der Anteil der in der Landwirtschaft Beschäftigten in den reichen Ländern am niedrigsten und in den einkommensschwächsten Ländern am höchsten. Umgekehrt ist tendenziell der Anteil der Beschäftigung im Dienstleistungsbereich in den reichen Ländern am höchsten und in den ärmsten Ländern am geringsten, obwohl hier auch Unterschiede im Reichtum an natürlichen Ressourcen und im Umfang des Außenhandels eine Rolle spielen. Die statistische Praxis ist ebenfalls von Belang: Um 1900 gab es erhebliche Unterschiede in den Verfahren zur Messung der Tätigkeit weiblicher Beschäftigter in der Landwirtschaft, und in Deutschland umfaßt derzeit die Definition der *Beschäftigung in der Industrie* ein erhebliches Maß an Wartungstätigkeiten, die in anderen Ländern als Dienstleistungen gelten.

Die Veränderungen der Beschäftigungsstruktur spiegeln eine Veränderung der Nachfrage im Zuge der Zunahme der Einkommen. Als bemerkenswerteste Auswirkungen hervorzuheben sind hier der rückläufige Anteil der Lebensmittel an den Gesamtausgaben, der steigende Anteil der Transport- und Verkehrskosten, da die Gesellschaft urbaner und anspruchsvoller geworden ist, der wachsende Anteil der Gesundheitsausgaben, da das Durchschnittsalter der Bevölkerung gestiegen ist, und der stei-

Tabelle 6: *Beschäftigungsstruktur in 20 repräsentativen Ländern 1900 und 1992 (in Prozent der Gesamtbeschäftigung)*

	1900			1992		
	Landwirtschaft	Industrie	Dienstleistungen	Landwirtschaft	Industrie	Dienstleistungen
Deutschland	38,6	39,8	21,6	3,1	37,8	59,1
Frankreich	42,4	29,6	28,0	5,1	28,2	66,7
Großbritannien	13,2	43,9	42,9	2,2	26,2	71,6
Japan	70,0	13,8	16,2	6,4	34,6	59,0
Niederlande	30,6	31,7	37,7	3,9[8]	24,3[8]	71,8[8]
Schweden	53,5	19,9	26,6	3,2	26,6	70,2
USA	37,6	30,3	32,1	2,8	23,3	74,0
Portugal	65,1	22,4	12,5	11,2	32,8	56,0
Rußland/UdSSR	58,6[1]	16,1[1]	25,3[1]	17,0[8]	36,0[8]	47,0[8]
Spanien	68,1	13,6	18,3	9,9	31,7	58,4
Tschechoslowakei	40,3[2]	36,8[2]	22,9[2]	11,9	45,6	42,5
Argentinien	16,8[3]	26,6[3]	56,6[3]	16,1[8]	31,3[8]	52,6[8]
Brasilien	.	.	.	24,2[8]	23,7[8]	52,1[8]
Mexiko	63,8	15,9	20,3	22,5[8]	24,1[8]	53,3[8]
China	.	.	.	58,6[9]	22,0[9]	20,0[9]
Indien	67,1[4]	10,1[4]	22,8[4]	62,0[9]	11,0[9]	27,0[9]
Indonesien	73,1[5]	4,8[5]	22,1[5]	53,1[8]	14,7[8]	32,2[8]
Korea	79,6[6]	8,0[6]	12,4[6]	18,3[8]	35,1[8]	46,6[8]
Ghana	.	.	.	59,0[9]	11,0[9]	30,0[9]
Südafrika	58,8[7]	15,5[7]	25,7[7]	.	.	.
Durchschnitt	51,6	22,3	26,1	21,5	27,1	51,4

1 1897. – 2 1921. – 3 1919. – 4 1901. – 5 1905. – 6 1930. – 7 1911. – 8 1990. – 9 1989/91.

Quellen: Die Zahlen für 1900 und die Jahre um 1900 stammen aus Bairoch (1968), mit Ausnahme der Zahlen für Großbritannien (Feinstein 1972), Mexiko (Maddison 1992) und Korea (Suh 1978), für 1992 und die Jahre um 1992 aus OECD (1993) für die ersten neun Länder, die Tschechoslowakei aus European Commission (1992), S. 32, die UdSSR (Rußland) aus Goskomstat (1992), S. 97–101; die Angaben für Argentinien und Brasilien stammen von A. Hofmann, für Mexiko aus CIMIEX (1993), für Indien und Ghana aus UNDP (1993), S. 168 f., für Indonesien aus van der Eng (1993), für Korea aus Pilat (1993), S. 321. Landwirtschaft umfaßt auch Forstwirtschaft und Fischerei, Industrie beinhaltet Bergbau, Verarbeitendes Gewerbe, Bau- und Versorgungsunternehmen.

gende Anteil der Bildungsausgaben, da die veränderte Struktur der Beschäftigungsmöglichkeiten zu steigender Nachfrage nach *Humankapital* führt. Die Auswirkungen des technischen Wandels haben ebenfalls zu den Strukturveränderungen beigetragen: In der Güterproduktion war das Tempo des Produktivitätsfortschritts im allgemeinen sehr viel höher als im Dienstleistungsbereich.

B. Veränderungen der Ausgabenstruktur

Tabelle 7 zeigt Veränderungen der Ausgabenstruktur zwischen 1913 und 1992. In allen Ländern mit Ausnahme Ghanas ist der Anteil des Privaten Verbrauchs am Bruttoinlandsprodukt stark rückläufig; der Anstieg des realen Pro-Kopf-Verbrauchs war also entsprechend geringer als der in Tabelle 1 gezeigte Anstieg des Bruttoinlandsprodukts pro Kopf. Außer in Argentinien war durchweg eine sehr starke Zunahme des Anteils der vom Staat verbrauchten realen Ressourcen zu verzeichnen. Das beruht zum Teil darauf, daß sich die Produktivität im Bereich der staatlichen Dienstleistungen nur langsam erhöhte, so daß deren relative Preise stiegen. Das volkswirtschaftliche Gewicht der öffentlichen Hand ist jedoch auch infolge des Ausbaus des Sozialstaates größer geworden. Das Gros der Ausgaben für Bildung und Gesundheit entfällt mittlerweile auf den Staat, und der Umfang dieser Leistungen hat real erheblich zugenommen. Man kann daher aus Tabelle 7 nicht schließen, daß der erhöhte Staatsanteil lediglich eine stärkere bürokratische Last darstellt und nichts zur Wohlfahrt beiträgt. Man bedenke in diesem Zusammenhang die Hebung des Gesundheits- und Bildungsniveaus, zu der der Staat beigetragen hat.
Ein zweiter auffälliger Punkt in Tabelle 7 ist die Zunahme der Investitionsquoten (wobei Argentinien die markanteste Ausnahme bildet). Nach dem Zweiten Weltkrieg erhöhten viele marktwirtschaftliche Länder in Europa und Asien ihre Investitionsquoten in starkem Maße, um die sich bietenden Aufholchancen zu nutzen, und das gilt nach wie vor für Asien, wo es seit Beginn des 20. Jahrhunderts zu spektakulären Veränderungen gekommen ist. In Indien wurde die Investitionsquote von 5,8 auf 24,1 Prozent des BIP gesteigert, in Korea von 4,6 auf 39,1 Prozent. Auch die kommunistischen Länder verfolgten eine Strategie hoher Investitionen zur Förderung des Wachstums.

Tabelle 7: *Hauptausgabenbereiche in Prozent des BIP zu jeweiligen Marktpreisen in 20 repräsentativen Ländern 1913 und 1992*

	1913				1992			
	Privater Verbrauch	Staats-verbrauch	Brutto-investi-tionen	Gesamt-nachfrage	Privater Verbrauch	Staats-verbrauch	Brutto-investi-tionen	Gesamt-nachfrage
Deutschland	67,2	9,0	22,1	98,3	54,0	17,9	21,1	93,0
Frankreich	81,1	4,8	14,7	100,6	60,5	18,6	19,7	98,8
Großbritannien	82,2	8,1	8,1	98,4	64,1	22,3	15,3	101,7
Japan	78,2	6,8	17,2	102,2	57,0	9,4	31,1	97,5
Niederlande	84,8[1]	8,4[1]	18,1[1]	111,3[1]	60,3	14,5	20,8	95,6
Schweden	82,0	6,1	14,2	102,3	53,9	27,8	16,6	98,3
USA	75,2	6,4	18,0	99,6	67,4	17,8	15,5	100,7
Portugal	.	.	.	.	62,9	18,3	28,6	109,8
Rußland/UdSSR	78,3	10,7	11,9	100,9	55,1[3]	13,3[3]	31,2[3]	99,6[3]
Spanien	75,5	8,0	11,9	95,4	63,2	16,8	22,9	102,9
Tschechoslowakei	.	.	.	.	51,1[4]	20,8[4]	30,1[4]	102,0[4]
Argentinien	89,9	5,1	21,5	116,5	80,5[5]	4,1[5]	12,2[5]	96,8[5]
Brasilien	.	.	.	.	60,9[4]	15,6[4]	21,7[4]	98,2[4]
Mexiko	.	.	.	.	72,1[5]	7,8[5]	22,9[5]	102,8[5]
China	.	.	.	.	52,4	8,8	35,8	97,0
Indien	.	.	5,8	.	64,9[5]	11,8[5]	24,1[5]	100,8[5]
Indonesien	.	.	.	.	55,1[5]	9,2[5]	35,1[5]	99,4[5]
Korea	98,5	3,9	4,6	107,0	52,7	10,8	39,1	102,6
Ghana	66,8[2]	2,8[2]	14,8[2]	84,4[2]	82,8[5]	9,1[5]	16,5[5]	108,4[5]
Südafrika	.	.	.	.	57,7[5]	20,9[5]	16,3[5]	94,9[5]

1 1921. – 2 1911. – 3 1989. – 4 1990. – 5 1991.

Quellen: 1913 Frankreich aus Levy-Leboyer und Bourguignon (1985), S. 332, Deutschland aus Hoffmann (1965), S. 826, Japan aus Ohkawa und Shinohara (1979), S. 252, Niederlande aus van Bochove und Huitker (1987), durch Anpassung um 8,4 Prozent auf BIP-Basis gebracht, S. 16, Schweden aus Krantz und Nilsson (1975), S. 150 und S. 157, Großbritannien aus Feinstein (1972), S. T8 und S. T10, USA aus Kendrick (1961), S. 297, Spanien aus Carreras (1989), S. 570, UdSSR (Rußland) aus Gregory (1982), an BIP-Basis angepaßt, S. 59, Argentinien (zu Preisen von 1960) aus IEERAL (1986), Indien aus Maddison (1992), Korea aus Mizoguchi und Umemura (1988), S. 236, Ghana aus Szereszewski (1965), S. 145. 1990 und die Jahre um 1990 für die ersten neun Länder aus OECD (1994), Tschechoslowakei und UdSSR aus Marer und andere (1992), die übrigen Länder aus World Bank, World Tables (1993).

In Tabelle 7 ist ferner bemerkenswert, daß die Gesamtnachfrage nicht genau dem BIP entspricht. So bestand 1992 in Deutschland zwischen Gesamtnachfrage und BIP eine Lücke von 7 Prozent, die sich aus Transferzahlungen ins Ausland und in die neuen Bundesländer erklärt, während Portugal aufgrund der außerordentlich großzügigen Subventionen und Hilfen seitens der Europäischen Gemeinschaft fast 10 Prozent mehr ausgab, als sein BIP ausmachte.

C. Lebensstandard

Der herkömmliche Maßstab des Lebensstandards war die Entwicklung der *Reallöhne.* Im 19. Jahrhundert begann man mit der Erstellung amtlicher Lohnstatistiken, die nach Bereinigung um Veränderungen der Lebenshaltungskosten-Indizes als Maßstab für Änderungen des Lebensstandards dienten (so bei ARTHUR BOWLEY in Großbritannien und PAUL DOUGLAS in den USA) und Tarifverhandlungen zugrundegelegt wurden. Zwischen 1908 und 1912 sammelte das britische Handelsministerium Daten über Löhne, Preise und Arbeitnehmerhaushalte in einer Reihe von europäischen Ländern, um Reallöhne miteinander vergleichen zu können, und in der Zeit zwischen den beiden Weltkriegen hat das International Labour Office des Völkerbundes diese Erhebungen erweitert. JÜRGEN KUCZYNSKI war früher einer der aktivsten Anwender solcher Statistiken zum Zwecke internationaler Vergleiche, und JEFFREY G. WILLIAMSON von der Harvard-Universität hat vor kurzem die vorhandenen Daten umfassend ausgewertet, um verschiedene Zeiträume und verschiedene Länder miteinander zu vergleichen.

Meines Erachtens ist dieser frühere Ansatz mittlerweile durch Fortschritte bei der Aufstellung historischer Volkswirtschaftlicher Gesamtrechnungen wie derjenigen, die den Tabellen 2, 4 und 7 zugrunde liegen, überholt. Volkswirtschaftliche Gesamtrechnungen sind schon insofern überlegen, als sie alle Bereiche abdecken und man sich (jedenfalls in den nichtkommunistischen Ländern) um eine standardisierte Ausgangsbasis bemüht hat. Das gilt nicht für die Lohnreihen von WILLIAMSON, die nur eine Minderheit der Erwerbstätigen berücksichtigen und sich mangels Repräsentativität nicht für Vergleiche verschiedener Länder und Zeiträume eignen. In einigen Fällen gelten sie nur für ungelernte Arbeiter oder nur für bestimmte

Tabelle 8: *Niveau der realen Ausgaben pro Kopf in ausgewählten Ländern 1980, Deutschland (alte BR) = 100*

	Frankreich	Großbritannien	Japan	Niederlande	USA	Portugal	Spanien	Argentinien	Brasilien	Indien	Indonesien
Nahrungsmittel	112,6	81,8	64,5	100,3	99,9	98,0	128,3	85,8	86,8	17,0	28,2
Alkoholische Getränke	100,0	44,8	27,7	109,4	71,3	56,4	49,2	62,7	3,7	0,4	0,1
Tabakwaren	69,4	123,5	75,5	168,4	99,0	6,1	62,3	50,1	50,7	6,9	16,3
Bekleidung, Schuhe	63,2	71,6	58,2	84,8	100,2	41,8	76,4	32,7	27,7	3,9	7,4
Wohnung	109,1	117,6	100,0	84,4	134,2	72,9	63,5	16,6	31,8	2,6	5,4
Energie	79,0	66,5	28,5	89,9	214,6	23,4	29,0	26,8	27,9	11,2	36,9
Medizinische Versorgung	125,0	78,4	107,8	108,1	96,3	42,8	62,1	11,4	23,0	3,6	2,0
Transport, Verkehr	80,8	56,7	50,2	63,8	154,8	20,9	50,0	37,5	16,7	3,9	6,5
Freizeit	97,1	111,3	111,3	84,0	84,0	35,9	84,0	27,2	51,0	2,9	12,3
Bildung	150,6	181,1	206,9	163,0	190,8	73,3	67,2	70,2	51,1	30,3	19,5
Gastronomie, Hotels	146,3	193,3	58,9	54,6	131,6	52,5	112,5	57,8	47,4	0,5	3,6
Gesamter Verbrauch	97,6	84,5	77,2	94,1	118,2	46,2	69,6	40,2	39,1	6,0	10,9
Kapitalbildung	80,6	45,2	97,5	73,4	81,3	5,6	45,0	30,7	22,2	3,1	8,0
Staat	150,4	185,5	66,3	151,0	136,6	82,4	56,7	28,0	14,3	10,2	14,9
BIP	95,8	80,9	82,5	91,4	112,2	37,6	62,3	37,7	32,9	5,6	10,8

Quelle: United Nations, World Comparisons of Purchasing Power and Real Product for 1980: Phase IV of the International Comparison Project: Part Two: Detailed Results for 60 Countries, New York 1987.

Wirtschaftsbereiche. Die Lebenshaltungskosten-Indizes sind ebenfalls von unterschiedlicher Qualität und im allgemeinen nicht so gut wie die BIP-Deflatoren.

In der Nachkriegszeit wurden auch beträchtliche Anstrengungen darauf verwendet, zu international vergleichbaren Schätzungen von BIP- und Ausgaben-Niveaus zu gelangen. Die Statistischen Ämter der Europäischen Gemeinschaft und der OECD unternehmen gemeinsam alle fünf Jahre solche Schätzungen, die neun der von mir ausgewählten 20 Länder betreffen. Das Statistische Amt der Vereinten Nationen arbeitet ebenfalls an diesem Projekt mit und deckt eine größere Zahl von Ländern ab, aber leider bezieht sich seine letzte Veröffentlichung auf das Jahr 1980. Tabelle 8 stützt sich auf diese Quelle und liefert meiner Meinung nach den erschöpfendsten Nachweis relativ aktueller Lebensstandards. Sie deckt zwölf unserer Länder ab und umfaßt nahezu das gesamte Einkommensspektrum unserer Zwanzig-Länder-Auswahl. Die Spannweite des BIP pro Kopf beträgt 20:1 – mit den USA an der Spitze und Indien als Schlußlicht. Ich habe Deutschland als Bezugsland gewählt; für jede der 15 berücksichtigten Ausgabenkategorien wird also das deutsche Niveau gleich 100 gesetzt.

In Tabelle 8 sind sämtliche Bildungs- und Gesundheitsausgaben als Privater Verbrauch klassifiziert, so daß sich im Unterschied zu Tabelle 7 der Posten *Staat* nur auf dessen Verwaltungs-, Sicherheits- und Verteidigungsfunktionen bezieht.

Gemessen an den gesamten Verbrauchsausgaben und am Bruttoinlandsprodukt – jeweils pro Kopf – lag Deutschland 1980 nur hinter den USA an zweiter Stelle; bei der Kapitalbildung lag es an der Spitze. Sein Aufwand für Staatsverwaltung und Sicherheit war geringer als der Frankreichs, der Niederlande, Großbritanniens und der USA.

Die Ausgaben der Deutschen für Nahrungsmittel wurden 1980 nur durch Frankreich und Spanien übertroffen und bewegten sich etwa auf der gleichen Höhe wie die der Niederlande. Sie lagen aber höher als in allen anderen Ländern und waren fast sechsmal so hoch wie in Indien.

Die Pro-Kopf-Ausgaben für alkoholische Getränke in Deutschland wurden nur von den Niederlanden übertroffen; sie waren 250mal so hoch wie in Indien und 1 000mal so hoch wie in Indonesien. Der Tabakkonsum lag nur in den Niederlanden und Großbritannien höher als in Deutschland, der deutsche Verbrauch war jedoch gut 14mal so hoch wie der indische. Bei Bekleidung und Schuhen waren die deutschen Pro-Kopf-Ausgaben genauso hoch wie die amerikanischen; sie lagen jedoch über denen aller anderer Länder und fast 26mal so hoch wie in Indien.

Der Energieverbrauch der Deutschen lag 1980 um mehr als die Hälfte unter dem der Amerikaner, aber weit über dem aller übrigen Länder. Bei den Pro-Kopf-Ausgaben für Transport und Verkehr sah es ähnlich aus: Deutschland weit hinter den USA, aber deutlich vor allen anderen Ländern.

Hinsichtlich der Ausgaben für die medizinische Versorgung belegte Deutschland Platz 4 – hier lag Frankreich deutlich vorn. Bei den Bildungsausgaben lag Deutschland auf Platz 6 hinter Japan, den USA, Großbritannien, den Niederlanden und Frankreich. Auf diesem Gebiet erreichte Indien mit rund 30 Prozent des deutschen Standards einen vergleichsweise günstigen Wert.

Die Struktur der Ausgaben wird in erheblichem Maße durch die Höhe der Realeinkommen bestimmt und liegt in den führenden marktwirtschaftlichen Ländern weit über dem Existenzminimum. Relativ hohe Ausgaben für Wohnung, Gesundheit und Bildung deuten auf hohes Einkommen und Wohlstand hin, nicht jedoch hohe Ausgaben für Alkohol und Tabakwaren.

In den führenden marktwirtschaftlichen Ländern sind die Ausgaben für Gesundheit, verglichen mit denen in armen Ländern, sehr hoch. Diese Ausgaben tragen zur Erhöhung der Lebenserwartung bei und verringern die Anfälligkeit für Krankheiten, werden jedoch auch stark von der jeweiligen Regierungspolitik beeinflußt. So ist man hinsichtlich der teuren Behandlung von unheilbar Kranken und der Versorgung mit Arzneimitteln in Frankreich sehr viel großzügiger als in Großbritannien. Indien verzeichnete im 20. Jahrhundert trotz relativ geringer Ausgaben für Gesundheit dank der Wirksamkeit preiswerter moderner Medikamente und Maßnahmen des öffentlichen Gesundheitswesens zur Eindämmung von Epidemien eine spektakuläre Erhöhung der durchschnittlichen Lebenserwartung.

Die Schätzungen in Tabelle 8 sind um Unterschiede in der Kaufkraft der Währungen und somit um Wertdifferenzen, die sonst die Messung des Realverbrauchs verzerrt hätten, bereinigt. Auch das tatsächliche Preisniveau hat jedoch Einfluß auf die Mittelverwendung. So sind in den USA die Energiesteuern sehr viel niedriger als in Europa – darin liegt einer der Hauptgründe für den höheren amerikanischen Energieverbrauch.

D. Ungleichheit und Sozialstaat

Ein wichtiger Aspekt der wirtschaftlichen Wohlfahrt ist der Grad der Ungleichheit. In den führenden marktwirtschaftlichen Ländern sind die Unterschiede zwischen den Gesellschaftsschichten durch den Druck der demokratischen Kräfte sowie durch den allgemeinen Zugang zu Grund- und Hauptschulbildung und in beträchtlichem Maß auch zu höherer Schulbildung abgebaut worden. So gab es in den siebziger Jahren in den meisten europäischen Ländern mit hohem Einkommen keine einheimische Unterschicht mehr, die zu lebenslanger Armut verurteilt gewesen wäre; diese Situation hat sich allerdings in den letzten beiden Jahrzehnten infolge der Einwanderung aus armen Ländern und des starken Anstiegs der Langzeitarbeitslosigkeit wieder geändert.

In den führenden Ländern ist ein sehr bedeutender Prozeß der Einkommensumverteilung durch Steuern und Sozialtransfers zu beobachten. Tabelle 9 zeigt, wie der Anteil der Staatsausgaben am BIP in den vergangenen acht Jahrzehnten in den reicheren OECD-Ländern zugenommen hat. Diese Tabelle umfaßt sowohl die in Tabelle 7 ausgewiesenen Staatsausgaben für Güter und Dienstleistungen als auch die Transferausgaben. Aus Tabelle 10 ist für die gleichen OECD-Länder die Struktur der Staatsausgaben im Jahre 1981 ersichtlich.

Seit den siebziger Jahren gab es einige wichtige Veränderungen in den politischen Zielsetzungen. In Großbritannien setzte die Regierung THATCHER auf die Förderung des Unternehmertums und die Privatisierung von

Tabelle 9: *Staatsausgaben in Prozent des BIP zu Marktpreisen in ausgewählten Ländern 1913 und 1992*

	1913	1992
Deutschland	17,7	46,1[2]
Frankreich	8,9	51,0
Großbritannien	13,3	51,2
Japan	14,2	33,5
Niederlande	8,2[1]	54,1
USA	8,0	38,5[3]

1 1910. – 2 Alte Bundesrepublik 1990. – 3 1990.
Quelle: Angus Maddison, Dynamic Forces in Capitalist Development, Oxford 1991, S. 77 (aktualisiert).

Tabelle 10: *Struktur der Staatsausgaben in Prozent des BIP in ausgewählten Ländern 1981*

	Deutschland	Frankreich	Großbritannien[1]	Japan	Niederlande	USA
Insgesamt	44,9	46,8	41,0	33,2	54,9	32,2
Herkömmliche Aufgaben						
Militärischer Bereich	2,9	3,8	5,0	0,9	3,3	4,7
Ziviler Bereich	3,9	3,7	3,6	3,3	6,1	3,7
Schuldzinsen	2,2	2,2	5,0	3,6	5,4	2,7
Insgesamt	9,0	9,7	13,6	7,8	14,8	11,1
Moderne Aufgaben						
Wirtschaftsleistungen	4,9	3,9	4,3	6,0	3,8[1]	3,2
Bildung	5,2	5,9	5,4	4,9	7,0	5,7
Gesundheit	6,8	6,4	5,0	4,7	6,6	3,7
Wohnungsbau	2,3	3,7	2,2	2,9	5,0	0,8
Altersversorgung	12,6	11,9	7,4	4,7	12,9	6,7
Sonstige Transfers	4,1	5,3	3,1	2,2	4,8	1,0
Insgesamt	35,9	37,1	27,4	25,4	40,1	21,1

1 1978.
Quelle: Maddison, Dynamic Forces ..., a. a. O.

Staatsbetrieben, die ihren Führungskräften dann höhere Gehälter zahlten. Insgesamt kam es dort zu einer relativen Erhöhung des Niveaus der Vergütung von Führungskräften, mit der eine deutliche Senkung der Einkommensteuersätze für die oberen Tarifgruppen und eine starke Zunahme der Grundstückspreise einhergingen. Daraus ergab sich eine scharfe Zunahme der Einkommens- und Vermögens-Ungleichheit. In den USA hat die Reagan-Administration ebenfalls die Unternehmens-Sphäre gefördert und die Steuern gesenkt. In Schweden kam es in den neunziger Jahren zu einem größeren gesellschaftspolitischen Umschwung. In anderen führenden marktwirtschaftlichen Ländern unserer Länder-Auswahl haben sich die politischen Einstellungen nicht so drastisch geändert, aber auch dort stehen egalitäre Zielsetzungen nicht mehr so hoch im Kurs wie früher.

In Lateinamerika haben das Erbe von Leibeigenschaft und Sklaverei sowie anhaltende ethnische Diskriminierung in bezug auf Bildung, Arbeitsplätze und den Zugang zu Grundbesitz zu besonders großen Einkommensunterschieden geführt, wie Tabelle 11 zeigt. In Asien hält sich in den beiden Ländern, für die Daten vorliegen (Indien und Korea), die Ungleichheit innerhalb der europäischen Größenordnungen.
In Südafrika, wo Rassentrennung lange offizielle Politik war, ist der GINI-Koeffizient der Ungleichheit größer als in allen übrigen Ländern außer in Mexiko (siehe Tabelle 11); gemessen an der Dezil-Verteilung der Einkommen ist die Ungleichheit in Südafrika noch ausgeprägter, auch wenn man berücksichtigt, daß es sich dabei – im Unterschied zu den anderen Ländern – nicht um Haushalts-, sondern um Individualeinkommen handelt.

Tabelle 11: *Ungleichheit der Privathaushaltseinkommen in ausgewählten Ländern (vor Steuern, verschiedene Jahre)*

		Gini-Koeffizient	Oberstes Zehntel der Pro-Kopf-Einkommen als Mehrfaches der beiden untersten Zehntel
Deutschland	(1973)	0,396	10,5
Frankreich	(1970)	0,416	14,4
Großbritannien	(1973)	0,344	9,1
Japan	(1969)	0,335	7,5
Niederlande	(1967)	0,385	10,5
Schweden	(1972)	0,346	8,1
USA	(1972)	0,404	14,9
Argentinien	(1961)	0,425	11,2
Brasilien	(1970)	0,500	20,0
Mexiko	(1964)	0,567	25,5
Indien	(1964–65)	0,428	12,4
Korea	(1970)	0,351	7,6
Südafrika	(1965)	0,563	41,5

Quellen: Sawyer (1976), S. 14 und S. 16; Lecaillon und andere (1984), S. 26 f. Die Angaben für Südafrika beziehen sich auf das Individualeinkommen, nicht auf das Haushaltseinkommen.

Tabelle 12: *Indikatoren für Gesundheit, Bildung und Erwerbstätigkeit in 20 repräsentativen Ländern (verschiedene Jahre)*

	Lebenserwartung (Jahre) bei der Geburt (beide Geschlechter)		Bildungsniveau (Jahre pro Person, gewichtet)		Anteil der Erwerbsbevölkerung (Prozent)		Arbeitsstunden (pro Jahr je Beschäftigten)	
	1900	1991	1913	1987	1913	1990	1913	1990
Deutschland	47	76	8,37	11,97	42,4	45,0	2 584	1 566
Frankreich	47	77	6,99	14,31	46,5	39,9	2 588	1 539
Großbritannien	51	75	8,12	13,47	45,5	46,9	2 624	1 537
Japan	44	79	5,36	14,04	34,1	50,6	2 588	1 956
Niederlande	52	77	6,42	12,37	37,8	42,5	2 605	1 347
Schweden	56	78	.	13,14	46,3	52,7	2 588	1 494
USA	47	76	7,86	16,89	39,8	47,8	2 605	1 594
Portugal	.	74	.	8,15	.	45,8	.	1 700
Rußland/UdSSR	32	69	.	11,50	.	52,1[3]	.	1 791
Spanien	35	77	.	9,69	.	33,1	.	1 941
Tschechoslowakei	40	72	.	.	.	50,3	.	1 875
Argentinien	.	71	.	10,01	.	34,1[3]	.	(1 900)
Brasilien	37[1]	66	.	6,22	.	39,7[3]	.	(1 900)
Mexiko	33[2]	70	.	7,82	.	29,1[3]	.	(1 900)
China	.	69	.	6,28	.	48,0[3]	.	.
Indien	24	60	.	4,38	.	39,7[3]	.	.
Indonesien	.	60	.	.	.	37,4[3]	.	.
Korea	.	70	.	13,22	.	42,1	.	2 527
Ghana	.	55	.	.	.	38,5[3]	.	.
Südafrika	.	63	.	.	.	34,7[3]	.	.

1 1920. – 2 1930. – 3 1987.

Quellen: Lebenserwartung 1900 aus Mueller (1965), S. 22, für OECD-Länder und aus United Nations (1951), S. 526–539 für die übrigen; 1991 aus World Bank (1993). Bildungsniveau aus Maddison (1994a), S. 45; die Jahre an Grund- und Hauptschulen wurden mit 1 gewichtet, an weiterführenden Schulen mit 1,4 und an Hochschulen mit 2. Erwerbsquoten für OECD-Länder aus Maddison (1995), Tschechoslowakei aus European Commission (1992), Korea aus Pilat (1993) und sonstige Länder aus Maddison (1994). Die Zahl der geleisteten

Lebensstandards bestehen nicht allein in konsumierten Gütern und in Anspruch genommenen Dienstleistungen. Auch Freizeit und Arbeitsplatzsicherheit sind wichtig. Langfristig betrachtet, ist die durchschnittliche Arbeitszeit der Beschäftigten drastisch gesunken. In Deutschland hatte das Arbeitsjahr 1990 rund 1 000 Arbeitsstunden weniger als das Jahr 1913 (siehe Tabelle 12), und in den Niederlanden fiel der Rückgang sogar noch stärker aus. Darin schlägt sich über eine Verkürzung der täglichen Arbeitszeit hinaus nieder, daß im allgemeinen samstags nicht mehr gearbeitet wird, beträchtlicher voll bezahlter Urlaub gewährt wird und die Regelungen für krankheitsbedingte Abwesenheit verbessert worden sind. Hinzu kommt die Zunahme der Teilzeitbeschäftigung, da mehr Frauen ins Berufsleben eingetreten sind.

In Süd- und Osteuropa ist die Arbeitszeit länger als in den führenden marktwirtschaftlichen Ländern, und in anderen Teilen der Welt ist sie sogar wesentlich länger.

In Japan beträgt die Arbeitszeit pro Jahr ungefähr 400 Stunden mehr als in Deutschland, da dort Samstagsarbeit noch üblich und ein Urlaub von einer Woche die Norm ist. In Korea ist die Arbeitszeit heute noch so lang wie in Europa zu Beginn des 20. Jahrhunderts.

Während Freizeit an sich einen wichtigen Aspekt der erhöhten Lebensqualität in den führenden marktwirtschaftlichen Ländern darstellt, darf man nicht vergessen, daß Arbeitslosigkeit eine unfreiwillige und unerwünschte Form von Freizeit ist, was zwischen den beiden Weltkriegen in den kapitalistischen Ländern unerfreuliche und politisch gefährliche Formen angenommen hat. Bedauerlicherweise ist Massenarbeitslosigkeit in den achtziger und neunziger Jahren in Westeuropa wieder an der Tagesordnung – ein Problem, das die westliche Gesellschaft stark belastet. Die Politiker begründen die neue Arbeitslosigkeit vor allem damit, daß die gewaltige Zunahme der Leistungen des Wohlfahrtsstaates die Arbeitskosten erhöht und die Flexibilität der Arbeitsmärkte beeinträchtigt habe. Es gab jedoch auch Veränderungen in den politischen Zielsetzungen, die gegenwärtig der Erhaltung der Geldwertstabilität und der Bildung einer Währungsunion Vorrang vor dem Ziel der Vollbeschäftigung einräumen.

Summary

This paper provides a sketch of world economic performance and changes in the standard of living in the 20th century. These changes are illustrated by quantitative evidence for 20 *representative* countries which accounted for nearly two thirds of world population and three quarters of world output in 1990. There are countries in the sample from each continent, and countries with a very wide range of institutional and policy experience.

All countries experienced economic growth in the 20th century, but the spread in incomes widened a good deal because of variations in per-capita growth. At one extreme, Japanese per-capita income grew 17-fold, whereas in Ghana and India it did little more than double. The pace of growth was uneven. For virtually all countries 1950–1973 was a golden age in which real output progressed and living standards improved at a pace without historical precedent. Since 1973, growth performance has decelerated markedly, particularly in eastern Europe and Africa. However, Asia was a major exception where economic performance improved after 1973 (except in Japan – the most mature of the Asian economies).

In trying to explain the variations in performance, I have not attempted any detailed growth accounting, but have given greater stress to more basic influences of institutions, policy and the nature of the world economic order.

The most striking changes in structure have not been *industrialization,* as is so often alleged, but a sharp decline in agriculture and a large rise of the share of service employment. A greater share of resources has gone to investment and to government expenditure, and the share of private consumption has declined significantly in virtually all countries where measures are available. However, public expenditure on *social* consumption items such as health and education has expanded, and this is a major reason for the very large and general increase in life expectation and in levels of education which can be seen in Table 12. For the higher income countries, there is strong evidence of a general decrease in working hours per person. One can infer that labor productivity in these countries increased faster than per-capita product and that some of their increased output potential was taken out in increased leisure.

Reliable and comparable evidence on income spreads within countries is lacking for the early 20th century, and it is difficult to discern a clear-cut trend. However, Table 11 shows clearly that there are important differences between countries in the degree of inequality.

Literaturverzeichnis

Bairoch, Paul, The Working Population and Its Structure, Brussels 1968.
Bochove, C. A. van, und T. A. Huitker, Main National Accounts Series 1900–1986, Centraal Bureau voor de Statistiek Occasional Paper, No. 17, The Hague 1987.

Carreras, Albert (Hrsg.), Estadisticas Historicas de España: Siglos XIX–XX, Madrid 1989.

Eng, Pierre van der, Agricultural Growth in Indonesia Since 1880, Ph. D. Thesis, University of Groningen 1993.
European Commission, Employment Observatory: Central and Eastern Europe, Brussels December 1992.

Feinstein, Charles H., National Income, Expenditure and Output of the United Kingdom 1855–1965, Cambridge 1972.

Goskanstat Rossii, Narodnoe Khosiastvo Rossiskoi Federatii, Moskau 1992.
Gregory, Paul R., Russian National Income 1885–1913, Cambridge 1982.

Hoffmann, Walter G., und andere, Das Wachstum der deutschen Wirtschaft seit der Mitte des 19. Jahrhunderts, Berlin 1965.

Instituto de Estudios Economicos sobre la Realidad Argentina y Latino America, Estadisticas de la evolución económica de Argentina 1913–84, in: Estudios, Buenos Aires July–September 1986.

Kendrick, John W., Productivity Trends in the United States, National Bureau of Economic Research, Princeton 1961.
Krantz, Olle, und Carl-Axel Nilsson, Swedish National Product 1861–1970, Gleerup 1975.
Kuznets, Simon, Quantitative Aspects of the Economic Growth of Nations: VII. The Share and Structure of Consumption, in: Economic Development and Cultural Change, Vol. X, No. 2, Part II (January 1962).

Lecaillon, Jacques, und andere, Income Distribution and Economic Development: An Analytical Survey, International Labour Office, Geneva 1984.
Levy-Leboyer, Maurice, und François Bourguignon, L'économie française au XIX siècle, Paris 1985.

Maddison, Angus, Dynamic Forces in Capitalist Development, Oxford 1991.
Maddison, Angus, A Long-Run Perspective on Saving, in: Scandinavian Journal of Economics, Vol. 94, No. 2 (1992).

Maddison, Angus, Explaining the Economic Performance of Nations 1820–1989, in: William J. Baumol, R. R. Nelson und E. N. Wolff (Hrsg.), Convergence of Productivity: Cross-National Studies and Historical Evidence, New York 1994.
Maddison, Angus, Monitoring the World Economy 1820–1992, OECD Development Centre, Paris 1995.
Maddison, Angus, Macroeconomic Accounts for European Countries, in: Bart van Ark und Nick Crafts (Hrsg.), Catch-Up and Convergence in European Economic Growth: The Post-1945 Experience, Cambridge 1995.
Maddison, Angus, und andere, The Political Economy of Poverty, Equity and Growth: Brazil and Mexico, New York 1992.
Marer, Paul, und andere, Historically Planned Economies. A Guide to the Data, Washington 1992.
Mizoguchi, Toshiyuki, und Mataji Umemura, Basic Economic Statistics of Former Japanese Colonies 1885–1938, Tokyo 1988.
Mueller, Bernard, A Statistical Handbook of the North Atlantic Area, New York 1965.

OECD, Purchasing Power Parities and Real Expenditures: Geary Khami's Results, Vol. 2, Paris 1993.
OECD, National Accounts 1960–1992, Vol. 1, Paris 1994.
Ohkawa, Kazushi, und Miyohei Shinohara (Hrsg.), Patterns of Japanese Development: A Quantitative Appraisal, New Haven 1979.

Pilat, Dirk, The Economics of Catch-Up: The Experience of Japan and Korea, Ph. D. Thesis, University of Groningen 1993.

Sawyer, Malcolm, Income Distribution in OECD Countries, OECD Economic Outlook, Occasional Studies, Paris July 1976.
Suh, Sang-chul, Growth and Structural Changes in the Korean Economy 1910–1940, Cambridge, Mass. 1978.
Szereszewski, R., Structural Changes in the Economy of Ghana, London 1965.

United Nations Development Programme, Human Development Report 1993, New York 1993.
United Nations, Demographic Yearbook 1951, New York 1951.
United Nations, World Comparisons of Purchasing Power and Real Product for 1980: Phase IV of the International Comparison Project: Part Two: Detailed Results for 60 Countries, New York 1987.

Williamson, Jeffrey G., Evolution of Global Labor Markets Since 1830: Background Evidence and Hypotheses, National Bureau of Economic Research, Working Paper 36, Cambridge, Mass. February 1992.
World Bank, World Tables 1993, Washington 1993.

David S. Landes

Professor an der Harvard University

Wohlstand und Armut: Europa und Asien

Inhaltsverzeichnis

Einleitung

In letzter Konsequenz hängen Wohlstand und Armut von zwei Faktoren ab: erstens von der Fähigkeit einer Gesellschaft, einen Überschuß zu erwirtschaften, also über die Deckung der Grundbedürfnisse hinausgehendes Einkommen zu erwirtschaften, und zweitens von ihrer Bereitschaft, diesen Überschuß über die Breite der Bevölkerung zu verteilen. Und diese beiden Faktoren hängen miteinander zusammen: Die Fähigkeit einer Gesellschaft, einen Überschuß zu erzielen, ist unter anderem abhängig von Initiative und Unternehmertum, und diese wiederum erfordern Anreize, insbesondere die Verknüpfung von Leistung und Vergütung. Einer Gesellschaft, die erwartet, daß Menschen Werte schaffen, die sie weder behalten noch genießen dürfen, werden diejenigen, die das freiwillig tun, sehr bald ausgehen.

Allgemein kann man sagen: Je despotischer eine Gesellschaft ist, je mehr Macht also in den Händen einzelner oder weniger Personen konzentriert ist, desto stärker konzentriert sich auch der Reichtum in den Händen weniger. Solche Gesellschaften zerfallen typischerweise in wenige Reiche und viele Arme, schon weil die Mächtigen der Versuchung nicht widerstehen können, möglichst viel an sich zu ziehen – nicht nur für sich selbst, sondern auch für jene Höflinge und Schützlinge, die ihre Beziehungen zur Macht ausnutzen. In solchen Gesellschaften gibt es zwar zwischen den wenigen Begünstigten und der gedrückten Masse einzelne Wohlhabende, aber Unsicherheit des Eigentums beeinträchtigt seinen Genuß: Die Angst vor Konfiskation ist immer gegenwärtig, Reichtum wird lieber gehortet als genutzt, und Innovationen werden entmutigt, weil sie ihrem Wesen nach machtuntergrabend wirken.

Die Fähigkeit, Wohlstand zu behalten oder zu genießen, ist ihrerseits mit bestimmten Fortpflanzungsmustern verbunden. Eine Gesellschaft, deren Ziel es ist, möglichst viele Kinder zu haben, wird sich ständig in der Tretmühle des Kampfes um das Existenzminimum befinden, wenn sie versucht, den wachsenden Bedarf zu befriedigen; sie wird immer den MALTHUSischen Strafen der Wiederherstellung des Gleichgewichtes durch Katastrophen ausgesetzt bleiben, während Gesellschaften, die die Zahl der

Kinder niedrig halten, mehr in deren Erziehung und Ausbildung investieren können und zugleich in der Lage sind, Überschüsse zu produzieren, die sie entweder selbst verbrauchen oder aber verkaufen und gegen Importe tauschen können.

Dieses Prinzip läßt sich anhand des gegensätzlichen Verlaufs der Geschichte Europas und Asiens veranschaulichen. Um den Kontrast klar herauszustellen, will ich mich auf West- und Mitteleuropa (ohne die slawischen und die ottomanischen Länder) einerseits und China und Indien andererseits konzentrieren. Es waren diese Länder, die vor der Moderne (Industrielle Revolution und Folgezeit) die materiell höchstentwickelten Zivilisationen aufwiesen, und anhand dieser Länder lassen sich diese Thesen am besten prüfen.

I. Das Alte China

Aus einem Vergleich zugegebenermaßen gewagter Schätzungen für das 18. Jahrhundert schließt Paul Bairoch, daß sich zu dieser Zeit jedenfalls China, wenn auch vielleicht nicht Indien, im wesentlichen desselben Pro-Kopf-Einkommens erfreuen konnte wie Europa.[1] Allerdings bleibt ein derartiger Vergleich zwangsläufig impressionistisch. Zunächst einmal beruhen die Zahlen im wesentlichen auf Schätzungen des *Verbrauchs* (was nicht dasselbe ist wie *Produktion* oder *Einkommen*, obwohl diese Begriffe bei Armen, die alles, was sie haben, für das zum Leben Nötigste aufwenden müssen, sehr nahe beieinanderliegen). Natürlich gab es hier wie dort Einkommensunterschiede nach Region und Klasse. Zeitgenossen hielten zum Beispiel die Franzosen für sehr viel ärmer als die Briten, und das Elend wurde immer größer, je weiter man durch Mitteleuropa hindurch nach Osten ging. (Über derartige Unterschiede in Asien hört man wenig, und schon das besagt einiges über die dortige Verteilung des Überschusses.)
Ohnehin geben derartige Durchschnittszahlen an sich noch keine Antwort auf die Armutsfrage: Eine Gesellschaft kann sehr wohl großen Reichtum produzieren und dennoch viele Arme haben. Dieser Gegensatz nun scheint für asiatische Gesellschaften wie China und Indien charakteristisch gewesen zu sein. China zum Beispiel war außergewöhnlich produktiv, gemessen etwa an seiner Fähigkeit zur Nahrungsmittelerzeugung je kultivierte Flächeneinheit und der damit gegebenen Möglichkeit, Menschen für andere Tätigkeiten freizustellen, sei es nun Kriegsführung, Verwaltung, Fertigung oder Handel. So war das China der Sung-Dynastie im 11. Jahrhundert wahrscheinlich die reichste Gesellschaft der Welt, bestaunt und bewundert, und diese Dominanz blieb über einige Jahrhunderte hinweg bestehen, wie es uns noch Marco Polos Reisebericht vermittelt. Polo war Bürger der damals reichsten Stadt Europas und fühlte sich dennoch am feinen Mongolen-Hof von Cathay wie ein Bauerntölpel. Natürlich wissen wir, daß Reisende gelegentlich übertreiben, um ihre Zuhörer und Leser um

1 Vgl. Paul B. Bairoch, Ecarts internationaux des niveaux de vie avant la révolution industrielle, in: Annales: économies, sociétés, civilisations, Januar-Februar 1979, S. 145–171.

so stärker zu beeindrucken.[2] POLOS Beschreibung wird jedoch durch andere Quellen gestützt, und noch lange, nachdem ihre reale Grundlage entfallen war, lebte die Legende fort:
»In Xanadu did Kubla Khan
A stately pleasure-dome decree . . .«[3]
Nur, wer seinen Blick auf *Lust-Gewölbe* konzentriert, übersieht natürlich die Armen. China hatte seine Armen, die dunkle Basis seiner triumphalen Spitze – und wer die Geschichte der Weltwirtschaft und die unterschiedliche Leistungsfähigkeit der einzelnen Produktionseinheiten oder Systeme verstehen möchte, muß China, das Land mit der frühesten und auf lange Zeit erfolgreichsten Entwicklung überhaupt, besonders aufmerksam studieren.

China war jahrtausendelang eine fast ausschließlich agrarisch ausgerichtete Gesellschaft, und sein wirtschaftlicher Erfolg beruhte auf der Leistungsfähigkeit seiner Landwirtschaft. Die Landwirtschaft dient der Ernährung von Mensch und Tier, wobei die Menschen natürlich zunächst sich selbst ernähren müssen. An der Anzahl der unterhaltenen Menschen gemessen, war kein Volk jemals so erfolgreich wie die Chinesen. Ihr Land umfaßt etwa 7 Prozent des gesamten Festlandes der Erde und etwa den gleichen Anteil an ihrer nutzbaren Fläche, ernährt aber etwa 21 Prozent der Weltbevölkerung. Eine alte chinesische Redensart beschreibt diesen Zustand sehr bezeichnend: »Das Land ist knapp, der Menschen sind viele.«[4]

Schon zu Beginn unserer Zeitrechnung lebten vielleicht 60 Millionen Menschen in dem Gebiet des späteren nördlichen Randbereichs von China – eine riesige Zahl für einen so kleinen Raum. Diese Zahl blieb während des nächsten Jahrtausends mehr oder weniger unverändert; aber dann, etwa vom 10. bis zum Beginn des 13. Jahrhunderts, verdoppelte sie sich nahezu auf 110 oder 120 Millionen. Danach gab es wieder einen Rückgang, im wesentlichen infolge der gleichen seuchenartigen Krankheiten, die zu jener Zeit auch Europa und den Nahen Osten heimsuchten.

2 So auch Polo: Sein Bild von Japan als einem mit Gold bedeckten und gepflasterten Land muß seine Leser tief beeindruckt haben; in Wahrheit hat er Japan niemals zu Gesicht bekommen.

3 »In Xanadu ließ Chublai Chan
Ein stattlich Lust-Gewölbe bau'n . . .« (Samuel Taylor Coleridge).

4 Frank Leeming, The Changing Geography of China, Oxford 1993, S. 11. Etwa 65 Prozent der Fläche Chinas bestehen aus Gebirge, Hügeln und Hochflächen. Vgl. Leeming, a. a. O., S. 12.

Anschließend wuchs die chinesische Bevölkerung wieder – von einem Tiefstand von 65 bis 80 Millionen um 1350 bis 1400 auf etwa 150 Millionen im 16. Jahrhundert, 100 bis 150 Millionen um 1650, 200 bis 250 Millionen um 1750, dann auf über 300 Millionen Ende des 18. Jahrhunderts, etwa 400 Millionen um 1850, 650 Millionen im Jahre 1950 und derzeit 1,2 Milliarden oder gut ein Fünftel der Weltbevölkerung.[5]

Dieses außerordentliche Wachstum war das Ergebnis einer althergebrachten (und bis in die jüngste Zeit gültig gebliebenen) Fortpflanzungsstrategie: frühe Heirat und viele Kinder. Diese Strategie reicht einige Jahrtausende zurück bis in jene Periode, in der einige der Nomaden, die am Rande des Weidelandes und der Wälder am östlichen Ende der asiatischen Steppe lebten, die Weidewirtschaft, für die eine geringe Bevölkerungsdichte bezeichnend ist, gegen die höheren Erträge der seßhaften Landwirtschaft eintauschten. Von Anfang an erkannten sie – oder besser: ihre Stammesführer – die Zusammenhänge zwischen Bevölkerungszahl, Nahrungsmittelmenge und Macht. Auf ihre politische Weisheit läßt ihre Beschäftigung mit den freiwilligen und unfreiwilligen Wanderungen potentieller Bauern zu landwirtschaftlich nutzbarem Boden, mit der Lagerung von Getreide für die Ernährung künftiger Armeen und mit dem Problem der Versorgung fester Verwaltungszentren (im Gegensatz zu Lagern) schließen. Mark Elvin zitiert in diesem Zusammenhang »Die Aufzeichnungen der drei Königreiche«, die von Kriegen zwischen staatlichen Gebilden etwa um das Jahr 200 unserer Zeitrechnung berichten:[6]

»Ts'ao Ts'ao sagte: ›Es sind starke Soldaten und ausreichende Nahrung, die einen Staat begründen. Die Männer von Ch'in ergriffen von dem Reich Besitz, indem sie der Landwirtschaft vordringliche Aufmerksamkeit widmeten. Hsiao-wu brachte mittels militärischer Kolonien Ordnung in die westlichen Regionen. Dies ist ein gutes, auch schon von früheren Generationen geübtes Verfahren.‹ In diesem Jahr rekrutierte er einfache Leute

5 Die Zahlen für die Zeit vor dem 20. Jahrhundert sind grobe Schätzungen und sollten nicht für die Errechnung von Durchschnitts- und Pro-Kopf-Werten herangezogen werden. Allerdings scheint unter Sinologen Einigkeit über diese Zahlen zu bestehen. Zum allgemeinen Problem vgl. Kang Chao, Man and Land in Chinese History: An Economic Analysis, Stanford 1986; verwiesen sei ebenso auf Albert Feuerwerker, Chinese Economic History in Comparative Perspective, in: Paul S. Ropp (Hrsg.), Heritage of China: Contemporary Perspectives on Chinese Civilization, Berkeley 1990, S. 226–228. Jonathan Spence, The Search for Modern China, New York 1990, S. 94, schätzt die Bevölkerung für 1573 auf 150 Millionen, für 1685 auf 100 Millionen.

6 Zitiert in Mark Elvin, The Pattern of the Chinese Past: A Social and Economic Interpretation, Stanford 1973, S. 37.

für die Bewirtschaftung staatlicher Kolonien um Hsu (in Zentral-Honan) herum und erwirtschaftete eine Million Maß Getreide. Dann setzte er in den Provinzen und Kommandanturen Landbeamte ein und unternahm Feldzüge in alle Richtungen. Auf den Transport von Getreide brauchte er keine Mühe zu verwenden. Infolgedessen machte er die Banditenschwärme (die Kräfte der mit ihm rivalisierenden Anführer) unschädlich und brachte dem Reich Frieden.«

Ein halbes Jahrhundert später wollte man nach derselben Quelle »die landwirtschaftlich genutzte Fläche vergrößern und einen Getreidevorrat aufbauen, der es ermöglicht, die ›Banditen‹ zu vernichten«. Hierzu »wird es auch erforderlich sein, Kanäle für die Bewässerung zu graben, um große Getreidevorräte für die Truppen ansammeln zu können und gleichzeitig Transportwege für das Getreide der Regierung zu haben«. Es folgen einige Berechnungen: »Binnen sechs oder sieben Jahren könnten am Huai 30 Millionen Maß Getreide gelagert sein. Sie würden ausreichen, 100 000 Mann fünf Jahre lang zu ernähren. So könnte Wu erobert werden und das Schwert (von Wei) überall herrschen.« Und so geschah es.

Dieses instabile Gleichgewicht mit dem Auf und Ab von Angebot und Nachfrage – von Boden, der nach Arbeitskräften verlangte, und Arbeitskräften, die nach Nahrung verlangten – bedeutete natürlich, daß Zeiten und Regionen mit Hunger und sogar Hungersnöten unvermeidlich waren. Um das Jahr 300 der christlichen Zeitrechnung beklagt jemand namens Shu Hsi in einer Denkschrift:

»Besonders schlimm ist die Lage in San-Wei, und dennoch ist diese Region durchsetzt mit Weideland für Schweine, Schafe und Pferde. Die sollten samt und sonders abgeschafft werden, so daß für jene gesorgt werden könnte, die gar kein oder nur wenig Land besitzen . . . Alle Weideflächen sollten abgeschafft werden; Pferde, Rinder, Schweine und Schafe sollten sich von dem Gras der freien Ebene ernähren, wogegen die auf der Suche nach einer Lebensgrundlage herumirrenden Menschen vom Staat Land erhalten sollten.«[7]

Diese Zitate belegen, daß sich die chinesische Landwirtschaft nicht schnell genug entwickeln konnte. Um das Bevölkerungswachstum und die aus dem Gewicht der großen Zahl resultierende politische Expansion auf-

7 Zitiert in Elvin, a. a. O., S. 39.

rechtzuerhalten, waren der Staat und die Gesellschaft ständig bestrebt, neues Land zu kultivieren und die Ernteerträge zu steigern. Dieses Streben nach größerem Ertrag verlangte und bewirkte einen massiven Einsatz menschlicher Arbeit: Über mehr als drei Jahrtausende hinweg folgte das Land diesem endlosen, sich stets wiederholenden Zyklus – Menschen zu zeugen und sie zu benutzen, um noch mehr Menschen ernähren zu können. Unter dem Herrscher T'AI-WU (er regierte von 424 bis 452, also mehr als ein Jahrhundert später) wollte die Regierung nichts dem Zufall überlassen. Bauern ohne Ochsen mußten ihre Arbeitskraft gegen leihweise Überlassung von Ochsen verkaufen. Familien wurden registriert, Zählungen durchgeführt, Arbeitsaufgaben und Leistung ordentlich aufgezeichnet. »Ihre Namen wurden an ihren Arbeitsorten aufgeschrieben, so daß ihr unterschiedlicher Erfolg beurteilt werden konnte. Es war ihnen auch verboten, Wein zu trinken, an Theaterveranstaltungen teilzunehmen und die Landwirtschaft zugunsten der Weinherstellung oder des Handels aufzugeben.«[8]

Keine Zeit für Vergnügen oder Geld. Nur für die Nahrungsmittelproduktion und die Zeugung von Kindern.[9]

8 Die Wei History (zusammengetragen im 6. Jahrhundert durch Wei Shou) zitiert Elvin, a. a. O., S. 45.

9 Zum kalorischen Potential der chinesischen Landwirtschaft vgl. Jean-Claude Debeir, Jean-Paul Deleage und Daniel Hemery, In the Servitude of Power: Energy and Civilisation through the Ages, London 1986/1991, S. 47–50; vgl. ferner Chao, a. a. O.

II. Indien im 17. und 18. Jahrhundert

Neben China war Indien das bevölkerungsreichste Land Asiens. Volkszählungen sind nicht überliefert, aber W. H. Moreland schätzt Indiens Bevölkerung um das Jahr 1600 auf 100 Millionen, während Irfan Habib meint, diese Schätzung sei wohl zu niedrig.[10] Indien besaß große, sehr fruchtbare Landgebiete, insbesondere die großen Flußtäler in den nördlichen Ebenen von Indus, Ganges und Brahmaputra, und war keineswegs dicht besiedelt. Habib spricht von einem Staat mit einem Überfluß an Land und geht davon aus, daß Indien damals – ganz anders als China – noch in der Lage war, seine Landwirtschaft auf die ertragreichsten Gebiete zu konzentrieren und auf Weideflächen und Ödland große Mengen Vieh zu halten.[11] Außerdem verfügte Indien über hochqualifizierte gewerbliche Arbeiter, deren Produkte nicht nur innerhalb des Landes, sondern rund um den ganzen Indischen Ozean herum gehandelt wurden. Infolgedessen produzierte Indien über den für seinen Unterhalt erforderlichen Bedarf hinaus Jahr für Jahr einen beachtlichen Wohlstands-Überschuß. Dieser Überschuß erlaubte Herrschern und Höfen legendären Luxus, verleitete sie und ihre Beamten aber auch zu empörender Ausbeutung und Tyrannei.

War demnach die Masse der indischen Bevölkerung arm? Das berichteten jedenfalls europäische Reisende und Besucher, und indische Gesprächspartner und Beobachter bestätigten es. Warum gibt es so viele Tempel in Südindien? Habib zitiert die Erklärung eines Einheimischen: »Der Boden ist ungeheuer ertragreich, und die Bevölkerung braucht zum Leben sehr wenig.« Ein englischer Reisender besucht einen Provinzfürsten, der seine

10 Vgl. W. H. Moreland, India at the Death of Akbar, S. 9–22; zitiert in Irfan Habib, Potentialities of Capitalistic Development in the Economy of Mughal India, in: Journal of Economic History, Nr. 29 (1969), S. 54, Fn 6.

11 Vgl. Irfan Habib, Potentialities . . ., a. a. O., S. 34 f. Habib vergleicht die Jahre 1600 und 1900 und argumentiert: Wenn man den Überschuß an Land in dem früheren Zeitpunkt (und damit die höhere durchschnittliche Fruchtbarkeit) gegen das höhere Infrastrukturkapital in dem späteren Zeitpunkt (britische Investitionen in Bewässerungskanäle, Eisenbahnen und so weiter) aufrechne und für die Zeit dazwischen stagnierende Landbewirtschaftungstechniken zugrundelege, könne man davon ausgehen, daß die Pro-Kopf-Produktivität in der indischen Landwirtschaft damals mindestens ebenso hoch war wie um 1900. Außerdem glaubt er, daß die Produktivität pro Kopf in Indien »in keiner Weise hinter der anderer zeitgenössischer Gesellschaften, einschließlich derer Westeuropas, zurückstand«.

Bauern als »nacktes Hungerleider-Pack« bezeichnet. Ihre Bedürfnisse? »Geld ist nicht das richtige für sie. Gib ihnen Essen und einen Hieb auf den Hintern, das ist genug.«[12]

Allerdings argumentieren manche Historiker, diese Besucher hätten wohl weniger gesehen und verstanden, als sie dachten, oder das Bild Indiens bewußt schwärzer gezeichnet, um das Europas aufzuhellen. ANDRÉ WINK versichert sogar, »zu Beginn der Industriellen Revolution (sei) das Einkommen pro Kopf in vielen Teilen Asiens womöglich höher (gewesen) als in Europa«.[13] Das ist eine ungenaue, geographisch vage und bei unserem Wissensstand nicht nachprüfbare Behauptung (darin liegt ihre rhetorische Stärke). Außerdem bezieht sie sich nur auf das durchschnittliche Einkommen; sie sagt nichts über seine Verteilung, die außerordentlich ungleich war. Ich glaube sogar, daß die Aussage an sich falsch ist – daß Westeuropa schon auf seinem Wege zur Industriellen Revolution Asien überholt hatte, ja daß die Industrielle Revolution überhaupt erst durch den steigenden Wohlstand und die steigende Nachfrage der vorausgegangenen Jahrhunderte ermöglicht wurde und daß Indien wahrscheinlich ärmer war als China. Gleichwohl erzeugte eine so große Bevölkerung einen großen Überschuß. Indiens Eroberung durch die Briten bedeutete im wesentlichen, daß ein Großteil dieser Beute in neue Hände überging.

Weder durch diesen Übergang noch durch die wirtschaftlichen Beziehungen, die ihm vorausgegangen waren und ihn vorbereitet hatten, wurden die Inder reicher. Es hätte durchaus anders kommen können.

Aus dieser Sicht könnten die unterschiedlichen Auswirkungen der Öffnung der Welt als eine Geschichte der Reaktionen auf neue Möglichkeiten verstanden werden. Diese Möglichkeiten beschränkten sich nicht auf die europäischen Länder, die auf Expansion und Begegnung aus waren. Eines der hervorstechendsten Merkmale dieser Begegnungen bestand vielmehr darin, daß die Europäer technologisch nicht überall überlegen waren. Während sie gegenüber der Neuen Welt einen enormen Vorsprung hatten,

12 Irfan Habib, The Agrarian System of Mughal India (1556–1707), London 1963, S. 90, S. 350 und S. 390. Die Geschichte von den »Hungerleidern« stammt aus John Fryer, A New Account of East India and Persia being Nine Years' Travels, 1672–81. Insgesamt zitiert aus John H. Kautsky, The Politics of Aristocratic Empires, Chapel Hill 1982, S. 103, Fn 14.

13 André Wink, Al-Hind: India and Indonesia in the Islamic World-Economy, c. 700–1800 A. D., in: Itinerario, XII, Nr. 1 (1988), S. 65. Vgl. auch Bairoch, a. a. O.

waren sie in Asien oftmals die Lernenden und die Käufer, zum Beispiel von chinesischem Porzellan und indischer Baumwolle. Diese Beziehungen unterschieden sich von den heutigen Modellen des Austausches zwischen *Zentrum* und *Peripherie*, die von einer internationalen Arbeitsteilung dergestalt ausgehen, daß das Zentrum Produkte herstellt und an eine Peripherie verkauft, die ihrerseits Rohstoffe und heimische Handwerksprodukte liefert.

Daraus ergibt sich in unserem Zusammenhang die Frage nach den gegebenen, ergriffenen und versäumten Chancen: Warum hat sich Indien unter dem Einfluß dieser neuen Menschen, Lebensweisen und Technologien nicht stärker verändert? Es ist bekannt, daß die Industrielle Revolution in Großbritannien ihren Ausgang in der Baumwollherstellung nahm, wo Maschinen menschliche Arbeitskraft und menschliche Fertigkeiten ersetzten und das System der Produktion unter Aufsicht, das sogenannte *Fabriksystem*, eingeführt wurde. Nun war die Entwicklung und Anwendung der neuen Technologie in Großbritannien eine Reaktion auf den Druck wachsender Nachfrage: Das Angebot an Arbeitskräften war nicht ausreichend elastisch, und so setzte man an ihre Stelle Maschinen, das heißt Kapital. Diese sehr vielfältigen Innovationen veränderten die britische Wirtschaft, zwangen andere Länder zur Anpassung, richteten die heimischen Fertigungen traditioneller Gesellschaften zugrunde und schufen eine tiefe Kluft zwischen (heute so genannten) *industriellen* und *vorindustriellen* Nationen. Also: keine Kleinigkeit.[14]

Warum hat in Indien diese Revolution nicht stattgefunden? Schließlich besaß Indien im 17. und 18. Jahrhundert die weltweit führende Baumwollindustrie, die hinsichtlich Qualität, Vielfalt und Kosten unschlagbar war und die nicht nur die große heimische Nachfrage deckte, sondern rund die Hälfte ihrer Produktion in die Länder am Indischen Ozean und indirekt nach Südostasien und China exportierte. Vom 17. Jahrhundert an kam dann die stimulierende europäische Nachfrage hinzu, ein gewaltiger Schub, der auf der Angebotsseite zwangsläufig alte Probleme verschärfte

14 In den letzten Jahren gab es eine heftige, wenn auch törichte Bemühung von überwiegend anglophonen Wirtschaftshistorikern und ihren Gefolgsleuten, die Bedeutung der Industriellen Revolution herunterzuspielen oder gar zu leugnen. Siehe David S. Landes, The Fable of the Dead Horse; or, The Industrial Revolution Revisited, in: Joel Mokyr (Hrsg.), The British Industrial Revolution: An Economic Perspective, Boulder 1993, S. 132–170. Solcher Revisionismus wird vor allem als Fallstudie der Geschichtsschreibung, nicht jedoch als Beitrag zum Verständnis der Geschichte in Erinnerung bleiben.

und neue hervorrief. Warum hatte man kein Interesse daran, diese Schwierigkeiten zu entschärfen, indem man Arbeitskräfte durch Kapital (Maschinen) ersetzte?
Indische Historiker sind vielfach geneigt, an dieser Frage vorbeizugehen oder sie zurückzuweisen. Manche von ihnen, insbesondere indische Nationalisten, glauben die Antwort zu kennen, ohne groß zu suchen: Schuld an allem sind die Europäer. Indien hatte eine blühende, ressourcenreiche, sich entwickelnde Wirtschaft, bis plötzlich diese Eindringlinge erschienen, sich in die indische Politik einmischten und Aufruhr und Konflikte schürten, die das Kapital und die Industrie zerstörten. Andere Wissenschaftler wandten sich gegen dieses düstere Bild – ja, auch Indien hat seine *schwarze Legende* – und zogen es vor, *das Positive herauszustellen:* die Allgegenwart des Wandels, Kapitalbewegungen, soziale und geographische Mobilität. Manche von ihnen konzentrieren sich so stark auf das gesamtwirtschaftliche Bild, daß sie es fertigbringen, die Textilindustrie aus ihren Betrachtungen auszuklammern; andere fassen örtliche und regionale Details ins Auge und bringen der Vielfalt die große Linie zum Opfer. Manche Gelehrten wollen nicht einmal über *Entwicklung* und schon gar nicht über *Mechanisierung* und *Industrielle Revolution* sprechen, weil Indien dadurch – gottbewahre! – mit Maßstäben gemessen würde, die andere Gesellschaften gesetzt haben.[15]
Eine Art, sich diesem Problem zu nähern, besteht darin, die entscheidende Frage zu stellen: *cui bono* – zu wessen Nutzen? Beteiligt waren drei Gruppen oder Interessen: die Arbeiter (Spinner und Weber), der *Faktor,* der den Webern normalerweise Betriebskapital gegen Lieferversprechen vorstreckte, und die europäischen Händler und privilegierten Handelsgesellschaften als Abnehmer sowohl für den Inlandshandel als auch für ihre europäische Kundschaft.
Von der erstgenannten Gruppe konnte man kapitalintensive Innovationen schwerlich erwarten. Diese Gruppe war natürlich daran interessiert, die Verfügbarkeit von Rohmaterial (Baumwollfasern für die Spinner, Garn für die Weber) zu verbessern, insofern aber schlicht vom Faktor abhängig; sie

15 Zu diesen ideologischen Auseinandersetzungen und dem Widerstand indischer Spezialisten gegen westliche Entwicklungskriterien vgl. Stein, »Arrested Development«: But When and Where?; Christopher und Susan Bayly, Eighteenth Century State Forms and the Economy, beide in: Clive Dewey (Hrsg.), Arrested Development in India: The Historical Dimension, New Delhi 1988, S. 49–90.

hatte weder die Mittel noch die Einstellung, die Dinge selbst in die Hand zu nehmen. Initiativen in Richtung technologischen Wandels hätten entweder von den indischen Faktoren ausgehen müssen, bei denen entsprechendes Interesse bestand und zum Teil auch die erforderlichen Mittel gegeben waren, oder von den privilegierten europäischen Unternehmen. Aber keine dieser beiden Gruppen regte sich.

Warum nicht? Die bisher dafür vorgebrachten Erklärungen gründen sich auf ein immanentes Gesetz der Erhaltung der Energie: Bei der gegebenen Elastizität des Angebotes an Arbeitskräften war es einfacher und wirtschaftlicher, zusätzliche Arbeitskräfte einzustellen – Unberührbare und arme Frauen zum Spinnen, Landarbeiter zum Weben –, als sich um neue Technologien zu bemühen; und das ist wahrscheinlich auch schon die ganze Erklärung. Außerdem bestand innerhalb bestimmter Grenzen (die Nachfrage war differenziert, unterschiedliche Märkte verlangten nach unterschiedlichen Produkten) die Möglichkeit von Verschiebungen zwischen den Märkten, also vom Inlands- zum Auslandsmarkt und zwischen den einzelnen Auslandsmärkten.

Gleichwohl gibt es einige zusätzliche Aspekte, die betrachtet werden sollten. Einer der Umstände, die Anpassungen der Technik an Veränderungen des Marktes unterbanden, war die Segmentierung der einzelnen Phasen der Fertigung. Es war nicht Aufgabe des Faktors, die Rohmaterialien aufzutreiben, zusammenzutragen und zu liefern; er streckte Betriebskapital vor – den Rest hatten die Weber und Spinner selbst zu erledigen. Diese Arbeitsorganisation unterschied sich grundlegend von der Heimarbeit in Europa, wo der Händler direkt in die Aufbereitung und Verarbeitung des Rohmaterials eingebunden war.

In Indien hatte also der Käufer keinerlei Möglichkeit, Abhilfe zu schaffen. Der Arbeiter tat, was er immer getan hatte, und ebenso der Faktor. Aus holländischen Aufzeichnungen wissen wir, daß der Faktor die Weber »an der kurzen Leine hielt« und tageweise bezahlte, so daß sie von der Hand in den Mund leben mußten und nicht weglaufen konnten – womöglich mit der Ware.[16] Manche Händler ließen die Weber und ihren Arbeitsfortschritt überwachen, um zu verhindern, daß der Weber, der seinen Vorschuß bis

16 Vgl. Joseph J. Brenning, Textile Producers and Production in Late Seventeenth Century Coromandel, in: Sanjay Subrahmanyam (Hrsg.), Merchants, Markets and the State in Early Modern India, Delhi 1990, S. 86. Die Worte in Anführungszeichen stammen von Brenning.

zur Fertigstellung der Arbeit unweigerlich aufgezehrt hatte, das fertige Stück anderweitig verkaufte. Es gibt Berichte über Aufpasser, die in das Haus des Webers eindrangen und sogar unfertiges Tuch vom Webstuhl schnitten – einen Tag später wäre es ja vielleicht nicht mehr dagewesen, und neun Zehntel eines Stückes waren besser als nichts.

Die europäischen Unternehmen ihrerseits lernten, mit diesen Unregelmäßigkeiten zu leben. Gelegentlich brachen die Märkte zusammen, aber sowohl die Inder als auch die Europäer scheinen das als unabänderlich hingenommen zu haben – wie Hungersnöte: »Auch dieses wird vergehen.« Die Produktion ging offenbar ihren gemächlichen Gang – was nicht irrational war. (Es hängt vom Ziel ab, welche Mittel rational sind.) An der Coromandel-Küste zum Beispiel wurde die Rohbaumwolle von gewaltigen Ochsenkolonnen mit Tausenden und Zehntausenden von Tieren zu den Spinner- und Weberdörfern befördert, wobei diese formlose Masse graste, während sie sich mit einer Geschwindigkeit von einigen Meilen pro Tag vorwärtsschob. Da eine Strecke von um die dreihundert oder mehr Meilen zurückzulegen war, dauerte es bis zur Ablieferung etwa ein halbes Jahr.[17]

Gleichzeitig unterlag – wegen beschränkter Navigationsmöglichkeiten und Kapitalverfügbarkeit, ganz zu schweigen von den Angebotsschwankungen – der Einkaufs- und Verschiffungsrhythmus der europäischen Handelsgesellschaften selbst ebenfalls starken Schwankungen. So weisen die Daten der Ostindien-Kompagnie über den Versand von Textilien aus Bombay eine außerordentliche Streubreite auf, von wenigen tausend Stück (in einem Jahr null) bis zu annähernd einer Million.[18] Die Unternehmen halfen sich durch den Aufbau großer Vorräte und dadurch, daß sie ihre Auktionstermine den Schwankungen der Nachfrage in Europa anpaßten. (Inzwischen taten ihre Lieferanten ihr Bestes, ursprünglich für andere Märkte bestimmte Lieferungen auf sie umzuleiten.) All das war schon ohne Investitionen in technische Veränderungen kostspielig genug.

Im übrigen war es für diese Unternehmen – und bestimmt für die Ostindien-Kompagnie – nicht gerade augenfällig, daß direkte Unterstützung der indischen Industrie politisch klug gewesen wäre. Die britischen Produk-

17 Zu diesen Karawanen der Banjarar, einer Nomaden-Kaste, vgl. Habib, Agrarian System . . ., a. a. O., S. 62, und Brenning, a. a. O., S. 68 f. Um es mit Brenning zu sagen: »Zeit spielte keine große Rolle.«

18 Vgl. K. N. Chaudhuri, The Trading World of Asia and the English East India Company 1660–1760, Cambridge 1978, Anhang 5, Tabelle C. 20, S. 540 f.

tionsinteressen hätten das als Verrat betrachtet. Sie sahen ihren englischen Markt durch indische Ware gefährdet. So wetterte gegen Ende des 17. Jahrhunderts der Verfasser einer Flugschrift, die bezeichnenderweise den Titel »England's Danger by Indian Manufactures« trug, gegen die Aussicht, daß Händler »Tuchweber, Färber, Seidenspinner und auch Seide« nach Indien schicken könnten, um die Inder mit den Waren und Mustern vertraut zu machen, die in Europa absetzbar waren. »Wenn ihr das tut«, so warnte er, »werden wir fraglos Baumwolltuch und Schurken genug haben, um daraus eine Mode zu machen, und Dumme genug, die das tragen.« Die Ostindien-Kompagnie dementierte schleunigst.[19] Sie war – wegen ihrer Goldexporte – ohnehin ständiger Kritik ausgesetzt und mußte sich hüten, obendrein als Exporteur von Arbeitsplätzen gebrandmarkt zu werden.

Ein letzter Aspekt: Woher hätten die Ideen und Konzepte für eine Mechanisierung kommen sollen? Nicht, daß der indischen Gesellschaft technische Veränderungen an sich fremd gewesen wären; in der Textilproduktion bestand die wichtigste dieser Veränderungen in der Einführung des Rades anstelle des Spinnrockens. Aber diese Veränderungen vollzogen sich im Rahmen der herkömmlichen Handarbeit, und zwischen Handwerkszeugen, auch verbesserten Handwerkszeugen, und Maschinen besteht ein großer konzeptioneller und gesellschaftlicher Unterschied. Außerdem muß man zwischen Allzweckwerkzeugen und Spezialwerkzeugen unterscheiden: Wie groß die Fertigkeiten der indischen Handwerker auch immer waren, in der Entwicklung und Benutzung von Spezialwerkzeugen standen sie erst ganz am Anfang. Major Rennell, der erste Generalvermesser von Bengalen, berichtet über einen Besuch der Werft von Bombay im Jahre 1761: »Die Arbeit wird von indischen Handwerkern ausgeführt, wobei auffällt, daß sie nur zwei Arten von Werkzeugen mit scharfen Kanten benutzen, aber dennoch dauerhafte und saubere Arbeit leisten.«[20] Die Fertigkeit lag somit ganz in den Händen, weniger in den Augen als im Gefühl – gar nicht überraschend für eine Gesellschaft, die keine Brillen kannte. Der Kontrast zu der Vielfalt an Spezialwerkzeugen und Instrumenten der englischen Schiffsbauer oder gar zu den komplizierten Apparaturen europäischer Uhrmacher konnte gar nicht größer sein.

19 Vgl. A. P. Wadsworth und Julia de L. Mann, The Cotton Trade and Industrial Lancashire, Manchester 1931, S. 117.

20 Percival Spear, The Nabobs: A Study of the Social Life of the English in Eighteenth Century India, überarbeitete Ausgabe, Oxford 1932/1963, S. 75.

Schlimmer noch, die indischen Handwerker vermieden die Benutzung von Eisen, aber Eisen (und Stahl) sind für Präzisionsarbeit nun einmal unerläßlich. Mit Eisen hatte diese Gesellschaft nichts im Sinn. Irfan Habib stellt in diesem Zusammenhang die persische Bewässerungstechnik, die Räder und Antriebe aus Eisen kannte, dem indischen Verfahren gegenüber, das Holz, Seile und irdene Töpfe benutzte; als gläubiger Vertreter der Substitutionstheorie erläutert er den Unterschied aus wirtschaftlicher Sicht: »Das gleiche Produkt kann mittels eines minder effizienten Werkzeugs hergestellt werden, wenn man billige Facharbeiter einsetzt.«[21] Er hätte auch auf die Unterschiede in der Schiffsbautechnik hinweisen können: Europäische Schiffe wurden genagelt und gestiftet; bei den indischen Schiffen wurde der Rumpf durch Seile und Schnüre zusammengehalten.[22]

Schon diese manuelle Arbeitsweise erklärt, warum außereuropäische Handwerker zum Beispiel auch keine Uhren produzieren konnten, deren Qualität derjenigen der europäischen Erzeugnisse vergleichbar gewesen wäre. Sie hatten die Hände, aber nicht die Werkzeuge. Sie waren imstande, außerordentliche Arbeit zu leisten; das beweist ihre lange Erfahrung in der Herstellung von Musketen. »Noch heute, im Jahre 1786«, heißt es bei Haji Mustafa, einem zum Islam übergetretenen Franzosen, »betreibt Colonel Martin, ein Franzose, der sich in den letzten zweiundzwanzig Jahren im englischen Dienst in hohem Maße ausgezeichnet hat, eine Fertigung in Lakhnau, wo er Pistolen und Gewehre herstellt, die in bezug auf sowohl den Verschluß als auch den Lauf besser sind als die besten Waffen aus Europa. Der Vergleich wurde wiederholt angestellt.«[23]

Aber diese begabten Handwerker leisteten ihre Arbeit unter großen Erschwernissen: Sie konnten oder wollten ihre Werkzeuge nicht rationalisieren und verbessern. Als der eben genannte Colonel Claude Martin, einer der unternehmerischsten Vertreter der Ostindien-Kompagnie, sich selbst eine Uhr kaufen wollte, schickte er nach Paris und kaufte sie bei Louis

21 Habib, Potentialities . . ., a. a. O., S. 63.

22 Die Affinität zum Eisen reichte in Europa sehr weit zurück. Jean Gimpel, The Medieval Machine: The Industrial Revolution of the Middle Ages, Harmondsworth 1976, S. 65 f., erwähnt die Anzahl und Vielfalt der auf Lager gehaltenen Nägel: in Calais 1390 eine halbe Million; Zehntausende in einem Dutzend unterschiedlicher Größen (mit Preisen aufgeführt) im Jahre 1327 in York Castle. Die Spezialisierung nach Verwendungszwecken läßt den hohen Entwicklungsstand dieser Technik erkennen.

23 G. Kuppuram, A Survey of Some Select Industries in Eastern India during the Mid-Eighteenth Century, in: G. Kuppuram und K. Kumudamani (Hrsg.), History of Science and Technology in India, zwölf Bände, Delhi 1990, Bd. VII, S. 46.

Berthoud, dem besten Chronométrier in Frankreich; und wenn er, was häufig vorkam, Uhren an den Hof von Aoudh oder an andere indische Kunden verkaufte, bezog er auch diese Stücke aus Europa. Woher denn sonst? Anders als die Chinesen betätigten sich die Inder nicht auf diesem Gebiet.[24]

Unter diesen Umständen konnte man für Indien einen Übergang zur Mechanisierung nicht erwarten. Er hätte die Preisgabe von Fertigkeiten bedeutet, die die Menschen von Kindheit an gepflegt hatten, die in manchen Fällen auch mit der Kastenzugehörigkeit verbunden waren und durch sie verstärkt wurden. Außerdem wäre dazu ein Vorstellungsvermögen erforderlich gewesen, das außerhalb der kulturellen und intellektuellen Erfahrung Indiens lag. Wie Chaudhuri sagt: »Im Indien des 18. Jahrhunderts fehlte ganz offensichtlich die Erfahrungsgrundlage für eine industrielle Revolution. Es hatte viele Jahrhunderte lang keinen nennenswerten Fortschritt der wissenschaftlichen Erkenntnis gegeben, und der Begriffsapparat für eine Verbreitung und systematische Aufzeichnung der überkommenen Fertigkeiten war ernstlich mangelhaft.«[25]

Aber wenn es den indischen Herstellern genügte, so weiterzuarbeiten wie zuvor – den Europäern genügte es nicht. Der Zustrom indischer Baumwolltuche war ein Schock für die Hersteller anderer Textilien, die in diesen Importen eine Bedrohung ihrer Gewinne sahen und sich auf die Notwendigkeit der Erhaltung der Arbeitsplätze beriefen. Daraufhin kam es in England zum Erlaß einer Reihe sogenannter *Calico-Gesetze*, die nicht nur die Baumwollstoffe aus dem Land heraushalten, sondern auch das Tragen einiger dieser unbritischen Stoffe verbieten sollten. Indessen förderten diese Gesetze, die zum Schutz der bestehenden industriellen Interessen – Wolle und Seide – gedacht waren, unvorhergesehenermaßen die Entwicklung einer einheimischen Baumwollindustrie. Wolle blieb zwar bis in das letzte

24 Vgl. Habib, Potentialities . . ., a. a. O., S. 62 und Fn 4, wo er J. Ovington, A Voyage to Surat in the Year 1689, London 1929, S. 166 f., zitiert. Ovington sagt, die Herstellung von Uhren sei für indische Handwerker deshalb schwierig gewesen, weil die Räder durch Staub blockiert worden seien. Dies ist unglaubhaft. Das Problem mag zwar bestanden haben, war für die indische Technologie aber nicht unlösbar. Was die chinesischen Uhren anbelangt, so waren sie schlechte Imitationen guter europäischer Arbeit. Zu Claude Martin, der ein enormes Vermögen hinterließ, das immer noch Schulen unter der Bezeichnung La Martiniere in Lakhnau, Kalkutta und Lyon finanziert, vgl. David S. Landes, Revolution in Time: Clocks and the Making of the Modern World, Cambridge, Mass. 1983, und L'heure qui'l est: les horloges, la mesure du temps et la formation du monde moderne, Paris 1987.

25 Chaudhuri, a. a. O., S. 273 f. Vgl. auch S. François Bernier, Voyage dans les États du Grand Mogol 1670–72, Paris 1981, S. 168.

Viertel des 18. Jahrhunderts dominierend, aber die Baumwollstoffe sprachen einen ständig wachsenden Inlandsmarkt an, ganz zu schweigen von den Exporten in warme überseeische Länder. Insbesondere lieferten die Briten zunehmende Mengen nach Afrika, um dafür Sklaven zu kaufen, und nach Westindien, um diese Sklaven und auch die europäischen Bewohner dieser Inseln zu bekleiden. In warmen Klimazonen kam nichts der Bequemlichkeit, der Kühle und der Waschbarkeit von Baumwollstoffen gleich.

Daher wandten sich die englischen Erfinder, als Versuche zur Mechanisierung des Spinnens von Wolle fehlschlugen, der Pflanzenfaser zu, die gleichmäßiger und mit den unsensiblen Bewegungen einer Maschine besser zu behandeln war. Die Inder konnten keine Maschinen herstellen und taten das auch nicht. Die Briten konnten es und taten es und veränderten die Geschichte.

III. Zur Rolle der Europäer in China und Indien

Unter asiatischen Historikern ist es üblich, für den anhaltenden Rückstand, wenn nicht gar Rückgang, der Wirtschaften der Region die Missetaten der europäischen Imperialisten oder Oberherren verantwortlich zu machen. Allerdings unterschieden sich die Umstände der europäischen Präsenz in den einzelnen Ländern ganz erheblich voneinander. China zum Beispiel verlor niemals seine Souveränität, wenn seine Autonomie auch in steigendem Maße durch europäische Diktate verletzt wurde. Dabei bestand der wesentliche Grund für diese Verletzungen in einem zähen Widerstand der Chinesen gegen jene Art ausländischer Wirtschaftspräsenz, die die Europäer als normal ansahen. Die Europäer waren entschlossen, mit China Handel zu treiben, und die Chinesen waren gleichermaßen entschlossen, die Europäer fernzuhalten. Das Problem war kompliziert und wurde noch verschärft durch die europäischen Bemühungen, einer Regierung Opium aufzuzwingen, die den Import von Opium verboten hatte: Die Europäer brauchten das Opium, um ihren chinesischen Tee bezahlen zu können; die Chinesen sahen das Opium ganz richtig als suchterzeugendes Gift und als eine Quelle der Zersetzung an.

Die Opiumfrage war es schließlich auch, die in den zwanziger und dreißiger Jahren des 19. Jahrhunderts zum Krieg und zur erzwungenen Präsenz der Europäer führte. Opium war der Streitpunkt, nicht der Grund. Auch ohne Opium wäre ein wichtiger Konflikt bestehen geblieben: Die Chinesen waren einfach nicht bereit, die Legitimität der wirtschaftlichen Ansprüche der Europäer anzuerkennen. Man betrachtete die Ausländer als Eindringlinge und ihre Präsenz als eine Art Vergewaltigung.

Angesichts dieser unerquicklichen Geschichte war es nicht schwer, jede Art von Übel aus dieser Opferrolle herzuleiten. Wenn die Chinesen arm blieben, so argumentierte man, dann wegen der Ausbeutung durch die Europäer (denen sich später die Japaner hinzugesellten). Und tatsächlich waren es die ausländischen (extraterritorialen) Küstenenklaven wie Shanghai, in denen sich die Anfänge einer Industrialisierung entwickelten, hauptsächlich auf der Grundlage billiger Arbeit. Aber diese plantagenartigen Unternehmen blieben eben auch genau das: Enklaven am Rand einer landwirtschaftlichen Welt von ständig am Rande des Hungers lebenden Bauern. Das traditionelle China mit seinen Reisfeldern, seinem Schlamm und seinem Staub wurde kaum angekratzt, und die Bemühungen einiger, sehr weniger weitblickender Reformer um die Einleitung technologischer und wirtschaftlicher Innovationen wurden durch ängstliches Beharren auf der überkommenen eigenen Art und Widerstand auf allen Ebenen vereitelt. Auch durch Stolz, eine Todsünde. Statt den Europäern die Schuld zu geben, sollte man ehrlicher sagen, daß China arm blieb, weil es sich so sehr bemühte, nicht zu lernen – obwohl es hier auch Ausnahmen gab –, und weil die Ansprüche des Despotismus fortbestehen blieben.

Indien andererseits wurde britischer Besitz, wenn es auch indirekt, über einheimische Marionetten, regiert wurde, so daß die Behauptung schädlicher ausländischer Einflüsse hier nicht unbedingt unlogisch ist. Indische Nationalisten argumentieren mehr oder weniger wie folgt: Etwa um 1600 war Indien eine überwiegend agrarische Gesellschaft (wie fast alle anderen auch), auf anderen wirtschaftlichen Gebieten jedoch recht fortschrittlich. Indien betätigte sich zum Beispiel in großem Stil in der Herstellung besonders von Baumwolltextilien, die in ihrer Feinheit und im Verhältnis zwischen Qualität und Preis denen aller anderen Länder überlegen waren, so daß indische Textilien über die Landesgrenzen hinaus verkauft und gegen die Gewürze und andere Naturprodukte der Region getauscht werden konnten. Als die ersten Europäer (die Portugiesen) den Indischen Ozean erreichten, trafen sie dort einen blühenden See- und Landhandel an.

Dann begannen die Europäer, die einheimischen Kaufleute dadurch zu verdrängen, daß sie ihnen Schutzgelder abpreßten und ihre Monopole übernahmen oder neue schufen. Die Portugiesen, an Menschen und Mitteln knapp und wenig geneigt, die Meere privatem Unternehmertum zu öffnen, verließen sich in hohem Maße auf Gewalt und Zwang – eine weitere Art der Abschöpfung von Überschüssen. Die den Portugiesen folgenden Nationen verhielten sich im Ergebnis sehr ähnlich – der Stärkste hat immer die besten Argumente –, aber die Holländer und die Briten mit ihren privilegierten Gesellschaften zogen einen wesentlich größeren Teil ihrer Gewinne aus dem Handel, der in starkem Maße durch ihre Marktmacht auf der Nachfrageseite bestimmt war.[26]

26 Zum anhaltenden Einfluß von Gewalt und Zwang vgl. Sanjay Subrahmanyam, The Political Economy of Commerce: Southern India 1500–1650, Cambridge 1990, Kap. 5: Europeans and Asians in an Age of Contained Conflict.

Der Anteil des Handels verringerte sich jedoch in dem Maße, in dem der Ertrag aus der politischen Herrschaft zunahm. Denn die Europäer – die Holländer in Indonesien, die Briten in Bengalen – überführten die gesamtwirtschaftlichen Überschüsse immer stärker von den älteren einheimischen – oder auch nicht einheimischen – Despoten auf sich selbst. Überdies machten ihre Habgier und ihre Energie – die Überlegenheit privater Initiative – sie zu eher noch tüchtigeren Ausbeutern als ihre Vorgänger. Kein Vergleich zwischen der nachlässigen Willkür des alten indischen Despotismus und der Ergiebigkeit des systematischen fiskalischen Vorgehens der Ostindien-Kompagnie und der Könige der neuen Zeit!

Die britische Herrschaft begann jedoch erst im späten 18. Jahrhundert, und für die Zeit davor ist die antiimperialistische These weniger überzeugend. Wie bereits beschrieben, kauften die Holländer und Briten große Mengen indischer Baumwoll- und Seidenstoffe sowie auch Rohstoffe wie Indigo, Salpeter und Opium (und später, im 19. Jahrhundert, Rohbaumwolle und Tee), und man kann wohl kaum sagen, daß diese Art Nachfrage Indien aussaugte oder zur Armut seiner Bevölkerung beitrug. Die von einigen Autoren angeprangerte Preisbeeinflussung durch Nachfragemacht war nichts Neues, sie ging auf Zeiten vor der britischen Ära zurück.

Der eine große Stoß, der dem indischen Wohlstand in jenen Jahren versetzt wurde, bestand in den erwähnten Gesetzen gegen die Einfuhr indischer Baumwollstoffe nach Großbritannien anfangs des 18. Jahrhunderts. Trotzdem bestand jedoch weiterhin starke europäische Nachfrage nach dem indischen Produkt – für Europa selbst, für die überseeischen Plantagen und als ein Scherflein, das zur Bezahlung chinesischer Waren beitrug, insbesondere chinesischen Tees.[27]

Die antiimperialistische Erklärung der Armut Indiens konzentriert sich daher üblicherweise auf die Jahre der britischen Herrschaft und insbesondere die Zeit nach der Industriellen Revolution, als Großbritannien begann, große und zunehmende Mengen maschinell hergestellter Baumwollgarne und Stoffe (aus technischen Gründen mehr Garne als Stoffe) in eben jenes Land zu exportieren, das zuvor der weltweit größte Hersteller

27 Die wichtigste indische Handelsware für den chinesischen Markt war allerdings Opium. Aber das ist eine Sache für sich.

gewesen war.[28] Bemühungen, den indischen Markt gegen diese Konkurrenz abzuschirmen, wurde in London ein Riegel vorgeschoben. Das führte zum Untergang der indischen Hausgewerbe-Fertigung und zum Versiegen einer wichtigen Quelle zusätzlichen, die Erträge aus der Landwirtschaft ergänzenden Einkommens; die Folge war erhöhter Druck auf den Arbeitsmarkt und die Existenzgrundlagen der Bevölkerung.

Vordergründig betrachtet, scheint diese Argumentation für eine Anklageerhebung auszureichen. Aber sie legt auch erneut die bereits für die Zeit davor erörterte Frage nahe, warum Indien es den Briten nicht gleichtat und nicht zur mechanisierten Fertigung überging. Diese Frage hat bislang nicht die Aufmerksamkeit gefunden, die sie verdient – möglicherweise deshalb, weil sie auf eine Verlagerung des Schwerpunktes der Verantwortung und der Erklärung hinausläuft. Dennoch muß sie gestellt werden. Eine Antwort, die von marxistischen Historikern lange bevorzugt wurde, lautet, daß das Kapital, das Know-how und die Initiative hier nur von den Briten hätte kommen können und daß die britischen Kapitalisten nicht daran interessiert waren, Wettbewerber für die Industrie des eigenen Landes heranzuzüchten. Mir hat dieses Argument nie eingeleuchtet, und ich finde es besonders bemerkenswert aus dem Munde von Marxisten, die doch besser als jeder andere wissen sollten, wie wenig sich das Kapital um ideelle Loyalitäten schert: Warum sollte es für Kapitalisten, die Geld verdienen wollen, eine Rolle spielen, wo sie es verdienen?

Wichtiger war nach meiner Ansicht die Gleichgültigkeit der Manufaktur-Händler gegenüber den Sorgen der Hausgewerbe-Spinner. Warum sollten sie sich darum kümmern, woher die ihr Rohmaterial bezogen? Je billiger, desto besser. Jedenfalls wurde Mitte des 19. Jahrhunderts (1853 in Bombay) die erste Baumwollspinnerei gegründet, und in den folgenden Jahrzehnten entwickelte sich die mechanische Garnproduktion in Indien sehr rasch, bis sie schließlich begann, englische Produkte nicht nur vom indischen Markt zu verdrängen, sondern die Briten auch auf anderen asiatischen Märkten zu unterbieten. Die Löhne waren nach britischen Maßstäben sehr niedrig, nicht nur, weil das Angebot an potentiellen Fabrikarbei-

28 Vgl. jedoch Christopher und Susan Bayly, a. a. O., S. 85: »Die durch den bengalischen Coup von 1757 verursachte Goldknappheit und die durch das Allianzsystem der (Ostindien-)Kompagnie ausgelöste Militarisierung führten in vielen Gebieten lange vor Beginn der formellen kolonialen Herrschaft zu Verwerfungen des indischen Wirtschaftsgefüges.«

tern nahezu unbegrenzt war, sondern auch, weil die Arbeitsproduktivität niedrig war, weit niedriger als bei Einsatz vergleichbarer Ausrüstungen in Großbritannien. (Eine moderne Industrie erfordert eben mehr als nur Maschinen.) Dennoch trug diese Entwicklung dazu bei, die in der Landwirtschaft erzielbaren geringen Einkünfte aufzubessern.

All das bewirkte jedoch kaum mehr als eine Übertünchung der grundlegenden Kräfte, von denen das Wohlstandsniveau in Indien abhing: Das blieben der Druck der Bevölkerung, die zwischen 1820 und 1913 von schätzungsweise 172 Millionen auf 252 Millionen gewachsen sein dürfte, und die Launen der Natur, die über die Ernten entschieden und kleine und große Regionen in schwere Hungersnöte stürzen konnten. Indische Gelehrte neigen heute dazu, diese MALTHUSischen Katastrophen der administrativen Mißwirtschaft und der Gleichgültigkeit der Briten anzulasten. (Schon das Wort *Hungersnot* war nach der Erlangung der Unabhängigkeit bei ihnen als anachronistisch und herabwürdigend verpönt.) In Wirklichkeit haben Verbesserungen im Transportwesen, insbesondere der Bau von Eisenbahnen, viel dazu beigetragen, Notlieferungen von Nahrungsmitteln in bedürftige Gebiete zu erleichtern und Mangellagen zu mildern. Dennoch gab es in der Periode der britischen Herrschaft Hungersnöte, auch viele sehr schwere; aber die gab es auch schon in früheren Perioden. Wenn man manche indischen Texte liest, könnte man meinen, erst die Briten seien die Erfinder dieses Phänomens gewesen.

IV. China und Indien seit 1945

Sowohl in China als auch in Indien ist das Pro-Kopf-Produkt in dem halben Jahrhundert seit dem Ende des Zweiten Weltkrieges gestiegen. Das besagen jedenfalls die amtlichen Zahlen. Diese Schätzungen sind allerdings mit Vorsicht zu genießen: Teils unterschätzen sie das Wachstum, soweit sie nämlich nicht erfassen, was der amtlichen Kenntnisnahme und dem Zugriff des Steuereintreibers entgeht, weil entgehen soll. In Indien mit seinem großen Privatsektor und einer unbekannten Anzahl kleiner Hinterhof- und Hausgewerbe-Betriebe spielt dieser Aspekt mit Sicherheit eine Rolle. Dagegen könnten die chinesischen Zahlen überhöht sein, zum Teil, weil die Regierung sie aus Prestigegründen aufgebläht hat, aber auch, weil es dort anfänglich zu hohen Fehlinvestitionen und Vergeudung kam und entsprechende Beträge abzuschreiben wären.

Die Zahlen deuten darauf hin, daß beide Länder nach dem Zweiten Weltkrieg etwa das gleiche Wachstum aufwiesen, China jedoch in den Jahren 1965 bis 1985 wesentlich schneller wuchs (und der Unterschied sich inzwischen noch vergrößert haben könnte); daß China 1985 im Einkommen pro Kopf Indien ein wenig voraus war (310 Dollar zu 270); daß es in China 1950 mehr Arme gab als in Indien (42 Prozent zu 27 Prozent der Armen der Welt), daß aber im Jahre 1977 Indien mehr Arme hatte als China (41 zu 28 Prozent).[29]

Diese Länder sind also noch weit davon entfernt, die Armut besiegt zu haben und sich hinsichtlich ihrer wirtschaftlichen und sozialen Merkmale mit den führenden Industrienationen messen zu können. Die Grundvoraussetzungen für erhöhten Wohlstand haben sich jedoch wesentlich verbessert. Beide Länder haben die ideologischen Zwänge gelockert und dem privaten Unternehmertum größeren Spielraum eröffnet; insbesondere China hat – nach Jahrzehnten doktrinärer Gleichmacherei nach unten – inzwischen den Freuden des privaten Verbrauchs, die Produktivität und Initiative belohnen und fördern, Zugeständnisse gemacht.

29 Als arm gelten Menschen mit einem Einkommen von weniger als 200 Dollar pro Kopf. Vgl. Albert Berry, François Bourguignon und Christian Morrisson, Global Economic Inequality and Its Trends since 1950, in: Lars Osberg (Hrsg.), Economic Inequality and Poverty: International Perspectives, New York 1991, Tabellen 3.6 und 3.7.

Rasches Wachstum und schnelle Entwicklung haben aber auch negative Folgen. Die Befähigung zur Teilnahme am Wettbewerb auf Exportmärkten erfordert entsprechende Produktivität, und die älteren staatlichen Betriebe müssen rationalisieren. Viele Menschen haben ihren Arbeitsplatz verloren und sehen sich mit ihrer Ausbildung und ihren Arbeitsgewohnheiten kaum für eine Beschäftigung in privaten Unternehmen gerüstet. Einstweilen beträgt, wenn man den Zahlen des chinesischen Arbeitsministeriums glauben darf, die Arbeitslosigkeit in den Städten nur 2,6 Prozent; das sind aber immerhin 4 Millionen Menschen. Von 74 Millionen Arbeitnehmern in staatlichen Betrieben gelten derzeit etwa 10 Millionen als entbehrlich. (Mir erscheint diese Zahl sehr niedrig. Zum Beispiel plant allein die Textilindustrie, die im Jahre 1993 rund 7,5 Millionen Arbeitskräfte beschäftigte, die *Verlagerung* von 4 Millionen Arbeitskräften auf andere Sektoren.)[30]

Nach wie vor aber lebt die große Masse der chinesischen Bevölkerung auf dem Lande, und das durchschnittliche bäuerliche Einkommen beläuft sich auf 105 Dollar pro Jahr; manche Bauern haben auch überhaupt keine Bareinkünfte. Diese düsteren Zahlen ließen einen Autor der Londoner »Times« bereits unken: »Das Gespenst eines Bauernaufstandes erhebt drohend sein Haupt.«[31]

Es bleibt abzuwarten, ob das chinesische Regime dieses immer stärkere Auseinanderklaffen innerhalb der Gesellschaft weiter zulassen wird (beziehungsweise kann). Die Unterschiede zwischen den einzelnen Regionen und zwischen Stadt- und Landbevölkerung haben bereits größere Wanderungen ausgelöst, und diese Art von Instabilität galt in China schon immer als ihrem Wesen nach subversiv. Desgleichen die Entstehung einer neuen Klasse spektakulär Reicher: Reichtum verschafft Privilegien und Macht, und innere Ungleichheiten können die Atmosphäre vergiften und den sozialen Vertrag verletzen. Das gilt ganz besonders für Länder, in denen *Gleichheit* den Rang eines moralischen Imperativs angenommen hat und Neid zu einer gesellschaftlichen Tugend geworden ist. In einer bäuerlichen Gesellschaft gelten Angehörige der Bourgeoisie und Neureiche von vornherein als Unruhestifter. Sie haben nichts geschaffen und haben dennoch

30 Diese Zahlen entstammen einem in World Press Review, Juli 1994, S. 12, abgedruckten Artikel aus dem Eastern Express, Hong Kong.
31 World Press Review, a. a. O., S. 10 f.

Geld. Sie sind der personifizierte Widerspruch zu konfuzianischen und sozialistischen Moralbegriffen. Ihr Denken dreht sich auch mehr um Rechte als um Pflichten. Das kommunistische Regime steht Unruhestiftern bekanntermaßen unduldsam gegenüber.
Aber werden sie weiter Unruhe stiften? Werden sie das System verändern wollen? Diese Neureichen gehören zu den Leuten, die man abgelten kann. Einige von ihnen lechzen geradezu nach überteuerten Luxusimporten, gleichermaßen zur Steigerung ihres Prestiges wie zum Gebrauch. (Kurioserweise wurde diese Situation zum Teil erst durch die amtliche Verzerrung der Preisstruktur ermöglicht: niedrigste Mieten, subventionierter Grundbedarf.) Wer sein Hauptlebensziel darin sieht, Geld zu verdienen, hat nicht das Zeug zum politischen Aktivisten oder Rebellen. Man erinnere sich des unrühmlichen Ausverkaufs des deutschen Bürgertums im 19. Jahrhundert: Die Erlaubnis, reich zu werden, besänftigt eine Menge politischer Frustration. Der Spatz in der Hand ist besser als die Taube auf dem Dach.
Bleiben noch die Verlierer. Auch die Kinder. Eine Generation kann da alles verändern. Zum einen wächst der Appetit mit dem Essen. Zum anderen werden die Kinder mehr Zeit zum Nachdenken haben. Sie werden Universitäten besuchen, ins Ausland reisen, ausländische Filme sehen, merkwürdige Bücher lesen; und was dann? Der Platz des Himmlischen Friedens war die Tat der Jungen, und in China gibt es deren Hunderte von Millionen.
Chinas Aufschwung ist also noch ein sehr fragiles Phänomen. Die chinesische Tradition spräche eher für einen entschlossenen Abbruch dieser Entwicklung. Frühere Herrscher waren bereit, den Wohlstand der Wiederherstellung von *Ordnung* und dem, was als konfuzianische Moral angesehen wurde, zu opfern. Aber das waren Zeiten der Autonomie und der Isolation; die Entscheidungen lagen allein bei China und gingen niemanden sonst etwas an. Das heutige China hingegen ist durch unzählige Interessen und Investitionen mit der Außenwelt verbunden, und das spräche eher für eine nachgiebige, flexible Reaktion.
Natürlich könnten die jüngste Zurückweisung des amerikanischen Drucks in der Frage der politischen Freiheiten und die heuchlerische Schmollreaktion der Amerikaner auf diese Zurückweisung die Befürworter eines *harten Kurses* in der chinesischen Regierung ermutigen. Aus ihrer Sicht kann man mit kapitalistischen Halunken so ziemlich machen, was man will: Sie werden einfach ihre Wunden lecken und dann wiederkommen, um Ge-

schäfte zu machen. Diese Betrachtungsweise würde es nahelegen, innerhalb Chinas eine repressive Reaktion alten Stils für möglich zu halten, etwa vehement gegen den Markt und das Unternehmertum gerichtete Eingriffe, die dann zum Teil durch die Notwendigkeit gerechtfertigt werden könnten, die Geldentwertung einzudämmen.
Eine derartige Reaktion ist nicht unmöglich, aber unwahrscheinlich. Die meisten Unternehmer und Nationalökonomen glauben, daß der chinesische Wachstums-Schnellzug, je länger er fährt und je mehr Menschen er mitnimmt, um so schwieriger umzudrehen ist. Angetrieben wird dieser Zug durch den langfristigen Trend, das unermüdliche, sich ständig verstärkende Streben nach technischem Fortschritt. (Dieser Fortschritt betrifft nicht allein neue Ausrüstungen und Techniken: Vielmehr ist beispielsweise die Fähigkeit der chinesischen Industrie, in die Vereinigten Staaten zu exportieren, auch ein Ergebnis der Revolutionierung des Seetransportwesens, insbesondere der Containerisierung.)
Die gleichen Spannungen sind auch in Indien zu beobachten, wo alte Regeln verlernt werden müssen, wo eine beflissene Bürokratie mühsam lernt, daß man Geschäftsleute nicht warten läßt, daß man sie nicht um eine Genehmigung betteln und für etwas bezahlen läßt, was überhaupt keiner Genehmigung bedürfen sollte. Kein Tyrann ist so schlimm wie ein kleiner Amtsinhaber. Aber auch hier ist zu erwarten, daß die Aussicht auf lukrative Karrieren in der Privatwirtschaft einer ganzen Generation von Beamten Lichtblicke bietet.
Aus globaler Sicht stellt sich diese asiatische Renaissance als eine weitere Frucht der Industriellen Revolution dar, jener Gesamtheit weitverzweigter Fortschritte, die in Europa entstand und von dort aus in die ganze Welt exportiert wurde. Das kommt, wie ich es bereits in einem früheren Beitrag formuliert habe, einer ökumenischen Religion näher als alles andere, was je erdacht wurde: die Verehrung materieller Verbesserung, das Verlangen nach gegenständlichen Werten.[32]
Die asiatischen Länder, auch die größten von ihnen, waren lange gehindert, diesen Weg zu beschreiten – nicht durch europäische Aggression und Einmischung, sondern durch das Gegenteil: Sie betrachteten Europa und seine Lebensweise als eine Bedrohung ihres eigenen Wesens, als eine

32 Vgl. David S. Landes, The Unbound Prometheus: Technological Change and Industrial Development in Western Europe from 1750 to the Present, Cambridge, Mass. 1969, S. 554 f.

Kränkung ihrer Würde. Erst jetzt, nachdem sie ihre Unabhängigkeit gewonnen haben und ihre Selbstachtung gefestigt ist, folgen auch sie dem Weg zum Wohlstand – Adam Smith sprach vom »natürlichen Fortschritt des Reichtums«. Beim ersten Anlauf versuchten sie es *von oben,* erstrebten sie Gleichheit. Das Ergebnis war Gleichheit in Armut. Jetzt scheinen sie eingesehen zu haben, daß Chancen für wenige das Los der vielen verbessern können. Das könnte sehr wohl dazu führen, daß noch in unseren Tagen ihre jahrtausendealte Armut zu enden beginnt.

Summary

The aim of the essay is to examine the contrasts in distribution of wealth between Europe and Asia, taking India and China as examples. If Paul Bairoch is right, differences in average product or income between advanced European societies on the one hand and the richest Asian civilizations on the other were small before the Industrial Revolution. This may be (although I think Europe was already edging ahead), but the essay argues that distribution in Asia was far more unequal than in Europe, with a small elite taking the great bulk of the surplus and leaving the poor masses with the barest subsistence. This distribution in turn and the assumption of exclusive property rights by the ruler was a deterrent to initiative and enterprise, thereby reinforcing the unequal distribution of wealth and trapping the society in a cage of widespread, self-perpetuating poverty. Only now that both China and India, and China more than India, have relaxed controls from above and encouraged private initiative, have they been able to take widespread advantage of technological advance, raise average income, and reduce the number of poor. Much remains to be done, and the appearance of new rich has provoked the kind of jealousy that is the enemy of wealth. But the longer both countries remain on their present path, the harder it will be to reverse what Adam Smith liked to think was the "natural progress of opulence".

Literaturverzeichnis

Bairoch, Paul B., Ecarts internationaux des niveaux de vie avant la révolution industrielle, in: Annales: économies, sociétés, civilisations, Januar-Februar 1979, S. 145–171.

Bernier, S. François, Voyage dans les États du Grand Mogol 1670–72, Paris 1981.

Brenning, Joseph J., Textile Producers and Production in Late Seventeenth Century Coromandel, in: Sanjay Subrahmanyam (Hrsg.), Merchants, Markets and the State in Early Modern India, Delhi 1990.

Chao, Kang, Man and Land in Chinese History: An Economic Analysis, Stanford 1986.

Chaudhuri, K. N., The Trading World of Asia and the English East India Company 1660–1760, Cambridge 1978.

Debeir, Jean-Claude, Jean-Paul Deleage und Daniel Hemery, In the Servitude of Power: Energy and Civilisation through the Ages, London 1986/1991.

Dewey, Clive (Hrsg.), Arrested Development in India: The Historical Dimension, New Delhi 1988.

Elvin, Mark, The Pattern of the Chinese Past: A Social and Economic Interpretation, Stanford 1973.

Feuerwerker, Albert, Chinese Economic History in Comparative Perspective, in: Paul S. Ropp (Hrsg.), Heritage of China: Contemporary Perspectives on Chinese Civilization, Berkeley 1990, S. 224–241.

Gimpel, Jean, The Medieval Machine: The Industrial Revolution of the Middle Ages, Harmondsworth 1976.

Habib, Irfan, The Agrarian System of Mughal India (1556–1707), London 1963.

Habib, Irfan, Potentialities of Capitalistic Development in the Economy of Mughal India, in: Journal of Economic History, Nr. 29 (1969).

Kuppuram, G., A Survey of Some Select Industries in Eastern India during the Mid-Eighteenth Century, in: G. Kuppuram und K. Kumudamani (Hrsg.), History of Science and Technology in India, zwölf Bände, Delhi 1990.

Landes, David S., The Unbound Prometheus: Technological Change and Industrial Development in Western Europe from 1750 to the Present, Cambridge, Mass. 1969.

Landes, David S., Revolution in Time: Clocks and the Making of the Modern World, Cambridge, Mass. 1983; durchgesehene und erweiterte Ausgabe: L'heure qu'il est: les horloges, la mesure du temps et la formation du monde moderne, Paris 1987.

Landes, David S., The Fable of the Dead Horse; or, The Industrial Revolution Revisited, in: Joel Mokyr (Hrsg.), The British Industrial Revolution: An Economic Perspective, Boulder 1993, S. 132–170.
Leeming, Frank, The Changing Geography of China, Oxford 1993.

Osberg, Lars (Hrsg.), Economic Inequality and Poverty: International Perspectives, New York 1991.

Spear, Percival, The Nabobs: A Study of the Social Life of the English in Eighteenth Century India, überarbeitete Ausgabe, Oxford 1932/1963.
Spence, Jonathan, The Search for Modern China, New York 1990.
Subrahmanyam, Sanjay, The Political Economy of Commerce: Southern India 1500–1650, Cambridge 1990.

Wadsworth, A. P., und Julia de L. Mann, The Cotton Trade and Industrial Lancashire, Manchester 1931.
Wink, André, Al-Hind: India and Indonesia in the Islamic World-Economy, c. 700–1800 A. D., in: Itinerario, XII, Nr. 1 (1988).

Hansjörg Siegenthaler

Professor an der Universität Zürich

Wege zum Wohlstand: Das Beispiel der USA, der Schweiz und Brasiliens

Inhaltsverzeichnis

Einleitung

Gesellschaften befinden sich auf dem Weg zum Wohlstand, wenn ihre Strukturen – die Regeln des Handelns und des Denkens – die Menschen dazu anregen, entwicklungsträchtige Entscheidungen zu treffen, Sach- und Fähigkeitskapital zu bilden, Lernprozesse einzuleiten und zu fördern, ökonomisch verwertbares Wissen zu mehren und dieses in Produktions- und Tauschprozessen zu nutzen.[1] Wie die Geschichte der Menschheit seit ihren Anfängen lehrt, bilden sich entwicklungsträchtige Anreizstrukturen nur unter sehr spezifischen Bedingungen aus. Und wo sie sich ausgebildet haben, wie in den Wachstumsgesellschaften eines Teils der modernen Welt, bleiben sie gefährdet: Individuelle und kollektive Akteure können es durchaus nützlich finden, Anreizstrukturen entwicklungshemmend zu deformieren. Offenbar ist es angesichts universalgeschichtlicher Erfahrung und des manifesten Interesses an entwicklungshemmender Deformation von Anreizstrukturen keine Selbstverständlichkeit, daß sich in bestimmten Ländern positive Anreizstrukturen über viele Generationen hinweg trotz deformierender Einflüsse behauptet haben.[2] Warum haben sie sich behauptet? Wir möchten diese Frage ins Zentrum unserer Überlegungen rücken und dabei die *These* erörtern, man treffe auf eines der wesentlichen Elemente der Antwort in der Analyse ganz besonderer Struktur, nämlich der Struktur der Kommunikation: *Zweckmäßig konzipierte Strukturen der Kommunikation halten Wachstumsgesellschaften auf ihrem Weg zum Wohlstand fest.*

Zur Erörterung dieser These beschreiten wir im ersten Abschnitt zunächst die Ebene theoretischer Argumentation. Diese soll uns dazu verhelfen, das Problem präziser zu fassen und genauer zu sagen, welche Aufschlüsse wir uns von den Erfahrungen versprechen, die die Geschichte der Modernisierung der Vereinigten Staaten, Brasiliens und der Schweiz bereithält.

1 Dieser Text verdankt Jan Baumann, Margrit Müller, Peter Rasonyi, Markus Reichmuth, Norma Sonda und Erich Wigger vielfältige Unterstützung, Anregungen und konstruktive Kritik.

2 Vgl. Douglass C. North, Structure and Change in Economic History, New York 1981; Hansjörg Siegenthaler, Hazards of Growth and Conditions of Long-Run Economic Success: The Case of the United States, in: Walther L. Bernecker und Hans Werner Tobler (Hrsg.), Development and Underdevelopment in America: Contrasts of Economic Growth in North and Latin America in Historical Perspective, Berlin-New York 1993, S. 31–46.

Daß wir dabei gerade diese drei Länder in unseren Vergleich einbezogen haben, bedarf der Begründung: Ihre Statistik belegt bemerkenswerte Wachstumserfolge. Die Vereinigten Staaten und die Schweiz belegen in der Rangliste der Gewinner des Modernisierungswettlaufs Spitzenplätze. Brasilien gehört zu jenen *latecomers*, die mit Verspätung zum Wettlauf angetreten sind und erst seit den dreißiger Jahren dank hoher Wachstumsraten die Erwartung geweckt haben, in absehbarer Zeit der Armutsfalle »MALTHUSianischer Bevölkerungsüberschüsse« entrinnen zu können. Zur Zeit bleibt unklar, wie berechtigt diese Erwartung war und ist. Wir sind der Meinung, man gewinne für beobachtbare Störungen brasilianischer Entwicklung neues Verständnis, wenn man sie zur brasilianischen Kommunikationsstruktur ins Verhältnis setzt und diese wiederum mit der amerikanischen vergleicht; einen Seitenblick auf die Schweiz möge man dem Schweizer gestatten, der in den Erfahrungen des eigenen Landes eine Bestätigung für Argumente zu erblicken glaubt, die er zunächst zur Interpretation amerikanischer Geschichte formuliert und benutzt. Eine letzte Vorbemerkung betrifft die schon fast verzweifelte Kürze, in der wir historische Erfahrungen der drei Länder anzusprechen genötigt sind. Auf einigen wenigen Seiten kann man Geschichte nicht darstellen, man kann bloß auf sie Bezug nehmen, pointierend, abstrahierend, Akzente setzend. Um die Ebene der abstraktesten Beschreibung dennoch da und dort verlassen und anschaulich machen zu können, wie sich Kommunikationsstruktur in individuellem und kollektivem Handeln zur Wirkung bringt, werden wir uns einige Phasen aus der Geschichte der drei Länder herausgreifen und sie für die Tatbestände exemplarisch ins Bild bringen, auf die es ankommt.
So wird uns ganz besonders die Krise der Orientierung, des politischen Systems und der Wirtschaft beschäftigen, in die die Vereinigten Staaten im Ausgang des 19. Jahrhunderts geraten sind, genauer: die Charakteristika der Vorgänge, die zur Überwindung jener Krise geführt haben. Der Seitenblick auf die Schweiz gilt in erster Linie den Prozessen, die im Vorfeld des Zweiten Weltkrieges Handlungs- und Problemlösungsfähigkeit begründet haben. Die brasilianischen Erfahrungen schließlich sollen uns Gelegenheit geben, bekannte Unzulänglichkeiten der Modernisierungsexperimente der Militärherrschaft der späten sechziger und frühen siebziger Jahre unseres Jahrhunderts und der Ökonomie der neuen Demokratie der achtziger Jahre vor dem Hintergrund unserer theoretischen Überlegungen in neuer Weise zu interpretieren.

I. Theoretische Grundlagen

Wir definieren »Struktur« als Gesamtheit aller institutionellen und kognitiven Regelsysteme, die das Denken und Handeln der Menschen anleiten.[3] Zu den Institutionen rechnen wir die staatlich sanktionierten Regeln des positiven Rechts und die gesellschaftlich sanktionierten oder internalisierten Normen. Kognitive Regelsysteme bestehen aus Regeln der Selektion, der Klassifikation und der Interpretation von Informationen, die dazu instand setzen, aus der Überfülle aller Eindrücke ein Bild der Welt so zu gestalten, daß es zukunftsträchtige Entscheidungen anzuleiten vermag. Ein so gefaßter Strukturbegriff leistet in unserem Zusammenhang drei Dinge. Er verweist zunächst auf Merkmale dessen, was als »Anreizstruktur« wirtschaftliche Entwicklung langfristig sicherstellen kann; Institutionen müssen dabei sehr vielen Bedingungen genügen, vor allem aber doch dem Imperativ der Gewährleistung individueller Ansprüche auf den künftigen Genuß des Arbeitsertrages. Die Regeln des Denkens haben sicherzustellen, daß zuverlässig erkennbar ist, welchen Nutzen die heutigen Leistungen in Zukunft stiften werden. Weiter läßt der Begriff erkennen, wie gefährdet Struktur auch dort zu sein pflegt, wo sie sich während einiger Zeit bewährt hat. Und drittens erschließt uns der Begriff den Zugang zu einer Definition dessen, was für uns »Kommunikationsstruktur« bedeuten soll: Struktur als Gesamtheit der Regeln des Denkens und des Handelns, die darüber mitbestimmen, wer mit wem ins Gespräch kommt, wer dazu motiviert wird, ein Gespräch zu führen, wer daran gehindert wird, ein Gespräch aufzunehmen, wie das Gespräch geführt wird, wenn es zustande kommt. Alle Arten institutioneller Regelungen sind dabei von Bedeutung, medienrechtliche Bestimmungen genauso wie die informellen Gesprächsregeln, die die Rangfolge festlegen, in der sich Menschen in der Vereinsversammlung zu Wort melden. Erst recht ist die Fülle möglicher Wirkungen zu betonen, die von den Regeln des Denkens auf kommunikative Prozesse ausgehen.

3 Vgl. Hansjörg Siegenthaler, Regelvertrauen, Prosperität und Krisen: Unregelmäßigkeiten wirtschaftlicher und sozialer Entwicklung als Ergebnis individuellen Handelns und Lernens, Tübingen 1993, S. 15 und S. 119.

Lassen sich auf der Grundlage einer so geregelten Terminologie gehaltvolle Aussagen formulieren über Charakteristika einer »Kommunikationsstruktur«, die einer Gesellschaft dazu verhilft, entwicklungsträchtige Institutionen und entwicklungsträchtiges Denken vor Deformation zu schützen oder in neuer Weise auszubilden? Es bleibt uns hier nicht erspart, einen kurzen theoretischen Produktionsumweg zu beschreiten, um die zentralen Hypothesen zu begründen, auf die sich die Argumentation in der Folge stützen wird.

Bewahrung oder Formation entwicklungsträchtiger Strukturen stellen eine Gesellschaft vor schwierige Probleme. Es ist nicht ohne weiteres erkennbar, was es zu formieren oder zu bewahren gilt, wenn der Zweck entwicklungsträchtiger Struktur erreicht werden soll: Erkennbar wird dies erst, wenn man die Wirkungszusammenhänge versteht, in denen sich individuelles und kollektives Handeln entfalten. Wie helfen sich die Akteure aus der Schwierigkeit heraus, in der sie stecken, wenn sie über Strukturbildung zu entscheiden haben?

Sie helfen sich aus der Schwierigkeit dadurch heraus, daß sie kommunikative Prozesse inszenieren, die zur Lösung des Problems zumindest beitragen. Angemessene Kommunikationsstrukturen sind dabei die Voraussetzung dafür, daß sich solche Prozesse erfolgreich vollziehen. Dies möchten wir begründen, um uns auf jene Merkmale der Kommunikationsstruktur hinlenken zu lassen, auf die es ankommt. Und die Begründung erschließt sich uns in einer Analyse des Charakters und der Bedeutung kommunikativer Prozesse im Kontext der großen Krisen, in die moderne Wachstumsgesellschaften ja immer wieder geraten sind: In solchen Krisen waren die Verhältnisse besonders prägbar oder wurden immerhin für besonders gestaltbar gehalten. In ihnen haben sich individuelle und kollektive Bemühungen um Modifikation des institutionellen Gefüges dramatisch verstärkt, auf sie haben sich tiefgreifende Modifikationen in aller Regel konzentriert. Dies bedeutet, daß *Anreizstrukturen der Wachstumsgesellschaften im Krisenkontext ganz besonderen Bewährungsproben unterlagen; erfolgreiche Wachstumsgesellschaften haben sich folglich immer wieder gerade dadurch als solche erwiesen, daß sie diese Bewährungsproben bestanden.*[4]

4 Robert Higgs, Crisis and Leviathan: Critical Episodes in the Growth of American Government, Oxford 1987, interpretiert den Krisenkontext in gleicher Weise als Bewährungsprobe, wobei er allerdings die Meinung vertritt, die USA hätten diese Probe nicht bestanden. Vgl. besonders Kapitel 4, S. 57–76.

Es scheint uns hilfreich zu sein, den Begriff der »Krise« *ex definitione* auf den Begriff der »Struktur« zu beziehen und nur dann von »Krise« zu reden, wenn »Struktur« in doppelter Weise an Stabilität einbüßt, wenn erstens Institutionen zum Gegenstand offener Auseinandersetzungen werden und wenn zweitens Regeln des Denkens ihre gewohnte Selbstverständlichkeit verlieren, Vertrauen in verfügbare Regeln des Denkens schwindet, Defizite an »Regelvertrauen« in schwerwiegender Weise die Entschlußkraft und Entscheidungsfähigkeit der Menschen schmälern. In einer so verstandenen »Krise« vermeiden die Menschen eine irreversible Festlegung verfügbarer Ressourcen in bestimmter Verwendung, schieben sie Entscheidungen über reale Kapitalbildung hinaus, verzögern sie den Kauf von langlebigen Konsumgütern, verweigern sie sich dem System der Wirtschaft in ihrer Rolle als Nachfrager, produzieren sie mithin die Wirtschaftskrise, die sich mit der Krise der Orientierung und mit der Krise der Verfassung des politischen Systems verbindet.

Kann man sagen, was Menschen in der Krise tun, wenn sie nicht wissen können, was ihr Tun für die Zukunft bewirkt? Im Extremfall macht es für sie nicht einmal mehr Sinn, sich kundig zu machen über die Welt: Wer ohne Regelvertrauen in den Tag hinein lebt, weiß wenig anzufangen mit den Informationen, die ihm die Medien oder Zufallsbegegnungen zuspielen. Und was er an Informationen überhaupt noch beachtet, leitet ihn nicht in bestimmter Weise zu diesem oder jenem Handeln an. So bleibt denn ganz unklar, wie dieser oder jener Akteur seine Handlungspläne entwirft und in Entscheidungen umsetzt. Gleichwohl steht immerhin eine Sache zweifelsfrei fest: *Wenn Menschen im Krisenkontext miteinander reden, dann verfolgen sie im Gespräch keine andere Absicht als die, sich gegenseitig zu verstehen* und miteinander die Vorstellungen zu klären, die sich klären müssen, wenn zweckmäßiges Handeln wieder möglich werden soll.[5] Ganz unabhängig von den Motiven, die die Gesprächspartner beherrschen, macht es für sie keinen Sinn, Zwecke zu verfolgen, die über Verstehen und Verständigung hinausgehen: Im Kontext fundamentaler Unsicherheit weiß keiner, was er sagen müßte, um solchen Zwecken nachzugehen.

5 Zur besonderen Form der Kommunikation im Krisenkontext vgl. Siegenthaler, Regelvertrauen ..., a. a. O., S. 54 f., S. 57 und S. 196. Zum Begriff der verstehens- und verständigungsorientierten Kommunikation vgl. Jürgen Habermas, Theorie des kommunikativen Handelns, zwei Bände, Frankfurt am Main 1981.

Im verstehens- und verständigungsorientierten Gespräch des Krisenkontextes gewinnt daher gemeinsam verfügbare Erfahrung zentrale Bedeutung als eine Stütze der Rekonstruktion von Semantik. Es ist ja nicht so, daß wir semantische Regeln immer selbstverständlich handhaben, und wer über Regeln seines eigenen Denkens nicht mehr zuverlässig verfügt, dem wird eben durchaus auch Sprache zum Problem. Indem er nun auf Erfahrung Bezug nimmt in einer Art und Weise, die beim anderen Resonanz findet, vergewissert er sich der Möglichkeit, bestimmte Bereiche seines Denkens in eine Sprache zu fassen, die ihm interpretierbare Antworten beschert. Wer über seine Erfahrungen berichtet und dann zu hören bekommt, genau so habe auch sein Gesprächspartner die Sache erlebt, gewinnt an Vertrauen in wechselseitige Interpretierbarkeit der Sprache. Und mit solchem Vertrauen faßt er auch den Mut, die Brücken zu schlagen von neu vertrauter Sprache zur Bedeutung dessen, was ihm der andere an noch unvertrauter Sprache zumutet. Dies heißt nun aber, daß im erfahrungsbezogenen verstehens- und verständigungsorientierten Gespräch des Krisenkontextes gemeinsam verfügbare Erfahrung in die Konstruktionen von handlungsleitenden Welt- und Zukunftsbildern nicht deshalb einfließt, weil sie diese Bilder in welchem Sinne auch immer wirklich zweckmäßig anleiten könnte, sondern ganz einfach darum, weil sich ein klärendes Gespräch ohne Bezugnahme auf gemeinsam verfügbare Erfahrungen nicht entfalten kann. Das Gespräch verfällt gemeinsamer Erfahrung, liefert sich ihr aus. Es ist sehr zu betonen, daß dabei die möglicherweise ja viel umfassendere individuelle Erfahrung der vielen Einzelnen in aller Regel an Gewicht deutlich verliert, weil die Einzelnen den Mut nicht mehr finden, für richtig und zukunftsweisend zu halten, was ihre persönliche Welt von der Welt der anderen unterscheidet.
Natürlich kommt gemeinsam verfügbarer Erfahrung nicht bloß die Funktion als Stütze der Rekonstruktion von Semantik zu. Sie wird, wenn sie erst einmal im Gespräch zum gemeinsamen Gegenstand der Verständigung wird, auch in ganz bestimmter Weise zur Grundlage neuen Lernens, eines Lernens, in dem sich die Regeln des Denkens in neuer Weise klären. Wir möchten davon ausgehen, daß sich solches Lernen im Alltagsleben nicht systematisch zweckmäßiger gestaltet, als es sich innerhalb sozialwissenschaftlicher Disziplinen vollzieht. Man wird hier wie dort aus Erfahrung nicht in dem Sinne klüger, daß man, weil man in der Vergangenheit Erfolge erzielt und Mißerfolge erlitten hat, nun wirklich wüßte, wie man

in der Zukunft Erfolge erzielen und Mißerfolge vermeiden kann. Zukunftsgerichtetes Denken überzieht Bestände an Erfahrung, stützt sich zunächst auf hypothetische Konstrukte, entwirft Bilder der Welt und der Zukunft, die konstruktiver Phantasie viel mehr verpflichtet sind als vergangener Erfahrung. Immerhin hält uns die Vorsicht, allenfalls die Berufspflicht des Sozialwissenschaftlers dazu an, unsere hypothetischen Konstrukte an aller Erfahrung zu prüfen, die wir für wichtig halten auch im Kontext der Gegenwart und der nahen Zukunft. Was wir aber für wichtig halten an Erfahrung, ergibt sich, wie wir überlegt haben, im verstehens- und verständigungsorientierten Gespräch. Und wenn es richtig ist, daß dieses Gespräch privilegiert, was allgemein resonanzfähig ist, *dann haben sich die mentalen Konstruktionen, die den Stoff ausmachen, aus dem die Welt- und Zukunftsbilder gebaut sind, an nichts anderem zu bewähren als an resonanzfähiger Erfahrung. Im Grunde haben die angesprochenen Lernvorgänge die Form evolutiver Prozesse: Unsere Phantasie produziert mentale Konstrukte, Variation des Denkens; resonanzfähige Thematisierung gemeinsam verfügbarer Erfahrung wird zur selegierenden Instanz, die darüber entscheidet, welche dieser Konstrukte handlungsleitend, welche obsolet werden.*

Die vorstehenden Überlegungen führen uns zu zwei Vermutungen, die unsere weiteren Ausführungen anleiten werden. Erstens darf man davon ausgehen, daß die Lernvorgänge, die sich in verstehens- und verständigungsorientierter Kommunikation vollziehen, in höchstem Maße irrtumsverdächtig sind. Für sie ist ganz besonders fatal, daß der Gemeinsamkeit verfügbarer Erfahrung so großes Gewicht zukommt. Auch in stark heterogen zusammengesetzten Kommunikationsgemeinschaften tendiert das Gespräch so sehr zur Konzentration auf kleine gemeinsame Erfahrungsnenner, daß schließlich bloß noch eine äußerst fragile Instanz den konstruktiven Phantasien der Zukunftsentwürfe Widerstand entgegenstellen kann. Dies macht verständlich, daß sich immer wieder auch innerhalb großer sozialer Gruppen Imaginationen der Geister bemächtigen können – sogenannte »utopische« politische Leitbilder, religiöse Schwärmereien –, die jeder Außenstehende als realitätsfremd beurteilt, obwohl in ihnen zahllose Einzelne durchaus alle Voraussetzungen haben würden, um der gemeinsamen Verzückung energischen Widerstand entgegenzusetzen. Diese Einsicht ist dem Historiker ja nicht ganz unwillkommen, weil sie ihm Verständnis vermittelt für all jene Irrungen und Verwirrungen, in denen sich Geschichte verfangen hat und verfängt. Sie zwingt aber auch zum Nachdenken über Möglichkeiten struktureller Vermeidung solcher Irrungen und Verwirrungen.

Unsere Überlegungen führen uns zu dem Ergebnis – zweitens –, daß die so sehr irrtumsverdächtigen gruppenspezifischen Lernprozesse zwar nicht vermeidbar, aber vielleicht in ihren Konsequenzen begrenzbar sind. Sie sind in ihrer Wirkung begrenzbar, wenn die Menschen spezifischer Kommunikationsgemeinschaften genötigt sind, über die Grenzen ihrer Kommunikationsgemeinschaft hinaus das Gespräch auch mit Menschen anderer Kommunikationsgemeinschaften zu führen, bevor sie Gelegenheit erhalten, all das ins Werk zu setzen, was sie sich ausgedacht haben. *Eine die Grenzen spezifischer Kommunikationsgemeinschaften sprengende Kommunikation erweitert den Resonanzraum, in dem sich Ideen zu bewähren haben.* Hier wächst die Chance, daß sich Gedanken »hart im Raume stoßen«: zwar noch nicht im Wettbewerb der politischen Kräfte oder der Produzenten, aber doch im Wettbewerb der Argumente. *Und genau dies hat eine zweckmäßig konzipierte Kommunikationsstruktur zu leisten: die Menschen dazu zu veranlassen, das Gespräch über die Grenzen der Gemeinschaften hinaus zu führen, in denen sie im Kontext der Krise vertraute Sprache und Regelvertrauen zurückgewonnen haben.*[6]

Wie ist jene Struktur der Kommunikation beschaffen, die die Gespräche in große Resonanzräume hineintreibt und die Ideen dem Wettbewerb der Argumente aussetzt? Alexis de Tocqueville hat im ersten Band seines Werkes über die amerikanische Demokratie die Tatsache als sehr bemerkenswert herausgestrichen, daß zum Zeitpunkt seiner Reisen durch die Vereinigten Staaten, zu Beginn der dreißiger Jahre des vergangenen Jahrhunderts, neue soziale Bewegungen nicht etwa, wie vergleichbare europäische Organisationen nach allgemeinem Urteil der Zeitgenossen zu tun bestrebt gewesen seien, unmittelbar politische Macht zu gewinnen versucht, sondern mit neuen Argumenten die Debatten mitzugestalten begonnen haben.[7] Für sie bot der Resonanzraum öffentlicher Diskussionen eine Chance, die Idiosynkrasien des eigenen Denkens dem Selektionstest eines die Grenzen geschlossener Kommunikationsgemeinschaften sprengenden

6 Vgl. dazu Jürgen Habermas, Strukturwandel der Öffentlichkeit. Untersuchungen zu einer Kategorie der bürgerlichen Gesellschaft, Frankfurt am Main 1962/1990.

7 Vgl. Alexis de Tocqueville, De la démocratie en Amérique. Oeuvres, papiers et correspondances, tome I. Edition définitive publiée sous la direction de J.-P. Mayer, Paris 1951, S. 198 f.

Gesprächs zu unterwerfen. Sie haben diese Chance wahrgenommen, weil die Spielregeln der amerikanischen Demokratie solchen Bewegungen keine Möglichkeit boten, Einfluß zu nehmen, ohne andere Menschen von der Bedeutung der eigenen Ideen zu überzeugen. Politische Strategien, die auf hegemoniale Beherrschung des Staatswesens abzielten, waren ohne mehrheitsfähige Programmatik nicht durchsetzbar.

Das zweite Element zweckmäßig gestalteter Kommunikationsstruktur, auf dem die Diskursethik seit Jürgen Habermas insistiert, besteht im Zwang zur Begründung dessen, was man seinem Gesprächspartner an Behauptungen zumutet, in einem Zwang, dem man ausgesetzt bleibt, bis die Zustimmung des Partners von ihm befreit.[8] Vielleicht bewahrt solcher Begründungszwang zumindest im Kontext der Krise, unter den Bedingungen tiefer Unsicherheit über alles, was an Praktiken der Erwartungsbildung noch verfügbar bleibt, vor der Versuchung, in grenzüberschreitenden Gesprächen allzu rasch den rationalen Tausch der Sachen zu betreiben, statt die noch fragilen mentalen Konstrukte auf Resonanzfähigkeit zu prüfen.

Das Fazit: Es bleibt keiner Gesellschaft der Wildwuchs von Irrtümern erspart, der als Ergebnis gruppenspezifischer Kommunikation gerade im Krisenkontext ins Kraut schießt. Dies ist deshalb so, weil die schmale Basis gemeinsam verfügbarer Erfahrung, auf die sich Gespräche beziehen, der konstruktiven Phantasie der Welt- und Zukunftsbilder schaffenden Vordenker viel zu geringen Widerstand leistet, um in zweckmäßiger Weise die Spreu vom Weizen zu scheiden. Erst im großen Resonanzraum grenzüberschreitender Gespräche wächst die Chance, daß sich die abenteuerlichsten Gedanken an dieser oder jener Instanz wirklich brechen. Geeignete Institutionen, aber auch Einsicht in die Bedeutung des unbegrenzten Begründungszwanges tragen dazu bei, grenzüberschreitende Kommunikation zu erzwingen.

Institutionen, die die Menschen auf Wege grenzüberschreitender Kommunikation verweisen und die sie auf diesen Wegen festhalten, und Regeln der Argumentation, die es untersagen, eine Kette von Begründungen abzubrechen, solange die Gesprächspartner noch Erläuterungen verlangen, verschaffen einer Wachstumsgesellschaft einen evolutiven Vorteil. Diese These, die wir ins Zentrum unserer Überlegungen gerückt haben,

8 Vgl. Habermas, Theorie ..., Bd. 1, a. a. O., Einleitende Ausführungen zur Begründungsfähigkeit und ihrer Rolle in kommunikativem Handeln, S. 25 ff.

können wir nun sehr einfach begründen. Wo sich die gedanklichen Konstruktionen der grenzüberschreitenden Kommunikation und dem prinzipiellen Begründungszwang entziehen, drängen sie zur Realisierung und stellen sich dem Wettbewerb nicht der Gedanken, sondern dem Wettbewerb des politischen Marktes, der Güter- und der Kapitalmärkte. Gewiß begründet genau dies die Überlegenheit einer liberalen und demokratischen Gesellschaft: daß in ihr die Redundanz des Denkens eine Vielfalt realisierbarer Projekte entstehen läßt, die sich dem Selektionstest der Märkte unterziehen. Was sich auf den Märkten bewährt, wird zur Grundlage gedeihlicher Entwicklung. Aber ein solcher Prozeß ist kostspielig und schmerzvoll. Eine Gesellschaft erspart sich Kosten und menschliches Leid, wenn sie ihre Projekte nicht unvermittelt dem Test der Märkte, sondern erst einmal dem Test grenzüberschreitender und mit bedingungslosem Begründungszwang behafteter Kommunikation unterwirft. Wir erblicken in den Erfahrungen der Vereinigten Staaten, der Schweiz und Brasiliens eine Bestätigung dieser Leitthese.

II. Kommunikationsstruktur und Meinungsbildung in den Vereinigten Staaten im Ausgang des 19. Jahrhunderts

Die Literatur zur amerikanischen Geschichte charakterisiert die neunziger Jahre des vergangenen Jahrhunderts übereinstimmend als eine Zeit äußerst gedrückter Wirtschaftslage.[9] Manche Autoren schreiben ihnen auch den Charakter einer eigentlichen Epochenwende zu und erkennen im Prozeß der Strukturbildung, der sich in ihnen vollzieht, Ansätze zur Entfaltung eines Systems kognitiver und institutioneller Regeln, die für das 20. Jahrhundert prägend blieben.[10] In welcher Weise vollzog sich in diesem Kontext die Formation neuer Struktur? Wie wirkten Elemente der Struktur von Kommunikation in diese Formation hinein? Eine knappe Skizze der Umstände, unter denen die maßgeblichen Entscheidungen getroffen worden sind, soll uns an die Vorgänge der Strukturbildung heranführen.

Im Krisenkontext der neunziger Jahre hat es an hinreichender Bereitschaft zur Kapitalbildung gefehlt, keineswegs jedoch an Initiativen zu neuer Organisation des sozialen Lebens oder an geradezu leidenschaftlichem Bemühen um neues Verständnis der Verhältnisse, in die die Menschen nach langen Jahren kräftiger wirtschaftlicher Entwicklung geraten waren. Neues Denken erschloß individuellem Handeln und den Aktionen alter und neuer sozialer Kollektive ein breites Feld von Optionen, und höchst ungewiß war es nun, wohin die Dinge treiben würden. Dann haben sich Gedanken und Entscheidungen seltsam rasch gebündelt: Die Vereinigten Staaten betraten die Bühne imperialistischer Weltpolitik; ihre Bundesregierung beanspruchte neue Kompetenz zur Regulierung des Wirtschaftslebens. Experten des akademischen, des politischen und des ökonomischen Bereichs gewannen an Einfluß auf Meinungen und Handlungen, weil sie in

9 Dies ganz unabhängig vom jeweiligen konjunkturtheoretischen Ansatz. Vgl. etwa Milton Friedman und Anna J. Schwartz, A Monetary History of the United States 1867–1960, Princeton 1963; Simon Kuznets, Long Swings in Population Growth and Related Variables, in: Simon Kuznets, Economic Growth and Structure. Selected Essays, New York 1965, S. 328–378.

10 Besonders grundlegend stellt sich der Strukturwandel der neunziger Jahre dar in den Arbeiten von Morton Keller, Affairs of State: Public Life in Late Nineteenth Century America, Cambridge, Mass. 1977, S. 565 ff.; Joel H. Silbey, The American Political Nation 1838–1893, Stanford 1991, S. 215 ff.

ihren Professionen starken Rückhalt fanden. All dies vollzog sich in einem Wettstreit der Argumente, der bei aller Exklusivität der Vernetzung besonderer Personenkreise in Politik und Wirtschaft doch ein offener blieb und die Lernfähigkeit der Gesellschaft für die Zukunft sicherstellte. Wie haben sich die Prozesse der Strukturbildung im Krisenkontext vollzogen? Aus welchen Gründen hat sich in ihnen ein Selektionsspiel offener Kommunikation zur Geltung gebracht, das Fehlleistungen, wie wir vermuten möchten, bemerkenswert häufig erspart und gleichwohl vor übergroßer Zurückhaltung bewahrt hat?

Man vergegenwärtige sich zunächst die »neue Unübersichtlichkeit«, von der die Vereinigten Staaten im Ausgang des 19. Jahrhunderts beherrscht worden waren, ganz ähnlich, wie sie von ihr 100 Jahre später aufs neue erfaßt worden sind. Zweierlei vor allem hat diese »Unübersichtlichkeit« ausgemacht: eine Differenzierung sozialer Organisation und eine Differenzierung des Denkens, des Nachdenkens über die Welt der Gegenwart, über Geschichte, über Lebens- und Zukunftschancen der Menschen. Das Gefüge der Parteien geriet in Bewegung; selbst auf nationaler Ebene vermochte im Präsidentschaftswahlkampf des Jahres 1892 die neue Organisation der Populisten ins Kräftespiel der Demokraten und Republikaner beunruhigend wirkungsvoll einzugreifen. Doch erschöpfte sich soziale Organisation keineswegs in politischer Mobilisierung der Menschen. Man fand sich zusammen und gewann an individueller und gemeinsamer Handlungsfähigkeit auch außerhalb des Bereichs politischer Aktion, und man erschloß sich neue Handlungschancen: um der Selbstbestätigung willen genauso wie um der Ziele willen, die die Gruppe ins Visier nahm.[11]

Solcher Differenzierung sozialer Organisation entsprach die Differenzierung des Denkens und des Nachdenkens über die Welt, die zu bewegen man sich anschickte. Innerhalb einer Zeitspanne von ganz wenigen Jahren haben sich die Perspektiven geändert, in denen sich die Probleme der Zeit darstellten.[12] ALFRED THAYER MAHAN brachte seinen Landsleuten 1890 zum Bewußtsein, daß die Vereinigten Staaten über die Kräfte einer Welt-

11 Vgl. Richard Hofstadter, The Age of Reform: From Bryan to F. D. R., New York 1955; Robyn Muncy, Creating a Female Dominion in American Reform 1890–1935, New York 1991, für die Wirkungsgeschichte der neuen Frauenbewegung; John D. Hicks, The Populist Revolt. A History of the Farmers' Alliance and the People's Party, 1. Aufl. 1931, University of Nebraska Press 1961, zur Entstehung und Bedeutung der Organisationen der Populisten; Norman Ware, The Labor Movement in the United States 1860–1895, New York 1929.

12 Zum Gesamtbild des Perspektivenwechsels vgl. immer noch eindrücklich S. E. Morison und H. S. Commager, The Growth of the American Republic, Vol. 2, New York 1942, Kap. XV, S. 354–384.

macht verfügten und gerade deshalb kaum noch über die Freiheit, auf die Entfaltung solcher Kräfte zu verzichten. Gleichzeitig wandte man den Blick aber auch nach innen und besann sich auf die Probleme einer Industriegesellschaft, auf solche der Urbanisierung, der Arbeitswelt, der neuen Sphären überraschungs-, gelegentlich enttäuschungsreicher Güterversorgung. Dabei haben sich neue Instanzen ausgebildet und in die Kunst der Thematisierung und Problembeschreibung eingeübt: die neuen Erzeugnisse einer Presse, die über die Grenzen der Regionen hinweg bei rasch wachsender Abonnentenzahl ihre Leserinnen und Leser dazu angeleitet hat, sich ein Urteil zu bilden über schwer verständliche Manifestationen des modernen Lebens; die neuen Sozialwissenschaften und ihre Vertreter, die eine systematische Beobachtung der Welt zu einem Beruf gemacht und zu neuem Bewußtsein gebracht haben, was bislang für die Befindlichkeit der Menschen wichtig, aber kein Gegenstand öffentlicher Debatten, geschweige denn politischer Auseinandersetzung gewesen war; neue private Organisationen des sozialen Lebens, die sich in den Dienst der Klärung, dann der Lösung einer »sozialen Frage« stellten, den Sinn für Probleme breiter Schichten der Bevölkerung schärften und überdies eine Vielfalt von Praktiken des persönlichen Engagements in der Bewältigung der neuen Aufgaben entwickelten.[13] Dieses bunte Gemisch der »Experten« der sozialen Frage, die professionellen Problementdecker und Problemlöser, prägten den Charakter der Debatten, versetzten die Gesellschaft in Unruhe und trugen gemeinsam dazu bei, daß individuelle und kollektive Entscheidungen vor dem Horizont gewaltig erweiterter Problemfelder zu treffen waren und für viele sehr unklar wurde, was sie für ihr Interesse halten und in welche der vielen erkennbaren Richtungen sie gehen sollten.
Das Gefüge des politischen Systems, die politischen Gruppierungen gerieten in Bewegung. Das Geschäft des politischen Tausches, der politischen Interessenvermittlung, das sich während der Vorperiode routinisiert hatte, wurde für alle Beteiligten zu einer grundsätzlich neu zu gestaltenden Aufgabe. Bewältigt wurde diese Aufgabe in einem Prozeß der Strukturbildung, in dem sich nicht beabsichtigte Handlungsfolgen zum gewünschten Ergebnis gefügt haben – dank einer zweckmäßig geordneten Struktur

13 Dazu sehr eindrücklich, wenn auch nur gerade auf Wisconsin bezogen, David P. Thelen, The New Citizenship: Origins of Progressivism in Wisconsin 1885–1900, Columbia 1972.

der Kommunikation. Dies bleibt zu zeigen, zumindest illustrierenderweise plausibel zu machen.

In äußerster Beschränkung auf einige wenige Elemente des komplexen Prozesses der Strukturbildung beziehen wir uns auf die Bedeutung eines demokratischen, kompetitiven Präsidentschaftswahlkampfes für eine die Grenzen sozialer Gruppierungen sprengende Kommunikation und auf die durchaus reflektierte, von vielen Instanzen zielstrebig geförderte Vernetzung vieler Kommunikationszentren zu einem nationalen Resonanzraum, in dem auch nach den Wahlen ein Wettstreit der Argumente die Spreu allzu leichtgewichtiger Ideen vom Weizen erfolgsträchtiger Lösungen getrennt hat. Wir müssen es uns versagen, auf Vorgänge einzugehen, die auf der Ebene der Einzelstaaten zur Formation dieses Resonanzraumes beigetragen haben.

Im Jahre 1896 absorbierte ein Präsidentschaftswahlkampf die politischen Energien in außergewöhnlichem Maße.[14] Als die Populisten auf dem Höhepunkt der Krise, anders als noch vier Jahre zuvor, statt der Rolle einer dritten Kraft diejenige des richtungweisenden Bewegers demokratischer Politik zu spielen begannen und am Parteikonvent auf die Wahl des Kandidaten William Jennings Bryan bestimmenden Einfluß nahmen, erzwang dies ein Wahlprogramm und eine Wahlkampfstrategie, die sich an den Idealen der minoritären Populisten sehr viel stärker orientierte als am amerikanischen Durchschnittswähler: In schroffer Abkehr von den Gepflogenheiten der Vorperiode, die die Parteien in manierlich geführte Auseinandersetzungen um Stimmen jener Zwischenschichten geführt hatten, die man hier wie dort für das eigene Lager noch zu gewinnen hoffte, führte man nun einen Kreuzzug für eine neue Sache und forderte die Republikaner zu scharfer Abgrenzung heraus.

Diese Polarisierung führte zu gewaltiger Mobilisierung der Wähler und veränderte recht tiefgreifend ihre Motivation zur Stimmabgabe: Wenn es während der achtziger Jahre vielerorts gebräuchlich und erforderlich war, die Stimmabgabe der eigenen Wähler in guten Dollars zu honorieren und

14 Keller, a. a. O., S. 565, bezeichnet den Wahlkampf von 1896 als »one of the great polarizing – and realigning national contests in American political history«. Vgl. auch R. Hal Williams, Years of Decision: American Politics in the 1890's, New York 1978; Richard Hofstadter, The American Political Tradition and the Men Who Made it, New York 1954.

so auch solche Leute zur Urne zu bringen, die sonst kaum gewählt hätten, weil es eben nichts zu wählen gab, wurde es nun zur Gewissensfrage, sich für BRYAN, den Propheten, oder für MCKINLEY, den Geschäftsmann, zu entscheiden. Dem entsprach der Stil des Wahlkampfes, den der 36jährige BRYAN als brillanter Redner und »Revivalist« (RICHARD HOFSTADTER) mit geringer finanzieller Unterstützung fast zur Gänze persönlich bestritt. Wie kein Kandidat jemals vor ihm trug er seine Botschaft an die Wähler heran, sprach auf langen Wahlreisen zwanzig- oder dreißigmal des Tages, zog Menschen zu Zehntausenden in seinen Bann: 75 000 Frauen und Männer sollen ihm im späten September zugeströmt und in den Stadtgarten des erzrepublikanischen Boston gefolgt sein. Die Botschaft, die er dabei unter die Leute brachte, wird man im Rückblick kaum als eine angemessene Antwort auf die Probleme des Landes verstehen wollen. Sie war viel deutlicher, als dies zu Wahlzeiten ohnehin der Fall zu sein pflegt, auf Resonanzfähigkeit in heterogenstem Publikum zugeschnitten, rückte ins Zentrum die Währungsfrage, die weithin sehr viele Menschen bewegt hatte, und griff auf eine Sprache zurück, die allen vertraut war, die die Bibel lasen oder den Gottesdienst besuchten; BRYAN hat sich in die Seelen der Menschen hineingeredet und sie davon überzeugt, daß er nichts im Sinne hatte als ihre ureigensten und persönlichsten Anliegen.

MCKINLEY setzte diesem Ansturm entfesselter Emotionen eine Pamphlet- und Medienkampagne von kostspieliger Professionalität entgegen, hielt sich persönlich zurück und begnügte sich damit, an seinem Wohnsitz in Canton, Ohio, den Delegierten riesiger Besucherscharen Rede und Antwort zu stehen. Dabei fand der republikanische Wahlkampf im populistischen Widersacher den idealen Brennpunkt einer Argumentation, die auf inhaltliche Festlegungen fast verzichten konnte, weil es so leicht war, den exponierten BRYAN zum verantwortungslosen, alle Sicherheit gewohnter Ordnung und erworbenen Besitztums gefährdenden Rebellen abzustempeln; die messianische Rhetorik hat die Menschen nicht bloß bewegt, sie hat auch unberechenbare Bewegung angezeigt, die man in der Krise ja gerade kanalisieren wollte. MCKINLEY gewann die Wahl mit starkem Vorsprung vor dem Rivalen.

Man entdeckte in diesem Wahlkampf wenig von jener Art der Argumentation, die im Selektionsspiel der Kommunikation zur Klärung der Lage und zum Aufspüren angemessener Lösungen hätte beitragen können. Doch kam es auf die Argumente viel weniger an als auf Stärkung des Be-

wußtseins sehr vieler Wähler, für politische Belange auch auf Bundesebene zuständig zu sein und für solche Belange Verantwortung zu tragen. Man gewann die Überzeugung, seine Stimme nicht bloß für den Kandidaten, sondern für eine bestimmte Option amerikanischer Entwicklung einzulegen, so daß Entwicklung selber zum Thema der Auseinandersetzung wurde. Dies eröffnete neue Debatten, und wenn die Programmatik der Kandidaten im Interesse ihrer Resonanzfähigkeit nur weniges von allem ansprach, was das Interesse dieser oder jener Kreise der Bevölkerung auf sich zog, so ergab sich gerade daraus ein ungedeckter Bedarf nach Kommunikation im großen Resonanzraum des Bundesstaates. Amerikanerinnen und Amerikaner, die im kommunalen und regionalen Bereich durch die vielfältige Tätigkeit alter und neuer gesellschaftlicher Organisationen in hohem Maße politisch aktiviert worden waren, wurden in neuer Weise auf Probleme des Bundes aufmerksam und damit auch auf die Lösungen, die nun zur Diskussion gestellt wurden.
Solcher Aufmerksamkeit entsprach eine Struktur der Kommunikation, die um die Mitte der neunziger Jahre teilweise sehr gezielt und strategisch auf den Resonanzraum der Nation zugeschnitten wurde. Die Bühne war bereitet für den großen Auftritt neuer nationaler Dachverbände; so unterschiedliche Bestrebungen wie diejenigen der Frauenbewegung, der Befürworterinnen und Befürworter eines Alkoholverbots, aber auch Vertreterinnen und Vertreter neuer Professionen fanden genau in diesem Kontext den hinreichenden Grund, um sich auf Dauer über die Grenzen der Regionen hinweg zu vernetzen. Dabei hatte im nationalen Raum ein Wettbewerb der Argumente in den spezifischen Erfahrungsbeständen, auf die sich gruppenspezifische Meinungsbildung schon festgelegt hatte, eine Vielzahl wohldefinierter selegierender Instanzen; an diesen gruppenspezifischen Erfahrungsbeständen hatten sich die gedanklichen Konstrukte zu bewähren, wenn sie für die Nation Bedeutung gewinnen wollten.
Inwiefern hat die Entfaltung eines Wettbewerbs der Argumente im Resonanzraum der Nation zur Klärung der Lage und zur Qualität der Problemlösungen beigetragen? Blieben den Vereinigten Staaten im Übergang zum 20. Jahrhundert tatsächlich einige jener Kosten erspart, die sie hätten tragen müssen, wenn sie allzu rasch zur Realisierung der Konzepte geschritten wären? Wir möchten unseren Vorstellungen von der Bedeutung des Wettbewerbs der Argumente einige Plausibilität zu verleihen versuchen am Beispiel der Entstehung des amerikanischen Imperialismus, die in die

zweite Hälfte der neunziger Jahre fällt:[15] 1898 hat sich die öffentliche Auseinandersetzung der Folgeprobleme des spanisch-amerikanischen Krieges bemächtigt. Dieser hatte Kuba die formale Unabhängigkeit verschafft und den Vereinigten Staaten zu Flottenstützpunkten auf Hawaii und Guam verholfen. Außerdem waren die bislang spanischen Philippinen in die Verfügungsmacht Amerikas geraten. So stand nun die amerikanische Politik vor der Frage, ob sie diese Kriegsbeute dem Zugriff europäischer Kolonialmächte überlassen, zu Unabhängigkeit und Freiheit anleiten oder auf Dauer zum Stützpunkt eigener Weltmachtpolitik machen solle. Regierung und Senat entschlossen sich dazu, die alten spanischen Herrschaftsrechte für die Vereinigten Staaten zu beanspruchen, auf die inneren Verhältnisse der Philippinen unter Einsatz militärischer Gewalt Einfluß zu nehmen und die Unabhängigkeit des Landes für die Zukunft zwar in Aussicht zu stellen, zunächst aber mit Blick auf den chinesischen Markt nun doch auch Manila als eine Basis künftiger Machtentfaltung im pazifischen Raum zu behandeln. Was bewog Regierung und Senat zu dieser Politik?

Die Debatten über Außenpolitik sind im Resonanzraum der nationalen Öffentlichkeit geführt worden. Sie fanden überall rege und aufgeregte Beachtung, weil sie in so vielen Kreisen der Bevölkerung auf weithin verfügbare und aktivierbare, auf Erfahrung bezogene Argumente und Argumentationsmuster trafen. So sind die Vereinigten Staaten keineswegs durch besondere Interessenklüngel zum Imperialismus verführt worden, sie sind dem Imperialismus und imperialistischer Argumentation verfallen, weil *Imperialismus und imperialistische Argumentation im Selektionsspiel kommunikativer Prozesse privilegiert waren durch außergewöhnlich weitreichende Resonanzfähigkeit.*

Imperialismus verlieh in vielfältiger Weise *tradierten Erwartungsmustern neue Plausibilität.* Was Frederick Turner 1893 in seiner Rede vor der American Historical Association ansprach, brachte zu neuer Geltung, was schon in so mancher Krise der Vergangenheit Handlungsfähigkeit begründet hatte: den Gedanken nämlich, Amerika sei nicht einfach abstrakt konzipiertem Fortschritt verschrieben, sondern konkretem Fortschreiten von Frontier zu Frontier; nach voller Erschließung des amerikanischen Konti-

15 Vgl. William Appleman Williams, The Tragedy of American Diplomacy, 2. Aufl., New York 1962; Robert B. Zevin, An Interpretation of American Imperialism, in: The Journal of Economic History, Vol. 32 (1972).

nents griff man eben über die Grenze dieses Raumes hinaus. Dies schien Energien in die Bahnen eines gerichteten Wandels zu lenken, die sich eben noch in turbulenter Bewegtheit der Verhältnisse richtungslos und verwirrend verströmt hatten.

Während zweier Dekaden hatte Graham Sumner die Lehren des Sozialdarwinismus gepredigt und der Entfesselung individueller Tatkraft und individuellen Talents im Interesse gesellschaftlicher Entwicklung das Wort geredet; wo sich Tatkraft und Talent in Freiheit entfalten und bewähren, so seine Botschaft, bewegen sie das Ganze der Gesellschaft in gewünschter Richtung. Wer dies einleuchtend fand, hatte auch Verständnis für das Konzept des freien Wettbewerbs zwischen Kulturen und Nationen, für den Gedanken auch, es falle dem christlichen Amerika die Aufgabe unabweislich zu, auch die Geschicke der weiten Welt zum Guten hinzulenken.

Wenn sich dabei sehr konkrete Hoffnungen auf spätere Erschließung zum Beispiel des chinesischen Marktes richteten, so dürften solche Hoffnungen selbst für die unmittelbar Beteiligten in abstrakter imperialistischer Doktrin eine tragfähigere Grundlage gehabt haben als in den Erfahrungen, die man mit China damals tatsächlich gemacht hat; vom Wert der amerikanischen Exporte entfiel im Durchschnitt der Jahre 1897 bis 1901 gerade 1 Prozent auf den Güterstrom nach China; dieses eine Prozent war eine recht interpretationsbedürftige Größe, wenn es weitreichende Zukunftserwartungen begründen sollte, und die Interpretation lieferte eben nicht die Erfahrung mit China, sondern die imperialistische Sicht der Welt und ihrer künftigen Entwicklung.

Imperialistische Orientierung hat sich jedoch nicht nur in öffentlichen Debatten ausgebildet; sie blieb solchen Debatten auch ausgesetzt, unterwarf sich, und zwar auf Dauer, dem Zwang zu immer neuer Begründung. Bryan, der im Wahlkampf des Jahres 1900 abermals gegen McKinley, den amtierenden Präsidenten, antrat, stellte seine Beredsamkeit in den Dienst einer breiten Bewegung gegen die amerikanische Präsenz auf den Philippinen. Auch wenn er erfolglos blieb, so weckte er doch so verbreiteten Argwohn gegenüber amerikanischer Intervention, daß öffentlicher Widerstand gewissermaßen institutionalisiert wurde. So blieb, und zwar bis hinein in die Gegenwart, der amerikanische Imperialismus reflektiert und in Schranken gewiesen durch nachhaltige Wirkung der Kritik und ihrer Träger.

III. Strukturbildung in der Schweiz vor dem Zweiten Weltkrieg

Auf ihrem Weg zum Wohlstand, den sie schon vor der Gründung des Bundesstaates im Jahre 1848 zu beschreiten begonnen hatte, geriet auch die schweizerische Gesellschaft ungefähr alle 15 bis 20 Jahre in eine schwere Krise. Und die Vorgänge der Strukturbildung und der strukturellen Stabilisierung, die sich im Krisenkontext vollzogen, waren genauso wie im Falle der Vereinigten Staaten von größter Bedeutung für die Entfaltung des Wachstumspotentials des Landes.[16] Die Prägbarkeit der Verhältnisse bot jeweils auch solchen Ideen eine Chance zur Realisierung, die die Anreize zu innovativem, entwicklungsträchtigem Handeln zu vermindern drohten. So muß man die Tatsache erstaunlich finden, wie vernünftig sich die Dinge gleichwohl immer wieder gestaltet haben. Die Schweiz gab sich in früheren Zeiten auf die Frage nach den Gründen solcher Vernunft eine sehr einleuchtende Antwort: »Providentia Dei confusione hominum Helvetia regitur«.[17] Wenn wir im folgenden im Sinne unserer theoretischen Prämissen den Charakteristika schweizerischer Kommunikationsstruktur, nicht den Intentionen und Überlegungen individueller oder kollektiver Akteure das Verdienst für angemessene Strukturbildung zuschreiben, so bemühen wir uns gewissermaßen um eine säkularisierte Version althergebrachter Deutungsmuster der Schweizer Geschichte, um eine Version nun allerdings, die den Fall Schweiz seiner Besonderheit entkleidet und ihn zum Exempel macht, das eine generalisierbare These bestätigt: Gesellschaften haben, um es nochmals zu sagen, einen evolutiven Vorteil, wenn die Menschen dem doppelten Zwang zur Begründung ihrer Meinungen und zur Kommunikation über Grenzen sozialer Gruppierungen hinweg ausgesetzt sind.

16 Zur Interdependenz konjunktureller und struktureller Entwicklung vgl. Hansjörg Siegenthaler, Kapitalbildung und sozialer Wandel in der Schweiz 1850–1914, in: Jahrbücher für Nationalökonomie und Statistik, Bd. 193, Heft 1 (1978), S. 1–29; derselbe, Krisen und ihre Beilegung im schweizerischen Bundesstaat, in: Die Orientierung, Heft 99 (1991), S. 35–44; Manuel Eisner, Politische Sprache und sozialer Wandel. Eine quantitative und semantische Analyse von Neujahrsleitartikeln in der Schweiz von 1840–1987, Zürich 1991.

17 Bei aller Verwirrung der Menschen wird Helvetien doch durch die göttliche Vorsehung regiert.

Man gestatte uns wiederum die Beschränkung auf wenige Bemerkungen zu einem einzigen Krisenkontext, zu demjenigen der dreißiger Jahre unseres Jahrhunderts nämlich. Dabei ist es nicht die Besonderheit dieser Krise der dreißiger Jahre, die uns dazu Anlaß gibt, sie zu thematisieren, sondern die historische Normalität der Vorgänge, die aus ihr hinausgeführt haben.[18] Die Besonderheit ist freilich nicht zu übersehen. Die Schweiz bewegte sich als Kleinstaat in den engen Grenzen dessen, was die Weltwirtschaft ihr an Handlungschancen damals anbot. Zollpolitische Fragmentierungen der Weltmärkte wirkten sich auf die Gesamtnachfrage einer kleinen offenen Volkswirtschaft nachhaltig aus. »Unser Lebensraum«, so hielt der eminente Völkerrechtler Max Huber 1933 fest, »ist eingeengt und bleibt es wohl.« Andererseits schien sich der Fächer realisierbarer Konzepte zur Lösung anstehender wirtschaftlicher und sozialer Probleme angesichts faschistischer, nationalsozialistischer und sozialistischer Experimente weit zu öffnen; bis zur Mitte der dreißiger Jahre stritt man sich leidenschaftlich um eine angemessene Ordnung unter den Bedingungen einer Zeit, die man weithin als eine neue erlebt hat. Dabei führte man die Debatten mit großer Intensität auch innerhalb der politischen Lager, und genau so, wie wir dies für die Vereinigten Staaten des ausgehenden 19. Jahrhunderts beschrieben haben, begannen sich diese Lager neu zu gliedern. Auch hier bot der Krisenkontext neuen Organisationen die Gelegenheit, Menschen gerade dadurch für ihre Sache zu gewinnen, daß sie ihnen nicht nur das öffentliche Gut politischer Maßnahmen für die Zukunft in Aussicht stellten, sondern auch und besonders einen sozialen Raum schon im Augenblick ihrer Formation erschlossen, in dem sie Antworten erhielten auf Probleme der Orientierung.

Vor Beginn des Zweiten Weltkrieges waren die angesprochenen Kontroversen in der Sache zwar durchaus noch offen, aber sie beherrschten kaum

18 Zur Strukturbildung im Kontext der dreißiger Jahre vgl. Oscar Scheiben, Krise und Integration, Zürich 1987; Kenneth Angst, Von der alten zur neuen Gewerbepolitik des Schweizerischen Gewerbeverbandes (1930–1942): Liberalkorporative Neuorientierung, Bamberg 1992; Pietro Morandi, Die Richtlinienbewegung und die Entstehung der Konkordanzdemokratie 1933–1939, Dissertation, Zürich 1993; Oliver Zimmer, Zwischen autoritärer und sozialer Demokratie: semantische Konstruktion der ›Volksgemeinschaft‹ in der Krise der frühen dreißiger Jahre (1933–1935) in der Schweiz, Lizentiatsarbeit, Ms., Universität Zürich, 1993; Bernhard Degen, Sozialdemokratie: Gegenmacht? Opposition? Bundesratspartei? Die Geschichte der Bundesratsbeteiligung der schweizerischen Sozialdemokraten, Zürich 1993; vgl. auch Beiträge in Kurt Imhof, Heinz Kleger und Gaetano Romano (Hrsg.), Zwischen Konflikt und Konkordanz: Analyse von Medienereignissen in der Schweiz der Vor- und Zwischenkriegszeit, Zürich 1993; Andreas Ernst, Thomas Gerlach, Patrick Halbeisen, Bettina Heintz und Margrit Müller (Hrsg.), Kontinuität und Krise: sozialer Wandel als Lernprozeß, Beiträge zur Wirtschafts- und Sozialgeschichte der Schweiz, Festschrift für Hansjörg Siegenthaler, Zürich 1994.

noch das Denken oder das strategische Handeln der Menschen und ihrer Organisationen. Den Vorrang gewann die Überzeugung, man habe, und zwar in der Rolle des Treuhänders, die tradierte Schweiz nach außen und nach innen vor drohenden Gefährdungen zu schützen, wobei nun die Wortführer der großen Parteien und der wichtigen Verbände sehr entschieden zu sagen bereit waren, welche Schweiz man gemeinsam zu bewahren habe. Ein neuer Verfassungspatriotismus ließ sich in klare Begriffe fassen, die weithin resonanzfähig waren. Weil man damit gewisse Optionen des Denkens und des Handelns künftiger Thematisierung entzog, wies man individuellem und kollektivem Handeln auch die Richtung. Welches waren die Vorgänge, in denen sich solche Klärung vollzog? Welche Bedeutung besaß die Struktur der Kommunikation für diese Vorgänge?

So wie die amerikanischen Präsidentschaftswahlen 1896 die Zuständigkeit des Bürgers für nationale Belange zu neuem und verstärktem Bewußtsein gebracht und damit beim Bürger das Interesse an nationalen Debatten gestärkt hatten, so führten in der Schweiz die Volksabstimmungen des Jahres 1935 über zwei Vorlagen von weitreichender Bedeutung zur Bündelung und Konzentration der Aufmerksamkeit auf Elemente bundesstaatlicher Wirtschaftsverfassung und auf die Spielregeln des politischen Systems der Schweiz. Eine erste Initiative zielte auf Ermächtigung der Bundesbehörden zur Einflußnahme auf Konjunktur und Verteilung der Einkommen, wobei sie staatliche Einflußnahme auf Preis- und Lohnbildung ausdrücklich vorsah. Die Stimmbürger verwarfen diese Vorlage deutlich genug, um staatsinterventionistische Tendenzen in Schranken zu weisen. Die zweite Initiative verlangte die Einleitung eines Verfahrens zur Totalrevision der Bundesverfassung und zur Eröffnung eines politischen Kampfes um Regierungsform und Organisation des politischen Einflusses der Wirtschaft; diesem Vorstoß aus Kreisen der Befürworter ständestaatlich-korporatistischer Ideen erteilte die Mehrheit der Stimmbürger eine noch deutlichere Abfuhr. Hier sind sehr wesentliche Entscheidungen im Wettbewerb der Argumente um die Gunst der Stimmbürger gefallen; aber solche Entscheidungen pflegen Debatten ja nicht abzuschließen, sondern häufig genug erst in Gang zu bringen, und Argumente verlieren ihren Anspruch auf Geltung nicht schon dadurch, daß sie von einer Mehrheit der Wähler zurückgewiesen werden. Wenn die Abstimmung nur eine Problemlösung blockiert, ohne den Problemlösungsbedarf aus der Welt zu schaffen, motiviert sie fortgesetzte Meinungsbildung ohnehin erst recht.

Größtes Interesse verdient nun die Tatsache, daß dies den Zeitgenossen um die Mitte der dreißiger Jahre klar vor Augen stand und daß eine wachsende Zahl von Bürgern nicht bloß Meinungsbildung betrieb, sondern den Charakter der Meinungsbildung selber zum Gegenstand ihrer Überlegungen und Bemühungen machte. Dabei haben diese Bürger durchaus zielstrebig und reflektiert genau solcher Kommunikation den Weg zu bahnen versucht, die über die Grenzen der zerstrittenen sozialen Gruppierungen hinweg zum Verständnis der Zeit und ihrer Probleme, damit auch zur Klärung der Interessenlagen führen oder doch beitragen sollte. Man würde solche Bemühungen um grenzüberschreitende Kommunikation gründlich mißverstehen, wenn man in ihnen nur einen Versuch zum Ausgleich von Interessen erblicken würde. Weil man sie als solche häufig mißverstand, glaubte man sie als unwesentliche Begleiterscheinungen einer Entwicklung interpretieren zu können, über die schließlich doch das Klasseninteresse konservativer Kreise entschieden habe. Weder der Ausgleich der Interessen noch die hegemoniale Durchsetzung dieser oder jener spezifischer Gruppeninteressen hatte aber die Priorität, sondern eben die Definition der Interessen selber, und zur Klärung dieser Definition hat man Meinungsbildung bedachtsam inszeniert, hat man Argumente auf den Prüfstand – man gestatte uns die Wiederholung – verstehensorientierter Kommunikation gebracht.
Man müßte nun in *extenso* die Geschichte dieser Inszenierung grenzüberschreitender Kommunikation erzählen: Schon im Herbst 1933 fanden sich einige Persönlichkeiten zur Gründung einer neuen Forumszeitung zusammen, die unter dem Namen »Nation« die wichtigen Fragen der Zeit dem Verständnis aller auf Besinnung gestimmten Leser nahebringen wollte.[19] Zu den Gründern gehörten ein Bauernsekretär kommunistischer Herkunft, ein Sozialpolitiker durchaus bürgerlicher Observanz aus dem Bergkanton Graubünden, ein hervorragender sozialdemokratischer Jurist von prononcierter Urbanität. In dichter Folge äußerte sich die Zeitung zu den grundlegenden Problemen der Wirtschaftsverfassung, der Rechtsordnung, der Institutionen des Staates, und innerhalb weniger Jahre gelangten ihre Texte zur kohärenten Selbstbeschreibung der Schweiz als eines Staatswesens, das in föderalistischen Strukturen, demokratischen Ent-

19 Zur Geschichte der »Nation« und der »Richtlinienbewegung« vgl. unter anderen Morandi, a. a. O.; Zimmer, a. a. O.

scheidungsverfahren und liberaler Meinungsbildung eine verteidigungswürdige Grundlage habe. Im Herbst 1936 formierten sich die Gründerkreise und ihre Sympathisanten im Lager der Arbeitnehmer zur »Richtlinienbewegung«, die die Organisation der Arbeiter- und Angestelltenschaft auf ihr staatspolitisches Programm einschwor und andererseits, nicht ohne Erfolg, die maßgebliche Partei des bürgerlichen Liberalismus in ihrer Bereitschaft bestärkte, die offenen Fragen der Wirtschafts- und Sozialpolitik zum Gegenstand interorganisationeller Gespräche zu machen. Gleichzeitig gelang eine auf Dauer gestellte Abgrenzung gegenüber nationalsozialistischem Einfluß. Besonderes Interesse verdient dabei das kommunikationstheoretische Element in der Begründung solcher Abgrenzung: Man rede zwar im Kreis der Nationalsozialisten, aber man höre nicht mehr zu: »Sie reden, doch sie gewähren keine Gegenrede.«[20]

Im Winter 1936/37 begannen vorparlamentarische Gespräche der Vertreter politischer und – vor allem – wirtschaftlicher Organisationen zum Zwecke der Formulierung eines neuen Wirtschaftsartikels der Bundesverfassung, der eine partielle Begrenzung der Handels- und Gewerbefreiheit und damit eine erhöhte staatliche Verantwortung für die Lösung konjunktureller und struktureller Probleme der Wirtschaft festschreiben sollte. Die Protokolle bezeugen, daß dieses Gespräch die Form einer Meinungsbildung besaß, in der die Vertreter sogenannter »Verbandsinteressen« nicht bloß nach Kompromissen gesucht, sondern eben auch um Verständnis der Dinge gerungen haben. Im Sommer 1937 kam es zum Abschluß des sogenannten »Friedensabkommens«, in dem sich die Organisationen der Arbeitgeber und der Arbeitnehmer der Metall-, Maschinen- und Uhrenindustrie dazu verpflichtet haben, für die Dauer von zwei Jahren auf den Einsatz der Waffe des Streiks oder der Aussperrung zu verzichten und im Konfliktfall den Weg der Verhandlung zu beschreiten. Damit wurde besiegelt, was sich seit längerem schon angebahnt hatte: die Praxis des institutionalisierten Gesprächs zwischen Vertretern der »Sozialpartner«. Das »Friedensabkommen« schmälerte die Entzugsmacht, über die die Gewerkschaften und die Arbeitgeberorganisationen bisher verfügt hatten; es verbesserte die Chance, daß im Austausch der Argumente unzweckmäßige Lösungen rechtzeitig auf den Widerstand von

20 Zitat aus Zimmer, a. a. O., S. 102.

Menschen trafen, die ihre konsolidierten Erfahrungen ins Spiel zu bringen verstanden. Es brachte die Drohgesten der Konfliktparteien um ihre Wirkung und forderte den Kontrahenten Überzeugungsarbeit ab.
Die Geschichte der »Nation« und der »Richtlinienbewegung« leistet gewiß nur einen bescheidenen Beitrag zur Interpretation der Vorgänge, die 1937 zur einvernehmlichen Formulierung eines neuen Wirtschaftsartikels und zum Abschluß des Friedensabkommens geführt haben. Man findet in ihr keine Erklärung für diese Vorgänge, wohl aber eine ihrer deutlichsten Manifestationen. Sie illustriert den Rückgriff auf schweizerische Traditionen grenzüberschreitender Kommunikation, wie sie sich eben in allen Krisen des Bundesstaates bewährt hatten.

IV. Strukturbildung unter den Bedingungen brasilianischer Kommunikationsstrukturen in den großen Krisen der sechziger und der achtziger Jahre des 20. Jahrhunderts

Ein Blick auf die Oberfläche der Volkswirtschaftlichen Gesamtrechnung läßt bereits erkennen, daß von allen Wachstumskrisen, die die brasilianische Wirtschaft im Zeitraum von 1948 bis zum Ausgang der achtziger Jahre befallen haben, die weitaus schwerste im Jahre 1981 einsetzte und sich über mehrere Jahre hartnäckig hinzog, eine frühere von geringerem Ausmaß 1963 im Ausgang einer Phase rasanter Industrialisierung den Zuwachs der industriellen Produktion auf den Bruchteil eines Prozents absinken und dann, während der Jahre 1964 bis 1967, auf verhältnismäßig tiefem Niveau verharren ließ.[21] Diese beiden Einbrüche in die Normalität des Prozesses modernen Wirtschaftswachstums markieren sowohl den Beginn als auch das Ende dessen, was man als »National Security State« (MARIA HELENA MOREIRA ALVES), als »Military Rule« (MARIA D'ALVA G. G. KINZO) oder als »Authoritarian Brazil« (ALFRED STEPAN) bezeichnet hat: Beginn und Ende einer Strukturperiode, in der die Entscheidungen über Politik und Wirtschaft unmittelbar oder doch mittelbar dem Willen von Angehörigen des Offizierskorps und ihnen persönlich nahestehenden und verpflichteten Wirtschaftsführern, Politikern und Experten aller Art unterstanden.

In beiden Wirtschaftskrisen vollzog sich mithin ein tiefgreifender Wandel der Spielregeln des politischen Systems, eine Absage zunächst an die demokratische Verfassung und das präsidiale Regierungssystem, die zum Zeitpunkt der »Revolution« vom 11. April 1964 in Kraft waren, und eine Wiederherstellung demokratischer Grundordnung 20 Jahre später. Hier wie dort war die Krise der Wirtschaft einer Revision staatlicher Institutionen zugeordnet. Eine genauere Analyse dieser Zuordnung würde zeigen, daß die Regeln politischer Willensbildung in beiden Fällen äußerst brüchig geworden waren, noch bevor die Wirtschaftslage akute Entscheidungsprobleme aufwarf. Wie sind die beiden Krisen beigelegt worden? Inwiefern haben sich dabei Strukturen der Kommunikation zur Geltung gebracht?

21 Zur Beschreibung des Wachstumspfades vgl. World Bank, World Tables 1976 und 1992, Washington 1976 und 1992.

Lassen sich diesen Strukturen bestimmte Wirkungen zuschreiben? Erkennt man in solchen Wirkungen die Gründe für langfristig bedeutungsvolles Politikversagen?
Wer die brasilianische Entwicklung der zweiten Hälfte des 20. Jahrhunderts als eine Erfolgsgeschichte lesen will, wird unsere Überlegungen wenig hilfreich finden. Natürlich hat Brasilien seit dem Zweiten Weltkrieg bedeutende Produktivitäts- und Wohlstandsgewinne erzielt und mit einem durchschnittlichen Zuwachs des realen Bruttoinlandsprodukts je Einwohner pro Jahr von mehr als 3 Prozent während der ganzen Zeitspanne von 1950 bis 1990 das Gefälle deutlich vermindert, das zwischen dem Wohlstandsniveau etwa der Vereinigten Staaten und demjenigen Brasiliens bestand und besteht: Nicht mehr das Sechsfache wie zu Anfang der angesprochenen Periode, sondern bloß noch das Vierfache an Gütern und Dienstleistungen hat die reiche Vormacht des Doppelkontinents 1990 je Einwohner hervorgebracht. Aber solchem Erfolg steht die Verarmung großer Teile der brasilianischen Bevölkerung gegenüber, die ja nicht bloß unter dem Aspekt der Verteilungsgerechtigkeit zum unerträglichen Ärgernis wird, sondern auch Anlaß gibt zur Analyse der Gründe, die für die offenkundig ganz unzulängliche Integration dieser Unterschicht in produktivitätsträchtige Lernprozesse der modernen Gesellschaft verantwortlich sind.[22] Armut verweist auf ungenutzte oder schlecht genutzte Chancen zur Qualifikation von Menschen, auf ein ungenutztes Wachstumspotential also, das es zu nutzen gilt. Sie stellt uns vor die Frage, weshalb eine verhältnismäßig reiche Wachstumsgesellschaft dieses Potential so schlecht zu nutzen versteht, *weshalb sich die Institutionen und Anreizstrukturen nicht herstellen, die zur Nutzung dieses Potentials die hinreichenden Bedingungen beinhalten würden.*
Meinungsbildung im Kreis der neuen Machtträger, die im April 1964 über die institutionellen Regeln in Staat und Wirtschaft zu verfügen begannen, vollzog sich unter den Bedingungen systematischer Abgrenzung der *Insider* gegenüber all jenen Menschen und ihren Argumenten, die ihrem Führungsanspruch die Zustimmung verweigerten. Solche Abgrenzung hatte sich fast zwingend aus der Überzeugung ergeben, es stehe Brasilien eine kommunistische Revolution bevor, der man mit einer Politik rascher wirt-

22 Zur Entwicklung der Einkommensverteilung vgl. Weltbank, Weltentwicklungsberichte 1979 und 1993, Washington 1979 und 1993.

schaftlicher Entwicklung zu begegnen und mit gewaltsamer Unterdrükkung aller subversiven Bestrebungen zuvorzukommen habe. So verfiel die Interpretation der Welt dem Zwang zur Selbstbestätigung innerhalb eng vernetzter Personenkreise, statt dem Zwang zur Begründung auch gegenüber kritischen Stimmen zu unterstehen.[23] Angehörige dieser Personenkreise gelangten nach dem Machtwechsel auf die Kommandohöhen militärischer, staatlicher und privatwirtschaftlicher Organisationen und nahmen maßgeblichen Einfluß auf Stil und Inhalt der Politik; wo ihre Präsenz gering blieb, hatte man doch gute Gründe, sich dem Druck der Erwartungen zu beugen, die das neue Regime an das Handeln aller Akteure richtete. Dies hat sich auf die entscheidungsrelevante Kommunikationsstruktur und auf den Inhalt der Politik in mehrfacher Weise nachhaltig ausgewirkt:

Erstens verengte sich der soziale Raum, innerhalb dessen organisationsspezifische Strategien noch Resonanzfähigkeit finden mußten. Widerspruch disqualifizierte seinen Träger und kaum eine gewählte und praktizierte Strategie. Die Aufmerksamkeit der Entscheidungsträger in Politik und Wirtschaft richtete sich auf eng begrenzte Problemfelder und überließ weite Bereiche ökonomischer und sozialer Wirkungszusammenhänge unthematisiert den Verkettungen nicht intendierter Handlungsfolgen. Um so überraschungsreicher verlief dann für die Hauptakteure die Entwicklung.

Zweitens manifestierte sich sehr bald die Neigung, genau dort Einfluß zu nehmen, wo man es mit besonders leicht ansprechbaren Leuten zu tun hatte, mit Leuten der besonderen Sprache, der besonderen Gesinnung, die man sich im Kreis der *Insider* angeeignet hatte.[24] Die Militärherrschaft entwickelte ja trotz aller antisozialistischen Rhetorik einen starken Hang zur Förderung der großen Staatsbetriebe und gemischtwirtschaftlichen Gesellschaften. Diese fanden erleichterten Zugang zu ausländischen Märkten, und zwar sowohl als Anbieter dank staatlicher Exportsubventionen wie als Nachfrager dank einer Regulierung der Importe, die ihre Beschaffung ausländischer Kapitalgüter gezielt begünstigte. Dabei standen ihnen Investitionskredite weit billiger zur Verfügung, als sie der Masse der Klein- und Mittelbetriebe gewährt worden sind.

23 Vgl. Maria Helena Moreira Alves, State and Opposition in Military Brazil, Austin 1985, S. 3 ff.

24 Man vergleiche dazu die Vernetzungen, die sich etwa zwischen Absolventen der Eliteschule des Superior War College entwickelt haben, vgl. Moreira Alves, State . . ., a. a. O., S. 7.

All dies war zweifellos mitverantwortlich für die schon angesprochene Entwicklung der Verteilung der Einkommen: Innerhalb des privilegierten Sektors der Wirtschaft motivierten die staatlichen Interventionen in die Güter- und Kreditmärkte die Entfaltung kapitalintensiver Produktionsverfahren, so daß sich die Nachfrage nach Arbeitskräften wohl träger entwickelte, als sie sich bei marktgerechter Allokation der Ressourcen entwickelt hätte; außerdem erzielten Angehörige der technischen Kader und der Organisationseliten eine Knappheitsrente, weil die neuen Produktionsverfahren ihre besondere Kompetenz in Anspruch nahmen und mithin auch zum Engpaßfaktor machten. Außerhalb des staatsnahen Sektors, dem man in einer Interpretation der Einkommensverteilung auch den »informellen« zurechnen muß, sind zwar viele Arbeitsplätze geschaffen worden. Aber weil hier hohe Kapitalkosten und ebenso hohe Kosten für technisches Know-how qualifizierter Arbeitskräfte Gewinne an Arbeitsproduktivität in engen Grenzen hielten, blieben die Arbeitseinkommen niedrig. Niedrig blieben damit aber auch die Opportunitätskosten der unqualifizierten Arbeiter des staatsnahen Sektors, so daß die administrierten Löhne auch hier hinter dem Anstieg der durchschnittlichen Produktivität herhinkten, ohne daß dies zu Rekrutierungsproblemen geführt hätte.

Man könnte natürlich versucht sein, solche Unzulänglichkeiten des Entwicklungskonzepts der Militärherrschaft dem überwiegenden Einfluß jener Kreise zuzuschreiben, die schließlich in den Genuß der Früchte militärherrschaftlicher Planung gelangt sind. Doch steht einer solchen Sicht der Dinge die Unzulänglichkeit der Verfahren entgegen, deren man sich in der Formulierung der Konzepte und in ihrer politischen Umsetzung bedient hat. Offenbar darf man eben die Leistungsfähigkeit autoritärer Entscheidungsfindung nicht überschätzen; ALFRED STEPAN meint sogar sagen zu können, die brasilianischen Erfahrungen zur Zeit der Militärherrschaft hätten dem »Mythos« der »inherent superiority of authoritarian decision making« gewaltig Abbruch getan.[25] Eine Analyse der Kommunikationsstruktur und ihrer Mängel würde zum Verständnis geringer Leistungsfähigkeit autoritärer Entscheidungsfindung im Ausgang der sechziger und zu Beginn der siebziger Jahre wohl sehr erheblich beitragen. Den Akzent müßte man dabei auf die Tatsache legen, daß selbst innerhalb jener Perso-

25 Alfred Stepan (Hrsg.), Democratizing Brazil. Problems of Transition and Consolidation, New York-Oxford 1989, S. xi.

nenkreise, die zu den Trägern der Macht gehörten oder ihr Vertrauen besaßen, die zugeschriebene Kompetenz eng umschriebener Funktionärseliten den Test kritisch geführter Debatten kaum je wirklich zu bestehen brauchte. Militärherrschaft bedeutete Militarisierung der Entscheidungsfindung, bedeutete die Übertragung von Führungskompetenz auf äußerst schmale Segmente der staatlichen Administration oder privater Organisationen und komplementäre Festlegung der Loyalitätsverpflichtungen all jener Funktionsträger, die im hierarchischen Gefüge der Rangstufen keine Debatten zu führen, sondern Weisungen entgegenzunehmen hatten.[26] Gewiß sind die Grundmuster militarisierter Entscheidungsfindung nicht bei dieser Gelegenheit erfunden worden; sie stehen weltweit auf Abruf zur Verfügung. Aber im brasilianischen Kontext gewannen sie Züge ebenso unzweckmäßiger wie unreflektierter Eigenmächtigkeit, die den angesprochenen unbeabsichtigten Handlungsfolgen einen übergroßen Spielraum gewährten.

Mangel an Kommunikation beeinträchtigte die Koordination der Handlungspläne selbst innerhalb der Armee; Verständigung ließ sich hier nicht einmal über die Ernennung des Staatspräsidenten herstellen, so daß die Verfügung über Mittel der Gewalt – die Usurpation der Macht (Francisco Weffort) – den Ausschlag gab;[27] de Tocqueville müßte feststellen, daß die Fraktionen der brasilianischen Armee die Revolte im Sinne hatten, wenn sie sich vernehmen ließen, und nicht ein Argument, das sie hätten vorbringen wollen. In gewissem Sinne war die »Revolte« die systemspezifische Form fundamentalen Lernens.[28] Neue Persönlichkeiten gelangten dabei in die hohen Ämter der staatlichen Verwaltung, und erst mit ihnen erhielten neue Konzepte die Chance, zumindest erwogen, vielleicht realisiert zu werden: »Significant changes in direction« – so das einschlägige Urteil von Albert Fishlow – »were reserved to new administrations.«[29] Gewiß zögert man auch hier, in die Praxis der Militärherrschaft eine Besonderheit hineinzulesen, ohne den Vergleich etwa mit den Gepflogenhei-

26 Vgl. Maria D'Alva G. G. Kinzo, Legal Opposition Politics under Authoritarian Rule in Brazil, Oxford 1988, S. 115.

27 Vgl. Francisco Weffort, Why Democracy?, in: Stepan (Hrsg.), a. a. O., S. 327–350.

28 Vgl. Albert O. Hirschman, The Turn to Authoritarianism in Latin America and the Search for its Economic Determinants, in: David Collier (Hrsg.), The New Authoritarianism in Latin America, Princeton 1979, S. 91.

29 Albert Fishlow, A Tale of Two Presidents: The Political Economy of Crisis Management, in: Stepan (Hrsg.), a. a. O., S. 101.

ten der Ablösung alter durch neue Administrationen in den Vereinigten Staaten sorgfältig geführt zu haben. FRANKLIN D. ROOSEVELT inszenierte den *New Deal* ja auch mit einem Ensemble neuer Leute, die ganz neue Texte vorgetragen haben. Aber diese Inszenierung schloß damals den ausdrücklichen Appell an die Lernbereitschaft dieser Leute ein; man hat sie nicht bloß als Ideenträger, sondern als Gesprächspartner einer Kommunikationsgemeinschaft angesprochen, und zwar durchaus im Bewußtsein dafür, daß Kommunikation Konzepte hervorbringt, die ohne sie nicht entstehen würden.

Während der Militärherrschaft scheint man mit der Auswahl der Amts- und Funktionsträger auch Konzepte ausgewählt zu haben, so daß sich mit dem Vertrauen in die Person die Erwartung verband, man habe für die Dauer der Amtszeit nichts zu befürchten, was als Ergebnis überraschender neuer Einsichten die gerade herrschende Orthodoxie hätte gefährden können. Hier äußert sich sehr drastisch die tiefe Skepsis gegenüber aller verständigungsorientierter Kommunikation und ihrem Beitrag zur Entwicklung und Überprüfung dessen, was man umstandslos dem Test der Realisierung entgegenführen wollte. Fast schon leninistisch muten die Vorwürfe an die Adresse von Parlamentariern an, die dem Fluß ihrer Rede nicht vorschriftsgemäß nach 20 Minuten Einhalt bieten wollten![30] Der legislativen Behörde billigte man durchaus die Kompetenz zu, im Rahmen rigider Entscheidungsregeln Beschlüsse zu fassen und so zur Klärung der Verhältnisse beizutragen, allenfalls den Amts- und Funktionsträgern in Armee und Politik die Last der Entscheidung abzunehmen. Aber man weigerte sich, in ihr ein Gremium zu sehen, das im Selektionsspiel der Kommunikation auch zur Klärung des Denkens beitragen könnte.

Im Jahre 1974 begann ein rund zehnjähriger Prozeß der Demokratisierung, der schließlich die politischen Entscheidungen dem unmittelbaren Zugriff der Armee entzog. Diese Demokratisierung vollzog sich zu Beginn der achtziger Jahre im Kontext stark verminderten Wirtschaftswachstums und dramatischer Einschränkung realer Kapitalbildung: Das Volumen der Bruttoinlandsinvestitionen bewegte sich 1981, 1982 und 1983 stark rückläufig.

30 Vgl. D'Alva G. G. Kinzo, a. a. O., S. 115.

Man nimmt mit Interesse zur Kenntnis, daß auch hier eine tiefgreifende Umgestaltung der Spielregeln des politischen Systems mit ausgeprägter Zurückhaltung aller Akteure bezüglich irreversibler Festlegung verfügbarer Ressourcen koinzidiert, wobei man nicht übersehen möchte, daß der Anstieg der relativen Energiepreise als exogener Faktor überraschend und mit starker Wirkung auf die Wirtschaftslage den Handlungsspielraum des alten Regimes dramatisch einschränkte und den Prozeß der Demokratisierung vermutlich beschleunigte. Die Institutionalisierung des demokratischen Regimes um die Mitte der achtziger Jahre, zu der ein Parteiengesetz vom Jahre 1979 die Grundlage gelegt hatte, vollzog sich unter dem Einfluß neuer politischer Gruppierungen. Inwiefern kamen in der Organisation des neuen Parteiensystems und in der Institutionalisierung der Spielregeln der Demokratie Elemente der Kommunikationsstruktur zur Wirkung, die die Fähigkeit zur Lösung ökonomischer und sozialer Probleme auch des demokratischen Regimes beeinträchtigt haben?
Prominent traten solche Elemente in den Vorgängen der Demokratisierung während der siebziger und frühen achtziger Jahre gewiß nicht in Erscheinung. Die brasilianische »Bürgergesellschaft« und ihre Keimzellen, die unzähligen lokalen und regionalen Gemeinschaften katholischer Pfarreien, gewerkschaftlicher Organisationen, Basisgruppen politischer Bewegungen, intellektueller Zirkel, haben bei allem Terror der Militärdiktatur nach wenigen Jahren teilweiser Paralyse einen höchst bemerkenswerten Aufschwung erfahren und dabei Prozesse diskursiver Meinungsbildung freigesetzt.[31]
Auf nationaler Ebene aber hat man sich kaum darum bemüht, die Selektionsspiele kommunikativer Prozesse zu inszenieren: Ganz anders als im amerikanischen Krisenkontext des ausgehenden 19. Jahrhunderts entstand in Brasilien trotz aller Bewegtheit der politischen Verhältnisse mit der Demokratisierung keine Vernetzung der Gesprächskreise zum Resonanzraum einer nationalen Öffentlichkeit. Frances Hagopian vertrat 1990 die These, Brasilien habe seine Demokratisierung mit im Grunde undemokratischen Mitteln betrieben und trotz gewaltiger Aktivierung der brasilianischen Bürgergesellschaft die Chance verpaßt, das neue Regime in dieser Bürgergesellschaft auch wirklich zu verankern.[32] Für den Charakter

31 Vgl. Scott Mainwaring, The Catholic Church and Politics in Brazil 1916–1985, Stanford 1986.
32 Vgl. Frances Hagopian, »Democracy by Undemocratic Means?«. Elites, Political Facts, and Regime Transition in Brazil, in: Comparative Political Studies, Vol. 23, No. 2 (1990), S. 147–170.

dieser besonderen Variante von Demokratisierung machte er dabei klientelistische Abhängigkeiten verantwortlich, jene Form von Tauschbeziehungen also, in denen der Bürger auf persönliche und exklusive Vorteile fixiert bleibt und den Blick verliert für die Bedeutung der Spielregeln, die der Staat gestaltet und dem Bürger auferlegt: Parteien und ihre Organisationseliten haben Stimmen gekauft mit den Münzen der besonderen Dienste, für die sie, wenn sie erfolgreich waren, auf die Ressourcen des Staatswesens zurückgreifen konnten. So galt die Loyalität des Wählers nicht dem Programm einer Partei, sondern der Person desjenigen, der als Parteivertreter die gewünschten Vorteile beschaffen konnte. Damit wurde Rücksichtnahme der Parteipolitik auf die Meinungen der Bürger im Prinzip entbehrlich, Delegation der eigentlichen Regierungsarbeit an eine Expertokratie höchst attraktiv.

Kommunikation zwischen Bürgern und Repräsentanten des politischen Systems beschränkte sich mithin auf einen Tauschakt. Politische Vorgänge motivierten wenig Meinungsbildung selbst innerhalb solcher Parteien, die zur Regierungsverantwortung drängten; noch weniger sind solche Vorgänge zum Zielpunkt grenzüberschreitender kommunikativer Prozesse geworden, in denen Konzepte auf ihre Resonanzfähigkeit hin geprüft und in ihrer Durchsetzungsfähigkeit gestärkt worden wären. Es kam auf Resonanzfähigkeit nicht an, weil die Wahlentscheidungen der Bürger von ihr kaum abhängig waren.

Im amerikanischen Präsidentschaftswahlkampf des Jahres 1896 haben sehr viele Amerikanerinnen und sehr viele Amerikaner die Überzeugung gewonnen, es werde im öffentlichen Raum über die Gestaltung der Zukunft entschieden. Viele von ihnen haben an der Meinungsbildung Anteil genommen und auch Anteil gewonnen; so waren sie ansprechbar für grenzüberschreitende Argumentation. Das demokratische Regime, das in Brasilien im Kontext der Krise der frühen achtziger Jahre unseres Jahrhunderts auf die Geschicke des Landes Einfluß zu nehmen begann, war für die Bürger gewiß ein Gegenstand leidenschaftlich geführter Gespräche, aber kaum Gegenstand öffentlicher Meinungsbildung, die für politische Akteure hätte handlungsleitend werden können. So trieb die Politik auf eine Praxis zu, die sich der Vorprüfung kritischer und die Grenzen sozialer Formationen überschreitender Argumentation entzog. Zu bewähren hatte sich diese Praxis erst im Raum der Fakten. Und die Fakten haben ihr die Rechnung präsentiert.

V. Das Fazit: Elemente entwicklungsträchtiger Kommunikationsstruktur

Gesellschaften befinden sich auf dem Weg zum Wohlstand – so haben wir einleitend überlegt –, wenn ihre Strukturen die Menschen dazu bewegen, entwicklungsträchtige Entscheidungen zu treffen. Solche Strukturen haben sich in einem Teil der Welt im Übergang zu modernem Wirtschaftswachstum ausgebildet. Wo immer sie sich ausgebildet haben, waren und blieben sie gefährdet, den Angriffen all jener individuellen und kollektiven Akteure ausgesetzt, die um ihrer Sonderinteressen willen immer wieder ihre Deformation betrieben, innovationsfeindliche Protektion gefördert, ressourcenverzehrende Weltpolitik inszeniert, den sozialen Frieden sprengende Privilegierungen erkämpft haben. Wir haben versucht, der Tatsache die Selbstverständlichkeit zu nehmen, daß sich entwicklungsträchtige Strukturen in manchen westlichen Gesellschaften über lange Zeiträume hinweg behauptet haben, obwohl sie, besonders im Kontext der Krisen, schweren Prüfungen ausgesetzt waren. Warum haben sie sich in den Vereinigten Staaten behauptet, warum in der Schweiz? Weshalb hat Brasilien seine Krisen der sechziger und der achtziger Jahre unseres Jahrhunderts beigelegt, ohne problemgerechte Strukturen auszubilden?
Ganz besondere Strukturen, Metastrukturen gewissermaßen, sind dafür verantwortlich, daß im Kontext einer Krise die irrtumsverdächtigen gedanklichen Konstruktionen, die das Denken der Menschen zu bewegen beginnen, im Resonanzraum einer die Grenzen sozialer Gruppierungen sprengenden Kommunikation auf den harten Widerstand erfahrungsgestützter Gegenargumente treffen, wenn und solange solche Konstruktionen begründungspflichtig bleiben. Erfahrungsgestützte Gegenargumente übernehmen die Rolle selegierender Instanzen, die die Spreu leichtfertiger und vorschnell angeregter Projekte vom Weizen dessen trennen, was sich auch bewähren kann im Raum der Fakten.
Aber was soll denn die selegierende Instanz der erfahrungsgestützten Gegenargumente im Kampf der Interessen, die die Gunst der Stunde besonders prägbarer Verhältnisse gewiß nicht zum verständigungsorientierten Gespräch, sondern zur raschen Durchsetzung des persönlichen oder des gruppenspezifischen Vorteils nutzen wollen? Man übersieht allzu leicht

die Hilflosigkeit desjenigen, der im Krisenkontext zwar alles tut, um sich vorteilhaft zu betten, aber nicht weiß, wie er sich betten soll, um künftig bequem zu liegen. Die Klärung der Argumente hat immer den Vorrang gegenüber interessengebundenem Handeln, wenn die Argumente selber in unsicherer Zeit zum Problem werden; und wenn die Argumente nicht in die Leitplanken offener Kommunikation gezwungen werden, so öffnet dies noch keineswegs den Interessen freie Bahn, sondern allzu häufig durchaus interessenwidriger Unvernunft und zweckwidrigem Handeln. Dies immerhin lehrt, trotz HEGEL, die Geschichte.

Summary

Societies are on their way to prosperity if and when their structure, that is the entirety of all institutional and cognitive rules guiding the way people think and behave, encourages choices and decisions that tend to foster development. Such structures have emerged in parts of the world during their transition to modern economic growth. Wherever this has been the case, however, these structures have been (and have continued to be) exposed to attacks by individuals or groups who, in pursuit of their special interests, time and again have aimed at deforming them, for instance through innovation-inhibiting protectionism and the seizure of privileges disrupting social peace.

Therefore, it is by no means a matter of course that structures conducive to economic development have been able to prevail over long periods of time in some western societies in spite of the severe tests they have been subjected to, particularly during recurring cultural, political and economic crises.

Very special structures – "metastructures", so to speak – must exist if in times of a crisis error-prone concepts that begin to creep upon people's minds are to encounter, by way of a process of communication engaging all segments of a society, the determined resistance of arguments supported by experience (at least, that is, as long as those error-prone concepts remain subject to reasoning and justification). Under these circumstances, arguments based on experience serve the purpose of separating the chaff of rash and hastily proposed projects from the wheat of a course of action that may stand the test of reality.

Suitably elaborated communication structures provide growing economies with a decisive evolutionary advantage and keep them on the road to prosperity. The paper demonstrates the significance of this aspect by contrasting the successful experiences of the United States toward the end of the 19th century and Switzerland prior to World War II with that of Brazil, where the solution of the crises of the 1960s and 1980s did not lead to the emergence of a framework for a societywide critical public discourse that might guide the decisions of the country's political leaders.

Literaturverzeichnis

Angst, Kenneth, Von der alten zur neuen Gewerbepolitik des Schweizerischen Gewerbeverbandes (1930–1942): Liberalkorporative Neuorientierung, Bamberg 1992.

D'Alva G. G. Kinzo, Maria, Legal Opposition Politics under Authoritarian Rule in Brazil, Oxford 1988.

Degen, Bernhard, Sozialdemokratie: Gegenmacht? Opposition? Bundesratspartei? Die Geschichte der Bundesratsbeteiligung der schweizerischen Sozialdemokraten, Zürich 1993.

Eisner, Manuel, Politische Sprache und sozialer Wandel. Eine quantitative und semantische Analyse von Neujahrsleitartikeln in der Schweiz von 1840–1987, Zürich 1991.

Ernst, Andreas, Thomas Gerlach, Patrick Halbeisen, Bettina Heintz und Margrit Müller (Hrsg.), Kontinuität und Krise: sozialer Wandel als Lernprozeß, Beiträge zur Wirtschafts- und Sozialgeschichte der Schweiz, Festschrift für Hansjörg Siegenthaler, Zürich 1994.

Fine, Sidney, Laissez-Faire and the General-Welfare State: A Study of Conflict in American Thought 1865–1901, Ann Arbor 1956.

Fishlow, Albert, A Tale of Two Presidents: The Political Economy of Crisis Management, in: Alfred Stepan (Hrsg.), Democratizing Brazil, Problems of Transition and Consolidation, New York-Oxford 1989, S. 83–119.

Friedman, Milton, und Anna J. Schwartz, A Monetary History of the United States 1867–1960, Princeton 1963.

Galambos, Louis, und Joseph Pratt, The Rise of the Corporate Commonwealth. U. S. Business and Public Policy in the Twentieth Century, New York 1988.

German, Christiano, Brasilien: Autoritarismus und Wahlen, München-Köln-London 1983.

Habermas, Jürgen, Strukturwandel der Öffentlichkeit. Untersuchungen zu einer Kategorie der bürgerlichen Gesellschaft, Frankfurt am Main 1962/1990.

Habermas, Jürgen, Theorie des kommunikativen Handelns, zwei Bände, Frankfurt am Main 1981.

Hagopian, Frances, »Democracy by Undemocratic Means?«. Elites, Political Facts, and Regime Transition in Brazil, in: Comparative Political Studies, Vol. 23, No. 2 (1990), S. 147–170.

Hicks, John D., The Populist Revolt. A History of the Farmers' Alliance and the People's Party, 1. Aufl. 1931, University of Nebraska Press 1961.

Higgs, Robert, Crisis and Leviathan: Critical Episodes in the Growth of American Government, Oxford 1987.

Higgs, Robert, The Transformation of the American Economy 1865–1914, New York 1971.
Hirschman, Albert O., The Turn to Authoritarianism in Latin America and the Search for its Economic Determinants, in: David Collier (Hrsg.), The New Authoritarianism in Latin America, Princeton 1979.
Hoffman, Charles, The Depression of the Nineties: An Economic History, Westport 1970.
Hofstadter, Richard, The American Political Tradition and the Men Who Made it, New York 1954.
Hofstadter, Richard, The Age of Reform: From Bryan to F. D. R., New York 1955.

Imhof, Kurt, Heinz Kleger und Gaetano Romano (Hrsg.), Zwischen Konflikt und Konkordanz: Analyse von Medienereignissen in der Schweiz der Vor- und Zwischenkriegszeit, Zürich 1993.

Keller, Morton, Affairs of State: Public Life in Late Nineteenth Century America, Cambridge, Mass. 1977.
Knight, Peter T., Brazilian Socioeconomic Development: Issues for the Eighties, in: World Development, Vol. 9, No. 11/12 (1981), S. 1063–1082.
Kolko, Gabriel, The Triumph of Conservatism. A Reinterpretation of American History, New York 1963.
Kraditor, Aileen S., The Radical Persuasion 1890–1917: Aspects of the Intellectual History and the Historiography of Three American Radical Organizations, Baton Rouge 1965.
Kuznets, Simon, Long Swings in Population Growth and Related Variables, in: Simon Kuznets, Economic Growth and Structure. Selected Essays, New York 1965, S. 328–378.

Lamounier, Bolivar, Authoritarian Brazil Revisited: The Impact of Election on the Abertura, in: Alfred Stepan (Hrsg.), Democratizing Brazil, Problems of Transition and Consolidation, New York-Oxford 1989, S. 43–79.

Mainwaring, Scott, The Catholic Church and Politics in Brazil 1916–1985, Stanford 1986.
Markoff, John, und Silvio R. Duncan Baretta, Economic Crisis and Regime Change in Brazil, in: Comparative Politics, July 1990.
Morandi, Pietro, Die Richtlinienbewegung und die Entstehung der Konkordanzdemokratie 1933–1939, Dissertation, Zürich 1993 (Drucklegung in Vorbereitung).
Moreira Alves, Maria Helena, Grassroots Organizations, Trade Unions, and the Church. A Challenge to the Controlled Abertura in Brazil, in: Latin American Perspectives, Issue 40, Vol. 1, No. 1 (1984), S. 73–102.
Moreira Alves, Maria Helena, State and Opposition in Military Brazil, Austin 1985.
Morison, S. E., und H. S. Commager, The Growth of the American Republic, Vol. 2, New York 1942.
Muncy, Robyn, Creating a Female Dominion in American Reform 1890–1935, New York 1991.

North, Douglass C., Structure and Change in Economic History, New York 1981.

Santos, Wanderley Guilherme dos, Calculus of Conflict: Impasse in Brazilian Politics and the Crisis of 1964, Stanford 1979.
Scheiben, Oscar, Krise und Integration, Zürich 1987.
Schneider, Ben Ross, Framing the State: Economic Policy and Political Representation in Post-Authoritarian Brazil, in: John D. Wirth, Edson de Oliveira Nunes und Thomas Bogenschild (Hrsg.), State and Society in Brazil: Continuity and Change, Boulder 1987.
Siegenthaler, Hansjörg, Kapitalbildung und sozialer Wandel in der Schweiz 1850–1914, in: Jahrbücher für Nationalökonomie und Statistik, Bd. 193, Heft 1 (1978).
Siegenthaler, Hansjörg, Organization, Ideology and the Free-Rider Problem, in: Journal of Institutional and Theoretical Economics, Vol. 145 (1989), S. 215–237.
Siegenthaler, Hansjörg, Krisen und ihre Beilegung im schweizerischen Bundesstaat, in: Die Orientierung, Heft 99 (1991), S. 35–44.
Siegenthaler, Hansjörg, Regelvertrauen, Prosperität und Krisen: Unregelmäßigkeiten wirtschaftlicher und sozialer Entwicklung als Ergebnis individuellen Handelns und Lernens, Tübingen 1993.
Siegenthaler, Hansjörg, Hazards of Growth and Conditions of Long-Run Economic Success: The Case of the United States, in: Walther L. Bernecker und Hans Werner Tobler (Hrsg.), Development and Underdevelopment in America: Contrasts of Economic Growth in North and Latin America in Historical Perspective, Berlin-New York 1993, S. 31–46.
Silbey, Joel H., The American Political Nation 1838–1893, Stanford 1991.
Skidmore, Thomas E., The Politics of Military Rule in Brazil 1964–85, New York-Oxford 1988.
Stepan, Alfred (Hrsg.), Democratizing Brazil, Problems of Transition and Consolidation, New York-Oxford 1989.

Thelen, David P., The New Citizenship: Origins of Progressivism in Wisconsin 1885–1900, Columbia 1972.
Tocqueville, Alexis de, De la démocratie en Amérique. Oeuvres, papiers et correspondances, tome I. Edition définitive publiée sous la direction de J.-P. Mayer, Paris 1951.

Ware, Norman, The Labor Movement in the United States 1860–1895, New York 1929, S. 327–350.
Weffort, Francisco, Why Democracy?, in: Alfred Stepan (Hrsg.), Democratizing Brazil. Problems of Transition and Consolidation, New York-Oxford 1989, S. 327–350.
Weltbank, Weltentwicklungsbericht 1993, Washington 1993.
Williams, R. Hal, Years of Decision: American Politics in the 1890's, New York 1978.
Williams, William Appleman, The Tragedy of American Diplomacy, 2. Aufl., New York 1962.

Zevin, Robert B., An Interpretation of American Imperialism, in: The Journal of Economic History, Vol. 32 (1972).
Zimmer, Oliver, Zwischen autoritärer und sozialer Demokratie: semantische Konstruktion der ›Volksgemeinschaft‹ in der Krise der frühen dreißiger Jahre (1933–1935) in der Schweiz, Lizentiatsarbeit, Ms., Universität Zürich, 1993.

Wolfram Fischer

Professor an der Freien Universität Berlin

Nord und Süd – Ost und West: Wirtschaftssysteme und Lebensstandard in Europa

Inhaltsverzeichnis

I. Indikatoren für einen Lebensstandardvergleich in der Gegenwart

Europa war immer ein Kontinent der Vielfalt. Auf kleinem Raum stoßen viele Sprachen und Kulturen aufeinander, und auch der Lebensstandard zeigt große Unterschiede – sowohl regional wie nach sozialen Gruppen. Diese Unterschiede sind nicht kleiner als auf den meisten anderen Kontinenten. Nach Berechnungen der Weltbank lag 1993 das Bruttosozialprodukt zu Marktpreisen pro Kopf der Bevölkerung – gemessen in US-Dollar – in der Schweiz 107mal so hoch wie in Albanien und knapp 33mal so hoch wie in Rumänien. In Australien/Ozeanien war der maximale Abstand zwischen den Australiern und den Bewohnern der Salomon-Inseln mit 24:1 bedeutend niedriger. Auch auf dem amerikanischen Kontinent erwirtschafteten die Einwohner der Vereinigten Staaten pro Kopf »nur« 70mal so viel wie die Bewohner von Guyana, und in Afrika erzielten die Einwohner der Seychellen das 91fache des Bruttosozialprodukts pro Kopf von Mosambik, dem ärmsten Land der Welt. Nur in Asien lag der maximale Abstand erheblich höher. Hier konnten die Japaner pro Kopf 196mal so viel verbuchen wie die Nepalesen. Weltweit betrug der Abstand der Reichsten, der Schweizer, zu den Ärmsten, den Bewohnern Mosambiks, sogar rund 455:1. Setzt man statt der Wechselkurse Kaufkraftparitäten ein, was die Weltbank in ihrem Atlas für 1995 zum ersten Mal getan hat, so verringert sich der Abstand zwar beträchtlich zugunsten der ärmeren Länder, er bleibt aber immer noch beträchtlich. Luxemburg, das wegen seiner niedrigeren Lebenshaltungskosten im Vergleich zur Schweiz bei dieser Berechnung weltweit vor den USA an der Spitze steht, erwirtschaftete pro Kopf 78mal so viel wie Mosambik und zehnmal so viel wie Rumänien. (Für Albanien liegen noch keine Angaben über die Kaufkraftparität vor.)[1]

Läßt man die Extreme außer acht und vergleicht die Europäische Gemeinschaft in den Grenzen von 1992 mit anderen Regionen der Welt mit einem in sich kohärenten Wirtschaftssystem, so kommt man freilich zu dem Er-

1 Berechnet nach: World Bank Atlas 1995, Washington 1994, S. 18 f. (siehe auch Tabelle 1).

gebnis, daß die Unterschiede nicht sehr groß sind. So lag das Bruttosozialprodukt pro Kopf der Bevölkerung in Luxemburg 1992 rund fünfmal so hoch wie in Griechenland; das entspricht etwa dem Einkommensunterschied zwischen den Regionen der Volksrepublik China, wo die reichste Region, Shanghai, 1991 rund 4,5mal so viel erwirtschaftete wie die ärmste Provinz, Anhui. Und der Abstand zwischen Dänemark und Portugal, dem zweitreichsten und dem zweitärmsten Land der Europäischen Union, entspricht etwa den regionalen Unterschieden innerhalb Indiens. Dort lag nach dem Economic Survey 1992/93 das Pro-Kopf-Einkommen im reichsten Bundesstaat, dem Punjab, 3,3mal so hoch wie im ärmsten, Bihar. In den USA verzeichneten die Bürger der reichsten Staaten, Connecticut und New Jersey, nur knapp das Doppelte an persönlichem Einkommen (vor Steuern) wie die der ärmsten, Mississippi und West Virginia.[2]

Mißt man die Einkommensunterschiede nicht regional, sondern nach Einkommensgruppen, so sind sie innerhalb der meisten europäischen Länder nicht ganz so stark ausgeprägt wie in anderen Teilen der Welt. Das kann man an den Anteilen der obersten und der untersten Einkommensgruppen am Volkseinkommen ablesen. In den sozialistisch und sozialdemokratisch geprägten Ländern Europas hatten zu verschiedenen Stichjahren zwischen 1980 und 1988 die obersten 10 Prozent der Einkommensbezieher Anteile unter oder um 22 Prozent des Gesamteinkommens,[3] in den meisten anderen europäischen Ländern ebenso wie in den USA unter oder um 25 Prozent.[4] Nur in der Schweiz lag ihr Anteil mit 29,8 Prozent deutlich über dem europäischen Durchschnitt. In Brasilien verfügten hingegen die reichsten 10 Prozent der Einwohner über 46,2 Prozent des Bruttoinlandsprodukts. Auf der anderen Seite der Einkommenshierarchie, bei den untersten 20 Prozent der Einkommensbezieher, waren die Unterschiede in den westeuropäischen Ländern mit einem unteren Wert von 5,2 Prozent in der Schweiz und einem oberen von 7,9 Prozent in Belgien noch weniger

2 Siehe Dietmar Rothermund, Indien: Von der Planwirtschaft zur Liberalisierung, Tabelle 5, in diesem Band, S. 529; Roderich Ptak, Auf der Suche nach Glück: Lebensstandard und Regionalismus in der chinesischen Welt, in diesem Band, S. 566. Vgl. ferner United States Department of Commerce, Statistical Abstract of the United States 1993, Lanham 1994, S. 451. Größer waren die Einkommensunterschiede unter den Schwarzen Amerikas: 1989 lag das Haushaltseinkommen der Schwarzen in New Hampshire fast dreimal so hoch wie in Mississippi. Vgl. ebenda, S. XIX.

3 Und zwar in Ungarn (20,7), Schweden (20,8), Polen (21,0), Norwegen (21,2), Finnland (21,7), Dänemark (22,3), aber auch in Belgien (21,5 Prozent).

4 Dazu gehörte auch die alte Bundesrepublik mit (1984) 23,4 Prozent.

ausgeprägt. In den USA mußten sich die ärmsten 20 Prozent hingegen mit 4,7 Prozent begnügen und in Brasilien mit kargen 2,4 Prozent. In den einzigen beiden osteuropäischen Ländern, über die die Weltbank berichtete, lagen die Anteile der untersten Einkommensgruppen mit 9,7 Prozent in Polen und 10,9 Prozent in Ungarn deutlich höher als im Westen.[5] Ein insgesamt sehr viel niedrigeres Volkseinkommen als im Westen wurde also gleichmäßiger verteilt.

Die krassesten Einkommensunterschiede im gegenwärtigen Europa gehen jedoch nicht auf Unterschiede in der Verteilungsgerechtigkeit zurück, sondern auf Unterschiede im Wirtschaftssystem. Es ist kein Zufall, daß das reichste Land Europas und der Erde, die Schweiz, sich mit sozialstaatlichen Experimenten besonders zurückhielt. Innerhalb ihrer Grenzen gibt es zwar relativ große Einkommensunterschiede, doch beziehen hier auch die untersten 10 Prozent ein höheres Einkommen als die Durchschnittsverdiener ehemals sozialistischer Länder. Noch weniger ist es zufällig, daß die ärmsten Länder Europas alle zumindest viereinhalb Jahrzehnte, Rußland sogar mehr als sieben Jahrzehnte lang, zentralgeleitete Volkswirtschaften besaßen: Albanien, Rumänien, Bulgarien, Polen und die Nachfolgestaaten der Sowjetunion. Dies war zwar nicht der einzige Grund, denn schon vor dem Ersten Weltkrieg gehörten Ost- und Südosteuropa zu den ärmeren Regionen Europas, doch fällt auf, daß das Bruttosozialprodukt pro Kopf in Ländern wie der Tschechoslowakei und Ungarn, die vor 1945 nicht zu den ärmsten gehörten, zu Beginn der neunziger Jahre bei weniger als der Hälfte des Pro-Kopf-Produkts der ärmsten Länder der Europäischen Gemeinschaft, Portugal und Griechenland, lag, während es für 1929 für Ungarn um 10 Prozent und für die CSR um 50 Prozent höher geschätzt worden ist als für die Länder der südöstlichen und südwestlichen Peripherie.[6] Auch wenn man bedenkt, daß so kurz nach der Wende die Erhebung der Daten und die Berechnung nach den Methoden der Volkswirtschaftlichen Gesamtrechnung des Westens Schwierigkeiten macht, kann der Unterschied nicht allein darauf zurückgeführt werden. Systembedingte Hindernisse in der Wohlstandsentwicklung, wie sie Gernot Gutmann in seinem einführenden Beitrag in diesem Bande dargelegt hat, müssen als der

5 Vgl. Weltbank, Weltentwicklungsbericht 1992. Entwicklung und Umwelt, Washington 1992, S. 309.

6 Vgl. Statistisches Bundesamt, Statistisches Jahrbuch für das Ausland 1993, Wiesbaden 1993, S. 344. Siehe auch Tabelle 1.

Tabelle 1: *Vergleich des Bruttosozialprodukts (BSP) pro Kopf in 23 europäischen Ländern 1860 bis 1992 (in Preisen und US-Dollar von 1960 bis 1970 beziehungsweise 1987)*

Land	1860	Rang	1890	Rang	1913	Rang	1929	Rang	1950	Rang	1970	Rang	1972	Rang	1992	Rang
Schweiz	480	3	705	2	964	2	1 265	1	1 368	3	2 468	6	4 390	2	36 230	1
Schweden	225	15	356	11	680	9	897	8	1 712	1	3 226	1	4 960	1	26 780	2
Dänemark	294	10	502	8	862	4	945	7	1 277	5	2 475	5	3 980	3	25 930	3
Norwegen	401	5	523	6	749	6	1 032	4	1 652	2	3 125	2	3 550	5	25 800	4
Deutschland	354	7	537	5	743	7	795	9	931	10	2 627	4	3 830	4	23 030	5
Finnland	241	13	368	9	520	12	590	12	1 027	8	2 428	7	2 900	9	22 980	6
Frankreich	365	6	515	7	689	8	982	6	1 137	7	2 645	3	3 490	6	22 300	7
Österreich	288	11	361	10	498	13	720	10	721	13	1 855	12	2 510	11	22 110	8
Belgien	490	2	630	3	894	3	1 099	2	1 167	6	2 295	8	3 330	7	20 880	9
Niederlande	452	4	586	4	754	5	1 008	5	1 019	9	2 127	10	3 290	8	20 590	10
Italien	301	9	311	13	441	14	517	14	590	14	1 557	15	2 380	12	20 510	11
Vereinigtes Königr.	558	1	785	1	965	1	1 038	3	1 352	4	2 079	11	2 730	10	17 760	12
Spanien	346	8	321	12	367	16	455	15	367	21	986	22	1 430	15	14 020	13
Irland	.		.		611	10	662	11	744	12	1 334	19	1 710	13	12 100	14
Portugal	275	12	270	15	292	20	320	19	383	20	954	23	940	16	7 450	15
Griechenland	230	14	290	14	322	19	390	17	445	18	1 440	18	1 460	14	7 180	16
Ungarn	.		.		372	15	424	16	560	16	1 576	14	.		3 010	17
UdSSR/Rußland	178	19	182	19	326	18	293	21	585	15	1 651	13	.		2 680	18
Tschechoslowakei	.		.		524	11	586	13	785	11	2 163	9	.		2 440	19
Polen	.		.		.		.		556	17	1 454	17	.		1 960	20
Bulgarien	210	17	250	16	263	22	306	20	423	19	1 461	16	.		1 330	21
Rumänien	200	18	246	18	336	17	.		319	23	1 047	20	.		1 090	22
Jugoslawien/Serbien	220	16	250	16	284	21	341	18	339	22	1 019	21	.		.	

Quellen: Paul Bairoch, Europe's Gross National Product, in: Journal of European Economic History, Nr. 5 (1976), S. 286 und S. 307; 1972 und 1992 nach World Bank Atlas 1995, Washington 1994; 1992 Deutschland = Deutschland nach der Vereinigung; Deutschland 1950 bis 1972 = früheres Bundesgebiet.

Tabelle 2: *Durchschnittliche Lebenserwartung bei der Geburt in 24 europäischen Ländern 1850 bis 1990 (in Jahren)*

Land	Männer					Frauen				
	1850	1895	1930	1950	1990	1850	1895	1930	1950	1990
Albanien	.	.	.	57	70	.	.	.	59	75
Belgien	.	45	56	62	73	.	49	60	67	79
Bulgarien	.	.	46	.	68	.	.	47	.	75
Dänemark	43	50	61	68	72	45	51	63	70	78
Deutschland	.	41	60	65	73	.	.	63	69	79
Finnland	.	43	51	59	71	.	.	55	66	79
Frankreich	39	46	54	64	73	40	46	59	69	81
Griechenland	.	.	49	.	74	.	.	51	.	79
Irland	.	.	58	65	72	.	.	60	67	77
Italien	.	43	54	64	73	.	.	56	67	80
Jugoslawien/ Serbien	.	.	50	59	69	.	.	54	64	74
Niederlande	35	46	62	71	74	38	49	64	73	80
Norwegen	45	50	61	69	73	.	.	64	73	80
Österreich	.	37	55	62	73	.	.	59	67	79
Polen	.	.	48	56	66	.	.	51	63	75
Portugal	.	.	.	56	70	.	.	.	61	77
Rumänien	.	.	.	.	67	.	.	.	.	72
Schweden	41	51	61	69	75	.	.	63	72	80
Schweiz	.	46	59	66	74	.	.	63	71	81
Spanien	.	.	48	59	73	.	.	52	64	80
Tschecho-slowakei	.	.	52	.	67	.	.	55	.	76
UdSSR/Rußland	.	31	42	61	64	.	.	47	67	74
Ungarn	.	.	48	59	65	.	.	51	63	74
Vereinigtes Königreich	40	44	59	67	73	.	.	63	71	78

Quellen: Wolfram Fischer (Hrsg.), Handbuch der Europäischen Wirtschafts- und Sozialgeschichte, Bd. 5, S. 26 und Bd. 6, S. 30; Statistisches Bundesamt, Statistisches Jahrbuch für das Ausland 1993, S. 223; Albanien 1990 nach United Nations, Statistical Yearbook 1990/91, S. 157; Deutschland 1990 = früheres Bundesgebiet.

Hauptgrund für das Zurückbleiben des früheren Ostblocks angesehen werden, denn sonst hätte auch die ehemalige DDR ungefähr den gleichen Lebensstandard wie die alte Bundesrepublik erreichen müssen.[7]

7 Vgl. auch Éva Ehrlich, Economic Growth in Eastern Central Europe after World War II, in: Adam Szirmai, Bart van Ark und Dirk Pilat (Hrsg.), Explaining Economic Growth. Essays in Honour of Angus Maddison, Amsterdam-London und andere 1993, S. 301–325.

Tabelle 3: *Säuglingssterblichkeit in 24 europäischen Ländern 1850 bis 1990 (pro 1000 Lebendgeborene)*

Land	1850/59	1901/10	1920/24	1950/54	1990
Albanien	.	.	.	106	28
Belgien	154	145	108	46	8
Bulgarien	.	155	160	94	14
Dänemark	134	114	84	29	8
Deutschland	292	187	127	49	7
Finnland	196	124	98	35	6
Frankreich	172	132	105	46	7
Griechenland	.	.	85	44	11
Irland	95	96	73	42	7
Italien	226	160	128	61	9
Jugoslawien/Serbien	.	.	149	116	20
Niederlande	195	125	74	24	7
Norwegen	104	75	53	24	8
Österreich	250	209	142	55	8
Polen	.	.	177	98	16
Portugal	.	.	153	92	12
Rumänien	199	226	207	105	27
Schweden	149	84	61	20	6
Schweiz	193	125	70	29	7
Spanien	185	186	138	57	8
Tschechoslowakei	.	.	162	58	12
UdSSR/Rußland	270	252	179	75	22
Ungarn	252	209	193	74	15
Vereinigtes Königreich	155	127	77	28	8

Quellen: Fischer (Hrsg.), Handbuch . . ., Bd. 5, a. a. O., S. 26, Bd. 6, a. a. O., S. 30; Statistisches Bundesamt, Statistisches Jahrbuch für das Ausland 1993, S. 223; Weltbank, Weltentwicklungsbericht 1992, S. 304.

Nun wird die Verwendung des Brutto- oder Nettosozialprodukts beziehungsweise Volkseinkommens pro Kopf als alleiniger Vergleichsmaßstab für den Lebensstandard vielfach bestritten, zumal bei unterschiedlichen Währungen viel davon abhängt, wie man umrechnet: nach den jeweiligen Wechselkursen oder nach Kaufkraftparitäten, was das zwar bessere, aber auch schwierigere Verfahren ist.[8] Daher seien hier noch weitere Indika-

8 Internationale Organisationen wenden vielfach eine Kombination beider Verfahren an und nehmen als Standard den so errechneten Internationalen Dollar. Die Weltbank hat in ihrem World Bank Atlas 1995, Washington 1994, zum ersten Mal daneben einen Vergleich anhand der Kaufkraftparitäten vorgenommen.

toren herangezogen, deren Vergleich geringere methodische Schwierigkeiten bereitet: einmal die Lebenserwartung, die etwas über den Ernährungs- und Gesundheitsstandard einer Bevölkerung aussagt (siehe Tabelle 2), dann die Säuglingssterblichkeit, bei der freilich Probleme der Erfassung auftreten können, da unter anderem die Frage, was eine Totgeburt ist, sehr unterschiedlich beantwortet wird (siehe Tabelle 3), ferner der Bildungsstand anhand von Analphabetenquoten (siehe Tabelle 4) und der schulischen Ausbildung (siehe Tabelle 5) sowie die Automobil- und die Telefondichte (siehe Tabellen 6 und 7).
Eine Analyse der Tabellen 2 bis 7 zeigt, daß die Unterschiede im Lebensstandard je nach Indikator sehr verschieden erscheinen. Am geringsten sind sie in der Lebenserwartung und beim Besuch von Elementarschulen, am höchsten bei denjenigen Indikatoren, die den Stand der materiellen Infrastruktur und den individuellen materiellen Wohlstand messen – Tele-

Tabelle 4: *Entwicklung der Analphabetenquote in 16 europäischen Ländern 1850 bis 1990 (in Prozent)*

Land	um 1850	um 1880	um 1910	um 1980	um 1990
Belgien	50	31	13	*	*
Deutschland	20	12	.	*	*
Finnland	.	11	7	*	*
Frankreich	45	31	12	*	*
Griechenland	.	.	.	10	7
Irland	.	25	12	.	.
Italien	80	62	38	4	3
Jugoslawien/Serbien	.	.	.	10	7
Österreich	45	34	17	*	*
Polen	.	.	74	1	.
Portugal	.	.	70	21	15
Schweden	10	.	.	.	*
Spanien	75	72	50	4	5
UdSSR/Rußland	95	.	79	.	2
Ungarn	.	.	.	1	.
Vereinigtes Königreich	33	.	.	*	*

* = Analphabetenquote laut UNESCO unter 5 Prozent.
Quellen: 1910 Portugal und Polen nach Fischer (Hrsg.), Handbuch ..., Bd. 6, a. a. O., S. 75; Carlo M. Cipolla, Literacy and Development in the West, London 1969, S. 14, S. 115 und S. 128; Hartmut Kaelble, Industrialisierung und soziale Ungleichheit. Europa im 19. Jahrhundert. Eine Bilanz, Göttingen 1983, S. 104; 1990 nach Weltbank, Weltentwicklungsbericht 1992, S. 250; 1980 sowie UdSSR 1990 nach United Nations, a. a. O., S. 143.

Tabelle 5: *Schülerquoten in 24 europäischen Ländern 1880 bis 1989*

Land	Prozentsatz[1] der jeweiligen Altersgruppe								
	an Grundschulen (Primarbereich)			an weiterführenden Schulen (Sekundarbereich)			an Fachschulen und Universitäten (Tertiärbereich)		
	1880	1910	1989	1880	1910	1989	1880	1910	1989
Albanien	.	.	99	.	.	80	.	.	9
Belgien	29	62	101	1	1	99	1	1	34
Bulgarien	.	.	97	.	.	75	.	.	26
Dänemark	.	67	98	.	1	109	.	2	32
Deutschland	75	72	103	3	5	97	1	1	32
Finnland	7	26	99	.	3	112	.	1	43
Frankreich	82	85	113	1	1	97	1	1	37
Griechenland	.	.	102	.	.	97	.	.	28
Irland	44	.	101	2	3	97	1	1	26
Italien	35	43	96	0	1	78	1	1	29
Jugoslawien/Serbien	.	.	95	.	.	80	.	.	19
Niederlande	62	70	116	1	2	103	0	1	32
Norwegen	56	69	98	3	2	98	0	1	36
Österreich	56	70	104	1	2	82	1	2	31
Polen	.	.	99	.	.	81	.	.	20
Portugal	.	.	111	.	.	53	.	.	18
Rumänien	.	.	95	.	.	88	.	.	9
Schweden	72	68	104	.	1	91	1	1	31
Schweiz	75	70	.	.	3	.	1	2	26
Spanien	.	50	111	.	.	105	.	.	31
Tschechoslowakei	.	.	92	.	.	87	.	.	18
UdSSR/Rußland	.	79	.	.	.	.	.	.	.
Ungarn	.	.	94	.	.	76	.	.	15
Vereinigtes Königreich	47	79	107	.	.	82	.	.	24

1 Prozentsätze von über 100 kommen dadurch zustande, daß sowohl an Grundschulen wie im Sekundarbereich in mehreren Ländern auch Schüler verzeichnet werden, die nicht der [illegible]

fondichte und Kraftfahrzeugdichte.[9] Es zeigt sich, daß die Länder des *real existierenden Sozialismus* wegen ihres Wirtschaftssystems nicht in der Lage waren, ihren Völkern einen materiellen Wohlstand zu verschaffen, der dem in den vergleichbaren Ländern des *real existierenden Kapitalismus* auch nur annähernd nahe gekommen wäre.

Nun wird von den Verteidigern des Sozialismus oft eingewandt, daß dafür die Solidar- und Sozialleistungen höher gewesen seien: keine Arbeitslosigkeit, genügend Kinderkrippen- und Kindergartenplätze, Erholungsheime für jedermann und unentgeltliche oder fast unentgeltliche Krankenversorgung. Wegen der Unterschiedlichkeit der Definitionen von Sozialleistungen lassen sich hier nur schwer exakte Vergleiche anstellen. Daß es eine versteckte Arbeitslosigkeit gab, ist wohl nicht bestreitbar. Darauf weist schon hin, daß in der DDR die Arbeitsproduktivität nur bei rund einem Drittel der Werte in der Bundesrepublik lag.[10] Daher sind seit der Wende auch rund zwei Drittel der industriellen Arbeitsplätze im Beitrittsgebiet weggefallen. Das ist nicht nur auf den Zusammenbruch der Märkte für Ostprodukte zurückzuführen, sondern auch auf die frühere Überbesetzung der Arbeitsplätze. Entsprechend lagen auch die Löhne nur bei rund einem Drittel der Durchschnittslöhne in der Bundesrepublik, obwohl die Arbeitszeit – nicht nur in Ostdeutschland, sondern in ganz Osteuropa – höher war als im Westen des Kontinents. Kindergartenplätze waren fast das einzige, was die DDR ihren Bürgern großzügiger zur Verfügung stellte als die alte Bundesrepublik. Der unentgeltlichen Krankenversorgung muß man den beklagenswerten Zustand der meisten Krankenhäuser gegenüberstellen, in die ebensowenig investiert wurde wie in Infrastruktur, Industriebetriebe oder Wohnungen. Größe und Ausstattung der Wohnungen konnten keinem Vergleich mit denen in der alten Bundesrepublik

9 Auch bei den anderen Indikatoren gibt es einige Ausreißer: im Westen Portugal, im Osten vor allem Rumänien, aber auch, soweit dokumentierbar, Albanien.

10 Sie wurde 1985 für die ostdeutsche Industrie vom Deutschen Institut für Wirtschaftsforschung noch auf rund die Hälfte geschätzt. Vgl. Bundesministerium für innerdeutsche Beziehungen, Materialien zum Bericht zur Lage der Nation im geteilten Deutschland, Bonn 1987, S. 345. Skeptiker wie das Institut für Weltwirtschaft in Kiel waren schon damals der Meinung, daß diese Schätzung zu günstig sei. Vgl. Wolfram Fischer, Politische versus ökonomische Vernunft. Wirtschafts- und währungspolitische Entscheidungen im deutschen Einigungsprozeß, in: Jürgen Kocka, Hans-Jürgen Puhle und Klaus Tenfelde (Hrsg.), Von der Arbeiterbewegung zum modernen Sozialstaat. Festschrift für Gerhard A. Ritter, München 1994, S. 805–830, besonders S. 806 f., und die dort angeführte Literatur.

Tabelle 6: *Personenkraftwagendichte in 23 europäischen Ländern 1914 bis 1990 (PKW pro 1000 Einwohner)*

Land	1914	1929	1949	1979	um 1990
Belgien	.	11	26	312	393
Bulgarien	.	.	.	.	147
Dänemark	1	20	26	278	320
Deutschland	1	7	7	W/369 O/151	W/436 O/301
Finnland	.	7	6	246	380
Frankreich	3	23	37	345	416
Griechenland	.	3	1	89	173
Irland	.	10	24	203	235
Italien	1	4	6	309	456
Jugoslawien/Serbien	.	1	0	102	140
Niederlande	.	8	11	292	368
Norwegen	0	7	18	292	354
Österreich	0	3	6	285	394
Polen	.	1	2	60	160
Portugal	.	4	7	98	183
Schweden	.	16	28	346	419
Schweiz	1	14	27	340	457
Spanien	.	.	3	190	317
Tschechoslowakei	.	1	10	130	212
UdSSR/Rußland	.	0	.	31	51
Ungarn	.	1	1	87	187
Vereinigtes Königreich	3	21	42	268	353

W = (alte) Bundesrepublik Deutschland, O = DDR.
Quellen: Fischer (Hrsg.), Handbuch . . ., Bd. 6, a. a. O., S. 143; Statistisches Bundesamt, Statistisches Jahrbuch für das Ausland 1993, S. 293; UdSSR und Tschechoslowakei 1990 eigene Berechnung nach United Nations, a. a. O., S. 668 und S. 678.

standhalten.[11] An der Wohnungsversorgung kann man wohl am besten den Gegensatz im Lebensstandard zwischen zwei grundverschiedenen Wirtschaftssystemen illustrieren: im Westen knapp, teuer, sofern nicht auch dort subventioniert, und modern, im Osten ebenfalls knapp, aber billig und vernachlässigt, da die Mieten die Kosten für Erhaltung und Erneuerung auch nicht annähernd deckten. Die Länder des *real existierenden So-*

11 So umfaßte eine Wohnung im Westen 1990 im Durchschnitt 86,5, im Osten 64,4 m^2. Vgl. Statistisches Bundesamt, Statistisches Jahrbuch für die Bundesrepublik Deutschland 1993, Wiesbaden 1993, S. 269. Noch größer war der Unterschied bei der Ausstattung mit sanitären Anlagen.

zialismus lebten weitgehend von dem Verzehr einer vorhandenen oder in einem einmaligen Kraftakt geschaffenen Substanz. Daß diese aber gepflegt, daß Kapitalbestände ständig erneuert werden müssen, wurde ignoriert.

Ob eine hohe Sozialleistungsquote beziehungsweise hohe Sozialtransfers zum Wohlstand eines Landes beitragen oder ihn, zumindest von einer gewissen Grenze an, eher hemmen, ist wissenschaftlich wie politisch umstritten. Bei einem Vergleich des Anteils der Sozialleistungen am Brut-

Tabelle 7: *Telefondichte in 24 europäischen Ländern 1920 bis 1990 (Telefone pro 1000 Einwohner)*

Land	1920	1939	1960	1980	1990
Belgien	8	51	119	369	546
Bulgarien	2	5	26	141	.
Dänemark	80	117	224	641	972
Deutschland	29	53	W/104	W/464	W/671
			O/75	O/189	O/115 (*)
Finnland	7	50	137	496	530 (*)
Frankreich	12	39	91	459	482 (*)
Griechenland	.	7	23	234	458
Irland	.	15	52	187	279
Italien	3	15	68	337	555
Jugoslawien	1	4	13	95	161 (*)
Niederlande	22	52	132	581	462 (*)
Norwegen	49	83	195	460	502 (*)
Österreich	19	42	93	401	589
Polen	2	8	30	95	137
Portugal	.	10	40	139	263
Rumänien	2	5	12	.	.
Schweden	65	134	339	796	681 (*)
Schweiz	36	110	298	727	905
Spanien	.	12	54	317	323 (*)
Tschechoslowakei	6	15	.	206	273
UdSSR/Rußland	1	5	.	89	131
Ungarn	6	19	48	118	178
Vereinigtes Königreich	22	67	149	477	434 (*)

W = (alte) Bundesrepublik Deutschland, O = DDR; (*) = Hauptanschlüsse.
Quellen: Fischer (Hrsg.), Handbuch . . ., Bd. 6, a. a. O., S. 150; 1980 und 1990 nach United Nations, a. a. O., S. 721; UdSSR 1990 eigene Berechnung nach United Nations, a. a. O., S. 723.

toinlandsprodukt fällt sofort auf, daß drei der reichsten Länder der Erde, die Schweiz, Japan und die Vereinigten Staaten von Amerika, relativ niedrige Quoten aufweisen, andere Länder in der Spitzengruppe der Einkommen, vor allem Schweden, die Niederlande, Belgien und Dänemark, aber auch die Bundesrepublik Deutschland, hingegen sehr hohe. Schweden gab 1980 mehr als doppelt soviel seines Bruttoinlandsprodukts für Sozialversicherungen aus wie die Schweiz und das Vereinigte Königreich, nämlich 21,7 Prozent gegenüber 10,4 Prozent in der Schweiz und 10 Prozent im Vereinigten Königreich.[12] Da die Sozialversicherung nur etwa zwei Drittel aller staatlichen Ausgaben für soziale Sicherheit umfaßt, liegt die Quote der Sozialleistungen nach der Definition des Internationalen Arbeitsamtes (ILO), die auch das Kinder- oder Familiengeld, die Sozialhilfe, die Beamten- und Kriegsopferversorgung und die öffentliche Gesundheitsfürsorge einbezieht, noch höher. Sie erreichte 1977 im Durchschnitt von 13 europäischen Ländern (ohne Ostblock) 22,4 Prozent. Die Spitze hielt wiederum Schweden mit 30,5 Prozent, gefolgt von den Niederlanden mit knapp 28 Prozent. Die meisten Länder gaben zwischen einem Fünftel und einem Viertel des Bruttoinlandsprodukts für Sozialleistungen aus. Deutlich darunter blieben drei Länder: die Schweiz mit 16,1 Prozent, das Vereinigte Königreich mit 17,3 Prozent und Irland mit 18,3 Prozent.[13]

Diese hohen Anteile von Sozialleistungen sind erst nach dem Zweiten Weltkrieg entstanden. Um 1900 entfiel im Deutschen Reich, dem Pionier der Sozialversicherung, erst 1 Prozent des Bruttoinlandsprodukts auf Ausgaben der Sozialversicherungen; noch um 1930 hielt Deutschland mit 7,8 Prozent eine einsame Spitze vor dem Vereinigten Königreich mit 4,6 Prozent und Österreich mit 4,4 Prozent. Schweden und die Niederlande kamen auf kaum mehr als 1 Prozent. Auch 1950 stand die Bundesrepublik Deutschland noch an der Spitze, die anderen waren aber näher gerückt, und in den vier Jahrzehnten seither ist die Sozialversicherungs- beziehungsweise Sozialleistungsquote in den meisten Ländern in einem Ausmaß gewachsen, daß die Spitzenreiter die Notbremse ziehen mußten, weil die Finanzierbarkeit ernstlich in Frage gestellt ist. In 13 europäischen Ländern, darunter nur einem südeuropäischen, Italien, stiegen die sozia-

12 Vgl. Jens Alber, Vom Armenhaus zum Wohlfahrtsstaat. Analysen zur Entwicklung der Sozialversicherung in Westeuropa, Frankfurt am Main-New York 1982, S. 60 f.

13 Vgl. Wolfram Fischer, Wirtschaft, Gesellschaft und Staat in Europa 1914–1980, in: Wolfram Fischer und andere (Hrsg.), Handbuch der Europäischen Wirtschafts- und Sozialgeschichte, Bd. 6, Stuttgart 1987, S. 217.

len Transferausgaben in den fünfziger Jahren um durchschnittlich jährlich 1,8 Prozent, in den sechziger Jahren schon um das Doppelte und in den siebziger Jahren um 4,8 Prozent pro Jahr. Die höchsten Zuwachsraten verzeichneten die Niederlande. Am unteren Ende der Skala finden sich Finnland mit Zuwachsraten von 1,6 Prozent und Norwegen mit 2,4 Prozent.[14] Die südeuropäischen Länder mit Ausnahme Italiens lagen weit unterhalb der west- und nordeuropäischen Standards. Verallgemeinernd wird man sagen können, daß sich nur wohlhabende Länder hohe Sozialausgaben leisten können, obwohl gerade ärmere sie weit nötiger hätten.
In ihrer absoluten Höhe mit dem Westen nicht vergleichbar sind die Sozialleistungsquoten des Ostblocks, weil ihnen andere Definitionen zugrunde lagen. Hier wurde statt des in den vierziger Jahren in England und den Niederlanden entwickelten Konzepts der Volkswirtschaftlichen Gesamtrechnung, das seit 1950 in den OEEC-, den heutigen OECD-Ländern Standard ist, das *Materielle (National-)Produkt* berechnet, das keine Dienstleistungen enthält. Sozialleistungen sind hier auf das sogenannte *Materielle Nettoprodukt* bezogen worden. Der Nenner in dieser Quote ist also niedriger, damit erscheint die Quote selbst höher, als sie es wäre, wenn Dienstleistungen einbezogen wären. Um so bedeutsamer ist, daß die Sozialleistungsquoten dennoch niedriger lagen als in Westeuropa. In der gesamten Zeit von 1952 bis 1977 hielt im Ostblock die CSSR die Spitze mit 19 Prozent 1977; es folgten mit je 16,2 Prozent Bulgarien und die DDR vor Ungarn mit 15,1 Prozent, der UdSSR mit 13,4 Prozent und Polen mit 11,8 Prozent.[15] Der Trend war bis in die sechziger Jahre hinein ähnlich nach oben gerichtet wie in Westeuropa, dann türmten sich jedoch die ökonomischen Schwierigkeiten so auf, daß mit Ausnahme Ungarns keines der Ostblockländer mit den westlichen Zuwachsraten Schritt halten konnte. Ungarn erhöhte seine Sozialleistungsquote zwischen 1961 und 1977 um 6,3 Prozentpunkte, was etwa dem Zuwachs der langsamsten Westeuropäer, Österreich und Vereinigtes Königreich, entsprach. Auch Bulgarien verzeichnete mit 5,5 Prozentpunkten noch ein ansehnliches Wachstum. Die Sowjetunion fiel jedoch mit 3 Prozentpunkten Zuwachs gegenüber West-

14 Vgl. Jürgen Kohl, Staatsausgaben in Westeuropa. Analysen zur langfristigen Entwicklung der öffentlichen Finanzen, Frankfurt am Main-New York 1985, S. 266.
15 Vgl. Jens Alber, Einige Grunddaten und Begleiterscheinungen der Entwicklung der Sozialausgaben in Westeuropa 1949–1977, in: Zeitschrift für Soziologie, Nr. 12 (1983), S. 114.

europa, wo im Schnitt in der gleichen Zeit (ohne Spanien und Portugal) 10,8 Prozentpunkte zugelegt wurden, deutlich ab. Nicht nur die wirtschaftliche, sondern auch die soziale Dynamik war offensichtlich im Westen größer als im Osten, wobei nicht allein die wirtschaftliche Leistungsfähigkeit eine Rolle spielte, sondern auch die Konkurrenz der politischen Parteien, die im Ostblock fehlte. In Westeuropa führten nämlich über zwei Jahrzehnte lang sowohl sozialdemokratische als auch konservative Parteien den Ausbau des Sozialstaates an zentraler Stelle in ihren Programmen, und er wurde unter Koalitions- wie unter Linksregierungen verwirklicht. Hier zeigt sich die Überlegenheit des Wettbewerbsprinzips gegenüber dem der zentralen Lenkung nicht nur im wirtschaftlichen, sondern auch im politischen und sozialen System, selbst wenn man die Frage stellen muß, ob das Sozialsystem nicht in manchen Ländern des Westens inzwischen zu einer Überforderung der volkswirtschaftlichen Leistungsfähigkeit geführt hat; aber das ist nicht das Thema dieses Beitrags.

II. Historische Hintergründe für die Vielfalt Europas

Die Unterschiede in der Effizienz eines Wettbewerbs- und eines zentralen Verwaltungssystems lassen sich sowohl theoretisch wie empirisch relativ leicht und eindeutig nachweisen. Viel schwerer ist es, Unterschiede im Lebensstandard zwischen Ländern prinzipiell ähnlicher Wirtschaftssysteme zu erklären. Hier muß auf Feinheiten und Besonderheiten geachtet werden, die sich im Verlaufe der Geschichte ergeben haben – nicht durch Grundsatzentscheidungen wie die der Sowjetregierung, ein System des kollektiven Eigentums und der zentralen Planung zu errichten, sondern infolge einer Vielzahl kleinerer politischer Entscheidungen, die meistens Reaktionen auf akute Probleme waren. Außerdem kommen zahlreiche Bedingungen ins Spiel, die nicht auf wirtschaftspolitische Entscheidungen zurückgeführt werden können: Bodenbeschaffenheit und Bevölkerungsdichte, Gunst und Ungunst des Klimas und der geographischen Lage, die Nähe oder Ferne zu natürlichen Verkehrsverbindungen wie Ozeanen und Flüssen, die Länge von Kriegs- oder Friedenszeiten. Wirksam werden aber auch wirtschaftliche, soziale und kulturelle Faktoren wie der Grad der Kommerzialisierung, das technische Niveau der Produktion, der Ausbildungsstand der Bevölkerung und schließlich die schwer zu fassende Mentalität von Nationen oder Bevölkerungsgruppen, die man als Systemelemente einer Wirtschaftsordnung auffassen kann.

Einige der Ursachen für ein schnelleres Voranschreiten oder ein Zurückbleiben auf dem Pfad zum Wohlstand müssen auf Unterschiede bei solchen sozio-kulturellen Systemelementen zurückgeführt werden. Bis zur bolschewistischen Revolution gab es in keinem europäischen Land eine grundsätzliche Entscheidung darüber, ob Produktionsmittel Privat- oder Kollektiv- oder Staatseigentum sein sollten, inwieweit die Regierung direkt oder indirekt in den Wirtschaftsablauf eingreifen oder wie Wettbewerb gesetzlich erzwungen werden könne. Aber es gab eine Vielzahl unterschiedlicher Voraussetzungen und konkreter politischer oder gerichtlicher Entscheidungen, die manchmal nur kurzfristig wirkten, oft aber über Generationen hin die Weichen stellten und bestimmte Verhaltensweisen entstehen ließen.

Ob dabei die Eigentums- und Verfügungsrechte eine entscheidende Rolle spielten, wird in der Wirtschaftswissenschaft seit rund drei Jahrzehnten lebhaft diskutiert. Unter *Property Rights* verstehen Ökonomen jedoch nicht die Eigentumsrechte des deutschen Bürgerlichen Gesetzbuches, sondern allgemeiner die Verfügungsgewalt über Sachen und Personen, und in der Debatte geht es vor allem um die rechtliche und institutionelle Ausgestaltung der Handlungsbedingungen der Wirtschaftssubjekte.[16] Was den deutschen Ökonomen des 19. Jahrhunderts selbstverständlich war, daß nämlich rechtliche Vorschriften und Gepflogenheiten, Institutionen und staatliche oder kommunale Politik förderliche oder hemmende Rahmenbedingungen für wirtschaftlich Handelnde setzen und daß diese Bedingungen verändert werden können, haben die neoklassischen Ökonomen in den sechziger und siebziger Jahren des 20. Jahrhunderts wiederentdeckt und in ihre Theorie einzubauen begonnen, und Wirtschaftshistoriker haben diesen neuen Ansatz für ihre Arbeiten fruchtbar zu machen versucht.[17]

Die Frage, die nicht nur diese Forscher, sondern Historiker im allgemeinen seit langem bewegt, kann man am einfachsten so formulieren: Warum hat Europa und warum haben in Europa bestimmte Regionen eine wirtschaftliche und gesellschaftliche Entwicklung in Gang gesetzt, die zunächst diese Regionen, dann auch die von Europäern besiedelten überseeischen Gebiete und schließlich die rückständigeren Regionen Europas und außereuropäische Kulturen auf einen Pfad zu beständigem, wenn auch vorübergehend immer wieder unterbrochenem wirtschaftlichem Wachstum und Wohlstand brachten? David S. Landes gibt in diesem Band eine Antwort auf diese Frage.[18] Ganz ähnlich haben andere Forscher beim interkulturellen Vergleich darauf aufmerksam gemacht, daß Europa im Unterschied zu den anderen Hochkulturen, insbesondere China, schon im Mittelalter keine zentralverwaltete politische Einheit war, sondern daß immer die Konkurrenz kleinerer politischer Gebilde, Städte, Fürsten- und Bistümer, kleiner und großer Königreiche die Menschen zu Verbesserungen anstachelte. Am

16 Knut Borchardt, Der »Property-Rights-Ansatz« in der Wirtschaftsgeschichte. Zeichen für eine systematische Neuorientierung des Faches?, in: Jürgen Kocka (Hrsg.), Theorien in der Praxis des Historikers. Forschungsbeispiele und ihre Diskussion. Geschichte und Gesellschaft, Sonderheft 3, Göttingen 1977, S. 141, warnt ausdrücklich davor, Property Rights mit Eigentumsrechten zu übersetzen.

17 Erwähnt seien nur einige der Arbeiten von Douglass C. North, für die er 1993 den Nobelpreis für Wirtschaftswissenschaften erhielt: Douglass C. North und Robert Paul Thomas, The Rise of the Western World. A New Economic History, Cambridge 1973; Douglass C. North, Structure and Change in Economic History, New York 1981; derselbe, Institutions, Institutional Change and Economic Performance, Cambridge 1990.

18 Siehe S. 141–172.

deutlichsten ist dies auf militärischem Gebiet, denn dort wurde das Zurückbleiben bei der Einführung neuer Techniken mit Machtverlust bestraft. Aber auch der wirtschaftliche Wettbewerb förderte Innovationen – etwa im Schiffbau, in der Navigation, der Segeltechnik, weniger spektakulär, aber mit nachhaltiger Wirkung auch in der Land- und Forstwirtschaft, dem Mühlenbau, der Bewässerungstechnik, dem Bergbau.

Die Vertreter des *Property-Rights*-Ansatzes haben nun erneut darauf aufmerksam gemacht, daß man nicht nur auf technische Verbesserungen oder meßbare Produktivitätszuwächse blicken sollte, sondern daß die Voraussetzungen dafür oft in Veränderungen des Rechtssystems, in den das gesellschaftliche und individuelle Verhalten steuernden Regeln – von ihnen *Institutionen* genannt – und in der Handhabung der öffentlichen Verwaltung zu finden seien. Und sie haben, wie viele vor ihnen, besonderen Wert darauf gelegt zu erklären, warum diese Innovationen zuerst in den norditalienischen Städten, dann im Nordwesten des Kontinents, in den Niederlanden und in England, nicht jedoch bei den alten Kolonialmächten Portugal und Spanien anzutreffen seien. Einige grundlegende Unterschiede in der Wirtschaftsverfassung europäischer Länder sollen im folgenden kurz charakterisiert werden.

III. Das kommerzielle Europa

Über viele Jahrhunderte hinweg war der Mittelmeerraum das wirtschaftliche Zentrum Europas. Er besaß schon im Altertum die Verbindungen zu den anderen Hochkulturen der Antike. Hier hatten sich Schiffahrt, Handel, Banken und Versicherungen entwickelt, waren urbane Zentren entstanden, die nicht von der Landwirtschaft, sondern von Gewerbe und Dienstleistungen lebten. Die Arbeitsteilung und die Kommerzialisierung der Wirtschaft waren hier weiter fortgeschritten als in den dünner besiedelten, sehr wesentlich vom Landbau, den Forsten und Gewässern abhängigen nördlicheren Teilen des Kontinents.

In den mittelmeerischen Ländern hatte sich auch die Tradition des Römischen Rechts erhalten, das einen klaren Eigentumsbegriff besaß, während sich in den germanisch dominierten Regionen ein gespaltener Eigentumsbegriff ausbildete, bei dem Ober- und Untereigentum, Verfügungs- und Nutzungsrechte unterschieden wurden. Gegenstand des Eigentums konnten hier nicht nur Sachen, sondern auch *Gerechtsame* sein, zum Beispiel Hoheitsrechte wie die Gerichtsherrschaft oder Regalien, das heißt ursprünglich dem König vorbehaltene, später weiterverliehene ausschließliche Nutzungsrechte, etwa an Mineralien. Patronatsrechte, Vogtei, Zehnt- und Bannrecht konnten als Eigentum oder als Lehen innegehabt werden. Hoheits- und Vermögensrechte waren nicht klar getrennt. Indem der König bestimmte ausschließliche Verfügungs- und Nutzungsrechte besaß, konnte er Einkünfte aus ihnen ziehen oder sie als Lehen weitergeben.

Dies betraf vor allem die Nutzung von Grund und Boden, von Forsten, den Bergbau oder das Mühlenrecht, weniger die fahrende Habe des Kaufmanns oder die Produktionsmittel des Handwerkers. Diese besaßen auch im Mittelalter in den meisten Teilen Europas das volle Eigentum an ihren Sachen.[19] Volles Eigentum aber ermöglicht langfristige Planung, Vererbung,

19 Vgl. Dieter Schwab, Eigentum, in: Otto Brunner, Werner Conze und Reinhart Koselleck (Hrsg.), Geschichtliche Grundbegriffe. Historisches Lexikon zur politisch-sozialen Sprache in Deutschland, Bd. 2, Stuttgart 1975, S. 70; Wolfram Fischer, Eigentum und Wirtschaftsordnung in historischer Perspektive, in: Werner Dichmann und Gerhard Fels (Hrsg.), Gesellschaftliche und ökonomische Funktionen des Privateigentums, Köln 1993, S. 16–46.

stimuliert die Initiative, damit etwas anzufangen, es intensiv zu nutzen und so zu mehren. Stadtbürger waren frei, Landbewohner großenteils unfrei. Auch Stadtbürger waren einer Obrigkeit unterworfen, aber diese war oft – keineswegs immer – ihre eigene, das heißt zusammengesetzt aus den führenden Kaufmannsfamilien, im späteren Mittelalter mancherorts auch aus den Genossen der handwerklichen Zünfte. Selbst in Bischofsstädten gelang es der städtischen Kommune oft, eine gewisse Unabhängigkeit vom Stadtherrn zu gewinnen. Dies hatte nicht nur politische Konsequenzen; die für das Wirtschaftssystem wichtigen Folgen lagen darin, daß kaufmännische Usancen und Regeln das Wirtschaftsleben regulierten.

Das nördliche Italien war die erste europäische Region, die so kommerzialisiert wurde. Hier wurde vor allem die Bank- und Kredittechnik ausgebildet, und von dort ist sie in den Norden getragen worden, weshalb viele noch heute gebräuchliche banktechnische Ausdrücke italienischen Ursprungs sind. Aus dem Mittelmeerraum kamen auch die Formen der Seeversicherung und der Partenreederei, und schließlich sind hier die ersten großen europäischen Handels- und Bankhäuser entstanden, multinationale Konzerne, weil sie Niederlassungen auch in anderen Teilen Europas gründeten. In Italien, Spanien und Frankreich finden sich auch die ersten gesamteuropäischen Messen, auf denen nicht nur Waren, sondern auch Währungen getauscht und Kredite vereinbart wurden. Die italienischen Kaufleute-Bankiers gaben hier den Ton an. Sie stellten die Regeln auf, nach denen der Zahlungsausgleich vor sich ging. Florentiner, Genuesen und Luccaner bestimmten zum Beispiel den Wechselkurs auf der Messe von Lyon. Er wurde vom Konsul von Florenz verkündet und verbindlich gemacht. Alle Währungen wurden auf die gleiche Recheneinheit, den *écu de marc*, bezogen, einen Währungskorb aus sieben Goldmünzen aus Spanien, Frankreich, Florenz, Genua, Neapel, Venedig und Antwerpen. Auch der Zins für Kredite bis zur nächsten Messe wurde verbindlich vereinbart.[20]

Seit dem 16. Jahrhundert verlagerte sich der Schwerpunkt dieses kommerziellen Europas mehr und mehr vom mittelmeerischen in den atlantischen

20 Vgl. Wolfram Fischer, Markt- und Informationsnetze in der (neuzeitlichen) Wirtschaftsgeschichte des atlantischen Raums, in: Schriften des Vereins für Socialpolitik, Neue Folge, Bd. 126, Information in der Wirtschaft, Berlin 1982, S. 337–359; derselbe, Zur Geschichte der Messen in Europa, in: Karl-Heinz Strothmann und Manfred Busch (Hrsg.), Handbuch Messemarketing, Wiesbaden 1992, S. 3–13.

Raum. Mit der europäischen Expansion gewannen zunächst Lissabon und Sevilla an Bedeutung als diejenigen Plätze, die den Verkehr mit Südost- und Ostasien beziehungsweise Amerika vermittelten; dann verlagerte sich der Schwerpunkt stärker nach Norden, nach Brügge und Antwerpen, seit der Schließung der Schelde durch die Spanier im Verlaufe des niederländischen Unabhängigkeitskrieges nach Amsterdam und schließlich im 18. und 19. Jahrhundert nach London. Aber auch mitteleuropäische Plätze wie Augsburg und Nürnberg, Frankfurt am Main, Köln, Leipzig und Danzig gewannen an Bedeutung.

Über Amsterdam wurde auch der Ostseeraum in dieses Handels- und Kreditnetz einbezogen. Im 17. und 18. Jahrhundert war Amsterdam der Umschlagplatz für Güter aus Skandinavien und Osteuropa. Zugleich aber war Amsterdam Stapelplatz für die Waren aus Übersee. Das belebte nicht nur die holländische Schiffahrt und den holländischen Schiffbau, sondern machte Amsterdam auch zum neuen Kreditzentrum Europas. Hier entstand 1609 mit der Wisselbank eine öffentliche Zentralbank, und hier wurden die Aktien – ein neues Instrument zur Kapitalsammlung und -verwertung – der großen holländischen, englischen und französischen Kolonialgesellschaften gehandelt, aber auch städtische und staatliche Anleihen. Hier deckten die Könige von Dänemark und Schweden ebenso wie der Zar von Rußland und zahlreiche deutsche Fürsten ihren Kreditbedarf.

Engländer schauten voller Neid auf den Reichtum der Holländer. Wenn englische merkantilistische Schriftsteller im 17. und frühen 18. Jahrhundert den materiellen Wohlstand ihres eigenen Landes mit dem der Niederlande verglichen, so klang dies ganz ähnlich wie die Schriften indischer oder lateinamerikanischer Ökonomen des 20. Jahrhunderts, die die wirtschaftliche Rückständigkeit ihrer Länder gegenüber Europa oder Nordamerika auf die Dominanz der westlichen Kapitalisten zurückführen: »Welche Handelsgeschäfte und Gewerbe aller Art richten sie nicht ein zum Ruin so manchen armen Engländers, der sieben Jahre lang als Lehrling und Geselle gedient hat, um sein Handwerk zu erlernen?« fragte Sir WILLIAM MONSON (1569–1643) in einer Streitschrift. »Welche Gewerbe gibt es, an denen sie nicht Anteile haben oder sich als Kreditgeber beteiligen? Welches Land kann verkauft oder beliehen werden, ohne daß sie als erste zum Zuge kommen? ... Welcher Küstenort ..., der gegenüber Holland liegt, ist nicht mit ihren Leuten vollgestopft, so daß die Einheimischen verarmen? Welche Mengen von Geld und Gold haben sie, gegen die Gesetze des Königreichs, außer Landes gebracht?«[21] Und als 1640 ausländisches Kapital England floh, nachdem der englische König CHARLES I. das Gold der Goldschmiede und Kaufleute, das in der königlichen Münze lagerte, beschlagnahmt hatte, fragte Sir THOMAS ROE im Unterhaus, ob dies von Schaden oder nicht vielmehr von Nutzen sei. Denn die Ausländer hätten zwar Geld ins Land gebracht und damit den Handel gefördert, aber ihre Gewinne hätten sie abgezogen und damit das Land geschädigt.[22] Und noch 1718 fand CHARLES DAVENANT, der bedeutende Merkantilist, daß der große Kapitalbesitz der Ausländer eine ständige Belastung der Zahlungsbilanz bedeute, weil die Holländer beträchtliche Summen in Anleihen, Lotterien, Ost-Indien-Bonds, Aktien der Kapitalgesellschaften und all den Darlehen stehen hätten, die ihnen eines Tages zurückgegeben werden müßten, »entweder in Gold oder Wechseln oder Waren, was einen ständigen Abfluß aus England und ein Gewicht gegen uns in der Handelsbilanz bedeutet«.[23]

Noch im selben Jahrhundert wanderte jedoch das Zentrum der europäischen und der Weltwirtschaft weiter nach Nordwesten. London lief Amsterdam den Rang ab und behielt für mehr als ein Jahrhundert die Vorherrschaft über internationale Finanztransaktionen, Versicherungswirtschaft und Schiffahrt. Schätzungen des Bruttosozialprodukts pro Kopf setzen spätestens seit 1830 Großbritannien mit Holland gleich und von der Mitte des 19. Jahrhunderts bis zum Ersten Weltkrieg an die Spitze, während sich dahinter die Reihenfolge ändert. Das neugegründete Belgien hält in dieser Zeit zunächst Platz 2, dann 3; an die zweite Stelle rückt seit dem letzten Viertel des Jahrhunderts die ebenso wie Belgien früh industrialisierte Schweiz. Norwegen fällt von Platz 4 zunächst auf Platz 5 und seit 1890 auf Platz 6 zurück; Italien war schon um die Mitte des Jahrhunderts aus dem Kreis der Reichsten ausgeschieden; Frankreich rückt dafür zunächst von Platz 7 (1830) auf Platz 6 vor, muß dann jedoch Deutschland, Norwegen und den wiedererstarkten Niederlanden den Vorrang überlassen (siehe Tabelle 1).[24] Was immer man von der Genauigkeit solcher Schätzungen halten mag – deutlich ist, daß der Nordwesten Europas die Führung übernommen hat und der Mittelmeerraum zurückgefallen ist. Wie kann man das erklären?

21 Violet Barbour, Capitalism in Amsterdam in the 17th Century, Baltimore 1950. Übersetzt nach der Paperback-Ausgabe, Ann Arbor 1963, S. 124.
22 Vgl. Barbour, a. a. O., S. 124.
23 Barbour, a. a. O., S. 126.
24 Vgl. Paul Bairoch, Europe's Gross National Product, in: Journal of European Economic History, Nr. 5 (1976), S. 286.

IV. Das landwirtschaftliche Europa

Dazu ist es nötig, einen Blick auf die Agrarverfassung Europas zu werfen, denn bis weit in das 19. Jahrhundert hinein bestimmte die Agrarwirtschaft das Leben der weitaus meisten Europäer. Ihr Ertrag war jedoch außerordentlich unterschiedlich. Dazu trugen natürliche Bedingungen erheblich bei. Fruchtbare, regenreiche Ebenen mit guten Böden konnten mehr erwirtschaften als gebirgige, gar verkarstete Landschaften, wie sie in Griechenland, Spanien oder Italien zu finden sind. Verkehrsmäßig günstig gelegene konnten ihre Produkte besser vermarkten als abgelegene. Darüber hinaus aber spielten Unterschiede in der Agrarverfassung eine erhebliche Rolle, denn der Anreiz, produktiver zu arbeiten, war nur in wenigen Regionen Europas ausgeprägt. Hier spielten wieder die Eigentums- und Nutzungsrechte eine wichtige Rolle.

Freie Bauern gab es nur in wenigen Regionen Europas, nämlich in den nördlichen Niederlanden und in Großbritannien, in Norwegen und der Schweiz – also in denjenigen Ländern, die bei den Schätzungen des Volkswohlstands, die wir oben zitiert haben, bis 1850 in Europa die vorderen Plätze einnahmen. Selbst dort gab es jedoch eine Gemengelage von großen und kleinen Gütern, gab es adlige und stadtbürgerliche Landwirte und Pachtverhältnisse unterschiedlicher Dauer. Im westelbischen Mitteleuropa und in Frankreich dominierte die Grundherrschaft, bei der ein großer Teil der landbebauenden Bevölkerung den Boden teils vererblich, teils auf Lebenszeit gegen eine Vielzahl von Abgaben zur Nutzung hielt, während das Obereigentum bei einem Fürsten, einer Adelsfamilie, einem Kloster oder auch einer Stadt lag, die nur einen kleinen Teil ihres Landes selbst bewirtschafteten.

Besonders drückend waren die Abhängigkeitsverhältnisse im Süden und im Osten Europas. In Spanien, dem südlichen Italien und in Griechenland bewirtschafteten die Bauern das Land unter den unterschiedlichsten Eigentums- oder Pachtbedingungen. Hier blieben die Naturalabgaben länger erhalten als im Norden, und sie umfaßten selten weniger als ein Drittel der Ernte, oft die Hälfte. Östlich der Elbe verfestigte sich in der frühen Neuzeit die Grundherrschaft wieder zur Gutsherrschaft. Hier kam es zu dem, was die marxistische Forschung als die *zweite Leibeigenschaft* bezeichnet hat und was in der deutschen Agrargeschichte im Anschluß an zeitgenössische Rechtsbegriffe meist *Erbuntertänigkeit* genannt wurde: die physische Bindung der Untertanen an den Gutshof und die Gutswirtschaft. Die erbuntertänigen preußischen, polnischen oder österreichischen und die leibeigenen russischen Bauern hatten eine bestimmte Anzahl von Tagen im Jahr, in Polen und Rußland oft sechs Tage in der Woche, auf dem Gutshof zu arbeiten. Hier konnte sich eine bäuerliche Landwirtschaft kaum entwickeln.

Doch auch im Westen oder Norden wurden meist nicht die durchaus vorhandenen familiengerechten Bauernhöfe mit vollen Eigentumsrechten zu Vorreitern einer modernen Landwirtschaft, die neue Methoden des Anbaus, der Düngung oder der Viehwirtschaft entwickelten, sondern im 17. und 18. Jahrhundert oft adlige Landwirte, die der *rationalen Landwirtschaft* huldigten, oder aber Pächter größerer Güter (in Preußen der königlichen Domänen), auch Stadtbürger, die die Chancen einer Spezialisierung in Zonen größerer Bevölkerungsdichte erkannten. Gute Eigentumsrechte allein genügten offenbar nicht. Man mußte auch Kenntnisse und Kapital besitzen, um zu den Pionieren zu gehören. Doch Nachahmung war in einer Gesellschaft mit einer ausreichend großen selbständigen Mittelschicht eher möglich als dort, wo diese fehlte.

Wieder läßt sich dies besonders früh und deutlich in den Niederlanden erkennen, wo man in Stadtnähe zum Gartenbau überging oder zum Anpflanzen der sogenannten *Handelsgewächse* wie Flachs, Hanf, Krapp (eine Färberpflanze), Hopfen, schließlich auch Tabak. Die Niederländer waren seit Jahrhunderten auch Meister des Deichbaus und der Entwässerung und dehnten so ihre Anbaufläche aus; sie nutzten die Windkraft für ihre Mühlen, sie experimentierten mit dem Fruchtwechsel durch Anbau von Hülsenfrüchten und kombinierten Getreidebau mit Viehwirtschaft, so daß der anfallende Dünger zur Bodenverbesserung genutzt werden konnte. »Die Vielfalt der Kulturen ermöglichte den raschen Übergang von weniger gewinnbringenden auf marktgängigere Produkte, wie die Preisentwicklung auch eine Verschiebung zwischen Ackerbau und Viehzucht bewirken konnte.«[25]

25 Jan A. van Houtte, Die Niederlande, in: Ilja Mieck (Hrsg.), Handbuch der Europäischen Wirtschafts- und Sozialgeschichte, Bd. 4, Stuttgart 1993, S. 327.

Von den Niederländern lernten die Engländer, die Franzosen, die Skandinavier und die nordwestdeutschen Bauern, wie man die Produktivität des Bodens verbessern kann, sei es durch Spezialisierung, sei es durch Bodenpflege und Düngung, sei es durch effizientere Pflüge und Geräte. Während man im Mittelalter damit rechnete, daß eine Ernte etwa das Dreifache der Aussaat erbrachte, erwirtschafteten die Niederländer im 18. Jahrhundert bis zum Elffachen. Im übrigen Westeuropa stiegen die Erträge auf das Vierbis Sechsfache der Aussaat, in Osteuropa blieben sie jedoch beim Dreifachen, und in Rußland lagen sie oft noch darunter.[26]
Im 18. Jahrhundert haben sich dann in England diese vielfältigen Bemühungen um Innovationen in der Landwirtschaft zu einer Agrarrevolution verdichtet, die nach überwiegender Meinung der Wirtschaftshistoriker der Industriellen Revolution voranging und sie begleitete. Sie erhöhte mit dem Nahrungsstandard einen wesentlichen Teil des Lebensstandards und setzte die Ressourcen frei, die nun für die industrielle Entwicklung benötigt wurden.

26 Vgl. Aldo de Maddalena, Das ländliche Europa 1500–1750, in: Carlo M. Cipolla und Knut Borchardt (Hrsg.), Europäische Wirtschaftsgeschichte, Bd. 2, Sechzehntes und siebzehntes Jahrhundert, Stuttgart-New York 1979, S. 171–222; Ilja Mieck, Wirtschaft und Gesellschaft Europas von 1650–1850, in: Mieck (Hrsg.), Handbuch..., Bd. 4, a. a. O., S. 120–132.

V. Das industrielle Europa und die nördliche Peripherie

So wenig die Verbesserungen des Lebensstandards durch Erhöhung der Produktivität in der Landwirtschaft eine Sache von wenigen Jahrzehnten gewesen sind, so wenig hat die sogenannte *industrielle Revolution* den Lebensstandard der Bevölkerung kurzfristig verbessert. Es gibt sogar eine langanhaltende Diskussion darüber, ob sie ihn nicht für den Großteil der Bevölkerung zunächst verschlechtert habe. Die sogenannte *pessimistische Schule* der englischen Wirtschaftshistoriker behauptet dies mindestens für den Zeitraum zwischen 1780 und 1850. Dem steht freilich die *optimistische Schule* gegenüber, die zu dem Ergebnis kommt, daß eine allgemeine Verschlechterung des Lebensstandards in England während der entscheidenden Jahrzehnte des Durchbruchs der technischen Neuerungen in der Textil- und der Eisenindustrie, der im allgemeinen mit dem Begriff der Industriellen Revolution verbunden wird, nicht festgestellt werden könne und daß spätestens seit den 1830er Jahren eine deutliche Verbesserung des Lebensstandards auch der arbeitenden Klassen in Großbritannien zu beobachten sei.[27] In einer neueren Untersuchung kommt CHRISTOPH BUCHHEIM zu dem Ergebnis, daß um 1800 nur ein Zehntel der Bevölkerung in England und Wales über ein Einkommen verfügte, das mehr als die Dekkung der Grundbedürfnisse gestattete, während im letzten Jahrzehnt des 19. Jahrhunderts 40 Prozent zu dieser Gruppe gehörten, darunter ein Viertel der Arbeiterschaft.[28]

Unbezweifelt ist, daß seit der Mitte des 19. Jahrhunderts nicht nur der Lebensstandard der Engländer im allgemeinen, sondern auch ihrer Arbeiterschaft gestiegen ist und daß im Laufe des 19. Jahrhunderts Großbritannien die Niederlande als die reichste Nation Europas ablöste. Es überrascht da-

27 Die Debatte bis Mitte der sechziger Jahre ist dokumentiert in Wolfram Fischer und Georg Bajor (Hrsg. und eingel.), Die Soziale Frage. Neuere Studien zur Lage der Fabrikarbeiter in den Frühphasen der Industrialisierung, Stuttgart 1967. Sie ist seitdem, vor allem in der Economic History Review, der Fachzeitschrift der englischen Wirtschaftshistoriker, weitergegangen. Den neueren Stand diskutiert Christoph Buchheim, Industrielle Revolution und Lebensstandard in Großbritannien, in: Vierteljahrschrift für Sozial- und Wirtschaftsgeschichte, Nr. 76 (1989), S. 494–514. Für Deutschland vgl. Toni Pierenkemper, The Standard of Living and Employment in Germany. 1850–1980: An Overview, in: The Journal of European Economic History, Nr. 16 (1987), S. 51–73.

28 Vgl. Buchheim, a. a. O., S. 494 f.

her auch nicht, daß bei den Schätzungen der Höhe des Bruttosozialprodukts seit dem letzten Viertel des 19. Jahrhunderts vor den Niederlanden die Schweiz und Belgien rangieren, denn sie waren die beiden Länder des Kontinents, die die Industrialisierung am frühesten übernahmen und eine differenzierte Gewerbe- und Industriestruktur entwickelten. Hingegen stehen Länder im Osten und Süden Europas, bei denen die Industrialisierung noch kaum Fuß gefaßt hatte, am Ende der Rangliste: Bulgarien und Serbien, Rußland und Rumänien, Portugal und Griechenland und auch noch Spanien (siehe Tabelle 1).[29] Würde man Europa statt nach Ländern nach Regionen aufteilen, so würde sich ergeben, daß die Dienstleistungszentren und die früh industrialisierten Regionen einen deutlichen Vorsprung vor den in traditionellen Agrar- und Gewerbestrukturen verharrenden Regionen besaßen, am deutlichsten vielleicht in Italien, wo die seit Jahrhunderten bestehende Kluft zwischen Nord und Süd sich mit der Industrialisierung des Nordens um Mailand und Turin herum noch erheblich vertiefte.[30]

Ebenso bemerkenswert aber ist, daß seit den letzten Jahrzehnten des 19. Jahrhunderts vor allem Skandinavien einen sichtbaren Aufholprozeß einleitet. Schweden und Dänemark sind die einzigen Länder Europas, die zwischen 1860 und 1910 Wachstumsraten des Bruttosozialprodukts pro Kopf und Jahr von knapp 2 Prozent erreichen, während der europäische Durchschnitt bei knapp 1 Prozent liegt. Läßt man die Bevölkerungsvermehrung außer acht, so liegen ihre Wachstumsraten mit knapp 3 Prozent (Dänemark) und 2,7 Prozent (Schweden) ebenfalls an der Spitze. Auch Finnland gehört mit 2,4 Prozent zu den schneller wachsenden Regionen, knapp hinter Deutschland mit 2,6 Prozent. Der europäische Durchschnitt liegt mit 1,9 Prozent pro Jahr deutlich niedriger.[31]

Die Erklärung für den wirtschaftlichen Erfolg Skandinaviens liegt sehr wesentlich darin, daß es sich in der zweiten Hälfte des 19. Jahrhunderts in das von England geprägte Weltwirtschaftssystem arbeitsteilig eingegliedert hat. Dänemark nutzte den englischen Markt vor allem durch Lieferung hochwertiger Nahrungsmittel und erhöhte dabei die Produktivität seiner Landwirtschaft beträchtlich, vor allem durch eine Ausdehnung der Vieh-

29 Vgl. Bairoch, a. a. O., S. 286.
30 Vgl. Peter Hertner, Italien 1850–1914, in: Fischer (Hrsg.), Handbuch . . ., Bd. 5, a. a. O., S. 717–777.
31 Eine Zusammenfassung der Ergebnisse von Bairoch findet sich bei Fischer (Hrsg.), Handbuch . . ., Bd. 5, a. a. O., S. 114.

wirtschaft, ohne den Ackerbau zu vernachlässigen. Zwischen 1861 und 1914 verdoppelten die dänischen Bauern die Zahl ihrer Rinder und verachtfachten die Zahl der Schweine, die den Engländern den beliebten *bacon* für den Frühstückstisch lieferten, während die Schafhaltung zurückging und dadurch Land für intensiveren Anbau frei wurde. Der Milchertrag pro Milchkuh konnte verdreifacht werden. Insgesamt verdoppelte sich in Dänemark wie in Schweden die landwirtschaftliche Produktion zwischen den 1860er Jahren und dem Ersten Weltkrieg. Norwegen hinkte leicht hinterher. Nur beim Exportanteil der landwirtschaftlichen Produkte zeigten sich beträchtliche Unterschiede. Während Norwegen kaum landwirtschaftliche Produkte, sondern vor allem Fische und Fischprodukte exportierte, stieg die Exportquote der dänischen Landwirtschaft von rund 30 Prozent um die Mitte des 19. Jahrhunderts auf zwei Drittel in den Jahren unmittelbar vor Beginn des Ersten Weltkrieges.[32]
Hinzu kommt, daß vor allem Schweden, aber auch Norwegen und Finnland sich von Rohstofflieferanten für England und Deutschland (Erze, Holz) zu Industrieländern wandelten, indem sie einen immer größeren Teil ihrer Rohstoffe selbst verarbeiteten, eine Holz- und Papierindustrie, Schweden auch den Maschinen- und Schiffbau entwickelten. Mit einigen Produkten, wie Separatoren, Turbinen, Kugellagern und Telefonen, stießen schwedische Unternehmen in die Weltspitze vor. Dänemark entwikkelte eine leistungsfähige Nahrungsmittelverarbeitung und eine meist kleingewerbliche Möbel- und Bauindustrie. Das wurde den Skandinaviern dadurch erleichtert, daß ihr eigenes Wirtschaftssystem keine Hemmnisse aufbaute. Die Landwirtschaft hatte längst alle feudalen Fesseln abgeschüttelt, und zumindest in Dänemark und Schweden herrschte ein stabiles politisches System mit einer klaren, an den Rechten des Individuums orientierten Rechtsordnung. Nicht im Gegensatz dazu stand die starke genossenschaftliche Orientierung der skandinavischen Länder, denn sie stärkte durch marktwirtschaftliche Kooperation die relativ kleinen landwirtschaftlichen und gewerblichen Unternehmen.
Für die skandinavischen Länder ist auch, dank ihrer guten Statistiken, nachgewiesen, daß der Lebensstandard sich nicht nur für die Ober- und

32 Vgl. Ove Hornby, Dänemark, Norwegen und Schweden 1850–1914, in: Fischer (Hrsg.), Handbuch . . ., Bd. 5, a. a. O., S. 238 ff.

Mittelschichten, sondern auch für die unteren Schichten seit der Mitte des 19. Jahrhunderts deutlich verbesserte. Auch sie nahmen an der in Dänemark und Schweden reichlichen, in Norwegen knappen Verdoppelung des Bruttosozialprodukts pro Kopf der Bevölkerung zwischen 1850 und 1910 teil. Mindestens für Dänemark kann man nachweisen, daß sich die erheblichen Einkommensunterschiede, die noch zur Mitte des 19. Jahrhunderts bestanden, bis zum Ersten Weltkrieg leicht abmilderten, der Lebensstandard der unteren und mittleren Schichten also etwas schneller wuchs als der der obersten Schicht.[33]

33 Vgl. Hornby, a. a. O., S. 223 f.

VI. Das Zurückbleiben des östlichen und südlichen Europa

Ganz anders sah es im Osten und Süden Europas aus. Hier kam die Modernisierung der Landwirtschaft nur schleppend voran, und Industriezentren bildeten sich nur an wenigen Stellen, so um Lodz in Polen, um St. Petersburg und Moskau oder um Budapest und Barcelona, wo vor dem Ersten Weltkrieg rund 40 Prozent der spanischen Industrie konzentriert waren. In Rußland wurde zwar 1861 die Leibeigenschaft aufgehoben, aber eine sichtbare Steigerung der Produktivität der Landwirtschaft war damit kaum verbunden. Wenn Rußland bis zum Ersten Weltkrieg zu einem der größten Weizenproduzenten und -exporteure der Welt wurde, so lag das im wesentlichen an einer Ausdehnung der Anbaufläche, weniger an Produktivitätsgewinnen. Die früheren Leibeigenen erhielten den Boden auch nicht zur individuellen, sondern nur zur kollektiven Nutzung durch die Kommune. Die Umverteilungsgemeinde wurde nicht beseitigt. Sie war nach wie vor für die Feldbestellung, meist in Form der Dreifelderwirtschaft, und für die Steuerzahlungen verantwortlich und beschnitt die Entscheidungs- und Bewegungsfreiheit der Einzelnen. Das Gemeindeland konnte auch nicht ge- oder verkauft werden, so daß eine Differenzierung zwischen tüchtigeren und weniger tüchtigen Bauern kaum möglich war. Weder das den Bauern zugeteilte noch der größte Teil des in staatlichen Händen bleibenden Landes gelangte so auf den Markt. Nur der – meist adlige – Großgrundbesitz konnte daher Marktgesetzen gehorchen. Die wachsende Nachfrage nach Land, die sich mit dem Bevölkerungswachstum bemerkbar machte, stieß daher auf institutionelle Grenzen, was zu einer beträchtlichen Preiserhöhung führte, die so nicht hätte eintreten können, wäre der gesamte Boden Marktgesetzen unterworfen gewesen. Dennoch gelang es offenbar Bauern, einen Teil des oft hochverschuldeten adligen Grundbesitzes und des vom Staat freigegebenen Bodens zu erwerben, denn um 1900 besaßen sie nahezu ebensoviel Land wie der Adel, dessen Grundbesitz seit 1861 um mehr als die Hälfte geschrumpft war. Nach den Reformen STOLYPINS von 1906 gingen weitere 16 Millionen ha aus kommunalem in privaten bäuerlichen Besitz über, so daß nun eine größere Differenzierung der ländlichen Bevölkerung einsetzte. Der Anfang für eine stärker kommerzialisierte Landwirtschaft war gemacht, aber sie konnte sich bis zur sowjetischen Revolution kaum auswirken. Immerhin verdoppelte sich die durchschnittliche Getreideproduktion in 50 Distrikten Rußlands zwischen den 1860er Jahren und dem Beginn des Ersten Weltkrieges. Der Lebensstandard der russischen Landbevölkerung erhöhte sich jedoch kaum, weil der Staat in ihr die Hauptsteuerquelle sah und ihr durch Steuern Mittel entzog, die sie sonst zur Kapitalbildung hätte verwenden können. Die Kosten sowohl des Zarenhofes und der Verwaltung als auch der Armee sowie die für die Forcierung der Industrialisierung und den Ausbau der Infrastruktur nötigen Mittel mußten im wesentlichen von der Landbevölkerung aufgebracht werden.[34]

Etwas besser sah es in dem durch den Wiener Kongreß geschaffenen *Kongreßpolen* aus. Auch hier war zwar das Land sehr ungleich verteilt – auf der einen Seite Großgrundbesitz, auf der anderen Kleinbauern –, aber beide schafften es, durch erhöhten Kapitaleinsatz hier, durch vermehrten Arbeitseinsatz da, vor allem aber durch Veränderungen im Anbau, in den letzten Jahrzehnten vor dem Ersten Weltkrieg die Produktivität des Bodens leicht zu erhöhen. Die Hektarerträge stiegen zwischen dem Beginn der 1890er Jahre und 1911/12 sowohl bei Getreide wie bei Kartoffeln und Zuckerrüben um rund 30 Prozent. Da die durchschnittliche jährliche Produktion aber weit stärker wuchs – bei Getreide um rund 60 Prozent, bei Zuckerrüben und Kartoffeln gegen 100 Prozent –, muß auch hier ein Großteil des Zuwachses durch Ausdehnung der Anbaufläche zustande gekommen sein. Im Unterschied zu Dänemark veränderte sich der Viehbestand zunächst jedoch kaum; er ging vom Ende des 19. Jahrhunderts bis zum Ersten Weltkrieg sogar zurück. Nur der Pferdebestand wuchs. Polens Landwirtschaft blieb auf den Ackerbau konzentriert. Da die einheimische Landwirtschaft die wachsende Bevölkerung nicht ausreichend beschäftigen konnte, drängten viele Polen als Wanderarbeiter nach Deutschland und Österreich. Ihr Verdienst lag dort doppelt so hoch wie zu Hause; die rund 268 000 Saisonarbeiter des Jahres 1908, von denen rund 85 Prozent in Deutschland tätig waren, brachten mehr als 16 Millionen Rubel (rund 35 Millionen Mark) zusätzlich ins Land.[35]

34 Vgl. Arcadius Kahan, Rußland und Kongreßpolen 1860–1914, in: Fischer (Hrsg.), Handbuch . . ., Bd. 5, a. a. O., S. 528 ff.

35 Vgl. ebenda, S. 589 ff.

Noch ungleicher waren das Land und damit die Lebenschancen in Ungarn oder Rumänien verteilt. In Ungarn war zwar die Leibeigenschaft im Gefolge der 1848er Revolution aufgehoben worden; damit war jedoch keine Neuverteilung des Landes verbunden gewesen. Gegen Ende des 19. Jahrhunderts besaßen 0,2 Prozent der landwirtschaftlichen Betriebe (mit mehr als 500 ha) knapp ein Drittel des Landes, rund 54 Prozent aber waren Zwergbauernhöfe mit weniger als 2,5 ha. Sie hielten nur 5,8 Prozent des Bodens. Nur rund 30 Prozent der ungarischen Bauern besaßen einen nach den Maßstäben des 19. Jahrhunderts familiengerechten Hof. Etwa 40 Prozent der Landbevölkerung oder ein Drittel der gesamten Bevölkerung waren Landlose oder Landarme, die sich mit Gelegenheitsarbeiten, etwa beim Eisenbahnbau, durchschlugen oder nur saisonal beschäftigt waren, und noch einmal halb so viele – gegen drei Millionen – verfügten nur über einen Grundbesitz, der eine Familie nicht voll ernährte. Ein wachsender Anteil des Großgrundbesitzes wurde jedoch in den letzten Jahrzehnten des 19. Jahrhunderts von Pächtern bewirtschaftet, die zum Teil moderne Methoden einführten. Der potentielle Reichtum des Landes wurde nur von einem kleinen Teil der Bevölkerung genutzt.

In Rumänien besaßen 0,6 Prozent der Betriebe mehr als 100 ha und 43,3 Prozent des Bodens, während die 77 Prozent Kleinbetriebe unter 5 ha mit knapp 26 Prozent der Landfläche auskommen mußten. Fast die Hälfte aller Bauern verfügte nicht über Zugtiere. Die meisten waren Analphabeten, und ihre Anbaumethoden wirkten auf Westeuropäer mittelalterlich. Auch hier gewann jedoch das Pachtland an Bedeutung. Im Unterschied zu Ungarn pachteten aber eher kleine Bauern Land hinzu.

Weit weniger Großgrundbesitz gab es in Serbien. Dort hatten nur knapp 800 landwirtschaftliche Betriebe mehr als 50 ha zur Verfügung, was 0,3 Prozent der landwirtschaftlichen Anbaufläche entsprach. Demgegenüber besaßen 47 Prozent der Bauern weniger als 5 ha und 41 Prozent zwischen 5 und 50 ha, während der Rest der Landbevölkerung (11,5 Prozent) ohne eigenen Landbesitz auskommen mußte.[36]

Besonders ungleich war der Boden jedoch in dem altertümlich gebliebenen Bosnien und der Herzegowina verteilt, wo sechs- bis siebentausend meist muslimische Grundherren noch mit 85 000 meist serbischen Leibeigenen

36 Dazu und zum folgenden vgl. Iván T. Berend und György Ránki, Ungarn, Rumänien, Bulgarien, Serbien und Montenegro 1850–1914, in: Fischer (Hrsg.), Handbuch . . ., Bd. 5, a. a. O., S. 601–648, besonders S. 616–622.

arbeiteten, denen nur 77000 freie Bauern gegenüberstanden. Die Leibeigenen mußten ein Viertel bis ein Drittel ihrer Ernte an die Grundherren abliefern, 12,5 Prozent ihrer Produktion als Steuern zahlen und waren überdies zu persönlichen Dienstleistungen verpflichtet. Das Ende der türkischen Herrschaft nach dem Berliner Kongreß von 1878 änderte daran wenig, da die österreichisch-ungarische Regierung, die nun die Verwaltung übernahm, die Grundherren nicht enteignete, sondern eine freiwillige Ablösung der alten feudalen Bindungen und Abgaben anstrebte.

In Bulgarien gab es, ähnlich wie in Serbien, nur wenige große landwirtschaftliche Güter. Um die Jahrhundertwende besaßen 50 mehr als 250 ha, und die Höfe, die mehr als 100 ha zur Verfügung hatten, bebauten nur 6,5 Prozent der Fläche; ihre Eigentümer machten ganze 0,1 Prozent der Landbewohner aus. Fast die Hälfte des Gebietes wurde von den 87 Prozent Klein- und Kleinstbauern bewirtschaftet, die weniger als 10 ha zur Verfügung hatten, die andere knappe Hälfte von den 12,6 Prozent mittleren Bauern mit 10 bis 100 ha Land. In Bulgarien lebten, ebenso wie in Serbien, die aus dem Mittelalter überkommenen dörflichen Flurgemeinschaften weiter; die Großfamilien bestimmten über die Verwendung des Landes, sie wirtschafteten kollektiv und autark ohne Beziehungen zum Markt und daher ohne bares Einkommen – ein fast vollständiger Gegensatz zur kommerzialisierten Landwirtschaft Englands, Hollands oder Dänemarks. Erst zu Beginn des 20. Jahrhunderts begann sich dies zu verändern. Als Folge des Übergangs zur Geldwirtschaft nahm nun freilich die Verschuldung vor allem der Zwergbauern zu, die für Kredite bis zu 100 Prozent Zinsen zahlen mußten.

In Griechenland hatte während der osmanischen Herrschaft der Boden muslimischen Großgrundbesitzern, dem Staat oder kirchlichen Institutionen gehört. Die Bauern pachteten ihr Land; ein großer Teil lebte unter äußerst ärmlichen, naturalwirtschaftlichen Bedingungen in schwer zugänglichen Gebirgsdörfern. Nach dem Abzug der muslimischen Großgrundbesitzer fielen deren Ländereien dem Staat zu, der sie zum Teil an Freiheitskämpfer oder an die bisherigen Pächter verteilte, die sie ihrerseits oft weiterverpachteten, so daß sich für die Masse der griechischen Landbevölkerung wenig änderte. Die überkommene Gemeinschaftswirtschaft mit Großfamiliendörfern, Hauptdörfern oder Hirtengemeinschaften blieb erhalten. Im Hauptdorf hatten die jeweils reichsten Grundbesitzer das Sagen, und Pächter mußten meist nach wie vor 30 bis 50 Prozent des Brut-

toertrages abliefern. Bis in die siebziger Jahre des 19. Jahrhunderts hinein blieb rund die Hälfte des Ackerlandes unbebaut. Vielfach wurde noch die Dreifelderwirtschaft betrieben, die in Westeuropa schon seit dem späteren Mittelalter durch verschiedene Fruchtwechselwirtschaften ersetzt worden war. Nach Beseitigung der türkischen Herrschaft, dem Wiederaufbau der zerstörten Dörfer und mit Hilfe zahlreicher europäischer Zuwanderer kam Griechenland jedoch seit den 1820er Jahren allmählich aus dem Stadium der Haus- und Naturalwirtschaft heraus. Kleingewerbe und Handel trugen zur Entstehung einer Marktwirtschaft und zur Erhöhung des Lebensstandards bei. Die Kluft zwischen Stadt und Land weitete sich dadurch aber eher aus. Der Staat orientierte sich in seiner Außenhandelspolitik bis in die 1880er Jahre hinein am *Laisser-faire*; im Innern hemmte er jedoch »durch seine administrative Ineffizienz und eine antiquierte, vielfach an byzantinischen Normen ausgerichtete Wirtschaftsgesetzgebung den ökonomischen Fortschritt (zum Beispiel im Bereich des Kreditwesens) und schreckte potentielle ausländische Kapitalanleger ab«.[37] Mangels ausreichender Steuereinnahmen finanzierte der griechische Staat überdies einen Teil seines Budgets und den Wiederaufbau mit Auslandsanleihen, die 1893 nicht mehr bedient werden konnten. Nachdem 1897 ein neuer Krieg mit der Türkei verloren worden war, mußte sich Griechenland – wie vorher schon die Türkei und später noch Serbien – einer internationalen Finanzkontrolle unterwerfen. Der Modernisierungsprozeß wurde dadurch weiter behindert, da die Auslandsanleihen in Rüstung und Schuldenrückzahlung flossen. Hier zeigte sich ein *circulus vitiosus*, der Griechenland auch später noch zu schaffen machen sollte.
Auch in Spanien herrschte bis weit ins 20. Jahrhundert hinein eine deutliche Dichotomie zwischen Großgrundbesitz auf der einen Seite (besonders im Süden) und Zwergbesitz von Landwirten, besonders im Norden, wo er jedoch ebenfalls mit Großbetrieben durchmischt war, deren Land sowohl von besitzlosen Landarbeitern wie von Kleinpächtern bewirtschaftet wurde. Verfügung über den Boden bestimmte auch die soziale und politische Stellung im Lande, bedeutete nicht nur Einkommen aus Landrente, sondern auch Ansehen und Macht. Was hier wie im Süden und Südosten

37 Dimitrios J. Delivanis und Holm Sundhaussen, Griechenland 1830–1914, in: Fischer (Hrsg.), Handbuch ..., Bd. 5, a. a. O., S. 662.

Europas generell fehlte, war eine selbständige bäuerliche Mittelschicht, wie sie sich im Westen und in großen Teilen Mittel- und Nordeuropas im Laufe der Jahrhunderte entwickelt hatte. Weniger als 10 Prozent der in der Landwirtschaft Tätigen waren gleichzeitig Eigentümer des von ihnen bebauten Bodens; im Süden Spaniens machten die landlosen Tagelöhner sogar 75 Prozent der gesamten arbeitenden Bevölkerung aus. Auch nach Einführung einer liberalen Rechts- und Wirtschaftsordnung im letzten Drittel des 19. Jahrhunderts änderte sich faktisch wenig, ähnlich manchen ostelbischen Gebieten in Deutschland. Auch hier traten – wie im Preußen des frühen 19. Jahrhunderts – nun Städter, die von den neuen Eigentumsrechten Gebrauch machen konnten, als Großgrundbesitzer auf. Die Auflösung der alten genossenschaftsähnlichen Bindungen, der Feld-, Flur- und Waldgemeinschaften und Allmenden ging zu Lasten der Ärmsten. Ihre versteckte Arbeitslosigkeit wuchs und erreichte bis zu 180 Tage im Jahr. Andalusische Landarbeiter verdienten im Schnitt nur rund ein Drittel der Löhne, die im Landesdurchschnitt gezahlt wurden.

Die sich seit den 1830er Jahren entwickelnde Industrie konnte die zahlreichen unterbeschäftigten Landarbeiter noch nicht absorbieren, doch wuchs in ihrem Gefolge in manchen Regionen und Städten eine Mittelschicht heran – Handwerker, Händler, Angestellte und freiberuflich Tätige –, die jedoch zu schwach blieb, um Spanien in eine Reihe mit den nord- und westeuropäischen Nationen zu bringen. Vielmehr bildete sich eine duale Gesellschaft heraus – mit modernen Elementen im Handel, im Finanzsektor und in einzelnen Industrien und einer in Traditionen verharrenden, wenig produktiven Landwirtschaft. Der Gegensatz zwischen Arm und Reich wuchs eher, als daß er sich verminderte. Immerhin gelang es Spanien, ausländische Anleihen und Direktinvestitionen in größerem Umfang zu gewinnen. Sie flossen vor allem in den Bergbau und in die Infrastruktur – Eisenbahnen, Gas-, Wasser- und Elektrizitätswerke –, aber auch in Versicherungsunternehmen. Doch regte sich dagegen Widerstand, und die jungen Industrien forderten Schutzzölle, so daß Spanien gegen Ende des 19. Jahrhunderts nach einigen Perioden des Versuchs mit Freihandelspolitik zu einem ausgesprochen protektionistischen Land wurde. Nach dem Verlust der Kolonien im Jahre 1898 setzte sich sogar eine Autarkiepolitik durch – ein Vorspiel für die spätere Wirtschaftspolitik des Generals Franco. Damit koppelte sich Spanien von der westeuropäischen Entwicklung wieder ab.

Nicht viel anders sah es in Portugal aus. Dort hatte die Auflösung der geistlichen Orden und Klöster große Nationalgüter geschaffen, die zum Teil in die Hände des städtischen Bürgertums und neugeadelter Familien kamen. Auch wurde die landwirtschaftliche Nutzfläche erheblich ausgedehnt, während die Produktivität des Bodens kaum gesteigert werden konnte. Bei größeren Investitionen war die Abhängigkeit vom Ausland eher noch ausgeprägter als in Spanien. Die Wirtschaftspolitik hatte keinen großen Einfluß. Portugal blieb daher stärker in das internationale Handelsnetz, besonders in seine traditionellen Austauschbeziehungen mit England, eingebettet. Große Impulse gingen davon jedoch nicht aus. Portugal blieb nicht nur im geographischen Sinne des Wortes peripher. Finanziell hatte es ähnliche Schwierigkeiten wie Griechenland, Serbien und die Türkei: Auch Portugal mußte 1892 den Staatsbankrott erklären.[38]

Ost- und Südeuropa behielten, bei allen Unterschieden im einzelnen, einige gemeinsame Kennzeichen: die im Vergleich zu West-, Nord- und Mitteleuropa starke Ungleichverteilung von Grund und Boden, einen wenig ausgebauten und differenzierten Mittelstand sowohl in der Landwirtschaft wie im Gewerbe, einen geringen Urbanisierungsgrad, eine wenig leistungsfähige Infrastruktur und eine mangelhafte Volksbildung. Die Dominanz der wenigen Großgrundbesitzer, seien sie nun von altem Adel oder Neugeadelte oder reich gewordene Stadtbürger, schwächte sich nur wenig ab. *Absentee ownership* der Großgrundbesitzer, die sich eher in der Stadt als auf ihren Besitzungen aufhielten, verhinderte eine Modernisierung der Landwirtschaft, und auch aus dem städtischen und ländlichen Kleingewerbe entwickelten sich nur in wenigen Regionen industrielle Unternehmen. Daher blieb die Kluft zwischen Arm und Reich ausgeprägt wie in allen vorindustriellen Gesellschaften. Auf Ost- und Südeuropa trifft zu, was Franz Oppenheimer 1898 als machtpolitisch bedingte *Bodensperre* bezeichnete und worin er das größte institutionelle Hindernis für die Durchsetzung einer modernen Marktwirtschaft sah: »Das agrarische Grossgrundeigentum ist der einzige Störenfried der entwickelten Tauschwirtschaft, das einzige Hindernis der ›Gesellschaft der sozialen Gerechtigkeit‹.«[39]

38 Vgl. Joel Serrão und Georg Thomas, Portugal 1830–1910, in: Fischer (Hrsg.), Handbuch…, Bd. 5, a. a. O., S. 687–704.

39 Franz Oppenheimer, Grossgrundeigentum und soziale Frage. Versuch einer neuen Grundlegung der Gesellschaftswissenschaft, Berlin o. J. (1898), S. 9.

Daran änderte sich auch nach dem Ersten Weltkrieg nur wenig. In den Nachfolgestaaten Österreich-Ungarns und der Türkei wurden zwar ebenso wie im Baltikum Bodenreformen durchgeführt. In manchen Ländern bedeutete das aber vor allem den Austausch von deutschen, ungarischen, russischen oder türkischen Großgrundbesitzern durch solche der nun dominierenden Nationalitäten. Aber auch wo Land aufgeteilt wurde, wie in Rumänien, kam dadurch keine leistungsfähige Landwirtschaft zustande, da Zwergbauern ohne genügend Land, Geräte und Vieh weiterhin die Mehrheit bildeten. In Bulgarien, wo schon vorher die bäuerliche Wirtschaft dominiert hatte, korrigierten Landreformen die Besitzverhältnisse nur leicht. In sämtlichen Balkanländern blieb die Zersplitterung des Bodens ein Hindernis für wirtschaftliches Wachstum. Zeitgenössische Berechnungen hielten eine Hofgröße von 5 bis 15 ha für ausreichend, um eine Familie zu versorgen. Jedoch verfügten in Rumänien und Jugoslawien drei Viertel, in Bulgarien zwei Drittel der Bauern über weniger Land. In Jugoslawien besaß die Hälfte aller Bauern weder einen Eisenpflug noch Zugvieh, und der Hektarertrag erreichte bei den wichtigsten Getreidesorten nicht einmal die Hälfte des Ertrages der deutschen Landwirtschaft. Die meisten Kleinbauern lebten weiterhin dicht am Existenzminimum.[40]

In Albanien, Ungarn und Polen wurde die Landreform nicht radikal verwirklicht. In Polen sträubten sich vor allem die polnischen Großgrundbesitzer dagegen, so daß nur rund ein Viertel des Großgrundbesitzes – vorwiegend nichtpolnischer Eigentümer – umverteilt wurde und rund 20 Prozent des Landes in den alten Händen blieben. Zwar erhielten knapp 1,7 Millionen Familien, die vorher landlos oder landarm gewesen waren, zusätzlichen Boden zugeteilt, aber das schnelle Bevölkerungswachstum sorgte dafür, daß für viele Bauernfamilien die zur Verfügung stehende Fläche bald wieder zu klein war. Rund 20 Prozent der Landbevölkerung blieben nach wie vor ohne eigenen Besitz. In Ungarn wurden nur 6 Prozent des anbaufähigen Landes der Landreform unterworfen. Im Jahr 1935 besaßen noch immer 1500 Güter mehr als 500 ha Land, so daß 0,1 Prozent der Wirtschaften über 24 Prozent der Anbaufläche verfügte. Rund 40 Prozent des Bodens gehörten zu Wirtschaften mit mehr als 100 ha, 42 Prozent zu Höfen mit 2 bis 100 ha, die von etwa einem Viertel der Landwirtsfamilien

40 Vgl. Iván T. Berend und György Ránki, Polen, Ungarn, Rumänien, Bulgarien und Albanien 1914–1980, in: Fischer (Hrsg.), Handbuch ..., Bd. 6, a. a. O., S. 780.

bewirtschaftet wurden. Hier gab es also immerhin eine beachtliche Zahl mittelgroßer Bauern, aber »die für adelige Gesellschaften kennzeichnenden Verhältnisse der bäuerlichen Wirtschaft und Gesellschaft überdauerten auch den Ersten Weltkrieg«.[41] Denn rund 40 Prozent der Landleute blieben besitzlos und arbeiteten auf den großen Gütern. Noch stärker blieb der Großgrundbesitz in Albanien, wo er sich meist in den Händen von christlichen und mohammedanischen Kultgemeinden befand, erhalten. »Das Mißverhältnis von Latifundienbesitz und besitzlosen ländlichen Schichten blieb auch zwischen den beiden Weltkriegen die wichtigste Ursache der sozialen Spannungen in der polnischen, ungarischen und albanischen Gesellschaft.«[42]

Nur in der Tschechoslowakei, deren Wirtschaftsstruktur schon vor dem Krieg eher dem mittel- als dem osteuropäischen Muster entsprochen hatte, stärkte die Bodenreform mittelgroße Bauern. Hier gab es auch eine nicht unbeträchtliche – nicht allein tschechische, sondern auch deutsche, jüdische, in der südlichen Slowakei auch ungarische – gewerbliche Mittelschicht. Die unabhängig gewordenen baltischen Länder fanden in unterschiedlichem Ausmaß Anschluß an Nord- und Mitteleuropa, am stärksten Estland, am wenigsten Litauen.

Griechenland blieb von starken Gegensätzen geprägt. Die Landbevölkerung erzielte im Durchschnitt weniger als ein Drittel des Einkommens der Städter, und 1936 hatten die 77 Prozent der Bevölkerung in den unteren Einkommensklassen nur einen Anteil von 47 Prozent am gesamten Volkseinkommen. Die Landreform war hier wegen des Bevölkerungsaustausches mit der Türkei radikaler durchgeführt worden als in den anderen südosteuropäischen Staaten. Nicht nur enteigneter türkischer und bulgarischer Besitz wurde Bauern zur Verfügung gestellt, sondern auch Grundbesitz des Staates, der Gemeinden, der Klöster und Stiftungen und griechischer Großgrundbesitzer. Das Ergebnis waren jedoch außerordentlich kleine Parzellen. Im Jahre 1929 besaßen 73 Prozent der landwirtschaftlichen Betriebe weniger als 3 ha, weitere 23 Prozent zwischen 3 und 10 ha und nur rund 4 Prozent zwischen 10 und 100 ha. Der Anteil von Betrieben mit mehr als 100 ha war mit 0,1 Prozent bedeutungslos geworden.[43]

41 Berend und Ránki, Polen . . ., a. a. O., S. 781.
42 Ebenda, S. 782.
43 Vgl. Holm Sundhaussen, Griechenland von 1914 bis zur Gegenwart, in: Fischer (Hrsg.), Handbuch..., Bd. 6, a. a. O., S. 925.

Spanien, vom Ersten (wie später auch vom Zweiten) Weltkrieg verschont, unterlag nicht dem gleichen dringenden Zwang, seine sozialen Verhältnisse zu ändern. Die Ungleichheit des Landbesitzes und der Vermögen und Einkommen blieb erhalten. So nahmen 1930 im Süden des Landes Ländereien mit mehr als 100 ha noch immer eine doppelt so große Fläche ein wie die Parzellen mit weniger als 10 ha. Allein die Latifundien mit mehr als 500 ha machten 53 Prozent der Landfläche des Südens aus. »Weite Gegenden Südspaniens wiesen klassische Merkmale ökonomischer und sozialer Rückständigkeit auf: Hunger, Arbeitslosigkeit, Analphabetismus, überdurchschnittliche Bevölkerungsvermehrung, Kapitalmangel, soziale Unruhen.«[44]

Auf sämtliche peripheren Staaten Europas trifft der Teufelskreis zu, den K. Varvaressos 1952 für Griechenland so formuliert hat: »Unterentwickelte Länder bleiben arm, weil sie schlecht verwaltet werden, keine stabile Währung haben und große wirtschaftliche und soziale Ungleichheiten zulassen, und andererseits werden sie, weil sie arm sind, schlecht verwaltet, haben keine stabile Währung und lassen große wirtschaftliche und soziale Ungleichheiten zu.«[45] Ungenügende Steuereinnahmen, verhältnismäßig hohe Militärausgaben und hohe Auslandsschulden sind drei immer wiederkehrende Symptome für eine ineffiziente Staatsverwaltung, die nicht in der Lage ist, einen stabilen Ordnungsrahmen und ein effektives Anreizsystem für die Wirtschaft zu schaffen. Oft folgt die Flucht in die Autarkie, die Abkapselung von der weltwirtschaftlichen Arbeitsteilung. Selbst die regionale Arbeitsteilung wurde in der Zwischenkriegszeit bewußt vermindert: Die Donauländer, die vor dem Ersten Weltkrieg zwei Drittel bis drei Viertel ihres Außenhandels untereinander abgewickelt hatten, bestritten 1929 nur noch ein Drittel ihres Außenhandels untereinander. Protektionismus und Autarkie, die die eigenen Volkswirtschaften stärken und den Aufholprozeß gegenüber dem Westen in Gang setzen sollten, führten zur Senkung des Lebensstandards der Mehrheit der Bevölkerung.

Gerade einige dieser Länder unternahmen Versuche, die Gesamtwirtschaft ähnlich wie in der Sowjetunion einer staatlichen Lenkung zu unterwerfen.

44 Walther L. Bernecker, Spanien 1914–1975, in: Fischer (Hrsg.), Handbuch ..., Bd. 6, a. a. O., S. 953.

45 K. Varvaressos, Report on the Greek Economic Problem, Washington 1952. Zitiert nach Sundhaussen, a. a. O., S. 927.

Das faschistische Italien, das Spanien FRANCOS oder Portugal unter SALAZAR gehören dazu. Ähnlich wie bei den Planungen in der Sowjetunion und im späteren Ostblock konnten dabei durchaus Teilerfolge erzielt werden, nämlich dort, wo Prioritäten gesetzt wurden, etwa bei der *Weizenschlacht* im Italien MUSSOLINIS und bei ähnlichen Bemühungen SALAZARS um Selbstversorgung bei Weizen oder beim Aufbau einzelner Industrien, vor allem aber bei der Sanierung des portugiesischen Staatshaushalts, die auch die Anerkennung des Westens fand. Dies führte jedoch zur Vernachlässigung anderer Sektoren, zu Ungleichgewichten, für viele Güter zu höheren als Weltmarktpreisen, zu Knappheiten und Versorgungsschwierigkeiten, wie sie sich auch in Deutschland schon in den Jahren unmittelbar vor dem Zweiten Weltkrieg bemerkbar machten. SALAZARS Politik des *stolzen Isolationismus* führte im Laufe der Zeit zu einer alles erdrückenden Bürokratie und zur Vorherrschaft einer Wirtschaftsoligarchie, die sowohl Banken wie Unternehmen beherrschte, die die portugiesische Wirtschaft vom Wettbewerb abschirmte und damit konkurrenzunfähig machte.[46]

Im Gefolge der Weltwirtschaftskrise griffen auch die südosteuropäischen Staaten 1931 nach dem Vorbild des Deutschen Reiches zu Devisenbewirtschaftung, Verrechnungsabkommen und Kontingentierungen im Außenhandel, teilweise auch zu staatlichen Monopolen für den Verkauf landwirtschaftlicher Güter. Polen zögerte zunächst, führte aber Mitte der dreißiger Jahre ähnliche Interventionsinstrumente ein. Seit der Mitte der dreißiger Jahre gerieten die meisten dieser Länder in den Bannkreis der nationalsozialistischen Großraumwirtschaft, oder sie wurden nach der Besetzung durch deutsche Truppen in die deutsche Kriegswirtschaft einbezogen.[47]

Nirgendwo sind diese Interventionen und Planexperimente von dauerhaftem Erfolg gewesen. Ihre Nachwirkungen zeigten sich noch lange, nicht nur in den vom Krieg verwüsteten und anschließend sowjetisierten Ländern Ost- und Südosteuropas, sondern auch in den vom Krieg verschont gebliebenen des Südwestens. Nach Einführung einer an den Bedürfnissen des Marktes orientierten Wirtschaftsordnung erwiesen sich langgehegte Lieblingsprojekte überall als konkurrenzunfähig, und beträchtliche Struk-

46 Vgl. Georg Thomas, Portugal 1911–1974, in: Fischer (Hrsg.), Handbuch . . ., Bd. 6, a. a. O., S. 997.

47 Vgl. Alan S. Milward, Der Zweite Weltkrieg. Krieg, Wirtschaft und Gesellschaft 1939–1945, München 1977, besonders S. 129–165.

turanpassungen und Mentalitätsveränderungen wurden nötig. Die Schaffung eines gesetzlichen Rahmens und angemessener Institutionen für eine dynamische, leistungsfähige Wirtschaft kann nur der Anfang sein. Die Anpassung an die neuen Bedingungen ist ein sehr viel längerer – und schmerzlicher – Prozeß, wie der im Gange befindliche Umbau der Volkswirtschaften des früheren Ostblocks demonstriert.

Summary

Comparisons of national product or income per capita between European nations reveal considerable differences not only between eastern and western Europe but also between its northern and southern regions. Partly they can be explained in terms of different economic systems which prevailed over the last four decades. All formerly centrally organized *command economies* have fallen behind those organized according to the principle of competition in a world-wide marketplace.

But an historical overview demonstrates that such differences are also deeply rooted in long-standing traditions and developments. Originally the Mediterranean area was the higher-developed part of Europe. Here the institutions for a commercial society were created. But with Europe's expansion overseas the Atlantic border became the more vital part of the continent, and the main center of commerce moved northward from Lisbon and Seville to Antwerp and Amsterdam.

The agricultural revolution also had its early beginnings in the Netherlands before it swept to England in the 18th century. England assumed leadership by combining the agricultural and industrial revolutions and forming the center of world trade, shipping, insurance, and banking. Some regions followed suit. By the end of the 19th century most of northwestern and central Europe, but also Scandinavia were on their way to a modern economy and society with a differentiated economic structure and legal and administrative institutions promoting long-term growth.

On the other hand, most of the eastern and southern parts of Europe remained in quasi-feudal structures of very unequal distribution of land, opportunity, and power. They were unable to raise productivity of land or labor to a significant degree and thus lost out against the modernized northwestern and central parts of Europe. Interventionist policies during the post-World War I period and during the Great Depression removed them even further from the path of an open economy. They aimed at autarky but soon found themselves in the grip of the expanding German war economy. The integration of the east and most of the southeast of Europe into the Soviet economic system ended in disaster while the southwestern periphery freed itself slowly from the chains of a self-centered, backward-looking political and social ideology. Thus these countries have been able to catch up and achieve integration into the mainstream of the European Community, a status for which the eastern European countries are just beginning to strive.

Literaturverzeichnis

Alber, Jens, Vom Armenhaus zum Wohlfahrtsstaat. Analysen zur Entwicklung der Sozialversicherung in Westeuropa, Frankfurt am Main-New York 1982.

Alber, Jens, Einige Grunddaten und Begleiterscheinungen der Entwicklung der Sozialausgaben in Westeuropa 1949–1977, in: Zeitschrift für Soziologie, Nr. 12 (1983).

Bairoch, Paul, Europe's Gross National Product, in: Journal of European Economic History, Nr. 5 (1976).

Barbour, Violet, Capitalism in Amsterdam in the 17th Century, Baltimore 1950.

Borchardt, Knut, Der »Property-Rights-Ansatz« in der Wirtschaftsgeschichte. Zeichen für eine systematische Neuorientierung des Faches?, in: Jürgen Kocka (Hrsg.), Theorien in der Praxis des Historikers. Forschungsbeispiele und ihre Diskussion. Geschichte und Gesellschaft, Sonderheft 3, Göttingen 1977.

Buchheim, Christoph, Industrielle Revolution und Lebensstandard in Großbritannien, in: Vierteljahrschrift für Sozial- und Wirtschaftsgeschichte, Nr. 76 (1989).

Bundesministerium für innerdeutsche Beziehungen, Materialien zum Bericht zur Lage der Nation im geteilten Deutschland, Bonn 1987.

Cipolla, Carlo M., Literacy and Development in the West, London 1969.

Ehrlich, Éva, Economic Growth in Eastern Central Europe after World War II, in: Adam Szirmai, Bart van Ark und Dirk Pilat (Hrsg.), Explaining Economic Growth. Essays in Honour of Angus Maddison, Amsterdam-London und andere 1993.

Fischer, Wolfram, und Georg Bajor (Hrsg. und eingel.), Die Soziale Frage. Neuere Studien zur Lage der Fabrikarbeiter in den Frühphasen der Industrialisierung, Stuttgart 1967.

Fischer, Wolfram, Markt- und Informationsnetze in der (neuzeitlichen) Wirtschaftsgeschichte des atlantischen Raums, in: Schriften des Vereins für Socialpolitik, Neue Folge, Bd. 126, Information in der Wirtschaft, Berlin 1982.

Fischer, Wolfram (Hrsg.), Handbuch der Europäischen Wirtschafts- und Sozialgeschichte, Bd. 5, mit Beiträgen von Iván T. Berend, Ove Hornby, Arcadius Kahan, György Ránki und anderen, Stuttgart 1985; Bd. 6, mit Beiträgen von Iván T. Berend, György Ránki, Hansjörg Siegenthaler, Holm Sundhaussen und anderen, Stuttgart 1987.

Fischer, Wolfram, Zur Geschichte der Messen in Europa, in: Karl-Heinz Strothmann und Manfred Busch (Hrsg.), Handbuch Messemarketing, Wiesbaden 1992.

Fischer, Wolfram, Eigentum und Wirtschaftsordnung in historischer Perspektive, in: Werner Dichmann und Gerhard Fels (Hrsg.), Gesellschaftliche und ökonomische Funktion des Privateigentums, Köln 1993.

Fischer, Wolfram, Politische versus ökonomische Vernunft. Wirtschafts- und währungspolitische Entscheidungen im deutschen Einigungsprozeß, in: Jürgen Kocka, Hans-Jürgen Puhle und Klaus Tenfelde (Hrsg.), Von der Arbeiterbewegung zum modernen Sozialstaat. Festschrift für Gerhard A. Ritter, München 1994.

Kaelble, Hartmut, Industrialisierung und soziale Ungleichheit. Europa im 19. Jahrhundert. Eine Bilanz, Göttingen 1983.

Kohl, Jürgen, Staatsausgaben in Westeuropa. Analysen zur langfristigen Entwicklung der öffentlichen Finanzen, Frankfurt am Main-New York 1985.

Maddalena, Aldo de, Das ländliche Europa 1500–1750, in: Carlo M. Cipolla und Knut Borchardt (Hrsg.), Europäische Wirtschaftsgeschichte, Bd. 2, Sechzehntes und siebzehntes Jahrhundert, Stuttgart-New York 1979.

Mieck, Ilja (Hrsg.), Handbuch der Europäischen Wirtschafts- und Sozialgeschichte, Bd. 4, mit Beiträgen von Jan A. van Houtte und anderen, Stuttgart 1993.

Milward, Alan S., Der Zweite Weltkrieg. Krieg, Wirtschaft und Gesellschaft 1939–1945, München 1977.

North, Douglass C., und Robert Paul Thomas, The Rise of the Western World. A New Economic History, Cambridge 1973.

North, Douglass C., Structure and Change in Economic History, New York 1981.

North, Douglass C., Institutions, Institutional Change and Economic Performance, Cambridge 1990.

Oppenheimer, Franz, Grossgrundeigentum und soziale Frage. Versuch einer neuen Grundlegung der Gesellschaftswissenschaft, Berlin o. J. (1898).

Pierenkemper, Toni, The Standard of Living and Employment in Germany. 1850–1980: An Overview, in: The Journal of European Economic History, Heft 16 (1987).

Schwab, Dieter, Eigentum, in: Otto Brunner, Werner Conze und Reinhart Koselleck (Hrsg.), Geschichtliche Grundbegriffe. Historisches Lexikon zur politisch-sozialen Sprache in Deutschland, Bd. 2, Stuttgart 1975.

Statistisches Bundesamt, Statistisches Jahrbuch für das Ausland, 1993 und 1994, Wiesbaden 1993 und 1994.

Statistisches Bundesamt, Statistisches Jahrbuch für die Bundesrepublik Deutschland, 1993 und 1994, Wiesbaden 1993 und 1994.

United Nations, Statistical Yearbook 1990/91, New York 1993.

United States Department of Commerce, Statistical Abstract of the United States 1993, 113th Edition, Lanham 1994.

Weltbank, Weltentwicklungsbericht 1992. Entwicklung und Umwelt, Washington 1992.

World Bank Atlas, 1994 und 1995, Washington 1993 und 1994.

Stephan Merl

Professor an der Universität Bielefeld

»Jeder nach seinen Fähigkeiten, jedem nach seinen Bedürfnissen«? Über Anspruch und Realität von Lebensstandard und Wirtschaftssystem in Rußland und der Sowjetunion

Inhaltsverzeichnis

Einleitung

Sowjetrußland trat als erstes Land mit dem Vorhaben an, Gesellschaft und Wirtschaft entsprechend den Zielsetzungen des Kommunismus zu gestalten. KARL MARX und FRIEDRICH ENGELS haben sich zwar an keiner Stelle konkret über die künftige Wirtschafts- und Gesellschaftsordnung geäußert, dennoch ist aus ihrer Kritik am kapitalistischen Wirtschaftssystem eine deutliche Zielrichtung zu erkennen. Zur Verwirklichung seiner wahren Bestimmung sollte der Mensch aus seiner Unterworfenheit unter »fremde Mächte« gelöst werden: Der Mensch sollte nicht ein Produkt der Verhältnisse, sondern die Verhältnisse sollten ein Produkt des Menschen sein. Dazu erschien die Abschaffung des Privateigentums und mithin der Ausbeutung des Menschen durch den Menschen genauso erforderlich wie seine Befreiung aus äußerer Not, worunter MARX auch die Abhängigkeit vom Geld verstand. Erst das Wissen um die Gesetze der Ökonomie sollte die Bedingungen zur Selbstverwirklichung des Menschen erkennen lassen.[1]

Als Grundzüge der zukünftigen Ordnung wurden unter anderem die Gestaltung des Tagesablaufs nach den Bedürfnissen und die Aufhebung der Trennung zwischen körperlicher und geistiger Arbeit sowie zwischen Stadt- und Landleben, also die Überwindung der Arbeitsteilung, genannt. Die Verteilung sollte sich zunächst nach dem Prinzip »jedem nach seiner Leistung« und in der abschließenden Stufe des Kommunismus dann nach dem Prinzip »jeder nach seinen Fähigkeiten, jedem nach seinen Bedürfnissen« richten.[2] Die künftige Wirtschaft wurde als Naturalwirtschaft konzipiert, die ohne Geld auskommen und über alle Produkte im Überfluß verfügen sollte. Da nicht die Erzielung von Mehrwert, sondern die Herstellung von Gebrauchswerten das neue Grundprinzip der kommunistischen Wirtschaft darstellte, sollten in dieser Wirtschaftsordnung auch andere ökonomische Gesetze gelten. Vermeintlich unproduktive Elemente

1 Vgl. insbesondere das Vorwort von Siegfried Landshut (Hrsg.), Karl Marx, Die Frühschriften, Stuttgart 1968.
2 Vgl. Karl Marx, Kritik des Gothaer Programms, in: Karl Marx und Friedrich Engels, Werke, Bd. 19, Berlin 1972, S. 19–21.

des kapitalistischen Wirtschaftssystems, so die als »Marktanarchie« erachtete Konkurrenz wie der als parasitär eingestufte Handel, sollten überwunden und eine auf planmäßiger Lenkung basierende Wirtschaftsordnung mit höherer Effizienz aufgebaut werden. Die höhere Wirtschaftsleistung sollte eine entscheidende Verbesserung der Lebensqualität erlauben.
Viele dieser Aussagen klingen widersprüchlich und utopisch. Sie beruhten auf der Überzeugung, daß der Aufbau des Kommunismus in dem fortgeschrittensten Land erst beginnen könne, wenn die Entwicklungsmöglichkeiten des Kapitalismus erschöpft seien. Doch der erste Versuch sollte in einem rückständigen Agrarland unternommen werden. Wenn allerdings die Praxis in der Sowjetunion wenig Gemeinsamkeiten mit diesen Zielen aufwies, so kann das nicht nur auf die Rückständigkeit zum Ausgangszeitpunkt zurückgeführt werden, sondern sagt auch etwas aus über den Realitätsgehalt der Ziele. Klassenkampf mit der Unterdrückung Andersdenkender, nicht aber die Selbstbestimmung des Menschen, äußerste materielle Not und nicht Überfluß kennzeichneten die sowjetische Entwicklung bis in die 1950er Jahre. Es wurden mehrere Anläufe genommen, eine andere Wirtschaftsordnung zu errichten. Die gesamte Wirtschaft wurde verstaatlicht und ein Lenkungs- und Verwaltungsapparat aufgebaut, überlagert von den Kommandozentralen der Partei und den Repressionsorganen der Geheimpolizei. Doch dadurch wurden die Marktgesetze nicht außer Kraft gesetzt. Eher traten sie durch ihre Unterdrückung und Nichtbeachtung nur um so unkontrollierter zutage. Da es nicht gelang, vom Kapitalismus abweichende Wertmaßstäbe zu implementieren, erscheint es gerechtfertigt, in diesem Aufsatz die Erfolge der Sowjetunion an den westlichen Effizienzvorstellungen zu messen.
Die nachfolgenden Überlegungen sollen darüber Auskunft geben, warum die Konstruktion des sowjetischen Wirtschaftssystems die Erwartungen nicht erfüllt hat. Eine auffällige Besonderheit des sowjetischen Falls ist darin zu sehen, daß der Ende der 1920er Jahre einsetzende schnelle Ausbau der industriellen Kapazitäten über drei Jahrzehnte hinweg nicht mit einer Hebung des Lebensstandards für breitere Bevölkerungsgruppen verbunden war. Bis Mitte der 1950er Jahre hatten sich die Lebensverhältnisse gegenüber dem Ausgangszustand bei der Revolution kaum geändert. Erst nach Stalins Tod besann sich das Regime auf das Ziel, jeden nach seinen Bedürfnissen zu versorgen. Die Grundbedürfnisse der breiten Masse der Bevölkerung wurden nun unentgeltlich oder zu niedrigen Preisen zufrie-

dengestellt und jedem ein Arbeitsplatz garantiert. Der Lebensstandard stieg kräftig an. Diese soziale Absicherung mußte von einem Wirtschaftssystem getragen werden, das gegenüber der kapitalistischen Wirtschaftsordnung wesentliche Effizienzmängel in der Nutzung von Arbeit und Kapital aufwies. Bereits die Garantie des erreichten Lebensstandards überforderte zunehmend die Leistungsfähigkeit der administrativ gelenkten Wirtschaft.

Zunächst sollen chronologisch die wichtigsten Entwicklungsetappen seit Ende des 19. Jahrhunderts dargestellt werden. Dabei kann jeweils nur knapp auf die Grundzüge des Wirtschaftssystems sowie der Legitimationsstrategie und die daraus folgenden Konsequenzen für die Entwicklung des Lebensstandards und die soziale Differenzierung der Gesellschaft eingegangen werden. Für diesen chronologischen Durchgang wird der Lebensstandard vor allem an den Kriterien Realeinkommen und Lebensmittelkonsum festgemacht. Für die 1970er und 1980er Jahre werden dann ausführlicher die materiellen und immateriellen Komponenten des erreichten Lebensstandards angesprochen. Regionale Unterschiede können nur am Rande thematisiert werden, weil es sich nicht um eigenständige oder andersgeartete Entwicklungen handelte, sondern der Ablauf in allen Regionen ähnlich war. Lediglich der Stadt/Land-Gegensatz ist für die hier gewählte Perspektive von herausragender Bedeutung und wird jeweils mitbehandelt.

I. Rußland vor dem Ersten Weltkrieg

Rußland war Ende des 19. Jahrhunderts noch ein Agrarland, in dem die Masse der Bevölkerung ihren Lebensunterhalt aus der agrarischen Primärproduktion und bäuerlichen Nebengewerben bezog. Die erste Phase des schnellen Wachstums begann erst Mitte der 1880er Jahre. Sie stand in Verbindung mit dem vom Staat initiierten Eisenbahnbau, der die aus der Weite des Landes resultierenden infrastrukturellen Entwicklungshemmnisse zu beseitigen suchte. Die Besonderheiten des russischen Falls liegen in der hervorragenden Bedeutung, die der Staat beim Anstoßen der industriellen Entwicklung spielte, und der dabei verfolgten Politik des Zwangssparens durch die Besteuerung des Massenkonsums. In Verbindung mit der Hungersnot von 1891/92 ist daraus die These vom »Hungerexport« abgeleitet worden. Die vor 1914 verfolgte Wirtschaftspolitik soll zu einer fortschreitenden Verarmung breiter Teile der Bevölkerung geführt haben. Die Rückständigkeit des Agrarsektors ist als entscheidendes und – so zumindest JÜRGEN NÖTZOLD – unüberwindbares Hindernis auf dem Weg der Industrialisierung hingestellt worden: Er sei nicht in der Lage gewesen, die zwischen 1900 und 1914 schließlich jährlich mit der außerordentlich hohen Rate von nahezu 2 Prozent wachsende Bevölkerung ausreichend mit Nahrungsmitteln zu versorgen.[3] Tatsächlich stellte dieser Bevölkerungsdruck ein großes Problem für den Lebensstandard dar, erforderte er doch allein zur Aufrechterhaltung des erreichten Niveaus ein jährliches Wachstum von 2 Prozent. Die Rückständigkeit Rußlands und die daraus resultierende Armut der Bevölkerung kamen auch im Nationaleinkommen pro Kopf zum Ausdruck, das 1913 nur etwa ein Drittel des deutschen und ein Achtel des amerikanischen erreichte.[4]

Die lange Zeit dominierende pessimistische Beurteilung der russischen Wirtschaft vor 1914 ist in letzter Zeit immer häufiger in Frage gestellt

3 Vgl. Jürgen Nötzold, Wirtschaftspolitische Alternativen der Entwicklung Rußlands in der Ära Witte und Stolypin, Berlin 1966.

4 Vgl. Paul G. Gregory, Russian National Income 1885–1913, Cambridge 1982, S. 155–157; vgl. auch Peter W. Gatrell, The Tsarist Economy 1850–1917, London 1986, S. 29–47.

worden. Vor allem PAUL GREGORYS Neuberechnung des russischen Nationaleinkommens zwischen 1885 und 1913 zeigt einen unerwartet kräftigen Anstieg des privaten Verbrauchs sowohl auf dem Lande als auch in den Städten.[5] Dieses Bild eines steigenden Lebensstandards in den beiden Aufschwungphasen zwischen 1885 und 1900 sowie ab 1907, unterbrochen nur von einer kurzen Phase der Stagnation während der Wirtschaftskrise nach der Jahrhundertwende, steht in Kontrast zu den bisherigen Anschauungen. Es deckt sich aber mit der besser belegbaren Revision der Aussagen über die Ernährungslage. So basiert die Anschauung vom »Hungerexport« auf einer falschen Interpretation der Statistik. Aus der Tatsache, daß Rußland pro Kopf der Bevölkerung weniger Getreide als Westeuropa produzierte, wurde gefolgert, daß dann auch der russische Pro-Kopf-Konsum geringer gewesen sein müsse. Das war aber nicht der Fall. Die russischen Konsumwerte an Getreide überschritten vielmehr deutlich die westeuropäischen, und die Ernährungssituation der Bevölkerung muß als zufriedenstellend angesehen werden. Der hohe Getreidebedarf Westeuropas resultierte aus der Veredelungswirtschaft, während in Rußland der Verbrauch an Tierprodukten gering war und pflanzliche Produkte von der Bevölkerung direkt konsumiert wurden. Der Getreideexport ging also nicht zu Lasten einer ausreichenden Ernährung der russischen Bevölkerung.

Die Agrarproduktion wuchs auch schneller als die Bevölkerung. Die Möglichkeiten der extensiven Flächenausweitung im Südosten und dann in Sibirien wurden genutzt. In den 1870er Jahren setzte ein langsamer, aber kontinuierlicher Anstieg der Hektarerträge um etwa 1 Prozent im Jahr ein, so daß sie 1914 den Stand von 1870 um 30 bis 40 Prozent überschritten. Obwohl der Zuwachs bei der Bruttoproduktion von Getreide nur etwa dem Bevölkerungszuwachs entsprach, erhöhte sich die für die Ernährungslage ausschlaggebende Nettoproduktion viel schneller. Wurden um 1860 noch etwa 30 Prozent des geernteten Getreides als Saatgut benötigt, so waren es 1914 nur noch knapp 20 Prozent. Gleichzeitig verbreitete sich der Kartoffelanbau.[6]

5 Vgl. Paul G. Gregory, Russian Living Standards during the Industrialization Era 1885–1913, in: Review of Income and Wealth, 26. Jg. (1980), S. 87–103; derselbe, Russian National Income . . ., a. a. O., S. 55–152.

6 Vgl. Stephan Merl, Agrarreformen und nichtmarktwirtschaftliche Bedingungen – Agrarsektor und Industrialisierung in Rußland und in der Sowjetunion, in: Toni Pierenkemper (Hrsg.), Landwirtschaft und industrielle Entwicklung. Zur ökonomischen Bedeutung von Bauernbefreiung, Agrarreformen und Agrarrevolution, Stuttgart 1989, S. 179–184.

Der Lebensstandard auf dem Lande war erheblich niedriger als in der Stadt. Der höhere Anteil von Tierprodukten im städtischen Verbrauch unterstreicht das genauso wie der deutlich höhere Konsum an industriell gefertigten Produkten. So trafen die Konsumsteuern in absoluten Ziffern wesentlich stärker die Stadtbevölkerung. Die 16 Prozent der Gesamtbevölkerung, die hier lebten, brachten mehr als die Hälfte der indirekten Steuern auf. Vom relativen Wohlstand der Städte profitierten auch die unteren Schichten, die von den Beschäftigungs- und Verdienstmöglichkeiten angezogen wurden. Dabei waren die Phasen des Reallohnanstiegs eng an die beiden Perioden beschleunigten Wirtschaftswachstums gekoppelt. So stieg der Reallohn der Arbeiter in den 1890er Jahren und dann wieder nach 1907. In der Phase des Konjunktureinbruchs zwischen 1900 und 1907 sank er dagegen. Daran konnte auch die Streikwelle der Revolution von 1905 nichts ändern. Die erkämpfte Anhebung des Nominallohns wurde durch die beschleunigte Inflation wieder zunichte gemacht. Die Reallohnverbesserung in den konjunkturellen Aufschwungphasen war auch ein Erfolg der Streiktätigkeit der Arbeiter, die hier angesichts des Mangels an Facharbeitern ihre starke Verhandlungsposition ausreizen konnten. Die großen regionalen Unterschiede bezüglich der Nominallöhne wurden zu einem Teil durch die unterschiedlichen Lebenshaltungskosten wieder ausgeglichen. So lagen insbesondere die Lebensmittelpreise in der Provinz niedriger als in Moskau oder gar in St. Petersburg, das auf die Zufuhr von Nahrungsmitteln aus größeren Entfernungen angewiesen war.
Die soziale Pyramide in der Zeit vor 1914 verzeichnet eine zahlenmäßig eher kleine Ober- und Mittelschicht, die sich fast ausschließlich auf die Städte und dabei wiederum vorwiegend auf die wenigen Großstädte konzentrierte. Die soziale Polarisierung von Reich und Arm war deutlich ausgeprägt. Aus der großen Masse der armen Bevölkerung ragten einige sehr wohlhabende Familien hervor, die sich aus dem Adel, der Unternehmer- und Kaufmannschaft und den Spitzen der Beamten rekrutierten. Im Vergleich mit Westeuropa war der Anteil der Reichen an der Gesamtbevölkerung sehr gering. Einkommensunterschiede waren allerdings nicht nur zwischen den sozialen Schichten, sondern auch innerhalb dieser stark ausgeprägt. So befanden sich unter dem knapp 1 Prozent der Bevölkerung, das dem Adel zuzurechnen war, Familien, die über umfangreichen Grundbesitz verfügten, während sich andere in ihrer Lebensweise kaum von den Bauern unterschieden. Vergleichsweise homogen war die Gruppe der Un-

ternehmer und Kaufleute, zu der mit Familienangehörigen ebenfalls etwa 1 Prozent der Bevölkerung zu rechnen ist. Durch Bildung hervorgehoben, aber in der Regel nicht entsprechend materiell abgesichert, waren 1914 etwa eine Million Personen, die als Freiberufler oder Angestellte von Staat, Selbstverwaltung, Wirtschaft und Großgrundbesitz arbeiteten.

Die untere Mittelschicht aus Selbständigen im Handel, der Kleinindustrie, dem Handwerk und dem Transportgewerbe war deutlich weniger zahlreich als in Westeuropa und lebte überwiegend in ärmlichen Verhältnissen. Zu den Arbeitern im weitesten Sinne können 1914 etwa 18 Millionen Personen gezählt werden, wobei hier saisonal beschäftigte Land- und Bauarbeiter und die Beschäftigten der Kleinindustrie mitgerechnet sind. Auf dem Lande fehlte weitgehend ein landloses Proletariat. Der Boden befand sich in der Verfügungsgewalt der Umverteilungsgemeinden und nicht im Eigentum einzelner Bauern. Deshalb bildete auch nicht der Hof, sondern der Haushalt die Grundeinheit auf dem Lande. Jeder Haushalt erhielt nach egalitären Prinzipien, zumeist der Zahl der männlichen Seelen, Boden zugeteilt. Die soziale Differenzierung im Dorf war deshalb vergleichsweise schwach ausgeprägt. Nur in der exportorientierten Schwarzerdezone ließ sich bereits das Aufkommen kapitalistisch orientierter Betriebe beobachten.

Auch wenn die Situation vor 1914 ohne Zweifel durch die große Armut der Bevölkerung gekennzeichnet war, kam es zu keiner weiteren Verelendung. Trotz des schnellen Bevölkerungsanstiegs besserte sich der Lebensstandard für alle langsam. Wirtschaftswachstum und Steigerung des Lebensstandards waren also trotz des »Zwangssparens« miteinander verbunden.

II. Kriegswirtschaft und Revolution (1914–1921)

Das Ende des zaristischen Regimes war eng mit dessen Unfähigkeit verknüpft, während des Weltkrieges eine reibungslose Lebensmittelversorgung der beiden Hauptstädte zu gewährleisten. Die dadurch verursachte Teuerung traf vor allem die überwiegend weiblichen Beschäftigten der Leicht- und Konsumgüterindustrie, die anders als die Arbeiter in Rüstungsbetrieben zu Beginn des Krieges keine deutlichen Erhöhungen ihres Reallohns hatten durchsetzen können. Das flache Land blieb dagegen von der Teuerung weitgehend verschont. Die soziale Unruhe während des Weltkrieges konzentrierte sich deshalb auf die beiden Hauptstädte, und die Februarrevolution entwickelte sich aus einer zunächst von Frauen getragenen Hungerrevolte.[7] Die Revolution brach aus, nachdem die Produktion von Kriegsgütern im Herbst 1916 ihren Höhepunkt überschritten hatte. Den wirtschaftlichen Verfall konnten weder die provisorische Regierung noch später die Bolschewiki auffangen. Er stellte die Hauptursache für die nun wieder einsetzende Verelendung der Bevölkerung dar. Durch den 1918 ausbrechenden Bürgerkrieg und den zeitweiligen Verlust der Kontrolle über wichtige Rohstoff- und Agrargebiete wurde er weiter verschärft. Bis 1920 fiel die industrielle Produktion auf etwa 20 Prozent, die landwirtschaftliche auf etwa 70 Prozent ihres Vorkriegsstandes. Die Revolutionen des Jahres 1917 wurden deshalb nicht zu Marksteinen der Verbesserung des Lebensstandards für die Werktätigen.

Bis Ende 1918 hatte sich das russische Wirtschaftssystem durch die weitgehende Verstaatlichung der Industrie, des Handels und der Banken sowie die Enteignung des Großgrundbesitzes und des Auslandskapitals grundlegend verändert. Die gesamte Wirtschaft war einer staatlichen Verwaltung unterstellt worden, die sich auf kriegswirtschaftliche Organisationsprinzipien gründete. Auch Agrarprodukte wurden vom Staat nicht mehr über den Markt aufgekauft, sondern unter dem System der »Ernährungsdiktatur« oblag es den Bauern, ihre Überschüsse an den Staat abzuliefern. Tat-

7 Vgl. unter anderen Bernd Bonwetsch, Die russische Revolution 1917: Eine Sozialgeschichte von der Bauernbefreiung 1861 bis zum Oktoberumsturz, Darmstadt 1991, S. 88–94 und S. 104–109.

sächlich wurden die für die Versorgung der Stadtbevölkerung und der Armee benötigten Agrarprodukte aber im Dorf mit bewaffneten Kräften gewaltsam requiriert. Etwa ein Drittel der Bevölkerung war für die Versorgung in »Konsumkommunen« zusammengeschlossen worden. Durch die nicht mehr kontrollierbare Inflation verlor das Geld an Bedeutung. Die Bolschewiki erblickten in diesem Zustand plötzlich Anzeichen der angestrebten kommunistischen Wirtschaftsordnung: die Überwindung der Anarchie des Marktes, den Übergang zu einer auf Tausch basierenden Naturalwirtschaft ohne Geld und die Organisation von Wirtschaft und Gesellschaft. 1919 und 1920 wurden bewußt Schritte unternommen, um den Übergang zur »proletarischen Naturalwirtschaft« zu beschleunigen. Auch die Kleinindustrie und die landwirtschaftliche Produktion wurden nun direkt der staatlichen Wirtschaftsverwaltung unterstellt. 1920 mußten die privaten Bauern ihre Saatvorräte zwangsweise zur Bildung von örtlichen Saatfonds an den Staat abliefern. Sie erhielten feste Produktions- und Ablieferungsverpflichtungen. Für die Verteilung galten egalitäre Prinzipien nach der Losung: »Wer nicht arbeitet, soll auch nicht essen.«[8] Die zentralverwaltete Wirtschaft des »Kriegskommunismus« sollte planmäßig geführt und weiterentwickelt werden. Bereits 1920 wurde der »Staatliche Elektrifizierungsplan« vorgelegt, der den wirtschaftlichen Wiederaufbau auf Basis der damals modernsten Technik innerhalb von zehn Jahren vorsah. Die Vorstellungen der bolschewistischen Parteiführer von der künftigen Wirtschaftsordnung prägten sich in dieser Phase aus.

Die Wirtschaftsprinzipien des »Kriegskommunismus« waren gänzlich ungeeignet, auch nur den notwendigsten Bedarf der Bevölkerung zu dekken. Die staatliche Requisitionspolitik nahm den Bauern den Anreiz zur Produktion von Überschüssen. Die vom Staat zugeteilten Lebensmittel reichten nicht einmal bei den bevorzugt versorgten Kategorien der Arbeiter zum Überleben. Insgesamt mußte die vom Staat versorgte Bevölkerungsgruppe mehr als die Hälfte ihres Lebensmittelbedarfs auf dem Schwarzmarkt zukaufen. Angesichts des Mangels an Lebensmitteln und Brennstoffen setzte eine Massenabwanderung aus den Großstädten aufs Land ein. Die staatliche Naturalwirtschaft war also in der Praxis eher eine

8 Vgl. Heiko Haumann, Die russische Revolution und ihre ersten Versuche sozialistischer Wirtschaftspolitik. Materialien 1917–1921, in: Argument 82 (1973), S. 768–803; derselbe, Einleitung zu Leo N. Kritzman, Die heroische Periode der großen russischen Revolution, Reprint, Frankfurt am Main 1971, S. V–XLIII.

Fiktion. Anspruch und Wirklichkeit klafften weit auseinander. Der Versuch, den Markt zu überwinden, verwandelte letztlich das ganze Volk in Kleinhändler, die auf den in die Illegalität abgedrängten Märkten selbst erzeugte, als Naturallohn erhaltene oder gestohlene Waren gegen Produkte des Grundbedarfs tauschten.[9]

Auch die von den Bolschewiki als Wohltat an den Bauern gewertete Aufteilung des Gutslandes führte bestenfalls zu einer Nivellierung auf dem untersten Subsistenzniveau als zu einer allgemeinen Anhebung der bäuerlichen Haushalte zu »Mittelbauern«. Mit dem Boden erhielten die Bauern nicht zugleich die zu seiner Bestellung erforderlichen Produktionsmittel. Mehr als ein Drittel der ländlichen Haushalte verfügte weder über einen Pflug noch über ein Zugtier, war also zur Feldbestellung auf andere angewiesen. Entscheidend für die Verarmung der Bauern war der weitgehende Wegfall ihrer Einkünfte aus nichtlandwirtschaftlichen Gewerben und Saisonarbeit. Weiterhin entzog die bewaffnete Requisition von Nahrungsmitteln den Bauern nicht nur »Überschüsse«, sondern auch die zum Überleben unabdingbaren Vorräte. Die Fortsetzung dieser Politik nach der Entscheidung des Bürgerkrieges zugunsten der »Roten« trieb die Bauern vor allem in den am schlimmsten betroffenen Steppengebieten zum bewaffneten Aufstand. Daß es sich dabei um ein verzweifeltes und vielfach vergebliches Widersetzen gegen den drohenden Hungertod handelte, zeigte die hier 1921 ausbrechende Hungersnot, die mehrere Millionen Menschen das Leben kostete.

Der erste Versuch der Bolschewiki, die Marktbeziehungen zu beseitigen und zu einer in allen Bereichen staatlich verwalteten Wirtschaft überzugehen, war neben dem Bürgerkrieg für den 1921 erreichten Erschöpfungszustand des Landes verantwortlich. Die wirtschaftliche Initiative wurde gelähmt. Erst als die Bauernaufstände den Machterhalt in Frage stellten, reagierten die Bolschewiki. Im März 1921 erfolgte eine grundlegende Korrektur der Wirtschaftspolitik. An die Stelle der willkürlichen Requisition des Getreides trat eine Naturalsteuer, die den Bauern ihre Verpflichtungen gegenüber dem Staat wieder berechenbar machte.

9 Vgl. Mary McAuley, Bread without the Bourgeoisie, in: Diane P. Koenker und andere (Hrsg.), Party, State, and Society in the Russian Civil War. Explorations in Social History, Bloomington 1989, S. 167–173.

III. Neue Ökonomische Politik (1921–1929)

Die »Neue Ökonomische Politik« (NÖP) gab den Bauern das Interesse an ihrer Wirtschaftstätigkeit zurück. Überschüsse konnten wieder legal auf den Märkten abgesetzt werden. Das zeigte sofort Wirkung. Bereits 1922 besserte sich die Nahrungsmittelversorgung, und nach der Ernte von 1923 konnte sogar der Getreideexport wieder aufgenommen werden. Die Industrie blieb mit Ausnahme einiger Kleinbetriebe zwar staatlich, wurde aber – zumindest in der Anfangsphase der NÖP – dem »Wirtschaftlichkeitsprinzip« unterstellt, das sie genauso wie die staatliche Verwaltung zwang, nicht benötigte Arbeitskräfte zu entlassen. Die Marktbeziehungen mit den Bauern verlangten die Bekämpfung der Inflation, die 1924 mit der Währungsreform erfolgreich abgeschlossen wurde. Der Staat behielt alle entscheidenden Hebel zur Einflußnahme auf die Wirtschaft in seiner Hand. Seine dominierende Stellung im Produktions- und Handelssektor ermöglichte es, über die Preis- und Steuerpolitik sowie die Gesetzgebung auch auf den nichtstaatlichen Wirtschaftsbereich Einfluß zu nehmen.

Konsequent festgehalten wurde an der Zielsetzung, zur planmäßigen Lenkung von Wirtschaft und Gesellschaft überzugehen. Dabei kam es zu einer für den weiteren Charakter der Planwirtschaft entscheidenden Kontroverse zwischen »Genetikern« und »Teleologen«. Während die Genetiker den Akzent auf die Vorhersage unbeeinflußbarer wirtschaftlicher Tendenzen legten und eine Anpassung der Pläne an diese forderten, waren die von der Stalin-Gruppe unterstützten Teleologen der Ansicht, daß der sozialistische Staat über den ökonomischen Gesetzen stehe. Diese voluntaristische Anschauung setzte sich Ende der 1920er Jahre durch, und die Planziele verwandelten sich in Befehle und Herausforderungen, deren Begründung aus dem objektiv Möglichen heraus nicht mehr erfolgte. Damit stellte, wie es Moshe Lewin ausdrückte, der Beginn der »Planwirtschaft« an der Wende zu den 1930er Jahren zugleich das Ende der Planung dar.[10]

Im weiteren wird deshalb von einer staatlichen Befehls- oder Kommandowirtschaft gesprochen.

10 Vgl. Moshe Lewin, The Disappearance of the Planning in the Plan, in: Slavic Review 32 (1973), S. 271–287.

Nach dem wirtschaftlichen Niedergang bestand das vorrangige Ziel zunächst darin, die Vorkriegswerte der landwirtschaftlichen und industriellen Produktion wieder zu erreichen. Das gelang in den einzelnen Wirtschaftszweigen schneller als erwartet zwischen 1925 und 1928. Der Pro-Kopf-Konsum an Lebensmitteln entsprach bereits 1925 sowohl auf dem Lande wie in den Städten den Vorkriegswerten. Anschließend war – in den Städten deutlicher ausgeprägt – ein Trend zur qualitativen Verbesserung der Ernährung durch einen Mehrverbrauch an Tierprodukten bei gleichzeitiger Reduzierung des Direktverbrauchs von Kartoffeln und Getreide festzustellen. Da die Bevölkerung wieder jährlich um 2 Prozent anwuchs, bedeutete das eine verstärkte Nachfrage nach Lebensmitteln auf dem Binnenmarkt, die in direkter Konkurrenz mit dem staatlich erwünschten Export von Agrargütern stand.

Die Privilegierung der Arbeiter gegenüber anderen Bevölkerungsgruppen durch die Hebung ihres Lebensstandards und sozialpolitische Maßnahmen erlangte jetzt herrschaftslegitimierende und -stabilisierende Funktion. Der Reallohn der Arbeiter erreichte bereits 1925 das Vorkriegsniveau und stieg danach weiter. Die Bauern wurden dagegen mißtrauisch betrachtet und galten als potentielle Konterrevolutionäre, weil ihre der »kleinen Warenproduktion« zugeordnete Produktionsweise, wie LENIN es formulierte, »täglich und stündlich aus sich heraus den Kapitalismus« reproduziere. Jetzt wurden für die Arbeiter die Grundlagen eines staatlichen Netzes der Sozialversicherung gelegt. Die Kranken- und Mutterschaftsversicherung ging auch in der Praxis der 1920er Jahre mit vollständigem Lohnausgleich, Anspruch auf unentgeltliche Krankenversorgung und Freistellung der Mütter jeweils acht Wochen vor und nach der Entbindung weiter als die entsprechenden Regelungen in Westeuropa. Ungünstiger sah es mit den Leistungen in der Arbeitslosenversicherung aus, zumal nicht nur die Zahl der beschäftigten Arbeiter und Angestellten, sondern zugleich auch die Zahl der Arbeitslosen schnell stieg und schließlich in den Städten etwa zwei Millionen Arbeitslose registriert waren. Anspruch auf Zahlungen erhielten nur Personen, die zuvor bereits in einem Beschäftigungsverhältnis gestanden hatten und über keine anderen Unterstützungsmöglichkeiten verfügten. Die Leistungen bei dauernder Arbeitsunfähigkeit wurden an eine bestimmte Beschäftigungsdauer gebunden. Konkretere Regelungen erfolgten zunächst nur für Fälle von Invalidität, zu der anfangs auch die altersbedingte Arbeitsunfähigkeit gerechnet wurde. Die

Beiträge zur Sozialversicherung waren vollständig von den Betrieben zu tragen.

Die Mitte der 1920er Jahre einsetzende Konzentration auf den Ausbau der Schwerindustrie verursachte einen inflationären Druck, denn diesen Lohnzahlungen stand keine unmittelbare Erhöhung des Warenangebotes gegenüber. Die staatliche Marktregulierung verschärfte die wachsende Diskrepanz zwischen dem Lohnfonds und dem Warenangebot durch administrativ angeordnete Senkungen der Kleinhandelspreise. Statt dem Problem des Kaufkraftüberhangs durch steigende Preise beizukommen, unterblieben Versuche der Bekämpfung. Da gleichzeitig eine Begrenzung des Lohnanstiegs tabu war, trat ein Marktungleichgewicht auf. Die Nachfrage nach Konsumgütern blieb ungesättigt, weil die verfügbaren Waren zu niedrigen Festpreisen angeboten wurden. Die freie Kaufkraft der Städter drängte auf die Agrarmärkte. Da die Bauern auf den lokalen Märkten Tierprodukte zu günstigen Preisen absetzen konnten, sank ihr Interesse an der Vermarktung von Getreide oder technischen Kulturen zu staatlich reglementierten Niedrigpreisen. Die Unfähigkeit des Staates, die von dem Kaufkraftüberhang ausgehende Gefahr für die Industrialisierung zu erkennen, verursachte also erst die Probleme auf dem Agrarmarkt Ende der 1920er Jahre.[11]

Gegenüber der Vorkriegszeit hatte sich die Gesellschaft wesentlich verändert. Die Angehörigen wohlhabender Bevölkerungsgruppen waren, soweit sie nicht geflohen oder umgekommen waren, verarmt. Guts- und Fabrikbesitzer waren enteignet und Geldvermögen durch die Inflation entwertet worden. Privates Eigentum an Produktionsmitteln hatte nur im Bereich der Landwirtschaft und der Kleinproduktion überdauert. Das Leben von Kapitaleinkünften war nicht mehr möglich. Nur Angehörige der Bildungsschicht hatten überwiegend ihre führenden Positionen behalten. Die Bolschewiki waren auf ihr Spezialwissen angewiesen und honorierten nach den Nivellierungstendenzen des »Kriegskommunismus« die Mitarbeit der »bürgerlichen Spezialisten«. Fach- und Führungskräfte erhielten jetzt deutlich höhere Löhne. Neu in die Elite aufgestiegen waren die Parteifunktionäre, soweit sie wichtigere Posten bekleideten. Der Eintritt in die Kommunistische Partei begann zu einer wichtigen Karrierevoraussetzung

11 Vgl. Stephan Merl, Der Agrarmarkt und die Neue Ökonomische Politik. Die Anfänge staatlicher Lenkung der Landwirtschaft in der Sowjetunion 1925–1928, München-Wien 1981, S. 86–140.

zu werden. Von der Partei selbst wurden bei der Besetzung wichtiger Führungsposten Industriearbeiter bevorzugt berücksichtigt. Neben der besseren Bezahlung setzte die Schaffung immaterieller Privilegien für die Führungsgruppe ein. Der Zugang zu speziellen Sanatorien und die bevorzugte Versorgung mit Waren gestalteten das Leben über den zusätzlichen Einkommenswert hinaus angenehmer.[12] Daneben gab es während der NÖP eine kleine Gruppe von Personen, die ihren Aufstieg der Fähigkeit zu unternehmerischem Handeln verdankten. Private Initiative konnte sich zunächst weitgehend frei entfalten. Dazu gehörten die »NÖP-Leute« in den Städten, deren relativer Wohlstand in der Regel aus Handelsgeschäften erwuchs, und einige Bauern, die BUCHARINS Aufruf »Bereichert euch!« befolgt und ihre Betriebe erfolgreich ausgebaut hatten. Weder die Funktions- noch die Wirtschaftselite der NÖP erreichte allerdings entfernt den Wohlstand der Elite des zaristischen Rußlands.

Auch während der NÖP blieben also Wirtschaftswachstum und Lebensstandard noch eng miteinander verknüpft. 1927 erreichte der Lebensstandard der städtischen Arbeiter das bisher höchste Niveau, während die Einkommen der meisten Bauern durch die im Verhältnis zu den Preisen für Industriewaren sehr niedrigen Agrarerzeugerpreise und die verzögerte Wiederherstellung der ländlichen Gewerbe noch hinter dem Vorkriegsstand zurückblieben.

12 Vgl. Mervyn Matthews, Privilege in the Soviet Union. A Study of Elite Lifestyles under Communism, London und andere 1978, S. 59–90; Hans-Henning Schröder, Arbeiterschaft, Wirtschaftsführung und Parteibürokratie während der Neuen Ökonomischen Politik. Eine Sozialgeschichte der bolschewistischen Partei 1920–1928, Berlin 1982, S. 274–389.

IV. Forcierte Industrialisierung unter Stalin (1929–1953)

Die Abkehr von der NÖP erwies sich als entscheidender Einschnitt in der Entwicklung des Lebensstandards der russischen Bevölkerung. Innerhalb von nur vier Jahren fiel der Reallohn der Arbeiter bis 1932 auf weniger als die Hälfte des Standes von 1928.[13] In den folgenden Jahren trat zwar zeitweise eine leichte Erholung ein, doch die zuvor erreichten Verbrauchsniveaus wurden erst nach STALINS Tod überschritten. Mußte die Einbuße an Lebensstandard in Kauf genommen werden, um anschließend um so sicherer eine bessere Zukunft aufbauen zu können? Wenig spricht dafür, daß es sich um das Ergebnis einer bewußt eingeschlagenen Wachstumsstrategie handelte. Der Fünfjahrplan sah einen Anstieg des Lebensstandards vor, und HOLLAND HUNTER hat berechnet, daß für das tatsächlich erzielte Wachstum keineswegs ein Konsumverzicht erforderlich gewesen wäre.[14] Der Rückgang des Lebensstandards muß in erster Linie auf die mit der Zwangskollektivierung in der Landwirtschaft verschuldete Vernichtung von agrarischen Produktionsressourcen und die nahezu vollständige Ausschaltung des ländlichen Gewerbes wie der Kleinindustrie zurückgeführt werden. Durch den übermäßigen Getreideabzug aus dem Dorf wurden die Hälfte des Zugkraftbestandes und mehr als die Hälfte der Nutztiere vernichtet und damit die Versorgung mit Fleisch und Milch nachhaltig getroffen. Der Pro-Kopf-Konsum an Tierprodukten sank dramatisch. Der akute Mangel an Nahrungsmitteln zwang die Bevölkerung, die freien Mittel zum Zukauf überlebensnotwendiger Lebensmittel einzusetzen, und reduzierte damit zugleich den Nachfragedruck auf industriell erzeugte Konsumgüter.

Die Bauern blieben von der Verschlechterung des Lebensstandards keineswegs verschont. Da das Ausgangsniveau auf dem Lande niedriger lag, waren hier die Folgen gravierender. Der mit brutalem Zwang durchgeführte übermäßige Getreideabzug verschuldete in den südlichen Getreidegebie-

13 Vgl. Ulrich Weißenburger, Die Entwicklung von Realeinkommen und materieller Lage der Arbeiter und Angestellten in der Periode der Vorkriegsfünfjahrpläne (1928/29–1941), Manuskript, Bremen 1981; Solomon M. Schwarz, Arbeiterklasse und Arbeitspolitik in der Sowjet-Union, Hamburg 1953, S. 144–213.

14 Vgl. Holland Hunter, The Overambitious First Soviet Five-Year-Plan, in: Slavic Review 32 (1973), S. 237–257.

ten eine Hungersnot, der etwa sechs Millionen Menschen zum Opfer fielen. Den als »Saboteuren« an der Getreidebeschaffung diffamierten Hungernden wurde keine Hilfe geleistet.[15]

Die Reallohnabsenkung wurde von der Bevölkerung nicht im vollen Maß empfunden, weil gleichzeitig Facharbeiter einen sozialen Aufstieg erlebten und sich die Familieneinkommen durch die jetzt erzwungene Mitarbeit der Frau zumindest nicht halbierten. Die Millionen Zuwanderer vom Land waren ohnehin keine besseren Lebensbedingungen gewöhnt. Auf der Suche nach einigermaßen erträglichen Lebensverhältnissen wanderten viele Arbeiter von Betrieb zu Betrieb. Erst nachdem die Absenkung eingetreten war, wurde das Festhalten an ihr ein Element der Industrialisierungsstrategie. In der ersten Hälfte der 1930er Jahre leitete die Partei gezielte Maßnahmen zur Kaufkraftabschöpfung und zum Zwangssparen ein, die in erster Linie die Arbeiter trafen. Das stellte keine spezielle Diskriminierung dar, denn die Kolchosmitglieder verfügten über so niedrige Geldeinnahmen, daß bei ihnen außer der Pflichtablieferung von Agrarprodukten in Form einer Naturalsteuer nichts zu holen war. Seit 1930 erfolgte die Zwangsplazierung von Staatsanleihen für die Industrialisierung, wobei von den Arbeitern und Angestellten jährlich etwas mehr als ein Monatslohn direkt einbehalten wurde. Industriell erzeugte Konsumgüter wurden mit einer »Umsatzsteuer« belegt, die häufig mehr als die Hälfte des Verkaufspreises ausmachte und in den 1930er Jahren allein etwa zwei Drittel der gesamten Einnahmen des Staatsbudgets aufbrachte. Die Aufhebung der Lebensmittelrationierung Mitte der 1930er Jahre perfektionierte das System der Kaufkraftabschöpfung. Der Lebensmittelmangel war zu diesem Zeitpunkt keineswegs beseitigt. Durch den Wegfall der zu niedrigen Preisen abgegebenen Lebensmittelrationen und die Festsetzung der neuen staatlichen Verkaufspreise nur wenig unterhalb der Preise auf den Basaren gelang es für einige Jahre, den Kaufkraftüberhang wie den Nachfragedruck auf industriell erzeugte Konsumgüter nahezu vollständig zu beseitigen.

Mit dem Anlaufen des Ersten Fünfjahrplanes 1929 setzte sich endgültig das teleologische Planungsverständnis und damit der Übergang zur staatlichen Befehlswirtschaft durch. Zugleich wurde auf die im Kriegskommu-

15 Vgl. Stephan Merl, War die Hungersnot von 1932–1933 eine Folge der Zwangskollektivierung der Landwirtschaft oder wurde sie bewußt im Rahmen der Nationalitätenpolitik herbeigeführt?, in: Guido Hausmann und Andreas Kappeler (Hrsg.), Ukraine: Gegenwart und Geschichte eines neuen Staates, Baden-Baden 1993, S. 153–162.

nismus entwickelten Prinzipien der Wirtschaftsorganisation zurückgegriffen. Wieder sollten das Geld abgeschafft, die »Anarchie des Marktes« beseitigt und alle gesellschaftlichen und wirtschaftlichen Prozesse kontrolliert werden. Auch dieser Versuch endete im Chaos, und das Wirtschaftswachstum schwächte sich stark ab. Erst das nachfolgende pragmatischere Vorgehen, das zwischen 1931 und 1933 die Oberhand gewann und ideologische Komponenten wieder in den Hintergrund drängte, schuf die eigentlichen Grundlagen der sowjetischen Kommandowirtschaft.

In der sozialen Schichtung der Sowjetgesellschaft unter STALIN standen die jeweils mehrere Millionen Personen zählenden Zwangsarbeiter und »Verbannten« an unterster Stelle. Die Kolchosmitglieder unterschieden sich kaum vom Status der Zwangsarbeiter, nachdem ihnen 1932 mit der Nichtausgabe von Inlandspässen das legale Verlassen der Kolchose verwehrt wurde und sie weitgehend unentlohnt Dienstleistungen für den Staat zu erbringen hatten. Der Staat verfügte über die Kolchosproduktion. Lediglich eine geringe Menge Getreide kam als einzige Entlohnung zur Verteilung. Die Kolchosmitglieder mußten ihren übrigen Bedarf an Lebensmitteln auf kleinen Hoflandstücken selbst decken. Auch ein Teil dieser privaten Nebenproduktion von Kartoffeln, Milch und Fleisch unterlag der Pflichtablieferung an den Staat. Auf diese Weise wurde von den Kolchosmitgliedern ein zusätzlicher Industrialisierungsbeitrag erpreßt.[16] Die Stadtbewohner hatten demgegenüber eine geradezu privilegierte Stellung. Ihre Bewegungsfreiheit wurde bis zum Ausbruch des Zweiten Weltkrieges kaum eingeengt. Ab 1939 galt dann das unerlaubte Verlassen des Arbeitsplatzes als Verbrechen, das mit einer Verurteilung zu Zwangsarbeit geahndet wurde.

Mit der Verkündung des »Aufbaus des Sozialismus in einem Land« trat bei der Legitimierung des Systems das erzielte Wachstumstempo an die Stelle der unmittelbaren Verbesserung des Lebensstandards. Damit konnten sozialpolitische Maßnahmen unter STALIN auch der Disziplinierung der Werktätigen dienen. Gegenüber der Masse der Bevölkerung traten ohnehin Repressionsmaßnahmen als funktionales Äquivalent an die Stelle der Sozialpolitik. In der nur mit der Frühindustrialisierung vergleichbaren sozialen Umbruchsituation war Widerstand gegen den Abbau der Soziallei-

16 Vgl. Stephan Merl, Bauern unter Stalin. Die Formierung des sowjetischen Kolchossystems 1930–1941, Berlin 1990, S. 104–181.

stungen nicht zu erwarten. Die Arbeiterschaft vermischte sich mit unerfahrenen Zuwanderern aus dem Dorf, die Fluktuation in den Betrieben war groß, und die Gewerkschaften dienten allein der Durchsetzung staatlicher Ziele. Die Abschaffung der Arbeitslosenunterstützung wurde 1930 irreführend als Beseitigung der Arbeitslosigkeit gefeiert, obwohl davon angesichts der fortbestehenden Fluktuationsarbeitslosigkeit und der stark ausgeprägten Unterbeschäftigung der Arbeitskräfte nicht die Rede sein konnte. Zur Bekämpfung der Fluktuation wurden Sozialleistungen an Mindestbeschäftigungszeiten und die Dauer der Betriebszugehörigkeit gebunden. Allgemein richtete sich die Höhe der Sozialleistungen nach dem Beschäftigungszweig und der Qualifikation, so daß Facharbeiter deutlich höhere Leistungen erhielten als ungelernte Arbeiter. Die neben der Invalidenrente seit Ende der 1920er Jahre eingeführte spezielle Altersrente blieb aufgrund der geforderten Beschäftigungsdauer von 20 bis 25 Jahren zunächst bedeutungslos.

Der weitgehende Zusammenbruch der staatlichen Lebensmittelversorgung als Resultat der Zwangskollektivierung verwies auch nichtlandwirtschaftliche Bevölkerungsgruppen auf die teilweise Selbstversorgung mit Lebensmitteln. Auf dem Lande wohnende Arbeiter und Angestellte bekamen ähnlich wie die Mitglieder der Kollektivwirtschaften ein kleines Landstück zur Selbstversorgung mit Nichtgetreideprodukten. Mitte der 1930er Jahre erhielten dann auch mehrere Millionen städtische Arbeiterfamilien unentgeltlich ein kleines Landstück zur Nutzung als Gemüsegarten. Auf diesen Stücken durfte eine Datscha errichtet werden. Einschließlich der auf dem Land lebenden Arbeiter und Angestellten verfügten Ende der 1930er Jahre etwa 10 Millionen nichtlandwirtschaftliche Haushalte über ein kleines Landstück. Arbeiter und Angestellte hielten Anfang 1941 rund 400000 Pferde, 3,5 Millionen Kühe, 2,7 Millionen Schweine und 4,8 Millionen Schafe und Ziegen.[17] Das erklärt wesentlich, warum es während des Zweiten Weltkrieges nicht erneut zu einer Versorgungskatastrophe kam und warum auch in den folgenden Jahrzehnten Versorgungsmängel des Staatshandels abgemildert werden konnten.

Wie war eine Politik durchsetzbar, die der sowjetischen Bevölkerung über ein Vierteljahrhundert hinweg einen derartigen Konsumverzicht auferlegte, während sich die industrielle Produktion etwa verzehnfachte? Allein

17 Vgl. Merl, Bauern ..., a. a. O., S. 320–326.

der rücksichtslose Terror, mit dem auch aufbrechender sozialer Protest im Keim erstickt wurde, oder die Opferbereitschaft der Werktätigen für eine bessere Zukunft können das nicht erklären. Eher liefern die nicht unbeträchtliche soziale Mobilität und Integrationsangebote an Teile der Bevölkerung eine Erklärung.

Mit der forcierten Industrialisierung und dem Ausbau des Kommandosystems wurden viele neue Leitungsposten auf allen Ebenen geschaffen, so daß für Facharbeiter, Parteimitglieder und Absolventen der Fachhochschulen und Universitäten sehr gute Aufstiegsmöglichkeiten bestanden. Der Geldlohn wurde wieder stärker differenziert. Tätigkeiten im Leitungsbereich und in der Verwaltung wurden überdurchschnittlich gut bewertet, während die Arbeiter und Angestellten der Leichtindustrie und der Staatsgüter am unteren Ende der Einkommensskala standen. Eine Besonderheit der 1930er Jahre stellte die Privilegierung einfacher Produktionsarbeiter, die Bestleistungen erbrachten, dar. So wurde die Fiktion geschaffen, daß jeder, der sich nur besonders anstrenge, es schaffen könne. Diese »Helden der Arbeit« und der von ihnen erreichte Lebensstandard waren ein wichtiger Bestandteil der Propaganda, während über die mindestens gleich großen Privilegien der Funktionärsgruppe nicht gesprochen wurde. Sie erhielten als Belohnung für gute Produktionsleistungen wertvolle Naturalprämien wie Nähmaschinen, Fahrräder, Kleidung und so weiter. Ebenso wurde mit neu gebauten Wohnungen verfahren. Stärker noch als in den 1920er Jahren wurde allein der Zugang zu Konsumgütern das eigentliche Kriterium der Bevorzugung. So spielten geschlossene Verkaufsläden für bestimmte Gruppen der Bevölkerung eine große Rolle. Diese Ansätze zur Verfestigung der Herrschaftsstruktur wurden aber immer wieder durch die selbstzerstörerischen Elemente des Stalinismus zerschlagen, denn die Führungskräfte waren zugleich am stärksten dem Terror – der Verhaftung und Verurteilung als »Volksfeind« oder »Schädling« – ausgesetzt. Die wirksame Feindbildpropaganda präsentierte für alle Mängel des Systems systematisch »Sündenböcke«, indem Führungskräfte als Schuldige hingestellt wurden. An die Stelle der Verhafteten traten junge Aufsteiger, die die Normen des Systems noch stärker verinnerlicht hatten.

Das Elend der Sowjetbevölkerung kam in der Propaganda unter Stalin nicht vor. Dabei wurde vor Manipulationen und Fälschungen nicht zurückgeschreckt. So wurde die Getreideproduktion auf Anweisung Stalins seit 1933 nicht mehr als Speicherernte, sondern als das auf dem Halm heranwachsende Getreide ohne Abzug der Ernteverluste in Höhe von rund 30 Prozent ausgewiesen. Eine Konsumbedürfnisbefriedigung, abgesehen von einer kleinen Gruppe Privilegierter, gab es unter STALIN also nicht. Der Wiederaufbau nach dem Zweiten Weltkrieg und die Politik in den annektierten Gebieten folgten dem Anfang der 1930er Jahre entwickelten Modell und setzten wiederum auf Konsumverzicht und Terror. Die siegreiche Beendigung des »Großen Vaterländischen Krieges« galt als Bestätigung der Kommandowirtschaft und als persönlicher Triumph des »Führers« STALIN, der seinen Ruf als »guter Zar« durch die Verteidigung der russischen Erde endgültig festigte. Protest konnte sich nun noch weniger artikulieren.

V. Reformen zur Steigerung der Effizienz seit Chruschtschow

Das Todesjahr Stalins brachte eine markante Zäsur in der Entwicklung des sowjetischen Lebensstandards. Nach einem Vierteljahrhundert der Stagnation begannen sich nun praktisch alle Indikatoren, angefangen vom Pro-Kopf-Konsum an Lebensmitteln über die Wohnfläche bis hin zur Lebenserwartung, dauerhaft zu verbessern. In den Haushalten tauchten langlebige Konsumgüter auf, von denen die meisten Sowjetbürger bis 1953 nicht einmal zu träumen gewagt hatten. Der Bruch ist so ausgeprägt, daß es sich verbietet, ihn einfach aus dem erreichten Industrialisierungsstand zu erklären. Es gibt keine Hinweise darauf, daß die Terrorherrschaft Stalins zu einer Konsumgesellschaft hätte führen können. Gab es wirklich einen Zwang, die bisherige Politik zu beenden? Wie weit trägt das Standardargument, der Übergang zu intensivem Wachstum hätte eine Abkehr vom Terror erfordert?

Wenn keiner der potentiellen Nachfolger Stalins daran dachte, an der Politik des Konsumverzichts und des Terrors festzuhalten, so war das vorrangig ein Erfordernis des Machterhalts. Seit alters her mußte in Rußland beim Tode eines Zaren die Herrschaft neu legitimiert werden. Alle setzten darauf, ihren Anspruch auf die Nachfolge Stalins mit einer deutlichen Verbesserung des Lebensstandards der Bevölkerung zu untermauern. Während Malenkow und Berija dabei an die Steigerung der Produktion industrieller Konsumgüter dachten, lokalisierte Chruschtschow die Bereiche des primären Entwicklungsbedarfs in der Lebensmittel- und der Wohnraumversorgung.

Die Kommandowirtschaft hatte unter Stalin Erfolge beim schnellen Aufbau der Schwer- und Rüstungsindustrie und – bedingt – auch bei der Erschließung von Wirtschaftsräumen erzielt. Das Kosten-Nutzen-Kalkül hatte dabei keine Rolle gespielt, vielmehr war eine Produktionssteigerung um jeden Preis verfolgt worden. In den 1950er Jahren begann nun eine Diskussion über die effizientere Gestaltung der Lenkungsmethoden, um nicht nur quantitative, sondern auch qualitative Ziele zu erreichen. Aus den Überlegungen ging schließlich die Wirtschaftsreform von 1965 hervor. Sie zielte nicht auf eine grundlegende Änderung des Systems, sollte

aber den Rückgang des Wachstums aufhalten und den Übergang zu intensivem Wachstum mit einer schnellen Verbreitung des technischen Fortschritts gewährleisten. Das als »Gewinn« bezeichnete Betriebsergebnis rückte in den Vordergrund. Der Aktionsspielraum der Betriebe vergrößerte sich; die Entscheidung über alle wesentlichen Kennziffern fiel aber weiterhin zentral, und die administrative Lenkung wurde eher gestrafft.
Unter STALIN hatten die Preise keine lenkende Funktion gehabt und waren insbesondere für Roh- und Grundstoffe auf einem willkürlich niedrigen Niveau gehalten worden. Mit der Wirtschaftsreform erfolgte nun eine durchgreifende Preisreform, weil die Preise zur Einwirkung auf die betrieblichen Entscheidungen »Kosten« spiegeln sollten. Allerdings wurde an der administrativen Preisbildung festgehalten, so daß die Betriebe Einfluß auf die Kalkulation ihrer »Kosten« nehmen konnten. Die Ausrichtung der Preise an den mittleren Produktionskosten verhinderte ohnehin, daß über sie ein wirklicher Druck zur Kostensenkung ausgeübt wurde. Ebenso fehlte ihnen die Rolle eines Knappheitsindikators. Auch nach der Reform behielt der sowjetische Betrieb durch das Fehlen von Konkurrenz seine Monopolstellung und orientierte sich nur am Plan, nicht aber an den Wünschen der Verbraucher. Ob ein Betrieb einen »weichen«, also leicht erfüllbaren, oder einen »harten« Plan erhielt, hing wesentlich vom Verhandlungsgeschick des Betriebsleiters ab. Da der »Gewinn« eine fiktive, von den Betrieben selbst manipulierbare Kategorie blieb, wurden Risikoscheu und unwirtschaftliches Verhalten geradezu belohnt.
Der nach STALINS Tod verfolgten Politik, die Lebensverhältnisse der Bevölkerung zu verbessern, lag ein klares Kalkül zugrunde. Die für die weitere Industrialisierung erforderliche Überleitung von extensivem in intensives Wachstum ließ sich nur erreichen, wenn das materielle Interesse an der Arbeit erhöht wurde. Von der besseren Entlohnung versprach sich die Partei eine qualitativ höhere Arbeitsleistung. Dies war die Voraussetzung zu einer vollständigeren Befriedigung der Bedürfnisse der Bevölkerung. Durch die Koppelung der Entlohnung an den »Gewinn« des Betriebes und damit an die Planerfüllung sollten die Beschäftigten an guten Leistungen materiell interessiert werden. Diese Verbindung hatte aber unerwünschte Folgen, denn sie bedeutete, daß nicht *der* Betrieb, der die höchste Arbeitsproduktivität und die niedrigsten Selbstkosten aufwies, der also am effizientesten arbeitete, die höchsten Löhne zahlen konnte, sondern derjenige, der einen »weichen« Plan ausgehandelt hatte und eine entsprechend große

Planübererfüllung aufweisen konnte. Betriebe, die ihre wirklichen Produktions- und Effizienzmöglichkeiten ausschöpften, wurden durch das Berechnungssystem geradezu bestraft.
Mitte der 1950er Jahre rückten die soziale Absicherung und die Verbesserung des Lebensstandards wieder zum entscheidenden Kriterium der Systemlegitimation auf. CHRUSCHTSCHOW rief dabei die ursprünglichen Zielsetzungen vom Kommunismus als Überflußgesellschaft in Erinnerung und übte scharfe Kritik an der unter STALIN verfolgten Politik. Er gab die Parole vom »Einholen und Überholen« der USA aus. Gleichzeitig proklamierte CHRUSCHTSCHOW, daß es nun darum gehe, den Aufbau des Kommunismus unmittelbar anzupacken. Damit wurde die Konsumbedürfnisbefriedigung des Einzelnen zur konkreten Aufgabenstellung. Ende der 1950er Jahre wurden »wissenschaftlich begründete« Verbrauchsnormen für Lebensmittel und Konsumgüter veröffentlicht, die das angestrebte Maß der Bedürfnisbefriedigung erstmals klar umrissen. Auch in der sowjetischen Diskussion nicht von der Kritik ausgenommen, zielten sie zugleich auf »die Erziehung der Menschen zu einer vernünftigen Bedürfnisstruktur, zum sinnvollen Umgang mit ihrer Freizeit«.[18] Ihnen haftete also obrigkeitsstaatliches Festschreiben der Bedürfnisse an. Individuellen Ausprägungen ließen sie wenig Raum.
Während die bei Lebensmitteln vorgesehenen Normen sich an den USA orientierten und als ausgesprochen hoch anzusehen sind, so daß der angestrebte Pro-Kopf-Konsum an Tierprodukten zu keinem Zeitpunkt erreicht werden konnte, mußten einige Normen bei dauerhaften Konsumgütern später nach oben korrigiert werden, weil sie der Bedürfnisstruktur der Bevölkerung offensichtlich nicht entsprachen. So war ursprünglich kein individueller Besitz von Personenkraftwagen vorgesehen, weil CHRUSCHTSCHOW sich entschieden dagegen ausgesprochen hatte. Waschmaschinen sollten von mehreren Haushalten gemeinsam genutzt werden. Ein grundlegender Unterschied zu westlichen Konsummodellen ist ansonsten aber nicht festzustellen. Die tiefste Kluft zwischen staatlich gesetzter Bedürfnisstruktur und den realen Bedürfnissen der Bevölkerung war auf dem Lande zu beobachten. Mit der Errichtung von »Agrostädten« sollten hier auch besser ausgestattete Wohnungen gebaut werden. Doch die Kol-

18 Maria Elisabeth Ruban und andere, Wandel der Arbeits- und Lebensbedingungen in der Sowjetunion 1955–1980. Planziele und Ergebnisse im Spiegel sozialer Indikatoren, Frankfurt am Main-New York 1983, S. 198 f.

chosmitglieder weigerten sich, ihre zumeist primitiv ausgestatteten Holzhäuser zu verlassen, in denen sie weder über fließendes Wasser noch über andere Annehmlichkeiten verfügten. Der Umzug in die Wohnblocks hätte die Trennung vom weiterhin unentbehrlichen Hofland zur Folge gehabt, und in der eng geschnittenen Etagenwohnung konnte die für die Versorgung der Familie mit Milch benötigte Kuh nicht gehalten werden.

Als Schritt zum Kommunismus sollten die Grundbedürfnisse allmählich unabhängig von der Qualität und der Quantität der Arbeitsleistung des Einzelnen unentgeltlich oder zu stark ermäßigten Preisen befriedigt werden. Der Wert dieser aus dem »gesellschaftlichen Konsumtionsfonds« finanzierten Leistungen sollte im Verhältnis zum Arbeitslohn schnell steigen und diesen bereits nach zwei Jahrzehnten übertreffen. Mit der unentgeltlichen Bereitstellung von Bildung und Gesundheitsleistungen erfolgte zum Teil eine Abkehr von der unter STALIN eingeschlagenen Linie. Ende der 1930er Jahre waren für den Besuch weiterführender Schulen – mit der sarkastischen Begründung, der »Wohlstand der Bevölkerung sei inzwischen so gestiegen« – Gebühren eingeführt worden. Für die Bereitstellung dieser Leistungen mußte ein schnell steigender Anteil der Staatsausgaben verwendet werden, denn seit Mitte der 1950er Jahre erfolgte eine wesentliche Ausdehnung der bildungsmäßigen und ärztlichen Versorgung der Bevölkerung. Seit den 1960er Jahren bestand weitgehend die Möglichkeit, den Zugang zu weiterführenden Schulen auch wirklich zu erreichen. Die Bildungsschranken zwischen den Unionsrepubliken und den Geschlechtern fielen. Die Unterschiede in der Qualität der Versorgung zwischen Stadt und Land konnten aber weder hinsichtlich der Bildung noch hinsichtlich der Gesundheit beseitigt werden.

Im Rahmen des Systems von niedrigen Festpreisen zur Befriedigung der Grundbedürfnisse kam den stark subventionierten Mieten die größte Bedeutung zu. Diese galten keineswegs nur für die zur STALIN-Zeit üblichen Kommunalwohnungen, sondern auch für die seit 1957 mit großem Nachdruck erstellten Neubauwohnungen. Für die Benutzung des öffentlichen Nahverkehrs in den Städten wurde eine eher symbolische Bezahlung gefordert. Auch Überlandreisen in Bus, Bahn und Flugzeug waren äußerst preisgünstig. Unter den Lebensmitteln des Grundbedarfs wurden insbesondere Brot, Kohl und Kartoffeln zu sehr niedrigen Preisen abgegeben. Für Veredelungsprodukte wurden Festpreise eingeführt und damit der in den 1950er Jahren einsetzende Kostenanstieg bei der Erzeugung nicht an die Verbraucher weitergegeben. Zu den vom Staat oder von den Betrieben zu stark ermäßigten Preisen erbrachten Leistungen gehörten weiterhin die Kinderbetreuung, Kantinenessen und Aufenthalte in Ferienheimen.

Vollständig neu war die aus sozialpolitischen Gründen zur Sicherung eines Grundstandards erfolgende Einführung von Mindestlöhnen und Mindestrenten sowie die nun einsetzende Anhebung der Entlohnung der Kolchosmitglieder. Die Diskriminierung der Kolchosmitglieder wurde mit ihrer Einbeziehung in die staatliche Sozialversicherung vollständig abgebaut. Jeder sollte mit dem ihm gezahlten Lohn beziehungsweise der Rente zumindest seine Grundbedürfnisse befriedigen können. Da die entsprechenden Preise sehr niedrig festgesetzt worden waren, konnte das Ziel bereits mit der Garantie von eher geringen Mindestlöhnen und -renten erreicht werden. Durch die preisliche Bewertung der Konsumgüter fiel die Kaufkraft des mehrverdienten Rubels sehr schnell, sobald die Zone des Grundbedarfs verlassen wurde. Mit einer höheren Arbeitsleistung und einem entsprechend höheren Lohn wurde also nur bedingt ein größerer Nutzen erlangt.

Die Ausrichtung auf die Sicherung der Grundbedürfnisse führte seit den 1960er Jahren erneut zu Nivellierungstendenzen, wobei sich allerdings die gesellschaftliche Schichtung verfestigte und die Aufwärtsmobilität deutlich abnahm. Ein wichtiger Faktor für die zunehmende Selbstrekrutierung war der schichtenspezifisch verschieden ausgeprägte Bildungswille. Da ein Studium seit den 1960er Jahren kein höheres Einkommen mehr garantierte, war für Arbeiterkinder der Anreiz zu studieren gering, während Angestelltenkinder das über das Studium zu erlangende höhere Sozialprestige reizte.[19] Zur Unterschicht zählten jetzt neben Kolchosmitgliedern und unqualifizierten Arbeitern – anders als unter Stalin – auch Angestellte in Positionen, die keine Spezialausbildung verlangten. Aus diesen Gruppen rekrutierten sich zusammen mit den Rentnern die »Armen« der Sowjetgesellschaft, die mehr als die Hälfte ihres Einkommens zum Kauf von Nahrungsmitteln verwenden mußten.[20] Zur Oberschicht gehörten die

19 Vgl. Wolfgang Teckenberg, Die soziale Struktur der sowjetischen Arbeiterklasse im internationalen Vergleich. Auf dem Wege zur industrialisierten Ständegesellschaft?, München-Wien 1977, S. 139–183.

20 Vgl. Mervyn Matthews, Poverty in the Soviet Union. Lifestyles of the Underprivileged in Recent Years, London und andere 1986; Alastair McAuley, Economic Welfare in the Soviet Union. Poverty, Living Standards and Inequality, London 1979, S. 70–98.

Tabelle 1: *Mittlere Monatslöhne*[1] *der Arbeiter und Angestellten nach Wirtschaftszweigen sowie Einkommen der Kolchosmitglieder in der Sowjetunion 1928 bis 1990 (Industriearbeiter = 100)*

	1928	1932	1940	1950	1960	1970	1980	1990
Volkswirtschaft insgesamt	83	103	102	93	90	93	91	93
Industrie:								
Arbeiter	100	100	100	100	100	100	100	100
Ingenieure / Techniker	175[2] (Ingenieure / Techniker und Angestellte)	194[2] (Ingenieure / Techniker und Angestellte)	215	178	151	136	115	116[2] (Ingenieure / Techniker und Angestellte)
Angestellte			111	93	82	85	79	
Landwirtschaft:								
Arbeiter	37[2] (Arbeiter, Agronomen / Veterinäre / Ingenieure / Techniker und Angestellte)	68[2] (Arbeiter, Agronomen / Veterinäre / Ingenieure / Techniker und Angestellte)	68	52	58	75	80	92
Agronomen / Veterinäre / Ingenieure / Techniker			156	123	128	126	100	112
Angestellte			96	74	73	73	68	.
Kolchosmitglieder[3]	.	.	*37*	*25*	*31*	*57*	*65*	*81*
Bauwesen	118	109	112	95	103	115	109	119
Handel, Versorgung	93	92	77	68	66	73	75	80
Gesundheit	76	90	79	70	66	70	68	63
Wissenschaft	.	.	145	136	117	105	97	114
Bildung	80	118	102	(97)[4]	78	83	73	64
Verwaltung	107	140	120	100	96	94	84	114

1 Einschließlich Prämien. – 2 Aufgeschlüsselte Angaben liegen nicht vor. – 3 Einschließlich Naturalzahlungen. – 4 Einschließlich Kultur.
Quellen: Narodnoe chozjajstvo 1922–1972, S. 350 f.; Arutjunjan, Socialnaja struktura, S. 114; Socialističeskoe stroitelstvo, S. 316 f.; Trud v SSSR, S. 16 f.; Narodnoe chozjajstvo 1990, S. 36–39.

leitenden Angestellten des Partei-, Staats- und Wirtschaftsapparates, die Mitglieder der Akademie der Wissenschaften, hochrangige Künstler und andere Privilegierte. Zur Mittelschicht waren neben den Facharbeitern vor allem Angestellte zu zählen, die über eine qualifizierte Ausbildung verfügten. Dazu gehörten Ingenieure, Techniker, Wissenschaftler, Lehrer, medizinische Angestellte (Ärzte) und Inhaber von leitenden Posten im Staats-, Partei- oder Wirtschaftsapparat. Die einkommensmäßige Bevorzugung der Bildungsschicht außerhalb von Leitungspositionen ging allerdings verloren, und insbesondere die stark feminisierten Berufe Arzt und Lehrer wurden nun schlechter bezahlt als Facharbeiter (siehe Tabelle 1).
Für die soziale Schichtung ist zu berücksichtigen, daß die materielle Lage in erster Linie vom Familieneinkommen (hier schnitten Angestellte besser ab) und von Vergünstigungen abhing, die einzelnen Berufsgruppen gewährt wurden. So profitierten Industriearbeiter in der Regel von einer bevorzugten Versorgung mit Lebensmitteln und Konsumgütern über Betriebsläden und Kantinen. Angestellte mit Spezialausbildung hatten vergleichsweise häufiger Zugang zu »Zusatzbelohnungen« in der Form von Clublokalen und speziellen Einkaufsstätten. Gegenüber der Mittelschicht wies die eigentliche Oberschicht ein deutlich höheres Einkommen auf. Entscheidender waren aber auch hier die Vergünstigungen, die den Lebensstandard weit über den Einkommensunterschied hinaus anhoben. Dazu gehörten die unentgeltliche Bereitstellung einer Dienstwohnung, einer geräumigen Datscha, eines Dienstwagens, Aufenthalte in Sanatorien und ähnliche Vorteile. Zur Spitzengruppe im Einkommen zählte jeweils nur etwa ein halbes Prozent der Sowjetbevölkerung. Ihr Verdienst überschritt aber kaum das durchschnittliche Monatseinkommen in den USA. Selbst wenn man die Privilegien berücksichtigt, ist die sowjetische Elite, gemessen am Lebensstandard der USA, eher als arm zu bezeichnen.[21]
Angaben über die Verteilung der Bevölkerung nach dem Gesamteinkommen pro Person im Monatsmittel auf Basis der Haushaltserhebungen unterstreichen die eher geringe einkommensmäßige Differenzierung, die sich bei einer allgemeinen Anhebung der Löhne langsam nach oben verschob, ohne daß eine Polarisierung in Randgruppen erkennbar ist (siehe Tabelle 2). Die regionale Einkommensdifferenzierung nach Unionsrepu-

21 Vgl. Matthews, Privilege . . ., a. a. O., S. 36–58 und S. 164–183; McAuley, Economic Welfare . . ., a. a. O., S. 66–69.

Tabelle 2: *Verteilung der Bevölkerung nach dem Gesamteinkommen pro Person im Monatsmittel in der Sowjetunion 1970 bis 1990 (auf Basis der Haushaltserhebungen)*

<table>
<tr><th>Rubel</th><th colspan="3">Prozent der Bevölkerung</th></tr>
<tr><th></th><th>1970</th><th>1980</th><th>1990</th></tr>
<tr><td>unter 50</td><td rowspan="2">60</td><td>7,3</td><td rowspan="3">11,4</td></tr>
<tr><td>50–75</td><td>18,5</td></tr>
<tr><td>75–100</td><td>19</td><td>23,2</td></tr>
<tr><td>100–150</td><td>18</td><td>32,7</td><td>27,2</td></tr>
<tr><td>150–200</td><td rowspan="5">3</td><td>12,9</td><td>26,0</td></tr>
<tr><td>200–250</td><td>4,1</td><td rowspan="2">26,9</td></tr>
<tr><td>250–300</td><td rowspan="3">1,3</td></tr>
<tr><td>300–400</td><td>7,7</td></tr>
<tr><td>über 400</td><td>0,8</td></tr>
</table>

Quellen: Narodnoe chozjajstvo 1988, S. 90 und S. 92; Narodnoe chozjajstvo 1992, S. 148.

bliken dürfte weitgehend für die Unterschiede der Realeinkommen repräsentativ sein, obwohl die Lebenshaltungskosten nicht überall gleich waren. Sie entsprach der unterschiedlichen Wirtschaftsleistung der Republiken. Danach wiesen die baltischen Staaten, gefolgt von Weißrußland, überdurchschnittlich hohe, Mittelasien und Aserbaidschan im Kaukasus unterdurchschnittlich niedrige Einkommen auf. Während im Baltikum und in Weißrußland 1988 nur 3 bis 5 Prozent der Bevölkerung ein Gesamteinkommen von weniger als 75 Rubel verzeichneten, in Rußland 6 Prozent, waren es in Mittelasien 37 bis 57 Prozent der Bevölkerung.[22] Obwohl alle Sowjetrepubliken an der Verbesserung des Lebensstandards seit Mitte der 1950er Jahre teilhatten, verschärfte sich doch der Abstand zwischen den wirtschaftlich reichsten und ärmsten Republiken.

22 Vgl. Narodnoe chozjajstvo SSSR v 1988 g. Statističeskij ežegodnik, Moskau 1989, S. 94.

VI. Lebensstandard in den 1970er und 1980er Jahren

Seit den 1950er Jahren kam es zu einem recht linearen Anstieg der Löhne um durchschnittlich 3 bis 4 Prozent im Jahr. Überdurchschnittlich schnell erhöhten sich dabei die Einkommen der Kolchosmitglieder. Hatten sie noch 1960 weniger als ein Drittel eines Industriearbeiterlohns erhalten, so wurden 1980 bereits zwei Drittel erreicht. Da die Preise für die meisten Lebensmittel und industriell erzeugten Konsumgüter über lange Zeit stabil blieben und sich der Geldwertverlust erst seit den 1970er Jahren allmählich bremsend auf den Anstieg der Realeinkommen auswirkte, entsprach die Reallohnverbesserung weitgehend dem Nominallohnanstieg. Sie ist für

Tabelle 3: *Jahresverbrauch an Lebensmitteln und industriellen Konsumgütern pro Kopf der Bevölkerung in Rußland beziehungsweise in der Sowjetunion 1913 bis 1990*

	1913	1950	1960	1970	1980	1990
Lebensmittel in kg						
Getreideerzeugnisse (in Mehlwert)	200	172	164	149	138	133
Fleisch und Fett	29	26	40	47,5	58	67
Milch und Milchprodukte (in Milch)	154	172	240	307	314	358
Eier (in Stück)	48	60	118	159	239	258
Fisch und Fischprodukte	6,7	7,0	9,9	15,4	17,6	16,5
Zucker	8,1	11,6	28,0	38,8	44,4	44,9
Kartoffeln	114	241	143	130	109	100
Gemüse	40	51	70	82	97	92
Früchte und Beeren (ohne Wein)	11	11	22	35	33	36
Konsumgüter						
Stoffe (ohne Industrieverbrauch, in m^2)	13,4	16,5	26,1	30,4	34,7	38,5
Lederschuhe (Paar)	0,4	1,1	1,9	3,0	3,2	3,3

Quellen: Narodnoe chozjajstvo 1922–1972, S. 372; Narodnoe chozjajstvo 1990, S. 140 und S. 142.

Industriearbeiter in den 1960er Jahren auf über 40 Prozent, in den 1970er Jahren auf etwa 30 Prozent und im Verlauf der 1980er Jahre auf rund 20 Prozent zu schätzen. Trotz der recht niedrigen Löhne bestand wegen der mangelnden Verfügbarkeit von höherwertigen Konsumgütern ein Kaufkraftüberhang. Infolge der Festpreispolitik kosteten Waren des Grundbedarfs wenig. Die Kaufkraft der Löhne für pflanzliche Lebensmittel, Mieten, kommunale Dienstleistungen und den öffentlichen Nahverkehr war somit hoch.

Die Hebung des Lebensstandards zeigte sich in der qualitativen Verbesserung des Pro-Kopf-Konsums an Lebensmitteln (siehe Tabelle 3) und dem deutlichen Anstieg der Ausstattung der Haushalte mit dauerhaften Konsumgütern (siehe Tabelle 4). Vor allem der Konsum an Tierprodukten erhöhte sich seit den 1950er Jahren kräftig, während der Verzehr von Kartoffeln und Getreideprodukten rückläufige Tendenz aufwies. Die in der Tabelle aufgeführten Zahlen übertreiben allerdings zum Teil den tatsächlichen Verbrauch. Dies gilt insbesondere für Fleisch, wo der reale Verbrauch um etwa 20 Prozent niedriger gelegen haben dürfte. Zuverlässig ausgewiesen wird allerdings der jeweilige Trend. Wegen der mangelnden Verfüg-

Tabelle 4: *Besitz dauerhafter Konsumgüter in der Sowjetunion 1960 bis 1990 (auf 100 Haushalte)*

Konsumartikel	1960	1970	1980	1990	1990 Stadt	1990 Dorf
Uhren aller Art	286	411	518	574	632	449
Radioempfänger und Musiktruhen	46	72	85	96	98	92
Fernsehgeräte	8	51	85	107	109	102
darunter Farbfernseher	–	–	*10*	*49*	*59*	*29*
Fotoapparate	18	27	31	33	42	15
Kühlschränke	4	32	86	92	101	81
Waschmaschinen	4	52	70	75	79	67
Nähmaschinen	35	56	65	61	57	67
Staubsauger	3	12	29	48	58	26
Fahrräder, Mopeds	39	50	49	59	47	87
Motorräder und -roller	4	7	10	20	12	37
Personenkraftwagen	.	2	10	19	19	20

Quellen: Narodnoe chozjajstvo 1922–1972, S. 373; Narodnoe chozjajstvo za 70 let, S. 472; Narodnoe chozjajstvo 1990, S. 182 f.

barkeit dauerhafter Konsumgüter kam es zu einer überhöhten Nachfrage nach Lebensmitteln. Trotz einzelner Phasen der Stagnation stieg der Pro-Kopf-Verbrauch an Nahrungsmitteln bis Ende der 1980er Jahre an.

In den 1960er Jahren verbesserte sich die Haushaltsausstattung mit dauerhaften Konsumgütern sprunghaft. Waren Waschmaschinen 1960 noch weitgehend unbekannt, so verfügte zehn Jahre später bereits jeder zweite Haushalt über eine Waschmaschine. Auch die Ausstattung mit Kühlschränken und Fernsehern stieg erheblich an. Nur Nähmaschinen, infolge des bis in die 1970er Jahre hinein häufig unmodischen und teuren Angebots an Konfektionsware schon immer begehrt, waren bereits 1960 stärker verbreitet. Ein Nachholbedarf bestand vor allem an technisch höherwertigen Produkten. So handelt es sich bei den ausgewiesenen Gebrauchsgegenständen häufig nur um einfache Modelle. Farbfernseher, Privatwagen oder gar vollautomatisierte Waschmaschinen sind noch immer verhältnismäßig selten. Zwischen der Ausstattung städtischer und ländlicher Haushalte sind zum Teil deutliche Unterschiede zu erkennen.

Die Wohnverhältnisse haben die Lebensqualität der Sowjetbürger entscheidend eingeschränkt. Noch lange nach Ende des Zweiten Weltkrieges waren in den Städten Kommunalwohnungen verbreitet, in denen sich mehrere Familien Küche und Bad teilen mußten. Auf der Wunschliste des sowjetischen Verbrauchers stand die eigene Wohnung zusammen mit einem Privatwagen ganz oben. Das frühe Heiratsalter – nur durch die Heirat wurde der Anspruch auf eine eigene Wohnung erlangt – ist genauso auf die Wohnverhältnisse zurückzuführen wie die hohe Scheidungsrate. Heute leben noch immer über 10 Prozent der Stadtbevölkerung in Kommunalwohnungen oder Wohnheimen. Die seit der CHRUSCHTSCHOW-Zeit gebauten Einzelwohnungen waren zunächst extrem eng geschnitten. Der verstärkte Neubau hob die äußerst niedrigen Pro-Kopf-Werte an Wohnraum allmählich an, ohne daß der westliche Standard bis heute auch nur entfernt erreicht werden konnte (siehe Tabelle 5). Erst seit den 1970er Jahren trat eine stärkere Differenzierung der Wohnverhältnisse ein, wobei gut verdienende Personen deutlich größer geschnittene Genossenschaftswohnungen erwerben konnten. Die Neubauwohnungen sind wesentlich besser ausgestattet und verfügen in der Regel über Fernwärmeanschluß, während die Altbauwohnungen im Stadtzentrum noch heute zum Teil auf die Wasserversorgung aus Brunnen angewiesen sind. Doch die Neubauten befinden sich in Trabantenstädten, so daß lange und zeitraubende Wege zur Arbeitsstelle die Regel sind. Auch 1988 war der Rückstand des Dorfes bei der Ausstattung der Wohnungen noch stark ausgeprägt. Nur an die Elektrizitätsversorgung sind inzwischen etwa 90 Prozent der städtischen und 81 Prozent der ländlichen Wohnungen angeschlossen. Über Kanalisation verfügen 75 Prozent der Wohnungen in der Stadt, aber nur 12 Prozent auf dem Lande, und lediglich 70 Prozent der Stadt- und 12 Prozent der Dorfwohnungen sind mit einer Badewanne oder Dusche ausgestattet.[23]

Tabelle 5: *Wohnraum[1] pro Person in Städten in Rußland beziehungsweise in der Sowjetunion 1913 bis 1990 (in m^2)*

1913	1922	1940	1950	1960	1970	1980	1990
6,3	8,4	6,7	7,0	8,9	11,0	13,0	15,3

1 Einschließlich aller Nebenräume, wie Flur und Küche; die tatsächliche Wohnfläche liegt um etwa 25 Prozent darunter.
Quellen: Berechnet nach Narodnoe chozjajstvo 1922–1972, S. 9 und S. 367; Narodnoe chozjajstvo 1990, S. 67 und S. 189.

Der Verweis auf die Enge der Stadtwohnungen verzerrt aber zum Teil das Bild. Ein nicht unerheblicher Teil der Stadtbewohner verfügt über einen kleinen Schrebergarten vor der Stadt, in dem eine kleine Holzhütte, als Datscha bezeichnet, an Sommerwochenenden und im Urlaub Unterschlupf bietet. Der Besitz einer Datscha hat wesentlichen Einfluß auf die Lebensqualität. Auch wenn über lange Zeit kein formaler Eigentumstitel vorlag, konnte die Datscha doch vererbt werden. Viele städtische Arbeiter und Angestellte fühlen sich als »Eigentümer« eines kleinen Hauses auf dem Lande.

Die Besserung der Lebensverhältnisse kommt auch in den Budgets der Arbeiter- und Bauernhaushalte zum Ausdruck (siehe Tabelle 6). Der Zwang zur Selbstversorgung mit Lebensmitteln in den 1930er bis 1950er Jahren infolge ihrer unzureichenden Verfügbarkeit im Handel ist aus dem hohen Anteil der »Einkünfte aus der privaten Nebenwirtschaft« zu erkennen. Die Ausgabenstruktur unterstreicht ebenfalls den niedrigen Lebensstandard bis Mitte der 1950er Jahre. Der überwiegende Teil der Einkünfte, bei den Kolchosmitgliedern sogar zwei Drittel, mußte für Lebensmittel aufgewandt werden. Auf dem Lande blieben die Ausgaben für den

23 Vgl. Narodnoe chozjajstvo ... 1988, a. a. O., S. 185.

Tabelle 6: *Einnahmen- und Ausgabenstruktur der Haushalte von Industriearbeitern und Kolchosmitgliedern in der Sowjetunion 1940 bis 1990 (in Prozent)*

	Industriearbeiter					Kolchosmitglieder				
	1940	1960	1970[2]	1980[2]	1990[2]	1940	1960	1970	1980	1990
Einnahmen	100	100	100	100	100	100	100	100	100	100
Einnahmen aus dem Kolchos	–	–	–	–	–	41,1	37,4	44,1	47,9	51,3
Arbeitslohn von Familienmitgliedern	77,1	81,5	81,2	80,4	80,2	6,0	9,1	9,2	10,5	9,7
Renten, Stipendien, Leistungen aus »gesellschaftl. Fonds«	6,0	10,4	8,4	9,1	7,4	1,6	3,0	7,8	9,7	9,0
Einkünfte aus der privaten Nebenwirtschaft	9,9	1,7	4,4	3,5	3,1	50,0	45,4	35,1	27,5	25,6
Andere Einnahmen	7,0	6,4	6,0	7,0	9,3	1,3	5,1	3,8	4,4	4,4
Ausgaben	100	100	100	100	100	100	100	100	100	100
Nahrungsmittel	58,1	41,3	40,1	35,9	29,9	69,7	56,4	44,4	39,1	32,4
Industriewaren	15,1	26,0	27,8	30,3	34,5	16,6	25,9	29,9	31,1	29,2
darunter: Kleidung, Schuhe und so weiter	*11,9*	*18,2*	*17,8*	*18,5*	*19,7*	*11,3*	*16,9*	*17,2*	*18,0*	*16,1*
Möbel, Gebrauchsgüter	*1,9*	*6,4*	*6,1*	*6,5*	*7,9*	*1,1*	*3,7*	*4,5*	*4,6*	*4,5*
Fahrräder, Motorräder, Personenkraftwagen	–	–	*0,6*	*1,7*	*1,7*	–	–	*0,9*	*2,7*	*2,1*
Baumaterial	–	*0,7*	*0,5*	*0,5*	.	*0,3*	*3,0*	*3,1*	*2,1*	.
Brennstoff	*1,3*	*0,7*	*0,3*	*0,1*	.	*3,9*	*2,3*	*2,0*	*1,7*	.
Alkoholische Getränke	2,4	4,2	3,8	3,6	3,3	2,5	3,5	4,9	4,9	3,9
Kultur und Dienstleistungen	6,4	8,5	7,6	7,3	6,6	1,5	4,2	2,6	2,9	3,0
Miete, eigenes Haus, Strom, Wasser und so weiter	3,1	2,9	2,9	3,0	2,5	.	.	2,0	2,0	1,7
Sparen	5,0[1]	2,1	4,5	5,6	8,8[3]	6,5[1]	1,6	7,1	8,0	19,3[3]
Steuern, Abgaben	4,5	8,3	8,3	9,1	9,7	1,4	2,3	1,4	1,6	1,7
Übrige Ausgaben	5,4	6,7	5,0	5,2	4,7	1,8	6,1	7,7	10,4	8,8

1 Zwangszeichnung von Staatsanleihen. – 2 Einschließlich Angestellte. – 3 Kaufkraftüberhang.
Quellen: Narodnoe chozjajstvo za 70 let, S. 444 f.; Narodnoe chozjajstvo 1988, S. 91 f.; Narodnoe chozjajstvo 1990, S. 113 f.

Zukauf von Nahrungsmitteln sogar bis in die 1960er Jahre außerordentlich hoch. Dabei ist zudem noch die Verzerrung der Verbraucherpreise in Rechnung zu stellen, die Kleidung und industriell hergestellte Konsumgüter zu nach westlichen Begriffen überhöhten Preisen bewertet. Mit steigendem Lebensstandard erhöhten sich die Ausgaben für »Industriewaren«, darunter insbesondere für dauerhafte Gebrauchsgüter, am auffälligsten. Der Erwerb alkoholischer Getränke hatte sowohl für Kolchosmitglieder wie für Arbeiter und Angestellte mit einem Anteil von 4 bis 5 Prozent erstaunlich große Bedeutung, während der Gesamtaufwand für die Wohnung 3 Prozent der Ausgaben nicht überschritt. Beim Posten »Sparen« ist schwer zu entscheiden, in welchem Maße es sich hier um Einlagen in Sparkassen und Banken oder um im Haushalt gelagerte Geldmittel aus dem Kaufkraftüberhang handelte. Steuern und Abgaben machten nur für die städtischen Haushalte einen erwähnenswerten Posten aus.

Ein interessanter Indikator für Armut und soziale Ungleichheit sind die Haushaltsausgaben bei unterschiedlicher Einkommenshöhe. Der einkommensschwache Bevölkerungsteil mit einem monatlichen Gesamteinkommen je Haushaltsmitglied von weniger als 75 Rubel, zu dem etwa 12 Prozent der Bevölkerung zählten – in dieser Gruppe befanden sich überproportional viele Rentner und Kolchosmitglieder –, mußte selbst 1988, als der sowjetische Lebensstandard sein höchstes Niveau erreichte, noch 52 Prozent der Gesamtausgaben für Nahrungsmittel aufwenden; der Anteil für Sparen, Steuern und Abgaben lag bei weniger als 5 Prozent. Die Einkommensgruppe mit mehr als 200 Rubel im Monat – rund 17 Prozent der Gesamtbevölkerung – wandte nur 28 Prozent für Nahrungsmittel, aber 22 Prozent für Sparen, Steuern und Abgaben auf.[24]

Eine wesentliche Ausweitung des Kreises der Empfangsberechtigten von Leistungen der Sozialversicherung und eine deutliche Erhöhung der Sätze erfolgten erst nach dem Zweiten Weltkrieg. Dadurch stieg das Transfereinkommen aus Renten, Stipendien und Beihilfen erheblich. 1956 wurde die Rentenversicherung für Arbeiter und Angestellte gesetzlich verankert, und seit 1966 wurden auch an Kolchosmitglieder Altersrenten gezahlt. Das Pensionsalter liegt bei 60 Jahren für Männer und 55 Jahren für Frauen. Seit den 1970er Jahren bot die staatliche Rente zumeist eine ausreichende Lebensgrundlage. Entsprechend der Beschäftigungsdauer erreichten die

24 Vgl. Narodnoe chozjajstvo . . . 1988, a. a. O., S. 93.

Renten bis zu 70 Prozent des Lohns. Wegen der fehlenden Dynamisierung profitierten von den Erhöhungen aber nur die Neurentner, die mittlere Rente lag bei nur 40 bis 45 Prozent des Durchschnittslohns. Mit der Ausweitung der Transferzahlungen trat eine erhebliche Verschiebung bei der Hauptquelle des Lebensunterhalts ein. Die Abhängigkeit von anderen und die Zahl der Personen, die ihren Lebensunterhalt vorwiegend aus der privaten landwirtschaftlichen Nebenwirtschaft bestritten, reduzierte sich. Die Zahl der Rentenempfänger stieg von vier Millionen 1941 über 21 Millionen 1960 auf 60 Millionen 1990 an.
Die Verbesserung des Lebensstandards kam auch in der Verlängerung der Lebenserwartung zum Ausdruck. Sie lag 1896/97 bei 32,3 Jahren, 1926/27 bei 44,4 Jahren und erreichte 1964/65 mit 70,4 Jahren den Höchstwert. Danach setzte zeitweilig ein Rückgang ein, der sich seit 1992 dramatisch verschärfte. 1993 betrug die Lebenserwartung nur noch 65,8 Jahre.[25]
Wichtige Faktoren der Lebensqualität werden von diesen Statistiken unterschlagen. So war für den Erwerb von Konsumgütern häufig die Frage der Verfügbarkeit einschränkender als der Preis. Auf begehrte dauerhafte Konsumgüter wie Personenkraftwagen oder auf Wohnungen mußte nach der Vormerkung jahrelang gewartet werden. Andere Waren standen nur für die Oberschicht in Sonderläden mit beschränktem Zugang oder gegen Devisen zur Verfügung. Ein verhältnismäßig hoher Anteil der angebotenen Waren war von minderer Qualität oder gar Ausschußware. Verärgerung beim Verbraucher verursachten der hohe Reparaturaufwand und die Auslieferung von schadhaften oder funktionsuntüchtigen Produkten. Selbst Neubauwohnungen wurden häufig in unfertigem Zustand übergeben. Lange Warteschlangen vor allen Geschäften waren üblich. Weitere Zeit ging durch die enge Spezialisierung der Geschäfte und umständliche Verkaufsmethoden verloren. Demgegenüber ist die außerordentlich hohe soziale Sicherheit – negativ ausgedrückt: die Betreuung und Bevormundung von der Wiege bis an die Bahre – festzuhalten. So enthob die Beschäftigungsgarantie der Sorge um den Arbeitsplatz. Die Auswahl für die Berufslaufbahn und damit die Garantie einer Beschäftigung erfolgte mit der Aufnahme einer Berufsausbildung oder des Studiums.

25 Vgl. Naselenie SSSR 1987. Statističeskij sbornik, Moskau 1988, S. 351 f.; Narodnoe chozjajstvo Rossijskoj Federacii 1992. Statističeskij ežegodnik, Moskau 1992, S. 119; Die Welt vom 18. Februar 1994.

VII. Lebensstandard und geringe Effizienz des Wirtschaftssystems

Die Kurve des Wachstums der sowjetischen Wirtschaft zeigte seit den 1950er Jahren sinkende Tendenz. Konjunkturschwankungen waren genausowenig zu beobachten wie Innovationsschübe. Das reale Wachstum des Bruttosozialprodukts nach westlicher Erfassung fiel nach 5 bis 6 Prozent jährlich in den 1950er Jahren über 5 Prozent in den 1960er Jahren im Verlauf der 1970er Jahre auf 3 Prozent und schließlich gegen Null. Die Steigerung der Wirtschaftsleistung blieb somit beträchtlich hinter den Ende der 1950er Jahre projektierten Werten zurück, auf denen die Vision des »jedem nach seinen Bedürfnissen« aufbaute. Die in die Wirtschaftsreform von 1965 gesetzten Hoffnungen, den »Markt« mit administrativ festgesetzten Preisen in der staatlichen Zentralverwaltungswirtschaft simulieren zu können und damit die Effizienz des Wirtschaftssystems zu steigern, erfüllten sich nicht.

Im Verlauf der 1970er Jahre entwickelte sich aus der Angst der Parteiführung vor einem Machtverlust eine unheilvolle Konstellation. Den Forderungen der Ökonomen, zur erfolgreichen Implementierung der Reformen den Weg in der eingeschlagenen Richtung zu einer echten Marktpreisbildung weiterzugehen, wollte die Parteiführung nicht entsprechen, weil sie von der auch nur teilweisen Verlagerung von Entscheidungen aus dem politischen in den ökonomischen Bereich einen Machtverlust befürchtete. Doch sie konnte auch die der Bevölkerung gewährten sozialen Leistungen nicht zurücknehmen, weil dies zu Unruhen und damit ebenfalls zum Machtverlust führen mußte. Mit den verkündeten Verbrauchsnormen hatte sich das System unter Leistungsdruck gesetzt. Jederzeit ließ sich feststellen, in welchem Maße die Versprechungen in der Praxis eingelöst wurden. Anstatt die Leistungsmotivation zu heben, verbreiteten diese Normen deshalb Unzufriedenheit. Das wurde bereits ihrem Urheber zum Verhängnis: Obwohl sich die Ernährungssituation deutlich gebessert hatte, löste die Abschwächung der Steigerungsrate weit vor dem Erreichen der »rationalen Norm« Anfang der 1960er Jahre eine Protestwelle aus. Als Chruschtschow dann auch noch 1962 die Anhebung der Verkaufspreise für Fleisch um 30 Prozent anordnete, kam es zu Streiks. In Nowotscher-

kassk wurden diese blutig niedergeworfen. So paradox es erscheint, war die Bevölkerung, die unter STALIN über Jahrzehnte Verzicht geübt hatte, nun nicht einmal mehr bereit, eine Verlangsamung bei der Hebung des Lebensstandards zu tolerieren. CHRUSCHTSCHOWS Sturz 1964 stand in direktem Zusammenhang mit dieser enttäuschten Erwartungshaltung. Sie ermöglichte es dem Parteiapparat überhaupt erst, gegen ihn vorzugehen. Die Entscheidung, nach der Mißernte 1963 Agrarimporte zur Sicherung des Fleischkonsums vorzunehmen, stand unter diesem Sachzwang. Anfang der 1970er Jahre mußten diese Importe stark ausgedehnt werden, und das traditionelle Agrarexportland Rußland entwickelte sich endgültig zu einem Nettoimporteur von Lebensmitteln.
Mit dem Abbruch des Experiments der Wirtschaftsreform zu Anfang der 1970er Jahre unterblieben weitere Anstrengungen, die Effizienz des Systems zu erhöhen. In der Praxis bedeutete das die auf die lange Bank geschobene Selbstaufgabe, denn die Gewährleistung eines steigenden Lebensstandards, mit der die Legitimation des Systems und das Stillhalten der Bevölkerung erkauft wurden, hing von der Erhöhung der Effizienz im Einsatz der Produktionsfaktoren ab. Die weitere Steigerung des Lebensstandards wurde deshalb immer mehr zum Problem. Die Garantie, bestimmte Grundbedürfnisse unentgeltlich oder zu Festpreisen zu befriedigen, bedeutete angesichts der steigenden Bereitstellungskosten, daß der Staat immer mehr Mittel für Subventionen aufwenden mußte. In bestimmten Bereichen, so bei den Wohnungen, dem öffentlichen Nahverkehr und den kommunalen Versorgungseinrichtungen, konnte das Problem durch die Nichtdurchführung von Instandhaltungsinvestitionen zumindest für einige Zeit verschleiert werden, weil nur die Investitionsmittel für Neubauten aufgebracht werden mußten. In den Bereichen Bildung und Gesundheitswesen verschlechterte sich durch die geringe Bezahlung der Fachkräfte die Qualität der Versorgung. Bei der Subvention der Lebensmittelpreise konnte man sich auf diese Weise nicht durchmogeln. Hier verdreifachten sich seit den 1960er Jahren nicht nur die Erzeugerpreise, sondern auch der Pro-Kopf-Verbrauch erhöhte sich weiter. Allein der Subventionsbedarf für die festen Verbraucherpreise für Lebensmittel wuchs deshalb von Jahr zu Jahr explosionsartig und reduzierte die für Investitionen zur Verfügung stehenden Mittel und damit das Wirtschaftswachstum.
Die Ursachen dieser »Kostenexplosion« sollen kurz illustriert werden. Die ständige Anhebung der staatlichen Erzeugerpreise für Agrarprodukte

wurde notwendig, weil die Preise die Kosten für Lohnzahlungen und betriebliche Investitionen decken mußten und jeglicher Druck auf die Betriebe zur Kostensenkung fehlte. Sowohl die Lohnkosten als auch die Preise für industriell hergestellte Betriebsmittel stiegen. Anders als in der westlichen Landwirtschaft erfolgte keine Substitution von Arbeit durch Kapital, vielmehr blieb trotz der verstärkten Mechanisierung der Einsatz des Faktors Arbeit konstant. Am stärksten erhöhten sich die Produktionskosten der besonders nachgefragten Tierprodukte. Zusätzlich erwiesen sich die von der Parteiführung favorisierten Großprojekte zur Be- und Entwässerung, die gewaltige Mittel verschlangen, als Fehlinvestitionen. Die durch sie erzielte jährliche Ertragssteigerung fiel mit 1 Prozent extrem niedrig aus, ganz abgesehen von den erheblichen ökologischen Folgekosten. Ähnlich wie die Rüstungsproduktion muß die Agrarproduktion deshalb als ein Bereich gesehen werden, in dem die Leistungsgrenzen des Systems erreicht waren. Es wurde zunehmend schwieriger, auch nur die Aufrechterhaltung des bisherigen Produktionsniveaus zu finanzieren, obwohl die russische Bevölkerung ihren Lebensstandard wesentlich mit einer Verbesserung der Versorgung mit Tierprodukten identifizierte. Wie unsinnig die für den Agrarsektor aufgewandten Mittel von der Parteiführung eingesetzt wurden, zeigte die vollständige Vernachlässigung der Bereiche Handel und Verarbeitungsindustrie. Schließlich ging etwa ein Drittel der Agrarproduktion durch Schwächen des Verarbeitungs- und Vertriebssystems auf dem Wege zum Verbraucher verloren.

VIII. Transformationsperiode seit 1985

Die Erkenntnis, daß die verfolgte Politik nicht auf Dauer durchführbar war, setzte sich unter den führenden Ökonomen Ende der 1970er Jahre durch. Sie erreichte mit GORBATSCHOW endgültig die Parteispitze. Die jetzt eingeleitete Korrektur, die innerhalb von wenigen Jahren nicht nur zum Zusammenbruch der von STALIN geschaffenen Kommandowirtschaft, sondern auch zum Ende der Sowjetunion führen sollte, basierte zunächst auf dem Festhalten an sozialistischen Zielen und vagen Vorstellungen vom Übergang zu einer regulierten Marktwirtschaft mit einer weiteren Verlagerung von Entscheidungskompetenzen auf die Betriebsebene. Nachdem anfangs die Hoffnung auf eine weitere Besserung des Lebensstandards vorherrschte, verstärkte sich der inflationäre Druck in verhängnisvoller Weise. Die Betriebe nutzten ihre neue Kompetenz vor allem zu kräftigen Lohnsteigerungen. Da die Preise weitgehend stabil gehalten wurden, verschwanden durch die verstärkte Nachfrage immer mehr begehrte Konsumgüter vom Ladentisch. Das beschränkte Warenangebot zu Festpreisen reichte nicht, um die gestiegene Kaufkraft der Bevölkerung zu absorbieren. Mangelwaren wurden zunehmend zu Spekulationsobjekten. Die Unzufriedenheit der Bevölkerung schwoll an und wurde durch eine Antialkoholkampagne noch verstärkt. Damit verschwand auch der zur Herstellung von Schwarzgebranntem benötigte Zucker aus den Regalen. Bis 1989 traten bei fast allen Lebens- und Genußmitteln und vielen industriell erzeugten Konsumgütern zeitweilig Engpässe in der Versorgung auf.

In dieser Reformphase wurde deutlich, daß die Bevölkerung inzwischen mehr zu verlieren hatte »als ihre Ketten«, wie das nach der STALIN-Ära der Fall war. Vor Reformen, die der Bevölkerung Einbußen bringen mußten, schreckte die Regierung zurück. Die allgemeine Preisfreigabe wurde deshalb immer wieder blockiert. Die Störungen bei der Versorgung mit Waren des Grundbedarfs trafen vor allem sozial Schwache, so daß sich die Armut wieder verstärkte. Erst Anfang 1992 wurde schließlich die »Schock-Therapie« mit einer Freigabe der Verbraucherpreise eingeleitet. Der »Schock« für die Bevölkerung währte aber nur kurze Zeit, denn nach wenigen Monaten entschloß sich die Regierung zu einer weitgehenden

»Indexierung« der Löhne. Damit schwand die Möglichkeit, die Inflation zu bekämpfen. Die Preisfreigabe führte zu einer abrupten Änderung der Verbrauchsstruktur. Die Nachfrage nach Tierprodukten fiel um 20 bis 30 Prozent. Im Budget der Arbeiter- und Angestelltenfamilien schnellte der Ausgabenanteil für Nahrungsmittel wieder auf 40 Prozent, bei Kolchosmitgliedern auf fast 50 Prozent nach oben.[26] Immerhin brachte die Freigabe der Preise die meisten Waren in die Läden zurück.

Die Auswirkungen der Transformationsperiode auf den Lebensstandard sind inzwischen deutlich zu spüren, wenn auch die im Westen häufig anzutreffende Behauptung einer generellen Verarmung die tatsächlichen Verhältnisse verzerrt. Für die Masse der Bevölkerung hat sich eher die Strategie des Überlebens als die Position in der Einkommenspyramide geändert. Unzweifelhaft gibt es eine soziale Differenzierung, wenn nicht gar eine Polarisierung. Aufstiegs- und Abstiegsmobilität sind zu beobachten. Die sozialen Folgen sind am deutlichsten aus den demographischen Werten abzulesen. Die Geburtenrate in Rußland fiel von 16,6 auf 1 000 Personen (1985) auf 9,6 (1993). In umgekehrter Richtung bewegte sich die Sterberate, die von 11 auf 14,4 auf 1 000 Personen stieg.[27] Erstmals seit dem Zweiten Weltkrieg gibt es einen Sterbeüberschuß. Am schlechtesten geht es in der Regel denen, die auch schon zuvor als arm einzustufen waren: alleinstehenden alten Leuten und kinderreichen Familien der unteren Einkommensgruppen. Neu dazugestoßen sind die Kranken: Die ärztliche Versorgung hat sich dramatisch verschlechtert, und Medikamente sind unerschwinglich geworden. Teile der Mittelschicht – auch einzelne Akademiker und ehemalige Parteifunktionäre – sind »proletarisiert« worden und gewissermaßen in ein aggressives Lumpenproletariat abgestiegen. Der Staat kommt seinen Verpflichtungen häufig nur unzureichend nach. Lohnzahlungen können sich über Monate verzögern. Das ist angesichts der hohen Inflation für die Betroffenen besonders schmerzlich. Die große Masse der Bevölkerung aber hat sich schlecht und recht mit den neuen Verhältnissen arrangiert und unter dem Strich eher geringe Einbußen an Lebensqualität hinnehmen müssen. Man geht heute verschiedenen Beschäftigungen nach und nutzt alle Möglichkeiten, durch Nebenjobs, Han-

26 Vgl. Rossijskaja Federacija v 1992 godu. Statističeskij ežegodnik, Moskau 1993, S. 162 f. und S. 210.
27 Vgl. Narodnoe chozjajstvo ... 1992, a. a. O., S. 108; Rossijskaja Federacija ..., a. a. O., S. 111; Vestnik statistiki 1993, Nr. 11, S. 52.

del, Vermittlung oder Vermietung zu Geld zu kommen. Der von breiten Gruppen der Bevölkerung betriebene Aufkauf von Waren zum Weiterverkauf stellt auch eine wirksame Hilfe gegen die Verarmung dar. Wenn das leidlich gut und problemlos klappt, so nicht zuletzt deshalb, weil dieser Bereich der Schattenwirtschaft nie ganz verschwunden war. Die staatliche Befehlswirtschaft funktionierte zu keinem Zeitpunkt ohne privates Improvisations- und Organisationstalent und die Fähigkeit, Dinge zu beschaffen, die im Handel nicht käuflich zu erwerben waren.

Seit 1988 ist privates Unternehmertum – zunächst häufig kaschiert durch die zuerst zugelassene Form der »Genossenschaft« – vorhanden. Inzwischen hat auch die Privatisierung der Staatsbetriebe begonnen. Die heutige Oberschicht erzielt wesentlich höhere Einkommen als die frühere Sowjetelite und stellt ihren Reichtum auch unverhüllt zur Schau. Die Einnahmen stammen vor allem aus den Bereichen Handel und Vermittlung. Zum Teil werden sie am Rande der Legalität oder durch kriminelle Machenschaften erzielt. Viele Angehörige der alten Führungselite haben über die zuvor eingenommenen einflußreichen Posten in Wirtschaft und Verwaltung den Sprung in die neue Oberschicht geschafft.

Eine der wichtigsten Maßnahmen der Regierung war es, Städtern kleine Bodenstücke anzubieten. Etwa ein Drittel der städtischen Haushalte hat von diesem Angebot Gebrauch gemacht und seit 1990 ein Grundstück erworben. Die Gesamtzahl der Eigentümer von Datschen-Stücken stieg dadurch von knapp 10 Millionen 1988 auf 21,5 Millionen 1992 an. Von den etwa 30 Millionen städtischen Familien in Rußland verfügen also inzwischen zwei Drittel über ein kleines Bodenstück.[28] Auf vielen dieser Stücke ist eine – nicht selten mehrstöckige – Datscha errichtet worden. Auf anderen hat der Bau, häufig in Nachbarschaftshilfe, begonnen. Ein erheblicher Teil der städtischen Versorgung erfolgt über die Eigenproduktion. 1992 brachten die Kleingärtner 25 Prozent der Gesamternte von Kartoffeln, 28 Prozent der Gemüseernte und 37 Prozent der Ernte von Früchten und Beeren ein. Das bedeutet, daß sich die Russen inzwischen stark in ihre nachbarschaftlichen Verkehrskreise zurückgezogen haben. Es sind Inseln, die den Zusammenbruch der staatlichen Autorität überdauert haben. Dadurch hat sich im lokalen Rahmen eine naturale Schattenwirtschaft ausgebreitet,

28 Vgl. Rossijskaja Federacija . . ., a. a. O., S. 462.

die mittlerweile ein nennenswerter Wirtschaftsfaktor geworden ist, der sich allerdings der statistischen Messung weitgehend entzieht. Zum Schutze des Eigentums wird nach dem Staat gerufen und zum Teil offen einer Bewaffnung der Eigentümer zum Selbstschutz das Wort geredet. Die Bautätigkeit im weiteren Umkreis der Städte und selbst in den Dörfern hat ein erstaunliches Maß erreicht.

Auch nach der Preisfreigabe kann von einer wirklichen Marktpreisbildung nicht die Rede sein. Vor allem hat die Monopolstruktur der Industrie und des Handels den Zusammenbruch der Kommandowirtschaft überdauert, so daß weiterhin kaum Konkurrenz zu beobachten ist. Dazu trägt auch bei, daß die »Mafia« einen nicht unerheblichen Teil der Produktion und der Vermarktung über Schutzgelderpressung beherrscht. Die Ausbreitung von Konkurrenz und Märkten wird dadurch behindert. Die negativen Auswirkungen der privaten Schutzgelderpressung werden durch die staatliche Steuerpolitik, die vor allem die Warenproduktion belastet, noch verschärft. Kleine Produktionseinheiten und ein leistungsfähiges Handelsnetz fehlen weiterhin. Der Weg zu einer echten Marktwirtschaft ist also noch lang, und die dazu erforderlichen institutionellen Rahmenbedingungen sind noch kaum zu erkennen.

Summary

The development of the living standard in the Soviet Union first of all was the result of political decisions. While until the revolution and during the 1920s the increase in the standard of living still depended on economic growth, this connection came to an end with the starting of forced industrialization under Stalin. In spite of the strong increase in industrial production the standard of living remained stagnant until 1953. While the satisfaction of needs under war communism meant leveling in poverty, the party was stressing the danger of differentiation during the New Economic Policy. Under Stalin, only propaganda tried to get the workers to believe in a higher standard of living, while appealing to their willingness of self-sacrificing. The inefficiency of the administrative command economy was concealed by forced abstention from consumption.
Khrushchev was the first who tried to achieve the goal "everbody according to his abilities, everbody according to his needs". The basic needs of the population from now on were to be satisfied free of charge or at low prices irrespective of the quality and quantity of the work done by each person. This policy led to a strong increase of the standard of living. Although all groups of the population participated in this improvement, poverty was not abolished. However, the guarantee of a working place and the low prices for the satisfaction of the basic needs led to a comparatively high standard of social security. A true satisfaction of needs was offered only to a small elite. The goal of satisfying the needs irrespective of the work done had soon to be abandoned, due to the lack of efficiency of the economic system. The expectation that the increase in the living standard would also raise the interest in working and result in a growing productivity of labor did not come true. Attempts to reform the economic system soon hit the politically set limits. The party leadership was afraid of losing part of its power by a transfer of decisions to the market. Thus the administrative fixing of prices was declared to be an indispensable part of the system. However, the reduction of social benefits would also threaten the rule of the party due to dangerous dissatisfaction within the population. Even the satisfaction of a comparatively moderate standard of living was too much for the centrally administered economic system. The uncontrollable will of the population to consume reduced the means needed for investment and resulted in stagnation of economic growth. Thus the collapse of the Soviet Union was, to some extent, a consequence of the orientation on consumption started by Khrushchev.

Literaturverzeichnis

I. Statistiken

Narodnoe chozjajstvo Rossijskoj Federacii 1992. Statističeskij ežegodnik, Moskau 1992.
Narodnoe chozjajstvo SSSR 1922–1972. Jubilejnyj statističeskij ežegodnik, Moskau 1972.
Narodnoe chozjajstvo SSSR za 70 let. Jubilejnyj statističeskij ežegodnik, Moskau 1987.
Narodnoe chozjajstvo SSSR v 1988 g. Statističeskij ežegodnik, Moskau 1989.
Narodnoe chozjajstvo SSSR v 1990 g. Statističeskij ežegodnik, Moskau 1991.
Naselenie SSSR 1987. Statističeskij sbornik, Moskau 1988.
Rossijskaja Federacija v 1992 godu. Statističeskij ežegodnik, Moskau 1993.
Socialističeskoe stroitelstvo. Statističeskij ežegodnik, Moskau 1934.
Trud v SSSR. Ežegodnik, Moskau 1936.

II. Sekundärliteratur

Arutjunjan, Ju. V., Socialnaja struktura selskogo naselenija SSSR, Moskau 1971.

Bergson, Abram, The Real National Income of Soviet Russia since 1928, Cambridge, Mass. 1961.
Bonwetsch, Bernd, Die russische Revolution 1917: Eine Sozialgeschichte von der Bauernbefreiung 1861 bis zum Oktoberumsturz, Darmstadt 1991.
Brockmann, Jürgen, Die Differenzierung der sowjetischen Sozialstruktur, Berlin 1978.
Bronson, D. W., und C. B. Krueger, The Revolution in Soviet Farm Household Income 1953–1967, in: James R. Millar (Hrsg.), The Soviet Rural Community. A Symposium, Urbana 1971.

Chapman, Janet G., Real Wages in the Soviet Union since 1928, Cambridge, Mass. 1963.

Field, Mark G. (Hrsg.), Social Consequences of Modernization in Communist Societies, Baltimore und andere 1976.
Filtzer, Donald, Soviet Workers and Stalinist Industrialization. The Formation of Modern Soviet Production Relations 1928–1941, New York 1986.

Gatrell, Peter W., The Tsarist Economy 1850–1917, London 1986.
George, V., und N. Manning, Socialism, Social Welfare and the Soviet Union, London 1980.
Gregory, Paul G., Russian Living Standards during the Industrialization Era 1885–1913, in: Review of Income and Wealth, 26. Jg. (1980), S. 87–103.
Gregory, Paul G., Russian National Income 1885–1913, Cambridge 1982.

Hanson, Philip, The Consumer in the Soviet Economy, London und andere 1968.
Haumann, Heiko, Die russische Revolution und ihre ersten Versuche sozialistischer Wirtschaftspolitik. Materialien 1917–1921, in: Argument 82 (1973), S. 768–803.
Hunter, Holland, The Overambitious First Soviet Five-Year-Plan, in: Slavic Review 32 (1973), S. 237–257.
Hunter, Holland, und Janusz M. Szyrmer, Faulty Foundations. Soviet Economic Policies 1928–1940, Princeton 1992.

Kritzman, Leo N., Die heroische Periode der großen russischen Revolution, Reprint, Frankfurt am Main 1971.

Lewin, Moshe, The Disappearance of the Planning in the Plan, in: Slavic Review 32 (1973), S. 271–287.

Madison, B., Social Welfare in the Soviet Union, Stanford 1968.
Martiny, Albrecht, Bauen und Wohnen in der Sowjetunion nach dem Zweiten Weltkrieg. Bauarbeiterschaft, Architektur und Wohnverhältnisse im sozialen Wandel, Berlin 1983.
Marx, Karl, Die Frühschriften, hrsg. von Siegfried Landshut, Stuttgart 1968.
Marx, Karl, Kritik des Gothaer Programms, in: Karl Marx und Friedrich Engels, Werke, Bd. 19, Berlin 1972, S. 11–32.
Matthews, Mervyn, Privilege in the Soviet Union. A Study of Elite Lifestyles under Communism, London und andere 1978.
Matthews, Mervyn, Poverty in the Soviet Union. Lifestyles of the Underprivileged in Recent Years, London und andere 1986.
McAuley, Alastair, Economic Welfare in the Soviet Union. Poverty, Living Standards and Inequality, London 1979.
McAuley, Mary, Bread without the Bourgeoisie, in: Diane P. Koenker und andere (Hrsg.), Party, State, and Society in the Russian Civil War. Explorations in Social History, Bloomington 1989, S. 158–179.
Meissner, Boris (Hrsg.), Sowjetgesellschaft im Wandel. Rußlands Weg zur Industriegesellschaft, Stuttgart und andere 1966.
Merl, Stephan, Der Agrarmarkt und die Neue Ökonomische Politik. Die Anfänge staatlicher Lenkung der Landwirtschaft in der Sowjetunion 1925–1928, München-Wien 1981.
Merl, Stephan, Handlungsspielräume und Sachzwänge in der sowjetischen Wirtschafts- und Sozialpolitik der Zwischenkriegszeit, in: Wolfram Fischer (Hrsg.), Sachzwänge und Handlungsspielräume in der Wirtschafts- und Sozialpolitik der Zwischenkriegszeit, St. Katharinen 1985, S. 179–229.
Merl, Stephan, Agrarreformen und nichtmarktwirtschaftliche Bedingungen – Agrarsektor und Industrialisierung in Rußland und in der Sowjetunion, in: Toni Pierenkemper (Hrsg.), Landwirtschaft und industrielle Entwicklung. Zur ökonomischen Bedeutung von Bauernbefreiung, Agrarreformen und Agrarrevolution, Stuttgart 1989, S. 179–209.
Merl, Stephan, Bauern unter Stalin. Die Formierung des sowjetischen Kolchossystems 1930–1941, Berlin 1990.

Merl, Stephan, War die Hungersnot von 1932–1933 eine Folge der Zwangskollektivierung der Landwirtschaft oder wurde sie bewußt im Rahmen der Nationalitätenpolitik herbeigeführt?, in: Guido Hausmann und Andreas Kappeler (Hrsg.), Ukraine: Gegenwart und Geschichte eines neuen Staates, Baden-Baden 1993, S. 145–166.

Nötzold, Jürgen, Wirtschaftspolitische Alternativen der Entwicklung Rußlands in der Ära Witte und Stolypin, Berlin 1966.

Osborn, Robert J., Soviet Social Policies, Welfare, Equality and Community, Homewood 1970.

Ruban, Maria Elisabeth, Die Entwicklung des Lebensstandards in der Sowjetunion unter dem Einfluß der sowjetischen Wirtschaftspolitik und Wirtschaftsplanung, Berlin 1965.

Ruban, Maria Elisabeth, und andere, Wandel der Arbeits- und Lebensbedingungen in der Sowjetunion 1955–1980. Planziele und Ergebnisse im Spiegel sozialer Indikatoren, Frankfurt am Main-New York 1983.

Schönfelder, Bruno, Sozialpolitik in den sozialistischen Ländern, München 1987.

Schroeder, Gertrude E., Soviet Living Standards – Achievements and Prospects, in: Soviet Economy in the 1980s: Problems and Prospects, Part 2, Washington 1982.

Schroeder, Gertrude E., und I. Edwards, Consumption in the USSR: an International Comparison, Washington 1981.

Schröder, Hans-Henning, Arbeiterschaft, Wirtschaftsführung und Parteibürokratie während der Neuen Ökonomischen Politik. Eine Sozialgeschichte der bolschewistischen Partei 1920–1928, Berlin 1982.

Schwarz, Solomon M., Arbeiterklasse und Arbeitspolitik in der Sowjet-Union, Hamburg 1953.

Stiller, Pavel, Sozialpolitik in der UdSSR 1950–1980. Eine Analyse der quantitativen und qualitativen Zusammenhänge, Baden-Baden 1983.

Teckenberg, Wolfgang, Die soziale Struktur der sowjetischen Arbeiterklasse im internationalen Vergleich. Auf dem Wege zur industrialisierten Ständegesellschaft?, München-Wien 1977.

Treml, V., Alcohol in the USSR. A Statistical Study, Durham 1982.

Voslensky, Michael S., Nomenklatura. Die herrschende Klasse in der Sowjetunion, Wien und andere 1980.

Wädekin, Karl-Eugen, Die Bezahlung der Arbeit in der sowjetischen Landwirtschaft, Berlin 1972.

Weißenburger, Ulrich, Die Entwicklung von Realeinkommen und materieller Lage der Arbeiter und Angestellten in der Periode der Vorkriegsfünfjahrpläne (1928/29–1941), Manuskript, Bremen 1981.

Gert Leptin

Professor an der Freien Universität Berlin

Der wirtschaftliche Umbruch im europäischen Osten: Ostdeutschland, Polen, Tschechien, Slowakei, Ungarn

Inhaltsverzeichnis

I. Reform – Transformation – Revolution – Umbruch: In Rußland, Ostdeutschland und im europäischen Osten

Die weitgehende Unsicherheit über den Inhalt und den Charakter der sich seit der Mitte der achtziger Jahre in den ehemals kommunistischen Ländern Osteuropas vollziehenden Veränderungen in Politik, Wirtschaft und Gesellschaft, die sowohl bei den Akteuren als auch bei den außenstehenden Beobachtern herrscht, wird nicht zuletzt in der Unsicherheit über eine angemessene Bezeichnung dieser Prozesse deutlich: Führende westliche Politiker können sich bis heute nicht von dem noch auf MICHAIL GORBATSCHOW zurückgehenden Begriff der – mehr oder minder radikalen – »Reform« trennen, obwohl der seit Anfang der sechziger Jahre immer wieder strapazierte Reformbegriff die Modernisierung der *bestehenden* Systeme kennzeichnen sollte. Diese Systeme sind in allen Bereichen des staatlichen und gesellschaftlichen Lebens inzwischen vollständig untergegangen: Sie haben sich schon transformiert oder sind zumindest dabei, sich in andere Systeme zu transformieren. Der insoweit geeignetere Begriff der Transformation könnte die komplizierten Prozesse daher weit besser verdeutlichen, wenn er in den einschlägigen Darstellungen nicht zumeist in einem mehr technisch-organisatorischen Sinne benutzt würde, der weder die Komplexität noch die Spontaneität der Transformationsprozesse widerspiegelt. Tatsächlich sind diese Prozesse so radikal und so umfassend, daß ihre Charakterisierung als *Revolution* durchaus angebracht ist. Leider wird dieser Begriff im allgemeinen Verständnis jedoch immer noch mit Straßenbarrikaden und der Erstürmung der Bastille oder des Winterpalais assoziiert und deswegen zumeist abgelehnt – und das, obwohl es sich im Hinblick auf die Prozesse und ihre Ergebnisse um Revolutionen handelt.
Als Ausweg aus diesem Dilemma wird hier im folgenden der umfassend zu verstehende Begriff des Umbruchs benutzt. Er soll aus dem Reformbegriff den Modernisierungsgedanken übernehmen, aus dem Transformationsbegriff die technisch-organisatorischen Probleme des möglichst geordneten Übergangs von einem zu einem anderen Wirtschafts- und Gesellschaftssystem widerspiegeln und im Rückgriff auf den Revolutionsbegriff verdeutlichen, daß es sich um einen grundlegenden, gewalttätigen und zum größten Teil politisch nicht steuerbaren Prozeß handelt.

Im Mittelpunkt der folgenden Überlegungen und Darstellungen soll nicht Rußland stehen, sondern der europäische Osten im engeren Sinne, das heißt die neuen Bundesländer der Bundesrepublik Deutschland, Polen, die Tschechoslowakei beziehungsweise Tschechien und die Slowakei sowie Ungarn. Dennoch soll ein kurzer Blick auf die Entwicklung in Rußland und auf seine Entwicklungsschwierigkeiten deutlich machen, welche Probleme in allen Ländern möglichst schnell überwunden werden müssen und im Gegensatz zu Rußland zum Teil bereits überwunden wurden.
Das zentrale Problem der sowjetischen beziehungsweise russischen Situation besteht bis in die Gegenwart im Fehlen einer als legitim anerkannten zentralen staatlichen Autorität. Damit sind nicht nur die Machtkämpfe zwischen GORBATSCHOW und JELZIN und zwischen JELZIN und dem Volkskongreß beziehungsweise der Duma Rußlands gemeint, die im August-Putsch 1991 gegen GORBATSCHOW und in den blutigen Auseinandersetzungen im Oktober 1993 kulminierten, sondern auch das Fehlen jedweder demokratischen Tradition für die zentrale Staatsmacht in Rußland: Der Zar war durch Gottesgnadentum und Erbfolge legitimiert, die Kommunisten durch ihre Berufung auf ihre wissenschaftliche Weltanschauung, die ihnen angeblich ein Handeln in Übereinstimmung mit historischen Notwendigkeiten erlaubte. Mehrheitsbildungen aufgrund demokratischer Wahlen haben in Rußland keine Tradition. Darüber hinaus sind auch die harten und zum Teil widersprüchlichen Maßnahmen von Präsident, Regierung und Parlament nicht geeignet, Vertrauen aufzubauen und damit Legitimität wachsen zu lassen. Hinzu kommt, daß in Rußland wie in allen Transformationsländern Regierungen, die den Übergang von der Planwirtschaft zu irgendeiner Form westlicher Marktwirtschaft durchsetzen wollen, sich im öffentlichen Bewußtsein über kurz oder lang in der Rolle von Konkursverwaltern wiederfinden: Bis zum Eintritt des Konkurses, also des wirtschaftlichen Zusammenbruchs, schien die Wirtschaft noch zu funktionieren, der Absturz begann für die meisten Menschen erst danach und war daher Schuld der neuen Führung. In Rußland kam hinzu, daß die ehemalige »Supermacht« nach dem Zerfall der UdSSR im Dezember 1991 keine allseits anerkannten Außengrenzen hatte – ehemals mehr administrativ bestimmte Verwaltungsgrenzen wurden zu Staatsgrenzen (zum Beispiel Krim-Problem mit der Ukraine) – und auch in der inneren Struktur des Staates, im Verhältnis der Staatsteile zueinander, fast chaotische Zustände herrschen.

Neben den ungeklärten völkerrechtlichen und staatsrechtlichen Problemen ist das gesamte Rechtssystem in Frage gestellt: Das allgemeine Recht war in erster Linie ein Instrument zur Durchsetzung der Einparteien-Herrschaft der kommunistischen Führungseliten und ihres Unterdrükkungsapparates (KGB), und das Wirtschaftsrecht war ausschließlich Planwirtschaftsrecht und daher für die Entwicklung einer Marktwirtschaft denkbar ungeeignet. Hinzu kommt, daß der Mißbrauch des Rechtssystems als Herrschaftsinstrument das Rechtsbewußtsein der Menschen genauso zerstört hat, wie die mafiosen Zustände, die Nutzung staatlicher Funktionen und Verbindungen zur privaten Bereicherung, es immer noch tun. Die andauernde absolute Unterwerfung der Menschen unter die Willkür staatlicher Behörden macht es dem Einzelnen nicht leicht, an eine neue, menschlichere Gesellschaft zu glauben.

Die im engeren Sinne auf die Umgestaltung des Wirtschaftssystems zielenden Maßnahmen der Regierung sind in ihren Ergebnissen sehr unterschiedlich bis widersprüchlich: Private wirtschaftliche Aktivitäten entwikkeln sich rasch im Handel und im Gaststättenwesen sowie bei einer Reihe von Dienstleistungen, in geringerem Maße in der Klein- und Mittelindustrie und überhaupt nicht in der Großindustrie. Privateigentum – auch an Grund und Boden – ist formell zwar überall zugelassen, die Realisierung wegen fehlender Ausführungsbestimmungen zu geltenden Gesetzen und Obstruktionen regionaler Verwaltungen von Gebiet zu Gebiet aber außerordentlich unterschiedlich. An die Schaffung des für eine funktionsfähige Marktwirtschaft notwendigen wertstabilen Geldes ist in absehbarer Zeit nicht zu denken: Die ungekürzte Subventionierung nicht oder mit zu hohen Kosten produzierender Betriebe hat die monatliche Inflationsrate im Januar 1994 auf über 30 Prozent, das heißt auf eine Jahresrate von über 2200 Prozent, ansteigen lassen. Unter diesen Umständen können sich zwar bestimmte Marktstrukturen herausbilden, aber keine langfristig konkurrenzfähigen Produktionsstrukturen. Daran kann auch die weitgehende Öffnung zum Weltmarkt noch nicht viel ändern.

Abgesehen von den Nomenklatura-Neureichen, den ehemaligen Parteifunktionären, die ihre Position für einen erfolgreichen Start in die Privatwirtschaft nutzten, sowie den hart arbeitenden Menschen in den privaten Betrieben, erlebt die Masse der russischen Bevölkerung die angebliche »Marktwirtschaft« als persönliche Katastrophe: Ohne ausreichende soziale Sicherung sinkt ihr reales Einkommen durch die inflatorische Preis-

entwicklung dramatisch. Marktwirtschaft wird zu einem Schreckenswort, und es kann nicht verwundern, daß man zum großen Teil den alten kommunistischen Verhältnissen nachtrauert und bei den anstehenden Wahlen Nationalisten, die die Schuld im Ausland, und Kommunisten, die die Schuld bei ihren Nachfolgern finden, die Stimme gibt.
Andererseits muß man sich darüber im klaren sein, wie begrenzt die Möglichkeiten sind, sich ein objektives Bild der allgemeinen Lebensverhältnisse zu machen:[1] Die offizielle Statistik befindet sich im Umstellungsprozeß vom Hilfsinstrument der Wirtschaftsplanung zu einem Organ zur Erfassung und Widerspiegelung marktmäßiger Wandlungsprozesse. Das erfordert erhebliche methodische Veränderungen, für die erforderliche Voraussetzungen großenteils erst noch geschaffen werden müssen. Die statistischen Meldungen der staatlichen Betriebe, die in der Vergangenheit wegen des Zwanges zu Erfolgsberichten positiv überzeichneten, tendieren jetzt zu einer negativen Überzeichnung, teils um die Notwendigkeit von Subventionen zu betonen oder – wie besonders in der Privatwirtschaft – die Besteuerung zu vermeiden. Die allgemeinen wirtschaftlichen Aktivitäten werden daher nur zum Teil erfaßt. Ähnliches gilt für die Einkommen der Bevölkerung. Sicher ist nur, daß die Einkommensunterschiede erheblich zugenommen haben und insbesondere die unteren Einkommensbezieher bis auf das physische Existenzminimum oder sogar darunter zurückgefallen sind. Aber auch das ist nicht ganz neu: Unzureichende Ernährung hatte es auch in der Sowjetunion gegeben.

1 Vgl. hierzu die Berichte des Deutschen Instituts für Wirtschaftsforschung (DIW) Berlin, des Instituts für Weltwirtschaft an der Universität Kiel und des Instituts für Wirtschaftsforschung Halle über die wirtschaftliche Lage Rußlands, in: Wochenberichte des DIW, Nr. 42 (1992), Nr. 17 (1993), Nr. 42 (1993) und Nr. 19 (1994).

II. Besonderheiten und Gemeinsamkeiten

Vor dem skizzierten Hintergrund des Umbruchs in der Sowjetunion und in Rußland verläuft der Umbruch im – näheren – europäischen Osten, das ist in Ostdeutschland, Polen, Tschechien, der Slowakei und Ungarn, trotz aller mit der Korrektur vierzigjähriger Fehlentwicklungen unvermeidlich verbundenen Härten, wesentlich erfolgreicher. Trotz dieser und noch einer ganzen Reihe weiterer Gemeinsamkeiten bestehen auch zwischen diesen Ländern erhebliche Unterschiede, die den Prozeß des Übergangs von der Diktatur zur Demokratie und von der Planwirtschaft zur Marktwirtschaft beeinflussen.

So scheint insbesondere Ostdeutschland ganz aus dem Rahmen der Vergleichbarkeit mit anderen Staaten herauszufallen: Wiedervereinigung nach 44 Jahren staatlicher Trennung, Anschluß an eines der reichsten westlichen Industrieländer, Übernahme einer Währung, die geradezu Sinnbild von Stabilität und weltweiter Kaufkraft war – das alles schien optimale Voraussetzungen für einen erfolgreichen Übergang zu bieten. Wenn dem auch kaum widersprochen werden kann, so sollte man aber auch nicht die Kehrseite dieser Vorteile übersehen: Die Menschen in Ostdeutschland wurden ohne Anpassungsphase in ein wirtschaftliches und soziales System geworfen, das sie nicht kannten, in dem ihre erlernten sozialen Verhaltensweisen wertlos waren und in dem sie demzufolge in vielen Fällen auf den Rat und die Hilfe westdeutscher Fachleute (»Besserwessis«) angewiesen waren. Die Folge ist ein mentaler Ost-West-Gegensatz, dessen Überwindung wohl mehr Zeit erfordern wird als die wirtschaftliche Anpassung. In wirtschaftlicher Hinsicht hat die Übernahme der westdeutschen Währung die ostdeutschen Betriebe nicht nur der westdeutschen, sondern der internationalen Konkurrenz ohne jeden Währungsschutz ausgesetzt. Die meisten Betriebe konnten dieser Konkurrenz nicht standhalten. Im Gegensatz dazu erhielten in den anderen Reformländern die Betriebe einen erheblichen Konkurrenzschutz durch Unterbewertung ihrer Währungen – genauso wie die Bundesrepublik Deutschland in ihrer Aufbauphase nach dem Zweiten Weltkrieg in den fünfziger und sechziger Jahren.

Die Besonderheiten der Situation Polens lagen darin, daß der Übergang lange Zeit vorher durch politische Entwicklungen vorbereitet wurde: Die Wahl des polnischen Papstes im Jahre 1978 gehört ebenso zu dieser Vorbereitungsphase wie die Gründung der Gewerkschaft *Solidarnosc*, die Einführung des Kriegsrechts unter General JARUZELSKI, die Beratungen des »Runden Tisches«, an denen alle politischen Gruppierungen beteiligt waren, und die ersten halb-freien Wahlen bis zur Wahl des Gewerkschaftsführers LECH WALESA zum ersten nicht-kommunistischen Staatspräsidenten (Nachkriegs-)Polens. Der wirtschaftliche Umbruch bleibt immer verbunden mit dem Namen des Finanzministers und stellvertretenden Regierungschefs LESZEK BALCEROWICZ und der auf ihn zurückgehenden Schock-Therapie des sofortigen, kompromißlosen Übergangs von der Planwirtschaft zur Marktwirtschaft.
Während das Charakteristikum des Umbruchs in Ostdeutschland in der Wiedervereinigung lag, war die Situation der Tschechoslowakei diametral entgegengesetzt: Wirtschaftliche und politische Entscheidungen wurden zum Teil blockiert, weil sich Tschechen und Slowaken nicht einigen konnten. Unterschiedliche Interessen, pures Mißtrauen und politische Zufälligkeiten führten Anfang 1993 schließlich zur Trennung: Der ärmere slowakische Teil löste sich vom reicheren tschechischen Teil. Wirtschaftliche Erwägungen können dabei eigentlich nur auf tschechischer Seite einen gewissen Einfluß gehabt haben. Sofern auf slowakischer Seite eine bewußte Trennungspolitik betrieben worden sein sollte – und eine ganze Reihe von Beobachtern bezweifelt das –, so müssen nationale Selbständigkeitserwägungen höher bewertet worden sein als wirtschaftliche Vorteile. Das gilt wahrscheinlich aber nicht für die Bewohner der neuen Grenzregion, die sich jetzt mit völlig neuen Problemen konfrontiert sehen. Für den Übergang zur Marktwirtschaft stellten der langwierige Trennungsprozeß und das anschließende schnelle Scheitern der beabsichtigten Währungsunion jedenfalls ein schwerwiegendes Hindernis dar. Andererseits besteht zumindest in Tschechien jetzt die Meinung, daß die Annäherung an die Europäische Union für den höher entwickelten und von den Strukturproblemen der Slowakei entlasteten Teil der ehemaligen Tschechoslowakei leichter zu erreichen sein wird.
Am längsten reicht die Vorgeschichte zur Einführung der Marktwirtschaft oder mindestens zur Einführung marktwirtschaftlicher Elemente in die sozialistische Planwirtschaft in Ungarn zurück: Gut zehn Jahre nach dem

ungarischen Volksaufstand begannen im Jahre 1967 die Reformversuche – immer wieder unterbrochen durch politische Eingriffe und wirtschaftliche Rückschläge. Die wichtigste Folge dieses langen Vorlaufs marktwirtschaftlicher Versuche sind die Erfahrungen, welche die verschiedenen politischen Führungen mit der Marktwirtschaft machen konnten, und die langsame Gewöhnung an immer mehr marktwirtschaftlich geregelte Bereiche, die für die Bevölkerung damit verbunden war. Begleitet wurde diese Entwicklung durch die wohlwollende Unterstützung seitens westlicher Staaten – ausgedrückt in ihrer Bereitschaft, Ungarn bevorzugt Kredite zu gewähren.

Diese großzügige Kreditgewährung hat gewiß die wirtschaftliche Entwicklung Ungarns in den letzten Jahrzehnten gefördert, hat aber auch zu massiver Verschuldung des Landes geführt: Zwar haben Ungarns Auslandsschulden[2] Ende 1992 mit 17,1 Milliarden Dollar nur etwas mehr als ein Drittel der polnischen Verschuldung betragen, pro Kopf der Bevölkerung lagen Ungarns Schulden jedoch um fast 40 Prozent über den Schulden Polens. Vergleichsweise günstig stellte sich hier die Situation der Tschechoslowakei dar: Das Land, das nach der Niederschlagung des »Prager Frühlings« im Jahre 1968 praktisch keinen Zugang zu den internationalen Finanzmärkten hatte, war Ende 1992 nur mit 5,3 Milliarden Dollar verschuldet, das war absolut weniger als ein Drittel der ungarischen Verschuldung, bezogen auf die Bevölkerung nur etwas mehr als ein Fünftel. Ostdeutschland ist nicht – beziehungsweise nach der Währungsunion nicht mehr – verschuldet.

Unterschiede in der politischen und der wirtschaftlichen Entwicklung und unterschiedliche Auslandsverschuldung sind nur einige der Unterscheidungselemente, die bei der Beurteilung der Situation dieser Länder beachtet werden müssen. Sie können nicht erschöpfend berücksichtigt werden. Wichtiger als die nationalen Besonderheiten ist die Gemeinsamkeit der Probleme, die in allen Ländern gelöst werden mußten oder noch zu lösen sind. Am einleitend geschilderten Beispiel der Sowjetunion beziehungsweise Rußlands läßt sich ablesen, um welche Probleme es sich handelt.

2 Vgl. Economic Commission for Europe (ECE), Economic Survey of Europe in 1992–1993, Geneva-New York 1993, S. 124.

III. Struktur der Transformationsprobleme

Ganz grob lassen sich vier Gruppen von Problemen unterscheiden: politische, rechtliche, wirtschaftliche und soziale. Selbstverständlich hängen sie miteinander zusammen beziehungsweise überlappen sie sich und sind in keinem Fall chronologisch zu interpretieren.

Zu den im weiteren Sinne politischen Problembereichen gehört in erster Linie die Legitimation der politischen Entscheidungsträger, die den Transformationsprozeß durchführen oder wenigstens einleiten. Daß sie ihn in vielen Fällen nur einleiten können, hängt damit zusammen, daß die notwendig harten Maßnahmen, die für die Transformation erforderlich sind, den hohen Erwartungen der Menschen in bezug auf die Leistungen der Marktwirtschaft widersprechen. Die unvermeidliche Enttäuschung führt dann dazu, daß sie zumeist schnell wieder abgewählt werden. Hier besteht also ein grundsätzliches Dilemma: Nach über 40 Jahren diktatorischer Bevormundung sollte der Übergang zur Marktwirtschaft vom entsprechenden Übergang zur Demokratie begleitet sein. Die Durchführung des Übergangs erfordert aber fast diktatorische Machtvollkommenheit, ist unter demokratischen Bedingungen jedenfalls nur schwer realisierbar. Sie bietet populistisch-demagogischen Kräften eine Fülle von Angriffsmöglichkeiten gegen die verantwortlichen Politiker. Beispiele dafür gibt es nicht nur im Ausland.

Zu den mehr politischen Nachfolgeproblemen kommunistisch-sozialistischer Planwirtschaften in Osteuropa, welche den Übergang zu Demokratie und Marktwirtschaft behindern, zählt die Frage anerkannter Staatsgrenzen. Daß Kriege oder Bürgerkriege um Staatsgrenzen wie in Ex-Jugoslawien, Georgien, Aserbaidschan und Armenien jede Chance für Marktwirtschaften zerstören, ist offensichtlich: Kriegswirtschaft ist immer und überall auf der Welt Planwirtschaft. Aber auch eine friedliche Einigung über neue Staatsgrenzen ist, wie am Beispiel der zerfallenen Tschechoslowakei deutlich erkennbar, zumindest ein entscheidungsbehindernder oder -verzögernder Faktor. Die Anerkennung der neuen deutschen Ostgrenzen hat dagegen weniger mit dem Systemwandel als mehr mit der Ablösung alliierter Vorbehaltsrechte aus der Nachkriegszeit zu tun.

Die Frage, ob die Aufspaltung der Tschechoslowakei in die zwei selbständigen Staaten Tschechien und Slowakei durch Gewährung einer stärkeren inneren Autonomie vermeidbar gewesen wäre, führt ganz allgemein zum dritten politischen Problemkreis, der Frage der inneren Staatsorganisation, der Rechte der Staatsteile und zum Problem des Föderalismus. Planwirtschaften, das heißt Staaten mit zentralstaatlicher Wirtschaftslenkung, sind immer zentralistisch organisiert. Die Lösung von der Planwirtschaft macht daher Zentralismus überflüssig und schafft damit zumindest eine Voraussetzung für Föderalismus oder regionale Autonomie. Tatsächlich hat es infolge der Systemtransformation einen Übergang zu Föderalismus und regionaler Autonomie bisher nur in Ostdeutschland und in Rußland gegeben: in Ostdeutschland durch den Beitritt zur föderalen Struktur der Bundesrepublik Deutschland gemäß Grundgesetz, in Rußland wegen der die zentrale Macht paralysierenden Auseinandersetzungen zwischen Präsident und Parlament, die notwendig die Autonomie der Regionen stärken mußten. Ob diese Autonomie auch in Zukunft verteidigt werden kann, ist ungewiß. In den anderen Staaten des europäischen Ostens hat es bisher noch keine Regionalisierung gegeben – was nicht bedeutet, daß diese Frage nicht noch einmal an Brisanz gewinnen kann.
Während Staatsgrenzen und Staatsorganisation als Probleme des Völkerrechts und des Staatsrechts zwar auch unter rechtspolitischen Gesichtspunkten untersucht werden könnten, stellt sich ein solcher Ansatz in bezug auf die innere Rechtsordnung der Transformationsstaaten als eine zentrale Fragestellung dar: Fast das gesamte Rechtssystem, insbesondere aber das politische Strafrecht, das Wirtschaftsrecht und das Steuerrecht, muß überall grundlegend umgestaltet werden. Diese Aufgabe ist offensichtlich für das politische Strafrecht, mit dessen Hilfe die Macht der zentralen Parteiführungen über die gesamte Gesellschaft abgesichert werden konnte. Sie ist genauso einsehbar in bezug auf das Wirtschaftsrecht, das alle wirtschaftlich relevanten Entscheidungen den Staatsorganen zuwies und die Bürger zu ausführenden Objekten degradierte. Das Steuerrecht schließlich war in erster Linie ein Instrument zur Besteuerung staatlicher Betriebe, und für den Staat machte es kaum einen praktischen Unterschied, ob er als Fiskus sein Geld als Steuer oder in seiner Eigenschaft als Eigentümer der Betriebe als Gewinn erhielt. Politisches Strafrecht – insbesondere hinsichtlich des Sonderrechts der Staatssicherheitsapparate – muß demokratischen Strukturen, Wirtschaftsrecht muß marktwirtschaftlichen

Strukturen und Steuerrecht muß privatwirtschaftlichen Strukturen angepaßt werden – wobei als besonderes Problem berücksichtigt werden muß, daß mit solchen Rechtssystemen keine Erfahrungen vorliegen und daß für diese Systeme auch zu wenig ausgebildete Rechtswissenschaftler zur Verfügung stehen. Schon die Formulierung der neuen Gesetze bietet eine Fülle kaum lösbarer Probleme. Daher kommt gerade auf diesem Gebiet ausländischer Beratung eine besondere Bedeutung zu.

Formulierung und Verabschiedung neuer Gesetze einerseits und ihre Akzeptanz durch die Bevölkerung andererseits sind aber durchaus unterschiedliche Dinge. Hier ist von Bedeutung, daß das Rechtsbewußtsein der Menschen durch den jahrzehntelangen Mißbrauch des Rechts zur Unterdrückung und Ausbeutung der Bürger durch den Staat stark gelitten hat. Eigentumsdelikte gegenüber dem Staat galten – anders als Eigentumsdelikte gegenüber Mitbürgern – kaum noch als moralisch verwerflich, ja fast als legitimer Anspruch des unterbezahlten Arbeiters gegenüber dem staatlichen Arbeitgeber. Rechtsbewußtsein muß also erst allmählich wieder wachsen, und es kann nur wachsen, wo die neuen Gesetze als notwendig und damit legitim angesehen werden. Mafiose Strukturen und unberechtigte Bereicherungen ehemaliger Seilschaften und neuer »Spezialisten« sind daher im doppelten Sinne äußerst schädlich: Sie schädigen die Bürger und den Staat materiell, und sie verhindern das Entstehen eines neuen Rechtsbewußtseins.

Eng verbunden mit der Einstellung des Bürgers zum Recht ist sein Verhältnis zur Staatsorganisation und den staatlichen Behörden. Die staatliche oder quasi-staatliche Zuständigkeit für alle die Bürger betreffenden Probleme hatte eine doppelte Wirkung: Die Bürger erfuhren, daß die behördlichen Genehmigungen meist wichtiger waren als das Vorhandensein von Geld, und sie erlebten damit ihre Abhängigkeit von diesen Staatsbehörden. Da der Staat und seine Behörden aber fast alles entscheiden wollten und zum größten Teil auch entschieden, wurden sie von den Menschen auch für alles und insbesondere für alles negativ Erlebte verantwortlich gemacht. Es wird daher eine geraume Zeit dauern, bis unabhängige und selbstbewußte Bürger Institutionen gegenübertreten, die mehr staatliche Dienstleistungszentren für die Bedürfnisse der Menschen sind als Organe der Staatsgewalt.

Eines der wichtigsten Rechtsprobleme betrifft die Regelung des Privateigentums. Als vermögensrechtliche Garantie der Unabhängigkeit des

Bürgers vom Staat ist privates Eigentum einerseits ein wichtiges Element der Entwicklung zu einer bürgerlichen Gesellschaft. Zum anderen ist Privateigentum die Grundlage der Marktwirtschaft: Ohne Privateigentum ist Privatwirtschaft nicht möglich. Insofern ist es nicht verwunderlich, daß in allen Transformationsländern Privateigentum grundsätzlich anerkannt ist. Das schließt jedoch nicht aus, daß es gewichtige Ausnahmen geben kann: So ist in Rußland zum Beispiel Privateigentum an Grund und Boden gemäß einem Erlaß des Präsidenten zwar überall grundsätzlich zulässig, regional wegen vielfältiger administrativer Obstruktion aber häufig nicht realisierbar. Auch die Zulassung zu bestimmten Bankgeschäften – nicht die Zulassung der Banken im allgemeinen – hängt noch von speziellen staatlichen Genehmigungen ab: Gerade diese Bindung privater Geschäftsmöglichkeiten an die Zustimmung staatlicher Funktionäre kann als Grundlage mafioser Strukturen und privater Bereicherung angesehen werden.

Die Privatisierung der Wirtschaft, das heißt der Übergang von der staatlich geplanten Staatswirtschaft zur marktmäßig gesteuerten Privatwirtschaft, stellt das Problem der Entwicklung der Privatwirtschaft in den Mittelpunkt der wirtschaftlichen Transformationsprobleme. Dabei sind zwei Aspekte zu unterscheiden, und zwar erstens die Entstehung und Entwicklung privatwirtschaftlicher Aktivitäten dort, wo die Rechtsordnung dafür Raum geschaffen hat: Sie wird häufig als Aufbau-Privatisierung bezeichnet, entwickelt sich zum Teil aus der bislang verbotenen Schattenwirtschaft und stellt in der Regel den am schnellsten wachsenden Bereich auf dem Wege zur Marktwirtschaft dar; es handelt sich dabei zumeist um Handelsbetriebe, Gaststätten, Dienstleistungsunternehmen und Handwerksbetriebe – aber auch um kleine und mittlere Industriebetriebe.

Erheblich größere Probleme bereitet dagegen überall – der zweite Aspekt – die Umwandlungs-Privatisierung, also die Überführung der staatlichen Betriebe in private Trägerschaft.[3] Sie ist in der Regel um so komplizierter, je größer die zu privatisierenden Einheiten sind: Kleine und mittlere Industriebetriebe, besonders mit konsumnahen Produktionssortimenten, sind vielleicht noch zu privatisieren, aber Großunternehmen der Eisen- und Stahlerzeugung oder der Schwerchemie stellen erhebliche Probleme

3 Vgl. Hans H. Glismann und Klaus Schrader, Umwandlung von staatlichem in privates Eigentum, in: Osteuropa, 44. Jg., Nr. 1 (1994), S. 25–42, und Nr. 2 (1994), S. 142–160.

dar. Die Methoden der Privatisierung sind in den verschiedenen Ländern außerordentlich vielfältig. Sie lassen sich folgendermaßen untergliedern:

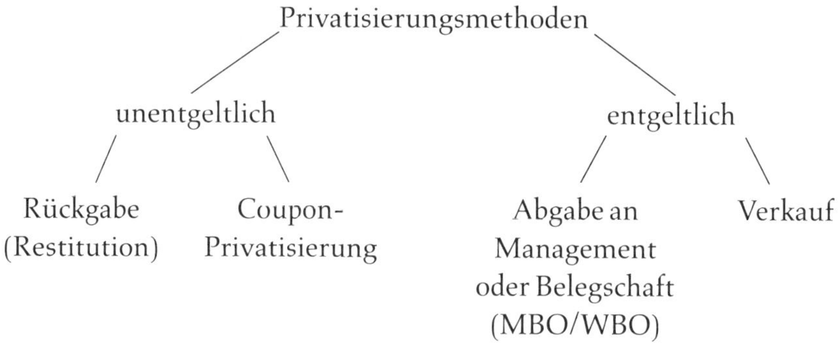

Man kann allerdings nicht übersehen, daß diese Einteilung höchst problematisch und keineswegs eindeutig ist: So ist die Rückgabe an ehemalige Eigentümer kaum als unentgeltlich zu kennzeichnen, wenn die zurückgegebenen Unternehmungen mit hohen Schulden (»Altschulden«) belastet sind, deren Gegenwert in der Regel nicht erkennbar ist. Daß die Coupon-Privatisierung als unentgeltlich bezeichnet wird, obwohl die Coupons gekauft werden müssen, läßt sich damit rechtfertigen, daß es sich zumeist um eine äußerst niedrige Anerkennungsgebühr handelt. Im Prinzip handelt es sich um eine Verschenkung – auch wenn sich das Geschenk durchaus als Danaer-Geschenk erweisen kann. *Management-* oder *Workers'-Buy-Out* (MBO/WBO) ist zwar eine entgeltliche Privatisierung, aber zumeist zu Vorzugsbedingungen, weil die entsprechende Kaufkraft bei Management und Beschäftigten als gering angesehen werden muß. Die praktische Unmöglichkeit der privaten Kapitalbildung in kommunistischen Gesellschaftssystemen stellt auch das entscheidende Problem beim Verkauf von Staatsbetrieben dar: Beim Verkauf an die eigenen Staatsbürger ist der Verdacht kaum zu unterdrücken, daß die Quellen des eingesetzten Kapitals zumeist problematisch sein dürften. Damit bliebe dann nur der Verkauf an ausländische Kapitaleigner – was dann zu leicht den Vorwurf der Verschleuderung von Volksvermögen ans Ausland hervorruft.
Einen Sonderfall bildet in diesem Zusammenhang Ostdeutschland: Durch die Wiedervereinigung gab es ausreichend kapitalkräftige Inländer:

Westdeutsche. Der Vorwurf, Nutznießer verschleuderten Volksvermögens zu sein, trifft auch sie.
Die Beurteilung der verschiedenen Privatisierungsmethoden erfolgt unter verschiedensten Kriterien. Die Erhaltung oder Gewinnung wirtschaftlichen und politischen Einflusses, die soziale Akzeptanz und die Finanzierbarkeit spielen dabei eine große Rolle. Wenn der Übergang zu einer marktwirtschaftlichen Ordnung als zentrales Ziel ernstgenommen wird, kann das wichtigste Privatisierungskriterium nur die schnellstmögliche Gewinnung privater Unternehmer sein, die ihr eigenes Geld im Wirtschaftsprozeß einsetzen. Unter diesem Kriterium erweist sich die Coupon-Privatisierung, obwohl billig und sozial akzeptiert, als weitgehend ungeeignet: Sie schafft kein neues Unternehmertum, sondern bestenfalls neue Wirtschaftsfunktionäre.
Planwirtschaften werden in der Regel durch staatliche Anweisungen gelenkt: Pläne, Lieferanordnungen, Bezugsscheine und Materialbilanzen bestimmen den Prozeß der gesamtwirtschaftlichen Koordination. Geld spielt dabei nur eine untergeordnete, eine ergänzende Rolle. Wenn einem Betrieb eine Investition genehmigt wurde, bekam er in der Regel auch die finanziellen Mittel zugewiesen, entweder als eigene Mittel (Budgetfinanzierung) oder als Kredit der für ihn zuständigen Staatsbank. Charakteristikum der Planwirtschaften war daher Güterknappheit und demgemäß Bezugsscheinknappheit. Geld stellte zumeist keinen Engpaß dar. Durch die Abschaffung der Planwirtschaft kehrt sich diese Situation um: An die Stelle der Güterknappheit tritt wieder die Knappheit des Geldes. Das bedingt allerdings, daß das Geld wirklich knapp gehalten wird. Tatsächlich bestand in allen osteuropäischen Transformationsländern ein erheblicher Geldüberhang, den man entweder durch eine Währungsreform oder durch Inflation beseitigen konnte. In beiden Fällen hängt der Erfolg von einer anschließenden straffen Geldpolitik ab. In den meisten Ländern kam es jedoch zunächst zu einer Dauerinflation, weil die instabilen politischen Verhältnisse die Regierungen zu umfangreichen Subventionen zwangen, die weder durch eigene Einnahmen noch durch echte Kreditaufnahme finanziert werden konnten. So erfolgte die Finanzierung zumeist durch Scheinkredite, das heißt durch Kredite, die sich die Regierungen über ihre Staatsbanken selbst gewährten. Damit wurde die Inflation über die staatliche Geldschöpfung immer wieder angeheizt. Dennoch ist es offensichtlich, daß ohne Stabilisierung der Staatsausgaben – und das bedeutet: ohne

Liquidierung der nur mit Subventionen am Leben gehaltenen Produktionsanlagen – eine Gesundung der Währung und damit ein Erfolg des Transformationsprozesses nicht zu erreichen ist.
Mit der Schaffung kaufkräftigen und wertbeständigen Geldes wäre die wichtigste Grundlage für das Entstehen von Märkten geschaffen. Allerdings nur die Grundlage. Man muß sich darüber im klaren sein, daß die bisherigen und zum Teil unverändert beibehaltenen Verhaltensweisen des Staates und der Marktteilnehmer sowie die überkommenen Produktions- und Betriebsstrukturen noch mannigfache Hemmnisse für die Entwicklung echter Konkurrenzbedingungen mit sich bringen.
Konkurrenzmärkte sind nicht nur für Güter und Dienstleistungen zu entwickeln, sondern auch für die Produktionsfaktoren Arbeit, Boden und Kapital. Auch hier bestehen in den meisten Ländern aus der Vergangenheit überkommene Monopole oder monopolartige Organisationsstrukturen, wie beispielsweise in den ehemals staats- und parteinahen Gewerkschaften, die nur in sehr engen Grenzen als Arbeitnehmervertretung angesehen werden konnten, die aber gegenüber den neuen, unabhängigen Gewerkschaften den Vorteil der eingespielten Organisation und des überkommenen Sachvermögens haben. Inwieweit sie nun echte Gewerkschaft, das heißt Arbeitnehmervertretung, sind oder wegen der fortbestehenden personellen Verflechtung mit der ehemals staatstragenden Partei ihre Hauptaufgabe in der Opposition gegen die neuen Regierungen sehen, unterscheidet sich von Land zu Land; das ist auch in westeuropäischen Demokratien nicht ungewöhnlich. Ganz neu müßten in der Regel die Märkte für Grund und Boden entwickelt werden – sofern Grund und Boden überhaupt gehandelt werden dürfen. Auch die Märkte für Geld und Kapital erfordern einen ganz neuen Aufbau, der zumeist mit der Reorganisation des Bankwesens, also dem Übergang vom Mono-Banksystem zum zweistufigen Banksystem und dem Entstehen neuer, privater Geschäftsbanken, verbunden ist.
Die Entwicklung der Märkte und insbesondere des Kapitalmarktes stellt keineswegs einen Selbstzweck dar, etwa in dem Sinne, daß Märkte eben für eine Marktwirtschaft unentbehrlich seien. Ohne funktionsfähige Märkte sind die notwendigen Strukturentscheidungen zur Schaffung moderner, konkurrenzfähiger Wirtschaftsstrukturen nicht zu treffen. Die wirtschaftlichen und politischen Ursachen, die schließlich zum Umbruch geführt hatten, beruhten zu einem entscheidenden Teil darauf, daß Produktions-

und Verteilungsstrukturen geschaffen worden waren, die zwar den Herrschaftsinteressen der politischen Führung zu entsprechen schienen – zumindest, solange sie funktionierten und ihre Herrschaft nicht in Frage stellten –, die aber nicht in Übereinstimmung mit den latenten, zumindest nicht offen ausgedrückten Interessen der gesamten Gesellschaft standen und die auch international konkurrenzfähige Güter nur in zu geringem Umfang bereitzustellen vermochten. Strukturerhaltung ist daher ein absolut untaugliches Konzept für die Zukunft. Die Entwicklung neuer Strukturen kann nach allen bisherigen Erfahrungen aber kaum den Regierungen und ihren wissenschaftlichen Beratungsgremien (Staatliche Plankommission?) überlassen bleiben. Da sie in der Regel nicht ihr eigenes Geld einsetzen, steht zu vermuten, daß sie auch nicht so vorsichtig entscheiden wie private Unternehmer, die immer das Risiko ihres Kapitalverlustes mitberücksichtigen müssen. Die Entwicklung neuer, international konkurrenzfähiger Produktionsstrukturen bleibt ein mühevoller und langwieriger Weg. Aber ohne die Lösung dieses Problems gibt es keine Chance für die ehemaligen »sozialistischen Planwirtschaften«, die entstandenen sozialen Probleme zu lösen und eine nachhaltige Verbesserung der Lebensverhältnisse der Menschen zu erreichen.

Aus diesen Überlegungen läßt sich die Schlußfolgerung ziehen, daß in der Umbruch-Phase der Lebensstandard weiter Bevölkerungskreise notwendigerweise absinken muß. Gleichzeitig nehmen die Einkommen derer, die erfolgreich neue Produktionen und Leistungsbereiche entwickeln, ganz legal, das heißt ohne illegale Verhaltensweise, zu. Die Einkommensunterschiede wachsen. Das ist keine unerwünschte, Ungerechtigkeit fördernde Entwicklung, sondern ein notwendiger Prozeß zur Überwindung pseudosozialer Gleichmacherei. Leistungsgerechte Einkommensunterschiede sind kein Indiz für soziale Ungerechtigkeit. Das war sogar in den sozialistischen Staaten in der Theorie (»Entlohnung nach der Leistung«) anerkannt. In der Praxis spielte es allerdings kaum eine Rolle.

IV. Der wirtschaftliche Umbruch in Ostdeutschland

Die hier entwickelte Struktur der Transformationsprozesse soll weder die auf dem Wege von einer totalitär-planwirtschaftlichen zu einer demokratisch-marktwirtschaftlichen Gesellschaft auftauchenden Probleme umfassend wiedergeben noch soll damit der Anspruch einer notwendigen Reihung erhoben werden. Zwar enthält sie eine gewisse Chronologie der erforderlichen Maßnahmen, aber die Reihenfolge ist nicht zwingend. Zwingend ist nur, daß all diese Probleme gelöst werden müssen – in welcher Reihenfolge auch immer. Auf alle Fälle erlaubt es diese Übersicht, zu beurteilen, wie weit die einzelnen Länder auf dem schwierigen Weg, der vor ihnen lag, inzwischen gekommen sind. Man erkennt deutlich, welche Probleme zum Beispiel in Rußland noch zu bewältigen sind und wie weit auf der anderen Seite der wirtschaftliche Umbruch in Ostdeutschland bereits bewältigt wurde.

Die im engeren Sinne politischen Transformationsprobleme zwischen der Bundesrepublik Deutschland, der DDR und den vier Siegermächten waren mit dem Abschluß der Zwei-plus-Vier-Verhandlungen sowie dem Beitritt der DDR zur Bundesrepublik nach Artikel 23 des Grundgesetzes (GG) gelöst: die Regelung der Ostgrenze Deutschlands, die Übertragung der föderalen Struktur der Bundesrepublik auf Ostdeutschland durch die Bildung der neuen Länder, der daraus folgende Aufbau neuer Länder- und Kommunalverwaltungen und die Übernahme einer neuen, legitimen obersten Staatsgewalt. Die Legitimierung dieser Entscheidungen und Prozesse erfolgte in Ostdeutschland durch die vier Wahlen, die im Jahre 1990 stattfanden: die Volkskammer-Wahl am 18. März, die Kommunalwahlen vom 6. Mai, die Wahlen zu den Parlamenten der neugebildeten fünf Länder am 14. Oktober und die Wahlen zum Bundestag am 2. Dezember. Mit dem Tage des Beitritts zur Bundesrepublik wurde auch deren Rechtssystem übernommen – zumindest im Prinzip.[4] Der zwischen der Bundesrepublik

4 Die interessante Frage, ob durch den Beitritt das im Grundgesetz, in seinen 35 Änderungen und in der Rechtsprechung des Bundesverfassungsgerichts zum Ausdruck kommende komplizierte System des auf die alte Bundesrepublik ausgerichteten Interessenausgleichs (vgl. zum Beispiel Urteil zum Mitbestimmungsgesetz) zerstört wurde, kann hier nicht diskutiert werden.

und der DDR abgeschlossene Einigungsvertrag regelte diese Rechtsübernahme mit einem geradezu perfektionistischen System von Ausnahmen und fortgeltendem DDR-Recht. Entscheidend war jedoch, daß ein verfassungsrechtlich abgesichertes umfassendes Rechtssystem existierte und damit die in allen anderen Transformationsländern erforderliche mühsame Suche nach geeigneten neuen Gesetzesformulierungen entfiel.

Diese Übernahme des westdeutschen Rechtssystems hat im Vergleich zu den anderen Transformationsländern noch einen weiteren positiven Effekt: Die negativen Auswirkungen des Rechtsmißbrauchs der kommunistischen Staaten auf das Rechtsbewußtsein ihrer Bürger hat es zwar auch in Ostdeutschland gegeben – wegen der deutschen Staatshörigkeit vielleicht nur in abgemildertem Maße –, aber die Übernahme eines Rechtssystems, das von der westdeutschen Bevölkerung voll akzeptiert ist, macht es auch den neuen Bundesbürgern leichter, dieses Recht als ihr Recht anzunehmen. Daran ändert auch das überall geltende Mißverständnis nichts, das im Recht lieber eine Gerechtigkeitsordnung denn eine Friedensordnung sehen möchte.[5]

Die erwähnte Staatshörigkeit hat andererseits die Wirkung, daß die Gewöhnung an die generelle Entscheidungskompetenz staatlicher Behörden die Eigeninitiative und damit die Eigenverantwortlichkeit der Menschen stärker beeinträchtigt hat, als es in anderen Ländern der Fall ist. Man verläßt sich dementsprechend mehr auf den Staat und seine zahlreichen Hilfen, zumal dieser Staat Selbständigkeit und Eigenverantwortlichkeit seiner Bürger zwar ständig postuliert, in der Praxis aber sowohl das materielle Wohlergehen aller Bürger, insbesondere der sogenannten »Randgruppen«, als auch ihr subjektives Empfinden zu seinem Aufgabenbereich rechnet.

Als letztes der in den Bereich der neuen Rechtsordnung gehörenden Probleme wurden Umfang und Bedeutung des Privateigentums im zivilen Bereich und besonders in der Wirtschaft angeführt. Hier dürfte es im Falle Ostdeutschland eigentlich kaum Probleme geben, da durch den Beitritt zum Geltungsbereich des Grundgesetzes der starke Eigentumsschutz des Artikels 14 GG auch hier gilt. Dennoch hat es im Zusammenhang mit der scheinbaren Alternative »Rückgabe vor Entschädigung« heftige politische Auseinandersetzungen gegeben. Sie sind nicht ganz verständlich, wenn man die Rechtsprechung des Bundesverfassungsgerichts über die Voraus-

5 Zitat: »Wir wollten Gerechtigkeit und bekamen einen Rechtsstaat.«

setzungen des Eigentumsentzugs und die dann erforderliche Entschädigung berücksichtigt. Entschädigung an Stelle von Rückgabe stand danach nicht zur Disposition des Gesetzgebers oder gar der Bundesregierung. Auf der anderen Seite ist es aber gewiß unbefriedigend, daß die Rechtsordnung des Grundgesetzes zwar das Vermögen der Menschen auch nach über 40 Jahren Teilung zu sichern vermag, die verlorenen Lebenschancen derer, die kein Vermögen hatten und es sich auch in der Endphase der DDR oder während des Umbruchs nicht aneignen konnten, aber unberücksichtigt lassen muß. Die sogenannten »Unrechtsbereinigungsgesetze« der Bundesrepublik, mit denen in der DDR nachweislich diskriminierten oder bewußt direkt geschädigten Menschen eine gewisse Entschädigung zugesprochen wird, sind daher sowohl aus rechtlichen Gründen als auch aus Gründen der Gerechtigkeit unbedingt notwendig. Für die Überwindung der mentalen Spaltung der Bevölkerung in Deutschland sind das wichtige Gesichtspunkte. Sie haben auch eine Bedeutung für die wirtschaftliche Wiedervereinigung.

Die schnelle und endgültige Regelung der Grundsatzfragen des Eigentumsrechts begünstigte in Ostdeutschland die Privatisierung der Wirtschaft, das heißt die Entwicklung einer auf Privateigentum basierenden Wirtschaft, in starkem Maße. Das gilt besonders für die Aufbau-Privatisierung, die Entwicklung neuer privater Betriebe. Damit sind nicht so sehr die zahllosen neuen Autohändler und Imbißstuben gemeint als vielmehr die längerfristige Entwicklung des Handwerks: Während 1989 in diesem Wirtschaftszweig etwa 430000 Beschäftigte tätig waren, stieg ihre Anzahl bis 1993 auf etwa 870000.[6] Trotz einer in diesen Zahlen möglicherweise enthaltenen Überzeichnung der Entwicklung ist das Handwerk zweifellos derjenige Bereich, in dem die Privatisierung die größten Fortschritte gemacht hat. Eine vergleichbare Entwicklung hat es auch im Einzelhandel gegeben, was nicht zuletzt in der Dichte des Handelsnetzes, der Ausstattung der Geschäfte und dem weitgehend westdeutschen Verhältnissen entsprechenden Angebot zum Ausdruck kommt.

Die sehr viel schwierigere Aufgabe der Umwandlungs-Privatisierung wurde in Ostdeutschland einer dafür speziell geschaffenen Behörde, die zum Bereich des Bundesfinanzministeriums gehört, übertragen: Die

6 Diese Verdoppelung übertreibt die reale Entwicklung, sie ist mindestens teilweise auf die Änderung der statistischen Erhebungsmethoden zurückzuführen. Bis Ende 1993 soll die Beschäftigtenzahl im ostdeutschen Handwerk sogar auf 1,015 Millionen gestiegen sein. Vgl. Handwerkskammer Berlin, Jahresbericht 1993, S. 13.

Treuhandanstalt, ursprünglich von der vorletzten DDR-Regierung unter Hans Modrow als Nachfolge-Institution der Industrieministerien zur Fortführung der »volkseigenen Wirtschaft« gegründet, erhielt im Treuhandgesetz und im Einigungsvertrag zwischen der Bundesregierung und der letzten DDR-Regierung unter Lothar de Maizière den Auftrag, verstaatlichte Unternehmen und verstaatlichten Grund und Boden der DDR zu reprivatisieren, das heißt sofern möglich und gewünscht an ehemalige Eigentümer zurückzugeben, zu kommunalisieren, also unentgeltlich in Kommunaleigentum zu überführen, wo es zur Durchführung kommunaler Selbstverwaltungsaufgaben dient, und zu privatisieren, das bedeutet in neues Privateigentum überzuleiten.

Mit dieser Aufgabenstellung übernahm die Treuhandanstalt eine zentrale wirtschaftliche und politische Funktion: Wirtschaftlich bedeutete die Privatisierung im Wege des Verkaufs, daß der Gewinnung von Unternehmerpersönlichkeiten, die für die übernommenen Betriebe eigenes Kapital einsetzen mußten und dafür das Risiko trugen, Priorität eingeräumt wurde. Wie in der Entstehungsphase der Bundesrepublik Ende der vierziger, Anfang der fünfziger Jahre wurde damit eine Entscheidung für Marktwirtschaft und gegen eine formale soziale Gleichheit getroffen. Politisch geriet die Treuhandanstalt damit ins Zentrum der Kritik in Ost- und in Westdeutschland. In Ostdeutschland wurde sie für alle harten Maßnahmen verantwortlich gemacht, die sich aus ihrer Stellung als Quasi-Konkursverwalter der Planwirtschaft ergaben – in Westdeutschland konzentrierte sich die traditionelle Kritik an der Marktwirtschaft (»Marktversagen«) auf die Tätigkeit der Treuhandanstalt und das durch sie repräsentierte angebliche Versagen der Marktwirtschaft auch bei der Eingliederung der ostdeutschen in die gesamtdeutsche Wirtschaft.

Es hat in der Bundesrepublik Deutschland kaum jemals eine staatliche Behörde gegeben, die so angegriffen, ja gehaßt wurde wie die Treuhandanstalt – und es hat auf der anderen Seite auch kaum eine Behörde gegeben, die so erfolgreich bei der Durchführung der ihr vom Gesetzgeber übertragenen Aufgaben war.[7] Das gilt jenseits der Tatsache, daß eine Fülle unvermeidbarer und wohl auch vermeidbarer Fehler von den politisch Verantwortlichen gemacht wurde und ein großer Teil der Kritik an der Anstalt

7 Vgl. Wolfram Fischer, Herbert Hax und Hans-Karl Schneider (Hrsg.), Treuhandanstalt – Das Unmögliche wagen. Forschungsberichte, Berlin 1993.

sachlich durchaus begründet war. Dennoch spricht das Ergebnis ihrer Tätigkeit eindeutig für die Treuhandanstalt: Bis Ende 1993[8] wurden von der Behörde etwa 13643 Betriebe privatisiert beziehungsweise teilprivatisiert, rund 951 Betriebe befinden sich noch im Bestand der Treuhandanstalt, das heißt im Staatseigentum. Aussagekräftiger als diese Zahlen, die sich zum Teil an sehr formalen Betriebsdefinitionen orientieren und auch Betriebsgrößenunterschiede nicht berücksichtigen, sind die Angaben über die Entwicklung der in den Treuhandbetrieben beschäftigten Personen: Ihre Zahl ging von knapp 3 Millionen Ende 1990 auf etwa 169000 Ende 1993 zurück.[9] Auch wenn dieser Rückgang der Beschäftigtenzahl zu einem erheblichen Zuwachs der offenen und der in Arbeitsbeschaffungsmaßnahmen (ABM), Beschäftigungsgesellschaften und Umschulungsprogrammen sowie in Vorruhestandsregelungen enthaltenen verdeckten Arbeitslosigkeit geführt hat, bleibt doch das Ergebnis: Die Überführung der Staatswirtschaft in die Privatwirtschaft ist im wesentlichen bewältigt.
Die weitere Bedingung für die Entwicklung der Marktwirtschaft, die Schaffung einer kaufkräftigen und wertstabilen Währung, war bereits vor der Wiedervereinigung mit dem Vollzug der Währungs-, Wirtschafts- und Sozialunion, dem Inkrafttreten des Staatsvertrages zum 1. Juli 1990, erfüllt worden. Damit stand am Beginn der Wiedervereinigung, wie am Beginn der Gründung der Bundesrepublik 41 Jahre zuvor, eine Währungsreform: Die Mark der DDR wurde zu bestimmten, in gewissen Grenzen variierten Sätzen in Deutsche Mark umgetauscht. Die politische Dimension dieses Vorgangs kommt aber nicht nur in der erwähnten Parallelität der Abläufe damals und heute zum Ausdruck, sondern mehr noch in der Rolle, welche die Deutsche Mark als illegale, aber verbreitete Zweitwährung in der DDR hatte und die auf dem Höhepunkt des politischen Umbruchs in der DDR in den Ruf der Demonstranten mündete: »Kommt die D-Mark, bleiben wir, kommt sie nicht, geh'n wir zu ihr.« Dieser politische Hintergrund und der darin liegende politische Druck erklären dann auch die zum Teil völlig unrealistischen, viel zu günstigen Umtauschsätze. Man kann grob schätzen, daß durch die Überbewertung der DDR-Mark gegenüber der D-Mark (Kurse zwischen 1:1, 2:1 und 3:1) ein realer Kaufkrafttransfer von West nach Ost im Rahmen der Währungsreform von

8 Vgl. Treuhandanstalt (THA), Monatsinformation der THA, Stand 31. Dezember 1993, S. 2 f.
9 Beschäftigtenzahl am 31. März 1994: 136000 Mitarbeiter. Vgl. Monatsinformation der THA, Stand 31. März 1994, S. 19.

etwa 20 bis 30 Milliarden DM vorgenommen wurde. Berücksichtigt man weiter, daß durch das für die zweite Hälfte 1990 mit dem RGW-Bereich geschlossene Transfer-Rubel-Abkommen ein Exportüberschuß der neuen Bundesländer gegenüber Osteuropa in Höhe von 17 bis 18 Milliarden verursacht wurde, so ist es mehr als erstaunlich, in wie geringem Maße sich diese staatlich initiierten Nachfrageprogramme auf die Stabilität der deutschen Währung ausgewirkt haben.
Ein Grund für diese Tatsache kann vielleicht darin liegen, daß die deutsche Währung in den letzten Jahren zunehmend international als Reservewährung gehalten wird. Ostdeutschland würde in diesem Falle gemeinsam mit Westdeutschland davon profitieren, über die mit der Währung vollzogene Integration in die internationalen Märkte Stabilität gewonnen zu haben. Die vollständige und sofortige Marktintegration, die es Ostdeutschland im Gegensatz zu den anderen Transformationsländern erspart, neue und eigene Marktstrukturen zu entwickeln, gilt in verstärktem Maße für die nationalen Märkte der Bundesrepublik: Ostdeutschland übernahm mit dem Staatsvertrag fast ausnahmslos die westdeutschen Marktstrukturen – womit keineswegs immer marktwirtschaftliche Strukturen gemeint sind. Übernommen wurden auch die weitgehenden Ausnahmen von der Marktwirtschaft wie beispielsweise die Landwirtschaft, die Wohnungswirtschaft, die Elektrizitätswirtschaft, Teile der Verkehrs- und Nachrichtenwirtschaft, die Gesundheitswirtschaft, die Bildungs- und Ausbildungswirtschaft und die Kulturwirtschaft. Übernommen wurden zu einem großen Teil auch die westdeutschen Monopolstrukturen. Im Gegensatz zum erhofften Aufbrechen dieser Monopole durch die Erweiterung des Wirtschaftsraumes nach Osten ist es diesen im Gegenteil gelungen, sich durch Unterdrückung bestehender oder Vermeidung neuer, konkurrierender Betriebe nach Osten auszudehnen. Ein Beispiel dafür ist insbesondere die Elektrizitätswirtschaft. Dennoch: Abgesehen von diesen zahlreichen Ausnahmen gibt es in Ostdeutschland nicht nur funktionierende Marktststrukturen, sondern in den meisten Wirtschaftszweigen auch marktwirtschaftliche, von wirksamer Angebots- oder Nachfragekonkurrenz bestimmte Wettbewerbsbedingungen. Sie sind unbedingt notwendig für Investitionsentscheidungen, die zu neuen, konkurrenzfähigen Wirtschaftsstrukturen führen.
Die Strukturkorrekturen bilden die Voraussetzung für die Überwindung des wirtschaftlichen Rückstands der Transformationsländer gegenüber Westeuropa. Falsche Produktionsstrukturen und das darin begründete

Fehlen international konkurrenzfähiger Produkte haben für diesen Rückstand generell eine erheblich größere Bedeutung als die gleichfalls verbreitete geringere Arbeitsproduktivität. Veränderungen der Produktions- und Verbrauchsstrukturen sind aber nicht nur erforderlich, um die bestehenden Entwicklungsdefizite auszugleichen, sie sind darüber hinaus auch unvermeidlich: Durch die Einbeziehung in die westdeutschen Märkte werden sie genauso erzwungen wie die 45 Jahre zuvor durch die deutsche Teilung erzwungenen Veränderungen.

Die Auswirkungen der Teilung zeigten sich damals besonders deutlich in der Beschäftigungsstruktur der Industrie, und zwar in beiden Teilen Deutschlands.[10] Ähnliches wird sich durch die Wiedervereinigung ergeben. Strukturveränderungen sind in ganz Deutschland erforderlich, nicht nur in den neuen Bundesländern. Daß sie dort besonders tiefgreifend sind, ergibt sich einmal aus der bisherigen Konkurrenzschwäche ihrer Betriebe und zum anderen aus der Lohnpolitik der Gewerkschaften, die eine schnelle Anpassung an das westdeutsche Lohnniveau erzwingt: Das führt zwar einerseits zu einer schnell anwachsenden Arbeitslosigkeit – und die Verantwortung dafür wird in den Medien und damit in der Öffentlichkeit erfolgreich der Treuhandanstalt und der Bundesregierung zugeschoben –, führt andererseits aber zu voll konkurrenzfähigen neuen Betätigungsfeldern mit hohen Einkommen, nicht unbedingt nur im Bereich der bisher überdimensionierten Industrie, und verhindert das Entstehen strukturschwacher Gebiete, wie sie zum Beispiel durch verzögerte Strukturanpassung und niedrige Einkommen in Polen und Tschechien anzutreffen sind. So betrachtet, erweisen sich die zum Teil verbreiteten Forderungen nach Erhaltung der sogenannten »industriellen Kerne« – für die es bisher noch keine allgemein akzeptierte Definition gibt – als genauso kontraproduktiv wie die Forderung nach einer an den Produktivitätsfortschritten orientierten Lohnpolitik. Zweifellos führt die in Deutschland durchgeführte schnelle Strukturkorrektur zu vielen individuellen Härten, sozialen Spannungen und politischen Problemen. Ob die Verzögerung der unvermeidlichen Korrekturen beziehungsweise ihre zeitliche Streckung der bessere Weg ist, muß jedoch bezweifelt werden. Die sofortige Einbeziehung

10 Vgl. Gert Leptin, Veränderungen in der Branchen- und Regionalstruktur der deutschen Industrie zwischen 1936 und 1962, Berichte des Osteuropa-Instituts an der Freien Universität Berlin, Reihe Wirtschaft und Recht, Heft 68, Berlin 1965.

Ostdeutschlands in die westdeutsche Wirtschaft und damit zugleich in den gesamten Wirtschaftsraum der Europäischen Union (EU), ohne daß – schon aus Zeitgründen – Anpassungsfristen, wie für Neu-Mitglieder der EU möglich, ausgehandelt werden konnten, begründet ernstliche Zweifel an der Möglichkeit einer Alternative zum angewandten Verfahren. Die Bedeutung, welche die sofortige EU-Mitgliedschaft der neuen Bundesländer für die wirtschaftliche Vereinigung mit der alten Bundesrepublik und dem gesamten Westeuropa hat, kam nicht zuletzt dadurch zum Ausdruck, daß während der gesamten Verhandlungen über den Staatsvertrag zur Währungs-, Wirtschafts- und Sozialunion ein Vertreter der Kommission der Europäischen Gemeinschaften zugegen war.

V. Transformationsstrategien und ihre Ergebnisse in Osteuropa

Die Entwicklung Westeuropas zum Gemeinsamen Markt und dann später zur Europäischen Union hat für den Zusammenbruch der Planwirtschaften in Osteuropa und für die daran anschließenden Transformationsprozesse eine zentrale, wenn nicht sogar eine auslösende Bedeutung: Die Gefahr, wirtschaftlich hinter die westeuropäische Entwicklung unaufhaltsam immer weiter zurückzufallen, wurde zum beherrschenden Problem. Die Absicht, sich der westeuropäischen Entwicklung anzuschließen oder wenigstens anzunähern, machte jedoch eine Änderung des Wirtschaftssystems unvermeidlich. Insofern war der Übergang zur Marktwirtschaft nicht notwendig eine Folge der Einsicht in die Überlegenheit dieses Wirtschaftssystems, aber doch eine Voraussetzung für die enge Zusammenarbeit mit der oder gar den Anschluß an die EU. Fünf Jahre nach dem Umbruch im Osten hat sich die Motivationsstruktur etwas geändert: Zwar bleibt der beabsichtigte und durch Assoziierungsabkommen vorbereitete oder sogar schon erklärte Anschluß-Wunsch[11] weiterhin wichtigstes Ziel der Außen- und Außenwirtschaftspolitik – heute aber zusätzlich unter dem Gesichtspunkt, daß einige der ins Stocken geratenen notwendigen Schritte zur Marktwirtschaft vor oder im Rahmen von Beitrittsverhandlungen wieder vorangetrieben werden können.

Das gilt nun ganz gewiß nicht für Ostdeutschland, wo der Übergang von der Planwirtschaft zur Marktwirtschaft in viel stärkerem Maße im Rahmen einer Schock-Therapie erfolgte als beispielsweise in Polen. Die Situation des Umbruchs im europäischen Osten kann daher am besten im Rahmen eines Vergleichs mit Ostdeutschland verdeutlicht werden – genauso wie umgekehrt die Situation Ostdeutschlands nur durch den Vergleich mit seinen östlichen Nachbarn (und nicht mit unrealistischen übertriebenen Erwartungen) angemessen beurteilt werden kann.

Eine wichtige Gemeinsamkeit, welche die betrachteten osteuropäischen Reformstaaten mit Ostdeutschland aufweisen, muß in der demokratischen

11 Offizielle Beitrittsanträge wurden im März 1994 von Polen und Tschechien gestellt.

Legitimierung der Umbruch-Prozesse gesehen werden. Am Anfang standen in der Regel die ersten freien und damit demokratischen Wahlen – wenn auch mit gewissen nationalen Besonderheiten: So setzten in Ungarn Bemühungen zur Schaffung wesentlicher Voraussetzungen für eine Marktwirtschaft wie zum Beispiel Privatisierungs- und Eigentumsprogramm, Subventionsabbau, Preisliberalisierung bereits lange vor den freien Wahlen vom März/April 1990 ein – ganz abgesehen von den immer wieder durch politisch motivierte Rückschläge unterbrochenen Reformversuchen seit 1968; dennoch gab das Wahlergebnis der neuen, am 23. Mai 1990 in ihr Amt eingeführten Regierung die Legitimation zu einer wesentlichen Beschleunigung aller Maßnahmen zur Einführung einer »auf Eigeninitiative, Privateigentum und freiem Unternehmertum beruhenden sozialen Marktwirtschaft«. Komplizierter war der Übergang zu einer demokratisch legitimierten Regierung in Polen: Nach langen und harten Verhandlungen an einem sogenannten »Runden Tisch«, an denen im Verlauf von etwa zwei Monaten über 400 Vertreter des kommunistischen Regierungslagers, der Gewerkschaft *Solidarnosc* und anderer gesellschaftlicher Gruppen teilnahmen, einigte man sich »im Prinzip« auf freie Wahlen. In der Praxis bedeutete das jedoch, daß für eine vierjährige Übergangsperiode 65 Prozent der *Sejm*-Sitze dem Regierungslager zugesichert wurden. Der überwältigende Wahlerfolg der *Solidarnosc*-Bewegung, insbesondere auch bei den gleichzeitig stattfindenden Senatswahlen, erzwang dann jedoch die Bildung einer Koalitionsregierung, in der unter dem Walesa-Mitarbeiter Tadeusz Masowiecki als erstem nicht-kommunistischem Premierminister die sicherheitsrelevanten Ressorts (Verteidigung, Inneres) von Kommunisten, die wirtschafts- und reformrelevanten Ressorts von *Solidarnosc*-Vertrauten besetzt wurden. Von dieser Regierung wurde dann der Balcerowicz-Plan, eine monetaristisch orientierte Schock-Therapie, vorbereitet und zum 1. Januar 1990 in Kraft gesetzt. Während Polen und Ungarn gegenüber Ostdeutschland im Demokratisierungsprozeß einen gewissen zeitlichen Vorlauf aufwiesen, verlief die Entwicklung in der Tschechoslowakei ziemlich parallel: Nach der »sanften Revolution« vom November/Dezember 1989 wurden am 8. Juni 1990 Wahlen abgehalten. In der aus ihnen mit verfassungsändernder Mehrheit hervorgegangenen Koalitionsregierung unter Marian Calfa war der für das wirtschaftliche Transformationsprogramm maßgebliche Mann der Finanzminister Vaclav Klaus.

Die breite demokratische Legitimierung der Grundentscheidungen für den Übergang zur Marktwirtschaft, die in allen betrachteten Ländern am Anfang des Umbruchs erfolgte, hat einen weiteren Aspekt: Der damit begonnene Übergang zu demokratischen Strukturen macht alle Reformschritte in gewissen Abständen vom Votum der Wähler abhängig. Da die Überwindung der Fehler der Vergangenheit nirgendwo ohne harte Eingriffe in die Lebensbedingungen der Menschen erfolgen kann und diese Einschränkungen häufig den neuen politischen Führern und nicht ihren eigentlich verantwortlichen Vorgängern angelastet werden, die Vergangenheit im Rückblick häufig auch etwas verklärt gesehen wird, kommt es nicht selten zu einer politischen Renaissance der alten Parteien beziehungsweise ihrer mehr oder minder geläuterten Nachfolgeorganisationen – eine Entwicklung, die Franz Böhm schon vor fast 45 Jahren voraussah, als er schrieb, daß die möglicherweise entstehenden chaotischen Verhältnisse des Umbruchs, wie eine Hyperinflation, »die Unterdrückten nötigen, die Verewigung ihrer Unterdrückung zu wünschen«.[12] Jedenfalls muß gesehen werden, daß demokratische Verhältnisse nach über 40 Jahren Diktatur zwar eine notwendige Voraussetzung für die radikale Umgestaltung von Wirtschaft und Gesellschaft sind, daß sie gleichzeitig diese Umgestaltung aber keinesfalls erleichtern.

Probleme mit Staatsgrenzen gibt es in Osteuropa nicht – zumindest nicht im Augenblick. Es scheint vielmehr ein allgemeiner Konsens zu existieren, derartige Probleme nicht aufzuwerfen. Dennoch ist diese Problematik für die Zukunft nicht auszuschließen, und zwar um so weniger, je mehr nationalistische Gruppierungen damit Gefolgschaft zu mobilisieren versuchen. Gefahrenpotentiale bestehen dafür in allen Ländern. In Polen erscheint zur Zeit die Westgrenze am sichersten: Sie ist durch internationale (Zwei-plus-Vier-Verhandlungen) und bilaterale Vereinbarungen (deutsch-polnischer Vertrag) festgelegt. Auch das Verhältnis zu Litauen ist durch den Vertrag vom April 1994, durch den die Stellung der polnischen Minderheit in Litauen geregelt wird, weitgehend stabilisiert. Potentiell gefährdet bleiben jedoch die Grenzen gegenüber Weißrußland und der Ukraine. Sie sind relativ neu und ein Ergebnis sowjetischer Übermacht im und nach dem

12 Franz Böhm, Wirtschaftsordnung und Staatsverfassung, Tübingen 1950, S. 45, zitiert nach: Peter Dietrich Propp, Zur Transformation einer Zentralverwaltungswirtschaft sowjetischen Typs in eine Marktwirtschaft, in: Karl C. Thalheim (Hrsg.), Wirtschaftswissenschaftliche Veröffentlichungen des Osteuropa-Instituts an der Freien Universität Berlin, Bd. 20, Berlin 1964, S. 275.

Zweiten Weltkrieg. Neu, wenngleich einvernehmlich festgelegt, ist auch die Grenze zwischen Tschechien und der Slowakischen Republik. Dennoch kann daraus eine gewisse Brisanz entstehen, wenn sich die wirtschaftlichen Verhältnisse in den beiden Nachfolgestaaten der Tschechoslowakei gar zu unterschiedlich entwickeln. Ein langandauerndes und gefährliches Problem bleiben dagegen die ungarisch-rumänische Grenze und die Lage der Ungarn in Siebenbürgen. Auch in diesen Beziehungen kann die angestrebte Integration der osteuropäischen Staaten in die Europäische Union politisch stabilisierend wirken, weil eine Aufnahme neuer Staaten anerkannte Grenzen voraussetzt.

Erhebliche Unterschiede gibt es im Vergleich zu Ostdeutschland bei der Überwindung des – mit der Planwirtschaft verbundenen – extremen staatlichen Zentralismus. Eine so radikale Föderalisierung, wie sie in Ostdeutschland durch den Anschluß an die föderale Staatsordnung der Bundesrepublik verwirklicht wurde, hat es nirgendwo sonst gegeben. In Ungarn gibt es auf kommunaler Ebene weitreichende Selbstverwaltungsrechte. Ihre reale Bedeutung wird jedoch wesentlich dadurch eingeschränkt, daß die Kommunen kaum eigene Einnahmequellen haben und ihrer Finanzierung durch Zuweisungen aus dem Staatshaushalt wegen des in den letzten Jahren wieder stark angeschwollenen Haushaltsdefizits enge Grenzen gesetzt sind. In Polen befinden sich die Ansätze zu einer stärkeren Regionalisierung wirtschaftlicher und politischer Entscheidungen immer noch im Stadium der Diskussion. Unter der Regierung GIEREK wurde in den siebziger Jahren zur Verminderung des politischen Einflusses der Woiwodschaften ihre Anzahl von 22 (einschließlich fünf Stadtwoiwodschaften) auf 49 erhöht. Es läge daher nahe, ihre Zahl wieder zu reduzieren, ihnen exakt definierte Aufgaben und Kompetenzen zuzuweisen und auf unterer Ebene die kommunale Selbstverwaltung zu stärken. Daß das bisher nicht geschah, wirkt sich besonders negativ auf die Versuche grenznaher Kooperation zwischen deutschen und polnischen Gemeinden im Grenzgebiet aus.[13] Ob in der Tschechoslowakei die Möglichkeit bestanden hätte, den Zerfall des Staates durch eine die Autonomie der Teilstaaten stärker berücksichtigende Regelung zu vermeiden, ist nach der Trennung eine müßige Frage. Aber auch auf kommunaler Ebene bestehen in beiden

13 Vgl. Forschungsstelle für deutsche und gesamteuropäische Integrationspolitik, Bericht zum Forschungsprojekt Entwicklungsaufgaben kommunaler und regionaler Verwaltungen in der deutsch-polnischen Grenzregion, Berlin 1993, S. 35.

Nachfolgestaaten noch offensichtliche Defizite der regionalen Selbstverwaltung.
Die Wiederherstellung eines demokratischen und marktwirtschaftlichen Bedingungen entsprechenden Rechtssystems ist in den betrachteten Reformstaaten auf unterschiedliche Schwierigkeiten gestoßen. Zwar mußten überall die der Sicherung der politischen Herrschaftsstrukturen dienenden Vorschriften beseitigt und ein auf Gewaltenteilung beruhendes Rechtssystem entwickelt werden. Das erwies sich in Polen aber beispielsweise als einfacher als in der Tschechoslowakei. Zum einen hatte Polen immer einen gewissen legalen privaten Wirtschaftssektor, in dem das Recht der Vorkriegszeit zu einem großen Teil weitergalt, und zum anderen wurden seit Beginn der achtziger Jahre im Rahmen der auf Druck der unabhängigen Gewerkschaftsbewegung in Angriff genommenen Reformversuche Schritte zur rechtlichen Gleichbehandlung des staatlichen, genossenschaftlichen und privaten Sektors der Wirtschaft unternommen.[14]
In der Tschechoslowakei war die Situation in rechtspolitischer Hinsicht komplizierter, weil im Rahmen des Übergangs zu einer sozialistischen Gesellschaft das »vor-sozialistische« Recht weitestgehend aufgehoben und durch ein am sowjetischen Vorbild orientiertes sozialistisches Recht ersetzt wurde. Darüber hinaus gab es nach der Niederschlagung des Reformversuchs von 1968 durch die Sowjetunion und ihre Verbündeten eine langandauernde Periode des politischen Immobilismus, der jeden Reformansatz im Keim erstickte. Die Tschechoslowakei mußte daher ein völlig neues Rechtssystem entwickeln, dessen weitgehend von Finanzminister Vaclav Klaus beeinflußte Leitlinien im Mai 1990 beschlossen wurden und die dann in den beiden folgenden Jahren in Gesetzesformulierungen mündeten. Insbesondere das an westeuropäischen Vorbildern orientierte und auf einen späteren Beitritt zur Europäischen Union angelegte Wirtschaftsgesetzbuch vom 5. November 1991 ist so modern, daß es auch Polen und Ungarn zum Vorbild dienen kann.[15]
Der ungarische Reformvorlauf, der praktisch bis 1968 zurückreicht, und die Aufgeschlossenheit der letzten kommunistischen Regierungschefs

14 Vgl. Klaus Westen und Klaus-Jürgen Kuss, The Transformation of the Legal System in Conjunction with the Transition to a Market Economy in East Germany, Poland, Czechoslovakia and Hungary: A Comparative Analysis and Lessons for the Successor States of the Former Soviet Union, in: Commission of the European Communities, Shaping a Market-Economy Legal System, October 1992, S. 143–151.
15 Vgl. Westen und Kuss, a. a. O., S. 148.

Imre Pozgay und Reszö Nyers für eine Veränderung des Wirtschaftssystems haben schon frühzeitig, bereits ab 1988, zu weitreichenden Neuformulierungen von Gesetzen geführt, von denen besonders das Gesetz über den Rechtscharakter der Betriebe (Sommer 1989), das erste Privatisierungsgesetz (September 1990) und das Gesetz über das Verbot unfairer Marktpraktiken (Wettbewerbs- und *Anti-Trust*-Gesetz von 1990) Erwähnung verdienen.[16] Dennoch muß man sich darüber im klaren sein, daß es sich hier nur um die Anfänge eines neuen Rechtssystems handelt. Spätestens im Zusammenhang mit der weiteren Annäherung an die Europäische Union werden weitere Gesetzesanpassungen unvermeidlich.

Inwieweit das Rechtssystem, das heißt die geltenden Gesetze und gesetzesähnlichen Normen, das Verhalten der Menschen beeinflußt, hängt in erster Linie vom Rechts*bewußtsein* der Menschen ab und von den Faktoren, die es formen. Dazu gehören nicht nur die Erfahrungen, die mit der selektiven Gültigkeit der Gesetze für unterschiedliche soziale Gruppen in kommunistischen Staaten gemacht wurden (»sozialistisches Rechtsbewußtsein«), sondern auch das Erleben der Rechtsanwendung in der Umbruchphase: Wenn das Rechtssystem es zuläßt, daß einem wesentlichen Teil der Bevölkerung ein Leben an oder unter der Armutsgrenze zugemutet wird, während sich ein anderer auf Kosten Einzelner oder der Allgemeinheit hemmungslos bereichert, so fördert das gewiß nicht das Rechtsbewußtsein. Dabei ist es für das Entstehen eines bürgerlichen Rechtsbewußtseins beinahe weniger schädlich, wenn diese Bereicherung unter direkter Gesetzesverletzung erfolgt (»Mafia«), als wenn eine geschickte Ausnutzung unklarer alter oder neuer Vorschriften dieser Bereicherung formale Legalität verleiht. Diese Feststellungen gelten für alle Transformationsstaaten, wenn auch mit gewissen Abstufungen – abhängig zum Beispiel von der traditionellen Autoritätsgläubigkeit oder dem Umfang mafioser Aktivitäten.

Im engen Zusammenhang mit dem Rechtsbewußtsein und der erlebten Erfahrung, daß das Recht den Bürger auch gegen staatliche Organe und Funktionäre zu schützen vermag, kann sich ein neues Verhältnis der Bürger zum Staat entwickeln. Es ist wohl aber noch zu früh, um in dieser Beziehung schon Unterschiede zwischen Polen, Tschechien, der Slowakei und Ungarn feststellen zu können. Auf alle Fälle bleiben sie auch in dieser

16 Vgl. Westen und Kuss, a. a. O., S. 151.

Hinsicht hinter Ostdeutschland zurück: Westdeutsche Beispiele bürgerlicher Selbstbehauptung gegenüber staatlichen Behörden auf der Grundlage unmittelbar einklagbarer Grundrechte bleiben ihnen weitgehend unbekannt.

Im Rahmen der neuen Rechtsordnung kommt in allen osteuropäischen Transformationsländern den Gesetzen über die Erlaubnis und die Sicherung privaten Eigentums die größte Bedeutung zu. Zwar haben sich alle Länder bereits auf der Wirtschaftskonferenz der KSZE-Staaten im März und April 1990 in Bonn zu wirtschaftlichen Freiheiten allgemein und zur Freiheit des Privateigentums im besonderen verpflichtet,[17] aber für ihre praktische Verwirklichung bedurfte diese Verpflichtung der Umsetzung in nationales Recht. Das ist in allen Ländern inzwischen geschehen, zumeist im Zusammenhang mit den Gesetzen zur allgemeinen Genehmigung und Absicherung freien wirtschaftlichen Unternehmertums. Allerdings ist nicht auszuschließen, daß diese Rechte durch bürokratische Behinderungen seitens der Behörden im Einzelfall Einschränkungen erfahren. Die Versuchung unterbezahlter Staatsbeamter, auf diese Weise am Wirtschaftsaufschwung der Privatwirtschaft teilzunehmen, ist weit verbreitet – und in gewisser Weise auch verständlich.

Die Privatisierung der Wirtschaft erfolgt in allen osteuropäischen Ländern in erster Linie durch das Entstehen neuer privater Wirtschaftsaktivitäten, durch Legalisierung der bereits vorher bestehenden Schattenwirtschaft (besonders in Polen und Ungarn) und durch die »kleine Privatisierung«, das heißt die Übernahme ehemals staatlicher Einzelhandelsgeschäfte, Gaststätten, Dienstleistungsbetriebe und kleinerer Produktionseinheiten in private Unternehmerschaft. Dieser Prozeß war in Polen[18] bereits im Sommer 1992 im wesentlichen abgeschlossen. Als Ergebnis bestanden seitdem – zusammen mit den vorher schon legal arbeitenden Betrieben – insgesamt etwa 1,5 Millionen private Unternehmen.[19] Auch in Ungarn hat die Entwicklung der Privatwirtschaft schon lange vor dem Ende der kommunistischen Einparteien-Herrschaft begonnen. Sie beschränkte sich jedoch weitgehend auf den Dienstleistungsbereich und Teile des Handels.

17 Vgl. KSZE-Konferenz über wirtschaftliche Zusammenarbeit in Europa, Dokument der Bonner Konferenz, in: Presse- und Informationsamt der Bundesregierung, Bulletin, Nr. 46 vom 19. April 1990, S. 357–362.

18 Vgl. Dieter Rondorf, Zur Entwicklung der Eigentumsordnung in Polen, in: Osteuropa-Wirtschaft, 36. Jg., Heft 4 (1991), S. 316–334.

19 Vgl. Glismann und Schrader, a. a. O., S. 142.

Die Umwandlungs-Privatisierung, also die Übergabe von Staatsbetrieben an private Eigentümer, wurde durch das Transformationsgesetz von 1990, novelliert im Juni 1992, geregelt. Im Rahmen der »kleinen Privatisierung« wurden bis Ende 1992 nur 7637 Betriebe verkauft.[20] Da sowohl die legale Privatwirtschaft wie auch die Schattenwirtschaft in der sozialistischen Tschechoslowakei nach allgemeinem Urteil eine weit geringere Rolle spielte als in Polen oder Ungarn, begann die Entwicklung der neuen Privatwirtschaft später als in den anderen Ländern. Das gleiche gilt für die Übertragung von Staatseigentum auf Private im Rahmen der »kleinen Privatisierung«. Das entsprechende Gesetz vom 26. Februar 1991 trat am 1. April 1991 in Kraft und sollte die Privatisierung von etwa 130000 Objekten regeln. Tatsächlich ist davon bisher aber nur ein sehr geringer Teil, zumeist Einzelhandelsgeschäfte, privatisiert worden. Eines der Haupthindernisse war die Vorschrift, nach der nur das betriebliche Anlagevermögen und das Umlaufvermögen privatisiert wurden, die dazugehörigen Immobilien aber Staatseigentum blieben und für zunächst fünf Jahre vermietet wurden.

Das zentrale Problem der Privatisierung stellen in der Industrie aller Transformationsländer die Großbetriebe dar. Übertriebene Erwartungen hinsichtlich der Rationalisierungsmöglichkeiten von Großbetrieben und zentralistische staatliche Verwaltungsorganisation haben in allen kommunistischen Planwirtschaften überdimensionierte monopolartige Industriekomplexe entstehen lassen, die, wegen unzureichender Ersatzinvestition zumeist verschlissen oder veraltet, nur äußerst schwer zu privatisieren sind. Die hierfür entwickelte »große Privatisierung« versucht das auf zwei Wegen: Einzelprivatisierung und Massenprivatisierung. Im Wege der Einzelprivatisierung, bei der einzelne Betriebe interessierten in- und ausländischen Investoren angeboten werden, wurden in Polen von den dafür vorgesehenen 8400 Betrieben bis Anfang 1993 etwa 400 privatisiert – die meisten allerdings in Form der Verpachtung. Nach Auskunft des Ministers für Privatisierung waren im Rahmen der Kapitalprivatisierung bis Ende 1993 nur 99 Betriebe verkauft worden. Da die Zahl der interessierten Ausländer oder kapitalkräftigen Inländer offenbar begrenzter ist als angenommen, bekommt der zweite Weg, die sogenannte »Massenprivatisierung«, immer größere Bedeutung: Anteilscheine (Coupons) werden gegen geringe Gebühr an polnische Bürger abgegeben und können später in An-

20 Vgl. Glismann und Schrader, a. a. O., S. 156.

teile an Nationalen Investmentfonds (NIF) umgetauscht werden. Etwa 20 dieser Fonds sollen dann jeweils etwa 30 Betriebe umfassen beziehungsweise verwalten. Man muß aber bezweifeln, ob es sich – falls dieses Programm überhaupt wie geplant abgewickelt wird – dabei um eine Privatisierung handelt. Auch wenn sich die Fonds-Verwalter nicht wie staatliche Wirtschaftsfunktionäre verhalten müssen, sind sie jedenfalls keine privaten Eigentümer mit privatem Kapitalrisiko. Der Effekt dieses Privatisierungsverfahrens dürfte daher eng begrenzt bleiben.

Ein Gleiches gilt für die »große Privatisierung« in der Tschechoslowakei beziehungsweise Tschechien und der Slowakei:[21] Die »große Privatisierung« wird in Form einer Kombination von Einzel- und Massenprivatisierung durchgeführt. In einer ersten Runde wurden von 1491 Unternehmungen 40 Prozent ihrer Buchwerte (ihres Aktienkapitals) direkt verkauft oder restituiert, während 60 Prozent im Wege der Massenprivatisierung über ein Coupon-Verfahren an die Bürger gegen ein geringes Entgelt abgegeben wurden. Die Coupons repräsentierten dabei nicht Anteile an bestimmten, sondern teilbare Anteile an allen Unternehmen dieses Privatisierungsverfahrens. Die Coupon-Inhaber konnten sich dann später entscheiden, in welchem Umfang sie sich an welchen Betrieben beteiligen wollten. Da ihnen dazu aber die Kenntnisse fehlten, haben 70 Prozent der Coupon-Inhaber ihre Anteile an neu gebildete Investmentfonds verkauft. Die zweite geplante Privatisierungswelle, die Anfang 1993 beginnen sollte, wurde wegen der Aufteilung des Landes in Tschechien zunächst bis Oktober verschoben. Sie umfaßt 584 Unternehmungen und unterscheidet sich von der ersten hauptsächlich durch höhere Coupon-Preise. In der Slowakei hat man das Coupon-Verfahren inzwischen aufgegeben und setzt mehr auf den Direkt-Verkauf. Das Hauptproblem bleibt dabei für beide Nachfolgestaaten dasselbe: Es mangelt an Käufern – teils wegen der Begrenzung auf den 40-Prozent-Anteil, teils wegen der den Käufern abverlangten Investitions- und Beschäftigungszusagen. In Ungarn fallen etwa 2000 größere Unternehmen unter die »große Privatisierung«. Bis Ende 1992 sollen davon etwa 600 in private Rechtsform umgewandelt worden sein, zwei Drittel bis drei Viertel des von ihnen repräsentierten Vermögens befanden

21 Vgl. Martin Kupka, The Privatization of State-Owned Assets: The Case of Czechoslovakia, in: Osteuropa-Wirtschaft, 38. Jg., Heft 2 (1993), S. 97–108.

sich aber immer noch im Staatsbesitz. Ab 1994 soll daher auch in Ungarn mit einer besonderen Form der Massenprivatisierung begonnen werden. Berücksichtigt man die Bedeutung, die der Privatisierung in allen Transformationsländern in offiziellen Erklärungen beigemessen wird und die ihr für die Entwicklung einer Marktwirtschaft auch zukommt, so kann man die Ergebnisse der bisherigen Bemühungen nur als enttäuschend bezeichnen – und das nicht nur vor dem Hintergrund der Privatisierungserfolge in Ostdeutschland. Die Ursachen dafür sind vielfältig: der Zustand der Betriebe in technischer und organisatorischer Hinsicht, die Arbeitsmoral der Belegschaften und ihre schlechte Bezahlung – was wofür kausal ist, mag dabei dahingestellt bleiben –, die unrealistischen Investitions- und Beschäftigungsauflagen, die den potentiellen Käufern gemacht werden, die unsicheren rechtlichen Rahmenbedingungen sowie die allgemeine Rechtsunsicherheit und schließlich ein nicht unbegründeter Zweifel an einer stabilen, auf Förderung der Privatwirtschaft ausgerichteten und kompetenten staatlichen Wirtschaftspolitik. In einigen Ländern mag darüber hinaus durchaus der Verdacht begründet sein, daß maßgebliche Politiker an der Privatisierung gar nicht interessiert sind, sondern ihren politischen Einfluß eben mit dem Verbleib großer Teile der Wirtschaft im Staatseigentum verbunden sehen. Die weitere Privatisierung der Wirtschaft wird daher in allen Ländern eher durch das schnellere Wachstum der bereits bestehenden Privatwirtschaft als durch eine weitere Umwandlung staatlichen in privates Eigentum erfolgen.
Eine Untersuchung der Wirtschaftskommission für Europa der UNO (ECE) kommt im April 1993 zu folgenden Schätzungen[22] der Entwicklung der Privatwirtschaft:

22 Die Unsicherheit, die diesen Schätzungen generell zukommt, wird im Falle Ungarns, für das drei voneinander unabhängige Schätzungen vorliegen, besonders deutlich. Der vergleichsweise hohe Anteil der Privatwirtschaft in Polen ist zu einem großen Teil auf die auch im kommunistischen System beibehaltene private Landwirtschaft zurückzuführen.

Tabelle 1: *Offizielle Schätzungen des Beitrags des privaten Sektors zum BIP in den Transformationsländern 1989 bis 1992 (in Prozent)*

	1989	1990	1991	1992
Tschechoslowakei	4,1	5,2	9,3	.
– Tschechien	.	.	.	20
– Slowakei	.	.	.	20–21
Ungarn[1]	.	10	27	35
Ungarn[2]	.	.	41	45
Ungarn[3]	14,9	15,8	18,2	25
Polen	28,6	30,9	42,1	45–50

1 Schätzung Finanzministerium. – 2 Schätzung Staatliche Vermögensagentur. – 3 Schätzung Statistisches Amt.
Quelle: Economic Commission for Europe (ECE), Economic Survey of Europe in 1992–1993, a. a. O., S. 215.

Die zweite wichtige Voraussetzung für eine effektive Funktionsweise eines marktwirtschaftlichen Systems ist – neben der Schaffung privaten Unternehmertums – die Einführung einer wertstabilen Währung. Die wichtigste Gemeinsamkeit, die alle osteuropäischen Transformationsstaaten im Gegensatz zur Bundesrepublik Deutschland 1948 und zu Ostdeutschland 1990 aufwiesen, war das Fehlen einer Währungsreform, durch die nicht gütermäßig abgedeckte monetäre Nachfrage abgeschöpft und die Anlagen der Unternehmen (DMark-Bilanzgesetz – DMBilG) neu bewertet wurden. Die Gründe für diesen Verzicht auf eine Währungsreform sind vielfältig: Neben der von wahlabhängigen Politikern kaum tragbaren Verantwortung für die den Geldbesitzern als »Enteignung« erscheinende Kontenumstellung dürften hauptsächlich organisatorische Probleme dafür verantwortlich gewesen sein. Außerdem bestand, anders als in Ostdeutschland, kaum eine brauchbare Preisgrundlage für die Neubewertung von Anlagen und Immobilien. Die Folge der ausgebliebenen Währungsreformen waren in allen Ländern inflationäre Prozesse, die sofort nach Freigabe der bisher staatlich regulierten Preise einsetzten und die teilweise das Ausmaß einer Hyperinflation annahmen. In Polen hatte die Inflation schon 1989 über 250 Prozent betragen. Sie stieg im folgenden Jahr im Zusammenhang mit der Schock-Therapie auf 585 Prozent, um dann auf 70 Prozent im Jahre 1991 und 43 Prozent im darauffolgenden Jahr zurückzufallen. Wie die folgende Tabelle ausweist, ist das immer noch die höchste

Inflationsrate in den verglichenen vier Ländern. Vor dem Hintergrund der allgemeinen Wirtschaftsentwicklung stellt das dennoch eine sehr erfolgreiche Stabilisierungspolitik dar.

Tabelle 2: *Anstieg der Konsumgüter-Preise im Vergleich zum Vorjahr in den Transformationsländern 1991 und 1992 (in Prozent)*

	1991	1992
Tschechoslowakei	57,9	10,4[2]
– Tschechien	52,0	11,1
– Slowakei	58,3	10,0
Ungarn	35,0	23,0
Polen	70,3	43,0
Ostdeutschland	17,3[1]	11,2[3]

1 Zweite Hälfte 1991 gegen gleiche Vorjahresperiode. – 2 Januar–September 1992 gegen gleiche Vorjahresperiode. – 3 Deutsche Bundesbank, Monatsbericht April 1994, S. 84*.
Quelle: Economic Commission for Europe (ECE), Economic Survey of Europe in 1992–1993, a. a. O., S. 102.

Grundlage der im Vergleich zu Rußland und anderen Nachfolgestaaten der UdSSR relativ guten Stabilisierungserfolge war in erster Linie die restriktive Budgetpolitik der Regierung, die zumindest im Falle Polens und Ungarns im Zusammenhang mit den Auflagen der ausländischen Gläubiger und der Weltbank gesehen werden muß. Lockerungen der staatlichen Ausgabendisziplin seit Anfang 1993 führten daher in allen Ländern wieder zu einem Anstieg der Inflationsraten.

Trotz der anhaltenden inflatorischen Tendenzen und trotz der allgemein feststellbaren Schwierigkeiten mit der Überführung staatlichen in privates Eigentum macht die Entwicklung von Konkurrenz-Märkten in allen vier Ländern deutliche Fortschritte, und zwar um so stärker, je weiter die Privatwirtschaft bereits fortgeschritten ist. Das gilt nicht nur für Gütermärkte und hier insbesondere für Konsumgüter, sondern auch für die Arbeits- und Kapitalmärkte, in geringerem Maße für die häufig noch staatlichen Restriktionen unterworfenen Bodenmärkte.

Bei den Gütermärkten muß man neben den deutlichen Fortschritten im Konsumgüterbereich die Hemmnisse bei den Produktionsmitteln berücksichtigen, die in viel stärkerem Maße noch von staatlicher Intervention be-

stimmt werden und die zum Teil starke Produktionseinbrüche erlitten. Ein besonderes Problem stellt die Rüstungsindustrie dar, die überall staatlicher Aufsicht unterliegt und trotz kriegsbedingter Konjunktur wohl kaum einen Beitrag zur Entstehung marktwirtschaftlicher Struktur leistet.
Die Entwicklung der Arbeitsmärkte leidet unter speziellen organisatorisch-strukturellen Problemen. Anders als in Ostdeutschland, wo nach kurzer Zeit westdeutsche Gewerkschaften an die Stelle des ehemaligen Freien Deutschen Gewerkschaftsbundes der DDR traten, wurden die alten, kommunistisch bestimmten Staatsgewerkschaften zumeist nicht aufgelöst, sondern sie versuchten – zumeist durch übertrieben starke Opposition gegen die Politik der Transformation –, Profil und Vertrauen bei den Beschäftigten zu gewinnen. Die neuen unabhängigen Gewerkschaften hatten es dagegen mangels Sach- und Geldvermögen häufig sehr schwer. Eine besondere Situation bestand in Polen, wo sich die führende politische Kraft gegen das kommunistische Herrschaftssystem, die Gewerkschaft *Solidarnosc*, lange nicht entscheiden konnte, ob sie nach dem Umbruch eine die Transformationsregierung stützende Partei oder eine die Einkommensinteressen der Beschäftigten gegen die Stabilisierungspolitik der Regierung vertretende Gewerkschaft sein wollte. Das war auch deswegen schwer zu entscheiden, weil wegen der geringen Privatisierungsfortschritte der Staat weiterhin überall in der Rolle des Arbeitgebers verblieb und sich staatsunabhängige Arbeitgebervereinigungen nur sehr zögernd entwickelten.
Etwas günstiger als am Arbeitsmarkt entwickelten sich die organisatorischen Bedingungen des Kapitalmarktes. Wesentliche Schritte dafür waren die Auflösung des staatlichen Mono-Banksystems (Staatsbank gleichzeitig Geschäftsbank) und der Übergang zum zweistufigen Banksystem. Das damit entstehende Privatbanken-System und die überall erfolgte Gründung von Wertpapierbörsen bildeten trotz des noch bestehenden Mangels an handelbaren Anteilspapieren die Grundlage für den allmählichen Ausbau des Kapitalmarktes.
Die rasche Entwicklung des privaten Sektors, insbesondere außerhalb der Landwirtschaft, die schnelle Überführung des staatlichen Wirtschaftsvermögens in privates Eigentum und privates Risiko, funktionierende Märkte auf der Grundlage möglichst wertstabiler Währungen und der Aufbau eines funktionsfähigen Kapitalmarktes bilden wesentliche Voraussetzungen für die nachhaltige Modernisierung der veralteten, gegenwärtigen Bedürf-

nissen nicht mehr gerecht werdenden Produktionsstrukturen der ehemaligen kommunistischen Planwirtschaften. Je besser die Voraussetzungen in diesen Bereichen sind, desto kürzer wird die Periode der mit diesem Wandel unvermeidlich verbundenen Einschränkungen in den Lebensverhältnissen sein. Man kann nicht nachdrücklich genug betonen, daß die Betriebsliquidationen und Produktionseinstellungen und die damit verbundenen Belastungen die Voraussetzung für die Entwicklung neuer Strukturen sind. Es ist daher problematisch, in diesem Zusammenhang von einem »wirtschaftlichen Niedergang«[23] zu sprechen. Der Niedergang erfolgte, als die notwendigen Strukturkorrekturen und sonstigen Anpassungen versäumt wurden, genauso wie der Niedergang eines Unternehmens nicht mit der Tätigkeit des Sanierungsbeauftragten oder gar des Konkursverwalters beginnt, sondern damit endet – auch wenn die Beschäftigten den Eindruck hatten, daß bis dahin doch eigentlich alles ganz gut gegangen sei und das Elend erst mit der Sanierung begann.

23 Friedrich Levcik, Die Transformation der Wirtschaft im Osten, in: Europäische Rundschau, 21. Jg., Heft 4 (1993), S. 106.

Der für die Lebensverhältnisse in den Transformationsländern bestimmende wirtschaftliche Niedergang begann daher nicht mit der Einleitung der Transformationsprozesse, sondern bereits viele Jahre zuvor. Er fand bereits statt, als die statistischen Ämter der Planwirtschaften offiziell noch positive Wachstumsraten auswiesen.[24] Ein deutliches Indiz dafür war die in allen Ländern rapide anwachsende Auslandsverschuldung, die zwar angeblich der Entwicklung neuer und moderner Produktionsstrukturen dienen sollte, die zu einem großen Teil aber zur Aufrechterhaltung des Konsums genutzt wurde. Der Zusammenbruch der Lebensverhältnisse begann, als die Kredite nicht mehr ausgedehnt werden konnten, sondern zurückgezahlt werden mußten, das heißt überall spätestens Anfang der achtziger Jahre (vgl. Tabelle 3).[25]
Neben die Probleme der Auslandsverschuldung, die im Falle der DDR trotz der vergleichsweise niedrig erscheinenden Beträge Ende 1989 faktisch zur Zahlungsunfähigkeit geführt hat,[26] trat als weiteres Problem der Zusammenbruch des Außenhandels mit den Partnerländern im Rat für gegenseitige Wirtschaftshilfe (RGW).[27] Der Übergang vom Handel auf Verrechnungsbasis zum Handel auf Basis konvertierbarer Währungen brachte alle Partnerländer der Sowjetunion in eine Konkurrenzsituation mit westlichen Hartwährungsländern, denen sie nicht gewachsen waren. Und schließlich ergaben sich aus der Abschaffung der Planwirtschaft und dem angestrebten Übergang zur Marktwirtschaft nicht nur die mit jeder Reorganisation verbundenen Reibungs- und Anpassungsprobleme, sondern es wirkten sich auch die Unerfahrenheit der neuen politischen Führer und

24 Zur Glaubwürdigkeit der Statistik in den sozialistischen Planwirtschaften vgl. Economic Commission for Europe (ECE), Economic Survey of Europe in 1989–1990, Geneva-New York 1990, Chapter 3: Eastern Europe and the Soviet Union, VII Reliability of Statistics, S. 81 f.

25 Die niedrige Verschuldung der Tschechoslowakei bis 1989 beruht auf den westlichen Kreditrestriktionen wegen der Ereignisse von 1968.

26 Vgl. Hans-Hermann Hertle, Der Weg in den Bankrott der DDR-Wirtschaft. Das Scheitern der »Einheit von Wirtschafts- und Sozialpolitik« am Beispiel der Schürer-Mittag-Kontroverse im Politbüro 1988, in: Deutschland-Archiv, 25. Jg., Februar 1992, S. 127–145, besonders S. 128 und S. 138.

27 Vgl. Jozef M. van Brabant, The Demise of the CMEA. The Agony of Inaction, in: Osteuropa-Wirtschaft, 36. Jg., Heft 3 (1991), S. 234–254.

Tabelle 3: *Auslandsverschuldung der Transformationsländer 1987 bis 1992 (in Milliarden US-Dollar)*

	1987	1988	1989	1990	1991	1992
			brutto[1]			
Tschechoslowakei	5,1	5,2	5,1	8,1	9,3	9,5
– Tschechien	–	–	–	–	–	6,9
– Slowakei	–	–	–	–	–	2,6
Ungarn	19,6	19,6	20,6	21,3	22,7	21,4
Polen	39,2	39,2	39,9	48,5	48,4	49,4
DDR	19,1	20,2	20,6	–	–	–
			netto[2]			
Tschechoslowakei	3,5	3,5	3,1	7,0	6,3	5,3
– Tschechien	–	–	–	–	–	3,4
– Slowakei	–	–	–	–	–	1,9
Ungarn	18,1	18,2	19,5	20,2	18,8	17,1
Polen	36,2	35,6	36,5	44,0	44,8	45,2
DDR	10,1	10,7	11,0	–	–	–

1 Schulden in konvertibler Währung. – 2 Schulden abzüglich Guthaben in konvertibler Währung.
Quellen: Für 1987 bis 1989: Economic Commission for Europe (ECE), Economic Survey of Europe in 1989–1990, a. a. O., S. 204. Für 1990 bis 1992: ECE, Economic Survey of Europe in 1992–1993, a. a. O., S. 124.

die Unkenntnis der Möglichkeiten wirtschaftspolitischer Steuerung mit marktwirtschaftlichen Instrumenten aus.

Die Folge dieser Faktoren war in allen Transformationsländern ein wirtschaftlicher Schrumpfungsprozeß, von dem die nachstehende Tabelle 4 einen ungefähren Eindruck vermittelt.

Die Tabelle ist allerdings mit großer Vorsicht zu interpretieren. So ist der Widerspruch zwischen den Angaben der Entwicklung des Bruttoinlandsprodukts der Tschechoslowakei und ihrer Teilgebiete für das Jahr 1991 (Gesamtrückgang 15,9 Prozent bei Teilrückgängen von 19,0 und 19,3 Prozent) aus den verfügbaren Statistiken nicht zu klären. Auch ein Vergleich der Entwicklungsunterschiede zwischen den einzelnen Staaten ist –

Tabelle 4: *Wirtschaftsentwicklung im europäischen Osten 1989 bis 1992 (Veränderung gegen Vorjahresperiode in Prozent)*

	Bruttoinlandsprodukt				Industrieproduktion			
	1989	1990	1991	1992	1989	1990	1991	1992
Tschechoslowakei	1,4	−1,4	−15,9	−7/−8[1]	0,8	−3,5	−24,7	−11,0[1]
– Tschechien	2,4	0,8	−19,0	−7,1	1,7	−3,3	−24,4	−10,6
– Slowakei	1,1	−3,8	−19,3	−6,0	−1,3	−4,0	−25,4	−12,5
Ungarn	0,4	−3,3	−11,9	−4/−6	−2,5	−4,5	−19,1	−9,8
Polen	0,2	−11,6	−7,6	0,5/2	−0,5	−24,2	−11,9	4,2
Ostdeutschland	2,1	−14,7	−33,9	6	2,3	−28,1[1]	−28,1[2]	−6

1 Schätzung ECE. – 2 Zweite Hälfte 1991 gegen gleiche Vorjahresperiode.
Quelle: ECE, Economic Survey of Europe in 1992–1993, a. a. O., S. 73.

wie sich auch aus den methodischen Hinweisen der ECE ergibt – nur in Grenzen möglich. Das gilt besonders im Hinblick auf die hier besonders negativ erscheinende Entwicklung in Ostdeutschland. Sie ist hauptsächlich auf den durch die Währungsumstellung 1990 erfolgten Bewertungsbruch und die sofortige Anpassung an die westdeutsche Preisstruktur zurückzuführen. Spätere deutsche Untersuchungen vermitteln das Bild einer etwas günstigeren Entwicklung:

Tabelle 5: *Wirtschaftsentwicklung in Ostdeutschland 1990 bis 1992*

	Bruttoinlandsprodukt				Produzierendes Gewerbe			
	2. Hj. 1990	2. Hj. 1991	1991	1992	2. Hj. 1990	2. Hj. 1991	1991	1992
Milliarden DM (Preise von 1991)	105,15	95,90	180,87	198,41	40,71	35,70	69,25	79,17
Veränderung zum Vorjahr in Prozent	.	−8,8	.	9,7	.	−12,3	.	14,3
2. Halbjahr 1990 = 100	100	91,2	.	100,4[1]	.	87,8	.	101,5[1]

1 Nur 2. Halbjahr.
Quelle: Sachverständigenrat zur Begutachtung der gesamtwirtschaftlichen Entwicklung, Zeit zum Handeln – Antriebskräfte stärken, Jahresgutachten 1993/1994, Stuttgart 1993, S. 322.

Das Problem einer angemessenen Darstellung der Wirtschaftsentwicklung ist durch das Institut der deutschen Wirtschaft verdeutlicht worden.[28] Gewichtet mit den Produktionsanteilen des 2. Halbjahres 1990, belief sich die Industrieproduktion Ostdeutschlands im 4. Quartal 1993 im Vergleich zum 2. Halbjahr 1990 auf 77,9 Prozent. Gewichtet man jedoch mit den Produktionsanteilen des 2. Halbjahres 1993, dann lag der Vergleichswert zu 1990 bereits bei 106,5. Das Institut schloß daraus, daß die Wahrheit über die Industrie-Entwicklung wohl irgendwo in der Mitte liege. Viel wichtiger als dieser Hinweis auf eine möglicherweise gar nicht existierende Wahrheit ist jedoch die hieraus zu ziehende Schlußfolgerung, daß die Spanne zwischen den beiden angegebenen Werten ein Maß für den inzwischen eingetretenen Strukturwandel in der ostdeutschen Industrie ist.
In Ostdeutschland wurde damit etwas erreicht, was in allen anderen Transformationsländern noch zu schaffen ist. Da die »große Privatisierung« in all diesen Ländern in den Anfängen steckt, erfolgt der Strukturwandel zur Zeit noch durch das unterschiedliche Ausmaß der Produktionseinschränkungen der Staatsbetriebe und – für die Zukunft wichtiger – durch Direktinvestitionen des Auslandes. Hier liegen Ungarn mit 1,5 Milliarden Dollar und Tschechien mit 1 Milliarde Dollar im Jahre 1992 an der Spitze. In Polen waren es etwas über, in der Slowakei etwas unter 200 Millionen Dollar. Allen Ländern gemeinsam ist daher das infolge der Einschränkung der wirtschaftlichen Aktivitäten und der Aufgabe der für Planwirtschaften typischen Arbeitskräfte-Hortung rapide Anwachsen der Arbeitslosigkeit. Trotz der erheblichen methodischen Probleme einer vergleichenden Darstellung der Arbeitslosigkeit in verschiedenen Ländern macht die ECE dazu folgende Angaben:

28 Vgl. Informationsdienst des Instituts der deutschen Wirtschaft, Nr. 16 (1994), S. 7.

Tabelle 6: *Arbeitslosigkeit in den Transformationsländern 1991 und 1992 (in Prozent der Arbeitskräfte)*

	Dezember 1991	Juni 1992	Dezember 1992
Tschechoslowakei	6,6	5,5	5,1
– Tschechien	4,1	2,7	2,6
– Slowakei	11,8	11,3	10,4
Ungarn	7,4	10,1	12,3
Polen	11,8	12,6	13,6
Ostdeutschland	12,7	13,8	13,5

Quelle: ECE, Economic Survey of Europe in 1992–1993, a. a. O., S. 93.

Das starke Anwachsen der Arbeitslosigkeit – nur Tschechien macht hier eine bemerkenswerte Ausnahme – machte überall die Entwicklung eines bis dahin nicht vorhandenen sozialen Netzes erforderlich. Während man in Ostdeutschland dabei sowohl organisatorisch wie auch finanziell auf das westdeutsche System zurückgreifen konnte, wurden in allen anderen Ländern erst 1991 neue Arbeitslosen-Unterstützungs-Gesetze erlassen. Der entscheidende Mangel bestand nur darin, daß in kaum einem dieser Länder die erforderlichen Mittel verfügbar waren. Während in Ostdeutschland 1992 mit etwa 47 Milliarden DM aus westdeutschen Transferzahlungen etwa 20 Prozent des Bruttoinlandsprodukts für die Stabilisierung des Arbeitsmarktes und Unterstützungszahlungen verfügbar waren, konnte in den anderen Ländern kaum 1 Prozent des Sozialprodukts dafür aufgewendet werden.[29] Damit fielen die Einkommen der Arbeitslosen nicht nur unter die verschieden definierten Armutsgrenzen, sondern in vielen Fällen unter das reale Existenzminimum.

Aber auch für die nicht entlassenen Beschäftigten ergab sich eine zum Teil erhebliche Verschlechterung ihrer Einkommenssituation: Die Löhne wurden nur sehr langsam und vollkommen unzureichend der rapiden Inflationierung der Lebenshaltungskosten angeglichen. Daraus ergab sich mit Notwendigkeit ein erheblicher Rückgang der Reallöhne, also der um die Preissteigerung bereinigten nominalen Einkommen:

29 Vgl. Informationsdienst des Instituts der deutschen Wirtschaft, Nr. 2 (1993), S. 6.

Tabelle 7: *Entwicklung der Reallöhne in den Transformationsländern 1989 bis 1992 (Veränderungen gegen Vorjahr in Prozent)*

	1989	1990	1991	1992
Tschechoslowakei	0,1	−4,7	−27,0	8,1
– Tschechien	.	.	.	.
– Slowakei	.	.	.	.
Ungarn[1]	0,7	−1,2	−1,1	3,9
Polen	8,3	−24,4	.	−1,8
Ostdeutschland	.	.	.	.

1 Die ECE hat keine Erklärung für die geringen Reallohn-Verluste Ungarns.
Quelle: ECE, Economic Survey of Europe in 1992–1993, a. a. O., S. 107.

Die erhebliche Zunahme der Arbeitslosigkeit bei nur sehr unzureichender Unterstützung der Arbeitslosen, verbunden mit dem deutlichen Rückgang der Reallöhne der Beschäftigten, läßt nur den Schluß zu, daß sich die allgemeinen Lebensverhältnisse in den Transformationsländern für normale Beschäftigte, Arbeitslose, Rentner, Studenten und andere vom Staat abhängige Einkommensbezieher erheblich verschlechtert haben. Dem stehen Verbesserungen bei den neuen privaten Unternehmern und einem Teil der bei ihnen Beschäftigten gegenüber. Charakteristisch für alle Länder ist also eine erhebliche Differenzierung der Lebensverhältnisse.

Die letzte Bemerkung gilt auch für Ostdeutschland, obwohl sich dort die Lebensverhältnisse generell wesentlich verbessert haben. Es ist daher auffällig, daß in der Statistik der Reallohn-Entwicklung der ECE keine Angaben über die neuen Bundesländer gemacht werden. Das Urteil über Ostdeutschland findet sich an einer anderen Stelle, wenn festgestellt wird, daß dort im Vergleich zu den anderen Transformationsländern »ein dichtes (soziales) Sicherheitsnetz besteht, die Privatisierung rasche Fortschritte macht, die Kreditgewährung durch ein funktionierendes Bankensystem gesteuert wurde und sich die Reallöhne dramatisch erhöht haben«.[30]

Insbesondere die dramatische Erhöhung der ostdeutschen Reallöhne, über die von der ECE keine genaueren Angaben gemacht werden, läßt sich

30 ECE, Economic Survey of Europe in 1992–1993, a. a. O., S. 90.

ungefähr abschätzen. Die durchschnittlichen Bruttoverdienste der Arbeitnehmer, die 1970 bei etwa 50 Prozent der westdeutschen Verdienste lagen, waren bis 1982 auf etwa ein Drittel zurückgefallen.[31] Unter Berücksichtigung der unterschiedlichen Kaufkraft der Mark der DDR und der D-Mark soll das einem realen, das heißt gütermäßigen Einkommensrückstand von 55 Prozent entsprochen haben.[32] Man kann vermuten, daß die bis 1989 in Westdeutschland erfolgte Realeinkommenserhöhung um 15 Prozent[33] und die gleichzeitige reale Einkommensstagnation in der DDR die Realeinkommen im Osten auf etwa ein Drittel der Westeinkommen absinken ließen. Zu diesem Ergebnis kommt auch eine neuere Untersuchung des Deutschen Instituts für Wirtschaftsforschung für das Jahr 1990. Innerhalb von drei Jahren, das heißt bis zum Jahre 1993, stiegen die Durchschnittseinkommen der Vollzeitbeschäftigten in Ostdeutschland von 33 Prozent der Westeinkommen auf mindestens 64 Prozent der westlichen Effektiveinkommen.[34] Sie stiegen auf über 70 Prozent, wenn man allein die Tarifeinkommen betrachtet, also außertarifäre Einkommensbestandteile unbeachtet läßt. Dabei ist auch zu berücksichtigen, daß die durchschnittlichen Lebenshaltungskosten in Ostdeutschland noch immer um mindestens 6 Prozent unter denen im alten Bundesgebiet liegen.[35] Während sich die Lebensverhältnisse in den osteuropäischen Transformationsländern für die Masse der Bevölkerung während der Transformationsprozesse drastisch verschlechtert haben, konnten sie sich damit in Ostdeutschland grundlegend verbessern. Trotz immer noch bestehender Unterschiede hat ihre Angleichung an westdeutsche Verhältnisse große und kaum zu erwartende Fortschritte gemacht.

31 Vgl. Bundesministerium für innerdeutsche Beziehungen, Materialien zum Bericht zur Lage der Nation im geteilten Deutschland, Bonn 1987, S. 491.

32 Vgl. Bundesministerium für innerdeutsche Beziehungen, a. a. O., S. 504.

33 Vgl. Statistisches Bundesamt, Statistisches Jahrbuch für die Bundesrepublik Deutschland 1992, Wiesbaden 1992, S. 582 und S. 635.

34 Vgl. DIW, Einkommensungleichheit im vereinten Deutschland, in: Wochenbericht des DIW, Nr. 49 (1993), S. 721.

35 Vgl. Neue Zürcher Zeitung vom 11. Mai 1994, S. 11.

Summary

The extremely complex process of transforming the centrally administered economies that had been established by communist single-party regimes in eastern Europe and the eastern part of central Europe into parliamentary democracies with market economics involves elements of reform, technical and organizational measures and outright revolutionary details. This process is scarcely – if at all – politically manageable and has led to upheaval in all spheres of social, political and economic life. Compared with the bloodshed that had accompanied the introduction of the communist regimes, the most remarkable feature of the present process has been the absence of violence.

The decay of the Soviet Union and Russia's permanent crisis indicate the problems that all the states of eastern Europe as well as the eastern part of Germany have to solve, individual characteristics notwithstanding. With regard to basic political structures, these problems include the democratic legitimation of the new political leadership, the settlement of borderline questions and the establishment of peaceful relations between neighboring states as well as the organization of their internal administrations and the dimensioning of scope for regional autonomy. One of the most important questions that have to be solved is the creation of a legal system that satisfies the needs of a democratic society and private ownership of property. Essentials of such a system are, in particular, the affirmation of the position of the individual vis-à-vis the government and the consolidation of the role of private property both as a material guarantee of civic independence and the basis for a market economy.

The main elements of transformation include safeguarding the prerequisites for the emergence of new private economic activity and the privatization of government property, the creation of a stable currency and the transition from a system of administrative allocation to a money-based economy with competitive markets for goods, labor, capital and land. These changes have to precede the necessary revamping of the structure of production and consumption – the decisive precondition for future economic development.

When we compare, against the background of this problem structure, the developments in the eastern part of Germany, eastern central Europe and eastern Europe, it becomes evident that the two extremes are being marked by East Germany and Russia. While in the eastern part of Germany almost all of the problems specified above have been solved and, on this basis, economic recovery is advancing progressively, Russia has only made her first steps on this long and cumbersome road. In between range the countries of eastern central Europe. They have been able to solve quite a number of problems, but in some important respects they, too, are still in the very first stage, particularly in regard of the privatization of their large industrial complexes and the related necessary changes in the structure of their economies.

In the entire European East the collapse of the centrally administered systems and the effort to establish market economies have resulted in vast disruptions of production and in dramatic setbacks in terms of general living conditions. Only in the eastern part of Germany has it been possible to keep these concomitants of the transformation process within narrow limits or to avoid them entirely, owing to the introduction of the West German social security system and the subsidizing of state-owned plants through the government agency, Treuhandanstalt, both of which involved huge transfers of funds from the old Federal Republic to its new member states. In fact, in many areas of eastern Germany real incomes have risen substantially. In general, however, income differentials have considerably widened in all of the "transformation economies".

Literaturverzeichnis

Böhm, Franz, Wirtschaftsordnung und Staatsverfassung, Tübingen 1950.

Brabant, Jozef M. van, The Demise of the CMEA. The Agony of Inaction, in: Osteuropa-Wirtschaft, 36. Jg., Heft 3 (1991), S. 234–254.

Bundesministerium für innerdeutsche Beziehungen, Materialien zum Bericht zur Lage der Nation im geteilten Deutschland, Bonn 1987.

Clesse, Armand, und Rudolf Tökes (Hrsg.), Preventing a New East-West Divide: The Economic and Social Imperatives of the Future Europe, Baden-Baden 1992.

Delhaes, Karl von, Privatisierung in Polen: Konzeption und Realität, in: Helmut Leipold (Hrsg.), Privatisierungskonzepte im Systemwandel, Arbeitsberichte zum Systemvergleich, Nr. 16 (Juni 1992), S. 39–75.

Deutsches Institut für Wirtschaftsforschung (DIW), Einkommensungleichheit im vereinten Deutschland, in: Wochenbericht des DIW, Nr. 49 (1993), S. 720–724.

DIW, Gesamtwirtschaftliche und unternehmerische Anpassungsfortschritte in Ostdeutschland. Zehn Berichte des Deutschen Instituts für Wirtschaftsforschung, des Instituts für Weltwirtschaft an der Universität Kiel, unter Mitwirkung des Instituts für Wirtschaftsforschung Halle, in: Wochenbericht des DIW, Nr. 12 (1991), Nr. 24 (1991), Nr. 39–40 (1991), Nr. 51–52 (1991), Nr. 12–13 (1992), Nr. 39 (1992), Nr. 52 (1992), Nr. 13 (1993), Nr. 41 (1993) und Nr. 15 (1994).

DIW, Die Wirtschaft der Slowakei im ersten Jahr der Selbständigkeit, in: Wochenbericht des DIW, Nr. 7 (1994).

Dyba, Karel, Wirtschaftsreform in der Tschechischen Republik, in: Europäische Rundschau, 21. Jg., Heft 3 (1993), S. 71–77.

Economic Commission for Europe (ECE), Economic Survey of Europe in 1992–1993, New York 1993, S. 71–235.

Estrin, Saul, und Xavier Richet, Industrial Restructuring and Microeconomic Adjustment in Poland: A Cross-Sectoral Approach, in: Comparative Economic Studies, Vol. 35, Nr. 4 (Winter 1993), S. 1–19.

Fischer, Wolfram, Herbert Hax und Hans-Karl Schneider (Hrsg.), Treuhandanstalt – Das Unmögliche wagen. Forschungsberichte, Berlin 1993.

Glismann, Hans H., und Klaus Schrader, Umwandlung von staatlichem in privates Eigentum, in: Osteuropa, 44. Jg., Nr. 1 (1994), S. 25–42, und Nr. 2 (1994), S. 142–160.

Hirsch, Hans, Zur Reorganisation der Unternehmungen beim Aufbau marktwirtschaftlicher Systeme in Osteuropa, in: Osteuropa, 43. Jg., Heft 11 (November 1993), S. 1052–1067.

Jermakowicz, Wladyslaw W., Germany's 1948 Currency Reform and Poland's 1990 Shock Reform: A Comparative Analysis After One Year, in: Berliner Wissenschaftliche Gesellschaft e.V., Jahrbuch 1990, S. 117–154.

Kupka, Martin, The Privatization of State-Owned Assets: The Case of Czechoslovakia, in: Osteuropa-Wirtschaft, 38. Jg., Heft 2 (1993), S. 97–108.

Leeds, Eva Marikova, Voucher Privatization in Czechoslovakia, in: Comparative Economic Studies, Vol. 35, Nr. 3 (1993), S. 19–37.

Leptin, Gert, Veränderungen in der Branchen- und Regionalstruktur der deutschen Industrie zwischen 1936 und 1962, Berichte des Osteuropa-Instituts an der Freien Universität Berlin, Reihe Wirtschaft und Recht, Heft 68, Berlin 1965.

Propp, Peter Dietrich, Zur Transformation einer Zentralverwaltungswirtschaft sowjetischen Typs in eine Marktwirtschaft, in: Karl C. Thalheim (Hrsg.), Wirtschaftswissenschaftliche Veröffentlichungen des Osteuropa-Instituts an der Freien Universität Berlin, Bd. 20, Berlin 1964, Nachdruck Edition Deutschland Archiv, mit einem Vorwort von Gernot Gutmann, Köln 1990.

Rondorf, Dieter, Zur Entwicklung der Eigentumsordnung in Polen, in: Osteuropa-Wirtschaft, 36. Jg., Heft 4 (1991), S. 316–334.

Sachverständigenrat zur Begutachtung der gesamtwirtschaftlichen Entwicklung, Zeit zum Handeln – Antriebskräfte stärken, Jahresgutachten 1993/94, Stuttgart 1993.

Treuhandanstalt (THA), Monatsinformation der THA, verschiedene Ausgaben.

Westen, Klaus, und Klaus-Jürgen Kuss, The Transformation of the Legal System in Conjunction with the Transition to a Market Economy in East Germany, Poland, Czechoslovakia and Hungary: A Comparative Analysis and Lessons for the Successor States of the Former Soviet Union, in: Commission of the European Communities, Shaping a Market-Economy Legal System, October 1992.

Peter Temin

Professor am Massachusetts Institute of Technology

Wirtschaftliche Divergenz und Konvergenz in den Vereinigten Staaten von Amerika

Inhaltsverzeichnis

Einleitung

Die Entwicklung der amerikanischen Wirtschaft ist durch das Zusammenwirken zweier wirtschaftlicher Faktoren geprägt, die nur in Amerika anzutreffen sind. Der eine dieser beiden Faktoren besteht in der durchgängigen Wirkung der Existenz *freien Bodens:* Der Reichtum an fruchtbarem Ackerland – in günstigen Klimazonen und in der Nähe (jedenfalls unter Transportkosten-Aspekten) der englischen Märkte – schuf günstige Rahmenbedingungen für wirtschaftliches Wachstum.
Der zweite Faktor ist die föderalistische Staatsstruktur, die Ende des 18. Jahrhunderts geschaffen wurde und die politische Macht der Großgrundbesitzer begrenzte. Wie in Deutschland, so gab es auch in den USA eine Auseinandersetzung zwischen den Industriegebieten und den Regionen mit konzentrierter Großlandwirtschaft. Aber anders als in Deutschland wurden die Großgrundbesitzer, als es in der zweiten Hälfte des 19. Jahrhunderts zu einer Kraftprobe kam, ihrer Sonderrechte entkleidet und in ihrer Herrschaft über ihre Arbeiter eingeschränkt. Die Beilegung dieses Konfliktes erfolgte nicht friedlich; der Amerikanische Bürgerkrieg (1861–1865) hinterließ weit mehr Narben als die Lösung des entsprechenden Konfliktes in Deutschland. Aber um diesen drakonischen Preis fiel das Ergebnis in den USA auch ganz anders aus.[1]
Das Resultat der genannten Einflüsse war eine wirtschaftliche Entwicklung, die in anderen Ländern nicht ihresgleichen hat. Von einem hohen Niveau aus nahm der Lebensstandard in den Vereinigten Staaten schnell zu, wobei gleichzeitig die Bevölkerung geradezu dramatisch wuchs. Aber regionale Unterschiede und Konflikte im föderalistischen System führten dazu, daß die regionalen Einkommen zunächst divergierten, ehe sie konvergierten; und auch die Entwicklung der Wirtschaft und der Wirtschaftspolitik ließ die Einkommensverteilung im Lande insgesamt zunächst divergieren, dann aber ebenfalls konvergieren. Die regionalen Unterschiede erreichten ihren Höhepunkt um 1880; die stärkste individuelle Einkommensungleichheit war 50 Jahre später, um 1930, zu verzeichnen.

1 Vgl. Alexander Gerschenkron, Bread and Democracy in Germany, Berkeley 1943.

Die Studie gliedert sich in fünf Abschnitte. Der erste Abschnitt entwickelt eine Theorie des *freien Bodens* und bezieht sie auf den amerikanischen Norden vor dem Bürgerkrieg; der zweite bezieht sie auf den Süden und erörtert die Niederlage der südlichen Grundbesitzer im Bürgerkrieg. Der dritte Abschnitt erzählt die Geschichte weiter bis zum Beginn des 20. Jahrhunderts, wobei frühere Bezugnahmen auf den Einfluß der Regierung auf die Wirtschaft miteinander verbunden und weiter ausgeführt werden. Ein vierter Abschnitt erläutert politische Initiativen, die aus der Großen Depression hervorgingen, und die Rolle, die der Föderalismus bei diesen Veränderungen spielte. Im Schlußabschnitt werden die Wirkungen der vielen hier erörterten Faktoren auf das Wachstum der amerikanischen Wirtschaft beschrieben.

Tabelle 1 enthält einige annähernde Zahlen über die Einkommensverteilung während der letzten beiden Jahrhunderte. Die erste Spalte zeigt, daß die regionalen Einkommen bis 1880 divergierten und dann konvergierten; dieser Vergleich erstreckt sich auch auf die Abweichung der Einkommen der Amerikaner afrikanischer Abstammung (Schwarze) von denen anderer Amerikaner vor dem Bürgerkrieg und die Annäherung danach, wie aus

Tabelle 1: *Langfristige Trends der Einkommensungleichheit in den USA 1840 bis 1980*

Jahr	Pro-Kopf-Einkommen im Süden in Prozent des nationalen Durchschnitts	Einkommen der Schwarzen in Prozent der Einkommen der Weißen	Gini-Koeffizient für Vermögen	Anteil des reichsten obersten Prozents der Bevölkerung am Gesamtvermögen
1840	76	.	0,6	.
1880	51	45	0,8	30
1920	62	50	0,9	38
1960	77	55	0,7	28
1980	86	61	0,7	22

Anmerkung: Die Ergebnisse für die einzelnen Zeiträume sind aus verschiedenen Quellen nach verschiedenen Methoden ermittelt worden und dürfen nur als ungefähr vergleichbar betrachtet werden.

Quellen: Richard A. Easterlin, Regional Income Trends 1840–1850, in: Seymour E. Harris (Hrsg.), American Economic History, New York 1961, S. 525–547; U. S. Bureau of the Census, Statistical Abstract of the United States, 1992, Washington 1992, S. 22 und S. 435; James P. Smith, Race and Human Capital, in: American Economic Review, Vol. 74 (1984), S. 685–698; Jeffrey G. Williamson und Peter H. Lindert, American Inequality: A Macroeconomic History, New York 1980, Kap. 3; Edward N. Wolff und Marcia Marley, Long-Term Trends in U. S. Wealth Inequality: Methodological Issues and Results, in: Robert E. Lipsey und Helen Stone Tice (Hrsg.), The Measurement of Savings, Investment, and Wealth, Chicago 1989, S. 765–839.

der zweiten Spalte von Tabelle 1 ersichtlich. Die in den letzten beiden Spalten der Tabelle 1 gezeigte Vermögensverteilung wurde bis zur Großen Depression allmählich ungleicher, danach wurde sie jedoch deutlich gleichmäßiger. Dieser Trend scheint sich allerdings in den achtziger Jahren des 20. Jahrhunderts wieder umgekehrt zu haben.[2]

2 Vgl. Sylvia Nasar, However You Slice the Data, the Richest Did Get Richer, in: The New York Times vom 11. Mai 1992.

I. Der Norden

EVSEY DOMAR stellte vor über 20 Jahren ein Unmöglichkeits-Theorem auf.[3] Er behauptete, daß es nicht möglich sei, gleichzeitig freies Land, freie Arbeitskräfte und eine Grundbesitzer-Aristokratie zu haben. Das ist sowohl ein Wortspiel (zumindest in der englischen Sprache) als auch ein Wirtschaftsmodell. *Freies Land* bedeutet Boden, der zur Besitznahme zur Verfügung steht, weil er so reichlich vorhanden ist. Im nationalökonomischen Jargon hat er einen *Null-Preis. Freie Arbeitskräfte* bedeuten hingegen nicht *Arbeitskräfte zum Null-Lohn,* sondern Arbeitskräfte, die sich freizügig bewegen und über ihre Arbeitskraft frei verfügen können.

Wenn Grund und Boden nicht zu einem moderaten Preis verfügbar sind, dann kann es freie Arbeitskräfte und einen Landadel geben, wie in England: Der Besitz des knappen Bodens gibt dem Adel seine Macht. Wenn aber Land frei zur Verfügung steht, dann braucht die Aristokratie eine andere Machtquelle; wenn sie kann, wird sie sich die übrige Bevölkerung als Leibeigene oder Sklaven unterwerfen – wenn nicht, wird die Aristokratie verschwinden. Die Erhaltung der Aristokratie ist bei frei verfügbarem Land mit dem Fortbestand freier Arbeitskräfte unvereinbar.

Die nordamerikanischen Kolonien waren das klassische Beispiel für frei verfügbares Land. Die Frage stellt sich, welches der anderen beiden Merkmale sich durchsetzen würde, denn es konnte nur eines von beiden sein. Kein theoretisches Argument gibt eine allein gültige Antwort. Diese Frage wurde noch nicht einmal für alle nordamerikanischen Kolonien einheitlich beantwortet. Die föderalistische Struktur der Vereinigten Staaten ermöglichte vielmehr die Entstehung gegensätzlicher wirtschaftlicher Strukturen innerhalb ein und desselben Landes. Im Norden schloß die Wanderung freier Arbeitskräfte nach Westen die Entwicklung einer Landaristokratie aus. Dagegen ermöglichte im Süden die Versklavung afrikanischer Arbeiter den Aufstieg einer landbesitzenden und sklavenhaltenden Aristokratie.

3 Vgl. Evsey D. Domar, The Causes of Slavery or Serfdom: A Hypothesis, in: Journal of Economic History, Nr. 30 (1970), S. 18–32.

Die Ausdehnung im Norden wurde im 18. Jahrhundert durch Menschen bewirkt, die man in England als Freisassen bezeichnet hätte. Sie waren wohlhabend und, wie die Briten erfahren sollten, unabhängig. Je weiter die Siedler nach Westen zogen, um so ertragreicher wurde das Land, und die Landwirtschaft des Nordens war in der Lage, eine wachsende städtische Bevölkerung problemlos zu versorgen. Die Präriefarmer begannen dann sogar, während des Krimkrieges, Weizen nach Europa zu liefern.

Zur landwirtschaftlichen Ausdehnung kam im 19. Jahrhundert die industrielle Entwicklung – eine Entwicklung, die vielen Beobachtern seltsam und typisch amerikanisch erschien. Englische Besucher zeigten sich nach der Londoner Kristallpalast-Ausstellung (1851) darüber erstaunt, welche Fortschritte die amerikanische Fertigungsindustrie trotz des Bestehens einer blühenden Landwirtschaft machen konnte. Sie fragten sich, wie es möglich sei, daß die Fertigungsindustrie die gleiche Produktivität erreiche wie die Landwirtschaft. Sie antworteten: »Durch die hohen Arbeitskosten wird die gesamte Energie der Bevölkerung darauf hingelenkt, arbeitskräftesparende Maschinen zu verbessern und zu erfinden.«[4]

Hrotgar John Habakkuk vertrat die Ansicht, daß es eine Fertigungsindustrie in Amerika nur dank der arbeitskräftesparenden Maschinen gab.[5] Aber hier besteht ein Paradoxon. Wenn die amerikanische Industrie hohe Löhne bieten mußte, um Arbeiter aus der Landwirtschaft abzuziehen, dann war es logisch, daß sie arbeitskräftesparende Maschinen einsetzte. Aber wenn sie die Arbeitsproduktivität durch Verstärkung der maschinellen Ausrüstung pro Arbeiter erhöhte, dann hätte die Rentabilität der Maschinen sinken müssen. Dann wären in England die Löhne höher, die Zinsen aber niedriger gewesen. Doch dem war nicht so – das zur Klarheit einfacher Modelle.[6]

Viele Autoren haben sinnige Wege vorgeschlagen, um aus diesem Paradoxon herauszukommen. Die Antwort ist jedoch, daß es Schutzzölle waren, die trotz des hohen amerikanischen Lohnniveaus rentable Investitionen in die amerikanische Industrie ermöglichten. Die Wechselbezie-

4 Great Britain, Report of the Committee on Machinery of the United States of America, in: Parliamentary Papers, Nr. 50, 1854–55, S. 1 ff.

5 Vgl. Hrotgar John Habakkuk, American and British Technology in the Nineteenth Century: The Search for Labour-Saving Inventions, Cambridge 1962.

6 Vgl. Peter Temin, Labor Scarcity and the Problem of American Industrial Efficiency in the 1850s, in: Journal of Economic History, Nr. 26 (1966), S. 361–379; derselbe, Labor Scarcity in America, in: Journal of Interdisciplinary History, Nr. 1 (1971), S. 251–264.

hung zwischen Lohnniveau und Zinssatz, die den Historikern so große Schwierigkeiten bereitet hat, beruht auf konstanten Produktpreisen. Die Diskussion ging gewöhnlich von der Annahme aus, daß die amerikanischen Produktpreise die gleichen waren wie die britischen. Aber die Zölle erhöhten die Industriepreise in Amerika und ermöglichten es der Industrie, sowohl hohe Zinsen als auch hohe Löhne zu zahlen. Hohe Industrielöhne zogen Arbeitskräfte aus der Landwirtschaft ab und ermöglichten die Existenz der Industrie.[7]

Das kann man deutlich bei der Baumwolltextilindustrie beobachten, dem für zwei Drittel des 19. Jahrhunderts größten Industriezweig in den Vereinigten Staaten. In den Anfangsjahren der mechanisierten Baumwollindustrie waren die amerikanischen Kosten erheblich höher als die britischen. Nur weil der Zoll den Inlandsmarkt schützte, konnte die amerikanische Baumwollindustrie florieren.[8] Bei diesem Staatseingriff handelte es sich um eine erfolgreiche Maßnahme der, wie wir es heute nennen, *Import-Substitution.* (Der politische Hintergrund des Baumwolltextilzolls wird an späterer Stelle beschrieben.)

Geschützt durch den Zoll und die Transportkosten, entwickelten amerikanische Hersteller einen als *Amerikanisches System* bekanntgewordenen Produktionsprozeß, der auf der Verwendung austauschbarer Teile basiert. Diese Praxis ermöglichte es den Amerikanern, Konsumgüter in Mengen und zu Preisen herzustellen, die in England unerreichbar waren. CHAUNCY JEROME, ein Uhrmacher aus dem Tal des Connecticut, brachte um 1840 eine Messinguhr mit 24-Stunden-Werk für weniger als 50 Cent auf den Markt. Er exportierte 1842 einige dieser Uhren nach England. Der englische Zoll behielt sich das Recht vor, Waren zu ihrem Rechnungswert zu konfiszieren, um beabsichtigten Unterbewertungen beizukommen. Die amerikanischen Uhren waren nach englischem Maßstab eindeutig unterbewertet und wurden konfisziert. Das war JEROME nur recht; er hatte seine Ware schnell und leicht zum vollen Preis verkauft. Er brachte eine weitere, größere Ladung auf den Weg, die prompt ebenfalls konfisziert wurde. Als er

7 Vgl. Ronald W. Jones, A Three-Factor Model in Theory, Trade and History, in: Jagdish N. Bhagwati und andere (Hrsg.), Trade, Balance of Payments and Growth: Papers in International Economics in Honour of Charles P. Kindleberger, Amsterdam 1971.

8 Vgl. C. Knick Harley, International Competitiveness of the Antebellum American Cotton Textile Industry, in: Journal of Economic History, Nr. 52 (1992), S. 559–584.

aber eine dritte, noch größere Partie schickte, legten die Zollbehörden ihre englischen Scheuklappen ab und ließen die Einfuhr zu.[9]

Die amerikanische Industrie entwickelte sich im mittleren Drittel des 19. Jahrhunderts mit Hilfe von Kapital, das über Geschäftsbanken aufgebracht wurde. Aber obgleich diese Banken die traditionellen Bankaufgaben von intermediären Finanzinstituten erfüllten, taten sie das doch nicht in der Art moderner Geschäftsbanken. Banken wurden vielmehr von führenden Bürgern in vielen Städten gegründet – und sie liehen Geld an eben diese Bürger aus.

Das föderalistische System der Vereinigten Staaten überließ die Zuständigkeit für das Bankwesen den Einzelstaaten. (Es gab zwei vom Bund konzessionierte Banken, aber die Unterlagen der ersten wurden aus Verärgerung verbrannt, als die Bankkonzession erlosch, und die zweite wurde zu einem einzelstaatlich konzessionierten Institut, als ihre von der Bundesregierung ausgestellte Konzession ablief.) Jeder Einzelstaat setzte seine eigenen Regeln fest, und diese Regeln begünstigten die Ausbreitung von Kleinbanken, da sie Filialbanken nicht zuließen und nur geringe Eigenkapitalanforderungen stellten. Daraufhin gab es um die Mitte des 19. Jahrhunderts in den Vereinigten Staaten Tausende von Banken.

Diese Banken wurden in der Regel von verwandtschaftlichen Gruppen geführt, also von Großfamilien. Versicherungsgesellschaften und andere Institutionen beteiligten sich im Laufe der Zeit zwar am Kapital dieser Institute, aber die Bankdirektoren kamen weiter aus den Reihen der Gründerfamilien, und sie führten die Geschäfte der Bank. Anders als bei den heutigen Banken gab es keine professionellen Mitarbeiter, die die Kreditvoraussetzungen festlegten. Die Direktoren selber bestimmten die Zusammensetzung des Kreditportefeuilles.

An wen vergaben sie Kredite? An sich selber und an Verwandtschaft. Mit anderen Worten, Banken wurden von Gruppen gegründet, um Mittel zur Verwendung durch eben diese Gruppen selber zu mobilisieren. Sie waren Intermediäre, aber sie vermittelten zwischen sich selber und der breiteren Öffentlichkeit – nicht zwischen Dritten. Die frühen amerikanischen Geschäftsbanken waren eher mit offenen Investmentfonds zu vergleichen

9 Vgl. Joseph W. Roe, English and American Tool Builders, New Haven 1916.

als mit modernen Geschäftsbanken. Sie waren bei der Mittelbeschaffung effektiver als direkte Appelle an den unpersönlichen Markt.[10]

Die Konzentration der Fertigungsindustrie im Nordosten führte zu einem Einkommensvorsprung dieser Region. Die Pro-Kopf-Einkommen lagen im Norden um 40 Prozent über dem nationalen Durchschnitt und waren im Jahre 1860, kurz vor dem Bürgerkrieg, etwa doppelt so hoch wie der Durchschnitt im Süden.[11] Der Lebensstandard war in den einzelnen Regionen der Vereinigten Staaten sehr unterschiedlich. Wie Tabelle 1 zeigt, sollte die größte Abweichung bei den regionalen Einkommen jedoch gerade infolge des Bürgerkrieges eintreten.

Dieser Unterschied im jeweiligen Lebensstandard spiegelte unterschiedliche Wachstumsraten der Reallöhne in der Zeit vor dem Bürgerkrieg wider. Neuzeitliche Schätzungen der damaligen Reallöhne sind notwendigerweise unpräzise. Das Problem bereiten nicht die Löhne, die gut dokumentiert sind; es liegt in der Erstellung geeigneter Lebenshaltungskostenindizes. Akzeptable Schätzungen ergeben, daß die Reallöhne im Norden um etwa 1,5 Prozent jährlich stiegen, in den anderen Regionen (Süden und Westen) des Landes jedoch nur halb so stark. Die Reallöhne im Norden erhöhten sich auch gegenüber denen in England; während die amerikanischen Reallöhne (im Norden) zu Beginn des 19. Jahrhunderts um etwa 50 Prozent höher waren, erreichten sie zu Beginn des Bürgerkrieges das Doppelte des englischen Niveaus.[12]

Noch schwieriger zu ermitteln ist die Einkommensverteilung innerhalb einer Region. Die beste Schätzung der Einkommensverteilung zur Zeit der Amerikanischen Revolution (1798) hat eine Log-Normalverteilung und einen GINI-Koeffizienten von etwa 0,6 (als Durchschnitt von 0,8 für Ersparnisse und 0,4 für Lebensmittelausgaben).[13] Dieser Koeffizient scheint in den Jahren vor dem Bürgerkrieg etwa konstant geblieben zu sein. Er zeigt, daß es – wie auch in unserer heutigen Zeit – große Einkommensdis-

10 Vgl. Naomi R. Lamoreaux, Banks, Kinship, and Economic Development: The New England Case, in: Journal of Economic History, Nr. 46 (1986), S. 647–667.

11 Vgl. Richard A. Easterlin, Regional Income Trends 1840–1950, in: Seymour E. Harris (Hrsg.), American Economic History, New York 1961, S. 525–547.

12 Vgl. Robert A. Margo, Wages and Prices during the Antebellum Period: A Survey and New Evidence, in: Robert E. Gallman und John J. Wallis (Hrsg.), American Economic Growth and Standards of Living Before the Civil War, Chicago 1992.

13 Der Gini-Koeffizient, 1912 von dem italienischen Statistiker Corrado Gini veröffentlicht, ist ein Konzentrationsmaß, das die Verteilung der persönlichen Einkommen oder Vermögen mißt. Bei vollständiger Gleichverteilung ist der Koeffizient = 0, bei extremer Ungleichverteilung = 1.

paritäten gab, daß aber die Gesellschaft als ganze nicht in »Reich« und »Arm« zerfiel (siehe Tabelle 1). Etwa 40 Prozent der Bevölkerung hatten überhaupt kein Vermögen. Sie entschlossen sich seltener zu heiraten, hatten seltener Kinder und gaben ihren Kindern eine dürftigere Ausbildung, aber ihre Lage scheint nicht so schlecht gewesen zu sein wie die der ärmsten Teile der heutigen amerikanischen Gesellschaft.[14]

14 Vgl. Lee Soltow, Inequalities in the Standard of Living in the United States 1798–1875, in: Gallman und Wallis, a. a. O.

II. Der Süden

Die Wirtschaftsgeschichte des amerikanischen Südens gestaltete sich ganz anders als die des Nordens. Freier Boden führte im amerikanischen Norden zu freien Arbeitskräften, was wiederum zu dem *Amerikanischen Fabrikationssystem* führte. Die Südstaatler, die gleichfalls gezwungen waren, zwischen freien Arbeitskräften und der Entstehung einer Landaristokratie zu wählen, entschieden sich für letztere.

Die Südstaatler konnten eine andere Wahl treffen als die Nordstaatler, weil das föderalistische System ihnen den erforderlichen Freiraum ließ und weil ihre Arbeitskräfte anderer Herkunft waren. In beiden Regionen nahm der Bedarf an Arbeitskräften im 17. und 18. Jahrhundert schnell zu – zu schnell, als daß er durch den natürlichen Zuwachs der Bevölkerung gedeckt werden konnte. Die in den Norden Einwandernden kamen aus Europa, während der Kolonialzeit vor allem aus England, und wurden in die Gesellschaft integriert. Die in den Süden Zuziehenden kamen aus Afrika und wurden nicht in die Gesellschaft integriert.

Der ausschlaggebende wirtschaftliche Unterschied liegt hier in der Frage, wer im Norden und im Süden über den Zuzug entschied. Hinsichtlich des Nordens entschied der Europäer, ob er in die amerikanischen Kolonien einwandern wollte oder nicht. Er (oder sie) hatte im allgemeinen nicht die Mittel, die Reise über den Atlantik zu finanzieren. Für die Bezahlung der Reise lieh man sich deshalb Geld, das aus den künftigen Einkommen in Amerika zurückzuzahlen war; der Einwanderer wurde für eine festgelegte Anzahl von Jahren zu einem vertraglich gebundenen Bediensteten. Es wurde zu jener Zeit zwar nicht so dargestellt, aber wir können diesen Zeitraum als die Zeit ansehen, die erforderlich war, um den Kredit zu tilgen, den der Einwanderer aufgenommen hatte. Mit der Nachfrage nach Arbeitskräften stiegen in den Kolonien auch die Löhne, und der Einwanderer brauchte daraufhin entsprechend weniger Zeit, um seine Überfahrt abzuzahlen. Und wie eine Untersuchung zeigt, nahm die durchschnittliche Vertragsdauer tatsächlich ab.[15]

15 Vgl. David Galenson, The Rise and Fall of Indentured Servitude in the Americas: An Economic Analysis, in: Journal of Economic History, Nr. 44 (1984), S. 1–26.

Der »Einwanderer« aus Afrika war ein völlig anderer. Er (oder sie) traf nicht selber die Entscheidung, nach Amerika auszuwandern. Er war vielmehr ein Gefangener, gewöhnlich infolge eines der Stammeskriege, die im Afrika südlich der Sahara ständig stattfanden. Die Gefangenen wurden gegen Waren getauscht, welche die europäischen Händler mitbrachten, und gelangten so in den Besitz der Europäer, die sie nach Amerika brachten und dort an amerikanische Plantagenbesitzer verkauften.

Die zunehmende Nachfrage nach Arbeitskräften in Amerika beeinflußte auch diesen Markt. Die amerikanischen Pflanzer waren sowohl im Norden als auch im Süden bereit, mehr zu zahlen, um mehr Arbeitskräfte zu bekommen. Doch die Bezahlung erfolgte an unterschiedliche Gruppen. Im Norden bezahlten die Pflanzer die Einwanderer selber. Im Süden bezahlten sie die Schiffskapitäne, die die Einwanderer brachten, weil es die Kapitäne waren, die über den Umfang des Angebotes entschieden. Um dem Kapitän mehr zahlen zu können, mußte der Plantagenbesitzer aus den Einwanderern mehr herausholen. Somit wurde die Zeit ihrer Dienstabhängigkeit immer länger, während sie im Norden immer kürzer wurde. Die Grenze dieser Entwicklung war bald erreicht: Der »Einwanderer« in den Süden würde sein ganzes Leben lang dienen müssen, desgleichen seine Nachkommen; der Einwanderer aus Afrika wurde, kurz gesagt, zum Sklaven.[16]

Die Immoralität dieser Versklavung hat die amerikanische Geschichte nicht zur Ruhe kommen lassen. Sie war ein wichtiger Faktor der Politik vor dem Bürgerkrieg und ein entscheidender Faktor in diesem Krieg. Die Rolle der Afro-Amerikaner in der amerikanischen Gesellschaft ist bis heute ein Thema geblieben. Ich möchte hier auf einen kleinen Teilaspekt dieser Thematik eingehen, nämlich die Auswirkungen der Sklaverei auf die Wirtschaft des Südens.

Der Süden wuchs schnell – zunächst dank einer diversifizierten Landwirtschaft und dann auf der Basis der Baumwolle. Parallel zu dem schier unersättlichen Appetit auf Baumwolle, den Lancashire entwickelte, wuchs die Baumwollproduktion des Südens auch nach der Abschaffung des Sklavenhandels im Jahre 1808 weiter. Dieses Wachstum des Südens ist von einigen Autoren auf die Funktionstüchtigkeit der institutionalisierten Sklaverei zurückgeführt worden, von anderen auf die Verfügbarkeit guten Baum-

16 Vgl. Oscar und Mary F. Handlin, Origins of the Southern Labor System, in: William and Mary Quarterly, Third Series, Nr. 7 (1950), S. 199–222.

wollanbaulandes. Es hat sich als schwierig erwiesen, zwischen diesen beiden Einflüssen zu unterscheiden, weil die Ausmaße der amerikanischen Sklaverei und der amerikanischen Baumwollproduktion im 19. Jahrhundert ziemlich genau übereinstimmten.[17]

Der Norden durchlief die beiden Phasen der Entwicklung einer effizienten Landwirtschaft und sodann einer Verlagerung aus der Landwirtschaft heraus, der Süden vor dem Bürgerkrieg nur die erste dieser beiden. Das war größtenteils das Ergebnis der *besonderen Einrichtung*, wie man die Sklaverei nannte. Die Sklaverei hemmte die Industrialisierung des Südens in mindestens dreifacher Hinsicht.

Erstens waren die Anreize für Sklaven und freie Bürger einander entgegengesetzt. Wenn auch die Identifikation von Sklaven mit dem Ergehen ihrer Besitzer unterschiedlich ausfiel, gab es doch insgesamt weit weniger gemeinsame Interessen als zwischen den freien Arbeitern und ihren Arbeitgebern. Das *Amerikanische System* wurde zwar durch gutes Management begünstigt, scheint seinen Ursprung aber letztlich in den Bemühungen der Maschinenarbeiter selber um bessere und billigere Produkte gehabt zu haben. Im Vorkriegssüden gab es wenig Spielraum für die Art von Mechanikern, die das *Amerikanische System* im Norden hervorbrachte.[18]

Zweitens eignete sich die Sklaverei besser für die Erfordernisse der Landwirtschaft als für die Industrie. Im Laufe des 19. Jahrhunderts zog die Landwirtschaft sowohl im Norden als auch im Süden immer weiter nach Westen. Aber auch wenn viele Nordstaatler dem Rat von Horace Greeley folgten und nach Westen zogen,[19] blieb für das industrielle Wachstum in den Oststädten doch ein beträchtlicher Stamm an Arbeitskräften verfügbar: Viele der europäischen Einwanderer, die durch diese Städte nach Amerika kamen, ließen sich nicht vom Westen anziehen. Sie blieben an Ort und Stelle und bildeten eine industrielle Arbeiterschaft. Dagegen wurden vom

17 Vgl. Robert W. Fogel und Stanley L. Engerman, Time on the Cross: The Economics of American Negro Slavery, Boston 1974; Paul A. David und andere, Reckoning with Slavery, New York 1976; Gavin Wright, The Political Economy of the Cotton South: Households, Markets, and Wealth in the Nineteenth Century, New York 1978; Paul A. David und Peter Temin, Explaining the Relative Efficiency of Slave Agriculture in the Antebellum South: Comment, in: American Economic Review, Vol. 69 (1979), S. 213–218.

18 Vgl. Kenneth M. Stampp, The Peculiar Institution: Slavery in the Ante-Bellum South, New York 1956; Stefano Fenoaltea, Slavery and Supervision in Comparative Perspective, in: Journal of Economic History, Nr. 44 (1984), S. 635–668.

19 Die Empfehlung »Go West« stammt nicht von Horace Greeley, sondern von John B. Soule, der 1851 in Terre Haute (Indiana) für den Express schrieb. Greeley hat in seinen späteren Jahren ohne Erfolg versucht, der Verbindung seines Namens mit Soules Ratschlag entgegenzuwirken.

Süden aus Sklaven – die auch insofern nicht wählen konnten, wo sie leben wollten – in den Westen gebracht, als der Preis für Sklaven dort stieg. Das Schicksal der alten Baumwollstaaten war daher Entvölkerung und nicht Industrialisierung. Paradoxerweise behinderte gerade der große Erfolg des Südens bei seiner Anpassung an die Erfordernisse des Baumwollanbaus die Entwicklung aus der Landwirtschaft heraus.[20]

Drittens war das durch die Sklaverei geschaffene politische Klima einer Industrialisierung abträglich. Die föderalistische Natur der Vereinigten Staaten ließ es zu, daß die politischen Ansichten der Sklavenhalter Eingang in einzelstaatliche Regierungen fanden und in einzelstaatlichen Maßnahmen zum Ausdruck kamen. In den Nordstaaten, wo es Großgrundbesitzer nicht gab, konnten wiederum Industrielle politische Macht erlangen, und daher begünstigte der Staat dort das städtische Industriewachstum. Die Regierungen der Südstaaten wurden von Großsklavenhaltern, DOMARS Landadelsaristokratie, beherrscht, und die Wirtschaftspolitik des Südens förderte den Baumwollanbau.

Die gegensätzlichen Auswege aus DOMARS Dilemma im Norden und im Süden führten somit zu einer Spannung zwischen den Regionen, die um so stärker wurde, je weiter sich die auf freie Arbeitskräfte abgestellte Wirtschaft und politische Ordnung einerseits und das durch die Landaristokratie getragene System andererseits voneinander entfernten. Früher oder später mußte es zu einem Kampf um die Vorherrschaft kommen, wie dies auch in vielen westeuropäischen Ländern geschah. Deutschland, Frankreich und Italien beschritten am Ende der siebziger und in den achtziger Jahren des 19. Jahrhunderts den einen Weg – sie errichteten hohe Zollschranken. England ging den anderen Weg, indem es sich für den Freihandel entschied. In beiden Fällen wurde aber die Entscheidung auf friedlichem Wege getroffen.[21]

In den Vereinigten Staaten wurde dieser Konflikt früher und blutiger ausgetragen als in Europa. Der Sieg des Nordens im Bürgerkrieg erwies die Überlegenheit derjenigen Gesellschaft, die von freien Arbeitskräften ge-

20 Vgl. Alexander Field, Sectoral Shifts in Antebellum Massachusetts: A Reconsideration, in: Explorations in Economic History, Nr. 15 (1978), S. 146–171; Claudia G. Goldin und Kenneth Sokoloff, The Relative Productivity Hypothesis of Industrialization: The American Case 1820–1850, in: Quarterly Journal of Economics, Nr. 99 (1984), S. 461–487.

21 Vgl. Peter A. Gourevitch, International Trade, Domestic Coalitions, and Liberty: Comparative Responses to the Crisis of 1873–96, in: Journal of Interdisciplinary History, Nr. 8 (1977), S. 281–313.

tragen wurde. Anders als in Europa waren in den Vereinigten Staaten die hohen Zölle Ausdruck des politischen Einflusses der Industrie. Und die hohen Zölle waren nicht das einzige Problem, dem sich die Landwirtschaft des Südens nach dem Bürgerkrieg gegenübersah: Die Nachfrage nach ihrer Baumwolle stieg nun in dem Maße langsamer, wie einerseits die Expansion der britischen Baumwollindustrie nachließ und andererseits neue Lieferanten an den Markt kamen.[22]

Von ebenso großer Bedeutung war die Tatsache, daß die Versorgung der Landwirtschaft des Südens mit Arbeitskräften dramatisch nachließ. Vor dem Krieg hatten sowohl die weiblichen als auch die männlichen Sklaven auf den Feldern gearbeitet, nach der Befreiung konnten sie ihre eigene Wahl treffen. Sie entschieden sich für das Vorbild der freien amerikanischen Arbeiterschaft und arbeiteten nicht mehr so schwer wie unter dem Zwang der Sklaverei. Die Männer arbeiteten auf den Feldern, während die Frauen die Familie versorgten und mehr im häuslichen Bereich tätig waren. Das Angebot an schwarzen Farmarbeitern reduzierte sich um etwa 30 Prozent. Die Abnahme der Einkommen im Süden resultierte mithin teils aus einer Verringerung des Wohlstands (aufgrund der Verringerung der Nachfrage nach Baumwolle), teils aus einer freiwilligen Verlagerung des Konsums (in Richtung Freizeit).[23]

Dieser Rückgang ereignete sich gleichzeitig mit einer Zunahme der Produktion im Norden, was die regionale Einkommensdisparität noch vergrößerte. Das Pro-Kopf-Einkommen im Süden war vor dem Bürgerkrieg halb so hoch wie das im Norden. Die Sklaven bekamen natürlich nur das Existenzminimum, aber die weißen Südstaatler lebten vor dem Krieg etwa so gut wie die Nordstaatler. Nach dem Krieg fiel das Durchschnittseinkommen im Süden von der Hälfte auf ein Drittel des Nordniveaus. Im Westen, wo das Pro-Kopf-Einkommen vor dem Bürgerkrieg auf Südniveau lag, war es 1880 doppelt so hoch wie im Süden. Dort wiederum wurde die intraregionale Einkommensverteilung in dem Maße, in dem die Schwarzen ihren

22 Der Bürgerkrieg hat die amerikanische Wirtschaft ungemein stark belastet. Abgesehen davon, daß erhebliche Ressourcen für die Kriegsführung abgezweigt werden mußten, hat er Menschenleben und private Vermögen vernichtet. Die Lösung des politischen Konfliktes, die er herbeiführte, war zwar erstrebenswert, der Krieg als solcher aber eine Tragödie. Vgl. Claudia G. Goldin und Frank D. Lewis, The Economic Cost of the American Civil War: Estimates and Implications, in: Journal of Economic History, Nr. 35 (1975), S. 299–326; Peter Temin, The Post-Bellum Recovery of the South and the Cost of the Civil War, in: Journal of Economic History, Nr. 36 (1976), S. 898–907; Wright, The Political Economy . . ., a. a. O.

23 Vgl. Roger L. Ransom und Richard Sutch, One Kind of Freedom: The Economic Consequences of Emancipation, New York 1977.

Platz in einer relativ freien Gesellschaft einnahmen, etwas ausgeglichener. Alles in allem mußten die weißen Südstaatler nach dem Bürgerkrieg einen starken Rückgang ihrer relativen Einkommen hinnehmen.[24]
Die Einkommen der Schwarzen stiegen nach dem Kriege zwar, aber die Lücke zwischen ihren Einkommen und denen der Weißen schloß sich nicht. Sie besteht heute noch. Im Jahre 1890 betrug das durchschnittliche Einkommen der Schwarzen nur etwa 45 Prozent des Einkommens der Weißen. Dieses Verhältnis blieb bis zum Beginn des Ersten Weltkrieges etwa konstant, stieg dann bis 1920 auf etwa 50 Prozent und verharrte in den Jahren zwischen den beiden Weltkriegen auf diesem Niveau. Seit 1940 sind die Einkommen der Schwarzen schneller gestiegen als die der Weißen; sie haben inzwischen etwa 60 Prozent des Niveaus der Weißen erreicht (siehe Tabelle 1).[25]
Die Wissenschaft hat versucht, die Resistenz dieser Lücke zu erklären. Eine Lehrmeinung besagt, sie sei das Ergebnis anhaltender Diskriminierung. Andere erklären sie als das Ergebnis der schlechten Lebensbedingungen der befreiten Sklaven nach dem Bürgerkrieg. Radikale Republikaner wollten damals jedem befreiten Sklaven »40 Acres und ein Maultier« geben, aber ihr Programm drang nicht durch. Nach dem Bürgerkrieg blieben die befreiten Sklaven ohne materielle Werte und ohne *Humankapital* (Ausbildung, Schulung). Das Argument, das auf diese Ausgangslage hinweist, macht geltend, dieses Handicap sei zu groß gewesen, als daß man es in kurzer Zeit hätte beseitigen können.[26]
Man braucht aber nicht zwischen diesen Alternativen zu wählen. Die Geschichte der Afro-Amerikaner enthält beide Elemente. Die befreiten Sklaven zogen nach dem Krieg eine schlechte Karte, wenn auch eine bessere als zuvor. Bestenfalls wurden sie bei der Beseitigung ihres Rückstands politisch nicht unterstützt, schlimmstenfalls wurden sie aktiv bekämpft. Erst im 20. Jahrhundert hat sich das Gewicht der Regierungspolitik eindeutig dahingehend verlagert, die Schwarzen unter gleichen Bedingungen in die Gesamtwirtschaft zu integrieren, und erst in der zweiten Hälfte des 20. Jahrhunderts handelte es sich dabei um eine bewußte Politik im Unter-

24 Vgl. Easterlin, a. a. O.
25 Vgl. James P. Smith, Race and Human Capital, in: American Economic Review, Vol. 74 (1984), S. 685–698.
26 Vgl. Stephen J. DeCanio, Agriculture in the Postbellum South: The Economics of Production and Supply, Cambridge, Mass. 1974; Ransom und Sutch, a. a. O.; Peter Temin, Freedom and Coercion: Notes on the Analysis of Debt Peonage in One Kind of Freedom, in: Explorations in Economic History, Nr. 16 (1979), S. 56–63.

schied zu Reaktionen auf nationale Ausnahmesituationen wie Krieg und Depression. Die jüngste Verbesserung der relativen Einkommen der Afro-Amerikaner geht teilweise auf eine bessere Schulbildung zurück, und die Einkommenslücke dürfte sich in dem Maße schließen, wie die Bildungslücke weiter verkleinert wird.

III. Der Einfluß des föderalistischen Systems

Obwohl bisher hauptsächlich von den mannigfaltigen, überall wahrnehmbaren Wirkungen der Existenz *freien Bodens* die Rede gewesen ist, kam auch die Rolle der Regierungen schon verschiedentlich zur Sprache. Es ist nun an der Zeit, auf die amerikanische Staatsform als einen entscheidenden, eigenständigen Faktor der amerikanischen Wirtschaftsgeschichte einzugehen.

Zwei Merkmale der Staatsform der Vereinigten Staaten sind hier relevant: ihr volksnaher Charakter, der dafür gesorgt hat, daß die politische Macht den bereits beschriebenen wirtschaftlichen Interessen Rechnung trug, und die föderalistische Struktur, die dafür gesorgt hat, daß ein Großteil der amerikanischen Politik Lokalpolitik ist. Das begrenzte die Macht der Bundesregierung und ließ den Wirtschaftskräften relativ große Freiräume. Die Regierungen der Einzelstaaten standen der Wirtschaft keineswegs fern, sondern waren für deren sich entfaltende Interessen eher aufgeschlossen.[27]

Über Amerikas politische Gedankenwelt ist zwar viel geschrieben worden, aber den Ursprüngen des amerikanischen Föderalismus hat man dabei wenig Beachtung geschenkt. Die Souveränität lag beim Volk, so wollten es die Gründungsväter. Den einzelnen Ex-Kolonien verblieb jedoch auch etwas von der Souveränität, die ihnen von der englischen Krone gewährt worden war. Dieses leichte Wackeln im ideologischen Gyroskop der Revolution blieb weitgehend unbemerkt; in der Rückschau scheint es uns – wie offenbar auch den damaligen politischen Führern – ganz normal, daß die Regierung des Landes einzelstaatlich organisiert sein sollte.[28]

Die Zollpolitik veranschaulicht die Interaktion zwischen Einzelstaats- und Bundesregierung. Francis Lowell, der Gründer der Boston Manufacturing Company, sah am Ende des Krieges von 1812 die Notwendigkeit, für

27 Vgl. Oscar und Mary F. Handlin, Commonwealth. A Study of the Role of Government in the American Economy: Massachusetts 1774–1861, New York 1947; Louis Hartz, Economic Policy and Democratic Thought: Pennsylvania 1776–1860, Cambridge, Mass. 1948; Morton J. Horwitz, The Transformation of American Law 1780–1860, Cambridge, Mass. 1977.

28 Vgl. Gordon S. Wood, The Creation of the American Republic 1776–1787, Chapel Hill 1969; Bernard Bailyn, The Ideological Origins of the American Revolution, Cambridge, Mass. 1967.

seine entstehende Baumwollspinnerei wirtschaftspolitischen Schutz zu suchen. Die mechanischen Webstühle, mit denen er arbeitete, waren denjenigen nachgebaut, die LOWELL bei einem Besuch in England kennengelernt hatte. Bei dem auf diesem Gebiet primitiven Niveau der amerikanischen Technik war die Boston Manufacturing Company darauf ausgelegt, grobes schweres Tuch zu weben. LOWELL konzipierte den einschlägigen Teil des Zollgesetzes von 1816 so, daß genau dieses Segment des Textilmarktes geschützt wurde. Er brauchte einen sehr hohen Zoll, um zu überleben, wußte aber auch, daß er den Kongreß nicht dazu bewegen konnte, einen ausreichend hohen Wertzoll zu erheben: Die Baumwollpflanzer der Südstaaten verkauften den größten Teil ihrer Ernte auf dem britischen Markt, und sie lehnten alles ab, was die Nachfrage nach britischen Baumwolltextilprodukten beschränken oder Vergeltungsmaßnahmen provozieren könnte.

LOWELL schlug daher eine Zollstruktur vor, die grobe indische Baumwollstoffe diskriminieren würde, nicht aber das teurere englische Gewebe. Mit diesem Ziel machte er eine Eingabe an den Kongreß. LOWELL schrieb: »Die Artikel, um deren Fernhaltung wir ersuchen, bestehen aus sehr minderwertigen Materialien ... Sie enthalten keinerlei Rohstoffe aus den Vereinigten Staaten. Sie sind das Werk ausländischer Hände an ausländischen Materialien.«[29] Der Mindestzoll würde also nur asiatisches Tuch aus asiatischer Baumwolle ausschließen; er würde nicht die Nachfrage nach höherwertigem englischem Tuch aus amerikanischer Baumwolle tangieren. Diese Argumentation fand die Unterstützung von South Carolina, wo man den Mindestzoll als ein Mittel betrachtete, den heimischen Rohbaumwollmarkt zu schützen, und verhalf dem Zollgesetz zur Annahme.[30]

Das Zollgesetz war mehr als ein politisches Symbol; es hatte erhebliche Auswirkungen auf die amerikanische Industrie. Nicht allein der Mindestzoll, sondern die gesamte Zollstruktur schützte das untere Ende des Baumwolltextilmarktes mehr als das obere; sie diente dazu, den amerikanischen Markt zwischen amerikanischen und englischen Produzenten nach Qualitäten aufzuteilen. Mit dem Zoll konnten die amerikanischen Produzenten am unteren Ende expandieren. Ohne ihn hätte Lancashire das gesamte

29 Friends of Domestic Industry, Reports of the Committees of the Friends of Domestic Industry, Assembled at New York, October 1831, New York 1831.

30 Vgl. Peter Temin, Product Quality and Vertical Integration in the Early Cotton Textile Industry, in: Journal of Economic History, Nr. 48 (1988), S. 891–907.

Spektrum des amerikanischen Verbrauchs beliefert.[31] Ganz allgemein förderte das Zollgesetz das industrielle Wachstum im Norden. Es vergrößerte den Ertrag des Industriekapitals so weit, daß die Anziehungskraft der Landwirtschaft ausgeglichen wurde. Die amerikanische Industrie schuldet damit ihren Aufschwung teilweise den charakteristischen Merkmalen der Menschen und des Bodens im Norden und teilweise der föderalistischen Staatsstruktur, die eine förderliche Handelspolitik unterstützen konnte.
Das industrielle Wachstum im Norden machte sich auch in der militärischen Auseinandersetzung mit dem Süden geltend, indem es die Bereitstellung von Kriegsmaterial für den Konflikt erleichterte. Die einzelstaatliche Politik hatte den Ausbau der Eisenbahnen gefördert, die Menschen und Material transportieren konnten. Die Prosperität des Nordens zog Einwanderer aus Europa an, was die Basis für die Produktion und die Armee verbreiterte. Auch der politische Wille der freien Arbeiterschaft erwies sich als sehr stark.
Diese Faktoren allein erklären allerdings nicht, warum sich die amerikanische Lösung des Konfliktes zwischen Agrariern und Industrie so sehr von der deutschen oder der französischen unterschied. Sonstige Faktoren – wie der Erfolg von CHARLES FRANCIS ADAMS, England aus dem Krieg herauszuhalten – spielten ebenfalls eine Rolle. Aber durch den Sieg des Nordens im Bürgerkrieg kam eine Bundesregierung an die Macht, die dem industriellen Wachstum sehr wohlwollend gegenüberstand. Das von der Republikanischen Partei durchgesetzte Zollgesetz, das während des Krieges wirksam geworden war, blieb nach dessen Ende in Kraft; in diesem Punkt zog die Demokratische Partei für den Rest des Jahrhunderts ständig den kürzeren. Der 14. Nachtrag zur amerikanischen Verfassung (zur Gewährleistung eines ordnungsgemäßen Verlaufs von Gerichtsverfahren), der mit dem Ziel eingebracht wurde, freigelassene Sklaven während des Bürgerkrieges zu schützen, wurde nach dem Krieg neu ausgelegt – mit dem Ziel, in juristischer Beziehung Wachstumsspielraum für Kapitalgesellschaften zu schaffen. Die Bürgerwehren der Einzelstaaten wandten sich über ihren regionalen Bezug hinaus der Vorbereitung auf den erwarteten Klassenkrieg

31 Vgl. Mark Bils, Tariff Protection and Production in the Early U. S. Cotton Textile Industry, in: Journal of Economic History, Nr. 44 (1984), S. 1033–1046.

zu, in dem sie Privateigentum gegen den Mob der Arbeiterklasse zu verteidigen haben würden.[32]

Ein weiterer Aspekt der staatlichen Politik war besonders wichtig für die Wirtschaft und spezifisch amerikanisch. Der Übergang vom *Amerikanischen System* zur Massenproduktion wurde bereits beschrieben. Diese Veränderung in den Herstellungsverfahren erfolgte gleichzeitig und in Verbindung mit der Herausbildung des, wie es ALFRED CHANDLER nannte, *modern business enterprise:* Tief gestaffelte Industrieunternehmen mit Führungshierarchien traten in den achtziger Jahren des 19. Jahrhunderts als eine Organisation in Erscheinung, die Massenproduktion und Massenvertrieb miteinander verband.[33]

Dieses amerikanische Phänomen gedieh in einem günstigen rechtlichen Umfeld. Das SHERMAN-Antitrust-Gesetz erging im Jahre 1890 mit dem Ziel, den Trusts und Holdinggesellschaften als der typischen Rechtsform der großen Firmen Grenzen zu ziehen. Aber seiner Wirksamkeit wurde durch Gerichtsurteile, die seine Anwendbarkeit einschränkten, die Schärfe genommen. Im KNIGHT-Urteil, dem ersten zu dem neuen Gesetz, befand der Oberste Gerichtshof, der Zucker-Trust sei in der Produktion tätig, nicht im Handel, und falle deshalb nicht unter das Gesetz.

Dieses Urteil kann nur im Kontext der föderalistischen Struktur des amerikanischen Staatswesens verstanden werden. Denn die vor dem Gerichtshof zu entscheidende Frage war eine Frage der Zuständigkeit; sollte die Antitrust-Politik eine Politik der Einzelstaaten oder der Bundesregierung sein? Der Gerichtshof bestätigte die Macht der Einzelstaaten, indem er die Antitrust-Politik ihnen vorbehielt. Das hatte jedoch den widersinnigen Effekt, daß die Antitrust-Politik ausgehöhlt wurde, da die Einzelstaaten darin wetteiferten, bei Unternehmensgründungen als Standort gewählt zu werden. Diese unbeabsichtigte Reaktion war also ebensosehr das Ergebnis der föderalistischen Struktur des amerikanischen Staatswesens wie einer bewußten Politik der Wirtschaftsförderung.[34]

32 Vgl. Robert M. Fogelson, America's Armories, Cambridge, Mass. 1989.

33 Vgl. Alfred D. Chandler Jr., The Visible Hand: The Managerial Revolution in American Business, Cambridge, Mass. 1977.

34 Vgl. C. W. McCurdy, The Knight Sugar Decision of 1895 and the Modernization of American Corporate Law 1869–1903, in: Business History Review, Nr. 53 (1979), S. 305–342.

Die wirtschaftsfreundliche Politik hatte auch Folgen für die Arbeiterschaft. Die staatliche Hinnahme von Unternehmenszusammenschlüssen und -wachstum bestärkte die Manager in ihrer Ablehnung organisierter Tarifverhandlungen. Das wiederum beschränkte die Möglichkeiten der amerikanischen Gewerkschaften, die staatlicherseits ohne Unterstützung blieben. Da die amerikanischen Gewerkschaften sich außerstande sahen, die umfassenderen gesellschaftspolitischen Ziele ihrer europäischen Kollegen zu erreichen, nahmen sie die konservative Ausrichtung auf Beschäftigung und Löhne ein, die sie noch heute kennzeichnet.[35]
Die Struktur des amerikanischen Staatswesens hat auch anhaltende Konsequenzen für die Organisation der öffentlichen Versorgungsunternehmen. Ein Beispiel aus jüngerer Zeit zeigt die nachhaltige Bedeutung des amerikanischen Föderalismus. Die AT&T, die das amerikanische Telefonnetz ein Jahrhundert lang als privates Versorgungsunternehmen unter öffentlicher Aufsicht betrieb, wurde im Jahre 1984 im Zuge der Beilegung eines Antitrust-Prozesses in acht Teile zergliedert – ein merkwürdiger Kontrapunkt zu Knight. Der Gesellschaft wurde insbesondere vorgeworfen, daß sie ihre wettbewerbsrelevanten einzelstaatsübergreifenden Aktivitäten über Kreuz subventioniere, um den Wettbewerb gesetzwidrig zu beschränken. Diese verworrene Angelegenheit wurde von den meisten an dem Gerichtsverfahren beteiligten Akteuren mißverstanden, weil sie nur die Bundesebene sahen und die Einzelstaaten ignorierten. Denn in Wahrheit flossen die wechselseitigen Subventionen in die andere Richtung, nämlich von den einzelstaatsübergreifenden Aktivitäten zu den monopolistischen Aktivitäten innerhalb der Einzelstaaten, um deren Forderungen nach niedrigen Gebühren zu erfüllen. Das bundesstaatliche Antitrust-Verfahren setzte sich in diesem Falle gegen den einzelstaatlichen Einfluß auf den Regulierungsprozeß durch; es führte zur Zerstückelung der AT&T und – was keine Überraschung war – zur Erhöhung der örtlichen Telefongebühren. Wäre die AT&T nicht so viele Jahre lang gezwungen gewesen, den Wünschen der Aufsichtsbehörden und Gerichte der Einzelstaaten nachzukommen, dann wäre dem Unternehmen sein unglückliches Schicksal vielleicht erspart geblieben.[36]

35 Vgl. Sanford M. Jacoby, American Exceptionalism Revisited: The Importance of Management, in: Sanford M. Jacoby (Hrsg.), Masters to Managers: Historical and Comparative Perspectives on American Employers, New York 1991.
36 Vgl. Peter Temin, The Fall of the Bell System, New York 1987.

Das außerordentliche Wachstum der amerikanischen Industrie hat somit zwei Wurzeln. Seine *Mutter* war sozusagen der reichlich vorhandene und fruchtbare amerikanische Boden. Das offene Landbesitzsystem des Nordens ließ die Fertigungsindustrie erstarken und führte zum *Amerikanischen System*. Der *Vater* war die föderalistische Struktur des amerikanischen Staatswesens, die den liberalen gesetzlichen Rahmen schuf, der wiederum die Massenproduktion und das moderne Wirtschaftsunternehmen begünstigte. Wie üblich, haben beide Elternteile das Aussehen und Verhalten des Sprößlings beeinflußt.

IV. Das 20. Jahrhundert

Das *19. Jahrhundert* endete in vielerlei Hinsicht mit dem Jahr 1914. Der Erste Weltkrieg versetzte der Weltwirtschaft einen dramatischen Schock. In den Vereinigten Staaten folgte eine Zeit des konjunkturellen Auf und Ab, das in unserer Geschichte nicht seinesgleichen hat. Der Boom der zwanziger Jahre setzte erst nach einer kurzen, aber schweren Rezession ein, die auf das Ende des Krieges folgte. Und obwohl die Industrieproduktion schnell zunahm, scheint doch kein starker Druck auf die Produktionskapazität des Landes bestanden zu haben. Die Landwirtschaft litt darunter, daß während des Krieges weltweit die Nahrungsmittelproduktion verstärkt worden war, und insgesamt gingen die Preise im Verlaufe dieses Jahrzehnts langsam zurück.

Die zwanziger Jahre erwiesen sich jedoch gleichwohl als eine Wasserscheide in der Entwicklung des Lebensstandards der Amerikaner. Die Statistiken weisen zwar auch für die Zeit davor ein stetiges Wachstum der Einkommen aus, aber nun wurde eine Schwelle überschritten – der Durchschnittshaushalt konnte sich größere Gebrauchsgüter leisten. Das Auto war das vorherrschende Symbol der neuen Zeit, da es den unterschiedlichsten Leuten zu Status und Mobilität verhalf. Kühlschränke, Staubsauger und Radios trugen ebenso zu dem Gefühl bei, daß man in ein neues Zeitalter eingetreten war.

Erleichtert wurde die Zunahme des Verbrauchs durch die Ausbreitung des Bankwesens. Die großen Banken entdeckten die Möglichkeit, durch Zusammenfassung vieler kleiner Einlagen der arbeitenden Bevölkerung Investmentgelder anzusammeln. Die National City Bank of New York wies die Richtung zu einer Zusammenführung von Privat- und Firmenkundengeschäft. Sie erwarb durch Fusion mit anderen New Yorker Banken eine Reihe örtlicher Filialen und senkte die Mindestguthaben-Anforderungen und andere Kontoeröffnungsbedingungen, um Kleinanleger zu gewinnen. Die Bank of United States, deren Zusammenbruch im Dezember 1930 Aufsehen erregte, hatte ihr Zweigstellennetz ebenfalls rapide vergrößert. Die über diese Filialen angesammelten Gelder trugen dazu bei, in den Bereichen Investment Banking, Konsumkredit und Immobilienanlagen zu expandieren; die letzten beiden dieser Bereiche erwiesen sich als außerordentlich anfällig, als die Konjunktur am Ende des Jahrzehnts in die Depression einmündete.[37]

In der Prosperitätsphase der zwanziger Jahre scheinen sich die Einkommen zwischen den Einzelstaaten zunehmend angeglichen zu haben, während bei den individuellen Einkommen und Vermögen eine immer stärker werdende Ungleichheit festzustellen ist. Tabelle 1 zeigt einen Spitzenwert der Ungleichheit für das Jahr 1920, aber die wirkliche Spitze wurde 1929 erreicht. Wir kennen die Einkommens- und Vermögensverteilung für das 19. Jahrhundert nicht besonders genau, aber es scheint, daß die ungleichste Verteilung in der Geschichte der Vereinigten Staaten am Ende der Boomphase der zwanziger Jahre gegeben war.[38]

Die Depression war eine Wasserscheide in der amerikanischen Geschichte, wie für große Teile der gesamten Welt. Durch die von Präsident FRANKLIN DELANO ROOSEVELT eingeleitete Politik zur Bekämpfung der Depression wurde das Verhältnis der Kräfte zwischen der Bundesregierung und den Einzelstaaten wie auch zwischen Wirtschaftsunternehmen und Arbeiterschaft entscheidend verändert. Der *New Deal*, wie ROOSEVELT sein Konjunkturbelebungsprogramm nannte, bestand aus drei Hauptinitiativen: Reform des Bankensystems, zunehmende staatliche Beaufsichtigung der Wirtschafts- und der Arbeitsbedingungen und Einführung eines sozialen *Sicherheitsnetzes*.

Die ersten beiden dieser Initiativen fielen in die berühmten *100 Tage* von 1933 (ROOSEVELTS erste drei Amtsmonate). Der neue Präsident bombardierte den Kongreß im zweiten Quartal 1933 mit zahllosen Gesetzesvorlagen, die den wirtschaftlichen Aufschwung einleiteten und die amerikanische Wirtschaft umgestalteten. Die dritte Initiative kam später, in ROOSEVELTS zweiter Amtszeit. Der *Zweite New Deal* hatte das Ziel, den Aufschwung für die gesamte Bevölkerung spürbar werden zu lassen.

Das Finanzsystem befand sich im Zustand des Zusammenbruchs, als ROOSEVELT das Präsidentenamt übernahm. Die Verkündung des Bankfeiertages im März 1933 war eine unbeholfene Reaktion auf ein Problem,

37 Vgl. Harold B. van Cleveland und Thomas Huertas, Citibank 1812–1970, Cambridge, Mass. 1985; Martha L. Olney, Buy Now, Pay Later: Advertising, Credit, and Consumer Durables in the 1920s, Chapel Hill 1991; Peter Temin, Did Monetary Forces Cause the Great Depression?, New York 1976.

38 Vgl. Jeffrey G. Williamson und Peter H. Lindert, American Inequality: A Macroeconomic History, New York 1980, Kap. 3.

das durch leichtfertiges Gerede des Präsidenten von Abwertung des Dollars und Spannungen innerhalb des föderalistischen amerikanischen Zentralbanksystems entstanden war, und unterstrich die Unfähigkeit des Bankensystems, aus sich heraus mit den finanziellen Belastungen durch die Depression fertigzuwerden.[39]

Wäre die Wirtschaft weiter abgesackt, dann wäre der Bankfeiertag nichts anderes gewesen als ein neuer Tiefpunkt der Krise. Aber die Wirtschaft begann sich bereits wieder zu beleben, als ROOSEVELT seine neue Politik verkündete – und seine Drohung wahrmachte, den Dollar abzuwerten. Der Bankfeiertag markiert daher zeitlich die Schwelle zur Erholung. Er wurde sogar als deren erster Schritt angesehen, als ein klärendes Gewitter zur Bereinigung des Bankensystems; aber diese romantische Sicht der Dinge ist unzutreffend. Der Bankfeiertag war nur ein weiteres Symptom der Depression, Ausdruck des verzweifelten Ringens der neuen Administration um Zeit für weitere Überlegungen. Er war Teil des Problems und nicht Teil der Maßnahmen zu dessen Lösung.

Die mit und nach dem Bankfeiertag gewonnene Atempause wurde jedoch dazu genutzt, eine neue makroökonomische Politik anzukündigen und durchzusetzen. Ein wesentlicher Teil dieser neuen Politik mußte die Reform des Bankensystems sein. Im Juni 1933 wurde das GLASS-STEAGALL-Gesetz, das *Bankengesetz von 1933*, durch den Kongreß verabschiedet und durch ROOSEVELT unterzeichnet.

Das GLASS-STEAGALL-Gesetz hatte das Ziel, die Instabilität des Bankensystems zu verringern. Zu diesem Zwecke verbot es die Verbindung von Investment Banking und Commercial Banking, die für Großbanken wie die National City vor der Depression charakteristisch war. Ein Grund für diese Spartentrennung war die Meinung, daß Aktivitäten an den Wertpapiermärkten die Verwundbarkeit der Banken in den letzten Jahren des wirtschaftlichen Abschwungs vergrößert hätten. Das war eine einleuchtende Hypothese, aber sie dürfte unzutreffend gewesen sein. Tatsächlich kamen in der Phase des wirtschaftlichen Abschwungs Banken mit integrierten Wertpapierabteilungen besser über die Runden als andere Banken.[40]

39 Vgl. Barrie Wigmore, Was the Bank Holiday of 1933 Caused by a Run on the Dollar?, in: Journal of Economic History, Nr. 47 (1987), S. 739–755.

40 Vgl. Eugene N. White, Before the Glass-Steagall Act: An Analysis of the Investment Banking Activities of National Banks, in: Explorations in Economic History, Nr. 23 (1986), S. 33–55.

Warum das so war, ist im Lichte der Ergebnisse der neueren Forschung klar, aber damals war es das nicht: Die Entwicklung eines Portefeuilles von Finanzaktiva hängt von der Entwicklung jedes Einzelwertes und von der Korrelation zwischen den Entwicklungen sämtlicher Einzelwerte ab. Wenn sich die Kurse aller Anlagewerte gleichförmig bewegen, dann bewegt sich auch der Gesamtwert des Portefeuilles dementsprechend. Wenn sich die Kurse der einzelnen Anlagewerte jedoch unabhängig voneinander bewegen, dann kann sich der Preis des Portefeuilles weniger, ja sogar erheblich weniger stark bewegen als der Kurs irgendeines seiner Einzelwerte. Jeder Anlagewert kann zur Absicherung aller anderen dienen. Sinngemäß scheint das bei den *integrierten* Banken während der Depression der Fall gewesen zu sein.

Die Aufteilung in Geschäftsbank und Wertpapierhaus verfolgte auch das Ziel, die Macht des *Geld-Trusts* zu schwächen. Bei Anhörungen zum Thema Bankwesen, die von dem Kongreßabgeordneten PECORA abgehalten wurden, zeigte sich die Arroganz der Banken und – für einige – überdies eine Verschwörung der Banken gegen die Bevölkerung. Die Möglichkeit, Wertpapiere über Bankfilialen zu verkaufen, wie es die National City Bank in den zwanziger Jahren als erste tat, hatte das dem *Money Trust* zur Verfügung stehende Volumen vergrößert. Der Kongreß entschied sich dafür, diese Geldquelle zu verstopfen, um die Macht der Investmentbanker zu schwächen.

Der *Geld-Trust* ist späteren Betrachtern als ein kaum greifbares Phänomen erschienen. Investmentbanker waren natürlich wohlhabende Leute, die für gewöhnliche Sterbliche und vor allem für Kongreßmitglieder kaum etwas übrig hatten. Sie wurden für ihre Bankdienstleistungen natürlich gut bezahlt. Aber ihre Bezahlung ist nur ein Teilaspekt; offen bleibt die Frage, ob es der übrigen Bevölkerung infolge des Wirkens der Investmentbanker besser oder schlechter ging. PECORA sah nur die Möglichkeit der Erzielung von Monopolgewinnen. Historiker haben aber auch den Nutzen starker Universalbanken für die Wirtschaft in Betracht gezogen. Bisher wurde zwar noch keine Theorie aufgestellt, um diese Frage zu klären. Aber die Beispiele Deutschlands und Japans, deren industrielles Wachstum im allgemeinen auch auf die Mitwirkung ihrer *integrierten* Banken zurückgeführt wird, geben zu denken. Universalbanken bieten offenbar zwei Vorteile. Sie reduzieren die durch unvollständige Information verursachten Kosten, und infolgedessen verringert sich die erforderliche Spanne zwischen den Kreditkosten der Unternehmen und dem Ertrag der Ein- und Anleger.

An die Stelle der oben beschriebenen örtlichen Finanzmärkte der Anfänge des 19. Jahrhunderts waren bis Ende des Jahrhunderts regionale und nationale Märkte getreten. Die Geschäftsbanken zogen sich aus der Industriefinanzierung zurück und verlagerten ihre Tätigkeit auf die Bereitstellung von Handelsfinanzierungen über kurzfristige Instrumente, zum Beispiel Wechsel. Die Großunternehmen finanzierten sich über spezielle Wertpapierhäuser und die zunehmend populären Aktien- und Rentenmärkte.

Die Wertpapierhäuser entwickelten langfristige Beziehungen zu den Wirtschaftsunternehmen und boten ihnen die gleiche Art finanzieller Begleitung, die die deutschen Großbanken den großen deutschen Unternehmen boten. Die Bankvorstände saßen in den Verwaltungsräten der Unternehmen und befaßten sich sowohl mit deren Geschäftsführung als auch mit der Finanzierung. Die Bank wußte daher viel mehr über ein Unternehmen, mit dem sie verbunden war, als außenstehende Anleger. Somit konnte die Bank dem Unternehmen auch höhere Kredite gewähren, als es ein vorsichtiger Außenstehender getan hätte. Der Wert solcher Informationen zeigte sich im Marktwert der sogenannten MORGAN-Unternehmen, also solcher Firmen, in deren *Board* die MORGAN-Bank vertreten war. Die Aktien dieser Unternehmen waren erheblich mehr wert als die Aktien vergleichbarer Firmen ohne Beziehung zu MORGAN.[41]

In den zwanziger Jahren entstand dann die Verbindung zwischen Investment und Commercial Banking. Die Investmentbanker entdeckten die Möglichkeit, Einlagen von Normalbürgern an sich zu ziehen, um das für Investments verfügbare Volumen zu vergrößern. Die Geschäftsbanken wiederum gründeten Investmenttochtergesellschaften, die Aktien von Wirtschaftsunternehmen hielten, aber nicht zugleich an deren Management beteiligt waren. Das GLASS-STEAGALL-Gesetz löste diese Verbindungen endgültig auf, da es die Verknüpfung von Aktivitäten wie in einer deutschen Universalbank verbot. Das bewirkte, daß die Kosten der Kredit-

41 Vgl. J. Bradford De Long, Did Morgan's Men Add Value? An Economist's Perspective on Financial Capitalism, in: Peter Temin (Hrsg.), Inside the Business Enterprise: Historical Perspectives on the Use of Information, Chicago 1991.

intermediation für amerikanische Unternehmen seither erheblich höher sind als für vergleichbare deutsche Unternehmen.[42]

Über die Spartentrennung im Bankgeschäft hinaus führte das GLASS-STEAGALL-Gesetz eine bundesstaatliche Einlagenversicherung ein. Es verfügte die Gründung der Federal Deposit Insurance Corporation (FDIC), die sich der Versicherung von Einlagen bei Mitgliedsbanken des Zentralbanksystems der Vereinigten Staaten widmen sollte. Die FDIC sollte 1934 aktiv werden, ihr Arbeitsbeginn verzögerte sich jedoch um ein Jahr bis zum 1. Juli 1935. Der unmittelbare Effekt der Einführung der Einlagenversicherung war somit praktisch Null. Trotz ihrer Ankündigung auf dem Tiefpunkt der Depression nahm die FDIC ihre Tätigkeit erst auf, als der Dollar längst abgewertet worden war und der Aufschwung schon eingesetzt hatte.

Auf längere Sicht erhöhte die Einlagenversicherung unstreitig die Stabilität des Bankensystems. Sie wirkte den kumulativen *Runs* auf Banken entgegen, die für die Zeit zu Anfang der dreißiger Jahre typisch gewesen waren: Befürchtungen hinsichtlich einer einzelnen Bank veranlaßten die Einleger, ihre Guthaben schnell abzuziehen, um einem Zusammenbruch des Instituts und damit dem Verlust der Einlagen zuvorzukommen. Zur Beschaffung der Mittel für die Auszahlung der Einleger forderte die in Schwierigkeiten geratene Bank ihrerseits ihre ausstehenden Kredite ein und nahm Gelder bei anderen Banken auf. Die betroffenen Kreditnehmer wiederum wandten sich an andere Banken, um Mittel zu beschaffen, womit sich der Druck ausbreitete. Auch Banken, denen es vorher gut ging, gerieten nun in Schwierigkeiten – vor allem, wenn sie Kredite an weniger glückliche Banken vergeben hatten. Jede Insolvenz einer einzelnen Bank verstärkte den Druck auf alle übrigen.

Solche kumulativen Entwicklungen wurden durch die Einlagenversicherung unterbunden. Die Kunden brauchten nicht mehr um ihre Einlagen zu bangen, wiewohl sie auf einige Unbequemlichkeiten stoßen konnten, wenn die FDIC ins Spiel kam. Und in Schwierigkeiten geratene Banken brauchten nicht mehr bei anderen Banken Geld aufzunehmen. Die Bank of New England, um ein Beispiel aus jüngster Zeit zu nennen, wurde Anfang

42 Vgl. Charles W. Calomiris, The Costs of Rejecting Universal Banking: American Finance in the German Mirror 1870–1914, in: Naomi R. Lamoreaux und Daniel Raff (Hrsg.), Coordination and Information: Historical Perspectives on the Organization of Enterprise, Chicago 1993.

1991 zahlungsunfähig. Vor einem bestimmten Wochenende stellten sich ihre Einleger wie in früheren Zeiten in Schlangen an, um ihr Geld abzuheben. Aber während dieses Wochenendes schaltete sich die FDIC mit der Erklärung ein, sie werde alle versicherten Einlagen (bis zur gesetzlichen Grenze) auszahlen. Am folgenden Montag gab es keine Schlangen mehr, und keine andere Bank in der Region wurde mit Angst »infiziert«.

Diese Stabilisierung hatte jedoch ihren Preis. In dem Maße, wie die Einlagenversicherung an Bedeutung gewann, und zwar sowohl durch die Ausdehnung der FDIC-Deckung als auch durch die Gründung ähnlicher Versicherer für andere Arten intermediärer Finanzinstitute, wurde es für die Einleger immer weniger erforderlich, sich ihre Bank genauer anzusehen. Anstatt sich danach zu erkundigen, ob der potentielle Empfänger ihrer Ersparnisse solide sei, fragten sie nur noch, ob ihre Einlagen versichert wären. Die Banken wurden sich selbst überlassen – ein Zustand, in dem *subjektive Risiken* relevant werden können, also solche, die sich nicht aus der Natur der Sache ergeben, sondern aus dem Wesen beteiligter Personen.

Das Problem trat Ende der siebziger Jahre zutage. Nach einem Jahrzehnt der Inflation waren Banken mit festverzinslichen Aktiva, zum Beispiel Hypothekendarlehen, in schlechter Verfassung, ja sogar zahlungsunfähig. Der Kongreß versuchte die Situation zu retten, indem er den Banken mehr Spielraum für Anlagen einräumte – in der Hoffnung, daß sich die Banken dann aus eigener Kraft erholen könnten. Aber die Banken, insoweit nicht länger eingeschränkt, wandten sich riskanten, ja sogar unsinnigen Anlagen zu. Ging die Sache gut, dann waren sie gerettet, andernfalls würde die FDIC den Schaden tragen. In dieser Situation erlag man im amerikanischen Kreditgewerbe weithin den Versuchungen subjektiver Risiken.[43]

Gegen Ende der achtziger Jahre hatte das Problem riesige Ausmaße angenommen; die Krise der (bausparkassenähnlichen) Savings and Loan Associations hatte sich zu einer allgemeinen Bankenkrise ausgewachsen. Der FDIC gingen die Gelder aus, und der Kongreß debattierte darüber, wieviel Geld man in das Bankensystem pumpen müsse, um einen Kollaps im Stil der Depressionszeit zu verhindern. Das Problem geht, wie schon dieser kurze geschichtliche Überblick verdeutlicht, sowohl auf die Einlagenversicherung als auch auf die spätere Lockerung der Reglementierung des Kre-

43 Vgl. Lawrence J. White, The S&L Debacle, New York 1991.

ditgewerbes zurück. Aber die Debatte über Maßnahmen zur Abhilfe identifizierte als Problem lediglich die Einlagenversicherung.
Faktisch geht der Trend dahin, das Kreditwesen weiter zu deregulieren und die gesetzliche Trennung von Investment Banking und Commercial Banking rückgängig zu machen. Auf der Basis der Theorie, daß ein Portefeuille stabiler sein kann als jeder seiner Bestandteile, ist von verschiedenen Seiten behauptet worden, gerade die den Banken auferlegten Beschränkungen hätten zu deren Schwierigkeiten geführt.[44]
Das Problem besteht darin, daß die rechtlichen Normen für das Kreditgewerbe und die Einlagenversicherung eng miteinander verflochten sind. Die Existenz der FDIC eröffnete die Möglichkeit subjektiver Risiken, die bis 1980 durch bestimmte Restriktionen eingedämmt wurden. Die Problematik der Einlagenversicherung wurde erst offenbar, als die Restriktionen gelockert wurden. Um Stabilität zu erreichen, muß man entweder die Restriktionen wieder verstärken oder das Wirkungsfeld der FDIC erheblich einschränken.
Der zweite Strang des *New Deal* leitete in den Vereinigten Staaten ein halbes Jahrhundert *sozialdemokratischer* Politik ein. Die Bundesregierung nahm Einfluß auf große Teile der Wirtschaft, indem sie die allem Anschein nach irreführenden Signale des Marktes durch behördliche Regelungen ersetzte. Diese Ideologie fand ihren Niederschlag vor allem in zwei wichtigen Gesetzes-Vorlagen: dem National Industrial Recovery Act (NIRA) zur Belebung der Industrie, mit dem die National Recovery Administration (NRA) als zuständige Behörde geschaffen wurde, und dem Agricultural Adjustment Act (AAA), dem Landwirtschaftsanpassungsgesetz.
Das NIRA wurde am 16. Juni 1933 verabschiedet. Es gestattete Arbeitgebern und Arbeitnehmern Kollektivverhandlungen und den Abschluß von Vereinbarungen über Arbeitszeiten, Löhne und sonstige Arbeitsbedingungen. Solange sich diese Vereinbarungen im Rahmen der dafür vorgesehenen amtlichen Regelungen hielten, unterlagen sie nicht den Gesetzen gegen Wettbewerbsbeschränkungen. Da es sich für die Bundesbehörden als zu kompliziert erwies, die erforderlichen Regelungen zu formulieren, neigte die Regierung dazu, von den Wirtschaftsverbänden erarbeitete Regelungen zu übernehmen. Damit wurden zwar zum Teil Kompetenzen an

44 Vgl. Thomas F. Huertas, An Economic Brief Against Glass-Steagall, in: Journal of Banking Research, Nr. 15 (1984), S. 148–159.

die Arbeitgeber delegiert, aber der Staat hatte sich mit dem NIRA gleichwohl im Zentrum des Tarifvertragswesens etabliert.

Die Regelungen sahen weithin kürzere Arbeitszeiten vor, weil die verfügbare Arbeit auf eine größere Zahl von Menschen verteilt werden sollte. Sie führten außerdem zu bemerkenswerten Lohnerhöhungen, die selbst in sehr guten Zeiten beeindruckend gewesen wären, in einer Zeit der Massenarbeitslosigkeit aber ohne Beispiel waren. Die Arbeitgeber waren damit einverstanden, die Löhne zu erhöhen, weil es ihnen wiederum erlaubt wurde, die Preise zu erhöhen. Die Wirkung des NIRA waren somit sowohl Lohn- als auch Preiserhöhungen.

Die moderne Forschung hat versucht herauszufinden, wie Löhne mitten in einer Zeit der Massenarbeitslosigkeit steigen konnten. Die Hysterese-Theorie[45] geht davon aus, daß es ausschließlich die beschäftigten Arbeiter sind, die mit den Arbeitgebern über Löhne verhandeln. Wenn es diesen Arbeitnehmern nun allein darauf ankomme, daß sie selber beschäftigt bleiben, aber nicht darauf, über niedrigere Löhne die Beschäftigung von Arbeitsplatzsuchenden zu ermöglichen, dann hätten sie Interesse an einem Lohnniveau, das über dem zur Räumung des Arbeitsmarktes angemessenen liegt – der Umfang der Arbeitslosigkeit sei für ihre Forderungen einfach irrelevant. Diese Theorie löst das Paradoxon steigender Löhne bei hoher Arbeitslosigkeit also mittels der These auf, die Löhne seien keine Funktion der Arbeitslosigkeit. Sie liefert eine wirtschaftliche Interpretation des Prozesses der Lohnverhandlungen im Rahmen der NRA und verweist zugleich auf die Parallele zwischen der anhaltend hohen Arbeitslosigkeit in den Vereinigten Staaten während der dreißiger Jahre und in Deutschland zu Anfang der achtziger Jahre.[46]

Das NIRA legalisierte also kollektive Tarifverhandlungen; neue Gewerkschaften wurden gegründet und gediehen in dieser zuträglichen Atmosphäre. Aber das NIRA selber war nicht lange von Bestand. In dem Fall *Kranke Hühner* von 1935 entschied der Oberste Gerichtshof, das NIRA laufe auf eine verfassungswidrige Übertragung legislativer Kompetenzen auf die (administrative) NRA und eine verfassungswidrige Ausdehnung

45 Die Hysterese-Theorie (von griechisch Hysteresis = Zurückbleiben) behandelt – analog zu der Hysteresis-Theorie in der Elektrophysik – Verzögerungen bei der Reaktion auf Veränderungen von Marktbedingungen.

46 Vgl. Olivier J. Blanchard und Lawrence H. Summers, Hysteresis and the European Unemployment Problem, in: Stanley Fischer (Hrsg.), National Bureau of Economic Research (NBER) Macroeconomics Annual 1986, Cambridge, Mass. 1986.

von Bundesmacht auf einzelstaatliche Zuständigkeiten hinaus. Der föderalistische Charakter des amerikanischen Staates erwies sich damit für den *New Deal* ebenso als Bremse wie eine Generation zuvor für die Antitrust-Politik.

Die NRA wurde aufgelöst, aber ihre arbeitsrechtlichen Verfügungen waren nicht vergessen: Senator WAGNER brachte den sozialpartnerschaftlich orientierten National Labor Relations Act (NLRA) von 1935 ein, der die im NIRA vorgesehenen Rechte der Arbeiterschaft wiederherstellte. Dieses enger gefaßte Gesetz wurde vom Obersten Gerichtshof akzeptiert, und die aufgrund dieses Gesetzes errichtete Behörde, der National Labor Relations Board (NLRB), überwacht noch heute die Arbeit der Gewerkschaften und die Tarifverhandlungen zwischen den Arbeitsmarktparteien. Das Gesetz enthält hinsichtlich der Möglichkeiten der Arbeitgeber in Auseinandersetzungen mit den Gewerkschaften strenge Auflagen; der gewerkschaftliche Organisationsgrad der Arbeiterschaft nahm daher rasch zu. Auf dem Höhepunkt dieser Entwicklung, um 1950, gehörte außerhalb der Landwirtschaft immerhin ein Drittel aller amerikanischen Arbeitnehmer einer Gewerkschaft an.

Der *New Deal* richtete sein Augenmerk aber nicht allein auf die Industrie. Die Farmer hatten schon vor der Depression über niedrige Agrarpreise geklagt, und ROOSEVELT wandte sich der Landwirtschaft sogar früher zu als der Industrie: Das Landwirtschaftsanpassungsgesetz wurde bereits im Mai 1933 verabschiedet, also vor dem NIRA. Beiden Gesetzen lag die gleiche Idee zugrunde. Das AAA ermöglichte es der Regierung, die landwirtschaftliche Produktion zu steuern, und die Politiker hofften, durch Produktionsbeschränkungen Preiserhöhungen herbeiführen zu können.

Den Farmern war es willkommen, daß die Regierung die Produktion beschränkte und bei Anbauverzichten Ausgleichszahlungen leistete. Die erforderlichen Mittel wurden über eine Abgabe aufgebracht, die auf den Unterschied zwischen dem ursprünglichen Preis des jeweiligen Produkts und dem aus Anbaubeschränkungen resultierenden Preis zu entrichten war. Die Abgabe diente also der Umverteilung innerhalb der Landwirtschaft: Sie wurde bei Farmern nach Maßgabe ihrer Markterlöse erhoben und an Farmer nach Maßgabe ihres Verzichts auf Vermarktung ausgezahlt. Das Programm hatte das globale Ziel, die Agrarpreise so weit anzuheben, daß 1933 wieder die gleiche Kaufkraft der Landwirtschaft erreicht würde wie vor dem Ersten Weltkrieg. (Sämtliche aktuellen Regelungen wurden

damals an den Bedingungen ausgerichtet, die vor dem Ersten Weltkrieg geherrscht hatten.)
Das AAA kam nur langsam zum Tragen, da die Aussaat für viele Fruchtarten bereits abgeschlossen war, als es verabschiedet wurde. Mit den Baumwollpflanzern vereinbarte die Regierung die Vernichtung von Teilen ihrer Ernte, aber die Ernte fiel zu groß aus, als daß es gelungen wäre, die Preise im gewünschten Maße steigen zu lassen. Ausgleichszahlungen für die Vernichtung von Teilen der Ernte hätten gezahlt werden sollen, ehe die neue Abgabe erhoben wurde, aber das geschah nicht. Die Farmer kamen daher zu dem Schluß, der Regierung sei die Industrie wichtiger als die Landwirtschaft, zumal die NRA Preiserhöhungen für Betriebsmittel der Landwirtschaft gestattete.
Die Unruhe auf dem Lande nahm zu, als der Oberste Gerichtshof Anfang 1935 das AAA für verfassungswidrig erklärte. Wie beim NIRA befand das Gericht, die Bundesregierung habe in Bereiche eingegriffen, die den Einzelstaaten vorbehalten seien. (In den dreißiger Jahren dieses Jahrhunderts war der Föderalismus in der Tat ein wichtiger Aspekt des amerikanischen Staatswesens!) Wie gegenüber der Industrie, so beeilte sich der Kongreß auch beim AAA, zu retten, was zu retten war. Ob nun diese Aufgabe schwieriger oder der Kongreß hier ehrgeiziger war – jedenfalls wurde ein zufriedenstellender Ersatz für das AAA erst im Jahre 1938 verabschiedet. Das neue Gesetz sah die Errichtung von Getreidespeichern zur Vorsorge für Dürrezeiten vor und erlaubte der Regierung die Beeinflussung der Preise über ihre Vorratspolitik. Das Gesetz führte ferner Stützungsprogramme für bestimmte Agrarerzeugnisse sowie diesen Programmen dienende Flächenzuteilungen und Absatzquoten ein.[47]
Alles in allem haben das AAA und seine Nachfolgeprogramme in der Mitte der dreißiger Jahre nicht viel dazu beigetragen, die Depression in der Landwirtschaft zu mildern. Sie schufen aber den Rahmen für Farmstützungsprogramme nach dem Zweiten Weltkrieg. Dem Versuch der Regierung, durch Produktionsbeschränkungen eine Erhöhung der Agrarpreise herbeizuführen, wirkte die schnelle technologische Veränderung in der Landwirtschaft entgegen. Flächenbegrenzungen führten daher zu erhöhten Hektar-Erträgen statt zu kleineren Ernten.

47 Vgl. Van L. Perkins, Crisis in Agriculture: The Agricultural Adjustment Administration and the New Deal, Berkeley 1969; Theodore Saloutos, The American Farmer and the New Deal, Ames 1982.

Der *Zweite New Deal* von 1935 war ROOSEVELTS Antwort auf die Herausforderung durch die anhaltende Arbeitslosigkeit. Ausgehend von den Maßnahmen zur Belebung der Wirtschaft, weitete ROOSEVELT die staatliche Einflußnahme aus, um die Produktion gleichmäßiger zu verteilen. Die Organisierung der Arbeiterschaft unter der Aufsicht der NRA wurde durch das NLRA (WAGNER-Gesetz) und die Schaffung des Tarifpartner-Aufsichtsamtes NLRB institutionalisiert, nachdem die NRA für verfassungswidrig erklärt worden war. Der NLRB war nur eine der vielen Behörden, die eingerichtet wurden, um die Wirtschaft zu überwachen und zu steuern. Besonders stark wurden nun vor allem die Versorgungsunternehmen reglementiert.

Durch Maßnahmen wie die Elektrifizierung der ländlichen Regionen und ein Moratorium für Zwangsvollstreckungen von Farmen kam der Staat der Landbevölkerung entgegen. Das Sozialversicherungsgesetz leitete eine Entwicklung ein, die schließlich dazu führen sollte, daß die öffentliche Hand einen großen Teil der Bevölkerung direkt unterstützte. Da die Befürworter dieses Programms Gesetzentwürfe zur Unterstützung der Armen nicht durchbringen konnten, warfen sie sich auf die Unterstützung älterer Menschen als eine Möglichkeit, *die Nase des sozialistischen Kamels in das politische Zelt zu stecken.*

Die Sozialversicherung breitete sich im Laufe der Jahre auf immer weitere Teile der Bevölkerung aus. Sie wurde in Amerika zu einem wichtigen Instrument für Einkommenstransfers zwischen den Generationen. Obwohl sie nach dem Prinzip privater Versicherungen aufgebaut wurde, erfolgten die Zahlungen aus dem laufenden Steueraufkommen und nicht aus angesammelten individuellen Guthaben. Das kam einem Geschenk an die erste sozialversicherte Generation gleich, also diejenigen, die während der Depression berufstätig waren und kurz nach dem Zweiten Weltkrieg das Rentenalter erreichten.

Auch das moderne amerikanische Arzneimittelrecht entstand in den späten dreißiger Jahren. Eines der letzten Gesetze des *Zweiten New Deal* dehnte die Zuständigkeit der Food and Drug Administration (FDA) zur Überwachung der Nahrungsmittel- und der pharmazeutischen Industrie erheblich aus. Das Gesetz war schwerlich das Ergebnis eines systematischen Planes zur Reformierung des Gesundheitswesens; es wurde überhaupt nur verabschiedet, weil es einen Fall gegeben hatte, der hundert Todesopfer forderte. Nach dem Zweiten Weltkrieg wurden die Arzneimittelbestimmungen zielstrebig erweitert und verschärft, um Verwaltungsakte der FDA an die Stelle von Entscheidungen des freien Marktes zu setzen. Die Unterscheidung zwischen *verschreibungspflichtigen* und *rezeptfreien* Medikamenten spielt heute beim Verkauf von Arzneimitteln eine Hauptrolle, obwohl sie Ende der dreißiger Jahre eigentlich bloß als Zwischenlösung zwischen zum Verkauf zugelassenen Medikamenten und als unsicher gänzlich vom Markt fernzuhaltenden eingeführt worden war.[48]

Eines der Ergebnisse dieser bundesstaatlichen Programme bestand darin, daß sich die regionale Einkommensungleichheit in den Vereinigten Staaten verringerte. Nachdem die regionalen Unterschiede in den Pro-Kopf-Einkommen von 1880 bis 1930 weitgehend unverändert geblieben waren, begannen sie in der Depression abzunehmen, und dieser Trend hielt bis in die Nachkriegszeit hinein an. Einerseits stiegen die Einkommen in den Südstaaten im Verhältnis zum Landesdurchschnitt, andererseits sanken die Einkommen im Nordosten im Verhältnis zum Durchschnitt.[49]

Parallel dazu wurde die Einkommensverteilung insgesamt gleichmäßiger. Die *New-Deal*-Programme, die Komprimierung des Lohn- und Gehaltsgefüges während des Zweiten Weltkrieges und die lebhafte Nachkriegskonjunktur trugen gemeinsam dazu bei, das Extrem der Einkommensungleichheit von 1929 zu verringern. Das zeigt sich in großen Zügen in der Abnahme des GINI-Koeffizienten für Vermögen in Tabelle 1. Als JOHN F. KENNEDY 1960 zum Präsidenten gewählt wurde, sah es schließlich fast so aus, als habe das Land ein Einkommensniveau erreicht, auf dem praktisch jedermann zur Mittelklasse gehörte. Diese Vorstellung hat die achtziger Jahre jedoch nicht überlebt.

48 Vgl. Peter Temin, Taking Your Medicine: Drug Regulation in the United States, Cambridge, Mass. 1980.
49 Vgl. Easterlin, a. a. O.

V. Auswirkungen auf das Wirtschaftswachstum

Die hier behandelten Phänomene stellen nur eine Teilbeschreibung dar. Es gab andere Aktivitäten und Einflüsse, die zusätzlich zu diesen Entwicklungen eine Rolle spielten. Deshalb ist die Frage angebracht, ob die hier analysierten Faktoren ihre Spuren in der Gesamtentwicklung der amerikanischen Wirtschaft hinterlassen haben.

Tabelle 2 enthält von SIMON KUZNETS erhobene Daten über das langfristige Wachstum in einigen größeren Ländern, wobei er eine Einteilung in drei Gruppen vorgenommen hat. Die erste Gruppe bildeten das Vereinigte Königreich und die Niederlande, die im 18. Jahrhundert die reichsten Länder und überhaupt die Ursprungsländer der modernen Handels- und Industriewirtschaft gewesen waren; in den rund 100 Jahren vor 1970 wuchs ihr

Tabelle 2: *Langfristige Wachstumsraten für acht Länder 1855 bis 1965 (durchschnittliche prozentuale Zunahme pro Jahrzehnt)*

Land	Volkseinkommen	Bevölkerung	Pro-Kopf-Einkommen	Betrachteter Zeitraum
Erste Gruppe				
Vereinigtes Königreich	23	8	13	1860–1965
Niederlande	28	13	13	1865–1965
Zweite Gruppe				
Frankreich	21	3	17	1865–1965
Deutschland	31	11	18	1855–1965
USA	39	19	17	1860–1965
Dritte Gruppe				
Italien	31	7	23	1897–1965
Japan	48	12	32	1877–1965
Schweden	37	6	29	1865–1965

Quelle: Simon Kuznets, Economic Growth of Nations: Total Output and Production Structure, Cambridge, Mass. 1971, S. 11–19.

Pro-Kopf-Einkommen um durchschnittlich 13 Prozent pro Jahrzehnt (etwa 1,2 Prozent jährlich). Zur zweiten Gruppe gehören dann drei große *Verfolger*-Länder: Ungeachtet der wohlbekannten und viel diskutierten Unterschiede zwischen Frankreich, Deutschland und den Vereinigten Staaten waren ihre durchschnittlichen Pro-Kopf-Wachstumsraten durchweg höher als die der Länder der ersten Gruppe und zugleich untereinander praktisch identisch. Die dritte Gruppe der jüngeren *Verfolger*-Länder weist ein noch schnelleres Wachstum des Pro-Kopf-Einkommens auf.
Die Vereinigten Staaten fügen sich recht gut in dieses Schema; an ihrem langfristigen wirtschaftlichen Wachstum ist scheinbar wenig Außergewöhnliches. Bei näherem Hinsehen stößt man jedoch auf eine wichtige Einzigartigkeit. Während die Vereinigten Staaten hinsichtlich des langfristigen Wachstums des Pro-Kopf-Einkommens in der Mitte der Länder ihrer Gruppe liegen, bilden sie beim langfristigen Wachstum der Bevölkerung eine Kategorie für sich: In dieser Hinsicht kommt kein anderes Land der amerikanischen Rate auch nur nahe. Die Vereinigten Staaten waren in der Lage, den stärksten Bevölkerungszuwachs zu absorbieren und gleichzeitig beim Pro-Kopf-Einkommen mit den anderen Ländern der gleichen Industrialisierungsphase Schritt zu halten.
Die hohe Rate des Wachstums der Bevölkerung war das Resultat einer starken natürlichen Zunahme und der außerordentlich starken Einwanderung, wobei sich beide Faktoren in etwa gleichem Maße auswirkten. Hätte es nach der Amerikanischen Revolution keine weitere Einwanderung gegeben und wäre gleichzeitig das natürliche Bevölkerungswachstum in den ehemaligen Kolonien ebenso stark gewesen, wie es dann parallel zu den Einwanderungswellen tatsächlich war, dann hätte Amerika im Jahre 1920 – als die große Zeit der Einwanderung mehr oder weniger zu Ende ging – nur halb so viele Einwohner gezählt wie in Wirklichkeit.[50]
Die Bedeutung, die diese Studie der Einwanderung beimißt, ist also nicht unangebracht. Die besondere Qualität des Wachstums der amerikanischen Wirtschaft lag eben darin, daß es dem Land gleichzeitig gelang, die enorme Einwanderung zu absorbieren und ein schnelles Einkommenswachstum hervorzubringen.

50 Vgl. Lance E. Davis und andere, American Economic Growth, New York 1972, S. 126.

William Baumol vertritt die Ansicht, daß die Pro-Kopf-Einkommen der einzelnen Länder auf ein gemeinsames Niveau hin konvergieren und ihre Wachstumsraten in dem Jahrhundert vor 1979 in einem umgekehrt proportionalen Verhältnis zu ihren Pro-Kopf-Einkommen von 1870 stehen. Wenn das zutrifft, dann wird kein Land beim Wachstum eine einzigartige Struktur zeigen. Aber seine These ist nicht aufrechtzuerhalten. Baumol betrachtete eine Auswahl von 16 Ländern in der gleichen Weise wie Angus Maddison, der in vielen Beziehungen zu den gleichen Ergebnissen gelangte wie Kuznets. Hier liegen zwei Probleme. Erstens führten Unterschätzungen der früheren Einkommen zu einer Überhöhung der auf dieser Basis geschätzten Wachstumsraten, so daß es zu einer negativen Korrelation zwischen ursprünglichen Einkommen und Wachstum kam (was Fehler in den Variablen widerspiegelt, aber nicht den tatsächlichen Verlauf). So könnte Japan in Tabelle 2 allein deshalb als das Land mit dem raschesten Wachstum erscheinen, weil wir sein Einkommen im Zeitpunkt der Meiji-Reform unterschätzt haben. Zweitens umfaßt Maddisons Auswahl nur solche Länder, bei denen es tatsächlich zu einer Industrialisierung gekommen ist. Wählt man die Länder anhand ihrer typischen Merkmale im Jahre 1870 – und nicht 1979 – aus, dann verschwindet die Tendenz zur Konvergenz der Pro-Kopf-Einkommen.[51]

Nichtsdestoweniger sind die Faktoren, die wir hier als Teil einer beispiellosen amerikanischen Entwicklung identifiziert haben, weitgehend Geschichte. Freien Boden gibt es seit langem nicht mehr; das Amerika des 20. Jahrhunderts ist voll besiedelt, und obwohl die *modernen Wirtschaftsunternehmen,* die auf diesem fruchtbaren Boden entstanden sind, wirtschaftlich noch dominieren, scheint doch manches dafür zu sprechen, daß sie im Begriff sind, sich zu überleben. Wirtschaftswachstum kann heutzutage durch andere Organisationsformen leichter generiert werden: Flexible Spezialisierung und Matrix-Management sind als Inbegriffe der modernen Unternehmensorganisation an die Stelle der Management-Hierarchien getreten.[52]

51 Vgl. William J. Baumol, Productivity Growth, Convergence, and Welfare: What the Long-Run Data Show, in: American Economic Review, Vol. 76 (1986), S. 1072–1085; Angus Maddison, Phases of Capitalist Development, New York 1982; Susan B. Hanley, A High Standard of Living in Nineteenth-Century Japan: Fact or Fiction?, in: Journal of Economic History, Nr. 43 (1983), S. 183–192; J. Bradford De Long, Productivity Growth, Convergence, and Welfare: Comment, in: American Economic Review, Vol. 78 (1988), S. 1138–1154.

52 Vgl. Michael J. Piore und Charles F. Sabel, The Second Industrial Divide: Possibilities for Prosperity, New York 1984.

Die Sklaverei gibt es natürlich schon lange nicht mehr, aber die sozialen Probleme, die mit der Rassenintegration einhergehen, bestehen nach wie vor. Dabei handelt es sich jedoch nicht mehr um spezifische Probleme der Südstaaten. Der Süden ist in die Gesamtwirtschaft integriert worden. Wirtschaftliche Probleme und Erfolge betreffen inzwischen gleichermaßen jeweils das gesamte Land; die starke regionale Differenzierung, die für das Amerika des 19. Jahrhunderts so charakteristisch war, ist wirtschaftlich nicht mehr von Bedeutung.[53]

Der Föderalismus, obschon immer noch sehr lebendig, scheint in seinen wirtschaftlichen Auswirkungen eine immer geringere Rolle zu spielen. Staatsaufsicht und Wirtschaftsförderung gehen heute in erster Linie von Washington aus. Trotz der vielen schönen Worte über die Unabhängigkeit der Einzelstaaten sind diese weniger unabhängig von Washington und auch im Verhältnis zu den großen Unternehmen schwächer als je zuvor. Es wäre schwerlich wahr, zu behaupten, die Einzelstaaten spielten keine Rolle, aber die Gestaltung der Wirtschaftspolitik steht heute einfach weniger im Zeichen des Föderalismus als früher. Die regionale Divergenz, die in der frühen Wirtschaftsgeschichte der Vereinigten Staaten so augenfällig war, ist wirtschaftlicher Konvergenz gewichen.

Das gilt jedoch nicht für die individuelle Einkommensverteilung. Sie wurde während der Depression, des Zweiten Weltkrieges und der Nachkriegsexpansion gleichmäßiger. Aber als das gesamtwirtschaftliche Wachstum nach 1973 nachließ, trat neben die regionale Konvergenz der Einkommen eine Divergenz der Entwicklung der individuellen Einkommen und Vermögen. Mit dem Boom der achtziger Jahre ging ein drastischer Anstieg des Anteils der Allerreichsten am Volkseinkommen einher.

Hier finden offenbar zwei Entwicklungen gleichzeitig statt. Im Zuge dieser äußerst dramatischen Veränderung flossen während der langen wirtschaftlichen Expansion in den achtziger Jahren annähernd zwei Drittel der Realeinkommenszuwächse den Allerreichsten der Gesellschaft zu, dem obersten 1 Prozent. Ihr Anteil am Volkseinkommen stieg von 7 auf 12 Prozent. (Ihr Anteil am Vermögen – der Ungleichheitskoeffizient in Tabelle 1 – stieg ebenfalls, aber wir wissen noch nicht, wie stark.) Diese

53 Vgl. Gavin Wright, Old South, New South: Revolutions in the Southern Economy Since the Civil War, New York 1986.

außergewöhnliche Asymmetrie scheint das Ergebnis von Steuerermäßigungen für die Allerreichsten und während der REAGAN-Ära eingetretenen großen Zuwächsen im Wert von Finanzanlagen zu sein. Außerdem drifteten Löhne und Gehälter im Laufe der achtziger Jahre auseinander. Beschäftigte mit College-Ausbildung kamen in den Genuß einer leichten realen Erhöhung ihrer Bezüge, während Arbeiter mit geringerer Schulbildung sogar eine Abnahme hinnehmen mußten. Diese Parallelentwicklung ist auf die große Bedeutung zurückgeführt worden, die Automation und Information am Ende des 20. Jahrhunderts gewonnen haben.[54] Es bleibt abzuwarten, ob der eine oder der andere dieser beiden Trends anhält – oder alle beide – oder ob vielmehr am Ende der REAGAN-Jahre lediglich eine temporäre Spitze der Einkommensungleichheit zu verzeichnen gewesen ist.

54 Vgl. Paul Krugman, The Right, the Rich, and the Facts: Deconstructing the Income Distribution Debate, in: The American Prospect, Fall 1992; David M. Cutler und Lawrence F. Katz, Macroeconomic Performance and the Disadvantaged, in: Brookings Papers on Economic Activity, Nr. 2 (1991), S. 1–74; Frank Levy und Richard J. Murname, U. S. Earnings Levels and Earnings Inequality: A Review of Recent Trends and Proposed Explanations, in: Journal of Economic Literature, Nr. 30 (1992), S. 1333–1381.

Summary

The American economic experience has been shaped by the interaction of two characteristics of the American economy: first, the abundance of rich American farmland in favorable climates and close to English markets; the second influence comes from the federal system of American government.
The result of these characteristics was economic progress unequalled among industrial countries. The standard of living in the United States grew rapidly from an initially high level at the same time as the population increased dramatically. Regional diversity and conflict in the federal system led regional incomes to first diverge and then converge. The development of the economy and economic policies led the distribution of income in the country as a whole to first diverge and then converge as well. The peak regional diversity came around 1880; the maximum income inequality, fifty years later, around 1930.
Incomes became distributed more equally during the Depression, the Second World War, and the postwar expansion. But as the aggregate rate of economic growth slowed down after 1973, the regional convergence of incomes has been opposed by income and wealth divergence among individuals. Only time will tell if this trend will continue or if we have reached merely another local peak of income inequality at the end of the REAGAN years.

Literaturverzeichnis

Bailyn, Bernard, The Ideological Origins of the American Revolution, Cambridge, Mass. 1967.
Baumol, William J., Productivity Growth, Convergence, and Welfare: What the Long-Run Data Show, in: American Economic Review, Vol. 76 (1986).
Bhagwati, Jagdish N., und andere (Hrsg.), Trade, Balance of Payments and Growth: Papers in International Economics in Honour of Charles P. Kindleberger, Amsterdam 1971.
Bils, Mark, Tariff Protection and Production in the Early U. S. Cotton Textile Industry, in: Journal of Economic History, Nr. 44 (1984).
Blanchard, Olivier J., und Lawrence H. Summers, Hysteresis and the European Unemployment Problem, in: Stanley Fischer (Hrsg.), National Bureau of Economic Research (NBER) Macroeconomics Annual 1986, Cambridge, Mass. 1986.

Calomiris, Charles W., The Costs of Rejecting Universal Banking: American Finance in the German Mirror 1870–1914, in: Naomi R. Lamoreaux und Daniel Raff (Hrsg.), Coordination and Information: Historical Perspectives on the Organization of Enterprise, Chicago 1993.
Chandler Jr., Alfred D., The Visible Hand: The Managerial Revolution in American Business, Cambridge, Mass. 1977.
Cleveland, Harold B. van, und Thomas Huertas, Citibank 1812–1970, Cambridge, Mass. 1985.
Cutler, David M., und Lawrence F. Katz, Macroeconomic Performance and the Disadvantaged, in: Brookings Papers on Economic Activity, Nr. 2 (1991).

David, Paul A., und andere, Reckoning with Slavery, New York 1976.
David, Paul A., und Peter Temin, Explaining the Relative Efficiency of Slave Agriculture in the Antebellum South: Comment, in: American Economic Review, Vol. 69 (1979).
Davis, Lance E., und andere, American Economic Growth, New York 1972.
DeCanio, Stephen J., Agriculture in the Postbellum South: The Economics of Production and Supply, Cambridge, Mass. 1974.
Domar, Evsey D., The Causes of Slavery or Serfdom: A Hypothesis, in: Journal of Economic History, Nr. 30 (1970).

Easterlin, Richard A., Regional Income Trends 1840–1950, in: Seymour E. Harris (Hrsg.), American Economic History, New York 1961.

Fenoaltea, Stefano, Slavery and Supervision in Comparative Perspective, in: Journal of Economic History, Nr. 44 (1984).
Field, Alexander, Sectoral Shifts in Antebellum Massachusetts: A Reconsideration, in: Explorations in Economic History, Nr. 15 (1978).

Fischer, Stanley (Hrsg.), National Bureau of Economic Research (NBER) Macroeconomics Annual 1986, Cambridge, Mass. 1986.
Fogel, Robert W., und Stanley L. Engerman, Time on the Cross: The Economics of American Negro Slavery, Boston 1974.
Fogelson, Robert M., America's Armories, Cambridge, Mass. 1989.
Friends of Domestic Industry, Reports of the Committees of the Friends of Domestic Industry, Assembled at New York, October 1831, New York 1831.

Galenson, David, The Rise and Fall of Indentured Servitude in the Americas: An Economic Analysis, in: Journal of Economic History, Nr. 44 (1984).
Gallman, Robert E., und John J. Wallis (Hrsg.), American Economic Growth and Standards of Living Before the Civil War, Chicago 1992.
Gerschenkron, Alexander, Bread and Democracy in Germany, Berkeley 1943.
Goldin, Claudia G., und Frank D. Lewis, The Economic Cost of the American Civil War: Estimates and Implications, in: Journal of Economic History, Nr. 35 (1975).
Goldin, Claudia G., und Kenneth Sokoloff, The Relative Productivity Hypothesis of Industrialization: The American Case 1820–1850, in: Quarterly Journal of Economics, Nr. 99 (1984).
Gourevitch, Peter A., International Trade, Domestic Coalitions, and Liberty: Comparative Responses to the Crisis of 1873–96, in: Journal of Interdisciplinary History, Nr. 8 (1977).
Great Britain, Report of the Committee on Machinery of the United States of America, in: Parliamentary Papers, Nr. 50, 1854–55.

Habakkuk, Hrotgar John, American and British Technology in the Nineteenth Century: The Search for Labour-Saving Inventions, Cambridge 1962.
Handlin, Oscar und Mary F., Commonwealth. A Study of the Role of Government in the American Economy: Massachusetts 1774–1861, New York 1947.
Handlin, Oscar und Mary F., Origins of the Southern Labor System, in: William and Mary Quarterly, Third Series, Nr. 7 (1950).
Hanley, Susan B., A High Standard of Living in Nineteenth-Century Japan: Fact or Fiction?, in: Journal of Economic History, Nr. 43 (1983).
Harley, C. Knick, International Competitiveness of the Antebellum American Cotton Textile Industry, in: Journal of Economic History, Nr. 52 (1992).
Harris, Seymour E. (Hrsg.), American Economic History, New York 1961.
Hartz, Louis, Economic Policy and Democratic Thought: Pennsylvania 1776–1860, Cambridge, Mass. 1948.
Horwitz, Morton J., The Transformation of American Law 1780–1860, Cambridge, Mass. 1977.
Huertas, Thomas F., An Economic Brief Against Glass-Steagall, in: Journal of Banking Research, Nr. 15 (1984).

Jacoby, Sanford M., American Exceptionalism Revisited: The Importance of Management, in: Sanford M. Jacoby (Hrsg.), Masters to Managers: Historical and Comparative Perspectives on American Employers, New York 1991.

Jones, Ronald W., A Three-Factor Model in Theory, Trade and History, in: Jagdish N. Bhagwati und andere (Hrsg.), Trade, Balance of Payments and Growth: Papers in International Economics in Honour of Charles P. Kindleberger, Amsterdam 1971.

Krugman, Paul, The Right, the Rich, and the Facts: Deconstructing the Income Distribution Debate, in: The American Prospect, Fall 1992.

Lamoreaux, Naomi R., Banks, Kinship, and Economic Development: The New England Case, in: Journal of Economic History, Nr. 46 (1986).

Lamoreaux, Naomi R., und Daniel Raff (Hrsg.), Coordination and Information: Historical Perspectives on the Organization of Enterprise, Chicago 1993.

Levy, Frank, und Richard J. Murname, U. S. Earnings Levels and Earnings Inequality: A Review of Recent Trends and Proposed Explanations, in: Journal of Economic Literature, Nr. 30 (1992).

Long, J. Bradford De, Productivity Growth, Convergence, and Welfare: Comment, in: American Economic Review, Vol. 78 (1988).

Long, J. Bradford De, Did Morgan's Men Add Value? An Economist's Perspective on Financial Capitalism, in: Peter Temin (Hrsg.), Inside the Business Enterprise: Historical Perspectives on the Use of Information, Chicago 1991.

Maddison, Angus, Phases of Capitalist Development, New York 1982.

Margo, Robert A., Wages and Prices during the Antebellum Period: A Survey and New Evidence, in: Robert E. Gallman und John J. Wallis (Hrsg.), American Economic Growth and Standards of Living Before the Civil War, Chicago 1992.

McCurdy, C. W., The Knight Sugar Decision of 1895 and the Modernization of American Corporate Law 1869–1903, in: Business History Review, Nr. 53 (1979).

Nasar, Sylvia, However You Slice the Data, the Richest Did Get Richer, in: The New York Times vom 11. Mai 1992.

Olney, Martha L., Buy Now, Pay Later: Advertising, Credit, and Consumer Durables in the 1920s, Chapel Hill 1991.

Perkins, Van L., Crisis in Agriculture: The Agricultural Adjustment Administration and the New Deal, Berkeley 1969.

Piore, Michael J., und Charles F. Sabel, The Second Industrial Divide: Possibilities for Prosperity, New York 1984.

Ransom, Roger L., und Richard Sutch, One Kind of Freedom: The Economic Consequences of Emancipation, New York 1977.

Roe, Joseph W., English and American Tool Builders, New Haven 1916.

Saloutos, Theodore, The American Farmer and the New Deal, Ames 1982.

Smith, James P., Race and Human Capital, in: American Economic Review, Vol. 74 (1984).

Soltow, Lee, Inequalities in the Standard of Living in the United States 1798–1875, in: Robert E. Gallman und John J. Wallis (Hrsg.), American Economic Growth and Standards of Living Before the Civil War, Chicago 1992.
Stampp, Kenneth M., The Peculiar Institution: Slavery in the Ante-Bellum South, New York 1956.

Temin, Peter, Labor Scarcity and the Problem of American Industrial Efficiency in the 1850s, in: Journal of Economic History, Nr. 26 (1966).
Temin, Peter, Labor Scarcity in America, in: Journal of Interdisciplinary History, Nr. 1 (1971).
Temin, Peter, Did Monetary Forces Cause the Great Depression?, New York 1976.
Temin, Peter, The Post-Bellum Recovery of the South and the Cost of the Civil War, in: Journal of Economic History, Nr. 36 (1976).
Temin, Peter, Freedom and Coercion: Notes on the Analysis of Debt Peonage in One Kind of Freedom, in: Explorations in Economic History, Nr. 16 (1979).
Temin, Peter, Taking Your Medicine: Drug Regulation in the United States, Cambridge, Mass. 1980.
Temin, Peter, The Fall of the Bell System, New York 1987.
Temin, Peter, Product Quality and Vertical Integration in the Early Cotton Textile Industry, in: Journal of Economic History, Nr. 48 (1988).
Temin, Peter (Hrsg.), Inside the Business Enterprise: Historical Perspectives on the Use of Information, Chicago 1991.

White, Eugene N., Before the Glass-Steagall Act: An Analysis of the Investment Banking Activities of National Banks, in: Explorations in Economic History, Nr. 23 (1986).
White, Lawrence J., The S&L Debacle, New York 1991.
Wigmore, Barrie, Was the Bank Holiday of 1933 Caused by a Run on the Dollar?, in: Journal of Economic History, Nr. 47 (1987).
Williamson, Jeffrey G., und Peter H. Lindert, American Inequality: A Macroeconomic History, New York 1980.
Wood, Gordon S., The Creation of the American Republic 1776–1787, Chapel Hill 1969.
Wright, Gavin, The Political Economy of the Cotton South: Households, Markets, and Wealth in the Nineteenth Century, New York 1978.
Wright, Gavin, Old South, New South: Revolutions in the Southern Economy Since the Civil War, New York 1986.

Albert Fishlow

Professor an der University of California at Berkeley

Rückstand nicht aufgeholt: Lateinamerika im 20. Jahrhundert

Inhaltsverzeichnis

Einleitung

Lateinamerika ist, obwohl seine einzelnen nationalen Bestandteile geographisch dicht beieinander liegen, eine erstaunlich heterogene Region. Die Einwohnerzahl seiner mehr als 30 Staaten reicht von weniger als 100 000 auf dem karibischen Dominica bis zu über 150 Millionen in Brasilien, das Pro-Kopf-Einkommen von mehr als 10 000 Dollar im Jahr auf den Bahamas bis zu weniger als 400 Dollar auf Haiti. Und die Wachstumserfahrungen Lateinamerikas seit Beginn des 20. Jahrhunderts weisen selbst für die wichtigsten Länder erstaunlich große Unterschiede auf: Pro Kopf ausgedrückt, bewegen sich die durchschnittlichen jährlichen Wachstumsraten für den Zeitraum von 1900 bis 1989 zwischen 0,9 Prozent in Argentinien und sehr viel höheren 2,8 Prozent in Brasilien (siehe Tabelle 1).

Vor allem aber stellt die Entwicklung Lateinamerikas eine deutliche Ausnahme von der Regel der Konvergenz dar, die bei einer ganzen Reihe wirtschaftlich zunächst rückständiger Nationen zu beobachten ist. Sieht man einmal von Brasilien ab, so ist die lateinamerikanische Wirtschaftsleistung im 20. Jahrhundert durch eine Vergrößerung des Rückstands gegenüber den Vereinigten Staaten und den Ländern Europas gekennzeichnet. Trotz

Tabelle 1: *BIP pro Kopf in ausgewählten Ländern 1900 bis 1989 (durchschnittliche jährliche Wachstumsraten)*

	1900–1913	1913–1929	1929–1950	1950–1973	1973–1980	1980–1989	1900–1989
Argentinien	2,5	0,9	0,6	1,9	0,6	−2,5	0,9
Brasilien	2,3	2,5	2,6	3,9	4,6	0,0	2,8
Chile	2,4	1,6	0,6	1,2	1,8	1,2	1,3
Kolumbien	2,1	2,1	1,6	2,2	2,6	1,2	1,9
Mexiko	1,8	0,1	1,5	3,2	3,6	−1,0	1,6
Venezuela	0,4	2,3	3,2	2,6	0,6	−2,4	1,7
Durchschnitt	1,9	1,6	1,7	2,5	2,3	−0,6	1,7

Quelle: Adam Szirmai, Bart van Ark und Dirk Pilat (Hrsg.), Explaining Economic Growth. Essays in Honour of Angus Maddison, Amsterdam-London und andere 1993, S. 201 und S. 244 f.

der Einfuhr von Technologie und Kapital fand die für *Aufhol-Staaten* wie Deutschland und Japan charakteristische schnelle Expansion niemals statt. Vielmehr waren die Pro-Kopf-Einkommen, gemessen an den US-amerikanischen, im lateinamerikanischen Durchschnitt 1989 niedriger als im Jahre 1900 (siehe Tabelle 2).

Tabelle 2: *BIP pro Kopf in ausgewählten Ländern 1900 bis 1989 (USA = 100)*

	1900	1913	1929	1950	1973	1980	1989
Argentinien	44	47	41	35	32	31	21
Brasilien	10	10	12	15	22	28	23
Chile	39	41	41	34	27	28	26
Kolumbien	18	18	19	19	19	22	20
Mexiko	35	34	27	27	34	40	30
Venezuela	29	24	26	37	41	40	26
Durchschnitt	29	29	28	28	29	32	24

Quelle: Adam Szirmai, Bart van Ark und Dirk Pilat (Hrsg.), Explaining Economic Growth. Essays in Honour of Angus Maddison, Amsterdam-London und andere 1993, S. 201 und S. 244 f.

Dieses Ergebnis ist allerdings teilweise auf die wirtschaftliche Katastrophe in den achtziger Jahren zurückzuführen, die für praktisch alle Länder der Region mehr als ein verlorenes Jahrzehnt war: Die Pro-Kopf-Einkommen gingen real zurück – die Entwicklung war damit noch ungünstiger als während der Weltwirtschaftskrise. Aber selbst im Spitzenjahr 1980 erreichte das Bruttoinlandsprodukt (BIP) pro Kopf nur 32 Prozent des Niveaus der Vereinigten Staaten gegenüber 29 Prozent im Jahre 1900. Und obendrein ist die Einkommensverteilung nach wie vor sehr viel ungleicher als in anderen Teilen der Welt. Lateinamerika ist nach praktisch 200 Jahren politischer Unabhängigkeit immer noch eine Region auf der Suche nach ihrer Zukunft. Das liegt letztlich allem zugrunde, was im folgenden auszuführen sein wird. Dabei zeigten die letzten 100 Jahre einen recht wechselhaften Verlauf. Die lateinamerikanische Wirtschaft folgt nicht nur der konjunkturbedingten Entwicklung der Weltwirtschaft als ganzer, sondern weist auch besondere Merkmale auf, die mit den politischen Bemühungen um Industrialisierung und Wachstum zusammenhängen. Ich unterscheide in meiner Abhandlung fünf Zeitabschnitte:

Der erste Abschnitt reicht vom Ende des 19. Jahrhunderts bis zum Beginn der Weltwirtschaftskrise. Es besteht weiterhin Abhängigkeit von Rohstoffexporten, aber es werden erste Industrialisierungs-Anstrengungen unternommen. Ausländische Investitionen spielen in der ersten Hälfte dieser Zeit eine anhaltend wichtige Rolle, und die Region expandiert sehr viel schneller als Europa. Nach 1914 verlangsamen die Auswirkungen des Ersten Weltkrieges und der Revolution in Mexiko das Wachstum Lateinamerikas.

Ein zweiter Abschnitt umfaßt die Zeit von 1929 bis 1950. Das sind die Jahre der Weltwirtschaftskrise, des Zweiten Weltkrieges und der Erholung von seinen Einflüssen. In diesen Jahren vollzogen sich bedeutende Differenzierungen, die weiter anhalten sollten: Diejenigen Länder, die zuvor – gemessen am Pro-Kopf-Einkommen – führend gewesen waren, nämlich Argentinien und Chile, reagierten auf die Krise nicht so wirkungsvoll wie einige andere Länder, zum Beispiel Brasilien und Kolumbien. Diese Länder hatten sich bereits einer Variante der Einfuhrsubstitution zugewandt, noch bevor RAUL PREBISCH sie zu einer Theorie erhob, und waren hierbei relativ erfolgreich.

Der dritte Abschnitt – von 1950 bis 1980 – ist durch das relativ höchste Wachstum in der Region gekennzeichnet; es ist der einzige Zeitabschnitt, in dem sich der große Rückstand gegenüber den Vereinigten Staaten verringert, doch auch diese Periode verlief alles andere als gleichförmig. Drei Merkmale stehen dabei im Vordergrund. Zunächst einmal verließ man sich auf die Einfuhrsubstitution, auf die in einer Welt, in der der internationale Handel außerordentlich rasch zunahm, irrigerweise großer Wert gelegt wurde. Unter den gegebenen Umständen konnte diese Strategie nicht erfolgreich sein, und Mitte der sechziger Jahre begann sich eine neue Phase schnelleren Exportwachstums abzuzeichnen. Diese zweite Phase wurde aber bald – infolge der Ölkrise Ende 1973 – von einer dritten abgelöst, nämlich einer Zeit schuldenfinanzierten Wachstums, da außenwirtschaftliche Ungleichgewichte anfänglich problemlos zu real negativen Zinssätzen behoben werden konnten.

Leider blieb das nicht so. Nach 1980 und einem zweiten jähen Ölpreissprung kam es in einem vierten Abschnitt der Entwicklung zu einem schnellen Anstieg der Zinsen und einer weltweiten Rezession. Im Gegensatz zu 1974, als die Industrieländer eine schnelle Geldentwertung hinnahmen, war das 1979 und danach nicht mehr der Fall. Kurz danach kam es 1982 zum offenen Ausbruch der Schuldenkrise. Mexiko war als erstes Land von ihr betroffen, doch alle übrigen Staaten folgten wenig später. Anders als in den dreißiger Jahren sank die Produktion in der Region in den achtziger Jahren erheblich, was neue Anpassungen erforderlich machte. Erst Ende der achtziger Jahre kam, und auch dann noch nicht für sämtliche Länder der Region, *Licht am Ende des Tunnels* in Sicht. Der wichtigste Faktor in diesem Zusammenhang war der notwendige Rückgang des Defizits in den Staatshaushalten.

Jetzt, Mitte der neunziger Jahre, sieht man einem weiteren, noch in der Entwicklung begriffenen Teil der Geschichte entgegen. Lateinamerika hat sich einem neuen marktwirtschaftlichen Modell verschrieben, das sich wieder an der Teilnahme am Weltmarkt und an ausländischen Investitionen orientiert. Kurioserweise sind auch die Auswirkungen der mittel- und osteuropäischen Umwälzungen von 1989, um den halben Erdball herum, in Lateinamerika spürbar geworden. Es bleibt abzuwarten, welche Folgen diese neue Strategie haben wird. Sie hat bereits zu einem deutlichen Rückgang der Inflationsraten praktisch in der gesamten Region geführt, worauf vor kurzem der Brasilianische Plan folgte, der am 1. Juli 1994 in Kraft trat. Argentinien und Chile haben in dieser Situation erneut die wirtschaftliche Führung übernommen. Für Mexiko gab es auch die Errichtung der Nordamerikanischen Freihandelszone (NAFTA), deren positive Aussichten zu einem beachtlichen Zustrom ausländischen Kapitals geführt haben. Aber trotz der allgemeinen Anerkennung, mit der diese Entwicklungen aufgenommen wurden, bleibt eine wichtige Forderung weiter bestehen: Die Ungleichheit der Einkommensverteilung muß angegangen werden. Mit einer Verbesserung des Lebensstandards in den neunziger Jahren und der Zeit danach muß eine Verbesserung der Lage der Ärmsten einhergehen. Geschieht das nicht, so werden sich die tiefgreifenden Veränderungen in der Wirtschaftsstrategie der letzten zehn Jahre als ein vorübergehendes Phänomen erweisen und nicht als eine dauerhafte Reform.

Ich konzentriere mich in den nun folgenden Ausführungen auf die Erfahrungen von nur vier Ländern, nämlich Argentinien, Brasilien, Kolumbien und Mexiko. Es handelt sich hierbei mittlerweile um die größten Volkswirtschaften der Region, auf die gegenwärtig 75 Prozent des Einkommens von ganz Lateinamerika entfallen; in der Vergangenheit war dieser Prozentsatz etwas niedriger. Diese Länder liefern mit ihrer unterschiedlichen wirtschaftlichen Entwicklung, insbesondere in den Anfangsjahren, hinlängliche Beispiele für die unterschiedlichen Bahnen, in denen die Entwicklung in dieser Region verlaufen ist.

I. Einbindung in die Weltwirtschaft: Die Zeit vor der Weltwirtschaftskrise

Die Wirtschaft Argentiniens entwickelte sich bis zum Ersten Weltkrieg außerordentlich schnell; danach wurde das Wachstum in erster Linie durch den Krieg selbst, der die Export- und die Import-Möglichkeiten in den Jahren 1913 bis 1917 einschränkte, gebremst. In den ersten zehn Jahren des 20. Jahrhunderts stiegen die Ausfuhren jährlich um real mehr als 4 Prozent; die Bevölkerung wuchs wieder und erholte sich von der Wirtschaftskrise der neunziger Jahre des 19. Jahrhunderts.[1] Wie aus Tabelle 2 hervorgeht, wurde ein Einkommensniveau erreicht, das praktisch der Hälfte des US-amerikanischen im Jahre 1913 entsprach, und selbst das verminderte Wachstum, das mit der Störung der Exportmärkte infolge des Krieges einsetzte, führte zu einem Pro-Kopf-Einkommen in der Größenordnung von mehr als 40 Prozent des US-amerikanischen im Jahre 1929. Die Außenwelt bot nicht nur einen bedeutenden Absatzmarkt für die Haupterzeugnisse Argentiniens – Getreide und Fleisch –, sondern lieferte auch, insbesondere vor 1914, das ausländische Kapital, das fast die Hälfte der bedeutenden Gesamtinvestitionen im Zeitraum von 1901 bis 1915 bestritt.[2]
Die unbestreitbare und augenfällige Verlangsamung des Wachstums von 1914 bis 1929 ist eine Tatsache, die aber, wie Carlos Diaz Alejandro als erster in die Debatte warf, gern überbetont wird. Natürlich verliefen die Kriegsjahre negativ. Aber danach verzeichneten die Exporte ebenso wie das Bruttoinlandsprodukt einen raschen Anstieg. In der Tat scheint Argentinien damals – gemessen an den vergleichbaren Volkswirtschaften Australiens und Kanadas – etwas besser abgeschnitten zu haben. Dennoch ist, wie Alan Taylor jüngst dargelegt hat, die höhere außenwirtschaftliche Abhängigkeit Argentiniens der wesentliche Grund für das niedrigere Sparaufkommen, das nach dem Ersten Weltkrieg, als ausländisches Kapital

1 Vgl. Carlos Diaz Alejandro, Essays on the Economic History of the Argentine Republic, New Haven 1970, S. 3 und S. 421.
2 Vgl. Diaz Alejandro, Essays . . ., a. a. O., S. 31.

nicht länger zur Verfügung stand, zu einem ungünstigeren wirtschaftlichen Ergebnis führte.[3]

In ähnlicher Weise begann die moderne wirtschaftliche Entwicklung Kolumbiens mit dem Einsetzen des Kaffee-Aufschwungs im 20. Jahrhundert. Nach den Wirren des Tausend-Tage-Krieges um die Jahrhundertwende unterstützte das schnelle und anhaltende Wachstum des Kaffee-Exports stetiges Wirtschaftswachstum bis 1929. Das Exportvolumen Kolumbiens stieg von 1905 bis 1929 jährlich um durchschnittlich 7,4 Prozent; die Ausweitung der Kaffee-Produktion war die treibende Kraft hinter dieser Entwicklung und führte zu einer Erhöhung des Kaffee-Anteils an den Gesamtdevisenerlösen. Das Importvolumen nahm von 1913 bis 1929, unterstützt durch den Kapitalzustrom in den zwanziger Jahren, der für Investitionen in die Infrastruktur sorgte, sogar schneller zu als die Exporte. Die Folgen dieser Orientierung nach außen waren recht positiv; die Zahlen für das Bruttoinlandsprodukt zeigen ein Wirtschaftswachstum von jährlich 4,4 Prozent zwischen 1900 und 1929.[4]

Der Gegensatz zwischen diesen beiden Ländern und der gleichzeitigen Entwicklung in Brasilien könnte nicht deutlicher sein. Das Exportvolumen Brasiliens verzeichnete zwischen 1905 und 1929 nur ein schwaches Wachstum von jährlich rund 2 Prozent; auf der Importseite reichten die Erlöse aus günstigen Kaffee-Preisen und ausländische Investitionen auch nur für eine Wachstumsrate von 3 Prozent. Brasilien hatte somit bereits vor der Weltwirtschaftskrise begonnen, von einem einfachen Modell exportgestützten Wirtschaftswachstums abzuweichen. Zu Beginn des 20. Jahrhunderts waren trotz eines – wie Tabelle 2 zeigt – relativ niedrigen Einkommensniveaus die Inlandsnachfrage und die inländische Produktion bereits wichtige Wachstumsfaktoren. Zu einem ersten Industrialisierungsschub kam es in den neunziger Jahren des 19. Jahrhunderts; er wurde durch hohe Schutzzölle abgesichert, selbst als vor dem Ersten Weltkrieg eine neue Welle ausländischen Kapitals in das Land strömte.[5]

3 Vgl. Alan Taylor, External Dependence, Demographic Burdens and Argentine Economic Decline After the Belle Epoque, in: Journal of Economic History, Nr. 52 (1992), S. 907–936.

4 Vgl. José Antonio Ocampo und Santiago Montenegro, Crisis Mundial, Proteccion e Industrializacion, Bogotá 1984.

5 Vgl. Instituto Brasileiro de Geografia e Estatistica (IBGE), Estatisticas Historicas do Brasil, Bd. 3, Rio de Janeiro 1987; Albert Fishlow, Origins and Consequences of Import Substitution in Brazil, in: Luis Di Marco (Hrsg.), International Economics and Development, New York 1972.

Der Krieg selbst hatte keine gleichgerichteten Auswirkungen: Das geringere Importangebot erzeugte eine Nachfrage nach inländischen Substitutionsprodukten, wirkte sich aber auch nachteilig auf die Produktion aus; alles in allem war die künstliche Knappheit für die brasilianische Industrie eher vorteilhaft. Außerdem verbesserte sich die Zahlungsbilanz Brasiliens leicht, da der starke Anstieg des Preisniveaus in den Kriegsjahren die Last des Schuldendienstes verringerte. Danach verlangsamte sich das industrielle Wachstum in den zwanziger Jahren unter dem Eindruck einer Kreditverknappung und billigerer Einfuhren.

Mexiko zeigt in den ersten zehn Jahren des 20. Jahrhunderts sehr viel mehr Ähnlichkeit mit Argentinien und Kolumbien als mit Brasilien. Damals endete das *Porfiriato*,[6] eine Zeit der Orientierung nach außen, die durch ein schnelles Wachstum der Exporte und durch ausländische Investitionen ausgelöst worden war. Hier stand der Export von Erzen im Vordergrund, wobei 1909/10 auf Gold und Silber 44 Prozent der Gesamtexporte entfielen. Aber die Beschleunigung des Wachstums unter PORFIRIO DIAZ brachte der Bevölkerung wenig; der Großteil der mexikanischen Gesellschaft hatte keinen Anteil an diesem Aufschwung. Das führte zu Revolution und Bürgerkrieg, wodurch die wirtschaftliche Entwicklung jäh gebremst wurde. Von 1900 bis 1913 betrug das Pro-Kopf-Wachstum – wie in Tabelle 1 ausgewiesen – 1,8 Prozent; von 1913 bis 1929 erreichte diese Rate infolge des Abschwungs in der ersten dieser beiden Dekaden, auf den nach 1920 ein Aufschwung folgte, nur noch zu vernachlässigende 0,1 Prozent. Dennoch gab es vor der Weltwirtschaftskrise in Mexiko kaum grundlegende Reformen oder Industrialisierung.[7]

Dieser kurze Abriß macht deutlich, daß Lateinamerika zu Beginn des 20. Jahrhunderts weiter von Impulsen abhängig blieb, die von günstigen Weltmärkten ausgingen. Bis zum Ersten Weltkrieg war das für fast alle Länder vorteilhaft; nur in Brasilien ließen die positiven Impulse, die vom Kaffee ausgingen, zu wünschen übrig, und man verließ sich zwischen 1906 und 1912 auf sein Verarbeitendes Gewerbe. Kolumbien wiederum fand zu einer Zeit, als Brasilien bereits seine Produktionsstruktur diversifizierte, ge-

6 Der Begriff bezeichnet die Zeit der Regierung von Porfirio Diaz und damit die Jahre 1876 bis 1911. Diaz regierte stark autoritär, führte politische Stabilitat herbei und förderte die Ausfuhr sowie Investitionen seitens des Auslandes. Die mexikanische Revolution setzte dieser Ära ein Ende.

7 Vgl. Clark Reynolds, The Mexican Economy, New Haven 1970, Kap. 1.

rade erst den Zugang zur Weltwirtschaft. Indem es für seinen qualitativ hochwertigeren Kaffee unter dem Schutz der brasilianischen Vorratspolitik einen immer größeren Marktanteil gewann, nahm Kolumbien die Chance wahr, seine Exporte unabhängig von dem sehr viel langsameren Anstieg der internationalen Nachfrage nach diesem Produkt zügig auszuweiten.

Aber selbst als Lateinamerika vor 1929 noch generell einem exportgestützten Wachstumsmodell entsprach, war doch seine Ideologie weit von der Idee des Freihandels entfernt. Die Zölle waren im allgemeinen hoch, nicht nur in Brasilien. Der prozentuale Anteil der Zolleinnahmen an den Einfuhren betrug vor dem Ersten Weltkrieg in Kolumbien zwischen 40 und 50 Prozent und belief sich gegen Ende der zwanziger Jahre auf 30 Prozent; in Argentinien lag er vor 1914 bei 20 Prozent und 1929 noch immer bei 17 Prozent. Ein gewisses Zollniveau war im Hinblick auf fiskalische Erfordernisse praktisch unentbehrlich; noch 1929 war es für all diese Länder bezeichnend, daß mehr als die Hälfte ihrer staatlichen Einkünfte aus Zöllen stammte.[8] Aber selbst hinter solchen Schranken spielte das inländische industrielle Wachstum, verglichen mit dem Ausbau des landwirtschaftlichen Sektors, für die Erhöhung der Export-Produktion nur eine untergeordnete Rolle.

Wirtschaftliche Rückständigkeit führte somit in Lateinamerika nicht zu einer Umorientierung des Stils der wirtschaftlichen Entwicklung.[9] Kolumbien, das erst spät den Anschluß schaffte, kopierte einfach – mit beträchtlichem Erfolg – die Spezialisierung auf Rohstoffexporte, die Brasilien vorexerziert hatte. Argentinien setzte die neue Technologie für Frischfleischlieferungen an ein wohlhabenderes Europa ein. Mexiko nutzte seine Nähe zu den Vereinigten Staaten zur Lieferung von Rohstoffen. Es gab keinen zwingenden Grund, anders zu verfahren. Was fehlte – und bei der jetzt gängigen Extrapolation des Rückständigkeitsmodells von Gerschenkron oftmals übersehen wird –, ist das Motiv der nationalen Sicherheit, das Gerschenkron einsetzte, um der öffentlichen Hand einen maßgeb-

8 Vgl. B. R. Mitchell (Hrsg.), International Historical Statistics. The Americas and Australasia, Detroit 1983, S. 813 ff.

9 Die Urquelle zum Thema »positive Effekte wirtschaftlicher Rückständigkeit« ist Alexander Gerschenkron. Zu einer kurzen Würdigung seines Modells und weiteren Literaturhinweisen vgl. Albert Fishlow, Alexander Gerschenkron, in: John Eatwell, Murray Milgate und Peter Newman (Hrsg.), The New Palgrave. A Dictionary of Economics, London 1987.

lichen Einfluß auf die Entwicklung der Wirtschaft zuzuweisen. Gerade der Aspekt der nationalen Sicherheit führte in den Staaten Europas und später in Japan zu einer sehr viel interventionistischeren Industrialisierungspolitik. Dazu gab es in Lateinamerika trotz gelegentlicher Konflikte im 19. Jahrhundert keine Parallele, die die Herausbildung einer nationalen Politik bestimmt hätte. Erst die dramatischen Veränderungen der äußeren Bedingungen, die durch die Weltwirtschaftskrise eingeleitet wurden, sollten dazu führen, daß das Paradigma exportgestützten Wachstums endgültig und zunehmend bewußter aufgegeben wurde.

II. Die Weltwirtschaftskrise

Der drastische Rückgang der Rohstoffpreise beim Ausbruch der Weltwirtschaftskrise im Jahre 1929 verstärkte in Lateinamerika einen Abschwung, der infolge von Überproduktion bereits in den zwanziger Jahren eingesetzt hatte. Hier ist in erster Linie der Kaffee zu nennen. Sowohl in Brasilien als auch in Kolumbien stellten 1929 die Einnahmen aus dem Kaffee-Export mehr als zwei Drittel der Gesamtexporterlöse dar. Angesichts eines deutlichen Preisrückgangs im Jahre 1930 gingen die Gesamtexporterlöse Kolumbiens um 11 Prozent und Brasiliens um fast 30 Prozent zurück. Mit dem weiteren Verfall des Kaffee-Preises bis 1932/33 setzte sich auch der Rückgang der Ausfuhrerlöse fort, bis sie bei 40 Prozent des Standes von 1929 für Brasilien und fast 50 Prozent für Kolumbien ihren Tiefpunkt erreichten. Für Argentinien bedeuteten »der Rückgang des internationalen Preisniveaus, seiner Terms of Trade und seiner Exporte Katastrophen größten Ausmaßes«.[10] Für Mexiko wurden die Exportmärkte ebenfalls schwächer, wovon der Bergbau, der Ölsektor und die Landwirtschaft betroffen waren.

Dieser Rückgang der Auslandsnachfrage wirkte sich in mindestens drei Hinsichten aus: Erstens schwächte der Rückgang der Exporteinkünfte die inländische Gesamtnachfrage. Zweitens gab es eine unmittelbare fiskalische Wirkung, da ein großer Teil der Staatseinnahmen aus Außenhandelsabgaben stammte. Drittens mußte zumindest nach den Regeln des Goldstandards eine Verschlechterung der Zahlungsbilanz auch eine monetäre Kontraktion nach sich ziehen.

Hinzu kam, daß auf diesen Rückgang anfänglich oft orthodox reagiert wurde. Der Fall Kolumbiens war recht typisch. Hier kam es zu einer klassischen fiskalischen und monetären Kontraktion. Präsident Olaya Herrera bekräftigte 1931 seine Ansicht, daß »es unbedingt erforderlich ist, die Geldwertstabilität zu sichern und den Goldstandard aufrechtzuerhalten. Kein Opfer ist zu groß, wenn wir dadurch die Rückkehr zu einer Papier-

10 Diaz Alejandro, Essays . . ., a. a. O., S. 94.

geldherrschaft vermeiden können, die zusammen mit den Bürgerkriegen zum Inbegriff für Elend und Mißkredit des Landes geworden ist«.[11] Auch in Mexiko und Argentinien setzte man zunächst auf die Rückkehr zu dem früheren Entwicklungsmodell; aber nur in Argentinien blieb es dabei.

In Brasilien fand jedoch bereits früher eine Hinwendung zu einer unkonventionelleren Reaktion statt, zu der es später auch in Kolumbien und Mexiko kam. In Brasilien gab es die geschichtliche Erfahrung nicht, die Kolumbien gemacht hatte. Zweitens war dort die Kaffee-Politik bereits in früherer Zeit sehr viel interventionistischer gewesen – und wurde es jetzt wieder, wobei der Staat São Paulo 1930 den Anfang machte. Drittens führte ein Bürgerkrieg 1932 zu einem großen Defizit im Bundeshaushalt, gefolgt von anhaltend lockerer finanzpolitischer Disziplin und einer entsprechenden Geldpolitik.[12]

Die potentiell erheblichen negativen Auswirkungen der außenwirtschaftlichen Krise wurden durch verschiedene Faktoren kompensiert. Da die rückläufigen Terms of Trade stark zum Rückgang der Exporterlöse beigetragen hatten und im Inland eine gewisse Preisflexibilität herrschte, wurden die negativen Auswirkungen auf die Beschäftigung und die Inlandsnachfrage gemildert. Obwohl die Einnahmen zurückgingen und die Regierungen bestrebt waren, die Ausgaben zu kürzen, war das in vielen Ländern nur begrenzt möglich, was die inländischen Einkommen stützte. Schließlich gaben die Länder die feste Bindung an die Währungsreserven sehr bald auf und werteten ihre Währungen erheblich ab.

Die Einfuhren wurden gedrosselt, was die potentielle Substituierbarkeit durch inländische Produktion von Nahrungsmitteln, Textilien und sonstigen Verbrauchsgütern widerspiegelte. Wie aus Tabelle 3 hervorgeht, ging das Bruttoinlandsprodukt dieser Länder schließlich 1932 gegenüber 1928 um rund 4 Prozent zurück, während die Importkapazität um rund 20 Prozent sank. Konstante Einfuhr-Relationen hätten weit höhere Einkommensverluste mit sich gebracht. Die Länder zeigten jedoch die Fähigkeit, die inländische Wirtschaftstätigkeit anzukurbeln, wodurch die potentiellen Kosten der Krise erheblich gesenkt wurden.

11 Zitiert in Ocampo und Montenegro, a. a. O., S. 88.
12 Vgl. Fishlow, Origins and Consequences . . ., a. a. O., S. 327 ff.

Tabelle 3: *Jährliche Wachstumsraten des BIP und der Importkapazität in ausgewählten Ländern 1929 bis 1937 (in Prozent)*

	1929–1932		1932–1937	
	Bruttoinlandsprodukt	Importkapazität[2]	Bruttoinlandsprodukt	Importkapazität[2]
Argentinien	–4,9	–13,0	5,9	15,3
Brasilien	–0,3	–18,3	7,5	8,2
Kolumbien	1,3	–10,7	4,2	4,3
Mexiko	–5,6	–29,7	8,8	19,0
Lateinamerika[1]	–4,0	–19,8	6,9	12,9

1 Genannte vier Länder und Chile; auf der Basis 1929 gewichteter Durchschnitt der fünf Länder. – 2 Importkapazität = Exportvolumen × Terms of Trade.
Quelle: Albert Fishlow, Hard Times: Latin America in the 1930s and 1980s, in: Carl-Ludwig Holtfrerich (Hrsg.), Interactions in the World Economy. Perspectives from International Economic History, New York-London und andere 1989, S. 320.

Es gab bei den Reaktionen auch beträchtliche Unterschiede. Da stehen auf der einen Seite Brasilien und Kolumbien und auf der anderen Argentinien und Mexiko. Am stärksten war der Abschwung in Mexiko, das sich in den ersten drei Jahren der Wirtschaftskrise mit einem fast 30prozentigen Rückgang seiner Importkapazität auseinanderzusetzen hatte. Aber Mexiko erholte sich auch am schnellsten von der Krise. Hiermit verbunden waren tiefgreifende Strukturreformen, zu denen eine Umverteilung des Bodens sowie die Verstaatlichung der Eisenbahnen und des Ölsektors gehörten. Die Produktion des Verarbeitenden Gewerbes erholte sich kräftig und war im Jahre 1939 rund 50 Prozent höher als 1929.
Argentinien dagegen versuchte, eine eher konservative Strategie zu verfolgen, um seine Bindungen an England aufrechtzuerhalten, und war daher in seiner Entwicklung gehemmt. Hier dämpften begrenzte Devisenzuteilungen den Anreiz zu einer Einfuhrsubstitution, wie sie in den anderen Ländern praktiziert wurde. Als Reaktion auf ein anfängliches Defizit wurden auch die Steuern erhöht, und die Geldpolitik blieb bis 1935 restriktiv. Danach trat eine Besserung ein; die Einkommen wuchsen jedoch in diesem Jahrzehnt in Argentinien langsamer als in den anderen drei Ländern.
Brasilien und Kolumbien gingen aufgrund ihrer ähnlich gelagerten Konzentration auf den Kaffee-Export einen anderen Weg. In diesen Ländern erholte sich die Einfuhrkapazität bei weitem nicht so stark wie in den ande-

ren beiden Ländern, sie erreichten aber trotzdem hohe Wachstumsraten. Ihre Strategie zielte viel stärker auf Einfuhrsubstitution ab, die nicht nur durch eine protektionistische Politik genährt wurde, sondern auch durch deutliche Erhöhungen der Einfuhrpreise infolge starker Abwertungen. Es gab jedoch einen Unterschied zu späteren Ergebnissen: Die Exporte stiegen nach dem Zusammenbruch wieder an und brachten somit genügend Devisen zur Finanzierung der benötigten Einfuhr von Zwischenerzeugnissen und Investitionsgütern ins Land.

Dieses Zusammenwirken begrenzter Einfuhren und einer Aufrechterhaltung der Inlandseinkommen erzeugte in beiden Ländern eine Güternachfrage, die zu spontaner Einfuhrsubstitution führte. Die dreißiger Jahre waren in beiden Ländern für die Industrialisierung von Bedeutung, jedoch mit einem grundlegenden Unterschied: In Kolumbien gingen von diesem Jahrzehnt die ersten anhaltenden Impulse für eine industrielle Entwicklung aus, in der die inländische Textilindustrie eine führende Rolle spielte. In Brasilien war die Industrialisierung bereits über ein derart rudimentäres Stadium hinausgelangt; hier wurde nun mit der Produktion von Zwischenerzeugnissen und sogar einigen Investitionsgütern begonnen. Beide Länder verzeichneten während dieser zehn Jahre ein starkes Wachstum.

In Mexiko schließlich »wurde die Wirtschaft selbst umgestaltet, und es begann sich ein Wandel von der Außen- zur Binnenorientierung der Entwicklung und des Wachstums abzuzeichnen. Die Weltwirtschaftskrise trug hierzu . . . bei, indem sie das Heranreifen von Institutionen und die Schaffung wirtschaftlicher Voraussetzungen erleichterte, die die inländische Industrialisierung förderten«.[13]

Ein letzter für Lateinamerika positiver Faktor bestand darin, daß während der Weltwirtschaftskrise Zahlungsunfähigkeitserklärungen gang und gäbe waren. Wären die Länder ihren Schuldendienstverpflichtungen nachgekommen, so hätte das zu einer weiteren Verringerung der Einfuhren geführt. *Zahlungsunfähigkeit* war angesichts des Ausmaßes der internationalen Wirtschaftskrise, von der sowohl reiche als auch arme Länder

13 Weitere Details zu Brasilien und Kolumbien enthält meine unveröffentlichte Studie Brazilian and Colombian Economic Development in the Twentieth Century, 1991. Das Zitat stammt aus: Enrique Cardenas, The Great Depression and Industrialisation. The Case of Mexico, in: Rosemary Thorp (Hrsg.), Latin America in the 1930s, Oxford 1984, S. 223.

betroffen waren, eine glaubhafte Erklärung. Außerdem konnte von den lateinamerikanischen Regierungen nicht erwartet werden, daß sie angesichts allgemeiner Ausgabenkürzungen und Einsparungen zu einer Zeit zahlten, da ihre Einnahmen im wesentlichen von Ausfuhrsteuern und Einfuhrzöllen abhingen. Drittens handelte es sich zu dieser Zeit bei den Verbindlichkeiten der Staaten um Schuldverschreibungen, nicht um Bankverbindlichkeiten, was die Unmittelbarkeit der Reaktionen und Interventionen der Gläubiger verminderte.

Argentinien war in diesem Zusammenhang die bemerkenswerteste Ausnahme. Es leistete getreulich seine Zahlungen – zum einen, weil ein gewisser Teil der entsprechenden Forderungen von Argentiniern gehalten wurde, und zum anderen, weil man nach wie vor der festen Überzeugung war, daß »man in einem offenen wirtschaftlichen Umfeld . . . wieder zu Wohlstand gelangen würde«.[14] Und schließlich hatten die inländischen Gläubiger – es bestand auch eine hohe Inlandsverschuldung des Staates – potentiell eine Politik zu fürchten, die vertraglich vereinbarte Verpflichtungen widerrief. Dieser Aspekt war in anderen Ländern von untergeordneter Bedeutung, wie die Zahlen für die Region belegen. Insgesamt waren 1935 über 70 Prozent der ausstehenden lateinamerikanischen Dollar-Schuldverschreibungen zumindest teilweise notleidend.

Kurz nachdem es Lateinamerika gelungen war, mit der Weltwirtschaftskrise fertig zu werden, kam der Zweite Weltkrieg. Er schuf noch mehr Anreize für Einfuhrsubstitution, nun auch abgesichert durch die Unerhältlichkeit von Einfuhren zum Ausgleich des Zuwachses, der bei den Ausfuhren erreicht worden war. Man bildete Reserven, die jedoch nach Kriegsende rasch aufgebraucht wurden. Argentinien entschloß sich dazu, seine eingefrorenen Guthaben in Großbritannien zum Erwerb seiner Eisenbahn von ausländischen Eigentümern zu verwenden. Brasilien brauchte seinen Überschuß durch Importe in den Jahren 1947 und 1948 rasch auf und mußte danach erneut Devisenbewirtschaftungsmaßnahmen ergreifen. Mexiko profitierte aufgrund seiner Nähe zu den Vereinigten Staaten in hohem Maße von den Marktchancen, die der Krieg bot. Nach dem Kriege wurde erneut ein umfangreiches System für die Vergabe von Einfuhrlizenzen eingeführt, das bald in Anreize für die inländische Produktion

14 Arturo O'Connell, Argentina into the Depression. Problems of an Open Economy, in: Thorp, a. a. O., S. 204.

umgewandelt wurde. In Kolumbien sah es ähnlich aus: Die überhöhten Wechselkurse aus der Kriegszeit bestanden weiter fort, und es wurden erhebliche Devisenbewirtschaftungsmaßnahmen notwendig, um das Zahlungsbilanzgleichgewicht zu sichern.

So verwies in allen vier Ländern – trotz des mit dem Korea-Krieg im Jahre 1950 verbundenen Preisanstiegs – alles auf eine Strategie der Einfuhrsubstitution als ein Mittel der Industrialisierung und eine Möglichkeit, Ungleichgewichte in der Handelsbilanz zu vermeiden.

III. Einfuhrsubstitution, Exportförderung und der Ölpreisschock von 1973

Während der fünfziger Jahre gingen die meisten lateinamerikanischen Länder zu einer Strategie der Einfuhrsubstitution über.[15] Sie wählten diesen Weg, weil er ihren Verhältnissen angemessen zu sein schien. Nach der Weltwirtschaftskrise, dem Zusammenbruch des Welthandels im Zweiten Weltkrieg und der durch den Korea-Konflikt ausgelösten Hausse mit dem ihr folgenden Rückschlag schien die Weltwirtschaft kaum ein geeigneter Wachstumsmotor zu sein. Ebensowenig stand bei den Vereinigten Staaten das Thema *wirtschaftliche Entwicklung und Lateinamerika* hoch auf der Tagesordnung; vielmehr signalisierte der MARSHALL-Plan, daß Europa eindeutig Vorrang hatte, was durch den aufkommenden Kalten Krieg noch verstärkt wurde.

Vor diesem besonderen Hintergrund entstand die damalige wirtschaftspolitische Gedankenwelt und Praxis Lateinamerikas. Sie wurde von einer Gruppe von Wirtschaftswissenschaftlern, die unter der Leitung von RAUL PREBISCH in der Wirtschaftskommission für Lateinamerika in Santiago arbeitete, beeinflußt, aber nicht bestimmt. Diese Modifikationen bewirkten ein Abrücken von der orthodoxen Vorstellung von Wirtschaftswachstum durch komparativen Vorteil und Kapitalakkumulation in dreierlei Hinsicht, nämlich in bezug auf die Definition einer geeigneten makroökonomischen Anpassung, die Feststellung mikroökonomischer Verzerrungen und eine sich daraus ergebende bedeutende Rolle staatlicher Eingriffe.

Die wichtigste makroökonomische Neuerung bestand darin, daß den Zwängen der Devisenbilanz als Determinante des Wachstums in *Peripherie*-Ländern mehr Beachtung geschenkt wurde als der Spartätigkeit. In einer Welt, in der sich die Terms of Trade gegen die traditionellen Rohstoffausfuhrprodukte wendeten, sollte die inländische Produktion die nicht zwingend erforderlichen Einfuhren ersetzen, um die knappen Devisen

15 Die folgenden Ausführungen zur Importsubstitution stützen sich in hohem Maße auf Eliana Cardoso und Albert Fishlow, Latin American Economic Development: 1950–1980, in: Journal of Latin American Studies, Nr. 25 (1993), Supplement, S. 197–218.

notwendigen Verwendungen vorzubehalten. Darüber hinaus sollte eine dynamische Industrie die wachsende städtische Bevölkerung mit steigender Produktivität und steigenden Einkommen aufnehmen, während in der Landwirtschaft durch technischen Fortschritt Arbeitskräfte freigesetzt würden. Die heimische Industrie wiederum brauchte Schutz vor Einfuhren sowie eine bewußte Einschränkung des Exports von Ressourcen, die in der Industrie benötigt wurden. Im mikroökonomischen Bereich verwies man auf Schwächen und Diskontinuitäten, die beide ein wirksames Funktionieren von Preissignalen behinderten. Weder in der Landwirtschaft, wo die Konzentration des Grundbesitzes und die Ungleichheit der Einkommensverteilung eine notorisch unrühmliche Rolle spielten, noch in der Industrie, wo neue Privilegien Schutz vor dem freien Spiel der Marktkräfte boten, konnte man sich – so die Argumentation – allein auf das Wettbewerbsmodell verlassen.

Sowohl die makroökonomischen als auch die mikroökonomischen Bedingungen sprachen für starke staatliche Führung. Es bestand ein hoher Regelungs- und Lenkungsbedarf. *Entwicklung* war eine Folge der Politik, nicht das Ergebnis eines natürlichen Evolutionsprozesses. Bewußte und umfassende Planung galt als wünschenswert; die Wirtschaftskommission für Lateinamerika machte sich für die Anwendung von Input-Output-Modellen in der Region stark.

Die Einfuhrsubstitution war eindeutig eine Strategie der ungleichgewichtigen Entwicklung. Ihr waren in dreierlei Hinsicht Grenzen gesetzt, die die wirtschaftlichen Ergebnisse gegen Ende der fünfziger Jahre zunehmend beeinflußten, und zwar erstens die Verschlechterung der Handelsbilanz, zweitens sektorale Ungleichgewichte und drittens die Verschlechterung der Lage der Staatshaushalte.

Der Protektionismus führte zwangsläufig zu überhöhten Wechselkursen, die als Ausfuhrsteuer wirkten. Die erwartete Folge trat ein: Das Exportangebot ging allmählich zurück. Die Industrialisierung erforderte jedoch einen erhöhten Einsatz von Investitionsgütern und den Import von Zwischenerzeugnissen. Angesichts zunehmender Handelsbilanzdefizite waren ausländische Investitionen dringend erforderlich, nicht nur wegen ihrer modernen Technologie, sondern auch als Devisenbringer. Das war eine paradoxe und unvorhergesehene Folge einer Strategie, deren starke politische Attraktivität auf der Betonung der einheimischen Produktionsfähigkeit beruhte.

Unter sektoralen Gesichtspunkten übertrieb die Einfuhrsubstitutionspolitik das industrielle Wachstum zu Lasten der Landwirtschaft. Das hatte drei schwerwiegende Konsequenzen: Erstens wurden die Nahrungsmittelpreise künstlich niedrig gehalten, was den Einkommen in den Städten zugute kam und zu Lasten der Einkünfte auf dem Lande ging. Zweitens bot die relativ kapitalintensive Produktion nur einem immer kleiner werdenden Teil des Zuwachses an Arbeitskräften Beschäftigung, wodurch der Dienstleistungsbereich aufgebläht wurde und der Staat unter zunehmenden Druck geriet, als *Arbeitgeber der letzten Zuflucht* zu fungieren. Drittens waren physische Produktionsziele bald wichtiger als Kostenerwägungen, als ob der höhere Schattenpreis, in Devisen gerechnet, letztlich jegliches Projekt rechtfertigte.

Das dritte Ungleichgewicht war fiskalischer Natur. In dem Maße, in dem die realen Ressourcen, die aus den Abgaben auf Rohstoffexporte anfänglich ersteuert wurden, immer stärker schrumpften, mußten die Subventionen an die Industrie aus echten Steuern kommen. Gleichzeitig hatte der Staat seinen Verantwortungsbereich erweitert, was wiederum die Ausgabenseite vermehrt belastete. Die Monetisierung des Defizits war eine unwiderstehliche Versuchung, die in Lateinamerika schon im 19. Jahrhundert Tradition hatte. Die Inflation und die Notwendigkeit einer Stabilisierung zeichneten sich gegen Ende der fünfziger Jahre in mehreren Ländern als ein wachsendes Problem ab.

Diese Unausgewogenheiten wurden Anfang der sechziger Jahre durch die *Allianz für den Fortschritt* vorübergehend aufgehoben. Der neue Zustrom öffentlicher Mittel verringerte gleichzeitig den Druck auf die Zahlungsbilanz und die staatlichen Defizite, während PL480-Einfuhren[16] für ausreichende Mengen an Nahrungsmitteln sorgten. Die Regierungen versuchten außerdem, einige der früheren Auswüchse ihrer Politik durch realistischere Wechselkurse und eine stärkere Exportförderung zu korrigieren. Aber das war *zu wenig zu spät.* Mitte der sechziger Jahre geriet die Allianz ins Wanken – ein Opfer falscher Erwartungen auf beiden Seiten. Reformen waren eben nicht leicht, und die Ressourcen waren auch nicht unbegrenzt. Orthodoxere Strategien kamen wieder zu Ehren, häufig unter

16 Das Public Law 480 der USA regelte den vergünstigten Export amerikanischer Agrarüberschüsse.

militärischer Führung, womit sich Lateinamerika einer neuen Art wirtschaftlichen Fortschritts zuwandte.
Während der Zeit, da man sich der Einfuhrsubstitution verschrieben hatte, waren Brasilien und Mexiko außerordentlich erfolgreich, Kolumbien mäßig erfolgreich und Argentinien relativ erfolglos. Die jährlichen Pro-Kopf-Wachstumsraten während der fünfziger Jahre – wie von der Wirtschaftskommission für Lateinamerika angegeben – sind ein guter Anhaltspunkt für die Leistung dieser Länder: Sie betrugen in Brasilien 2,8 Prozent, in Mexiko 2,4 Prozent und in Kolumbien 1,7 Prozent; Argentinien kam gerade noch über Null.[17] Es ist auch festzuhalten, daß die Terms of Trade die Realeinkommen in diesem Zeitraum negativ beeinflußten, insbesondere in der zweiten Hälfte der fünfziger Jahre.
Der relative Erfolg Brasiliens war auf drei Faktoren zurückzuführen. Erstens verbesserten sich Anfang der fünfziger Jahre die Terms of Trade aufgrund der hohen Kaffee-Preise, die eine Verringerung des Exportvolumens erlaubten, aber weiterhin ausreichende Einkünfte zum Erwerb von Investitionsgütern sicherten. Zweitens wurden in der zweiten Hälfte der fünfziger Jahre unter der Regierung von Präsident JUSCELINO KUBITSCHEK intensive Einfuhrsubstitutionsanstrengungen unternommen. Drittens strömten ausländische Investitionen in beträchtlicher Höhe ins Land, wodurch das anhaltende Ungleichgewicht der Handelsbilanz ausgeglichen werden konnte. Tatsächlich machten 1960 diese ausländischen Mittel über 30 Prozent der Einfuhren aus. Andererseits waren gegen Ende der fünfziger Jahre ein Anstieg der Inflation und ein Scheitern der Stabilisierungsbemühungen festzustellen. Das leitete den wirtschaftlichen Abschwung und die militärische Intervention im Jahre 1964 ein.[18]
Mexikos Erfahrungen sahen anders aus. Zunächst wurde ein schnelles Wachstum erreicht, das sich jedoch in der zweiten Hälfte der fünfziger Jahre abschwächte. Die Hauptschwierigkeit bereitete der Rückgang der Terms of Trade, der den Zuwachs des Exportvolumens konterkarierte. Die Importe gingen zurück, aber weniger stark. Mexiko unterschied sich durch ein weiteres Merkmal von den übrigen Ländern der Region: die Ausweitung seines Agrarsektors. Er wuchs am schnellsten und übertraf sogar den

17 Vgl. Economic Commission for Latin America (ECLA), The Economic Development of Latin America in the Post-War Period, New York 1964, Teil III.
18 Vgl. ECLA, The Economic Development . . ., a. a. O., S. 115.

Zuwachs im Verarbeitenden Gewerbe. Ebenso bemerkenswert war die Aufrechterhaltung eines festen Wechselkurses nach 1954, was dazu beitrug, die Verbindungen zum US-Markt zu festigen. Aber die zunehmende Kontroverse im Innern, insbesondere nach der Revolution in Kuba und im Zusammenhang mit einer schwächer werdenden Wirtschaftsleistung, machte deutlich, daß Mexikos ausgewogenes Wachstum keine einhellige Zustimmung fand.[19]

Auch in Kolumbien schwächte sich das Wachstum im Laufe der fünfziger Jahre ab. Die unmittelbare Ursache hierfür scheinen die sinkenden Einnahmen aus dem Kaffee-Export gewesen zu sein, was zu einem Rückgang der Terms of Trade führte. Ein Sparprogramm in den Jahren 1957/58 war die Folge; und nachdem 1958 wieder eine Zivilregierung an die Macht gekommen war, konnte die Wirtschaft ihr Wachstum wieder aufnehmen. Kolumbien folgte dem Modell der Einfuhrsubstitution, die jedoch weniger dramatisch verlief als in Brasilien. Immerhin hatte sie bis Ende der fünfziger Jahre eine Ausweitung der Kapazitäten und der Produktion zur Folge. Außerdem sorgte die Erinnerung an den Tausend-Tage-Krieg für eine restriktive Geldpolitik, als die jährliche Preissteigerungsrate über 10 Prozent hinausging. »Im Falle Kolumbiens verhinderte die Bedeutung einer auf den Agrarsektor und den Export landwirtschaftlicher Erzeugnisse ausgerichteten Wirtschaft mit beträchtlichem Anteil an der Produktionsstruktur und an der Macht eine zu starke Tendenz zugunsten der Industriellen.«[20]

Umgekehrt war das Scheitern Argentiniens auf dessen Unfähigkeit zurückzuführen, seine traditionellen Ausfuhren aufrechtzuerhalten, während es gleichzeitig zu anhaltenden Auseinandersetzungen zwischen der Industrie, der Landwirtschaft und den Arbeitnehmern kam, die keine Seite für sich entscheiden konnte. Der Sturz des Perón-Regimes im Jahre 1955 stellt in diesem Jahrzehnt eine deutliche Zäsur dar. Danach wurden die Landwirtschaft und der Export wieder gefördert und die protektionistische Politik etwas gelockert. Dennoch herrschte weiterhin Devisenmangel.

19 Vgl. ECLA, The Economic Development . . ., a. a. O., S. 118; Reynolds, a. a. O., Kap. 1; Timothy King, Mexico, London 1970, Kap. 2.

20 ECLA, The Economic Development . . ., a. a. O., S. 92 ff.; Carlos Diaz Alejandro, Foreign Trade Regimes and Economic Development: Colombia, New York 1976, Kap. 1. Das übersetzte Zitat stammt aus: José Antonio Ocampo (Hrsg.), Historia Economica de Colombia, Bogotá 1987, S. 253.

»Die ironischste Lektion Argentiniens nach dem Krieg ist, daß seine Industrieproduktion stärker gewachsen wäre, wenn man die Exporte weniger stark diskriminiert hätte.«[21]
Um die Mitte der sechziger Jahre, als es mit der Produktion nicht mehr aufwärts ging und selbst in denjenigen Ländern, die die Einfuhrsubstitution relativ erfolgreich praktiziert hatten, die Inflation stieg, begann man sich nach neuen politischen Strategien umzusehen. Häufig gingen von zunehmenden Interventionen des Militärs neue Impulse aus. Ein erster Schwerpunkt lag auf einer neuen Außenhandelsstrategie. Die Zölle, die mittlerweile außerordentlich hoch waren, wurden zumindest im obersten Bereich gesenkt. Chile, Kolumbien und Brasilien gingen zu Stufenflexibilität der Wechselkurse als einem Mittel zur Aufrechterhaltung der Wettbewerbsfähigkeit bei anhaltender Inflation über, wodurch eine zunehmende Überbewertung, die neue Abwertungsrunden erfordert hätte, abgewendet wurde. Bemühungen um Anreize zur Erschließung neuer Exportmöglichkeiten führten nach 1965 in vielen Ländern zu speziellen Exportsubventionsprogrammen. Auch die internationalen Rohstoffpreise erholten sich in den sechziger Jahren, was eine erneute Ausweitung der Rohstoffexporte begünstigte. Insgesamt kam es von Mitte der sechziger Jahre an zu einer stärkeren Ausweitung und Diversifizierung des Handels als jemals zuvor. Das läßt sich anhand der Zahlen in Tabelle 4 belegen. Sie zeigen für die ge-

Tabelle 4: *Jährliches Exportwachstum und Veränderung der Terms of Trade in ausgewählten Ländern und in Lateinamerika 1960 bis 1973 (in Prozent)*

	1960–1965		1965–1970		1965–1973	
	Exportvolumen	Exportkaufkraft	Exportvolumen	Exportkaufkraft	Exportvolumen	Exportkaufkraft
Argentinien	6,3	6,7	5,3	3,5	2,0	5,3
Brasilien	2,6	–0,8	9,3	10,7	11,3	13,2
Kolumbien	2,4	2,9	5,0	8,8	4,1	7,1
Mexiko	3,2	1,6	6,0	7,1	6,9	7,7
Lateinamerika	5,4	4,3	5,2	5,9	5,9	7,4

Quelle: World Bank, World Tables 1976, Baltimore 1976, Tabellen 2 und 11.

21 Diaz Alejandro, Essays ..., a. a. O., S. 138.

samte Region einen bedeutenden und anhaltenden Anstieg der Kaufkraft der Exporte in den Jahren 1960 bis 1965 und 1965 bis 1973. In einigen Ländern waren die Veränderungen sogar noch dramatischer. In Brasilien, Kolumbien und Mexiko gab es zwischen Anfang und Ende der sechziger Jahre erhebliche Veränderungen. In allen drei Ländern hatte das Wachstum zunächst deutlich unterhalb des lateinamerikanischen Gesamtwachstums gelegen, dieses später aber nahezu eingeholt oder sogar übertroffen. Gleichzeitig wurde für mehrere Länder ein höherer Zustrom an Privatkapital verfügbar. Der Euro-Dollar-Markt war auf der Suche nach neuen Marktteilnehmern auch hier fündig geworden. Die Regierungen fanden sich in der luxuriösen Lage, sowohl höhere Einfuhren finanzieren als auch die öffentlichen Ausgaben erhöhen zu können. Im Innern rückte man etwas von der Regulierungspolitik ab, die während der Zeit der Einfuhrsubstitution ins Kraut geschossen war. Dem Preismechanismus wurde bei der Ressourcenallokation eine größere Rolle eingeräumt.

Dennoch setzte man weiterhin auf die Industrie und deren anhaltende Expansion. Auch im Rahmen der *orthodoxen* Politik der Militärregierungen, deren Herrschaft sich in dieser Zeit ausweitete, wurde dem staatlichen Sektor immer noch eine Rolle zugedacht. So ist das Wirtschaftswunder Brasiliens Ende der sechziger und Anfang der siebziger Jahre eindeutig auf die Einfuhrsubstitution zurückzuführen und nicht, wie das gelegentlich geschieht, mit der Orientierung nach außen zu verwechseln, wie sie Korea und Taiwan zu dieser Zeit zunehmend verfolgten. Die wichtigste Rolle spielte weiter der große Binnenmarkt, der Brasilien und Mexiko, den bei weitem bevölkerungsstärksten Ländern Lateinamerikas, günstige Möglichkeiten bot. Beide Länder erzielten während dieser Zeit ihre höchsten Wachstumsraten. Selbst Argentinien konnte, obgleich seine Militärregierung 1969 mit dem Versuch scheiterte, der Inflation Einhalt zu gebieten, während dieses Zeitraumes sein – zumindest bis zu den neunziger Jahren – stärkstes Wachstum erreichen.

Diese Phase der Anpassung und Korrektur des alten Modells, während der sich die Wachstumsleistung in der gesamten Region verbessert hatte, wurde durch das internationale Ungleichgewicht im Gefolge der Ölpreiserhöhung Ende 1973 beendet. Das war der dritte bedeutende Trend in diesem Zeitabschnitt. Nach der Ölkrise war die Entwicklung in der Region im wesentlichen durch die Bereitschaft geprägt, höhere Kredite aufzunehmen, um das Einfuhrniveau zu halten. In dieser Hinsicht wich das lateinamerikanische Modell vom asiatischen ab, wo die Bereitschaft vorherrschte, unmittelbare Preiserhöhungen zu akzeptieren, wie beispielsweise in Taiwan. Verschuldung beim Ausland schien in einem Umfeld real negativer oder sehr niedriger Zinssätze, wie bis in die späten siebziger Jahre hinein gegeben, eine lohnende Strategie zu sein. Es fand jedoch eine merkliche Verschiebung von einem durch Schulden herbeigeführten Wachstum in den Jahren vor 1973, als die Länder an die Kapitalmärkte gingen, hin zu einer durch Schulden herbeigeführten Verschuldung nach 1973 statt.

Eine solche Politik war heikel, obwohl sie mit anhaltendem Wachstum einherging. Sie führte zu einer deutlichen Zunahme verschiedener Formen der Aufnahme von Krediten – einer Zunahme, die entscheidende Bedeutung erhalten sollte, als die Zinsen stiegen und neue Mittelzuflüsse schwieriger wurden. Die Länder nutzten die Möglichkeit der Kreditaufnahme in unterschiedlicher Weise. Im Süden, der von einem neuen Militärregime in Chile angeführt wurde, das sich von den *Chicago Boys*[22] leiten ließ, wurde der internationale Monetarismus die große Mode. Der Sturz dieses Regimes hing auch mit einem übermäßigen Zustrom von Auslandsmitteln zusammen, der in den achtziger Jahren nicht mehr aufrechtzuerhalten war. Mexiko, ebenfalls ein bedeutender Kreditnehmer, verließ sich auf das Aktivum seiner neu entdeckten Ölvorkommen; nach dem zweiten sprunghaften Anstieg der Ölpreise während des Konfliktes zwischen dem Iran und dem Irak standen Mexiko Mittel in praktisch unbegrenzter Höhe zur Verfügung. In Brasilien dienten Zahlungsbilanzdefizite zur Finanzierung der anhaltenden inländischen Expansion, wenn auch mit niedrigeren Wachstumsraten und bei steigender Inflation. Die zunehmend höhere Verschuldung bremste aber die wirtschaftliche Expansion und ließ vor einer Abwertung wegen der damit verbundenen Konsequenz höherer Schuldendienstzahlungen auf bestehende Verbindlichkeiten zurückschrecken. Nur Kolumbien konnte eine Verschuldung vermeiden. Steigende Kaffee-Preise und höhere Einnahmen aus dem illegalen Drogenhandel beschafften die erforderlichen Mittel. Kolumbiens Problem bestand eher in der Anpassung an eine außenwirtschaftliche Überhitzung als in der Anpassung an eine beträchtliche Belastung durch den Ölpreis.

22 So wurden Vertreter der Chicagoer Schule der Geldmengensteuerung salopp genannt.

Für die Region insgesamt war in der Zeit nach dem ersten Ölpreisschock eine trügerische Anpassungsfähigkeit festzustellen – oder vielmehr das Fehlen der Notwendigkeit einer solchen Anpassung. Ausländische Finanzmittel waren leicht erhältlich. Das Wachstum blieb relativ hoch, wodurch die Macht der Militärs in weiten Teilen Lateinamerikas gefestigt wurde. Wie kritisch die Lage Lateinamerikas wirklich war, zeigte sich erst, als es zu Beginn der achtziger Jahre gleichzeitig zu einem erneuten Anstieg der Ölpreise, einem plötzlichen Anstieg der Realzinssätze und einer Rezession in den OECD-Staaten kam. Die Länder der Region hatten auf das falsche Pferd gesetzt. Nicht, daß sie – wie ANGUS MADDISON behauptet hat – blindlings weiter an der in den fünfziger Jahren bevorzugten Importsubstitution festgehalten hätten: »In bezug auf wirtschaftliches Wachstum bot Lateinamerika seit 1973 ein erschütterndes Bild.... Es gab ... seit den dreißiger Jahren eine gewisse Kontinuität der wirtschaftspolitischen Einstellungen, und die liberale internationale Ordnung, die von den OECD-Ländern geschaffen wurde und die Politik in Asien beeinflußte, ließ die Länder Lateinamerikas praktisch unberührt.«[23]

Der wichtigste Grund für die Wachstumsschwäche Lateinamerikas lag anderswo. Die Länder hatten durchaus gezeigt, daß sie in der Lage waren, sich von früheren strategischen Zielsetzungen zu lösen. Was das Ergebnis entscheidend beeinflußte, war vielmehr ihre besonders asymmetrische Öffnung gegenüber der Weltwirtschaft, die durch massive Finanzierungsströme, aber sehr viel geringere Einbeziehung in den internationalen Handel gekennzeichnet war.

Darüber hinaus war ihr Spielraum aufgrund neuer fiskalischer Verzerrungen erheblich eingeschränkt. Um Ende der siebziger Jahre das Wachstum aufrechtzuerhalten, mußte man in Brasilien und Mexiko auf eine Erhöhung der Haushaltsdefizite und die Verstaatlichung der Wirtschaft zurückgreifen. Die makroökonomischen *Stop-and-go*-Reaktionen bildeten nur den Auftakt für die *Stop-Stop*-Strategien, die in den achtziger Jahren bald erforderlich wurden. Es gab eine Illusion der Beständigkeit in einer Situation erneuter außenwirtschaftlicher Abhängigkeit und raschen weltwirtschaftlichen Wandels.

23 Angus Maddison, Two Crises: Latin America and Asia 1929–38 and 1973–83, Paris 1985, S. 53.

IV. Das verlorene Jahrzehnt

Als Mexiko (stilvollerweise an einem Freitag, dem 13. August 1982) zahlungsunfähig wurde, gerieten die Länder der Region in empfindliche Schwierigkeiten, die für einige von ihnen bis in die Gegenwart hinein andauern. Das Wachstum kam zum Stillstand, und was von mancher Seite als eine weitere vorübergehende Anpassung an Erfordernisse der Zahlungsbilanz bezeichnet wurde, erwies sich für die Region als die längste Periode negativer Entwicklung im gesamten 20. Jahrhundert. Tabelle 1 liefert entsprechende Zahlen bis 1989. Auch danach hat sich die Lage nicht gerade verbessert. Das Pro-Kopf-Volkseinkommen lag Ende 1993 – einschließlich der negativen Auswirkungen eines 36prozentigen Rückgangs der Terms of Trade – bei ungefähr 90 Prozent des Wertes von 1980.[24]

Der Anpassungsprozeß durchlief vier Phasen.[25] Zunächst gab es – zwischen 1982 und 1984 – eine Phase drastischer Zahlungsbilanzanpassungen. In dieser Zeit ging der Wert der lateinamerikanischen Importe stark zurück: Zwischen 1981 und 1984 sanken die Einfuhren um rund 45 Prozent. Der Rückgang war in der Tat so stark, daß in »World Financial Markets« von einer »dauerhaften Lösung des Schuldenproblems der Entwicklungsländer«[26] die Rede sein konnte. Aber statt dessen verschärfte sich dieses Problem noch. In der zweiten Phase stellte sich bei einer Verschlechterung der Weltmarktpreise und sinkenden Exporterlösen eine grundlegende Tatsache heraus: Die Banken waren nicht geneigt, weitere Kredite zu geben, sondern vielmehr bestrebt, ihre Engagements im Ausland und insbesondere in Lateinamerika abzubauen. Das erzwang eine sehr viel grundlegendere Neuausrichtung auf die Krise, als man sich das in der Region zunächst vorgestellt hatte.

24 Vgl. ECLA, Preliminary Overview of the Latin American and Caribbean Economy 1993, in: Notas sobre la Economia y el Desarrollo, Nr. 537/38 (1992), S. 39.

25 Zu einer Zusammenfassung der Literatur bezüglich der Zeit bis zu den neuen Bemühungen um eine Ermäßigung der Auslandsverbindlichkeiten vgl. Albert Fishlow, From Crisis to Problem. Latin American Debt, in: R. Wesson (Hrsg.), Coping with the Latin American Debt, New York 1988, S. 7–18. Zu der späteren Entstehungsgeschichte der Brady-Vereinbarungen vgl. International Monetary Fund, International Capital Markets, Washington 1990 ff.

26 World Financial Markets, October-November 1984, S. 1.

Phase drei der Neuanpassung begann 1985 mit dem BAKER-Plan, bei dem es sich um eine dreigleisige Strategie handelte, die auf Banken, internationale Institutionen und Anpassungsprozesse in den Ländern selbst setzte. Da die dringend benötigte Unterstützung seitens der Banken jedoch nicht gewonnen werden konnte, trat schließlich an seine Stelle der BRADY-Plan, der erstmals eine beträchtliche Reduzierung der Verschuldung der Länder gegenüber den ausländischen Banken ermöglichte. Diese Politik wurde 1988 konkret, als die Citibank im Alleingang ihre Länderkredite abschrieb, und wurde im folgenden Jahr durch die Regelung der ausstehenden Verbindlichkeiten Mexikos zum Preis von rund 65 Cent je Dollar bestätigt. Andere Länder kamen bald zu entsprechenden Regelungen, wobei die Abschläge für kleinere Länder wie Bolivien und Costa Rica wesentlich größer und für Länder mit hohen Auslandsverbindlichkeiten den Mexiko zugestandenen vergleichbar waren.

Angesichts der jüngsten Vereinbarungen mit Argentinien und Brasilien über einen Schuldennachlaß besteht nicht länger die Notwendigkeit, sich mit diesem traurigen Erbe der Vergangenheit auseinanderzusetzen. Die Schuldenlast wurde durch die verschiedenen Vereinbarungen aber nicht sonderlich stark verringert; laut Schätzungen des Internationalen Währungsfonds wurden die Gesamtverbindlichkeiten sogar nur um rund 8 Prozent ermäßigt. Außerdem ist festzuhalten, daß die Auslandsverschuldung der Region bis Ende 1993 insgesamt auf rund 490 Milliarden Dollar stieg und immer noch fast dreimal so hoch war wie das jährliche Exportvolumen. Insgesamt sind die Zinszahlungen zwar in Relation zu den Ausfuhren stark zurückgegangen, steigende Zinssätze könnten die Lage jedoch bald wieder verschärfen.[27]

Es folgte eine vierte Phase der Neuordnung. In der zweiten Hälfte des Jahres 1991 setzte ein plötzlicher und unerwartet starker Zustrom ausländischen Kapitals in die Region ein. Die Gesamtzahlen für 1993 zeigen eine Nettokapitalbewegung von mehr als 100 Milliarden Dollar in den Jahren 1991 bis 1993, womit der Gesamtbetrag der Jahre 1983 bis 1990 erheblich übertroffen wurde.[28] Dieser Zustrom hielt bis in das Jahr 1994 hinein an. Lateinamerika ist wieder eine Region, der sich ausländisches Kapital zu-

27 Vgl. ECLA, Preliminary Overview . . . 1993, a. a. O., Tabellen 20–22; International Monetary Fund, World Economic Outlook, May 1994, Washington 1994, S. 95.

28 Vgl. ECLA, Preliminary Overview . . . 1993, a. a. O., Tabelle 16.

wendet, jedoch nicht ausschließlich wegen der dort gegebenen langfristigen Aussichten. Vielmehr ergab sich das vorherrschende Motiv aus einer Kombination hoher lateinamerikanischer Zinssätze und niedriger US-Sätze, verbunden mit der Aussicht auf neue Chancen in Mexiko, die sich nach dem Abschluß der NAFTA-Verhandlungen eröffneten.

Diese Entwicklung von einem Importüberschuß über einen hohen Ausfuhrüberschuß hin zu einem erneuten Importüberschuß zeichnet die Entwicklung der Zahlungsbilanzen nach. In diesem Bild fehlt aber ein Faktor von entscheidender Bedeutung: die Neuausrichtung der Binnenwirtschaft in der Region. Sie zeigt sich in drei bedeutenden Veränderungen. Erstens kam es zu einer strukturellen Veränderung hinsichtlich der finanzpolitischen Expertise der öffentlichen Hand und, damit verbunden, zu einem Rückgang der Inflationsraten. Brasilien war nun praktisch das letzte Land der Region, das am 1. Juli 1994 eine neue Währung, den Real, eingeführt hat, und wird sich ernstlich bemühen, den künftigen Preisanstieg in Grenzen zu halten. Zweitens fand eine Neuordnung der Besitzverhältnisse, ein Übergang von staatlicher in private Hand statt. Und drittens wurden die Zölle und Kontingente, die die heimische Industrie schützten, merklich gekürzt; man verläßt sich sehr viel stärker auf die inländische Produktionsfähigkeit als ehedem.

Die Veränderung hinsichtlich der finanzpolitischen Expertise und der Inflationsraten stellt einen bedeutenden strukturellen Wandel in der Region dar. Was sich in den meisten Ländern insbesondere in den vergangenen drei Jahren vollzogen hat, ist ein kontinuierlicher Prozeß zunehmender staatlicher Beherrschung der Einnahmen und Ausgaben. Außerdem wirkten sich die niedrigeren internationalen Zinssätze günstig aus: Ihr Rückgang war zusammen mit den positiven Ergebnissen der Schuldenermäßigung von großem Nutzen. Der Nettoeffekt war geradezu dramatisch. Nach einem Haushaltsdefizit in einer Größenordnung von 3 Prozent des Bruttoinlandsprodukts im Jahre 1989 verzeichnete die Region 1993 insgesamt einen Staatshaushalts-Überschuß von 1 Prozent. »Mehr als zwei Drittel der Länder konnten in dieser Zeit ihre Haushaltslage verbessern.«[29]

29 International Monetary Fund, World Economic Outlook, a. a. O., S. 95.

Diese Verbesserung war in erster Linie auf höhere staatliche Einnahmen zurückzuführen. Dennoch muß auch die etwas skeptische Einstellung der Wirtschaftskommission für Lateinamerika zur Kenntnis genommen werden:

»In nur wenigen Ländern kann man jedoch vom Staatshaushalt sagen, daß er strukturell ausgeglichen ist. Um das zu erreichen, müssen die laufenden Einnahmen durch eine solide Steuergrundlage zuverlässig gesichert sein, die wiederum mit einer bestimmten Höhe der laufenden Ausgaben harmoniert, die das normale Arbeiten der staatlichen Verwaltung und die Erbringung elementarer sozialer Leistungen ermöglicht. Die Steuergrundlage muß außerdem ausreichen, um die staatlichen Investitionen zu sichern, die zum Umbau und zur Entwicklung einer für wirtschaftliches Wachstum und größere soziale Gerechtigkeit erforderlichen Infrastruktur benötigt werden.«[30]

Es ist noch zu früh für ein endgültiges Urteil. Aber die in den vergangenen Jahren unternommenen großen Anstrengungen zur Stabilisierung lassen, wenn sie fortgesetzt werden, hoffen, daß sie einem der wichtigsten Erfordernisse der Länder dieser Region entsprechen. Es ist kein Zufall, daß die Preisinflation drastisch zurückgeführt wurde. Mit Ausnahme Brasiliens ist die Geldentwertungsrate in Lateinamerika insgesamt, gemessen an den Verbraucherpreisen von 1993, auf nur noch 19 Prozent gesunken, also gegenüber 1991 um mehr als die Hälfte zurückgegangen; sie ist damit weit entfernt von der vierstelligen Rate, die 1990 zu verzeichnen war.[31] Die Region bewegt sich zum ersten Mal in der Zeit nach dem Zweiten Weltkrieg wieder ernstlich auf gesunde Staatsfinanzen zu.

Lateinamerika ist somit aus den achtziger Jahren mit einem ansatzweise sehr viel höheren Maß an fiskal- und geldpolitischer Disziplin hervorgegangen. Dazu trug die Bereitschaft bei, den privaten Sektor mit größerer Verantwortung und stärkerem Einfluß auszustatten. Der Verkauf ehemals verstaatlichter Unternehmen hat zu beträchtlichen Einnahmen geführt, die sich in den vergangenen Jahren auf 1 bis 4 Prozent der gesamten staatlichen Einkünfte beliefen. Fluggesellschaften, Telefon- und Telegrafenunternehmen, Stahlwerke und unzählige andere Betriebe wurden reprivatisiert. Im Gegensatz zu den siebziger Jahren, als Auslandskredite der öf-

30 ECLA, Preliminary Overview ... 1992, in: Notas sobre la Economia y el Desarrollo, Nr. 537/38 (1992), S. 2.
31 Vgl. ECLA, Preliminary Overview ... 1993, a. a. O., S. 1 und Tabelle 5.

fentlichen Hand bei der Finanzierung halfen, entstand Ende der achtziger Jahre ein völlig neues Modell. Es ist jedoch unbedingt erforderlich, daß die Investitionstätigkeit in den nun der Privatwirtschaft zugewiesenen Bereichen aufrechterhalten und rationell gestaltet wird. Nicht zuletzt bedarf es einer stetigen Steigerung der Kapitalbildung. Wenn es sich bei der Privatisierung um eine isolierte Transaktion handelt, wird der erhoffte Nutzen nicht erzielt werden.

Die Privatisierungen sollten nicht bloß als Teil des fiskalischen Reformprozesses gesehen werden. Mit ihnen ist auch eine weiter gefaßte Vorstellung von der Rolle des Staates verbunden. Es sollten nicht nur diejenigen Unternehmen verkauft werden, die den staatlichen Stellen einen unmittelbaren Erlös einbringen. Das Ziel muß vielmehr in einer höheren und dauerhaften wirtschaftlichen Leistungsfähigkeit bestehen. Der unmittelbare finanzielle Gewinn ist – verglichen mit dem längerfristig möglichen Nutzen – gering. Der Fehler, diese beiden Aspekte nicht klar voneinander zu trennen, wurde teilweise in den siebziger Jahren gemacht; damals weitete der Staat seine Rolle unnötig aus mit der Begründung, er sei leichter in der Lage, Fremdmittel aufzunehmen. Der Schwerpunkt muß auf künftigen Produktivitätszuwächsen liegen.

Die dritte wichtige Strategie-Veränderung fand im Hinblick auf die Einstellung der Regierung zum Schutz der heimischen Produktion statt. Lateinamerika hatte sich nach 1950 dem Ziel einer Industrialisierung verschrieben, die der Einfuhrsubstitution dienen sollte. Es wurden Handelsschranken errichtet, um den Aufstieg der heimischen Wirtschaft und die Entwicklung ihrer Leistungsfähigkeit zu ermöglichen. Um 1960 erkannte man, daß diese protektionistische Politik nicht gut funktionierte; nur Brasilien und Mexiko hatten aufgrund ihrer Größe und der natürlichen Begrenzung ihrer Außenhandelsquoten Wachstumserfolge erzielt. Aber erst in der Zahlungsbilanzkrise der achtziger Jahre haben sich alle Länder zu freierem Handel bekehrt. Die Zollsenkungen der vergangenen Jahre waren spektakulär. Praktisch überall wurde der durch Importbeschränkungen geschützte Teil der inländischen Produktion erheblich eingeengt, und die Zölle wurden deutlich gesenkt. Der Durchschnitt liegt gegenwärtig bei etwas mehr als 20 Prozent gegenüber nahezu 50 Prozent vor Beginn des Zollabbaus.[32]

32 Vgl. ECLA, Estudio Economica 1991, Bd. 1, Santiago 1993, Tabelle 13.

Diese Entwicklung hat zu dem starken Anstieg der Importe in den vergangenen drei Jahren beigetragen. Zwischen 1990 und 1993 erhöhten sich die Importe der Region von 94,4 Milliarden Dollar auf rund 148 Milliarden Dollar, was einer jährlichen Steigerungsrate von fast 15 Prozent entspricht. Nur etwas mehr als 1 Prozent der jährlichen Expansion geht auf erhöhte Preise zurück. Das einzige große Land, dessen Verhalten von diesem Muster abweicht, ist Brasilien, das die Importnachfrage noch bis 1993 zurückstaute, dann jedoch seine Käufe im Ausland ebenfalls stark erhöhte. Die Region als ganze kam seit 1991 auf reale Zuwächse von jährlich mehr als 10 Prozent.

Lateinamerika ist somit heute, wirtschaftlich gesehen, eine andere Welt als vor zehn Jahren. Seine haushaltspolitische Lage hat sich erheblich verbessert, und auch deshalb ist die Geldentwertung jetzt praktisch erstmals seit den fünfziger Jahren wieder unter Kontrolle. Der aufgeblähte staatliche Sektor wurde verkleinert, was den staatlichen Stellen gleichzeitig zu dringend benötigten Einnahmen verhalf. Die Außenhandelshemmnisse wurden in den vergangenen Jahren weitgehend abgebaut, und man ist um eine größere internationale Wettbewerbsfähigkeit bemüht. Diese Veränderungen sind dem starken Druck zur Neuorientierung zu verdanken, der der Region aufgezwungen wurde. An die planerische Fähigkeit des Staates glaubt man nicht länger. Statt dessen wird auch hier – wie anderswo auf der Welt – Vertrauen in die Funktion der Märkte wieder zur Regel.

V. Die Zukunft

Der Blick in die Zukunft zeigt, daß das kommende Jahrzehnt in dreierlei Hinsicht ein wichtiger Prüfstein für Lateinamerika werden dürfte. Zum einen müssen die Länder der Region zeigen, daß die inneren Reformen der achtziger Jahre, insbesondere die neuerworbene haushaltspolitische Disziplin, tatsächlich von Dauer sind. Besonders wichtig ist dabei, daß es zu wesentlichen Änderungen in der Sparfähigkeit kommt. Zweitens muß das neue Bekenntnis zu offenem Handel zu einem Anstieg der Exporte führen, um allmählich mit den bei den Importen bereits eingetretenen hohen Zuwächsen gleichzuziehen. Drittens bringt die willkommene Ausbreitung der Demokratie die neue Verpflichtung mit sich, eine Sozialpolitik zu betreiben, die das noch offene Problem der Ungleichheit der Einkommensverteilung angeht. Anhaltende Lebensstandard-Ungleichheit – die lateinamerikanische zählt zu den weltweit gravierendsten – ist mit anhaltendem Wachstum und repräsentativer Demokratie unvereinbar.

Im Innern sind fortgesetzte Bemühungen um fiskalische Stabilität erforderlich. Die Reform des staatlichen Sektors muß, statt auf eine kurzfristige Erhöhung der Einnahmen durch Privatisierung staatlicher Vermögenswerte zu setzen, dauerhaft angelegt sein, also auf wirksamere und sicherere Einnahmequellen. Die Steuern, die zunächst gesenkt worden waren, um die Produktion anzukurbeln, werden in Zukunft möglicherweise erhöht werden müssen, um die für künftige höhere Ausgaben benötigten Einnahmen zu erzielen. Auf den Rückzug des Staates aus dem wirtschaftlichen Bereich muß die Übernahme neuer Aufgaben im sozialen Bereich folgen. Gerade dieser Bereich hat unter den Ausgabenkürzungen zur Beseitigung der Defizite gelitten, aber ein solches Ziel kann nicht auf unbegrenzte Zeit Priorität haben. In den Bereichen Gesundheits- und Bildungswesen sind neue Anstrengungen erforderlich. Hierbei handelt es sich nicht um verschwenderische Erhöhungen der öffentlichen Ausgaben, sondern um Investitionen von hohem gesellschaftlichem Nutzen. Generell werden nach dem verlorenen Jahrzehnt der achtziger Jahre öffentliche Investitionen in die elementare Infrastruktur benötigt, damit privates Engagement zu positiven Ergebnissen führen kann.

Es reicht jedoch nicht aus, sich auf diese – wiewohl notwendige – Weise mit dem öffentlichen Sektor zu befassen. Im Grunde steht Lateinamerika mit Ausnahme der jüngsten Vergangenheit Chiles vor dem großen Problem der Entwicklung einer ausreichenden heimischen Fähigkeit zur Finanzierung der höheren Investitionen, die ein künftiges Wachstum erfordert. Das durchschnittliche Sparaufkommen in Lateinamerika ist zu Beginn der neunziger Jahre nicht höher als vor drei Jahrzehnten und beträgt weit weniger als 20 Prozent des Bruttoinlandsprodukts. Dagegen werden in den leistungsstarken Volkswirtschaften Ostasiens Sparquoten von rund 30 Prozent erreicht. Auf einem so niedrigen Niveau kann Lateinamerika keine Wachstumsrate aufrechterhalten, die ausreicht, um die unerfüllt gebliebenen Bedürfnisse der vergangenen zehn Jahre zu befriedigen, geschweige denn den künftigen Anforderungen gerecht zu werden.
Angesichts des hohen Maßes an Ungleichheit in der Region und der Notwendigkeit, dieses Problem entschlossen zu lösen, wird die künftige Erhöhung des Sparaufkommens in hohem Maße vom staatlichen Sektor statt von der privaten Vermögensbildung ausgehen müssen. Diese Schlußfolgerung steht im Einklang mit der Tatsache, daß die inländische Spartätigkeit nicht in der Lage ist, auf die sehr hohen Zinssätze zu reagieren. Ein weiteres Argument, das hierfür spricht, ist die Erfahrung eben der ostasiatischen Volkswirtschaften: Dort haben die Ersparnisse der öffentlichen Haushalte regelmäßig ungefähr ein Viertel oder mehr der volkswirtschaftlichen Gesamtersparnis betragen. Hier liegt eine neue Aufgabe für den staatlichen Sektor Lateinamerikas, der sehr viel häufiger Defizite aufgewiesen hat als Überschüsse. Aber wenn sich das Wachstum in den kommenden zehn Jahren beschleunigen soll, dürfte ein Ersparnisbeitrag der öffentlichen Hand unentbehrlich sein.
Das bedeutet nicht, daß die öffentlichen Investitionen entsprechend steigen. Das ist ein Thema für sich und hängt davon ab, welchen gesellschaftlichen Nutzen öffentliche Ausgaben erbringen. Vielmehr wäre ein Großteil der Einsparungen der öffentlichen Haushalte an private Anleger zurückzuschleusen, was eine neue finanzpolitische Fähigkeit des Staates erfordert, zwischen alternativen Anforderungen zu unterscheiden: Die Fähigkeit, die richtigen Allokationsentscheidungen zu treffen, wird der Prüfstein für den *neuen Staat* in Lateinamerika sein.
Ein zweiter Bereich, der Beachtung verdient, ist die Außenwirtschaft. Eine der wichtigsten Fragen ist hier der Wechselkurs. Infolge starken Zustroms

externen Kapitals und bei gleichzeitiger Bemühung um die Senkung der Inflationsraten wurde in den vergangenen Jahren eine Überbewertung der Währungen zur Regel. Argentinien, Chile, Mexiko und Peru benutzten die Wechselkurspolitik als Teil aggressiver Programme zur Bekämpfung der Inflation; Brasilien wird das jetzt tun. »In der Region insgesamt erfuhren die Währungen in den Jahren 1990 bis 1993 real eine Aufwertung von insgesamt 30 Prozent.«[33]

Das liefert einen Teil der Erklärung dafür, daß die Wachstumsraten der Ausfuhren zu Anfang der neunziger Jahre hinter denen der Einfuhren zurückgeblieben sind. Eine solche Strategie ist aber längerfristig nicht sinnvoll – ebenso wenig jedoch der zunehmend auf die Region ausgeübte Druck, dem asiatischen *Wunder* nachzueifern, indem man wesentlich mehr Gewicht auf den Auslandsabsatz legt; solcher Druck ist aus der jüngst veröffentlichten Weltbank-Untersuchung »The East Asian Miracle« herauszulesen, deren Kernaussage sich sehr einfach zusammenfassen läßt: »Schließlich hat unsere Untersuchung ergeben, daß eine erfolgreiche Exportoffensive – gleichviel, ob sie aus einer offenen Wirtschaft und soliden wirtschaftlichen Rahmenbedingungen resultiert oder auf einer Kombination solcher soliden Rahmenbedingungen und mit Bedacht gewählter Interventionen beruht – großen wirtschaftlichen Nutzen bietet. Von allen Interventionen, die wir einer genauen Betrachtung unterzogen haben, sind diejenigen, die der Exportförderung dienen, am ehesten mit einer Vielzahl unterschiedlicher wirtschaftlicher Verhältnisse vereinbar.«[34]

Aber was in der Vergangenheit galt, ist nicht unbedingt auch in Zukunft möglich. Diejenigen, die später kommen, haben es schwerer als die, die zuerst erfolgreich waren. Hinzu kommt, daß die Größe eines Landes eine Rolle spielt. Der sehr viel sinnvollere Weg könnte für die größeren lateinamerikanischen Länder darin bestehen, einen *exportgerechten* Entwicklungspfad – in Verbindung mit einer Öffnung für Direktinvestitionen des Auslandes – zu verfolgen. Ein stetiges Exportwachstum in einer Größenordnung, die jährlich um 1 oder 2 Prozentpunkte über das Wachstum des Bruttoinlandsprodukts hinausgeht, bringt bedeutende Vorteile: die für die

33 International Monetary Fund, World Economic Outlook, a. a. O., S. 96.
34 World Bank, The East Asian Miracle. Economic Growth and Public Policy, New York 1993, S. 367.

Aufrechterhaltung der Wettbewerbsfähigkeit erforderliche Steigerung der Produktivität in der Exportwirtschaft und somit auch in anderen Bereichen; die Sicherung eines wettbewerbsfähigen Wechselkurses zur Verhinderung einer Überbewertung; die Vermeidung übermäßiger Kreditaufnahme im Ausland mit ihren Auswirkungen auf den Wechselkurs und ihrer entmutigenden Wirkung auf die inländische Spartätigkeit; und die Herausbildung institutioneller Regeln, die auf die Sicherung stetiger Erfolge abzielen.

Es mag durchaus kleinere Volkswirtschaften geben, die in der Lage sind, im Exportwachstum die gleichen eindrucksvollen Leistungen zu erbringen wie Ostasien. Für andere jedoch, insbesondere diejenigen, die (wie Lateinamerika) immer noch von Rohstoffen abhängen und nur über eine begrenzte Sparfähigkeit verfügen, ist es eher unwahrscheinlich, daß sie dem erfolgreichen Beispiel Ostasiens folgen können. Für Lateinamerika würde es bereits einen großen Fortschritt bedeuten, wenn das für die Entwicklung seiner Exporte in der Vergangenheit charakteristische regelmäßige Auf und Ab künftig vermieden werden könnte.

Aber es gibt noch eine zweite Lektion im außenwirtschaftlichen Bereich. Lateinamerika bewegt sich in Richtung eines freieren Handels, sowohl innerhalb als auch außerhalb der Region. Das geht über den erfolgreichen Abschluß der Uruguay-Runde hinaus, denn es zeugt für neue Freihandels-Impulse innerhalb der gesamten Hemisphäre. Mexiko wurde bereits in die Nordamerikanische Freihandelszone aufgenommen, und es ist so gut wie sicher, daß Chile im Laufe der Zeit als weiterer Partner zugelassen wird. Der *gemeinsame Südmarkt* Mercosur, dem Argentinien, Brasilien, Paraguay und Uruguay angehören, hat gerade ein Abkommen unterzeichnet, das auf die Abschaffung interner Handelshemmnisse abzielt.

Es ist zu hoffen, daß eine verläßliche Grundlage für ein Modell des freieren Handels geschaffen werden kann, das die gesamte Hemisphäre umfaßt und die mühsam errungenen wirtschaftsstrategischen Beschlüsse der achtziger und der frühen neunziger Jahre festschreibt. Eine Freihandelszone der westlichen Hemisphäre könnte ein Instrument zur Sicherung einer besseren kontinuierlichen Politik für eine größere Gruppe von Ländern werden. Für Lateinamerika verstärkt ein solches Freihandelsmodell noch die Bedeutung makroökonomischer Stabilität. Es belohnt sie durch bevorrechtigten Zugang zum größten Markt der Welt und eröffnet somit auch die Aussicht auf die Folgewirkung anhaltender ausländischer Investitionen.

Für die Vereinigten Staaten liegt der Nutzen über den kurzfristigen Vorteil eines anhaltend schnellen Exportwachstums hinaus in einer engeren und effizienteren Verbindung mit den Ländern der Region.
Die dritte Frage, die man sich langfristig stellen muß, nämlich die nach der Verbesserung der Einkommensverteilung, ist naturgemäß viel schwieriger zu beantworten. Der Ausgangspunkt sind ein hohes Maß an Ungleichheit und weitverbreitete Armut. Für den Großteil der Region wurde die ohnehin schon schlechte Lage im Gefolge der Anpassungserfordernisse in den achtziger Jahren noch ungünstiger. Alle Anzeichen sprechen dafür, daß die meisten Volkswirtschaften der Region danach in jeder Hinsicht schlechter dastanden – nur wenigen ging es besser. Das ist angesichts des Ausmaßes des Einkommensrückgangs und der Umstrukturierung, die in jenen zehn Jahren stattfanden, kaum verwunderlich.
Von größerer Bedeutung ist jedoch die Frage, was dagegen getan wird. Wir haben aus den Mißerfolgen in den vergangenen 20 Jahren – beispielsweise in ALLENDES Chile, im revolutionären Nicaragua und in GARCIAS Peru – gelernt, daß eine Politik, die auf eine unmittelbare Reform durch Änderung der Löhne abzielt, fehlschlägt, und zwar kraß. Solche populistischen Maßnahmen führen letzten Endes sehr viel eher zu Inflation als zu der beabsichtigten Einkommensumverteilung. Alles in allem scheinen drei Arten direkter politischer Strategien von Bedeutung zu sein. Die eine Möglichkeit besteht darin, staatliche Mittel zur Erhöhung der Ausgaben für Bildungs- und Gesundheitswesen einzusetzen und sie dadurch unabhängiger vom ursprünglichen Einkommen zu machen. Eine zweite Möglichkeit besteht darin, bei der Beschaffung staatlicher Einnahmen größere Gerechtigkeit walten zu lassen, also dafür zu sorgen, daß in der jeweiligen Belastung die Fähigkeit des Einzelnen, Steuern zu zahlen, sehr viel stärker zum Ausdruck kommt. Die dritte Möglichkeit ist die Abschaffung von Monopolprivilegien, die in großen Teilen der Region noch immer anzutreffen sind.
Selbstverständlich setzt all das die Erfüllung einer weiteren und zweifelsohne wichtigeren Bedingung voraus, daß nämlich in Zukunft ein viel höheres Wirtschaftswachstum erreicht wird als in der jüngeren Vergangenheit. Letztlich kann nur dadurch wachsende Nachfrage nach Arbeitskräften geschaffen und die versteckte Massenarbeitslosigkeit abgebaut werden. Nur so ist die Produktivität weiter zu erhöhen, die wiederum die Grundlage dafür bildet, daß die Armen wenigstens minimale Verbesserun-

gen ihres Lebensstandards erreichen können. Nur so können die höheren Einnahmen beschafft werden, die der Staat braucht, um seinen Aufgaben gerecht zu werden.

Mitte der neunziger Jahre blüht und gedeiht die Demokratie in Lateinamerika. Ob sie auf Dauer aufrechterhalten werden kann, hängt davon ab, ob politische Maßnahmen ergriffen werden, die dem doppelten Erfordernis raschen Wachstums und einer Einkommensumverteilung Rechnung tragen.

Schlußbemerkung

Wir haben das Wachstum Lateinamerikas im Laufe des 20. Jahrhunderts verfolgt. Dabei gab es nicht nur Erfreuliches zu berichten. Die Länder begannen mit einem sehr viel niedrigeren Einkommensniveau als die Vereinigten Staaten und waren letzten Endes nicht in der Lage, deren Vorsprung aufzuholen. Fast ein Jahrhundert lang war Brasilien, das mit dem niedrigsten Einkommen begonnen hatte, das einzige Land, das schneller wuchs. Das Scheitern der Länder Lateinamerikas ist nicht auf mangelnde eigene Anstrengungen zurückzuführen: Nur wenige Regionen erprobten ein so beeindruckendes Aufgebot an Strategien, um einen höheren Lebensstandard zu erreichen – aber nur wenige haben dabei so schlecht abgeschnitten.

Das kommende Jahrzehnt verspricht für die wirtschaftliche Entwicklung der Region von entscheidender Bedeutung zu sein. Zum ersten Mal seit der Zeit vor 1929, und heute sogar in noch stärkerem Maße als damals, setzt man generell auf Marktsignale und -entscheidungen. Lateinamerika sieht sich großen Herausforderungen gegenüber. Nicht die geringste geht (wie eingangs bereits angedeutet) von der großen Zahl osteuropäischer Länder aus, die erstmals in Konkurrenz mit der Region treten. Letztlich liegt ein wesentlicher Schlüssel des Erfolges in den künftigen Beziehungen zu den Vereinigten Staaten, die mit der Nordamerikanischen Freihandelszone eine erste Verpflichtung auf die Entwicklung der gesamten westlichen Hemisphäre eingegangen sind. Daraus, wie sich diese Beziehungen im einzelnen entwickeln, wird ein großer Teil der Geschichte Lateinamerikas im 21. Jahrhundert bestehen.

Summary

The 20th century has not seen a dramatic catch-up of Latin America. Current standards of living are less advanced relative to those in the United States than they were in 1900. Even if one takes 1980, before the debt crisis, relative gains at that point were minimal.
This essay seeks to analyze why growth has been so modest. It divides the discussion into four periods: the period before 1929; the Great Depression and the following World War; 1950 until 1980, when rapid advance did occur; and the disappointing readjustment of the last, and lost, decade. It finds that state intervention, undertaken with much expectation and promise, had a way of impeding advance as much as helping. Until and unless government becomes a positive asset, Latin American hopes will continue to be frustrated.
Future development depends critically upon resolution of three decisive issues. Internal balance must be maintained and domestic savings increased. External trade must increase on a regular basis; regional free trade is a real possibility. But above all, the highly unequal income distribution and widespread poverty found in Latin America must receive serious attention. Education and health services will have to be generalized. A more active and regulatory state committed to the market, capable of generating public savings and dedicated to improving the incomes of the poor, is a necessity.

Literaturverzeichnis

Bresser Pereira, Luiz Carlos, Development and Crisis in Brazil. 1930–1983, Boulder 1984.

Cardoso, Eliana, und Albert Fishlow, Latin American Economic Development: 1950–1980, in: Journal of Latin American Studies, Nr. 25 (1993), Supplement, S. 197–218.

Corbo, Vittorio, Problems, Development, Theory and Strategies of Latin America, in: Gustav Ranis und P. Shultz (Hrsg.), The State of Development Economics, New York 1988.

Cortes Conde, Roberto, und Shane J. Hunt (Hrsg.), The Latin American Economies, New York 1985.

Diaz Alejandro, Carlos, Essays on the Economic History of the Argentine Republic, New Haven 1970.

Diaz Alejandro, Carlos, Foreign Trade Regimes and Economic Development: Colombia, New York 1976.

Dornbusch, Rüdiger, und Sebastian Edwards (Hrsg.), Macroeconomics of Populism in Latin America, Chicago 1991.

Economic Commission for Latin America (ECLA), Economic Survey of Latin America, New York 1948 ff.

Economic Commission for Latin America (ECLA), The Economic Development of Latin America in the Post-War Period, New York 1964.

Fishlow, Albert, Origins and Consequences of Import Substitution in Brazil, in: Luis Di Marco (Hrsg.), International Economics and Development, New York 1972.

Fishlow, Albert, Brazilian Development in Long-Term Perspective, in: American Economic Review, Vol. 70 (1980), S. 102–108.

Fishlow, Albert, Alexander Gerschenkron, in: John Eatwell, Murray Milgate und Peter Newman (Hrsg.), The New Palgrave. A Dictionary of Economics, London 1987.

Fishlow, Albert, From Crisis to Problem. Latin American Debt, in: R. Wesson (Hrsg.), Coping With the Latin American Debt, New York 1988.

Fishlow, Albert, Hard Times: Latin America in the 1930s and 1980s, in: Carl-Ludwig Holtfrerich (Hrsg.), Interactions in the World Economy. Perspectives from International Economic History, New York-London und andere 1989.

Hirschman, Albert O., The Political Economy of Latin American Development, in: Latin American Research Review, xxii, Nr. 3 (1987), S. 7–36.

Instituto Brasileiro de Geografia e Estatistica (IBGE), Estatisticas Historicas do Brasil, drei Bände, Rio de Janeiro 1987.

Instituto Nacional de Estadistica, Geografia e Informatica. Estadisticas Historicas de Mexico, Mexico City 1986.
Inter-American Development Bank, Economic and Social Progress in Latin America, Washington 1961 ff.
International Monetary Fund, International Capital Markets, Washington 1986 ff.
International Monetary Fund, World Economic Outlook, Washington 1980 ff.

King, Timothy, Mexico, London 1970.

Maddison, Angus, Two Crises: Latin America and Asia 1929–38 and 1973–83, Paris 1985.

Ocampo, José Antonio (Hrsg.), Historia Economica de Colombia, Bogotá 1987.
Ocampo, José Antonio, und Santiago Montenegro, Crisis Mundial, Protección e Industrialización, Bogotá 1984.

Reynolds, Clark, The Mexican Economy, New Haven 1970.

Sheahan, John, Patterns of Development in Latin America, Princeton 1987.
Szirmai, Adam, Bart van Ark und Dirk Pilat (Hrsg.), Explaining Economic Growth. Essays in Honour of Angus Maddison, Amsterdam-London und andere 1993.

Taylor, Alan, External Dependence, Demographic Burdens and Argentine Economic Decline After the Belle Epoque, in: Journal of Economic History, Nr. 52 (1992), S. 907–936.
Thorp, Rosemary (Hrsg.), Latin America in the 1930s, Oxford 1984.

Villela, Annibal, und Wilson Suzigan, Politica do Governo e Crescimento da Economia Brasileira. 1889–1945, Rio de Janeiro 1973.

Wionczek, Miquel S. (Hrsg.), Politics and Economics of the External Debt Crisis. The Latin American Experience, Boulder 1985.
World Bank, World Development Report, New York 1978 ff.
World Bank, World Tables 1976, Baltimore 1976.

A. Ghanie Ghaussy

Professor an der Universität der Bundeswehr Hamburg

Wirtschaftssysteme und Lebensstandard in den islamischen Staaten: Das Beispiel von vier Maschrek- und Maghreb-Ländern

Inhaltsverzeichnis

Einleitung

Eine Typisierung der Wirtschaftsordnung und des Wirtschaftssystems islamischer Länder nach dem Schema der für die Industrieländer üblichen Klassifikationen vorzunehmen,[1] ist nicht zweckmäßig. Zu viele historisch bedingte ökonomische, aber auch außerökonomische Faktoren, die als »konstitutive Elemente« der Wirtschaftsordnung sowohl das Rahmenwerk des Wirtschaftssystems dieser Staaten als auch die grundsätzliche Einstellung der Bevölkerung und ihre Verhaltensweisen bestimmen, spielen bei der Ordnungsgestaltung dieser Staaten eine maßgebliche Rolle. Wenn konstatiert wird, daß die Klassifizierung »Marktwirtschaft« und »Zentralverwaltungswirtschaft« selbst die in Industrieländern vorherrschenden Wirtschaftsordnungen nur unzureichend charakterisiert,[2] dann gilt dies in besonderem Maße für die islamischen Staaten des Maschreks und des Maghrebs.[3]

Obwohl in den Maschrek- und Maghreb-Staaten eine gewisse Ähnlichkeit in den ordnungspolitischen Rahmenbedingungen existiert, die insbesondere durch die Einheit der Sprache, durch eine gemeinsame, historisch gewachsene Tradition und durch die prägende Kraft der islamischen Religion determiniert werden, so sind sie hinsichtlich der Gestaltung ihres Wirtschaftssystems und ihrer Wirtschaftspolitik doch nicht völlig homogen. Beispielsweise sind die staatlichen Wirtschaftsinterventionen in Form von Planungs- und Lenkungsmaßnahmen in Algerien und Syrien heute wesentlich stärker als in Ägypten und Tunesien, in denen im Zuge der Reform- und Anpassungsmaßnahmen der letzten Zeit Versuche unternommen wurden, die Lenkungseingriffe in das System zu vermindern und

1 Die Literatur zur Ordnungstypologie ist im deutschsprachigen Raum sehr zahlreich. Vgl. neben den einzelnen Beiträgen in diesem Band die dort aufgeführte Literatur.

2 Vgl. Egon Görgens, Entwicklungshilfe und Ordnungspolitik. Eine theoretisch-empirische Wirkungsanalyse unter besonderer Berücksichtigung Schwarzafrikas, Bern-Stuttgart 1983; Dieter Cassel, Wirtschaftspolitik im Systemvergleich, München 1984; Hans-Jürgen Wagener, Zur Analyse von Wirtschaftssystemen. Eine Einführung, Berlin-Heidelberg-New York 1979.

3 Diese geographisch determinierten Begriffe Maschrek (Osten) und Maghreb (Westen) erfassen den gesamten arabischen Ländergürtel zwischen Irak und Marokko. In dieser Arbeit werden aus Gründen der besseren Vergleichbarkeit und aufgrund des ähnlichen Verlaufs der Wirtschaftspolitik je zwei Länder des arabischen Ostens (Ägypten und Syrien) und des arabischen Westens (Algerien und Tunesien) betrachtet.

über die »Infitah« (Öffnung der Wirtschaft) den Marktsteuerungsprozessen und den privatwirtschaftlichen Aktivitäten einen größeren Aktionsspielraum zu gewähren. Nach der wirtschaftsordnungspolitisch üblichen Terminologie würde sich also das algerische und das syrische System eher am Konzept der sozialistischen Planung orientieren als etwa das ägyptische und das tunesische, in dem das Konzept des »Islamischen Sozialismus« immer weiter aufgelockert worden ist. Hier nahm der staatliche Dirigismus stärker ab, und das Wirtschaftssystem paßte sich der marktgelenkten Steuerung schrittweise an. Bei der Gestaltung des Wirtschaftssystems von Algerien und Syrien auf der einen Seite und Ägypten und Tunesien auf der anderen Seite sind also zunächst graduelle Unterschiede festzustellen. Diese Unterschiede werden aber im Zeitablauf künftig sogar eher größer, wenn sich der gegenwärtige Trend der Wirtschaftspolitik in den genannten Staaten fortsetzen sollte.

Um den Zusammenhang zwischen Wirtschaftssystem und Lebensstandard in den Maschrek- und Maghreb-Staaten darzustellen, sollen im *ersten Abschnitt* die wesentlichen ordnungspolitischen Rahmenbedingungen des Wirtschaftssystems in diesen Staaten behandelt werden. Es soll dabei geprüft werden, inwieweit sie zur konkreten Gestaltung des gegenwärtigen Systems der jeweiligen Länder geführt haben. Die historisch gewachsenen, von der Religion des Islam geprägten Rahmenordnungselemente haben auf der einen Seite die Gemeinsamkeiten in der Gesetzgebung, in der Wirtschaftspolitik und im Wirtschaftsverhalten der Maschrek- und Maghreb-Staaten bestimmt. Auf der anderen Seite sind aber auch hier gewisse Unterschiede feststellbar, die in den einzelnen Ländern des Maschreks und des Maghrebs im Lichte der historisch unterschiedlichen Beeinflussung durch das Ausland und durch die Kolonialmächte entstanden sind. Diese Gemeinsamkeiten und Unterschiede sollen im *zweiten Abschnitt* behandelt werden. Dabei wird gleichzeitig auch die Frage geprüft, wie es in den einzelnen Staaten zu dem notwendigen Wandel der Wirtschaftspolitik und zur Öffnung der jeweiligen Wirtschaftssysteme kommen konnte.

Da die ordnungspolitische Orientierung an bestimmten Leitbildern und dementsprechend die Gestaltung der praktischen Wirtschaftspolitik in den Maschrek- und Maghreb-Staaten zu unterschiedlichen »Performances« geführt haben, die den Lebensstandard und die Lebensweise der Bevölkerung in entscheidender Weise beeinflußten, sollen diese Wirkungen anhand einiger makroökonomisch relevanter Daten für die einzelnen Länder im *dritten Abschnitt* geprüft werden.

Der Wandel von Wirtschaft und Gesellschaft in den Maschrek- und Maghreb-Staaten war angesichts der mit dem alten System verbundenen mäßigen »Performances« eine notwendige Erscheinung. Die geringen Fortschritte bei der Änderung des Lebensstandards der Bevölkerung mußten in den einzelnen Staaten – allerdings in unterschiedlichem Ausmaß – zu einer Änderung der Wirtschaftspolitik und zur Öffnung der Wirtschaft (Infitah) führen. Eine solche – wenn auch im Vergleich zu den Ostblockstaaten mäßige – Transformation war mit Reformmaßnahmen und Anpassungsprozessen verbunden, die in den einzelnen Ländern sachlich und zeitlich voneinander unterschiedlich verliefen. Dieser Problemkreis soll im *vierten Abschnitt* erörtert werden.

In einem *Ausblick* sollen die Perspektiven der Wirtschaftssysteme und des Lebensstandards in den genannten Maschrek- und Maghreb-Staaten skizziert werden, die vor allem wegen ihrer Nähe zu Europa dessen Wirtschaft und Politik in zunehmendem Maße herausfordern.

I. Gemeinsamkeiten und Unterschiede in ordnungspolitischen Rahmenbedingungen des gegenwärtigen Wirtschaftssystems

Die ordnungspolitischen Rahmenbedingungen, die das gegenwärtige Wirtschaftssystem in den ausgewählten Maschrek- und Maghreb-Staaten und damit gleichzeitig auch die ökonomische Entwicklung und den Lebensstandard der Bevölkerung bestimmen, sind in sehr starker Form durch die von der islamischen Religion geprägten Normen rechtlicher, organisatorischer und sittlicher Art geprägt worden. Darüber hinaus sind sie aber auch durch das Eindringen europäischer Ideen und Wertvorstellungen und der Technik sowie durch die Übernahme europäischer Rechtsordnungen während der langen Periode der kolonialen Herrschaft bestimmt worden. Dabei erreichte die Transformation von Wirtschaft und Gesellschaft in den genannten islamischen Staaten einen jeweils unterschiedlichen Stand. Das Ausmaß dieses Transformationsprozesses war in erster Linie mit der Dauer und Intensität der kolonialen Eingriffe in das Strukturgefüge von Wirtschaft und Gesellschaft der vier Maschrek- und Maghreb-Staaten verbunden. Die teilweise erfolgte Verschmelzung der neuen, übernommenen Werte mit den alten, traditionellen Lebensformen erklärt gleichzeitig auch den Prozeß der gesellschaftlichen Desintegration, unter der die heutigen Maschrek- und Maghreb-Staaten in jeweils unterschiedlicher Form und Intensität leiden.
Da jedoch die europäischen Werte und Ordnungsvorstellungen in den Staaten des Maschreks und Maghrebs nur von Intellektuellen und kleinen Elitegruppen verstanden wurden, während die islamisch geprägte Grundordnung bei der großen Masse davon fast unberührt blieb, weil sich ihre traditionell verankerten und historisch gewachsenen Werte nach wie vor als stärker erwiesen als die importierten Wertvorstellungen, ist daraus ein Spannungsverhältnis entstanden, das für das Verständnis der auch heute noch in einigen Maghreb-Staaten voll in Gang befindlichen Konflikte maßgebend ist. Dieses Spannungsverhältnis wird die Entwicklung des gegenwärtigen und künftigen Wirtschaftssystems und der Wirtschaftspolitik der genannten Länder wesentlich beeinflussen. Deshalb ist es erforderlich, zunächst die wirtschaftsordnungspolitischen Elemente des Islam als tragende ordnungspolitische Rahmenbedingung kurz zu skizzieren und

auf den Re-Islamisierungstrend hinzuweisen, der in zunehmendem Maße die »Islamisierung« der Wirtschaft in diesen Staaten fordert.

A. Die islamische Wirtschafts- und Rechtsordnung als gemeinsames Rahmenwerk des Wirtschaftssystems der islamischen Staaten

Das Wirtschaftsdenken sowie die Wirtschaftslehre des Islam bestimmten von der Entstehung des islamischen Rechts in der klassischen Zeit des Islam bis zu den Reformversuchen des Osmanischen Reiches (Ottomanen) das Wirtschaftsgeschehen in den meisten arabischen Staaten. Der Islam bestimmte die soziale Ordnung, die wirtschaftlichen Grundsätze, die Staats- und Rechtsverfassung und so weiter. Erste Änderungs- und Modernisierungsbestrebungen verwirklichten sich in den Reformprozessen der Tanzimatperiode (1839–1876)[4] vor allem in den heutigen Maschrek-Staaten. Später wurden die Reformen hier wie auch in den Maghreb-Staaten durch die koloniale Transformationspolitik im europäischen Sinne abgelöst und ergänzt.
Solange die Islamisten die islamische Wirtschaftslehre nicht in ihrem Sinne interpretierten, konnte davon ausgegangen werden, daß – wirtschaftsordnungspolitisch betrachtet – der Islam die Entwicklung der Wirtschaft nicht besonders gehemmt hat. Die ordnungspolitischen Kerninhalte der islamischen Lehre sind einer marktwirtschaftlichen Ordnung adäquat. So sind die beiden konstitutiven Elemente der Marktwirtschaft, nämlich das Privateigentum und die Vertragsfreiheit, aus der Sicht des Islam heilig und dürfen nicht angetastet werden. Ebenso herrschen im Islam das Individualprinzip und die Dominanz der privaten Entscheidungsfreiheit vor, wenn sie nicht die ethischen Prinzipien und Normen der Religion verletzen.[5] Die Grundmaximen der »Solidarität« und der »sozialen Gerechtigkeit« setzen der schrankenlosen Anwendung des Freiheitsprinzips zwar Grenzen, aber der Islam ist nie so weit gegangen, eine völlig egalitäre Gesellschaft zu fordern. Er verlangt lediglich das verantwortungsvolle Han-

4 Dies waren umfangreiche Reformen, die durch den Herrscher des Osmanischen Reiches nach dem Vorbild westeuropäischer Staaten durchgeführt wurden.
5 Vgl. hierzu näher A. Ghanie Ghaussy, Das Wirtschaftsdenken im Islam, Bern-Stuttgart 1986, S. 248 ff.

deln des Individuums gegenüber der Gesellschaft, eine ethische Forderung, die jeder Religion oder Soziallehre zu eigen ist.[6]
Auch die Steuerung und Koordination der Produktion und des Verbrauchs über den Markt ist ein Wesenszug der islamischen Wirtschaftslehre. Darüber hinaus fordert der Islam die Öffnung des Marktes und die Einhaltung des Wettbewerbs auf allen Märkten. Wettbewerbseinschränkende Maßnahmen wie monopolistische Preispraktiken, Spekulationen und Wuchergeschäfte sind ausdrücklich verboten. In Wirklichkeit haben sich die islamischen Staaten in der klassischen Zeit des Islam, in der der Handel und das Handwerk ihre Höhepunkte erreichten, immer bemüht, die Offenheit und das Funktionieren der Märkte mit allen erforderlichen Mitteln sicherzustellen. Der blühende »Basar« in der islamischen Welt war ein Zeichen dafür.[7]
Auch hinsichtlich der Produktion und des Verbrauchs war die individuelle Freiheit nicht eingeschränkt. Eine Ausnahme bildet das Verbot der Produktion, des Verbrauchs und des Handels mit jenen Gütern, die als gesundheitsgefährdend galten und der Gesellschaft Schaden zufügen konnten – wie zum Beispiel Alkohol, Drogen oder Schweinefleisch – beziehungsweise damals als »unsittlich« betrachtet wurden, wofür es viele Beispiele gibt. Das Verbot von Zins (*Riba*) galt eigentlich dem Konsumtivzins und dem Zins für Naturalkredite, die immer Wucherformen angenommen hatten. Zins als »Ertragsrate« des Kapitals, zum Beispiel bei Investitionen, war und ist nicht verboten, es sei denn, man übernimmt die fälschliche Interpretation der radikalen Islamisten. Dennoch hat das Zinsverbot die Entstehung eines organisierten Geld- und Kapitalmarktes bis zum gegenwärtigen Zeitalter erschwert. Der Kapitalhandel verlagerte sich deshalb auf unorganisierte Märkte, in denen sich unterschiedliche Formen der Zinsumgehungsgeschäfte entwickelten, die später im Rahmen der Entstehung der islamischen Rechtsordnung legalisiert wurden. Die institutionelle Wiedereinführung dieser Umgehungsformen im Rahmen einer »zinslosen Wirtschaft« nach dem Beispiel einiger islamischer Staaten wie Iran

6 Vgl. Ghaussy, Das Wirtschaftsdenken . . ., a. a. O., S. 276 f. Vgl. ferner Volker Nienhaus, Islam und moderne Wirtschaft. Positionen, Probleme und Perspektiven, Graz-Wien-Köln 1982, S. 73 f.

7 Zu den Wirtschaftsformen, insbesondere dem internationalen Handel in der Zeit des klassischen Islam, vgl. besonders Claude Cahen, Der Islam I: Vom Ursprung bis zu den Anfängen des Osmanenreiches, Frankfurt am Main 1968, S. 177 ff.

und Pakistan wird heute von den Islamisten auch in den Maschrek- und Maghreb-Staaten gefordert.
In diesem Zusammenhang muß aber auch erwähnt werden, daß der Islam die Grenzen einer reinen Morallehre sprengt und sich als eine universalistische und »gerechte« Gesellschaftsordnung versteht. Er ist zugleich auch eine politische Religion. Insofern läßt er Eingriffe des Staates zwecks Sicherung des Gemeinwohls, zur Erstellung meritorischer Güter[8] und zur Schaffung sozialer Gerechtigkeit zu. Dies ist sogar als ein Rechtsprinzip im islamischen Rechtssystem verankert.[9] Sehr viele Regierungen in der islamischen Welt haben jedoch, historisch betrachtet, dieses Prinzip zur Ausdehnung ihrer Macht mißbraucht. Ihre Handlungen sind, soweit sie diese Grundprinzipien der islamischen Lehre sowie Prinzipien wie Privateigentum, Vertragsfreiheit und Freiheit der Märkte verletzt haben, immer mißbilligt worden. In diesem Lichte ist auch die Einkommensumverteilungspolitik in der islamischen Lehre zu sehen. Denn grundsätzlich haben die Wirtschaftssubjekte Entscheidungsfreiheit über die Verwendung ihres legal erworbenen Einkommens. Die einzigen Grenzen, die sich aus der Lehre ergeben, leiten sich aus den sozialethischen Verpflichtungen des Moslem gegenüber der Gesellschaft ab. Diese sehen zum Beispiel Transferzahlungen in Form von freiwilligen Leistungen an die Bedürftigen der Gesellschaft vor.[10]

B. Der Islam als nationalistisches und antikoloniales Bindeglied zwischen Wirtschaft und Gesellschaft

Fast alle Länder des arabischen Maschreks und Maghrebs wurden von 1516 bis 1638 vom Osmanischen Reich besetzt oder unterstanden als Vasallen der Osmanischen Herrschaft. Die osmanischen Türken als Kalifen des Islam behielten allerdings die islamische Wirtschafts- und Rechtsord-

8 Meritorische Güter sind solche Güter, deren Wert der Einzelne nicht so hoch einschätzt, daß er zu ihrer vollen Bezahlung bereit ist, und die daher meist vom Staat gefördert werden – zum Beispiel Theater, Bildung, Museen, Impfungen.
9 Nach dem Prinzip des Istihsan beziehungsweise Maslaha als ergänzende Rechtsquelle in den vier sunnitischen Rechtsschulen, insbesondere bei den Hanafiten. Vgl. Joseph Schacht, An Introduction to Islamic Law, Oxford 1979, S. 60.
10 So beispielsweise Zakat und Saddaqa, die ursprünglich als eine freiwillige Leistung konzipiert, später jedoch als eine Art Einkommen- und Vermögensteuer institutionalisiert wurden.

nung ebenso wie die islamische Tradition bei.[11] Erst von den sechziger Jahren des 19. Jahrhunderts an führte das Eingreifen der europäischen Mächte zur Teilung der arabisch-osmanischen Welt, ebenso wie zur Entstehung unterschiedlicher Staaten im arabischen Maschrek und Maghreb. Der Übergang vom osmanischen zum europäischen Kolonialismus erfolgte somit fast nahtlos mit dem Zerfall des Osmanischen Reiches.

Der europäische Kolonialismus zerstörte jedoch die davor fast einheitliche Ordnung und führte in den Maschrek- und Maghreb-Staaten zur unterschiedlichen Gestaltung der Wirtschafts- und Rechtsordnungen. In den Maghreb-Staaten (Algerien und Tunesien) kam es durch Konfiszierungen sowie Kauf und Übertragung von privatem Land und von Staatsdomänen zugunsten der »colons« zu einer grundlegenden Änderung der Eigentumsverhältnisse an Grund und Boden.[12] In den Maschrek-Staaten (Ägypten und Syrien) führten die modernistische Reformierung und die Europäisierung der Wirtschaft, verbunden mit dem gleichzeitigen Wachstum der Bevölkerung, zu einer Umstrukturierung der Wirtschaft, deren Produktion den Industrien der Kolonialmächte zugute kam. Die Folge war nunmehr in erster Linie die Entstehung von dualistischen Strukturen in Wirtschaft und Gesellschaft. Der Dualismus in der Wirtschaft zeigte sich darin, daß neben den dynamischen Exportsektoren der Monokultur- und Rohstoffwirtschaft mit hoher Produktivität weiterhin die traditionellen Sektoren mit geringerer Produktivität existierten.[13] Letztere dienten vor allem der Deckung der einheimischen Nachfrage. Der Dualismus in der Gesellschaft zeigte sich in der Umschichtung der alten Gesellschaftsstruktur. Auf der einen Seite entstand dabei eine Schicht, die aus europäischen Siedlergemeinschaften (Algerien, Tunesien) und aus einer europäisch

11 Zu einer umfassenden geschichtlichen Darstellung vgl. Albert Hourani, Die Geschichte der Arabischen Völker, Frankfurt am Main 1992, S. 257 ff.

12 Dabei wurden die ertragreichen Böden konfisziert und von den französischen Kolonisten in Besitz genommen, die gleichzeitig die landwirtschaftliche Produktion größtenteils umstrukturierten und die Produktion der Nachfrage des Mutterlandes anpaßten (Wein statt Getreide). Gleichzeitig ging mit der Umstrukturierung eine Urbanisierung einher, die sowohl mit der wachsenden Zahl der europäischen Ansiedlungen verbunden war als auch mit dem Zustrom der bereits landlos gewordenen Bauern und ihrer Familien, die dann in die schnell wachsenden Städte einströmten. Zu Tunesien vgl. Clement H. Moore, Tunisia since Independence. The Dynamics of One-Party Government, Berkeley-Los Angeles 1965, S. 15 ff., ferner Mohammed Dridi, Zum Problem der kulturellen Identität, der Westernisierung und der ökonomischen Unterentwicklung in der Dritten Welt. Fallbeispiel Tunesien, Dissertation, München 1981. Zu den Maghreb-Ländern Algerien und Tunesien vgl. besonders Samir Amin, Le Maghreb Moderne, Paris 1970, und Hourani, Die Geschichte . . ., a. a. O., S. 347 ff.

13 Ein großer Teil der französischen und britischen Investitionen erfolgte in Produktion und Export von Rohstoffen, die in Europa für die industrielle Produktion nachgefragt wurden (Baumwolle, Erdöl).

orientierten Gesellschaftsschicht bestand, die sich auch aus einheimischen Intellektuellen, Kaufleuten, Beamten und Kindern der Großgrundbesitzer zusammensetzte und aufgrund eines dualen Bildungssystems besondere Privilegien genoß. Auf der anderen Seite stand die Masse der Bevölkerung, die traditionell lebte, keinen Zugang zu den modernen Bildungssystemen hatte und allenfalls die traditionellen Madáris (Koranschulen) in den Dörfern und städtischen Randgebieten besucht hatte.

Die wirtschaftliche und gesellschaftliche Desintegration in den islamischen Maschrek- und Maghreb-Staaten war somit ein Prozeß, der die innere Struktur der betroffenen Länder tief spaltete. Aber gerade die arabischen Intellektuellen, die fast durchweg in europäischen Bildungsstätten ausgebildet waren, mußten durch eine solche Spaltung der Gesellschaft und durch die fortschreitende Verelendung der Massen herausgefordert werden. Sie stellten sich deshalb gegen die Überfremdung, zunehmende Ungerechtigkeiten und Demütigungen, die sie vor allem in den Maghreb-Staaten durch die Siedler erlitten. Die Idee der Befreiung von der Fremdherrschaft und den Zwängen der traditionellen Fesseln der Gesellschaft entwickelte sich zur Idee des Nationalismus, der zu Anfang des 20. Jahrhunderts in besonders starker Form auftrat. Im einzelnen unterschied er sich dabei im Osten, in den Maschrek-Staaten, von dem im Westen, in den Maghreb-Staaten, durchaus.[14] Jedoch bestand in beiden Staatengruppen die Verbindung des Nationalismus mit dem Islam. Diese Form des Nationalismus vereinte das gemeinsame Empfinden der arabischen Massen mit der bereits faktisch existierenden Nationalstaatlichkeit.

Mit den Reformen, die sowohl durch die fortschrittlich orientierten einheimischen nationalistischen Bewegungen als auch durch direkte Übertragung europäischer Macht in den Maschrek- und Maghreb-Staaten eingeführt wurden, war ein duales Rechtssystem geschaffen worden. Auf der einen Seite entstand ein Rechts- und Wirtschaftssystem, das laizistisch-säkularisiert war und das islamische Rechtssystem der »Scharia« verdrängte.

14 Die Literatur über den arabischen Nationalismus, der im Maschrek andere Ausgangspunkte hatte als in den Maghreb-Staaten, ist sehr zahlreich. Vgl. hierzu besonders Sati'al-Husri, Als Bilad al Arabia wa Daula al'Usmania, Beirut 1960, und Sylvia G. Haim, Arab Nationalism. An Anthology, Berkeley 1962. In diesem Werk sind die Kerninhalte der Schriften einer Reihe von arabischen Intellektuellen und Schriftstellern, die sich mit dem arabischen Nationalismus unterschiedlicher Schattierung befaßt haben, wiederabgedruckt. Zu den Ideen des arabischen Nationalismus vom Beginn bis zur Gegenwart vgl. die Beiträge in dem Sammelwerk von Kemal H. Karpat (Hrsg.), Political and Social Thought in the Contemporary Middle East, New York 1982. Hier ist der Nationalismus nicht nur der Maghreb- und Maschrek-Staaten, sondern der gesamten islamischen Nah- und Mittelostländer dokumentarisch besprochen.

Auf der anderen Seite standen die weiterhin existierenden, als konservativ-rückschrittlich betrachteten alten Scharia-Strukturen. Daraus ergab sich für das Rechts- und Wirtschaftssystem ein Widerspruch in der Gesellschaft, dessen Beseitigung die Nationalisten und Islamisten einte. Während jedoch das Ziel des Nationalismus primär die politische Befreiung von der europäischen Fremdherrschaft war, versuchten die Islamisten in den Anfängen ihrer Entwicklung – beeinflußt durch die Salafia[15] – zu einer Wirtschafts- und Gesellschaftsethik zurückzukehren, die durch die Normen der Sozialverantwortlichkeit der reinen Lehre des Islam, durch den Koran und durch die reformierte Scharia bestimmt werden sollte. Während jedoch der Nationalismus über Befreiungskampf zu den unterschiedlichen Formen des arabischen Nationalismus und später zum arabischen Sozialismus führte, was auch das Wirtschaftssystem und den Lebensstandard der Bevölkerung entsprechend beeinflußte, legten die islamistischen Reformbewegungen den Grundstein für die Revitalisierung des Islam, die wiederum nicht ohne Einfluß auf das Wirtschaftssystem und den Lebensstandard der arabischen Maschrek- und Maghreb-Staaten bleiben sollte.

C. Der Übergang vom Nationalismus zum sozialistischen Entwicklungsweg

1. In den Maschrek-Staaten

Der Nationalismus im Osten der arabischen Welt, besonders in Ägypten und Syrien, zielte – abgesehen von der politischen Befreiung aus dem Osmanischen Joch[16] – in erster Linie auf die Verbesserung der Lebensverhältnisse und der wirtschaftlichen Entwicklung. Später richtete er sich gegen

15 Eine Bewegung, die auf die Ideen des islamischen Reformators Sayed Djamaludin Al-Afghani und seines Schülers Mohammad ʿAbduh zurückgeführt wird. Der Grundgedanke dieser Reformbestrebung war, den Islam von den Fremdeinflussen zu befreien und zu den Ursprüngen und Grundlagen des Glaubens zurückzukehren, ohne dabei das Fortschrittsdenken der modernen Zeit abzulehnen. Nach dieser Bewegung ist ein solches Denken bereits in der reinen Lehre des Islam vorhanden. Vgl. hierzu besonders Nikki R. Keddie, An Islamic Response to Imperialism. Political and Religious Writings of Sayyid Jamal ad-Din al Afghani, Berkeley-Los Angeles 1968, und Albert Hourani, Arabic Thought in the Liberal Age 1798–1939, New York-London 1962.

16 Vor allem die Landbevölkerung wurde durch das osmanische Iltisam-System, ein Landbesteuerungssystem, das die Bauern durch eine strenge Besteuerung häufig zur Landflucht zwang, stark unterdrückt. Vgl. hierzu besonders Zvi Y. Hershlag, Introduction to the Modern Economic History of the Middle East, 2nd ed., Leiden 1980, S. 79 f.

die europäische Kolonialpolitik. Im Zuge der Modernisierung der Wirtschaft und der Verbesserung des Lebensstandards der Bevölkerung löste sich der arabische Nationalismus im Osten auch vom islamischen Reformismus ab, ohne jedoch die Grundlehren des Islam in Frage zu stellen.

Vom Ende des Zweiten Weltkrieges bis zu den Anfängen der sechziger Jahre dominierte der arabische Nationalismus in Verbindung mit einem Wirtschaftssystem, dessen Grundlagen zwar noch marktwirtschaftlich orientiert waren, das jedoch gleichzeitig soziale Reformen mit dem Ziel der Herbeiführung sozialer Gerechtigkeit anstrebte. Diese Vorstellung ergab sich aus der in dieser Periode zunehmenden Verelendung großer Teile der Bevölkerung. Die Mißerfolge der nationalen Wirtschaftspolitik, verbunden mit außenpolitischen Niederlagen, verdrängten die nationalen Eigenheiten des Arabismus, so daß an seiner Stelle zunächst die Ideologie des Pan-Arabismus verbreitet wurde. Diese übernational-arabische Orientierung, die politisch auf der Idee der historischen und kulturellen Gemeinsamkeiten basierte und darüber hinaus eine engere Einheit und das Zusammenwachsen der arabischen Maschrek-Nationen erklären konnte, brachte ökonomisch eine zunehmende Intervention des Staates in bezug auf Agrarreformen, Verstaatlichungen und die Aufstellung von Entwicklungsplänen. Sowohl in Ägypten als auch in Syrien waren damit starke Aktivitäten des Staates in der Wirtschaft verbunden. Die Abkehr vom westlichen politischen und ökonomischen System in Richtung eines »gemischten Wirtschaftssystems« war somit vorprogrammiert. Ein solcher Pan-Arabismus wurde nicht nur in Ägypten von Gamal Abdel Nasser propagiert, sondern auch von der Baa<th-Partei unter ihren damaligen geistigen Führern Michel <Aflaq und Salahuddin Bitar in Syrien und später auch von den Baa<th-Führern im Irak.[17]

Die Mißerfolge bei der Verwirklichung der ehrgeizigen wirtschaftlichen Entwicklungsprojekte und die mangelnde Unterstützung der westlichen Länder auf der einen Seite sowie die Verblendung durch die vermeintlichen Erfolge des sozialistischen Modells auf der anderen Seite machten die Intellektuellen der arabischen Maschrek-Staaten für die sozialistische und die kommunistische Ideologie anfällig. Da die Idee des pan-arabischen Nationalismus immer noch als ein Hauptwesenszug der politischen und öko-

17 Zu dieser Entwicklung vgl. besonders die aufschlußreiche Arbeit von Leonard Binder, The Ideological Revolution in the Middle East, New York und andere 1964, S. 199 f.

nomischen Entwicklung erhalten blieb, wurde versucht, sie mit dem sozialen Inhalt der islamischen Lehre zu verbinden, den Sozialismus deshalb als noch mit dem Islam konform zu erklären und somit die Doktrin des »Arabischen Sozialismus« zu verbreiten. Dieser sollte also als eine Synthese zwischen dem europäischen Sozialismus und der Ideologie des Arabismus erklärt werden, wobei peinlich genau darauf geachtet wurde, die Unterschiede zwischen dem »arabischen« und später »islamischen« Sozialismus und dem sowjetischen Sozialismus beziehungsweise der Ideologie des Kommunismus zu unterstreichen. Als Begründung und Rechtfertigung des islamischen Sozialismus wurden nicht selten namhafte historische Größen, zum Beispiel der sozial orientierte zweite Kalif OMAR (634–644 n. Chr.), und noch lebende Al-Azhar-Autoritäten, zum Beispiel der damalige Rektor der Al-Azhar in Kairo, in Anspruch genommen.[18]

In *Ägypten* wurde der erste Schritt in Richtung des arabischen Sozialismus bereits 1957 mit der Schaffung von Planungsbehörden vollzogen. Das bereits damals propagierte »demokratisch-kooperativ-sozialistische« Modell der Wirtschafts- und Gesellschaftsordnung wurde bald (im Jahre 1960) durch den Begriff »Sozialismus« ersetzt. In diesem Jahr wurde der erste ägyptische Zehnjahresplan verkündet, der eine Pro-Kopf-Wachstumsrate von 7,3 Prozent vorsah. Dabei wurden fast die gesamte Industrie, die Bergbau- und Energiewirtschaft, der Transportsektor sowie der Hauptdienstleistungssektor (Banken, Versicherungsunternehmen) und der Außenhandel verstaatlicht. Im Jahre 1962[19] wurden nicht nur die Kontrollen im Zahlungsverkehr verstärkt, sondern auch die bislang nicht verstaatlichten Teile der Landwirtschaft und des Handwerks in Genossenschaften zusammengefaßt. Darüber hinaus wurden im Einzelhandel staatliche Mindestbeteiligungen und Preiskontrollen durchgesetzt.[20] Diese Politik, die – mit dem »Arabischen Sozialismus« etikettiert – häufig auch als »Nasse-

18 Zur diesbezüglichen Entwicklung in Ägypten vgl. Malcolm H. Kerr, The Emergence of a Socialist Ideology in Egypt, in: The Middle East Journal, Bd. XVI, Nr. 2 (1962), S. 127 ff. In Syrien ist Mustafa-al Schiba῾i mit der Propagierung der Doktrin des Islamischen Sozialismus weit über die Grenzen arabischer Staaten hinaus bekannt geworden. Vgl. Mustafa-al Schiba῾i, Ischtirakiya al-Islam, Kairo 1960. Zu den sozialreformerischen und sozialistischen Wirtschaftsordnungsvorstellungen im Islam vgl. Ghaussy, Das Wirtschaftsdenken . . ., a. a .O., S. 161 ff.

19 In diesem Jahr wurde die National Charta der Vereinigten Arabischen Republik verabschiedet, die die Grundlagen des Arabischen Sozialismus dokumentierte. In dieser Charta (Al Mithaq al Watani) werden die politischen und ökonomischen Programme in grundlegender Weise bestimmt. Vgl. hierzu Rainer Büren, Die Arabische Sozialistische Union, Hamburg 1970, S. 69 f.

20 Vgl. Bent Hansen, Planning and Economic Growth in UAR (Egypt) 1960–1965, in: Panayiotis J. Vatikiotis (Hrsg.), Egypt since the Revolution, London 1968, S. 19 ff.

rismus« bezeichnet wurde, führte jedoch aufgrund der Unzulänglichkeiten und Fehlschläge der Planungspolitik, der Flucht des Privatkapitals, der immer stärkeren Belastung der Bevölkerung bei gleichzeitiger Aufblähung des Verwaltungsapparates, der Erlahmung der privaten Initiative besonders in den mittelständischen Unternehmungen sowie der fehlenden Anreize nicht, wie angekündigt, zur geplanten Steigerung der Wachstumsrate des Sozialprodukts. Sie verschlechterte vielmehr das tatsächliche Konsumniveau der Massen, insbesondere der ländlichen Bevölkerung, die sich folglich durch die immer weiter auseinanderklaffenden Einkommensunterschiede zur Landflucht genötigt sah.[21] Die wirtschaftlichen Mißerfolge des arabischen Sozialismus führten gegen Ende der sechziger Jahre zu einem Wandel, so daß er im Grunde nichts anderes mehr bedeutete als ein herkömmliches etatistisches Modell der Wirtschaft, in dem die Staatsquote einen erheblichen Anteil erreichte. Diese Politik, die als »sozialistische Errungenschaft« Ägyptens gepriesen wurde,[22] dauerte bis zum Tode von Nasser. Eine Wende vollzog sich mit der Machtübernahme durch Sadat. Obwohl in der Anfangszeit seiner Regierung das Schlagwort des »Arabischen Sozialismus« nach wie vor beibehalten wurde, wurde mit der Ausschaltung der ᶜAli Sabri-Gruppe nun allmählich versucht, die Wirtschaftskontrollen durch den Staat abzubauen, dem privaten Sektor und dem freien Unternehmertum mittels Schaffung von Anreizen mehr Möglichkeiten zu eröffnen und ausländische Investitionen zuzulassen. Damit wurde nicht nur der Etatismus abgeschwächt, sondern das Experimentieren mit dem Modell des »Arabischen Sozialismus« aufgegeben.[23]

In *Syrien* begann das Experiment mit dem »Arabischen Sozialismus« mit der Machtübernahme der Baaᶜth-Partei, die sich bald in eine syrische und eine irakische Fraktion spaltete. Die ideologische Basis der Baaᶜth[24] ist ein-

21 Vgl. hierzu Galal Amin, The Modernization of Poverty. A Study in the Political Economy of Growth in Nine Arab Countries 1945–1970, Leiden 1974, S. 82 ff.

22 Mit Recht weist Binder darauf hin, daß in Ägypten das sozialistische Modell nie voll verwirklicht werden konnte. Was ordnungspolitisch die Wirtschaftspolitik von Gamal Abdel Nasser bildete, setzte sich zusammen aus Ideen des Wissenschaftlichen Sozialismus, des Humanismus, des Labour-Sozialismus und des pragmatischen Etatismus. Vgl. Binder, a. a. O., S. 220 f.

23 Institutionell vollzog sich 1978 dieser Wandel mit der Umwandlung der staatstragenden Partei der Arabischen Sozialistischen Union in die National-Demokratische Partei. Welche Auswirkungen diese neue Richtung auf die wirtschaftliche Entwicklung und den Lebensstandard hatte, wird im II. und III. Kapitel näher beschrieben.

24 Der Begriff Baaᶜth (Wiedererweckung) bezieht sich auf die arabische Glanzzeit des klassischen Islam. Die Ideologie der Baaᶜth wurde in erster Linie durch Michel ᶜAflaq entwickelt. Vgl. Michel ᶜAflaq, Fi Sabil al Baaᶜth (Auf dem Wege der Wiedererweckung), Damaskus 1959. Zu einer ausführlichen bibliographischen Auswahl zur Entwicklung des Baaᶜthismus vgl. Karpat, a. a. O., S. 143 f., ferner Sami A. Hanna und George H. Gardner, Arab Socialism. A Documentary Survey, Leiden 1969, S. 299 ff.

mal die Heroisierung der historischen Größe der islamisch-arabischen Nation und ihre Wiederherstellung durch die arabische Einheit. Zum anderen übernahm die Baa<th-Partei bei der Verschmelzung mit der Arabischen Sozialistischen Partei das sozial-revolutionäre und sozialistische Gedankengut. Dementsprechend sollte nach baa<thistischer Vorstellung die Umgestaltung des Wirtschaftssystems mit der revolutionären Umgestaltung der gesamten arabischen Nation einhergehen. Dabei erschien den arabischen Nationalisten der Sozialismus als der beste Weg, die arabische Nation wiederzuerwecken.[25] Wirtschaftspolitisch war das Ziel der baa<thistischen Regierung eine umfassende staatliche Intervention, eine Lenkung der Wirtschaft nach staatlich festgesetzten Prioritäten, die Überführung der Ressourcen und Produktionsmittel in Gemeineigentum, die Verstaatlichung der Banken und des Außenhandelssektors sowie die Gestaltung der Wirtschaft nach umfassenden Entwicklungsplänen.[26]
Im Gegensatz zu Ägypten, wo nach dem Tode NASSERS eine Politik der Öffnung und des freien Unternehmertums – trotz Beibehaltung staatlicher Interventionen – forciert wurde, wird in Syrien immer noch der »baa<thistisch-sozialistische« Weg entschlossen weiterverfolgt. Aufgrund der Differenzen mit Ägypten und Irak ist Syrien allerdings von der Verwirklichung des Systems eines übernationalen »Arabischen Sozialismus« weit entfernt. Dennoch haben in Syrien radikalsozialistische Ordnungsvorstellungen das Wirtschaftssystem stärker geprägt. Darüber hinaus wurde, wie im nächsten Kapitel zu zeigen sein wird, unter dem Druck der militärischen Führung und den Zwängen in der Wirtschaft eine straffere, aber wechselvollere Wirtschaftspolitik verfolgt, in der Ideologie und Pragmatismus, verbunden mit Reformansätzen, ständige Gegensätze und Widersprüche bilden.

25 Die fundamentalen Prinzipien der Ideologie der Baa<th, wonach Wirtschaft und Gesellschaft umgestaltet werden sollen, sind entsprechend der Vorstellung der Partei die Einheit und Freiheit der arabischen Welt, die Wahrung des moslemischen Charakters der arabischen Nation sowie die Missionierung der arabischen Nation. Vgl. Binder, a. a. O., S. 195.

26 Wie der Arabische Sozialismus in Ägypten lehnt auch die Baa<th-Ideologie den sozialen Klassenkampf ab. Auch wird das Privateigentum prinzipiell nicht abgelehnt.

2. In den Maghreb-Staaten

Die nationalistischen Bewegungen in den Maghreb-Staaten waren zunächst nur als Reaktion auf die französische Kolonialherrschaft entstanden. Den Bewegungen standen die Elitegruppen vor, die sich aus nationalistischen Parteien, Gewerkschaftsmitgliedern und der vornehmlich in Frankreich ausgebildeten Führung des Landes zusammensetzten. Die Religion diente dabei weitgehend als Instrument des Kampfes, um die Massen zu mobilisieren.

In *Algerien* wurde mit der Unabhängigkeit des Landes[27] und der Machtübernahme durch die FLN (Front de Libération Nationale) faktisch eine klare Trennung von Staat und Religion vorgenommen, obwohl der Islam formal als Staatsreligion in der Verfassung verankert wurde. Die staatstragende Einheitspartei der FLN, deren Macht auf dem Militärapparat basierte, verabschiedete bald Gesetze, die die Religion in allen Bereichen in den Hintergrund drängten. Die Führung Algeriens schrieb dabei den Primat der Politik und den Vorrang der Entwicklung der Wirtschaft fest. So wurde beispielsweise mit der Abschaffung der Scharia-Gerichte, die für das Familien- und Erbrecht zuständig waren, der Vereinheitlichung des Strafrechts sowie der Eingliederung der religiösen Schulen (Madáris) in das säkularisierte Bildungssystem und der religiösen Institutionen in den Staatsapparat eine weitgehende Säkularisierung durchgeführt.[28] Der »Arabische Sozialismus« sollte nach dem sozialistischen Modell der zentralen Wirtschaftsplanung die Entwicklung der Wirtschaft und der Gesellschaft bestimmen.

Die sozialistische Entwicklung wurde in Algerien in noch radikalerer Form als etwa im Ägypten der sechziger Jahre eingeleitet. Während es zur Regierungszeit Ben Bellas zunächst zur Verstaatlichung der Industrieunternehmen, des Energiesektors, der Banken und des Außenhandels kam, wurde die Nationalisierung von seinem Nachfolger auch auf dem landwirtschaftlichen Sektor unter dem Stichwort »Sozialistische Agrarrevolution« (1971) fortgesetzt. Mit dem Aufbau der zentralen Planungsbehörde wurde nach der Ausarbeitung des Vorplanes (1967–1969) sowie des

27 Der entscheidende Aufstand wurde durch die FLN im Jahre 1954 organisiert; er setzte sich in den folgenden Jahren fort, bis Algerien schließlich im Jahre 1962 unabhängig wurde.

28 Vgl. im einzelnen Sigrid Faath, Algerien. Gesellschaftliche Strukturen und politische Reformen zu Beginn der neunziger Jahre, Hamburg 1990, S. 198 f.

ersten Vierjahresplanes (1970–1973) ein ehrgeiziges Industrialisierungsprogramm aufgestellt, das der Schwerindustrie besondere Priorität einräumte. Die dadurch bedingte Schaffung eines sektoralen und regionalen Ungleichgewichtes sollte dann mit dem zweiten Vierjahresplan (1974–1977) korrigiert werden. Deshalb wurde im neuen Plan vorrangig der Aufbau der mittelgroßen verarbeitenden Industrie in Angriff genommen, um damit gleichzeitig eine regionale Streuung der Industrialisierung zu erreichen. Die Schaffung von industriellen »Entwicklungspolen« und der Versuch, sie zu verwirklichen, waren jedoch nicht sehr erfolgreich. Die negativen Auswirkungen dieser Politik waren gleichzeitig mit Ineffizienz des Managements und der staatlichen Verwaltung sowie der Verschwendung von Ressourcen verbunden. Sie blieben aber nicht auf die industrielle Entwicklung beschränkt, sondern erfaßten auch andere Bereiche des wirtschaftlichen und sozialen Lebens in Algerien.[29] Mit dem Modell des »Algerischen Sozialismus« gelang es der algerischen Führung, das Wirtschaftssystem bis Ende der siebziger Jahre in eine Planwirtschaft zu transformieren, die – wie später zu sehen sein wird – in den achtziger Jahren allmählich aufgelockert werden mußte.

In *Tunesien* wurden nach der Erlangung der Unabhängigkeit des Landes (1954)[30] die Vertreter der populären und nationalistischen Gruppen – bestehend aus Gewerkschaften, der gebildeten Elite der Neo-Destour-Partei und deren Unterorganisationen – unter Habib Bourguiba zusammengefaßt; sie versuchten zunächst, mit islamischen Würdenträgern und anderen Führungsschichten den neuen Staat aufzubauen. Die Wirtschaftspolitik trug bürgerlich-konservative Züge.[31] Aber schon bald versuchte Bourguiba, im Zuge der Modernisierung der Wirtschaft und der Gesellschaft von der orthodoxen konservativen Linie abzuweichen und zum Islam auf Distanz zu gehen. Nach der Verabschiedung der Verfassung im Jahre 1957 traten zahlreiche Gesetze in Kraft, die die Beschlagnahmung von privaten Ländereien, die Abschaffung des islamischen Familien-, Erb- und Eherechts und die Säkularisierung der Gerichte und des Bildungssystems beinhalteten. Ferner wurde neben radikalen Verstaatlichungen des

29 Eine kurze Darstellung dieses Problems findet sich bei Hanspeter Mattes, Wirtschaftsreform, staatlicher Sektor und Privatisierungsdebatte im Maghreb, Hamburg 1988.
30 Die volle Unabhängigkeit wurde erst 1956 erreicht.
31 Vgl. hierzu besonders Moore, Tunisia since Independence . . ., a. a. O.

Industriesektors auch eine umfassende Agrarreform – gegen erheblichen Widerstand, der zerschlagen wurde – durchgeführt. Erst 1961 begann BOURGUIBA, den Aufbau der Wirtschaft mit dem Modell des »Tunesischen Sozialismus« durchzusetzen, wobei das Sekretariat für Planung und Finanzen dem kommunistisch orientierten ehemaligen Gewerkschaftssekretär BEN SALAH übertragen wurde. Die wirtschaftliche Entwicklung Tunesiens sollte nun durch eine Politik der zentralen Planung durchgeführt, koordiniert und kontrolliert werden. Mit dem Ziel der Modernisierung der Wirtschaft und des »großen Sprungs nach vorn« wurde ein langfristiger Zehnjahresplan (1962–1971) ausgearbeitet und durch mittelfristige Dreijahrespläne ergänzt.[32] Die Modernisierung der Wirtschaft schien bei der Mehrheit der Bevölkerung die erforderliche Akzeptanz zu finden – bis auf die Eingriffe in die religiösen Bereiche, die heftigen Widerstand der Bevölkerung auslösten.[33]

Bereits nach dem ersten mittelfristigen Plan wurde der »Tunesische Sozialismus« nach den Vorstellungen der Neo-Destour BOURGUIBAS in »Parti Socialist Destourien« umbenannt. Diese Umbenennung brachte keine wesentliche Änderung der Grundlinien der Wirtschaftspolitik, die nach wie vor durch die staatliche Planungspolitik dominiert wurde. Allerdings wurden durch konkrete wirtschaftspolitische Instrumente die einzelnen Bereiche der Wirtschaft stärker unter staatliche Kontrolle gestellt; dazu bediente sich die Regierung derjenigen Maßnahmen, die, wie im nächsten Kapitel näher gezeigt werden soll, in fast allen zentralverwaltungswirtschaftlich orientierten Staaten üblich sind.

32 Vgl. hierzu besonders die grundlegende Arbeit von Moore, Tunisia since Independence . . ., a. a. O.
33 So beispielsweise die Bestimmungen über das Fasten während der Arbeitszeit im moslemisch heiligen Fastenmonat Ramadan. Das Fasten im Ramadan ist eine der fünf Grundpflichten des gläubigen Moslems.

II. Die Ausgestaltung der Wirtschaftspolitik in den siebziger und achtziger Jahren

Die Orientierung der Wirtschaftspolitik der Maschrek- und Maghreb-Staaten an den Experimenten mit den jeweiligen Modellen des »Arabischen Sozialismus« und die zaghaften Auflockerungen danach haben zur Verwendung von wirtschaftspolitischen Instrumenten geführt, die trotz gradueller Unterschiede in den einzelnen Ländern typische Gemeinsamkeiten und Besonderheiten aufweisen. Diese sind durch die historische Entwicklung, die politischen und sozioökonomischen Strukturen sowie die nationalen Eigenheiten der einzelnen Länder erklärbar. Was sind nun diese typischen Züge der Wirtschaftspolitik, die besonders in den siebziger und achtziger Jahren, aber darüber hinaus auch heute noch weitgehend die Wirtschaftsordnung und den Wirtschaftsprozeß dieser Länder bestimmen?

A. Wettbewerbs- und Industriepolitik

Wegen des Festhaltens der Maschrek- und Maghreb-Staaten am »sozialistischen« Entwicklungsweg und an der staatlichen Entwicklungsplanung kann eigentlich von einer aktiven Wettbewerbspolitik, die die Leistung und Effizienz der Produzenten sichern sollte, nicht gesprochen werden. Da der Staat durch Enteignungen, durch Neugründungen und staatliche Investitionen einen umfangreichen staatlichen Sektor geschaffen hatte, der allerdings langfristig dem privaten Konkurrenzdruck des In- und Auslandes nicht hätte standhalten können, mußte er versuchen, diesen Sektor zu Lasten der Bevölkerung oder anderer Sektoren zu schützen. Dies war ein relativ ineffizientes, an den tatsächlichen Marktkonstellationen vorbeigehendes Mittel, das das Verhältnis zwischen privatem Sektor und staatlichem Sektor in fast allen genannten Maschrek- und Maghreb-Staaten negativ beeinflußte. Mit anderen Worten: Auf der einen Seite bestand eine staatliche Preispolitik, die bei staatlichen Unternehmungen nicht auf der tatsächlichen ökonomischen Kostenkalkulation basierte, sondern vielmehr aus politischen und sozialen Gründen administrativ geregelt war. Auf der

anderen Seite griff diese Preispolitik in einigen Bereichen nicht auf den privaten Sektor über, so daß sie in entsprechender Weise die Preisrelationen verzerrte. In einigen Sektoren – wie etwa in der Landwirtschaft – wirkte sich eine Politik der festgelegten Erzeugerpreise und der festgelegten Einkaufspreise der staatlichen Handelsorganisation (landwirtschaftliche Exportgüter) auf die Produktion hemmend aus. In anderen Sektoren, wie etwa in einigen industriellen Produktionsbereichen, wurde eine solche administrativ geregelte Preispolitik einerseits mit Schutzmaßnahmen des Staates (Schutzzoll) gegenüber den ausländischen Wettbewerbern begründet, andererseits wurde dadurch dem Wettbewerb der noch existierenden, erfolgreich arbeitenden Privatunternehmungen mit den ineffizient arbeitenden staatlichen Betrieben ein Riegel vorgeschoben.
Darüber hinaus wurde durch die staatliche Monopolpolitik, durch Verbote und andere Erschwernisse des Marktzutritts und des Marktabtritts der bereits existierende Wettbewerb verzerrt oder der potentielle Wettbewerb ausgeschaltet, wovon der private Sektor in besonderem Maße betroffen war. Wettbewerb herrschte nur noch zwischen den kleineren und mittleren Handwerksbetrieben und im lokalen beziehungsweise regionalen Handelssektor, also dort, wo der Staat kaum eingriff.

B. Investitionsförderungspolitik

Die Orientierung am »sozialistischen Modell« und die damit verbundenen aktiven Interventionen des Staates in fast allen Bereichen der Wirtschaft führten zwangsläufig zu Hemmnissen für die privaten Investitionen. Damit wurde das Klima für private Investoren beeinträchtigt, was in bestimmten industriellen Bereichen von seiten des Staates gewollt war. So konnten zum Beispiel die offenen und verdeckten Enteignungs- und Nationalisierungsmaßnahmen das Vertrauen der privaten inländischen und ausländischen Investoren völlig zerstören. Es fehlte an wirksamen Investitionsförderungen und an der Anwendung der bereits vorhandenen Investitionsförderungsgesetze. Für private Investoren gab es keine Anreize; sie hatten sich vielmehr mit Diskriminierungen und verschiedenen Formen der Investitionskontrolle auseinanderzusetzen. Aus diesen Gründen gingen die Investitionen gerade in ökonomisch wichtigen produktiven Sektoren erheblich zurück. Staatliche Investitionen, besonders im industriellen

Sektor, wurden gleichzeitig durch geringe Entscheidungsfreiheiten des Managements und seine Abhängigkeit von der Regierung, durch geringere Flexibilität in der Preispolitik der Produkte, durch kaum vorhandene Innovationsmöglichkeit bei der Produktpalette und durch mangelnde Berücksichtigung von Effizienzkriterien gehemmt.

C. Außenhandelspolitik

Über die Einschränkung des Wettbewerbs zwischen staatlichem und privatem Sektor hinaus wurde die vorwiegend staatliche industrielle Produktion auch vor der ausländischen Konkurrenz geschützt. Das übliche Instrumentarium dafür war zunächst eine *Schutzzollpolitik,* die außer bei einigen Kapitalgütern prohibitive Sätze erreichte und für viele andere Güter mit einer Importkontingentierung oder Importverboten verbunden war. Diese Schutzzollpolitik beabsichtigte nicht allein allokative Wirkungen und damit eine allmähliche Umgestaltung der industriellen Struktur, sondern hatte auch staatliche Einnahmeaspekte. Gleichzeitig wurde in allen genannten Ländern eine Importsubstitutionspolitik betrieben, um die Nachfrage des Inlandes durch Inlandsproduktion zu befriedigen. Das hatte zur Folge, daß einige Güter nicht kostengünstig produziert werden konnten, was eine Belastung der Verbraucher bedeutete. Andere Güter wurden den Nachfragern zwar infolge der Subventionierung durch den Staat zu niedrigen Preisen zur Verfügung gestellt, aber eine Verzerrung der Faktorallokation und die Verschwendung der eingesetzten Produktionsfaktoren konnten nicht oder nur begrenzt vermieden werden.
In ähnlicher Richtung wirkte auch eine *Wechselkurspolitik,* die sich von der Entwicklung der tatsächlichen Wechselkurse weit entfernt hatte. Devisenbewirtschaftung, das Festhalten an zu niedrig festgesetzten Wechselkursen, mangelhafte Anpassung durch Abwertung der eigenen Währungen, die dringend notwendig gewesen wäre, die Praxis gespaltener bis multipler Wechselkurse und so weiter haben sich in den genannten arabischen Staaten auf die Produktion und insbesondere auf die Exporte negativ ausgewirkt; sie haben die Investitionen gehemmt, die Kapitalflucht verstärkt und somit das wirtschaftliche Wachstum erheblich verlangsamt.

D. Niedrigzinspolitik

In die gleiche Richtung wirkten die generell vom Staat festgelegten Niedrigzinsen. Abgesehen davon, daß die Niedrigzinspolitik das Sparen und damit die Kapitalbildung negativ beeinflußte – die Habenzinsen konnten sehr häufig nicht einmal die Inflationsrate ausgleichen –, mußten staatlich fixierte Niedrigzinsen zu Fehlallokationen des an sich knappen Produktionsfaktors Kapital führen. Die Nutznießer einer solchen Politik waren in der Regel die häufig überschuldeten Staatsbetriebe, die zwar über die Preise diese Vergünstigung teilweise an die Verbraucher weitergeben konnten, jedoch andererseits um so unbeschwerter das knappe Kapital verschwendeten. Die Niedrigzinspolitik schlug sich vor allem im staatlichen und generell im organisierten Sektor des Kreditmarktes nieder, zu dem die kleinen privaten Betriebe aus dem Handwerk, der Landwirtschaft und dem Handel keinen Zugang hatten. Auf dem nicht organisierten Markt mußten dagegen sehr hohe Zinsen bezahlt werden.[34] Das ist eine Erscheinung, die nicht nur in den genannten arabischen Staaten, sondern in allen Entwicklungsländern beobachtet werden kann.[35] Darüber hinaus ist die Folge der Niedrigzinspolitik die Flucht des Kapitals in das Ausland, die aufgrund des Fehlens oder der Ineffizienz von Kapitalkontrollen in den genannten arabischen Staaten leicht möglich war.

E. Sozial- und Einkommenspolitik

Die beiden arabischen Maschrek-Staaten Ägypten und Syrien und die Maghreb-Staaten Algerien und Tunesien haben mit der Proklamation des sogenannten »Arabischen Sozialismus« den Anspruch erhoben, dem Staat und dem eingeschlagenen Wirtschaftsordnungsweg einen sozialen Cha-

34 Theoretisch müßte aufgrund der hohen Zinsen am nicht organisierten Markt das Kapitalangebot steigen. Da aber entsprechende Forderungen nicht einklagbar sind, kommen nur die risikofreudigen Kapitalverleiher als Kreditgeber zum Zuge, die dann eine satte Risikoprämie kassieren. Andererseits können zu den Zinskonditionen des nicht organisierten Marktes nur kurzfristige Kreditnachfragen – häufig Konsumtivkredite – befriedigt werden, nicht dagegen mittel- und langfristige Investitionsnachfragen.

35 Die diesbezügliche Literatur ist reichhaltig. Vgl. hierzu besonders John G. Gurley und Edward S. Shaw, Financial Aspects of Economic Development, in: American Economic Review, Vol. 45 (1955), S. 515 ff., und dieselben, Financial Intermediaries and the Saving-Investment Process, in: Journal of Finance, Bd. 11 (1956), S. 257 ff.

rakter zu geben, der nicht nur von der Masse akzeptiert werden sollte, sondern gleichzeitig auch einen Grundkonsens mit der islamischen Lehre bedeutet hätte. Inwieweit aber der »soziale« Anspruch und der »sozialistisch« eingeschlagene Entwicklungsweg auch wirklich miteinander verbunden werden konnten und welche Wirkungen eine stärkere sozialpolitische Orientierung hatte, ist ein anderes Problem. Zunächst hatte es den Anschein, daß der Staat mit sozialpolitischen Maßnahmen wie zum Beispiel der Festlegung von Mindestlöhnen, der Erhöhung von Lohn- und Pachtsätzen, der Subventionierung von Grundnahrungsmitteln, der Erhöhung der Ausgaben für soziale Leistungen wie Erziehung und Gesundheit, der Regelung der arbeitsrechtlichen Bestimmungen einer Umverteilungspolitik des Einkommens sowie der Einführung von Agrarreformen und Landverteilungsmaßnahmen die soziale Lage der Massen verbessern konnte. Insofern stellten die Anfangserfolge die Mehrheit der Bevölkerung auch tatsächlich einigermaßen zufrieden. Wie aber die weitere Entwicklung zeigte, war es nicht möglich, diese Erfolge langfristig aufrechtzuerhalten – ein Tatbestand, der nicht nur in der islamischen Welt, sondern auch für viele andere Entwicklungsländer typisch ist.[36] Während jedoch einige dieser sozial- und einkommenspolitischen Maßnahmen durchaus auch langfristig zweckmäßig waren, wie beispielsweise die Ausgaben auf dem Erziehungs- und Bildungssektor sowie im Gesundheitswesen, hatten andere Maßnahmen, langfristig betrachtet, ökonomisch durchaus negativen Einfluß. Hier sind einmal in allen vier Ländern die unzureichenden Agrarreformen, die Festsetzung von Mindestlöhnen, die Festsetzung von staatlichen Ankaufspreisen für einige Agrargüter sowie die Niedrighaltung der Preise für Grundnahrungsmittel und ihre massive Subventionierung zu nennen. Diese Maßnahmen zeitigten größtenteils kontraproduktive Wirkungen. Sie führten langfristig ebenso zu Arbeitslosigkeit und geringerem Wachstum wie zu Landfluchtbewegungen und zu städtischer Agglomeration.[37] Zum anderen mußten einige dieser Maßnahmen, wie

36 Vgl. hierzu zum Beispiel die Studie von Axel J. Halbach, Rigmar Osterkamp, Hans-Gert Baum und Anton Gälli, Wirtschaftsordnung, sozio-ökonomische Entwicklung und weltwirtschaftliche Integration in den Entwicklungsländern, Bonn 1982, S. 21 f.

37 In bezug auf Tunesien und Algerien vgl. zum Beispiel Helmut Helmschrott, Rigmar Osterkamp und Siegfried Schönherr, Stagnation in der Dritten Welt. Hat die Wirtschaftspolitik versagt? Empirische Untersuchung über den Zusammenhang von Staat, Markt und Entwicklung, München-Köln-London 1992, S. 220 ff. und S. 246 ff. Zu den negativen Wirkungen der Einkommens- und Subventionspolitik vgl. insbesondere S. 236 f.

die Subventionierung der Nahrungsmittelpreise und die Ausschaltung des Preismechanismus bei wichtigen Agrargütern, in allen vier genannten Staaten zur Verstärkung der Importe bei sich verschlechternden Terms of Trade führen. Die besonders hohe Auslandsverschuldung Ägyptens und Algeriens ist unter anderem Folge einer nicht wettbewerbsorientierten Preispolitik sowie einer fehlgeleiteten Einkommens- und Sozialpolitik.

III. Zur »Performance« der Wirtschaftspolitik in den Maschrek- und den Maghreb-Staaten

Wie bereits an früherer Stelle gezeigt wurde, bestehen zwischen den Maschrek- und den Maghreb-Staaten sowohl im direkten Vergleich als auch regional betrachtet Gemeinsamkeiten und Unterschiede in der ökonomischen Struktur, auf die hier nicht näher eingegangen werden soll. Interessant für die vorliegende Arbeit ist vielmehr die ordnungsrelevante Ausrichtung der Wirtschaftspolitik und die Frage ihrer Effizienz. Dazu kann gesagt werden, daß Ägypten und Tunesien eher bereit waren, nach Experimenten mit dem sozialistischen Entwicklungsweg eine Änderung ihrer Wirtschaftspolitik hin zu mehr Öffnung (Infitah) vorzunehmen, als Algerien und Syrien, die immer noch in wesentlichen Bereichen der Wirtschaft an der alten Politik festhalten. Wie sich das Sozialprodukt, der Lebensstandard – ausgedrückt durch die relevanten Indikatoren – und die sektorale Umstrukturierung in den beiden Länderpaaren entwickelt haben, soll nun im folgenden gezeigt werden.

A. Das Wirtschaftswachstum

Das langfristige Wachstum des Bruttoinlandsprodukts (BIP) gibt zwar generell Auskunft über die »Performance« einer Wirtschaft, sagt aber über die Erfolge der Wirtschaftspolitik und des Wirtschaftssystems noch nicht viel aus, da das Wachstum des Sozialprodukts von vielen weiteren Faktoren – wie zum Beispiel der Existenz und Verteilung von Ressourcen – abhängt. Wenn aber zunächst dennoch die langfristigen Wachstumsraten der eher reformbereiten Staaten Ägypten und Tunesien, in denen eine Kursänderung der Wirtschaftspolitik schon früher einsetzte (in Tunesien ab Anfang der siebziger Jahre, in Ägypten ab Mitte der siebziger Jahre), mit denen Algeriens und Syriens verglichen werden, die bis Ende der achtziger Jahre immer noch an ihrem starren Kurs festhielten, dann haben die erstgenannten Länder ein erheblich besseres Leistungsergebnis vorzuweisen. So betrug die reale Wachstumsrate des Bruttosozialprodukts pro Kopf im langfristigen Durchschnitt von 1965 bis 1990 in Ägypten 4,1 Prozent und

Tabelle 1: *Durchschnittliche reale Wachstumsrate des BIP in ausgewählten islamischen Ländern 1965 bis 1992 (in Prozent)*

	1965–1980	1980–1990	1990–1992
Ägypten	7,3	5,0	1,4
Tunesien	6,5	3,6	6,7
Algerien	4,9	3,1	0,6
Syrien	9,1	2,1	8,2

Diese Zahlen sind zwar preisbereinigt, nicht jedoch bevölkerungsbereinigt.
Quellen: Weltbank, Weltentwicklungsbericht 1992, Washington 1992, S. 250 ff.; IMF, World Economic Outlook, May 1993, Washington 1993, S. 135 f.

in Tunesien 3,2 Prozent, während sie sich in Syrien auf 2,9 Prozent und in Algerien auf 2,1 Prozent belief.[38] Das Ergebnis ändert sich auch wenig, wenn die Gesamtperiode in einzelne Teilperioden (1965–1980, 1980–1990) unterteilt wird, wie der Tabelle 1 zu entnehmen ist.

Allerdings zeigen die Daten von 1990–1992 für Ägypten und Syrien eine ungewöhnliche Entwicklung, die in erster Linie mit dem Golfkrieg in Zusammenhang gebracht wird. Ägypten, das im Vergleich mit den drei anderen genannten Ländern mit 600 US-Dollar das geringste Pro-Kopf-Einkommen, jedoch die bei weitem größte Bevölkerungszahl aufweist (siehe Tabelle 2), war in besonderem Maße vom Golfkrieg betroffen, da das Ar-

Tabelle 2: *BSP pro Kopf, Bevölkerung und Bevölkerungswachstum in ausgewählten islamischen Ländern 1990 beziehungsweise 1970 bis 1989*

	BSP/Kopf (US-Dollar)	Bevölkerungszahl (Millionen Einwohner)	Durchschnittliche Wachstumsrate der Bevölkerung (in Prozent)	
	1990	1990	1970–1979	1980–1989
Ägypten	600	52,0	2,1	2,5
Tunesien	1 440	8,0	2,2	3,0
Algerien	2 060	25,0	3,1	3,0
Syrien	1 000	12,4	3,4	3,4

Quellen: Weltbank, Weltentwicklungsbericht 1992, Washington 1992, S. 250 ff.; Weltbank, Jahresbericht 1992, Washington 1992, S. 158 und S. 162.

38 Eigene Berechnung nach Weltbank, Weltentwicklungsbericht 1992, Washington 1992, S. 250 ff.

beitseinkommen und die Transferzahlungen der ägyptischen Beschäftigten aus dem Irak und den Golfstaaten fast vollständig ausblieben.
Da aber in keinem der betrachteten Länder das Bevölkerungswachstum in den letzten 20 Jahren unter Kontrolle gebracht werden konnte, blieb die Zunahme des BIP pro Kopf während der betrachteten Periode in allen vier Ländern nur sehr bescheiden, oder es nahm sogar ab. So ist ein Negativwachstum in Ägypten seit 1989 zu beobachten, in Algerien sogar schon seit 1985 (mit Ausnahme des Jahres 1989).[39] Angesichts der wachsenden Erwerbspersonenzahlen bei gleichzeitig stagnierendem oder negativem Wachstum werden sich in den beiden Staaten die politischen, wirtschaftlichen und sozialen Spannungen in den kommenden Jahren wesentlich vergrößern. Schon jetzt sind in den genannten Ländern über 15 Prozent der Erwerbspersonen arbeitslos. Diese Zahl wird in diesen Ländern in den nächsten Jahren eher noch zunehmen.[40]

B. Die sektorale Umschichtung der Wirtschaftsstruktur

Sowohl die arabischen Maschrek-Staaten Ägypten und Syrien als auch die Maghreb-Staaten Algerien und Tunesien haben seit Mitte der sechziger Jahre versucht, eine konsequente Industrialisierung zu betreiben. Diese Politik war insofern verständlich, als in diesen Ländern die Chancen für die landwirtschaftliche Entwicklung in einem Ausmaß, das die bestehende strukturelle Arbeitslosigkeit und das Bevölkerungswachstum hätte absorbieren können, sehr gering waren. In Ägypten sind kaum 4 Prozent der Fläche, in Syrien rund 30 Prozent, in Algerien ungefähr 15 Prozent und in Tunesien etwa 45 Prozent landwirtschaftlich nutzbar.[41] Auf der anderen Seite sind die industriell verwendbaren Rohstoffe in den einzelnen Ländern sehr unterschiedlich verteilt. Während beispielsweise Algerien über sehr große Erdölvorkommen verfügt, sind die entsprechenden Reserven in

39 Aus dem Vergleich der Durchschnittszahlen der Tabellen 1 und 2 geht dies zwar nicht hervor. Wenn aber die preisbereinigte Wachstumsrate des BIP und die Wachstumsrate der Bevölkerung in Ägypten seit 1989 und in Algerien seit 1985 einander gegenübergestellt werden (die Wachstumsraten des BIP waren in den jeweils folgenden Jahren durchweg kleiner als die Wachstumsrate der Bevölkerung), ergeben sich für beide Länder Negativwachstumsraten. Zu den Zahlen des BIP in den einzelnen Jahren vgl. International Monetary Fund (IMF), World Economic Outlook, May 1993, Washington 1993, S. 135 f.
40 Vgl. Weltbank, Jahresbericht 1992, Washington 1992, S. 162.
41 Vgl. die jeweiligen Länderberichte.

Ägypten und Tunesien sehr gering. Andererseits ist die Baumwollproduktion in Ägypten und Syrien bedeutender als in den anderen beiden Staaten. Tunesien wiederum verfügt über bedeutendere Phosphatvorkommen als die anderen hier betrachteten Länder. Die unterschiedliche Ausstattung mit landwirtschaftlichen und industriellen Ressourcen in der Ausgangssituation war auch ein Grund dafür, daß der Anteil des landwirtschaftlichen Sektors in Ägypten, Syrien und Tunesien zu Anfang der sechziger Jahre größer war als in Algerien, das sowohl Rohöl exportieren und verarbeiten konnte als auch über eine verarbeitende Industrie in den stärker urbanisierten Regionen verfügte (siehe Tabelle 3).

Tabelle 3: *Anteil einzelner Wirtschaftssektoren am BIP in ausgewählten islamischen Ländern 1965 und 1990 (in Prozent)*

	BIP (Mrd. US-Dollar)		Landwirtschaft		Industrie		Dienstleistungssektor	
	1965	1990	1965	1990	1965	1990	1965	1990
Ägypten	4,55	33,71	29	17	26	29	45	54
Tunesien	0,88	11,08	22	16	24	32	54	52
Algerien	.	42,15	.	13	.	46	.	41
Syrien	1,47	14,73	29	28	22	22	49	50

Quelle: Weltbank, Weltentwicklungsbericht 1992, Washington 1992, S. 254 f.

Im Laufe des Industrialisierungsprozesses in den siebziger Jahren, als der Aufbau der Schwerindustrie noch immer den Vorrang genoß, baute Algerien seine Erdöl- und Erdgasindustrie in beträchtlichem Ausmaß weiter auf. Diese diente dann auch als Grundlage für die Entwicklung der Eisen- und der Phosphatindustrie und weiterer Branchen der verarbeitenden Industrie. Allerdings konnte Algerien in dieser Phase die industrielle Entwicklung aufgrund steigender Weltmarktpreise aus eigenen Mitteln und durch Auslandskredite leicht finanzieren, was jedoch wiederum zur Verschwendung von Mitteln, zu Ineffizienz und Stagnation führte.[42] Dennoch konnte 1990 der Anteil der Industrie und des Verarbeitenden Gewerbes rund 46 Prozent des gesamten Wertes des BIP erreichen (siehe Tabelle 3).

42 Vgl. hierzu näher Mattes, a. a. O.

Auch Tunesien konnte durch seine Industrialisierungspolitik den Anteil der industriellen Produktion von 24 Prozent im Jahre 1965 auf 32 Prozent im Jahre 1990 steigern. Hier lag das Schwergewicht auf dem Aufbau der Textilindustrie, der Lederindustrie und des Verarbeitenden Gewerbes. Der gleiche Trend war auch für Ägypten festzustellen, das bis Ende 1990 den Anteil des industriellen Sektors von 26 auf 29 Prozent des BIP erhöhen konnte; hier stand zunächst zwar ebenfalls der Aufbau der Schwerindustrie im Vordergrund, er mußte aber in den achtziger Jahren zugunsten der rohstoffverarbeitenden Branchen wie Textil- und Nahrungsmittelindustrie vernachlässigt werden. Die sektoralen Anteile in Syrien sind während der gesamten Zeit von 1965 bis 1990 ziemlich konstant geblieben (siehe Tabelle 3).

Zu beachten ist (außer in Tunesien) der steigende Anteil des Dienstleistungssektors, der 1990 mit Ausnahme von Algerien über 50 Prozent des BIP lag, wobei insbesondere für Ägypten und Tunesien die Entwicklung des Tourismus eine wichtige Rolle spielte.

Angesichts der ehrgeizigen, zum Teil über die eigenen Kräfte hinausgehenden Industrialisierung, die in allen vier Ländern eine große Importkomponente besaß und deshalb größtenteils durch Verschuldung im Ausland finanziert werden mußte, blieb die Entwicklung der Landwirtschaft das Stiefkind der Wirtschaftspolitik; das gilt insbesondere für die Produktion von Getreide, das in allen vier Staaten das Hauptgrundnahrungsmittel bildet. Vor allem Ägypten mußte Getreide in größeren Mengen importieren. Probleme ergaben sich seit dem Ende der achtziger Jahre für die landwirtschaftlichen Exporte der Maghreb-Staaten Algerien und Tunesien nach Europa, dem traditionellen Exportmarkt für nordafrikanische Zitrusfrüchte und Oliven. Noch in den neunziger Jahren wird Europa infolge des Beitritts von Spanien und Portugal zur heutigen Europäischen Union die Selbstversorgungsgrenze überschritten haben, was zu einer Quotenregelung für die Maschrek- und die Maghreb-Staaten führen könnte; die Maghreb-Staaten haben für diese Produkte keine Ersatzmärkte.

C. Die Auslandsverschuldung

Alle vier Maschrek- und Maghreb-Staaten mußten den industriellen Aufbau und die größeren Bewässerungsprojekte in den Perioden ihrer Planungspolitik durch zunehmende Verschuldung im Ausland finanzieren. Diese Politik führte zu einer starken Verschlechterung ihrer externen Verhältnisse, insbesondere für Ägypten und Algerien (siehe Tabelle 4). Während Ägypten und Tunesien im Rahmen ihrer Öffnungs- und Liberalisierungspolitik versuchten, das außenwirtschaftliche Umfeld durch Exportförderung und Reformanpassungsmaßnahmen einigermaßen zu verbessern, blieben die diesbezüglich zaghaften Versuche und verspäteten Reaktionen Algeriens und Syriens fast erfolglos.

Tabelle 4: *Entwicklung der Auslandsverschuldung in ausgewählten islamischen Ländern 1983 bis 1991 (in Milliarden US-Dollar)* [1]

	1983	1985	1986	1987	1988	1989	1990	1991
Ägypten	12,0	14,2	16,1	18,1	17,6	19,0	14,5	13,5
Tunesien	2,2	2,8	2,9	2,9	2,7	2,5	2,4	2,3
Algerien	15,2	17,0	19,6	20,9	19,6	20,1	21,1	21,8
Syrien	1,0	1,4	1,5	1,7	1,3	1,3	1,2	1,1

1 Stand: Dezember des jeweiligen Jahres.
Quelle: OECD/BIZ, Statistics on External Indebtedness 1983–1991, Paris 1993, S. 6 ff.

Die erst verspätet in Angriff genommenen Anpassungsmaßnahmen Algeriens, das sich im Hinblick auf seine reichen Öl- und Erdgasvorkommen besonders stark verschuldet hatte, führten zu sozialen Unruhen, wovon das gesamte Wirtschaftswachstum beeinträchtigt wurde. Die Abnahme der Verschuldung Ägyptens ab 1990 beruhte nicht auf einer Verbesserung der gesamten Exportstruktur, sondern auf der Streichung der amerikanischen Forderungen in Höhe von rund 7 Milliarden US-Dollar, womit der Beitritt Ägyptens zur Allianz im bevorstehenden Golfkrieg honoriert wurde. Auch Syrien erhielt Beistandszahlungen aus Saudi-Arabien und den Golfstaaten, wodurch eine Entlastung des Schuldenstandes erreicht wurde.

D. Die Entwicklung sozialer Indikatoren

Eines der wichtigsten Ziele des sozialistischen Entwicklungsweges in allen vier genannten arabischen Staaten war die Verbesserung des Lebensstandards der Massen, die nicht nur durch eine Politik des sozialen Ausgleichs und der Umverteilung erreicht werden sollte, sondern auch durch die Beseitigung der kolonialen und postkolonialen Vernachlässigung der gesellschaftlichen Entwicklung und des Humankapitals. Da die exakte Messung einer derartigen Entwicklung problematisch ist, wird versucht, durch den Vergleich der wirtschaftlichen Wachstumsrate bei konstanter oder verbesserter Einkommensverteilung und der Indizes der Lebenshaltung einige Schlüsse auf die Veränderung des Lebensstandards zu gewinnen. Hinzu kommen noch einige andere soziale Indikatoren wie etwa die Analphabetenquote bei Erwachsenen, die Lebenserwartung, die Kindersterblichkeit, die Einschulungsquoten, der Pro-Kopf-Kalorienverbrauch und so weiter.

Tabelle 5: *Wachstumsraten der Lebenshaltungskosten in ausgewählten islamischen Ländern 1975 bis 1992 (in Prozent)*

	Durchschnitt 1975 –1984	1985	1986	1987	1988	1989	1990	1991	1992	Durchschnitt 1985 –1992
Ägypten	13,1	12,1	23,9	19,7	18,8	21,4	17,6	18,1	15,0	18,3
Tunesien	8,5	7,6	6,2	8,2	7,2	7,7	6,5	7,8	5,5	7,1
Algerien	10,3	10,4	14,0	5,9	5,9	9,2	16,7	22,8	32,0	14,6
Syrien	11,0	17,4	36,0	59,5	34,6	11,4	19,4	7,7	8,1	24,3

Quelle: IMF, World Economic Outlook, May 1993, Washington 1993.

Wie aus der Tabelle 5 zu ersehen ist, zeigt der Index der Lebenshaltungskosten in allen vier Ländern einen erheblichen Anstieg. Dieser Anstieg blieb seit den siebziger Jahren in Tunesien relativ niedrig. Für die übrigen drei Staaten zeigen die Zahlen eine erhebliche Verschlechterung der konsumrelevanten Lebensbedingungen.

Auf der anderen Seite zeigen jedoch die Daten der Tabelle 6, daß sich andere soziale Indikatoren, langfristig betrachtet, wesentlich verbessert haben.

Tabelle 6: *Indikatoren für Humankapital und soziale Entwicklung: Analphabetenquote, Lebenserwartung und Kindersterblichkeit in ausgewählten islamischen Ländern 1990 beziehungsweise 1975 und 1990*

	Analphabetenquote bei Erwachsenen (in Prozent)		Lebenserwartung bei Geburt (in Jahren)		Kindersterblichkeit (pro 1000 Lebendgeburten)	
	insgesamt 1990	davon Frauen	1975	1990	1975	1990
Ägypten	52	66	53	60	138	66
Tunesien	35	44	58	67	101	44
Algerien	43	55	56	65	120	67
Syrien	36	49	59	66	75	43

Quelle: Weltbank, Jahresbericht 1992, Washington 1992, S. 162.

Die Tabelle läßt erkennen, daß die soziale Entwicklung in den beiden kleineren Ländern wesentlich günstiger ist als in den größeren Ländern Algerien und Ägypten. Allerdings kann konstatiert werden, daß Tunesien und Syrien schon in den fünfziger Jahren einen erheblich günstigeren Stand aufwiesen, insbesondere Syrien, das bereits vor dem Zweiten Weltkrieg über einen gut entwickelten Mittelstand verfügte.

Der Verbesserung der sozialen Indikatoren werden insbesondere in den Maschrek-Staaten Ägypten und Syrien durch die hohen Ausgaben für militärische Zwecke Grenzen gezogen. Nach Angaben der Vereinten Nationen werden in Syrien jährlich mehr als 10 Prozent des gesamten BSP für die Verteidigung ausgegeben, während dieser Wert für Ägypten und Tunesien 5 bis 9,9 Prozent betrug; nur in Algerien waren diese Ausgaben mit 1 bis 1,9 Prozent sehr niedrig.[43]

43 Vgl. Weltbank, Weltentwicklungsbericht 1991. Entwicklung als Herausforderung, Washington 1991, S. 172.

IV. Ordnungspolitische Reformansätze und Anpassungsversuche in den Maschrek- und den Maghreb-Staaten

A. Gründe für die geringe ökonomische Effizienz

Die Ursachen der unbefriedigenden ökonomischen »Performance« in den behandelten Maschrek- und Maghreb-Staaten liegen nicht nur auf den in Kapitel II behandelten wirtschaftspolitischen Gebieten, sondern auch in der Ausrichtung der Wirtschaftspolitik auf *Ad-hoc*-Experimente. Während die bereits besprochenen Instrumente im ordnungspolitischen Bereich zu unübersehbaren und folgenschweren Fehlentwicklungen führten, waren die zaghaften Versuche einer begrenzten Kurskorrektur nicht in der Lage, diese Fehlentwicklungen zu mildern. Wie in allen Entwicklungsländern, in denen die Zentralplanungspolitik im Vordergrund steht, haben staatliche Eingriffe auch in den Maschrek- und Maghreb-Staaten zu einer Zentralisierung geführt,[44] die mit Überbürokratisierung, mangelnder Flexibilität und Fehlentscheidungen verbunden war. Die personellen, materiellen und informatorischen Unzulänglichkeiten und Engpässe waren ebenfalls zu groß, als daß es hätte gelingen können, das ehrgeizige Ziel der Planungspolitik zu verwirklichen. Große staatliche Entwicklungsprojekte verursachten enorme Anfangskosten, waren jedoch darüber hinaus mit unübersehbaren Folgekosten verbunden, was die Finanzierung der Projekte auch in der Folgezeit erschwerte. Überdies wurden erhebliche Investitionsmittel durch überdimensionale Anlagen gebunden, die größtenteils am Markt vorbei produzierten, was zur Fehlallokation von Ressourcen führte. Das zwang die jeweiligen Staaten, sich in wachsendem Maße im Inland zu verschulden und die anteiligen Inlandskosten durch inflationäre Maßnahmen zu finanzieren. Außerdem mußte man sich – wegen der immer größer werdenden Importkomponenten – zunehmend und zu sehr

44 Für den Fall Algeriens spricht Osterkamp sogar von einer Überzentralisierung, die er als eine Situation versteht, »in der die Planung und Lenkung der Wirtschaft von den zuständigen Stellen in einer Weise vorgenommen wird, die von der Planungsautorität selbst nicht gemeistert wird«; Rigmar Osterkamp, Wirtschaftliche und soziale Entwicklung bei zentraler Lenkung und der Übergang zur Marktsteuerung. Der Weg Algeriens, in: Ifo-Studien, 28. Jg., Heft 4 (1982), S. 300 f. Eine solche Überzentralisierung kann ohne wesentliche Einschränkung auch für die Wirtschaft Ägyptens bis Ende der achtziger Jahre und Syriens bis heute konstatiert werden.

harten Bedingungen um ausländische Finanzierungsmittel bemühen. Stabilitätspolitische Instrumente konnten nicht rechtzeitig und in angemessener Dosierung angewandt werden, um die aus den Plänen resultierenden Fehlentwicklungen zu korrigieren. Algerien ging – wie viele andere erdölreiche arabische Länder – mit seinen Erdöl- und Erdgasvorkommen besonders in der Phase, in der die entsprechenden Weltmarktpreise sehr hoch waren, überaus verschwenderisch um, wofür es später – als die Preise für Erdöl und Erdgas nach der weltwirtschaftlichen Rezession zu Anfang der achtziger Jahre verfielen – teuer bezahlen mußte.[45]

Ferner wurde durch die Vernachlässigung der Landwirtschaft, wie bereits an früherer Stelle angedeutet, nicht nur das sektorale Gleichgewicht, sondern gleichzeitig auch, durch das Erfordernis umfangreicher Nahrungsmittelimporte, das externe Gleichgewicht erheblich gestört. Staatliche Eingriffe in die Preisbildung, die das gesamte Preisgefüge verzerrten, verschärften überdies das Problem.

Angesichts solcher Fehlentwicklungen und wirtschaftspolitischen Mängel, die sowohl ordnungspolitisch relevant waren als auch durch den Einsatz wirtschaftspolitischer Instrumente verursacht beziehungsweise verschärft wurden, mußten grundsätzliche Korrekturen angestrebt werden. Im folgenden sollen die Reformansätze, soweit sie in den vier genannten Ländern zu beobachten waren, näher skizziert werden. Dabei gab es individuell unterschiedliche Versuche, den intern und extern bedingten Schwierigkeiten zu begegnen.

B. Langsame Öffnungspolitik in Ägypten und Tunesien

Nach Fehlschlägen des sozialistisch orientierten Weges haben Ägypten und Tunesien bereits in den siebziger Jahren versucht, ihre Wirtschaft von der sozialistischen Ordnungsvorstellung und der entsprechenden Politik zu befreien.

45 Vgl. hierzu näher Dieter H. Kroner, Die Rolle des Erdöls in der algerischen Wirtschaftsentwicklung, in: Afrika-Spectrum 1981, und Hartmut Elsenhans, Algerien, in: Dieter Nohlen und Franz Nuscheler (Hrsg.), Handbuch der Dritten Welt, 2. Aufl., Hamburg 1983, S. 87 ff.

1. *Die ägyptischen Reformexperimente*

In Ägypten wurde nach dem Tode NASSERS und der Beendigung des Oktoberkrieges 1973 mit SADATS Gesetz Nr. 43 von 1974 versucht, die sozialistisch-zentralistische Planung durch die Politik der »Infitah« (Öffnung), das heißt der Liberalisierung der Wirtschaftspolitik und der Öffnung gegenüber dem Westen, zu ersetzen. Sie begann mit der Umkehr der bereits 1960 durchgeführten »Nationalisierung« des privaten Bankensystems, die alle privaten und öffentlichen Kreditinstitute zu vier großen staatlichen Banken zusammengefaßt hatte.[46] Darüber hinaus wurde eine grundlegende Reform der ägyptischen Wirtschaft verkündet, die die Liberalisierung des Außenhandels, die Öffnung für ausländische Investitionen, die Stärkung des privaten Sektors, den Abbau von Subventionen und die Freigabe von Preisen bringen sollte. Jedoch blieben die entsprechenden Reformmaßnahmen infolge mannigfaltiger politischer, wirtschaftlicher und institutioneller Probleme sowie des großen Widerstandes der Verwaltungsbürokratie und anderer Nutznießer der früheren Konstellation aus.[47] Vielmehr wurde der ursprünglich vorgesehene Zehnjahresplan (1971–1982), nach mehrmaliger Revision aufgrund von Finanzierungsproblemen, in einen Fünfjahresplan umgewandelt, der die Periode 1978 bis 1982 umfassen sollte; diesem folgte dann der Fünfjahresplan 1982 bis 1987.

Bis 1990 führten die Privatisierung und die zaghaften Reformversuche nicht zu einem entscheidenden Durchbruch auf dem Weg aus der starren Staatsbürokratie und Verkrustung der Wirtschaft. Im Jahre 1990 wurde allerdings angesichts der Verhandlungen mit dem Internationalen Währungsfonds (IWF) über ein Beistandsabkommen versucht, die Grundübel der ägyptischen Wirtschaft, nämlich die starre Preispolitik und die hohe Subventionierung einer Reihe von Produkten, in den Griff zu bekommen und die hohen Budgetdefizite zu verkleinern. Weitere Schritte wurden auch bezüglich der außenwirtschaftlichen Reformen unternommen, näm-

46 Es waren dies die National Bank of Egypt, Banque du Caire, die Banque Misr und die Bank of Alexandria, die zusammen rund 70 Prozent des gesamten Vermögens des kommerziellen Bankensektors umfaßten. Vgl. Clement H. Moore, Money and Power. The Dilemma of the Egyptian Infitah, in: The Middle East Journal, Vol. 40, Nr. 4 (1986), S. 838.

47 Vgl. hierzu Dieter Weiss, Zur Transformation von Wirtschaftssystemen. Institutionelle Aspekte der Selbstblokkierung von Reformpolitiken: Fallstudie Ägypten, in: Freie Universität Berlin, Fachgebiet Volkswirtschaft des Vorderen Orients, Diskussionspapier Nr. 13, Berlin 1991, S. 3 f.

lich der Vereinheitlichung der verschiedenen Wechselkurse, der verstärkten Exportorientierung, der Lockerung der Importverbote und einer mäßigen Senkung der Zölle.[48] Darüber hinaus wurde im Rahmen der Strukturanpassungsmaßnahmen im Zusammenhang mit den Vereinbarungen über die »zweite Tranche« und der Reformierung des öffentlichen Sektors, der Deregulierung der Preiskontrollen und den Privatisierungsprogrammen eine Reihe von Staatsbetrieben in Holdinggesellschaften zusammengefaßt. Diese Reformen, die nicht nur stabilitäts- und wachstumsorientiert waren, sondern auch die Anwendung einer Reihe außenwirtschaftspolitischer und sozialpolitischer Instrumente beinhalteten,[49] verliefen allerdings nur sehr schleppend. Das konnte besonders bezüglich der vorgesehenen Privatisierungsmaßnahmen auch von der Weltbank nicht als zufriedenstellend angesehen werden. Die Privatisierungen betrafen in erster Linie die Agrar- und die Touristikbranche und erreichten bis Ende 1992 nicht einmal 10 Prozent des gesamten Wertes der Staatsbetriebe.[50] Angesichts des zögerlichen Tempos der Reformen, die vor allem unter dem Druck des IWF wesentlich schneller hätten voranschreiten müssen, kann man mit MOORE argumentieren, daß in staatlich dominierten Wirtschaftssystemen wie dem Ägyptens eine Privatisierung und ökonomische Reformen in ihren Anfangsphasen eher als »politisches Taktieren« anzusehen sind, um autoritäre Regime zu erhalten und das bestehende System zu stabilisieren, als daß sie dem Übergang zu freier Marktwirtschaft und freiem Unternehmertum dienen.[51] Sie haben allerdings unerwartete Konsequenzen, weil auch solche Reformen zu politischer Liberalisierung (Pluralismus) und zu mehr Reformdruck führen, die im Falle eines Mißerfolges entgegengerichtete Entwicklungstendenzen bewirken und damit die Liberalisierung und die Reformen selbst in Frage stellen können. Diese Gefahr besteht in der Tat dort in wachsendem Maße, weil sich in Ägypten in den letzten fünf Jahren das reale Wachstum erheblich verlangsamt und die

48 Vgl. hierzu besonders The Middle East and North Africa 1991, London 1991, S. 386 f. Zu den einzelnen Elementen des Reformprogramms vgl. ferner Weiss, Zur Transformation . . ., a. a. O., S. 27 f.

49 Vgl. hierzu im einzelnen General Agreement on Tariffs and Trade (GATT), Arab Republic of Egypt. Trade Policy Review, Geneva 1992, S. 1 ff.

50 Vgl. hierzu näher International Bank for Reconstruction and Development (IBRD), Egypt. Structural Adjustment Loan. Release of the Second Tranche, Washington 1993.

51 Vgl. Moore, Money and Power . . ., a. a. O., S. 634 ff.

Inflationsrate erheblich beschleunigt hat. Dabei haben sich auch weitere exogene Rahmenbedingungen verschlechtert. Der Lebensstandard der Massen ist durch die zögerlichen Reformen nicht gehoben worden. Sollte sich diese Entwicklung fortsetzen, wird der Lebensstandard angesichts der Bevölkerungsexplosion, der Urbanisierung und des Abbaus sozialer Vergünstigungen zunehmend sinken. Die Schaffung des »Social Development Fund« (SDF) soll zwar die negativen Begleiterscheinungen der Reformen für die ärmeren Schichten der Gesellschaft auffangen. Angesichts der finanziellen *constraints* Ägyptens und der fortschreitenden Armut ist jedoch eine weitere Verschlechterung der sozialen Lage der Mehrheit der Bevölkerung unvermeidbar.

2. *Die tunesischen Reformversuche*

Wie bereits an früherer Stelle erwähnt, begannen die ordnungspolitischen Reformversuche in Tunesien Anfang der siebziger Jahre. Zwar blieb Tunesien bei der Politik der Entwicklungsplanung, so daß die Perspektivpläne sowie die Vier- beziehungsweise Fünfjahrespläne von Anfang 1962 fortgesetzt wurden.[52] Allerdings hatten diese Pläne nach dem Vorbild der französischen »Planification« Rahmencharakter, jedoch mit etwas verbindlicherer Wirkung als die französischen Indikativpläne.[53] Die wesentlichen Gründe für den Wandel des alten sozialistischen Modells Richtung Reformen waren die politische Destabilisierung und die wirtschaftlichen Mißerfolge insbesondere im landwirtschaftlichen Sektor.[54]

Schon bei der Formulierung des Planes 1962/1972 wurde die landwirtschaftliche Reformpolitik eingeleitet, die auf der einen Seite die Zwangsvergenossenschaftlichungen der Vorjahre rückgängig machte und auf der anderen Seite den Bauern Anreize zur Erhöhung der landwirtschaftlichen Produktion bot. Mitte der siebziger Jahre leitete man eine Exportförderungspolitik mit Zoll- und Steuererleichterungen ein, ohne Importrestrik-

52 Nach dem ersten Dreijahresplan 1962–1964 erfaßten die einzelnen Vierjahres- oder Fünfjahrespläne die Perioden 1965–1968, 1969–1972, 1973–1976, 1977–1981, 1982–1986, 1987–1991 und 1992–1996.

53 Vgl. Statistisches Bundesamt, Länderbericht Tunesien 1992, Wiesbaden 1993, S. 111.

54 Die Wende wurde gleichzeitig mit dem Sturz Ben Salahs verbunden, der für die radikale Verstaatlichungs- und Zentralisierungspolitik der tunesischen Wirtschaft verantwortlich war. Vgl. hierzu Moore, Tunisia since Independence . . ., a. a. O.

tionen völlig zu beseitigen. Außerdem wurde ein neues Auslandsinvestitionsgesetz verabschiedet, das in einigen Bereichen die ausländischen Investitionen den inländischen gleichstellte. Allerdings blieben Reformen auf diese wenigen Maßnahmen beschränkt, so daß die wesentlichen ökonomischen Probleme, die sich aus Preiskontrollen, Niedrigzinspolitik und Eingriffen am Kapital- und Geldmarkt sowie Kontrollen auf dem Felde der Einkommenspolitik ergaben, ungelöst blieben.[55] Die Reformen, die lediglich eine schrittweise Liberalisierung vorsahen und auf einige wirtschaftspolitische Maßnahmen in bestimmten Sektoren beschränkt blieben, konnten einen entscheidenden Durchbruch zur marktwirtschaftlichen Ordnung nicht bewirken. Auch mit weiteren im Jahre 1986 eingeleiteten Reformen im Zusammenhang mit einem Strukturanpassungsprogramm und der seinerzeit begonnenen Stabilisierungspolitik gelangen keine wesentlichen strukturellen Änderungen, insbesondere bezüglich der Privatisierung öffentlicher Unternehmen und der Befreiung der Wirtschaft von administrativen Zwängen – vor allem auf dem Geld- und Kreditmarkt. Wachstumsimpulse gingen in starkem Maße von der Touristikbranche aus, die ohnehin weitgehend privatisiert war.

Die politischen Reformen nach den Wahlen von 1989 sollten die institutionellen Rahmenbedingungen auch durch weitere Liberalisierung verbessern.[56] Der tunesischen Regierung gelang in den letzten drei Jahren eine weitere mäßige Liberalisierung, die mit relativ hohen Wachstumsraten des realen Sozialprodukts einherging; sie konnte auch die Inflationsrate im Vergleich zu den anderen Maschrek- und Maghreb-Staaten relativ niedrig halten. Mit dem weiteren Aufbau der Exportindustrien (Textil und Leder) und der weiteren Diversifizierung der Wirtschaftsstruktur ist die Reformpolitik relativ erfolgreich, vornehmlich dank des privaten Sektors, in dem leistungsstarke und wettbewerbsorientierte kleinere und mittlere Unternehmen sowie *joint ventures* dominieren. Die Erfolge des privaten Sektors einerseits und die Schwerfälligkeit der großen staatlichen Betriebe, die von Verbänden und Gewerkschaften stark beeinflußt wurden, bilden Gegensätze, die die bereits herrschende ordnungspolitische Spannung aufrecht-

55 Vgl. Helmschrott, Osterkamp und Schönherr, Stagnation . . ., a. a. O., S. 234 ff.

56 Die Wahlen brachten die Machtübernahme von Ben ʿAli, der eine Politik des vorsichtigen Pluralismus anstrebte. Vgl. Michael A. Köhler, Die tunesischen Präsidentschafts- und Parlamentswahlen vom 2. April 1989, in: KAS-Auslandsinformationen, Nr. 5 (1989), S. 2 ff.

erhalten. Insofern sind Konflikte zwischen der Öffnungspolitik, die von der Wirtschaft unterstützt wird, und der etatistischen Kontrollpolitik, die von politischen Organisationen ausgeht, unvermeidbar. Ob und inwieweit jedoch die Erfolge der Öffnungs- und einer weiteren Liberalisierungspolitik in Tunesien auch eine Transformation des politischen Systems bewirken, hängt – wie in weiteren arabischen Staaten – von noch vielen anderen Variablen ab, deren Analyse den Rahmen dieser Arbeit sprengen würde.[57]

C. Anpassungsversuche bei Beibehaltung der Politik zentraler Lenkung in Algerien und Syrien

1. Langsame Anpassungsversuche in Algerien

Anders als in Ägypten und Tunesien, wo die Öffnungs- und Liberalisierungspolitik bereits in den siebziger Jahren in Gang gesetzt wurde, herrschte in Algerien in dieser Dekade noch die Ideologie des Sozialismus und des vom Staat zentral zu lenkenden Wirtschaftswachstums. Nachdem das Wachstum der Wirtschaft Algeriens zunächst mit dem anderer Staaten (Ägypten, Tunesien) Schritt halten konnte, was angesichts des Energiereichtums Algeriens – bei stark steigenden Ölpreisen – nicht verwunderlich war, änderte sich die Lage in Algerien seit Anfang der achtziger Jahre erheblich. Von 1986 an verzeichnete das Land überwiegend negative reale Wachstumsraten oder nur geringe positive reale Wachstumsraten.[58] Die langfristige durchschnittliche Wachstumsrate Algeriens war im Vergleich aller vier betrachteten Länder extrem niedrig (siehe Tabelle 1).

Die ersten zaghaften Reformversuche betrafen das System der Planung selbst. Es erfolgten innerhalb des Planes eine sektorale Umlenkung der Investitionen und eine organisatorische Reform der Staatsunternehmen. Außerdem wurden indirekte ökonomische (statt administrativer) Lenkungsinstrumente eingesetzt, ein neues Bankengesetz erlassen und

57 Vgl. hierzu näher Sigrid Faath und Hanspeter Mattes (Hrsg.), Demokratie und Menschenrechte in Nordafrika, Hamburg 1992, S. 489 ff.; Köhler, a. a. O., S. 9 f.; Justus Richter, Stand der Demokratisierung in Tunesien, in: KAS-Auslandsinformationen, Nr. 9 (1993), S. 6 f.

58 Die negativen realen Wachstumsraten des BIP fielen in die Jahre 1986 (–0,2 Prozent), 1987 (–0,7 Prozent), 1988 (–1,9 Prozent) und 1990 (–1,4 Prozent); positive Wachstumsraten waren in den Jahren 1989 (+4,9 Prozent), 1991 (+0,2 Prozent) und 1992 (+3,0 Prozent) zu verzeichnen. Vgl. IMF, a. a. O., S. 135 f.

private Investitionen ermutigt.[59] Diese Änderungen waren also nicht als ordnungspolitische Reform im Sinne von mehr Markt und einer weiteren Öffnung anzusehen. Auch die weiteren Schritte – Reform der Staatsunternehmen, Unterstellung des Planungsministeriums unter das Amt des Ministerpräsidenten, Maßnahmen zur Verbesserung der Rentabilität der Betriebe – können eher als »Kurieren an Symptomen« betrachtet werden, als daß sie echte Reformen darstellten.[60] Lediglich in der Landwirtschaft wurde Ende der achtziger Jahre die Verpachtung von Staatsbetrieben an private Pächter durchgeführt. Damit war der erste entscheidende Schritt zur Weitergabe der Verantwortung an Privatpersonen getan, die nun in ihrem Bereich Initiative entwickeln konnten.

Im Gefolge der starken Abnahme der Rohölpreise seit 1985 entgingen Algerien Exporterlöse; hinzu kamen Schwierigkeiten bei Umschuldungsverhandlungen, so daß Algerien in eine Finanzkrise geriet. Sie sollte durch ein neues Reformprogramm, das zusammen mit dem IWF ausgearbeitet wurde, behoben werden. Das mit der Reform verbundene Anpassungsprogramm der Regierung führte jedoch zu weiteren wirtschaftlichen Schwierigkeiten und zu sozialen Unruhen. Diese Unruhen gaben 1988 den Anstoß zur Reformierung des politischen Systems Algeriens in Richtung eines durch das Referendum bestätigten Mehrparteiensystems. Inwieweit jedoch eine solche Liberalisierung und die vom IWF vorgeschlagene Reformpolitik, die auch die Öffnung der algerischen Ölfelder für ausländische Investoren vorsieht, zu einer weitgehenden Transformation des algerischen Wirtschaftssystems führen werden, ist ungewiß. Die politischen Unsicherheiten, die sozialen Unruhen und mangelnde Investitionsbereitschaft seitens des Auslandes bei schlechter werdender Güterversorgung der Bevölkerung lassen neue politische und soziale Krisen erwarten, die schließlich die noch bescheidenen Reformen blockieren werden.

59 Vgl. hierzu näher Osterkamp, Wirtschaftliche und soziale Entwicklung . . ., a. a. O., S. 300 ff.
60 Vgl. hierzu Helmschrott, Osterkamp und Schönherr, Stagnation . . ., a. a. O., S. 258 f.

2. Punktueller Pragmatismus bei Aufrechterhaltung der zentralen Planung in Syrien

Während die 1963 zur Macht gekommene Baa<th-Partei entsprechend ihrer sozialistischen Ideologie zunächst die gesellschaftlichen, wirtschaftlichen und politischen Grundlagen Syriens umstrukturierte, wurde mit dem Regimewechsel von 1970 versucht, die Macht des Staatsapparates in Wirtschaft und Politik zu festigen und dabei auch die Reste der alten Klassen einzubinden. Nach wie vor stand jedoch die sozialistische Entwicklungsideologie des Wachstums und der staatlichen Zentrallenkung im Vordergrund; ihr dienten auch die verschiedenen Entwicklungspläne. So wurden auch nach 1970 die Fünfjahrespläne mit dem dritten (1971–1975), vierten (1976–1980), fünften (1981–1985) und sechsten Plan (1986–1990) fortgesetzt. Angesichts finanzieller Schwierigkeiten konzentrierte sich der letztgenannte Plan – wie zum Teil auch seine Vorgänger – auf die Fertigstellung der bereits in den vorangegangenen Planperioden begonnenen Projekte.[61] Eine geringfügige Änderung der Zusammensetzung der Investitionen, die den Ausbau der Landwirtschaft etwas stärker akzentuierte – der Anteil dieses Sektors sollte von 16,9 auf 18,9 Prozent gesteigert werden –, läßt den zaghaften Wandel in der Wirtschaftspolitik erkennen. Daneben dienten diese Änderungen dem Versuch, die weitere Verschlechterung der Versorgung der Bevölkerung einzudämmen. Zu diesem Zweck wurde auch die Politik der »Infitah« (Öffnung) propagiert, die den privaten Sektor praktisch in den Dienst des öffentlichen Sektors stellte, ohne eine nennenswerte Privatisierung des öffentlichen Sektors herbeizuführen. Im Vergleich zur ägyptischen Infitah-Politik fand die Öffnungspolitik in Syrien zunächst nur in bescheidenem Rahmen statt. Dieser Umstand hing auch damit zusammen, daß die sozialen Spannungen und das Problem der Armut in Syrien nicht das gleiche Ausmaß erreichten wie in Ägypten.[62] Die Reform blieb ohne Übertragung des Eigentums an Produktionsmitteln von der öffentlichen Hand in den privaten Sektor[63] und diente vornehmlich der Interessenpolitik der herrschenden Klasse und des mit ihr verbundenen Bürgertums.

61 Zur Verteilung der Investitionen auf die einzelnen Sektoren bei den jeweiligen Plänen vgl. The Middle East and North Africa . . ., a. a. O., S. 832 f.

62 Vgl. hierzu Volker Perthes, Staat und Gesellschaft in Syrien 1970–1988, Hamburg 1990, S. 214 ff.

63 Vgl. Perthes, Staat und Gesellschaft . . ., a. a. O., S. 283 f.

Seit der Mitte der achtziger Jahre wird zwar, angesichts der knapper werdenden Mittel des staatlichen Sektors, versucht, privates Kapital stärker zu mobilisieren und damit auch die ineffizienten Staatsbetriebe, zum Beispiel durch Verpachtung an private Unternehmer und Lizenzherstellung westlicher Produkte, zu vermehrter Leistung anzuspornen. Doch auch die diesbezüglichen Versuche sind in Syrien bislang bescheiden geblieben. Hier zeigt sich in verstärktem Maße das, was Moore im Zusammenhang mit der ägyptischen Infitah bemerkt,[64] daß nämlich die Öffnung und Liberalisierung der Wirtschaft oft eher als ein taktisches Mittel dient, um ein autoritäres Regime an der Macht zu halten. Angesichts des gegenwärtigen repressiven Machtapparates in Syrien ist mit einer durchgreifenden Reformierung der Wirtschaft, die zwar einerseits die Lebensgrundlagen der Massen entscheidend verbessern könnte, jedoch andererseits mit der Destabilisierung des Regimes verbunden wäre, nicht zu rechnen. Dabei hat Syrien als ein relativ kleines Land wesentlich bessere Chancen als etwa Ägypten, über grundlegende wirtschaftliche und politische Reformen die Lebensgrundlagen der Bevölkerung entscheidend zu verbessern. Denn Syrien verfügt über eine vor allem im Ausland erfolgreich und effizient arbeitende Unternehmerschicht, bietet Möglichkeiten des Kapitaltransfers aus den benachbarten arabischen Staaten und dem Ausland und hat eine im Vergleich mit den Nahoststaaten besser ausgebildete Mittelschicht. Bei der Infitah-Politik in Syrien handelt es sich also um einen Kurs des wirtschaftlichen Pragmatismus, der in den achtziger Jahren wechselvoll gestaltet wurde, nicht aber um eine umfassende Reform, die den engen Rahmen des mit der baaʿthistischen Ideologie verbundenen »sozialistischen« Entwicklungsweges durchbrochen hätte.

64 Vgl. Moore, Money and Power . . ., a. a. O., S. 634.

Zusammenfassung und Ausblick

Aus der Analyse der Wirtschaftsordnung und der Ausgestaltung der Wirtschaftspolitik in vier arabischen Maschrek- und Maghreb-Staaten geht hervor, daß diese Staaten nach der Erlangung ihrer politischen Unabhängigkeit zunächst versuchten, die Versäumnisse in ihrer wirtschaftlichen Entwicklung aufgrund längerer Perioden kolonialer Abhängigkeit über eine Politik der Entwicklungsplanung aufzuholen. Dabei war für sie die Frage der ordnungspolitischen Entscheidung, ob mehr Marktwirtschaft oder mehr Planwirtschaft der richtigere Weg sei, völlig zweitrangig. Denn erstens hatte sich in diesen Ländern kaum ein ordnungspolitisches Bewußtsein entwickelt, und zweitens wurde vom Staat angesichts der geringen Entfaltungsmöglichkeiten des privaten Sektors erwartet, die Rahmenbedingungen für die wirtschaftlichen Aktionen durch seine Investitionen in den Grundbereichen zu schaffen. Es stellte sich dabei heraus, daß alle betrachteten Staaten in den Anfangsphasen ihrer Entwicklungsplanung zunächst hohe Wachstumsraten erzielen konnten. Diese Entwicklungsstrategie zeigte in der genannten Phase besondere Erfolge bei der Schaffung der ökonomischen und sozialen Infrastruktur. Allerdings führte die Fortsetzung dieser Politik und ihre ideologische Untermauerung durch die soziokulturellen Faktoren mit dem Ziel, bei den Massen Verständnis zu finden und damit auch ihre Partizipation zu erreichen, zu erheblichen ökonomischen Ungleichgewichten und sozialen Härten, die erst recht die Widerstände der Massen mobilisierten. Es stellte sich nämlich heraus, daß die sozialistisch-planwirtschaftlichen Experimente nach der mit der Erhöhung des Lebensstandards verbundenen Anfangsphase in den späteren Phasen zu fallenden Wachstumsraten, steigender Inflation, steigender Polarisierung der Einkommensverteilung und zur Armut der Massen führten. Nicht die Mehrheit der Bevölkerung profitierte von der Strategie der sozialistisch orientierten wirtschaftspolitischen Entscheidungen, sondern nur eine Minderheit, die sich aus den Funktionären der Partei, den Angehörigen der Verwaltungsbürokratie, dem Offizierskorps und den Gewerkschaften sowie einigen kompromißbereiten Angehörigen der alten Oberschicht zusammensetzte. Damit entstanden – wie in den europäischen Ostblockstaaten – neue Klassen, die sich zunehmend von der übrigen Bevölkerung entfremdeten. Spätere Ansätze zu marktwirtschaftlichen Reformen der Wirtschaft, die in den jeweiligen Staaten mit unterschiedlicher Intensität gehandhabt wurden, jedoch größtenteils nicht nur unter dem innenpolitischen Druck, sondern vielmehr auch im Hinblick auf die erforderlichen Strukturanpassungsmaßnahmen erfolgen mußten, konnten die Fehlentwicklungen vergangener Perioden kaum korrigieren. Denn mittlerweile hatten sich auch die internen und externen Rahmenbedingungen verschlechtert. In Ägypten und Tunesien blieb die Reformpolitik, obwohl sie zu weitgehender Liberalisierung einiger Sektoren führte, unvollständig. Sie versuchte lediglich eine Anpassung an wechselnde Rahmenbedingungen zu erzielen. In Algerien und Syrien sind bis auf einige Ansätze kaum echte Reformen durchgeführt worden. In allen vier genannten Ländern wurde mit der halbherzigen Reformpolitik in erster Linie versucht, die bestehenden politischen Machtstrukturen zu erhalten. Weit geringer war das Interesse daran, echte, die Wirtschaftsstruktur verbessernde Reformen durchzusetzen. Der Tatbestand, daß die wirtschaftliche Liberalisierung mit der politischen Liberalisierung und mit Änderungen der Machtstrukturen einhergeht, sie sogar häufig erzwingt, mußte die politische Führung zu einer nur zögerlichen Transformationspolitik veranlassen. Nicht zuletzt aus diesen Gründen sind die mangelnde grundlegende politische und wirtschaftspolitische Reformbereitschaft und damit die sozialen und politischen Spannungen besonders in Syrien und Algerien, aber auch in Ägypten, zu erklären. Wenn diese Spannungen vermieden werden sollen, müssen angesichts der Bevölkerungsexplosion in den Maschrek- und Maghreb-Staaten das Tempo und die Zusammensetzung des Wachstums, das die Beteiligung der Massen implizieren sollte, erheblich gesteigert werden. In der gegenwärtigen Lage sind Erfolge der bisherigen Reformpolitik kaum sichtbar. Ganz im Gegenteil: Die Lebensbedingungen der Bevölkerung haben sich in der letzten Dekade in zunehmendem Maße verschlechtert. Eine solche Lage bereitet geradezu in idealer Weise den Nährboden für radikale Ideologien und Bewegungen, die den Massen Lösungen zur Verbesserung ihrer ökonomischen und sozialen Lage versprechen. Gerade in Algerien, ansatzweise aber auch in Ägypten und Syrien, werden diese Bewegungen von Islamisten beherrscht. Nach den gescheiterten sozialistischen Experimenten und den erfolglosen marktwirtschaftlichen Anpassungsversuchen versprechen sie nunmehr in wachsendem Maße mit der Einführung der islamischen Wirtschaftsordnung eine Lösung der sozio-ökonomischen und sozio-kulturellen Fragen. In diesen Ländern ist auch die Spannung zwischen dem heilversprechenden islamischen Revivalismus und dem westlichen Säkularismus besonders stark. Ob mit der eventuellen Durchsetzung einer auf dem islamischen Revivalismus basierenden, jedoch noch völlig unklaren Wirtschaftsordnungsvorstellung die wirtschaftspolitischen und gesellschaftlichen Faktoren wieder mobilisiert werden könnten, ist fraglich. Sie verursacht eher Unsicherheit und Ängste bei den inländischen und ausländischen Investoren. Aber auch in Europa ist die Angst vor der Machtübernahme der Islamisten nicht unbegründet. Angesichts der geographischen Nähe dieser Länder zu Europa kann eine solche Entwicklung nicht nur neue Emigrationswellen nach Europa auslösen, es können aufgrund der dann auftretenden ökonomischen, sozialen und politischen Probleme auch die Beziehungen zu Europa nicht unberührt bleiben.

Summary

The economic systems of two Islamic Mashrek states (Egypt and Syria) and two Maghreb states (Algeria and Tunisia) show certain similarities. Due to close ties between religion and state in Islam, the economic systems of these states are determined by Islamic economic doctrines and Islamic ethics which differ fundamentally from those of the West. However, encounters with the West during and since the colonial period greatly influenced economic thinking and the economies of the respective countries by the introduction of both liberal thought and socialist doctrines. Soon after decolonization, all four countries adopted socialist models for their economic systems, which were to be combined with the Islamic foundations of these societies.

Introducing socialism was meant to accelerate the economic growth and to rapidly improve the living standard of the people. While at first all four states succeeded in improving social welfare, the semi-socialistic models and the pattern of Islamic socialism later petrified the economic structure of all four countries. These programs ignored the underlying social and cultural forces of the respective societies, and the people could not be won over to pursue goals set by the government. Economic growth slowed down, inflation rates jumped, internal and external public debt increased substantially. While a small group of party leaders, high government officials, leaders of trade unions, and army officers enjoyed the centralization of economic and political power, the situation of the majority of the people deteriorated. Neglected was the fact that long-term social and economic development could only be achieved by a joint participation of public institutions and the private sector.

In order to promote economic development, Tunisia and Egypt sought to open their economies to the private sector and to initiate some market-oriented reforms. But the transformation process remained too slow and halfhearted. Algeria and Syria, on the other hand, paid only lip service to market-oriented reforms and sustained their rigid systems of central economic planning. The tense relationship between the majority of the people and the government elite, mainly caused by the deterioration of economic performance and the living standard of the people in the last decade, now threatens the present and future economic and political stability of all four countries, especially that of Algeria and Syria.

Literaturverzeichnis

Abun-Nasr, Jamil M., Islam und Modernität im politischen Leben Ägyptens und der Länder des Maghrebs, in: Aus Politik und Zeitgeschichte, Bd. 22 (1990).

ʿAflaq, Michel, Fi Sabil al Baaʿth (Auf dem Wege der Wiedererweckung), Damaskus 1959.

Amin, Galal, The Modernization of Poverty. A Study in the Political Economy of Growth in Nine Arab Countries 1945–1970, Leiden 1974.

Amin, Samir, The Maghreb in the Modern World, Harmondsworth-Baltimore-Ringwood 1970.

Baker, Raymond W., Egypt's Uncertain Revolution under Nasser and Sadat, Cambridge, Mass. 1978.

Barkey, Henri (Hrsg.), The Politics of Economic Reform in the Middle East, New York 1993.

Bauer, Peter T., Die Entwicklungsländer in der Weltwirtschaft. Entwicklungshilfe und globale Umverteilung, in: Ludwig-Erhard-Stiftung e.V., Symposium VII: Zwischenbilanz über eine neue Weltwirtschaftsordnung, Stuttgart-New York 1981.

Ben Salam, L., Origines géographiques et sociales des cadres de l'administration économique, des offices et sociétés nationales en Tunisie, in: L'Annuaire de l'Afrique du Nord 1968, Aix-en-Provence 1969.

Binder, Leonard, The Ideological Revolution in the Middle East, New York und andere 1964.

Boogaerde, Pierre van den, Financial Assistance from Arab Countries and Arab Regional Institutions, Washington 1991.

Borrmann, Axel, Soziale Marktwirtschaft. Erfahrungen der Bundesrepublik Deutschland und Überlegungen zur Übertragbarkeit auf Entwicklungsländer, Hamburg 1990.

Bourguiba, Habib, Vers un socialisme authentique, Tunis 1963.

Bourguiba, Habib, Le socialisme destourien, Tunis 1965.

Büren, Rainer, Die Arabische Sozialistische Union, Hamburg 1970.

Büttner, Friedemann, und Veronika Büttner, Ägypten, in: Dieter Nohlen und Franz Nuscheler (Hrsg.), Handbuch der Dritten Welt, Bd. 6, Nordafrika und Naher Osten. Unterentwicklung und Entwicklung, Ludwigsburg 1983.

Büttner, Friedemann, und J. Klostermeier, Ägypten, München 1991.

Cahen, Claude, Der Islam I: Vom Ursprung bis zu den Anfängen des Osmanenreiches, Frankfurt am Main 1968.

Carr, David, Foreign Investment and Development in Egypt, New York 1981.

Cassel, Dieter, Wirtschaftspolitik im Systemvergleich, München 1984.

Clapham, Ronald, Marktwirtschaft in Entwicklungsländern. Zur Anwendung und Leistungsfähigkeit des marktwirtschaftlichen Konzeptes, Freiburg 1973.

Cubertafond, Bernard, Algerien nach Boumedienne, in: Europa Archiv, Bd. 5 (1980).

Deutsche Stiftung für Internationale Entwicklung (DSE), Arme Länder Afrikas. Strukturprobleme und krisenhafte Entwicklung, Berlin 1982.
Donges, Jürgen B., und Lotte Müller-Ohlsen, Außenwirtschaftsstrategien und Industrialisierung in Entwicklungsländern, Tübingen 1978.
Dridi, Mohammed, Zum Problem der kulturellen Identität, der Westernisierung und der ökonomischen Unterentwicklung in der Dritten Welt. Fallbeispiel Tunesien, Dissertation, München 1981.
Duignan, Peter, und Lewis H. Gann, The Middle East and North Africa. The Challenge to Western Security, Stanford 1981.

Elsenhans, Hartmut, Algerien. Koloniale und postkoloniale Reformpolitik, Hamburg 1977.
Elsenhans, Hartmut, Algerien, in: Dieter Nohlen und Franz Nuscheler (Hrsg.), Handbuch der Dritten Welt, Bd. 6, Nordafrika und Naher Osten, 3. Aufl., Bonn 1993.
Entelis, John P., und P. C. Craylor, State and Society in Algeria, Boulder 1992.

Faath, Sigrid, Algerien. Gesellschaftliche Strukturen und politische Reformen zu Beginn der neunziger Jahre, Hamburg 1990.
Faath, Sigrid, Politisierter und unpolitisierter Islam im Maghreb?, in: Gernot Rotter (Hrsg.), Die Welten des Islam, Frankfurt am Main 1993.
Faath, Sigrid, und Hanspeter Mattes (Hrsg.), Demokratie und Menschenrechte in Nordafrika, Hamburg 1992.
Fasbender, Karl, und Manfred Holthus, Zur Übertragbarkeit der Sozialen Marktwirtschaft auf Entwicklungsländer, Beilage in: Das Parlament, Bonn 1990.
Field, Peter, und Alan Moore, Arab Financial Markets, London 1981.

Ganthus, E. T., Arab Industrial Integration, London 1981.
General Agreement on Tariffs and Trade (GATT), Arab Republic of Egypt. Trade Policy Review, Geneva 1992.
Ghaussy, A. Ghanie, Marktwirtschaftliche Experimente und Erfahrungen in Asien, in: Ludwig-Erhard-Stiftung e.V., Symposium IX: Marktwirtschaft draußen: Beispiele geglückter Übernahmen oder Ansätze in Ländern der Dritten Welt, Stuttgart-New York 1982.
Ghaussy, A. Ghanie, Das Wirtschaftsdenken im Islam, Bern-Stuttgart 1986.
Ghaussy, A. Ghanie, Attempts at Defining an Islamic Economic Order, in: Economics, Bd. 37 (1988).
Görgens, Egon, Wettbewerb und Wirtschaftswachstum, Freiburg 1969.
Görgens, Egon, Entwicklungshilfe und Ordnungspolitik. Eine theoretisch-empirische Wirkungsanalyse unter besonderer Berücksichtigung Schwarzafrikas, Bern-Stuttgart 1983.
Gurley, John G., und Edward S. Shaw, Financial Aspects of Economic Development, in: American Economic Review, Vol. 45 (1955).
Gurley, John G., und Edward S. Shaw, Financial Intermediaries and the Saving-Investment Process, in: Journal of Finance, Bd. 11 (1956).

Haim, Sylvia G., Arab Nationalism. An Anthology, Berkeley 1962.
Halbach, Axel J., Wirtschaftsordnung und sozio-ökonomische Entwicklung: Eine Performance-Analyse der Dritten Welt, in: Ifo-Schnelldienst, Nr. 1 und Nr. 2 (1982).
Halbach, Axel J., Rigmar Osterkamp, Hans-Gert Baum und Anton Gälli, Wirtschaftsordnung, sozio-ökonomische Entwicklung und weltwirtschaftliche Integration in den Entwicklungsländern, Bonn 1982.
Hanna, Sami A., und George H. Gardner, Arab Socialism. A Documentary Survey, Leiden 1969.
Hansen, Bent, Planning and Economic Growth in UAR (Egypt) 1960–1965, in: Panayiotis J. Vatikiotis (Hrsg.), Egypt since the Revolution, London 1968.
Harik, L., und D. J. Sullivan (Hrsg.), Privatization and Liberalization in the Middle East, Bloomington 1992.
Harris, D. R., Tunisia, in: The Middle East and North Africa, London 1993.
Helmschrott, Helmut, Rigmar Osterkamp und Siegfried Schönherr, Stagnation in der Dritten Welt. Hat die Wirtschaftspolitik versagt? Empirische Untersuchung über den Zusammenhang von Staat, Markt und Entwicklung, München-Köln-London 1992.
Hemmer, Hans Rimbert, Typologie ordnungspolitischer Konzeptionen. Marktkonforme und interventionistische Instrumente der Wirtschaftspolitik, in: Axel Schlarb (Hrsg.), Die Bedeutung der Ordnungspolitik für den wirtschaftlichen Anpassungsprozeß in Entwicklungsländern, Baden-Baden 1990.
Hershlag, Zvi Y., Introduction to the Modern Economic History of the Middle East, 2nd ed., Leiden 1980.
Hinnebusch, Raymond A., Peasant and Bureaucracy in Baaʿthist Syria. The Political Economy of Rural Development, Boulder 1989.
Hottinger, Arnold, Die arabischen Staaten Nordafrikas, Hannover 1971.
Hourani, Albert, Arabic Thought in the Liberal Age 1798–1939, New York-London 1962.
Hourani, Albert, Die Geschichte der Arabischen Völker, Frankfurt am Main 1992.

International Bank for Reconstruction and Development (IBRD), Syria. Country Economic Memorandum, Washington 1982.
IBRD, Tunisia. Review of the Sixth Development Plan (1982–1986), Washington 1983.
IBRD, Arab Republic of Egypt. An Agricultural Strategy for the 1990s, Washington 1993.
IBRD, Egypt. Structural Adjustment Loan. Release of the Second Tranche, Washington 1993.
International Labour Office (ILO), Employment and Manpower Problems and Policy Issues in Arab Countries, Geneva 1984.
International Monetary Fund (IMF), World Economic Outlook, May 1993, Washington 1993.

Kahl, Hilmar, Tunisia's Development Perspectives, in: Intereconomics, Nr. 11 (1973).
Kanovsky, Eliyahu, Migration from the Poor to the Rich Arab Countries, Tel Aviv 1984.
Karpat, Kemal H. (Hrsg.), Political and Social Thought in the Contemporary Middle East, New York 1982.
Kazemi, Farhad, und John Waterbury (Hrsg.), Peasants and Politics in the Modern Middle East, Gainsville 1992.

Keddie, Nikki R., An Islamic Response to Imperialism. Political and Religious Writings of Sayyid Jamal ad-Din al Afghani, Berkeley-Los Angeles 1968.
Kedouri, Eli (Hrsg.), The Middle Eastern Economy, London 1976.
Kerr, Malcolm H., The Emergence of a Socialist Ideology in Egypt, in: Middle East Journal, Bd. XVI, Nr. 2 (1962).
Kerr, Malcolm H., und El Sayed Yassim (Hrsg.), Rich and Poor States in the Middle East. Egypt and the New Arab Order, Boulder 1982.
Kloten, Norbert, Zur Typenlehre der Wirtschafts- und Gesellschaftsordnungen, in: Ordo, Bd. 7 (1955).
Knapp, Wilfried, North West Africa. A Political and Economic Survey, London 1977.
Köhler, Michael A., Die tunesischen Präsidentschafts- und Parlamentswahlen vom 2. April 1989, in: KAS-Auslandsinformationen, Nr. 5 (1989).
Koszinowski, Thomas, Syrien, in: Politisches Lexikon Nahost, München 1981.
Koszinowski, Thomas, Syrien unter Hafiz al-Asad. Vorposten des Baa'th-Sozialismus und des Panarabismus?, in: Gernot Rotter (Hrsg.), Die Welten des Islam, Frankfurt am Main 1993.
Krämer, Gudrun, Arabismus und Nationalstaatlichkeit. Syrien als nahöstliche Regionalmacht, Ebenhausen 1987.
Kroner, Dieter H., Die Rolle des Erdöls in der algerischen Wirtschaftsentwicklung, in: Afrika-Spectrum 1981.
Küpfer, André, Die Steuern in Tunesien 1961–1971, Dissertation, Zürich 1974.

Lavy, Victor, und Eliezer Sheffer, Foreign Aid and Economic Development in the Middle East, New York 1991.
Lösch, Dieter, African Socialism as a Concept of an Economic System, in: Economics, Vol. 25 (1982).

Mattes, Hanspeter, Wirtschaftsreform, staatlicher Sektor und Privatisierungsdebatte im Maghreb, Hamburg 1988.
McDermott, A., Egypt from Nasser to Mubarak, London 1988.
Micaud, Charles A., Tunisia. The Politics of Modernization, London 1964.
Möller, Alex, Vorschläge zur Lösung der ökonomischen Probleme Ägyptens, Düsseldorf 1980.
Mofid, Kamran, The Economic Consequences of the Gulf War, London 1990.
Moore, Clement H., Tunisia since Independence. The Dynamics of One-Party Government, Berkeley-Los Angeles 1965.
Moore, Clement H., Money and Power. The Dilemma of the Egyptian Infitah, in: The Middle East Journal, Vol. 40, Nr. 4 (1986).

Nienhaus, Volker, Islam und moderne Wirtschaft. Positionen, Probleme und Perspektiven, Graz-Wien-Köln 1982.
Nienhaus, Volker, Kooperations- und Integrationspolitik islamischer Länder, Hamburg 1986.

OECD und Bank for International Settlements (BIS), Statistics on External Indebtedness 1983–1991, Paris 1993.

Oppenländer, Karl H., und Siegfried Schönherr (Hrsg.), Strukturprobleme und Reformen in Afrika, München 1990.
Osterkamp, Rigmar, Marktwirtschaftliche Experimente und Erfahrungen in Afrika, in: Ludwig-Erhard-Stiftung e.V., Symposium IX: Marktwirtschaft draußen, Stuttgart-New York 1982.
Osterkamp, Rigmar, Wirtschaftliche und soziale Entwicklung bei zentraler Lenkung und der Übergang zur Marktsteuerung. Der Weg Algeriens, in: Ifo-Studien, 28. Jg., Heft 4 (1982).
Osterkamp, Rigmar, Economic Policy and Socio-Economic Development of the Third World, in: Economics, Bd. 27 (1983).
Osterkamp, Rigmar, und Axel J. Halbach, Strukturanpassung in Entwicklungsländern und flankierende Maßnahmen der Industrieländer sowie internationaler Entwicklungen, München 1990.
Oweiss, I. M. (Hrsg.), The Political Economy of Contemporary Egypt, Washington 1990.
Owen, Roger, The Middle East in the World Economy 1800–1914, London 1980.

Pawelka, Peter, Herrschaft und Entwicklung im Nahen Osten: Ägypten, Heidelberg 1985.
Perthes, Volker, Wirtschaftsentwicklung und Krisenpolitik in Syrien, in: Orient, Jg. 29 (1988).
Perthes, Volker, Staat und Gesellschaft in Syrien 1970–1988, Hamburg 1990.
Perthes, Volker, Abhängigkeiten und Entwicklungschancen der arabischen Welt, in: Aus Politik und Zeitgeschichte, Bd. 30/31 (1991).
Perthes, Volker, The Syrian Economy in the 1980s, in: The Middle East Journal, Bd. 46 (1992).
Perthes, Volker, Syrien, in: Dieter Nohlen und Franz Nuscheler (Hrsg.), Handbuch der Dritten Welt, Bd. 6, Nordafrika und Naher Osten, 3. Aufl., Bonn 1993.
Pfeiffer, Karen, Agrarian Reform under State Capitalism in Algeria, Boulder 1985.
Pommerening, Gert, und Hilmar Kaht, Tunesiens zweite Entwicklungsdekade 1972–1981, Hamburg 1974.

Radwan, Samir, Agrarian Reform and Rural Poverty. Egypt 1952–1975, Geneva 1977.
République Tunisienne, VII. Plan de Développement Economique et Social (1987–1991), Tunis 1987.
Richards, A., und J. Waterbury, A Political Economy of the Middle East: State, Class and Economic Development, Boulder 1990.
Richards, A., The Political Economy of Dilatory Reform: Egypt in the 1980s, in: World Development, Bd. 19 (1991).
Richter, Justus, Stand der Demokratisierung in Tunesien, in: KAS-Auslandsinformationen, Nr. 9 (1993).
Rodinson, Maxime, Islam und Kapitalismus, Frankfurt am Main 1971.
Rondot, Philippe, Der Maghreb im Wandel, in: Europa Archiv, Bd. 36 (1981).
Rotter, Gernot (Hrsg.), Die Welten des Islam, Frankfurt am Main 1993.
Ruf, Werner, Politische und ökonomische Ursachen und Folgen der Migration am Beispiel Algeriens, in: Institut für Migrations- und Rassismusforschung, Rassismus und Migration in Europa, Berlin 1992.

Ruf, Werner, Der Maghreb im Überblick, in: Dieter Nohlen und Franz Nuscheler (Hrsg.), Handbuch der Dritten Welt, Bd. 6, Nordafrika und Naher Osten, 3. Aufl., Bonn 1993.

Sayigh, Y. A., Elusive Development. From Dependence to Self-Reliance in the Arab Region, London 1991.
Schacht, Joseph, An Introduction to Islamic Law, Oxford 1979.
Schiba'i, Mustafa-al, Ischtirakiya al-Islam, Kairo 1960.
Schlarb, Axel (Hrsg.), Die Bedeutung der Ordnungspolitik für den wirtschaftlichen Anpassungsprozeß in Entwicklungsländern, Baden-Baden 1990.
Schölch, Alexander, und Helmut Meycher (Hrsg.), Die ägyptische Gesellschaft im 20. Jahrhundert, Hamburg 1992.
Schulze, Reinhard, Panislamismus oder Panarabismus? Die Suche nach der großen Einheit, in: Gernot Rotter (Hrsg.), Die Welten des Islam, Frankfurt am Main 1993.
Semich, Max-Helmut, Ägypten am Jahreswechsel 1989/90, Bundesstelle für Außenhandelsinformation, Köln 1990.
Statistisches Bundesamt, Länderbericht Tunesien 1992, Wiesbaden 1993.
Stolper, Wolfgang F., Tunisia - Changes in Income Distribution 1961–1987, Center for Research on Economic Development, University of Michigan, Ann Arbor 1975.
Stolper, Wolfgang F., Development in the Large and in the Small: The Case of Tunisia 1961–1971, in: Weltwirtschaftliches Archiv, Bd. 114 (1978).
Stolper, Wolfgang F., Income Distribution and Economic Policies: The Case of Two African Countries, in: Kieler Vorträge. Gehalten im Institut für Weltwirtschaft an der Universität Kiel, N.F. Bd. 92, Tübingen 1980.
Sutton, Keith, Algeria's Socialist Villages: A Reassessment, in: The Journal of Modern African Studies, Nr. 2 (1984).

The Economist Intelligence Unit, Quarterly Economic Report, verschiedene Jgg.
Tibi, Bassam, Die tunesische Unabhängigkeitsbewegung und ihr Werdegang im Dekolonisationsprozeß. Vom Antikolonialismus zum konstitutionellen Sozialismus, in: G. Grohs und Bassam Tibi (Hrsg.), Zur Soziologie der Dekolonisation in Afrika, Frankfurt am Main 1973.
Tibi, Bassam, Die Krise des modernen Islams. Eine vorindustrielle Kultur im wissenschaftlich-technischen Zeitalter, München 1981.
Tuchtfeldt, Egon, Wirtschaftssysteme, in: Handwörterbuch der Wirtschaftswissenschaft (HdWW), Stuttgart-New York-Tübingen-Göttingen-Zürich 1981.
Tuchtfeldt, Egon, Ordnungspolitische Konzepte in der Dritten Welt, in: Ludwig-Erhard-Stiftung e.V., Symposium IX: Marktwirtschaft draußen, Stuttgart-New York 1982.
Tully, Dennis (Hrsg.), Labour Employment and Agricultural Development in West-Asia and North Africa, Amsterdam 1990.

United Nations (UN) und Economic Commission for Africa (ECA), African Alternative to Structural Adjustment Programs for Socio-Economic Recovery and Transformation, Addis Abeba 1989.

Vatikiotis, Panayiotis J. (Hrsg.), Egypt since the Revolution, London 1968.

Wagener, Hans-Jürgen, Zur Analyse von Wirtschaftssystemen. Eine Einführung, Berlin-Heidelberg-New York 1979.

Ware, L. B., Ben Ali's Constitutional Coup in Tunisia, in: The Middle East Journal, Bd. 42 (1988).

Waterbury, John, The Egypt of Nasser and Sadat: The Political Economy of Two Regimes, Princeton 1983.

Weiss, Dieter, Wirtschaftspolitische Entwicklungsplanung in der Vereinigten Arabischen Republik. Analyse und Kritik der ägyptischen Wachstumspolitik, Köln-Opladen 1964.

Weiss, Dieter, Wirtschaftliche Entwicklungsprobleme Tunesiens zu Beginn des neuen Vierjahresplanes 1969–1972, Berlin 1969.

Weiss, Dieter, Internationale Unterstützung des Reformprozesses in Entwicklungsländern durch Auflagenpolitik und Politikdialog? Probleme politischer Konditionalität am Beispiel Afrikas, in: Freie Universität Berlin, Fachgebiet Volkswirtschaft des Vorderen Orients, Diskussionspapier Nr. 5, Berlin 1990.

Weiss, Dieter, Zur Transformation von Wirtschaftssystemen. Institutionelle Aspekte der Selbstblockierung von Reformpolitiken: Fallstudie Ägypten, in: Freie Universität Berlin, Fachgebiet Volkswirtschaft des Vorderen Orients, Diskussionspapier Nr. 13, Berlin 1991.

Weltbank, Weltentwicklungsbericht, Washington 1990–1992.

Wilson, Rodney (Hrsg.), Islamic Financial Markets, London-New York 1990.

Dietmar Rothermund

Professor an der Ruprecht-Karls-Universität Heidelberg

Indien: Von der Planwirtschaft zur Liberalisierung

Inhaltsverzeichnis

I. Die Wirtschaftsentwicklung unter britischer Herrschaft

A. Die Anbindung Indiens an den Weltmarkt

Die Kolonisierung Indiens durch die führende Handelsnation Europas hätte für dieses Land unter Umständen eine rasche Weltmarktintegration und ein entsprechendes Wirtschaftswachstum bedeuten können; statt dessen entwickelte sich eine parasitäre Symbiose. Der britische David streckte den indischen Goliath nieder und nutzte die Ressourcen des betäubten Riesen. Als die britische Kolonialherrschaft im 18. Jahrhundert begründet wurde, hatte Großbritannien eine Einwohnerzahl von etwa 5 Millionen, der indische Subkontinent dagegen weit über 150 Millionen. Die Tatsache, daß eine so kleine Nation sich diesen Subkontinent unterwarf und ihre Herrschaft nahezu zwei Jahrhunderte andauerte, läßt sich nur dadurch erklären, daß Großbritannien von Beginn des 18. bis Ende des 19. Jahrhunderts rasch von einer politischen und wirtschaftlichen Innovation zur nächsten fortschritt und damit alle anderen Nationen zu einem Wettlauf auf einer Leiter zwang, auf der die Briten immer einige Sprossen Vorsprung hatten. Das unterworfene Indien blieb am untersten Ende der Leiter und wurde nicht etwa von seinen Kolonialherren mitgezogen.

Die Briten waren als Händler gekommen. Sie brachten Silber nach Indien und kauften dafür Textilien, die sie in Europa mit großem Gewinn absetzten. Als in der Nähe von London im frühen 18. Jahrhundert Textildruckereien entstanden, die zu den Pionieren der industriellen Revolution wurden, konzentrierten sich die Briten auf die Einfuhr weißer Baumwollstoffe, die in Indien sozusagen als Halbfertigfabrikate für die Weiterverarbeitung in London hergestellt wurden. Bezugsquelle für solche Stoffe war in erster Linie Bengalen. Dort drangen die Angestellten der Ostindiengesellschaft tief ins Innere des Landes vor und bekamen dabei auch mit, wieviel Grundsteuer die indischen Herrscher einsammelten. Als der machtlose Großmogul schließlich die Ostindiengesellschaft mit der Steuerverwaltung der reichen Provinz Bengalen betraute, strömte ein großer Teil des Silbers, das die Briten zum Ankauf von Textilien ins Land gebracht hatten, wieder heraus und wurde in China für den Einkauf von Tee eingesetzt. Der britische Teehandel stellte dann bald den Textilhandel in den Schatten. Im Zuge der Industriellen Revolution wurden die Briten bald selbst zu Baumwolltextilproduzenten und exportierten ihre Produkte nach Indien. Indische Weber, die primär für den Export gearbeitet hatten, gingen vor die Hunde oder mußten in der Landwirtschaft Zuflucht suchen. Nur dort, wo sie grobe Tuche für den Binnenmarkt herstellten, konnten sie überleben, solange Rohbaumwolle und Nahrungsmittel billig waren.

Im 19. Jahrhundert wurde Indien ein abhängiges Agrarland, das Indigo, Opium, Rohbaumwolle, Jute, Reis und Weizen exportierte – und zwar zu niedrigsten Preisen. Die Handelsgewinne flossen zumeist in die Kassen der britischen Handelshäuser. Britisches Kapital wurde nur in sehr geringem Maße in Indien investiert. Die Ausnahme waren die indischen Eisenbahnen, deren Streckennetz in der zweiten Hälfte des 19. Jahrhunderts so rasch ausgebaut wurde, daß das Frachtaufkommen damit nicht Schritt halten konnte. Wirtschaftlichkeit war dabei auch gar nicht erforderlich, solange die Regierung auf Kosten des indischen Steuerzahlers den Investoren eine Rendite garantierte. Nun hätte der Eisenbahnbau ein Ansporn zur Industrialisierung Indiens sein können, wenn Schienen und Lokomotiven und vieles andere mehr vor Ort hergestellt worden wären. Aber die Eröffnung des Suezkanals und der Aufstieg der Dampfschiffahrt reduzierten die Frachtraten dermaßen, daß alles, was die indischen Eisenbahnen brauchten, aus England importiert werden konnte. Das erste indische Stahlwerk, das 1907 mit hohem indischen Kapitaleinsatz gegründet wurde, hätte sicher auch bald Pleite gemacht, wenn es nicht durch den Ersten Weltkrieg gerettet worden wäre, der die Handelswege unterbrach und der minimalen indischen Industrie damit die Protektion gewährte, die ihr die Kolonialherren bisher vorenthalten hatten.

Neben dem einzigen Stahlwerk, von dem hier die Rede war, bestand die indische Industrie im ersten Jahrzehnt des 20. Jahrhunderts nur aus einer mit indischem Kapital errichteten Baumwolltextilindustrie in Bombay, die außer Garn, das in andere Länder Asiens exportiert wurde, meist grobe Tuche für den indischen Binnenmarkt produzierte, die den Preiswettbewerb mit importierten britischen Waren bestehen konnten. Ferner gab es eine mit britischem Kapital errichtete Jutetextilindustrie in Kalkutta, die für den Exportmarkt produzierte – und zwar meist Säcke für den Transport von Agrarprodukten. Da viele dieser Agrarprodukte ihren Ursprung in Indien und anderen asiatischen Ländern hatten, waren die schottischen Jutemagnaten darauf gekommen, den Standortvorteil Kalkuttas zu nutzen. Insgesamt war dieser ganze industrielle Sektor jedoch marginal, und es fanden sich denn auch nicht viele indische Investoren, die bereit waren, ihr Geld in diese Industrie zu stecken.

Wer in Indien Geld übrig hatte, verwendete es statt dessen dazu, Land zu kaufen. Das war immer eine gute Anlage, denn bei steigendem Bevölkerungswachstum wurde das Land knapp und gewann an Wert. Von 1860 bis 1913 stieg der Preis von Agrarland um 4 Prozent pro Jahr, während der Preisanstieg aller anderen Güter nur circa 1,5 Prozent pro Jahr betrug. Durch diese Aufwertung des Agrarlandes machte es 1913 mit rund 40 Milliarden Rupien etwa die Hälfte des Nationalvermögens aus. Dementsprechend konnte das Land auch mit Hypotheken belastet werden. Der Gesamtumfang der Verschuldung der indischen Bauern wurde 1913 auf 5 Milliarden Rupien geschätzt. Der Anstieg der Bodenpreise ging jedoch keineswegs mit einer Erhöhung der Produktivität einher. Die Bearbeitung des Bodens blieb nach wie vor in der Hand kleinbäuerlicher Familien, die durch die doppelte Belastung mit Schuldendienst und Grundsteuer einem Vermarktungsdruck ausgesetzt waren, der sie zwang, Agrarprodukte billig anzubieten. Wer Land kaufte, tat es nicht, um eine kapitalistische Landwirtschaft zu betreiben, sondern um die Arbeitskraft der Kleinbauern auszubeuten. Die Bodenpreise stiegen auch nach dem Ersten Weltkrieg weiter an. Selbst der steile Fall der Agrarpreise in der Weltwirtschaftskrise ließ die Bodenpreise nur stagnieren, aber nicht sinken.

Die Anbindung Indiens an den Weltmarkt unter britischer Herrschaft hatte keine positive Marktintegration bewirkt, sondern eben eine »Anbindung«, die die ungünstigsten Eigenschaften der indischen Agrargesellschaft akzentuierte und den Weg zum industriellen Wachstum versperrte.

B. Die Entwicklung des Pro-Kopf-Einkommens

Der kurze Überblick über die Wirtschaftsentwicklung unter britischer Herrschaft läßt keine positive Bilanz der Entwicklung des Pro-Kopf-Einkommens und damit des Lebensstandards der indischen Bevölkerung erwarten. Die Berechnung dieses Pro-Kopf-Einkommens ist natürlich heftig umstritten. Britische Apologeten der Kolonialherrschaft und indische Nationalökonomen haben sich auf diesem Felde harte Schlachten geliefert. Es hat sich aber in jüngster Zeit ein gewisser Konsens ergeben, daß das Pro-Kopf-Einkommen von 1860 bis 1900 um etwa 20 Prozent gestiegen ist. Von 1900 bis 1920 war ein weiterer Anstieg von 14 Prozent zu verzeichnen. Dabei muß aber berücksichtigt werden, daß die Entwicklung des Pro-Kopf-Einkommens eine Funktion des Bevölkerungswachstums ist. Bei geringem oder gar stagnierendem Bevölkerungswachstum steigt meist das Pro-Kopf-Einkommen. Wenn man dies in Rechnung stellt, dann waren vermutlich nur die Jahre von 1860 bis 1885 einigermaßen gute Jahre für Indien. Danach reduzierten der Vermarktungsdruck und die Ausbreitung des Eisenbahnnetzes die Vorratshaltung der Bauern, und es kam gegen Ende des Jahrhunderts zu großen Hungersnöten, die das Bevölkerungswachstum bremsten. In den ersten zwei Jahrzehnten des 20. Jahrhunderts wurde Indien von Epidemien heimgesucht, die Millionen dahinrafften. Daher ist von 1891 bis 1921 nur ein Bevölkerungswachstum von insgesamt 9 Prozent über drei Jahrzehnte zu verzeichnen. Sobald das Bevölkerungswachstum nach 1921 anstieg, stagnierte das Pro-Kopf-Einkommen bis zum Ende der britischen Herrschaft auf niedrigem Niveau.

Viele indische Nationalisten, die in dieser Zeit lebten und gegen die Fremdherrschaft kämpften, wandten sich dem Sozialismus zu, weil sie sich nur von ihm einen Ausweg aus der bedrückenden Wirtschaftssituation erhofften, in der sich Indien befand. Daß sie keine Hoffnungen auf die freie Marktwirtschaft setzten, ist verständlich, denn die herrschte ja angeblich in Britisch-Indien, wie die Regierung stets betonte. Als Führer der jüngeren Generation im indischen Nationalkongreß bekannte Jawaharlal Nehru sich zum Sozialismus und prägte die Zukunftsvorstellungen seiner Zeitgenossen.

II. Die Entstehung des Interventionsstaates in Indien

A. Bürokratie und Kriegszwangswirtschaft

Jawaharlal Nehrus sozialistische Ambitionen und sein Einsatz für die Fünfjahrespläne haben den Eindruck entstehen lassen, daß er es war, der die Planwirtschaft in Indien eingeführt hat. Doch er hätte nicht einmal daran denken können, diesen Weg zu beschreiten, wenn ihm nicht bereits ein Interventionsinstrumentarium zur Verfügung gestanden hätte, das die Republik Indien von den britischen Kolonialherren geerbt hatte. Dieses bürokratische Instrumentarium besteht auch heute noch, und es ist ein Hauptproblem der gegenwärtigen Liberalisierungspolitik, die übermächtige Bürokratie abzubauen. Ein Rückblick soll zeigen, wie diese Bürokratie entstanden ist und auf welche Weise ihre Zuständigkeit erweitert wurde, bis sie das Wirtschaftsleben in allen Einzelheiten beherrschte.

Der institutionelle Ahnherr des heutigen indischen Elitebeamten ist der *covenanted servant* der Ostindiengesellschaft, der im 19. Jahrhundert zum Mitglied des *Indian Civil Service* wurde und stolz I.C.S. (heute I.A.S. = Indian Administrative Service) hinter seinen Namen schrieb. Der I.C.S. war ein Elitebeamtenkorps, das selbst im zeitgenössischen Europa nicht seinesgleichen hatte. Die Hauptaufgaben dieser Bürokraten bestanden in der Aufrechterhaltung von Ruhe und Ordnung, der Einziehung der Grundsteuer, der Aufsicht über staatliche Monopole (Opiummonopol, Salzmonopol) und der Zollverwaltung, die im 20. Jahrhundert an Bedeutung zunahm. Die britische Kolonialregierung war auf eine orthodox-liberale Wirtschaftspolitik eingeschworen, weil der Freihandel den Briten nützte und die wirtschaftsliberalen Grundsätze für die Regierung auch ein gutes Alibi waren, wenn von ihr Maßnahmen zur Förderung der indischen Wirtschaft gefordert wurden. Die einzige handfeste Intervention, die sich die Briten erlaubten, war die Manipulation der indischen Währungspolitik, nachdem sie 1893 dem freien Ausmünzen von Silber in den indischen Münzanstalten ein Ende gesetzt hatten.

Die Weltwirtschaftskrise, die den Freihandel ruinierte und einem Neo-Merkantilismus Auftrieb gab, stellte auch das bürokratische Regime in In-

dien vor neue Aufgaben. Der Agrarpreisverfall erschwerte das Einziehen der Grundsteuer, der Rückgang des Außenhandels reduzierte die Zolleinnahmen. Es wurden Schutzzölle eingeführt, die mit Vorzugszöllen für britische Waren verbunden waren (*imperial preference*). Auf dem Gebiet des Außenhandels wurde also ab 1930 zielstrebig interveniert. Den Strom des Goldes, der sich aus Indien ergoß, weil die Bauern ihre in Gold angelegten Ersparnisse auflösten, um Steuern und Schulden zu bezahlen, hielt man freilich nicht durch ein Exportembargo auf, denn er kam den Briten zugute. Positive Maßnahmen zur Bewältigung der Krise wurden unterlassen, hier besann man sich auf die alte Alibifunktion der liberalen Doktrin. Als der Vizekönig 1933 eine Wirtschaftskonferenz einberief, um über Maßnahmen zu beraten, mit denen er MAHATMA GANDHI und dem indischen Nationalkongreß den Wind aus den Segeln nehmen wollte, sorgten seine Bürokraten dafür, daß die Konferenz ergebnislos blieb. Sie hatten zu dieser Zeit noch keine Ahnung davon, daß staatliche Intervention ihre Macht vergrößern würde, sondern hielten sich an die ihnen bisher gesetzten Grenzen. In diesem Rahmen kannten sie sich aus. Sie wollten sich auf keine Experimente mit ungewissem Ausgang einlassen.
Die Indifferenz der Kolonialbürokratie auf diesem Gebiet forderte den Nationalkongreß dazu heraus, seinerseits die Initiative zu ergreifen. Als nach der Verfassungsreform von 1935 in vielen britisch-indischen Provinzen vom Nationalkongreß Landesregierungen gebildet wurden, wurde 1938 eine nationale Planungskommission unter Vorsitz von JAWAHARLAL NEHRU gebildet. Die zuständigen Minister dieser Landesregierungen, aber auch von NEHRU hinzugezogene Experten, die nicht dem Nationalkongreß angehörten, beteiligten sich an den Beratungen. Der Bericht konnte erst 1940 vorgelegt werden. Es ging dabei noch nicht um quantitative Planung, sondern um eine Wunschliste von Industriezweigen, an denen es bisher fehlte. An diese Initiative konnte NEHRU später anknüpfen, als er 1950 durch Kabinettsbeschluß eine nationale Planungskommission ins Leben rief, deren Vorsitz er als Premierminister von Amts wegen übernahm.
Zwischen der Wunschliste von 1940 und dem Beschluß von 1950 lag ein ereignisreiches Jahrzehnt. Die britisch-indische Regierung wurde im Zweiten Weltkrieg vor völlig neue Aufgaben gestellt, für die sie zunächst schlecht gerüstet war, die sie dann aber in den Griff bekam. Die Briten nutzten Indien zur Versorgung mit Gütern des Kriegsbedarfs und Rekruten, mußten sich zugleich aber im Krieg in wachsendem Maß um die Si-

cherstellung der Versorgung der indischen Bevölkerung kümmern. Dazu war die Gründung einer ganzen Reihe neuer Behörden erforderlich, die Getreide ankauften und lagerten, Lebensmittelkarten und Bezugsscheine ausstellten und dergleichen. Für die Versorgung der Armee mit Kriegsbedarf mußte ein Apparat aufgebaut werden, der indische Industrieprodukte (Textilien für Uniformen, Jutefabrikate für Sandsäcke, Eisen, Stahl) requirierte. Früher war von indischer Seite immer wieder Klage darüber geführt worden, daß die Regierung nicht genug in Indien einkaufte, sondern britische Produkte einführte (Heeresbedarf, Eisenbahnschienen und so weiter). Im Krieg änderte sich das schlagartig. Da die meisten indischen Industriezweige in den Jahren der Wirtschaftskrise nicht viel investiert hatten, gab es Engpässe bei der Befriedigung des enormen britischen Bedarfs. Um Preistreibereien zu verhindern, wurde der Industrie ein Regime aufgezwungen, bei dem die Bürokraten die Produktionskosten errechneten und dem Unternehmer einen begrenzten Aufschlag (»cost plus...«) genehmigten. Zur Zahlung wurden die Notenpresse angekurbelt und dafür Reserven in Pfund Sterling in der Bank von England angelegt. Viele der Güter, die die Briten requirierten, wurden dem privaten Konsum entzogen. Damit stieg die durch die rotierende Notenpresse angeheizte Inflation nur noch mehr an.

B. Das Korsett der Planwirtschaft: Nehru und die Zukunftsperspektiven der indischen Wirtschaftsführer

Am Ende des Krieges hatte Indien nicht nur keine Schulden mehr bei den Briten, sondern war nun ein Gläubiger der Kolonialherren, den man leicht in die Unabhängigkeit entlassen konnte, zumal man seine Reserven in London verwaltete. Dafür hatte Indien aber eine völlig gegängelte Industrie mit einem überalterten Maschinenpark. Ferner lagen die indischen Preise, bedingt durch die Kriegsinflation, über den Weltmarktpreisen. Die begrenzte Abwertung der Rupie nach Erlangung der Unabhängigkeit hatte dies nicht grundlegend geändert. Eine rasche Nachkriegsliberalisierung hätte dieses Mißverhältnis durch ungehinderte Importe korrigieren können, aber dabei wäre auch die gesamte indische Industrie auf der Strecke geblieben. Es war daher kein Wunder, daß die indischen Industriellen nichts von Liberalisierung hielten und einer »gemischten Wirtschaft« das

Wort redeten, bei der dem Staat eine tragende Rolle bei der Investition in die Grundstoff- und Schwerindustrie zugebilligt wurde. Das war das Ziel des bereits 1944 veröffentlichten *Bombay Plan*, der von den führenden indischen Konzernchefs (Birla, Tata und anderen) konzipiert worden war. Linke Kritiker nannten diesen Plan »faschistisch«. Er entsprach dem Denken von Unternehmern, die im Korsett der Kriegszwangswirtschaft steckten und befürchteten, daß sie beim bevorstehenden Verschwinden dieses Korsetts keinen Halt mehr finden würden, und sich daher ein neues anfertigen lassen wollten. Auf diese Weise ergab sich eine Konvergenz ihres Denkens mit dem Nehrus, der aus ganz anderen Gründen eine Planwirtschaft befürwortete.

Es ist interessant, daß Mahatma Gandhi hier ganz anders dachte und in seinem letzten Lebensjahr geradezu ein Wirtschaftsliberaler nach dem Muster Ludwig Erhards wurde. In früheren Jahren hatte er einmal gesagt, das Gesetz von Angebot und Nachfrage sei ein Gesetz des Teufels, aber als es 1947 darum ging, ob die Regierung des unabhängigen Indiens an den Kontrollmechanismen festhalten solle, die die Briten eingeführt hatten, zwang er den zuständigen Minister Rajendra Prasad, den späteren Staatspräsidenten Indiens, durch moralischen Druck dazu, die Bewirtschaftung von Lebensmitteln aufzugeben. Als man ihm entgegenhielt, daß dann die Preise steigen würden, schenkte er diesem Argument keinen Glauben. Tatsächlich sanken die Preise, nachdem Prasad die Bewirtschaftung aufgehoben hatte, und Gandhi veröffentlichte die entsprechenden Preisstatistiken triumphierend in seiner Zeitschrift. Wenige Monate später wurde er ermordet. Ob es ihm gelungen wäre, die indische Regierung für weitere Liberalisierungsschritte zu gewinnen, bleibt dahingestellt. Wie bereits gesagt, waren die Umstände für eine umfassende Liberalisierung zu jener Zeit nicht günstig. Auch die Versorgungslage Indiens ließ zu wünschen übrig.

Es waren diese situationsbedingten Liberalisierungshemmnisse einerseits und das Vorhandensein des Interventionsinstrumentariums andererseits, die es Nehru ermöglichten, 1951 mit dem ersten Fünfjahresplan die Weichen in Richtung Planwirtschaft zu stellen. Der große Wahlerfolg 1952 stärkte seine Position. Der gute Abschluß des noch recht bescheidenen ersten Planes ermutigte ihn dazu, einen zweiten, wesentlich ambitiöseren in Angriff zu nehmen. Dabei hätte gerade zu diesem Zeitpunkt die Möglichkeit bestanden, eine Liberalisierungspolitik zu wagen. Doch es gab damals weder in Indien noch im Ausland Kräfte, die eine solche Politik forderten. Das *Aid India Consortium* westlicher Entwicklungshilfegeber war daran interessiert, Investitionsgüter zu verkaufen, und daher gern bereit, Kredite für Nehrus ehrgeiziges Industrialisierungsprogramm bereitzustellen, die in erster Linie dem öffentlichen Sektor zugute kamen. Rein quantitativ gesehen, konnte Indien denn auch bis zu Nehrus Tod im Mai 1964 einen beachtlichen industriellen Fortschritt verbuchen. Die Rückschläge, die bald darauf folgten, erlebte er nicht mehr.

III. Wirtschaftswachstum und Bevölkerungswachstum

A. Die Agrarproduktion als Grundlage der Wirtschaftsentwicklung

Die Achillesferse von Nehrus Planwirtschaft war die indische Landwirtschaft. Diese Landwirtschaft war in privater Hand und wurde von unzähligen Kleinbauern betrieben. Der unsichere Monsun hatte in Indien seit eh und je die Verteilung des Risikos auf viele Schultern zur Regel gemacht. Im Durchschnitt gab es alle sieben Jahre eine Dürrezeit; nur eine großangelegte Bewässerung der Anbaufläche konnte zur Emanzipation vom Monsun führen. Diesem Ziel hat man sich in jüngster Zeit genähert, aber Nehru konnte auf diesem Gebiet noch keinen Ansatzpunkt für seine Pläne finden und hoffte statt dessen, daß ein Durchbruch auf dem Industriesektor die Landwirtschaft mitreißen würde. Doch um die Industrie zu fördern, hielt er die Agrarpreise niedrig, damit die Löhne nicht stiegen. Die amerikanischen Weizenlieferungen waren in diesem Zusammenhang von wirtschaftsstrategischer Bedeutung. Doch damit hatten die Bauern keinen Anreiz zur Produktivitätssteigerung.

Der zu Nehrus Zeiten zu verzeichnende Anstieg der Agrarproduktion beruhte allein auf der Ausdehnung der Anbaufläche, und diese wiederum wurde vor allem durch das Bevölkerungswachstum verursacht. Auf diese Weise wurden mehr und mehr marginale Böden unter den Pflug genommen, die bei einem Ausfall des Monsuns keine Erträge bringen konnten. Zwei Dürrejahre hintereinander (1965/66) führten zu einem heftigen Rückschlag der Agrarproduktion. Die Agrarpreispolitik brach zusammen, und der Planwirtschaft war vorübergehend die Grundlage entzogen. Rasch ansteigende Agrarpreise führten dann zur Einführung der agrartechnischen Neuerungen, die die »Grüne Revolution« bewirkten. Die indischen Bauern waren nämlich durchaus bereit, auf Marktsignale zu reagieren und solche Neuerungen rasch zu übernehmen. Dazu gehörte der Anbau ertragreicher Neuzüchtungen (*hybrid varieties*) und der Einsatz von Kunstdünger. Beides erforderte eine Bewässerung, die über den saisonalen Regenfall hinausging. Dazu wurden Brunnen gebohrt und das Kanalsystem ausgeweitet. Der Staat war in allen diesen Bereichen gefordert. Er subven-

tionierte Saatgut und Kunstdünger, errichtete Düngemittelfabriken und trieb den Bau von Staudämmen voran. Es gelang im Laufe der folgenden Jahrzehnte auf diese Weise, die Selbstversorgung der wachsenden indischen Bevölkerung zu sichern und die Landwirtschaft in weiten Bereichen vom Regime des wetterwendischen Monsuns, der einmal zu viel und ein andermal zu wenig Regen bringt, zu emanzipieren.
Tabelle 1 zeigt die Entwicklung der Agrarproduktion in Indien. Neben Reis und Weizen werden dabei auch die bescheidenen Hirsearten (Jowar und Bajra) aufgeführt, die für weite Bereiche des kargen Hochlandes lebenswichtig sind und einen verhältnismäßig großen Teil der Gesamtanbaufläche in Anspruch nehmen. Ferner werden die Hülsenfrüchte berücksichtigt, die als Eiweißquelle für die weitgehend vegetarische Bevölkerung wichtig sind; sie sind sehr schädlingsanfällig, ihre Flächenerträge haben sich daher kaum erhöht. Die Gesamtanbaufläche der hier genannten Getreidearten ist in 30 Jahren nur um rund 17 Prozent angewachsen. Die Produktionssteigerung ist hauptsächlich der Steigerung der Flächenerträge, insbesondere beim Weizen, zu verdanken.

Tabelle 1: *Agrarproduktion, Anbaufläche und Flächenerträge in Indien 1960 bis 1990*

	Reis	Weizen	Hirsearten	Hülsenfrüchte
Anbaufläche (Mio ha)[1]				
1960	34	13	29	23
1980	40	22	26	23
1990	43	24	25	24
Produktion (Mio t)[1]				
1960	35	11	13	13
1980	55	36	15	11
1990	75	54	19	14
Flächenerträge (kg/ha)[1]				
1960	1013	851	533/286[2]	539
1980	1388	1648	673/458[2]	493
1990	1751	2274	819/661[2]	576

1 Auf ganze Zahlen gerundet. – 2 Die erste Zahl bezieht sich jeweils auf die Erträge von Jowar, die zweite auf die von Bajra. Die Anbauflächen von Bajra und Jowar stehen im Verhältnis von rund 1:1,5.
Quelle der Daten: Economic Survey, verschiedene Jahrgänge.

Die Steigerung der Flächenerträge war in erster Linie der Ausdehnung der bewässerten Anbaufläche zu verdanken. Diese war besonders bemerkenswert beim Weizen. Während 1970 nur 54 Prozent der Weizenanbaufläche bewässert waren, stieg dieser Anteil bis 1990 auf 80 Prozent; beim Reis waren die entsprechenden Zahlen 38 und 45 Prozent. Die Hülsenfrüchte beanspruchten stets nur rund 10 Prozent der bewässerten Anbaufläche. Die Ausdehnung der Bewässerung ermöglichte einen vermehrten Kunstdüngereinsatz. Wurden 1970 nur insgesamt 2,2 Millionen Tonnen verwendet, so waren es 1990 bereits 12,5 Millionen Tonnen. In dieser Zeit stieg auch der Grad der Selbstversorgung Indiens mit Kunstdünger. Während 1970 rund 27 Prozent des eingesetzten Düngers importiert werden mußten, so waren es 1990 nur noch 22 Prozent der sehr viel größeren Menge.

B. Rezession und Regeneration der Industrieproduktion

Die Investitionen in die Schwerindustrie des öffentlichen Sektors wurden nach dem zögerlichen Neubeginn der Fünfjahrespläne in den späten 1960er Jahren zurückgenommen, und es setzte eine über ein Jahrzehnt andauernde industrielle Rezession ein, die erst in den 1980er Jahren überwunden wurde. Die politische Krise, die schließlich 1991 in einer Zahlungsbilanzkrise ihren Höhepunkt fand, bedeutete dann wiederum einen Rückschlag.

Einen Eindruck von der Rezession der 1970er und der Regeneration in den 1980er Jahren vermittelt der jeweilige Gesamtindex der Industrieproduktion. Dieser Index (1970 = 100) stieg bis 1977 nur auf 118. Im nächsten Jahrzehnt (1980 = 100) stieg er bis 1987 auf 166. Es muß dabei freilich beachtet werden, daß die Gewichtung des Index von 1970 auf 1980 geändert wurde. Alte, stagnierende Industrien wie die Textilindustrie wurden 1980 in der Gewichtung zurückgenommen und dafür der aufstrebende Maschinenbau stärker gewichtet. Auch Bergbau und Elektrizitätserzeugung, die 1970 zusammen mit dem Gewicht 20 verbucht worden waren, wurden 1980 zusammen mit rund 23 angesetzt. Wenn mehr Kohle gefordert und daraus in Thermalkraftwerken Elektrizität erzeugt wurde, konnte diese höhere Gewichtung den Gesamtindex recht positiv beeinflussen. Das zeigte sich 1992, als dieser Index (1980 = 100) die bemerkenswerte Zahl 270 erreichte. In diesem Jahr waren nämlich auf anderen Gebieten der In-

dustrieproduktion nicht so große Erfolge zu vermelden (siehe die entsprechende Spalte von Tabelle 2).
Indexzahlen vermitteln zwar einen guten Gesamteindruck, doch die statistischen Manipulationen, die ihnen zugrundeliegen, können den Betrachter mitunter auch zu einer falschen Einschätzung verleiten. Deshalb werden in der Tabelle 2 einige absolute Zahlenangaben für spezifische Industrieprodukte aufgelistet. Diese Angaben lassen die Rezession der 1970er Jahre und die Regeneration der Industrieproduktion nach 1980 sehr deutlich erkennen. Ein Vergleich der Zahlen von 1990 und 1992 zeigt freilich, daß der positive Trend sich nicht ungebrochen fortsetzte. Außer bei der Kohleförderung und der Energieerzeugung der Thermalkraftwerke waren Stagnation und zum Teil sogar Rückschritte zu verzeichnen. Das ist darauf zurückzuführen, daß die Krise des Jahres 1991 Indien stark betroffen hatte. Die Erholung nahm einige Zeit in Anspruch; erst in jüngster Zeit hat ein erneuter Aufschwung begonnen.
Allgemein läßt sich feststellen, daß die Industrie der Landwirtschaft den Rang abgelaufen hat. Der Anteil der Landwirtschaft am Bruttoinlandsprodukt fiel von 52 Prozent 1960 auf 34 Prozent 1990, während im gleichen Zeitraum der Anteil von Industrie und Gewerbe von 19 auf 28 Prozent anstieg. Schreibt man die Differenz jeweils dem Dienstleistungssektor zu, so hat dieser seinen Anteil von 29 auf 38 Prozent vergrößert.

Tabelle 2: *Industrieproduktion und Energieerzeugung in Indien 1960 bis 1992*

	1960	1970	1980	1990	1992
Rohstahl (Mio t)	3	6	10	14	13
Zement (Mio t)	8	14	19	49	50
Rohöl (Mio t)	0,4	7	10	33	27
Kohle (Mio t)	56	76	119	225	253
Fahrräder (Mio)	1	2	4	7	7
Autos (Tausend)	50	90	120	366	331
Baumwolltextilien (Mrd. m^2)	6,6	7,5	8,4	13	13
Energie (Mrd. kWh)	20	61	119	289	331
darunter:					
– Wasserkraftwerke	8	25	46	72	70
– Thermalkraftwerke	9	28	61	187	224
– Kernkraftwerke	–	2,4	3	6	7

Währenddessen wuchs trotz ständiger Bemühungen um Familienplanung und Geburtenkontrolle die Bevölkerung immer mehr an. Das lag nicht so sehr an einer hohen Geburtenrate, sondern an einer raschen Reduktion der Sterberate und einer entsprechenden Erhöhung der Lebenserwartung. Der demographische Übergang erfolgt in drei Phasen. In der ersten Phase sinkt die Sterberate, die Geburtenrate bleibt aber noch hoch, und so kommt es zu einem erheblichen Bevölkerungswachstum. Die zweite Phase folgt gewöhnlich nach einer Generation; sie bringt den demographischen Umschlag, das heißt die Anpassung der Geburtenrate an die sinkende Sterberate. In einer Graphik verlaufen die Kurven, die die beiden Raten darstellen, nach dem Umschlag parallel nach unten. Erst in der dritten Phase kommt es dann zu einer Parität von niedrigen Geburten- und Sterberaten oder gar zu einem Absinken der Geburtenrate unter die Sterberate. Deutschland hat den demographischen Umschlag ähnlich wie andere Industrieländer von etwa 1900 bis 1930 erlebt. Indien, das sich schon seit einigen Jahrzehnten in der ersten Phase des demographischen Übergangs befindet, wartet immer noch auf den Umschlag, der die zweite Phase kennzeichnet. Während das Wachstum von der Volkszählung 1951 bis zu der von 1961 noch 21,5 Prozent betragen hatte, stieg es im nächsten Jahrzehnt auf 24,8 und fiel dann sehr geringfügig ab (1971–81 = 24,7 Prozent, 1981–91 = 23,5 Prozent). In der Sterberate hatte Indien 1991 mit zehn pro Tausend bereits mit Deutschland gleichgezogen, die indische Geburtenrate betrug aber immer noch 29 pro Tausend. Die Differenz zwischen den beiden Raten (19) zeigt die weitere Wachstumstendenz an. Die Volkszählung von 1991 ergab eine Bevölkerungszahl von 844 Millionen. Zur Zeit (1994) dürfte Indien eine Bevölkerung von rund 892 Millionen haben. Die Zukunftsperspektiven sind alarmierend. Bis zum Jahr 2000 dürfte es rund eine Milliarde Inder geben.

Das Bevölkerungswachstum bremste den Anstieg des Pro-Kopf-Einkommens. Die Wirtschaftswachstumsrate betrug lange Zeit etwa 3,5 Prozent pro Jahr, sie wurde von indischen Experten ironisch die »Hindu-Wirtschaftswachstumsrate« (*the Hindu rate of growth*) genannt. Nach Abzug des Bevölkerungswachstums verblieben davon weniger als 1,5 Prozent als Wachstum des Pro-Kopf-Einkommens. Erst in den 1980er Jahren stieg die Wirtschaftswachstumsrate auf 5 Prozent pro Jahr, während rund

3 Prozent für das Wachstum des Pro-Kopf-Einkommens verblieben. In diesen Jahren war auch wieder ein höheres Wachstum des industriellen Sektors zu verzeichnen. Damit ging einher, daß der Anteil der Landwirtschaft am Bruttosozialprodukt auf rund ein Drittel absank, obwohl nach wie vor etwa drei Viertel der Bevölkerung in der Landwirtschaft tätig sind. Von dieser Diskrepanz der Produktivität wird später noch die Rede sein, wenn es um die soziale Polarisierung geht.

IV. Staatsquote und Lebensstandard

A. Der Anstieg der Staatsquote

Das Bild, das Indien in den 1980er Jahren bot, war das eines Landes mit einer aufstrebenden Industrie und einer trotz der »Grünen Revolution«, die sich regional sehr unterschiedlich ausgewirkt hatte, weiterhin zurückgebliebenen Landwirtschaft. Weil ein großer Teil der Industrie dem öffentlichen Sektor angehörte, ging die Entwicklung dieser Industrie mit einem starken Anstieg der Staatsquote einher. Leider entsprach diesem Anstieg aber keine gleichgroße Erhöhung des Lebensstandards. Von diesem soll später die Rede sein; zunächst soll der Anstieg der Staatsquote analysiert werden.

Die Staatsquote, also der Anteil der Ausgaben der öffentlichen Hand am Bruttosozialprodukt, soll hier anhand der Angaben über die Summe der Ausgaben des Bundes und der Länder berechnet werden. Die Gemeinden haben in Indien ein so geringfügiges eigenes Finanzaufkommen, daß es kaum ins Gewicht fällt. Sie hängen zum größten Teil von Zuwendungen aus dem betreffenden Landeshaushalt ab. Die bedeutendste autonome Einnahmequelle der indischen Stadtverwaltungen ist nach wie vor die altertümliche Besteuerung aller Waren, die in die Stadt eingeführt werden (Oktroi). Das Eintreiben dieser Steuer bleibt einem Heer von unterbezahlten kleinen Beamten überlassen, die ihren Ermessensspielraum meist zur Aufbesserung ihrer Bezüge nutzen. Grob geschätzt, dürften die Oktroi-Einnahmen aller indischen Städte zusammen nur wenige Milliarden Rupien betragen. Bei den folgenden Angaben der Staatsquote würde das weniger als 1 Prozent ausmachen und darf daher hier vernachlässigt werden.

Im Jahrfünft 1971–1975 betrug die Staatsquote rund 26 Prozent und im Jahrfünft 1987–1991 etwa 38 Prozent. Verglichen mit der Staatsquote westlicher Industrieländer sieht die indische noch recht bescheiden aus. In der Bundesrepublik Deutschland beträgt sie in jüngster Zeit über 50 Prozent. Bei einem solchen Vergleich muß man bedenken, daß Indien bei allem industriellen Fortschritt noch immer ein recht armes Agrarland ist.

Um so erstaunlicher ist der beträchtliche Anstieg der Staatsquote in einer verhältnismäßig kurzen Zeit. Dieser Anstieg vollzog sich im Jahrfünft 1976–1980 noch recht langsam von 30 auf 32 Prozent. Dann kam 1981 ein Ausreißer: Die Staatsquote stieg auf 42 Prozent. Das hing damit zusammen, daß das Bruttosozialprodukt in diesem Jahr gegenüber dem Vorjahr abfiel, was nie zuvor geschehen war, und die Ausgaben der öffentlichen Hand dem nicht kurzfristig angepaßt werden konnten. Im folgenden Jahr kam es zu einer Korrektur (36 Prozent), doch nicht zu einer Rückkehr zum Niveau der vorangegangenen Jahre. Statt dessen war ein allmählicher Anstieg zu den oben für das letzte Jahrfünft genannten Quoten zu verzeichnen. Diese Berechnungen beziehen sich auf das Bruttosozialprodukt; geht man vom Nettosozialprodukt aus, dann ist die Staatsquote jeweils um etwa 4 Prozentpunkte höher anzusetzen.

Die steigenden Planausgaben waren nur im Rahmen einer wachsenden Staatsquote möglich. In der Tabelle 3 wird die Staatsquote nicht erwähnt. Es werden auch keine Angaben über die Ausgaben für Verwaltung, Militär und andere Staatsausgaben gemacht, sondern lediglich über die in den Fünfjahresplänen vorgesehenen Investitionen. Dementsprechend beziehen sich auch die in der Spalte »Anteil BSP« genannten Prozentsätze nur auf diese Investitionen. Wenn man diese Angaben mit den bereits erwähnten Prozentsätzen der Staatsquote in Beziehung setzt, dann ergibt sich, daß die Planausgaben seit Mitte der 1970er Jahre jeweils etwa zwei Drittel der Staatsquote in Anspruch nahmen.

Tabelle 3: *Verteilung der Planausgaben in Indien 1951 bis 1989 (in Prozent)*

Periode	Anteil BSP[1]	Landwirtschaft/ Bewässerung	Energie	Industrie/ Bergbau	Transport/ Kommunikation	Erziehung/ Medizin und ähnliches
1. 1951–55	7	37	8	3	26	12
2. 1956–60	12	21	10	20	27	10
3. 1961–65	15	20	15	20	25	11
4. 1969–73	15	24	18	19	18	9
5. 1974–78	17	21	18	25	18	7
6. 1980–84	19	24	27	14	16	6
7. 1985–89	24	22	28	13	17	7

1 Dieser Anteil wurde vom Autor aufgrund der BSP-Summen für das jeweilige Jahrfünft errechnet.
Quelle der Daten: Economic Survey 1992–93, New Delhi 1993. Die Rubrik »Sonstiges« wurde nicht aufgeführt.

Die Übersicht zeigt außer dem Wachstum der Planausgaben auch interessante Verschiebungen der Prioritäten. Im ersten Plan stand noch die Landwirtschaft im Vordergrund, sie wurde dann aber zugunsten der Industrie zurückgedrängt. Nach der durch die Dürreperiode erzwungenen Unterbrechung der Fünfjahrespläne wurden im vierten Plan die Landwirtschaft wieder stärker gefördert und die Ausgaben für Transport und Kommunikation zurückgenommen. In den jüngsten Planperioden wurde die Energieerzeugung in den Vordergrund gestellt, weil sich auf diesem Gebiet ein bedrohlicher Engpaß gezeigt hatte. Deshalb wurden sogar die Ausgaben für die Industrie reduziert. Bemerkenswert ist die geringe Berücksichtigung von Erziehung, Gesundheitsfürsorge und ähnlichem.
Um diese Ausgaben zu finanzieren, nahm der Staat mehr Steuern und Zölle ein, man kurbelte aber auch die Notenpresse an. Tabelle 4 zeigt die Haupteinnahmequellen der Bundesregierung. Der Bundeshaushalt beträgt in Indien immer etwa das 1,6fache der Summe aller Länderhaushalte. Zum Leidwesen der Länder behält sich der Bund die Steuern mit dem dynamischsten Wachstumspotential vor und überläßt den Ländern die weniger attraktiven Steuern, darunter die Grundsteuer, die aus politischen Gründen so niedrig ist, daß die Kosten ihrer Eintreibung meist höher sind als das Steueraufkommen. Insbesondere bleiben die Zolleinnahmen dem Bund vorbehalten, und diese sind im Zuge der Außenhandelsliberalisierung sprunghaft gewachsen. Schutzzölle erbringen bekanntlich, wenn sie wirksam sein sollen, nur geringe Einnahmen. In dem Maße, in dem Schutzzölle abgebaut wurden, stiegen die Importe und mit ihnen die Zolleinnahmen. Darauf soll später im Zusammenhang mit der Liberalisierungspolitik näher eingegangen werden. Hier interessieren zunächst nur

Tabelle 4: *Steuer- und Zolleinnahmen des Bundes in Indien 1977 bis 1992 (in Milliarden Rupien)*

	1977	1980	1983	1986	1989	1992
Einkommensteuer	22	28	42	60	98	155
Excise[1]	44	65	102	145	224	311
Zölle	18	34	56	114	180	252

1 Union Excise = Verbrauchsteuern, die dem Bund zustehen.
Quelle der Daten: Economic Survey 1992–93, New Delhi 1993.

die Zolleinnahmen, die die Erhöhung der Staatsquote und der Planausgaben ermöglichten.
Neben den Steuereinnahmen trug die Notenpresse nicht unerheblich zur Finanzierung der Staatsausgaben bei. Statt sich durch die Ausgabe von Regierungsanleihen zu verschulden, griff die Regierung regelmäßig in die Kasse der Zentralbank (Reserve Bank of India). Zwar mahnte die Zentralbank immer wieder, daß die dadurch verursachte Geldschöpfung von Übel sei. Aber da die indische Zentralbank – genauso wie die meisten europäischen Zentralbanken außer der Deutschen Bundesbank – eine weisungsgebundene, nachgeordnete Behörde des Finanzministeriums ist, konnte sie die Regierung nicht vom Griff in ihre Kasse abhalten. Es kam hinzu, daß dieses »*deficit spending*« nach den Lehren von JOHN MAYNARD KEYNES erst dann inflationär wirken soll, wenn die Vollbeschäftigung erreicht wird. Da diese in Indien noch lange nicht in Sicht ist, besteht dort theoretisch keine Inflationsgefahr. Dennoch hat die Ausweitung der Geldmenge in Indien eine Inflation bewirkt, die sich überdies in plötzlichen Schüben manifestierte, statt langsam und stetig voranzuschreiten.
Die Geldmenge M1 ist in Indien von 1960 bis 1985 von 27 auf 410 Milliarden Rupien, also um das 14fache, angewachsen. In der gleichen Zeit stieg der Verbraucherpreisindex für Industriearbeiter um das Sechsfache an. Man kann daher sagen, daß sich nur etwa die Hälfte des Geldmengenwachstums inflationär auswirkte, während die andere Hälfte durch das Wirtschaftswachstum gerechtfertigt war. Von 1985 bis Ende 1992 wuchs die Geldmenge M1 auf etwa das Dreifache (1 196 Milliarden Rupien) an, während sich die Verbraucherpreise in dieser Zeit verdoppelten. Das ist eine weit höhere Inflationsgeschwindigkeit (rund 12 Prozent pro Jahr) als die der zuvor genannten 25 Jahre. Von Ende 1992 bis Ende 1993 ist M1 um weitere 216 Milliarden Rupien angewachsen. Die gegenwärtige Regierung hat sich zwar darum bemüht, die Inflationsrate durch eine Reduktion des Haushalts und der Staatsverschuldung zu zügeln. Doch das Erbe der Vergangenheit ist nicht leicht zu bewältigen, und dazu gehört insbesondere die große Schar der Arbeitnehmer, die ihre Löhne vom Staat beziehen. Hier kann man nicht so rasch Abstriche machen und muß sogar noch für Inflationsausgleich bei den Löhnen sorgen.

B. Die Aufblähung des öffentlichen Sektors

Die Steigerung der Staatsquote und der Planausgaben ging Hand in Hand mit einem Wachstum der Zahl der Beschäftigten im öffentlichen Dienst einschließlich der Arbeiter der Staatsbetriebe. Man könnte geradezu von einer gigantischen Arbeitsbeschaffungsmaßnahme sprechen. Bei der Behandlung der Liberalisierungspolitik wird sich zeigen, daß der Besitzstand an Arbeitsplätzen, der auf diese Weise geschaffen wurde, das größte Hemmnis der Liberalisierung ist. Von 1961 bis 1971 war die Zahl der Arbeitnehmer im öffentlichen Sektor von 7 auf 10,7 Millionen gestiegen. Dann folgte ein großer Wachstumssprung: Von 1971 bis 1980 wurden weitere 4,5 Millionen Arbeitsplätze im öffentlichen Sektor geschaffen, der nun doppelt soviele Arbeitnehmer beschäftigte wie die private Wirtschaft. Im Jahr 1991 betrug die Zahl der Arbeitsplätze im öffentlichen Sektor 19 Millionen. Das Wachstum der Zahl der Arbeitnehmer der privaten Wirtschaft war vergleichsweise bescheiden: 1961 waren es 5 Millionen gewesen, 1971 etwa 6,7, 1981 rund 7,4 und 1991 rund 7,6 Millionen. Industrie, Baugewerbe und Energieerzeugung – Wirtschaftszweige, in denen 1971 noch zwei Drittel der Arbeitnehmer dem privaten Sektor angehörten – hatten 1980 nur noch 58 Prozent und 1989 etwa 53 Prozent zu verzeichnen. Allein im Bereich der Industrie im engeren Sinne (Verarbeitendes Gewerbe) hat der private Sektor den Vorrang mit 4,5 Millionen Arbeitsplätzen gegenüber rund 1,9 Millionen im öffentlichen Sektor (1991). Das so rasch angewachsene Heer der Arbeitskräfte im öffentlichen Sektor zeichnet sich freilich nicht durch besondere Effizienz und Produktivität aus. Auch wer sich als unfähig oder unwillig erweist, kann meist nicht entlassen werden. In Indien bemerkt man dazu ironisch, daß man unfähige Arbeitskräfte im öffentlichen Dienst nur loswerden kann, indem man sie befördert.

Zu den Giganten des öffentlichen Sektors gehört die indische Eisenbahn, die rund 1,8 Millionen Arbeitnehmer beschäftigt. Diese Eisenbahn hat ein respektables Streckennetz von rund 62 500 km, von denen freilich bisher nur 11 300 km elektrifiziert sind (1992). Sie befördert pro Tag rund 10 Millionen Passagiere, deren mittlere Reisestrecke 70 km beträgt. Auch auf dem Gebiet des Güterverkehrs hat sie beachtliche Leistungen zu verzeichnen. So erreichte sie 1985 die Zahl von rund 200 Milliarden Tariftonnenkilometern pro Jahr (1992: 250 Milliarden). Zum Vergleich sei hier auf die Deutsche Bundesbahn hingewiesen. Sie hatte 1985 ein Streckennetz von 28 000 km, beschäftigte rund 300 000 Arbeitnehmer, beförderte pro Tag 2,7 Millionen Passagiere und erreichte pro Jahr 64 Milliarden Tariftonnenkilometer. Bei einem effizienteren Einsatz könnte die indische Eisenbahn die gleichen Leistungen wie bisher sicher mit weniger als einer Million Arbeitnehmern erbringen.

Ein für die derzeitige Liberalisierungspolitik besonders schädliches Element des aufgeblähten öffentlichen Sektors sind die verstaatlichten Banken, die mit ihrem bürokratischen Management und ihren vielen gewerkschaftlich organisierten Angestellten der Modernisierung des indischen Finanzwesens im Wege stehen. Das indische Bankwesen ist vom britischen Vorbild geprägt worden. Es war zunächst ausschließlich auf die kurzfristige Finanzierung des Handels ausgerichtet. Es gab weder Investitionsbanken noch solche, die sich um die Ersparnisse der großen Masse der Bevölkerung und um die ländlichen Gebiete kümmerten. Nach der Erlangung der Unabhängigkeit weiteten einige indische Banken ihre Aktivitäten aus, wurden dabei aber meist zu Hausbanken großer Konzerne. Als INDIRA GANDHI Ende Juni 1969 die Banken verstaatlichte, konnte sie daher gute Argumente für diese Maßnahme anführen. In der Tat gelang es in der Folgezeit, das Netz der Bankfilialen auch auf dem Lande auszudehnen und den Umfang der Spareinlagen zu vergrößern. Um 1950 gab es in ganz Indien nur rund 4 000 Bankfilialen. Diese Zahl verdoppelte sich bis zur Verstaatlichung der Banken, wuchs danach aber sehr viel rascher und erreichte um 1993 etwa 60 000, von denen sich mehr als die Hälfte in den ländlichen Gebieten befand. Der Anteil der Sichteinlagen an der Geldmenge M1 stieg dementsprechend von 1950 bis 1990 von rund 35 auf 45 Prozent. Zugleich wuchs aber auch das Heer der Bankangestellten, die keinen freien Wettbewerb mehr kannten und ihre antiquierten Arbeitsmethoden als Besitzstand verteidigten. Im Jahre 1991 hatte der öffentliche Sektor in der Sparte »Finanz, Versicherung und ähnliches«, zu der die Angestellten der verstaatlichten Banken zählen, rund 1,2 Millionen Arbeitnehmer zu verzeichnen, 1975 waren es etwa 460 000 gewesen. Im privaten Sektor waren in der gleichen Sparte 1975 circa 180 000 und 1991 rund 250 000 Arbeitnehmer beschäftigt.

Der Sand im Getriebe des Bankwesens macht sich auf verschiedenste Weise bemerkbar. Die Zahlungsmoral der Schuldner ist oft sehr lax. In einer Denkschrift hat das indische Finanzministerium jüngst auf dieses Problem hingewiesen (»a culture of ›non-recovery‹ has developed in many parts of the banking system«). Ferner laden die Schwachstellen des Systems geradezu zum Mißbrauch ein. Wie man solche Schwachstellen geschickt nutzen kann, zeigte der haarsträubende Finanzskandal von 1992. Ein schlauer Börsenmakler machte sich eine Hilfskonstruktion zunutze, mit der die Banken die Schwerfälligkeit ihrer Buchhaltung überbrückten. Beim Handel mit Regierungsanleihen stellten sie vorläufige Quittungen aus (*bankers' receipts*), weil bei der Übertragung von Konto zu Konto oft mehrere Tage verstreichen konnten. Dieses Verfahren nutzte der Makler, um mit dem Buchgeld Börsenspekulationen zu finanzieren. Er trieb auf diese Weise die Kurse steil in die Höhe, bis das Kartenhaus zusammenbrach. Der Skandal fügte der indischen Liberalisierungspolitik in einer kritischen Phase erheblichen Schaden zu. Die Ausstellung von *bankers' receipts* wurde sofort verboten, aber die Modernisierung des Bankwesens ließ noch auf sich warten. Erst die Privatisierung und der freie Wettbewerb werden das indische Bankwesen zur Modernisierung zwingen – doch dagegen sträuben sich die Bankangestellten, die sich an das konkurrenzfreie Leben im öffentlichen Sektor gewöhnt haben.

C. Indikatoren der Verbesserung des Lebensstandards

Der Interventionsstaat, der die Staatsquote drastisch erhöht und den öffentlichen Dienst aufgebläht hat, konnte nur vergleichsweise bescheidene Erfolge bei der Steigerung des Lebensstandards der indischen Bevölkerung verbuchen. Freilich bleibt es eine offene Frage, wie man den Lebensstandard in einem Land wie Indien messen soll. Immerhin ist in der Republik Indien seit ihrem Bestehen das Pro-Kopf-Einkommen bei großem Bevölkerungswachstum um mehr als 60 Prozent gesteigert worden, und die Lebenserwartung hat sich von 31 Jahren 1951 auf 60 Jahre 1991 erhöht. Der Prozentsatz von Analphabeten ist in derselben Zeit von 82 auf 48 zurückgegangen. Die Versorgungslage der Bevölkerung hat sich verbessert, wenn auch nicht sehr bedeutsam, was in Anbetracht des Bevölkerungswachstums verständlich ist. Der 1979 erreichte Höchststand der Verfügbarkeit von Getreide von 432 Gramm pro Kopf und Tag wurde bald wieder unterschritten und erst 1984 und 1986 wieder geringfügig übertroffen. Für einen Europäer oder Amerikaner mag diese Menge sogar recht groß erscheinen, doch die Mehrheit der Inder ernährt sich zum größten Teil von Getreide und Hülsenfrüchten. Die pro Kopf und Tag verfügbare Menge von Hülsenfrüchten ist jedoch zurückgegangen. Der Höchststand von 50 Gramm im Jahre 1976 ist lange nicht mehr erreicht worden. In den meisten Jahren lag die verfügbare Menge seither unter 40 Gramm.

Eine andere Methode der Schätzung der Verbesserung des Lebensstandards besteht darin, einerseits den Anteil der Bevölkerung unterhalb der Armutsgrenze zu berechnen und andererseits die Größe der Mittelklasse zu betrachten, die heute in Indien wirtschaftlich und politisch eine bedeutende Rolle spielt. Nach indischen Berechnungen leben heute nur noch rund 25 Prozent der Bevölkerung unterhalb der Armutsgrenze. Daneben gibt es eine umfangreiche Mittelklasse, die aus reichen Bauern einerseits und den städtischen Geschäftsleuten und Gehaltsempfängern andererseits besteht. Die Zahl der Angehörigen dieser Mittelklasse wird unterschiedlich auf 100 bis 150 Millionen geschätzt, also auf 12 bis 18 Prozent der Gesamtbevölkerung. Rechnet man die Industriearbeiter mit vertraglich gesicherten Arbeitsplätzen und Löhnen hinzu, die in Indien zumindest der unteren Mittelschicht angehören, so dürfte sich die Gesamtzahl ganz sicher an der oberen Grenze (150 Millionen) befinden. Dieser Mittelklasse ist auch die hohe Sparquote Indiens zu verdanken, die seit 1975 stets über 20 Prozent liegt. Drei Viertel davon entfallen auf die privaten Haushalte, während die Firmen der Privatwirtschaft jeweils höchstens ein Zwölftel und der öffentliche Sektor ein Fünftel oder weniger zu dieser Sparquote beitragen.

Im internationalen Vergleich scheint diese Sparquote ungewöhnlich hoch zu sein, zumal sie überwiegend den privaten Haushalten zu verdanken ist. Dabei ist zu bedenken, daß Indien weder eine Rentenversicherung noch sonst irgendein soziales Netz kennt. Wer also seinen Lebensstandard im Alter oder bei Invalidität wahren will, muß mit Sparguthaben oder Lebensversicherung Vorsorge treffen. Anstelle der Rentenversicherung gibt es in Indien den *Provident Fund*, zu dem auch der Arbeitgeber beiträgt. Der auf diese Weise angesparte Betrag wird, ähnlich wie bei der Lebensversicherung, bei Erreichen der Altersgrenze ausgezahlt und dann wieder angelegt – meist auf einem Sparkonto. Die privaten Haushalte der indischen Mittelklasse sind daher fast ausnahmslos sparbewußt.

Die Betriebe des öffentlichen Sektors haben ständig vom Transfer eines großen Anteils der Ersparnisse der privaten Haushalte profitiert. Die Investitionen in diese Betriebe haben im Durchschnitt immer rund 10 Prozent des Bruttoinlandsprodukts beansprucht. Da der eigene Beitrag dieses Sektors zur Sparquote so bescheiden war, mußte der Großteil der Investitionen aus den Ersparnissen der Haushalte finanziert werden. Zur Erhöhung des Lebensstandards haben diese Investitionen hauptsächlich als Arbeitsbeschaffungsmaßnahme beigetragen. Diese ist aber nur einem geringen Teil der Bevölkerung zugute gekommen, der damit den Aufstieg in die untere Mittelschicht geschafft hat.

Zwischen den Armen und der Mittelklasse bleibt eine Grauzone von rund 40 Prozent. In der Tat ist es nicht ganz richtig, in diesem Zusammenhang von einer »Mittelklasse« zu sprechen; es handelt sich eher um eine »bemittelte« Klasse, der eine große Mehrheit von Minderbemittelten und Armen gegenübersteht. Die 40 Prozent der Bevölkerung, die man nicht als arm, sondern nur als minderbemittelt bezeichnen kann, sparen vermutlich nicht viel, und es gibt darunter auch keine Abnehmer der Güter des gehobenen Bedarfs, die in Indien in wachsendem Maße produziert werden. In den Städten gehören zu diesen Minderbemittelten die vielen Gelegenheitsarbeiter ohne festen Arbeitsplatz, die Tagelöhner und Rikshafahrer und viele andere mehr. Auf dem Lande sind es die Teilpächter und die Landarbeiter, aber auch die Kleinbauern mit geringen Familienbetriebsgrößen. Hier ist auch die versteckte Massenarbeitslosigkeit in der Landwirtschaft in Betracht zu ziehen, die dadurch verursacht wird, daß die Kapazität der Bauern und der Landarbeiter meist nur bei Aussaat und Ernte voll ausgelastet ist, während in der übrigen Zeit oft keine Erwerbstätigkeit möglich ist. Das ist denn auch der Grund dafür, daß drei Viertel der Erwerbstätigen in Indien nur etwa ein Drittel des Sozialprodukts erwirtschaften. Eine bedeutsame Produktivitätssteigerung ist unter diesen Umständen nicht zu erwarten. Sie könnte nur durch eine Abwanderung von Arbeitskräften aus der Landwirtschaft in die Industriegebiete bewirkt werden, doch die Zahlen, um die es dabei geht, sind so groß, daß Indiens Planer nur dafür dankbar sein können, daß die Landwirtschaft das Bevölkerungswachstum bisher wie ein großer Schwamm aufgesogen hat.

V. Soziale Polarisierung und regionale Diskrepanzen

A. Kastensystem und »positive Diskriminierung«

Die Absorptionsfähigkeit der Landwirtschaft, die die Produktivitätssteigerung verhindert, bremst zugleich das Wachstum sozialer Spannungen, die sonst in Indien bereits überhandgenommen hätten. Ähnliches gilt auch für die regionalen Diskrepanzen, die später im einzelnen untersucht werden sollen. Weil die weniger entwickelten Gebiete Indiens durch große Entfernungen von den Wachstumszentren getrennt sind, fallen die Diskrepanzen nicht so auf. Eine Polarisierung, wie sie allzu augenfällig in Metropolen wie Bombay erscheint, wo auf dem Straßenpflaster vor dem Haus des Millionärs arme Leute ihr Quartier aufschlagen, macht sich anderswo nicht so deutlich bemerkbar. Auf dem Land sind Arbeitgeber und Arbeitnehmer für den fremden Besucher oft auf den ersten Blick nicht auseinanderzuhalten. Ein kluger amerikanischer Beobachter der ländlichen Szene in Indien erfand daher den »Schwielentest«. Wenn er jemandem die Hand drückte und feststellte, daß sie weicher war als seine eigene Hand, die vom Steuern des Jeeps auf langen Fahrten einige Schwielen bekommen hatte, dann wußte er, wen er vor sich hatte – denn war sie härter, dann hatte der Mann den Pflug geführt und gehörte nicht zu den Reichen, die die Armen für sich arbeiten lassen.

Der Arme auf dem Dorf braucht keinen solchen Test – er weiß, wer dort das Sagen hat, und hütet sich, ihm zu widersprechen. Da der Boden knapp und die Menschen zahlreich sind, entstehen Abhängigkeiten, denen man nicht entkommen kann. Diese Abhängigkeiten werden meist mit dem Kastensystem in Beziehung gesetzt. Gewiß gibt es in Indien noch brahmanische Landbesitzer, die nach den Regeln ihrer Kaste den Pflug nicht berühren dürfen und daher stets auf Arbeitskräfte angewiesen sind. Aber ihre Zahl fällt nicht ins Gewicht. Gerade die Brahmanen haben es aufgrund ihrer Bildung geschafft, dem Land den Rücken zu kehren und in der Stadt als Beamte, Lehrer, Ingenieure oder in ähnlichen Berufen den Anschluß an die urbane Mittelklasse zu finden. Das Land ist zumeist in den Händen der großen Bauernkastengruppen, die in der (theoretischen) Kastenhierarchie

Quelle: Statistisches Bundesamt, Wiesbaden.

allesamt einen recht niedrigen Platz einnehmen. Arbeitgeber und Arbeitnehmer gehören daher auf dem Land oft derselben Kaste an. Doch die Unberührbaren, die fast ausnahmslos kein Land besitzen, stehen den Bauern überall als ländliche Reservearmee zur Verfügung und sind dazu gezwungen, sich zu niedrigsten Löhnen zu verdingen. Allein dieser Kontrast gibt denn auch Anlaß zur sozialen Polarisierung und zu gewalttätigen Konflikten, bei denen die Unberührbaren den kürzeren ziehen.

Nach der indischen Verfassung ist die Unberührbarkeit aufgehoben und ihr Praktizieren sogar bei Strafe verboten. Doch es ist der Natur der Sache nach fast unmöglich, eine solche Praxis tatsächlich nachzuweisen. Dem Unberührbaren wiederum kommt es nicht auf die Berührbarkeit, sondern auf einen angemessenen Lohn an. Darüber ist es denn auch schon zu Streiks gekommen, an die Unberührbare früher nicht einmal zu denken

Tabelle 5: *Disparitäten des Pro-Kopf-Einkommens in 15 indischen Bundesländern 1990/91*

Rang	Höhe des Einkommens (Bihar = 1)	Analphabetenrate (Prozent)	Unterhalb der Armutsgrenze (Prozent)	Geburten- zu Sterberate (pro Tausend)
1. Punjab	3,3	41	7	29/8
2. Maharashtra	2,9	35	29	26/8
3. Haryana	2,7	44	12	33/8
4. Gujarat	2,4	39	18	28/9
5. West-Bengalen	1,9	43	28	27/8
6. Karnataka	1,9	44	32	27/9
7. Andhra Pradesh	1,8	56	32	26/10
8. Tamil Nadu	1,7	37	33	21/9
9. Rajasthan	1,6	61	22	34/10
10. Kerala	1,5	10	17	18/6
11. Madhya Pradesh	1,4	56	37	36/14
12. Uttar Pradesh	1,4	59	35	35/11
13. Assam	1,3	47	23	31/12
14. Orissa	1,2	51	45	29/13
15. Bihar	1	61	41	31/10
Indien (Durchschnitt)	1,7	48	30	29/10

Quelle der Daten: Economic Survey 1992–93, New Delhi 1993. (Die Angaben über das Pro-Kopf-Einkommen wurden vom Autor aufgrund der Schätzungen des Nettoinlandsprodukts der betreffenden Bundesländer für 1990/91 errechnet.)

gewagt hätten. Solche Streiks aber rufen meist eine Solidarisierung der landbesitzenden Bauern hervor. Bei ihren Vergeltungsaktionen werden oft viele Unberührbare ermordet. Die Überlebenden ducken sich dann wieder und arbeiten weiter. Sie wagen es auch nicht, die Täter anzuzeigen.

Der Staat hat in Indien mit dem Mittel der »positiven Diskriminierung« versucht, das Los der Unberührbaren zu verbessern. Dies geschieht durch die Reservierung von Schul- und Ausbildungsplätzen und die Gewährung von Stipendien, aber auch durch die Reservierung von Stellen im öffentlichen Dienst. Letzteres hat zu großen politischen Kontroversen geführt, vor allem, wenn es dabei um Stellen geht, die auf diese Weise dem Nachwuchs der Mittelklasse entzogen werden. Dabei wird das Argument ins Feld geführt, daß diese Reservierungspolitik nur einer kleinen Elite der Unberührbaren zugute komme, während sie das Los derer, die auf dem Land bleiben, nicht verbessern könne.

In jüngster Zeit ist diese Debatte noch heftiger geworden, weil die Reservierungspolitik über die Unberührbaren hinaus auf weitere unterprivilegierte Kasten (*other backward castes*) ausgedehnt wurde. Das geschah allein wegen des Stimmenfangs, denn viele der großen Bauernkastengruppen konnten sich davon für ihren Nachwuchs lukrative Stellen im öffentlichen Dienst erhoffen. Daß eine solche Politik mit der oben beschriebenen Aufblähung des öffentlichen Dienstes Hand in Hand geht, braucht hier nicht besonders betont zu werden. Bisher oft nur latent vorhandene Spannungen wurden auf diese Weise freilich zu handfesten politischen Konflikten, über die später bei der Behandlung des Problems der politischen Stabilität noch berichtet werden soll.

B. Regionale Diskrepanzen

Indien ist seiner Bevölkerung nach viel größer als Europa. Da es selbst in Europa bedeutende regionale Disparitäten gibt, ist es nicht verwunderlich, daß diese auch in Indien zu finden sind. Dabei ist die Differenz zwischen dem reichsten Bundesland (Punjab) und dem ärmsten (Bihar) mit 3,3:1 sogar geringer als die zwischen den reichsten und den ärmsten Nationen Europas. Mit der Tabelle 5 ist der Versuch gemacht worden, mehrere Indikatoren zu finden, von denen man eigentlich vermuten müßte, daß sie eine hohe Korrelation aufweisen.

Die Rangskala der wichtigsten Bundesländer ist nach der Höhe des Pro-Kopf-Einkommens aufgestellt, wobei das ärmste Bundesland als Einheit genommen wurde (Bihar = 1). Die zusätzlichen Indikatoren sind die Analphabetenrate, der Prozentsatz der Bevölkerung unter der Armutsgrenze und das Verhältnis von Geburten- zu Sterberate, das anzeigt, wie weit das betreffende Land noch vom demographischen Umschlag entfernt ist.

Die fünf ärmsten Länder entsprechen weitgehend den Korrelationserwartungen. Sie haben hohe Analphabetenraten, der Prozentsatz der Menschen unter der Armutsgrenze ist überdurchschnittlich, die Geburtenraten sind hoch, auch die Sterberaten sind bei einigen dieser Bundesländer höher als der nationale Durchschnitt. Nur Assam fällt aus dem Rahmen. Obwohl es sehr arm ist, ist seine Analphabetenquote durchschnittlich und der Prozentsatz der Bevölkerung unter der Armutsgrenze sogar besonders niedrig. Gegen alle Korrelationserwartungen sprechen die Daten für Kerala, das trotz seiner Armut bei den drei Indikatoren positive Spitzenwerte zu verzeichnen hat. Hier muß jedoch das Phänomen der Binnenwanderung berücksichtigt werden: Auswanderer aus Kerala sind in vielen Bundesländern zu finden, dagegen gibt es in Kerala kaum Einwanderer. Ferner hat Kerala in großem Maße von der Wanderung von Fachkräften in die Länder am Persischen Golf profitiert. Tamil Nadu, das in bezug auf das Pro-Kopf-Einkommen den indischen Durchschnitt darstellt, ist bei zwei Indikatoren (Analphabetenrate und Geburten- zu Sterberate) positiv überdurchschnittlich, während die ihm benachbarten Länder Andhra Pradesh und Karnataka bei allen drei Indikatoren eher durchschnittlich sind.

Die Spitzengruppe der vier reichsten Bundesländer, die mit deutlichem Abstand beim Pro-Kopf-Einkommen weit vorn liegen, zeigt eine Reihe bemerkenswerter Abweichungen von den Korrelationserwartungen. Im Punjab und in Haryana sind die Analphabetenraten im Verhältnis zu ihrem Reichtum recht hoch, und die Geburtenraten entsprechen dem nationalen Durchschnitt, liegen in Haryana sogar noch darüber. In Maharashtra, dem zweitreichsten Land, fällt der verhältnismäßig hohe Prozentsatz von Menschen unter der Armutsgrenze auf. Darin kommt der Kontrast zwischen den küstennahen Industriezentren und dem kargen Hinterland zum Ausdruck. Ohne die großen Hochlandgebiete entsprächen die drei Indikatoren für Maharashtra wohl eher denen des benachbarten Gujarat.

Unter dem Gesichtspunkt großräumiger regionaler Diskrepanzen gesehen, zeigt die Übersicht vor allem den bemerkenswerten Kontrast zwischen den vier reichsten Bundesländern (dem Nordwesten Indiens und der nördlichen Westküste) einerseits und den vier großen Ländern des sogenannten »Hindi-Herzlandes«, Bihar, Uttar Pradesh, Madhya Pradesh und Rajasthan. Diese armen Länder haben zusammengenommen eine Bevölkerungszahl von 335 Millionen, und ihre Geburtenzahlen liegen alle über dem nationalen Durchschnitt. Während die Differenz zwischen Geburten- und Sterberate im Durchschnitt 19 beträgt, liegt sie bei diesen vier Ländern zwischen 21 und 24. Damit sind sie vom demographischen Umschlag noch sehr weit entfernt und werden auch in Zukunft noch kräftig wachsen. Die vier reichen Länder haben insgesamt nur eine Bevölkerungszahl von 156 Millionen. Sie werden also durch das Schwergewicht der armen Bundesländer mehr als aufgewogen. Hier einen Ausgleich zu schaffen ist eine dringende Aufgabe für Indiens Planer, der sie bisher nicht gerecht geworden sind.

VI. Liberalisierung und politische Stabilität

A. Die soziale Basis der Liberalisierungspolitik

Die vielen Probleme, die hier aufgezeigt worden sind, erleichtern die gegenwärtige Liberalisierungspolitik nicht. Auch ist von einer Liberalisierung nicht zu erwarten, daß sie die Armut des Hindi-Herzlandes rasch behebt und damit die regionalen Diskrepanzen überwindet. Zunächst wird wahrscheinlich das Gegenteil der Fall sein, denn die reichen Bundesländer haben das größere Potential, die Liberalisierung zu nutzen. Das schier unüberwindbare Problem der übergroßen Zahl der Arbeitskräfte im öffentlichen Sektor akzentuiert diese regionale Diskrepanz nur noch mehr, denn in den vier reichen Bundesländern dominiert die private Wirtschaft, während im Osten Indiens der öffentliche Sektor die meisten Arbeitsplätze bietet. Wenn dann auch noch mit dem Blick auf die Wähler ganzen Kastengruppen reservierte Stellen im öffentlichen Dienst versprochen werden, läßt sich das mit der Liberalisierungspolitik ganz und gar nicht mehr vereinbaren.

Die politischen Parteien sind bei der Suche nach einer sozialen Basis in der Wählerschaft stets in Gefahr, einen populistischen Kurs zu verfolgen. Der Agrarpopulismus ist bei dem großen Anteil der Bevölkerung, der noch in den ländlichen Gebieten lebt, besonders attraktiv. Selbst die eben erwähnte Reservierungspolitik zählt dazu, denn sie wird nicht im Interesse städtischer Unterschichten betrieben, sondern zielt auf die Bauernkastengruppen Nordindiens, die im öffentlichen Dienst alternative Berufschancen für die jüngere Generation sehen. Zum Agrarpopulismus gehört es auch, wenn Wahlversprechen gegeben werden, verschuldete Bauern durch das Streichen ihrer Schulden zu beglücken, und wenn diese Versprechen dann auch in die Tat umgesetzt werden. Natürlich können auf diese Weise nur Schulden bei den verstaatlichten Banken gestrichen werden, und bei denen stehen nicht gerade die ärmsten Bauern in der Kreide. Wer allein auf den Geldverleiher im Dorf angewiesen ist, dem kommen solche Maßnahmen nicht zugute. Die besser gestellten Bauern aber verschulden sich erneut bei den Banken – und warten auf die nächste Wahl. Ein vernünftiges Agrarkreditsystem, das Indien dringend braucht, läßt sich auf diese Weise nicht begründen.

Ein weiteres Element des Agrarpopulismus ist die Gewährung staatlicher Subventionen aller Art (für Kunstdünger, für Energieversorgung und anderes) – und das für einen Sektor, der so gut wie gar nicht besteuert wird, weil das die ländlichen Wähler übel vermerken würden. Wenn es die Regierung mit der Liberalisierung ernst meint, kann sie nicht umhin, auch auf diesem Gebiet ihre Politik zu ändern. Nun ist zwar eine teilweise Liberalisierung durchaus denkbar und aus politischen Rücksichten manchmal unumgänglich. Sie bringt aber Probleme mit sich, die letztlich doch wieder eine politische Lösung erforderlich machen. Die Regierung steht freilich vor der Aufgabe, zunächst einmal die politische Stabilität zu erhalten, weil diese die wichtigste Voraussetzung für die Liberalisierung ist.

Die gute alte Zeit, in der die Kongreßpartei in Bund und Ländern solide Mehrheiten hatte, ist längst dahin. Seit 1989 erlebt Indien auf der Bundesebene eine Epoche geduldeter Minderheitsregierungen. Diese Situation ist ungewöhnlich; anderswo hätte man unter den gegebenen Umständen Koalitionsregierungen gebildet. Doch das in Indien geltende Mehrheitswahlrecht ist koalitionsfeindlich – ja, sein Grundprinzip ist es, die Notwendigkeit von Koalitionsbildungen gar nicht aufkommen zu lassen, indem es den Gewinner übermäßig belohnt. So hat die Kongreßpartei lange Zeit bei rund 45 Prozent der Stimmen zwei Drittel der Parlamentssitze errungen. Das garantierte große politische Stabilität. Ein Zweiparteiensystem, das an sich als unausweichliche Konsequenz des Mehrheitswahlrechts gilt, kam in Indien nicht zustande, weil sich linke und rechte Oppositionsparteien nicht zusammenfinden konnten und dadurch immer der Kongreßpartei zum Sieg verhalfen. Diese wiederum konnte und wollte sich 1989 nach dem Verlust der Mehrheit, obwohl oder gerade eben weil sie die stärkste Partei geblieben war, nicht um eine Koalitionsbildung bemühen und überließ das Feld lieber einer von ihr geduldeten Minderheitsregierung aus den Reihen der Opposition. Als die Wahlen von 1991 der Kongreßpartei Gewinne, aber wiederum nicht die Mehrheit bescherten, bildete sie ihrerseits eine Minderheitsregierung, die nun von den Oppositionsparteien geduldet wurde, die von raschen Neuwahlen auch nichts Gutes erwarteten.

Nun hat die Liberalisierungspolitik, die die Kongreßpartei betreibt, an sich eine breite Basis im Parlament, weil die rechte Oppositionspartei, die Bharatiya Janata Party (BJP), schon seit langer Zeit eine wirtschaftsliberale

Politik gefordert hat und jetzt nicht aus kurzfristigen taktischen Erwägungen ihren Kurs ändern kann. So bleibt nur die verhältnismäßig schwache linke Opposition als Gegner der Liberalisierungspolitik übrig. Nur sie könnte Fehlschläge dieser Politik in Wahlerfolge ummünzen, dürfte aber selbst auf diese Weise kaum eine Mehrheit gewinnen.

Eine fragwürdige Rolle spielt freilich auch der frühere Premierminister Vishwanath Pratap Singh, dessen Janata-Partei sich ganz in den Dienst des Agrarpopulismus gestellt hat. Er war es, der die Streichung der Schulden der Bauern zu verantworten hatte und mit der Reservierungspolitik auf Bauernfang gegangen war. Auch im Herbst 1992 ließ er sich nun als Oppositionspolitiker wieder vor den Karren der Agrarlobby spannen und organisierte Protestdemonstrationen gegen die von der Regierung beschlossene Reduktion der Subventionen unter anderem für Kunstdünger. Doch in jüngster Zeit ist sein Stern gesunken. Seine Partei spielt zur Zeit keine bedeutende Rolle. So gesehen ist die Stabilität der Liberalisierungspolitik völlig gesichert; nicht gesichert ist jedoch die allgemeine politische Stabilität, denn gerade weil die rechte Opposition sich auf dem Gebiet der Liberalisierung zur Zeit nicht profilieren kann, muß sie dies auf anderen Gebieten tun. Die Ereignisse vor, während und nach der Zerstörung der Moschee in Ayodhya haben auf alarmierende Weise gezeigt, welche Gebiete das sind.

Von großer Bedeutung ist in diesem Zusammenhang das politische Verhalten der oben näher beschriebenen »Mittelklasse«, auf deren Unterstützung die rechte Opposition vertraut. Eine Politik der radikalen Gewalttätigkeit ist dieser Mittelklasse nicht geheuer, weil sie ja etwas zu verlieren hat und im Zweifelsfall immer für Ruhe und Ordnung ist. Die Minderheitsregierung der Kongreßpartei unter Premierminister P. V. Narasimha Rao hat dies offenbar ganz richtig eingeschätzt. Unmittelbar nach der Zerstörung der Moschee ließ sie durch den Staatspräsidenten alle vier von der BJP gebildeten Landesregierungen ihres Amtes entheben. Das erschien auf den ersten Blick als Überreaktion, weil ja nur die BJP-Regierung in Uttar Pradesh – dem Bundesland, in dem die Moschee stand – unmittelbar für die Zerstörung verantwortlich gemacht werden konnte. Es sah so aus, als ob diese Amtsenthebung, die zwar verfassungsmäßig war, aber den Prinzipien des Föderalismus widersprach, der BJP ein gutes Argument für den nun in diesen vier Ländern anstehenden Wahlkampf an die Hand gegeben hätte. Doch die Wahlen im November 1993 brachten der BJP in allen vier

Bundesländern empfindliche Verluste ein. Nur in einem konnte sie mit knapper Not noch eine prekäre Koalitionsregierung bilden. Der Rundumschlag der Bundesregierung hatte sich zunächst einmal politisch ausgezahlt. Offenbar hatten viele Wähler aus der Mittelklasse der BJP ihr Vertrauen entzogen. Die Mittelklasse wiederum ist mit den Vertretern des Staatsapparates, den Regierungsbeamten, den Offizieren des Heeres und der Polizei eng verbunden, weil diese ihr ja entstammen. Dieser Staatsapparat ist in seiner Stabilität bisher noch ungebrochen.

B. Die Stabilität des Staatsapparates

Die Stabilität des indischen Staatsapparates sorgt für Ruhe und Ordnung und politische Berechenbarkeit. Er garantiert auch – allen regionalen Diskrepanzen zum Trotz – die Einheit Indiens. Freilich ist diese Stabilität des Staatsapparates, wie bereits zuvor bemerkt wurde, als es um die Entstehung des Interventionsstaates in Indien ging, nicht unbedingt auch eine Garantie für die Beständigkeit der Liberalisierungspolitik. Die Bürokraten müssen Federn lassen und den Vertretern der privaten Wirtschaft Spielraum geben. Dabei müssen sie mitansehen, wie unter inflationären Bedingungen die Diskrepanz der Einkünfte immer größer wird. Ein Posten im Elitebeamtenkorps, der noch vor einer Generation das höchste Ziel eines indischen Universitätsabsolventen war, ist dies zwar schon lange nicht mehr, aber jene, die diese Posten heute innehaben, halten an ihrem Prestigebewußtsein fest. Da fast alle leitenden Posten in den Staatsbetrieben auch mit Angehörigen dieses Elitebeamtenkorps besetzt sind, werden sie auch dort für die Erhaltung des *status quo* kämpfen.
Dieser Tatbestand erklärt, warum die Liberalisierungspolitik unter Indira und Rajiv Gandhi am falschen Ende begonnen wurde, nämlich nicht als interne Liberalisierung mit dem Abbau bürokratischer Hemmnisse, sondern als Außenhandelsliberalisierung. Man ging so den Weg des geringsten Widerstandes und kassierte auch noch, wie bereits gezeigt, enorme Zolleinkünfte, die es erlaubten, den Staatsapparat ohne Abstriche zu erhalten. Während 1970 der indische Außenhandel noch sehr minimal war (Ex- und Importe im Wert von jeweils 2 Milliarden US-Dollar), wuchs er danach rasch an, wobei sich freilich auch ein beträchtliches Handelsbilanzdefizit ergab: 1980 standen Exporten im Wert von 8,5 Milliarden US-Dol-

lar Importe im Wert von 16 Milliarden gegenüber, 1990 waren es 18 gegenüber 24 Milliarden. Die Hoffnung, daß die Außenhandelsliberalisierung nach dem Anstieg der Importe auch zu einer entsprechenden Expansion der Exporte führen würde, hatte sich zunächst nicht erfüllt. Zugleich wuchs die Auslandsverschuldung Indiens; sie betrug 1990 bereits 76 Milliarden US-Dollar und stieg bis 1993 auf 90 Milliarden an. Damit wurde der Schuldendienst drückender und die Zahlungsbilanz enorm belastet.

Eine einschneidende Reform war unter diesen Umständen dringend notwendig. Sie wurde denn auch von der neuen Regierung, die im Juni 1991 ihr Amt antrat, energisch in Angriff genommen. Dem Finanzminister Dr. Manmohan Singh gelang es, den Staatshaushalt zusammenzustreichen, die interne Staatsverschuldung zu reduzieren, die Inflation einzudämmen, die Staatsquote auf rund 32 Prozent zu senken und die Konvertibilität der drastisch abgewerteten Rupie durchzusetzen. Vor allem trieb er auch die interne Liberalisierung voran und reduzierte die Macht der Bürokratie. Er ist ein Wirtschaftsexperte ohne politische Hausmacht, hat aber die volle Unterstützung der gegenwärtigen indischen Regierung. Sein Unglück ist es, daß er diese konsequente Liberalisierungspolitik ausgerechnet inmitten einer weltweiten Rezession in die Tat umsetzen muß. Freilich bekommt diese »Flucht nach vorn« des Finanzministers durch die Weltsituation auch eine besondere Dringlichkeit, die in schwierigen Entscheidungssituationen oft sehr nützlich sein kann. Seine Aufgabe gleicht der der Quadratur des Kreises: Er muß sich auf die Stabilität des Staatsapparates stützen und diesen zugleich in seinen Funktionen beschneiden, um die Liberalisierungspolitik voranzutreiben.

Wenn es gelingt, das große Potential der indischen Wirtschaft auf diese Weise zu entfesseln, dann dürfte die unmittelbare Zukunft Indien einen Wachstumssprung bescheren, der es rasch in eine Reihe mit den Ländern Ostasiens stellt. In Indien stehen Arbeitskräfte und Unternehmer in großer Zahl zur Verfügung. Das von den Briten übernommene Rechtssystem hat seine Licht- und Schattenseiten, sorgt aber auf alle Fälle für Rechtssicherheit. Das Land ist reich an Bodenschätzen, und es hat eine landwirtschaftliche Nutzfläche, deren Flächenerträge im internationalen Vergleich noch immer recht gering sind und daher beträchtlich gesteigert werden könnten. Eine Milliarde Inder werden im Jahr 2000 ohne große Schwierigkeiten leben können. Was ihnen im nächsten Jahrtausend bevorsteht, kann man nur mit Spannung erwarten.

Summary

After attaining independence India tried to overcome its industrial backwardness by protectionism and import substitution in the context of a planned economy which could draw on the heritage of a war-time interventionist regime. India's minimal share in world trade receded even more until the oil crisis hit the balance of trade. The deficit was compensated to some extent by the export of Indian manpower to the Gulf states. In the meantime Indian agriculture had lagged behind industrial growth. A devastating drought (1965/66) had then put an end to the policy of low food prices. The "green revolution" (high-yielding grain varieties requiring a heavy input of fertilizer and assured irrigation) ushered in a new period of slow but steady economic growth (the "Hindu rate of growth" of roughly 3.5 percent). Population growth of about 2.3 percent remained a constant problem. It was not due to a high birth rate, but to a rapid fall in the death rate. The final stage of the demographic transition (birth rates equalling death rates) is not yet in sight. Elementary indicators of a better standard of living (literacy, life expectancy) have increased, but mass poverty still prevails. Regional disparities within India are very striking. Per-capita income in the Punjab, India's richest state, is more than three times as high as in its poorest state, Bihar. In terms of agricultural productivity the disparity between the two states would be even greater. The advanced regions of India are concentrated around Delhi in the north and the western coastal belt between Ahmadabad in Gujarat and Bombay and Pune in Maharashtra. These are also the regions where the private sector is dominant, whereas in eastern India the public sector is the major employer.

The liberalization of the Indian economy is faced with a major obstacle: public sector employment, that is employment in an inefficient and overstaffed sector, cannot be curtailed without causing major social and political problems. Moreover, liberalization has been started at the wrong end in the 1980s by lowering external trade barriers rather than reducing the stifling bureaucratic controls of the internal economy. External liberalization was politically a soft option; it also greatly increased central government revenue from customs. It was only when the balance of payments crisis of 1991 forced the hands of the Indian government that a more radical course of comprehensive liberalization was adopted. This has so far been followed consistently, leading to the convertibility of the rupee and an influx of foreign capital. At the same time the government which started as a minority government in 1991 has managed to extend its political base.

Literaturverzeichnis

Ahluwalia, Isher Judge, Industrial Growth in India. Stagnation since the Mid-Sixties, Delhi 1985.

Aiolfi, Sergio, Calicos und gedrucktes Zeug. Die Entwicklung der englischen Textilveredelung und der Tuchhandel der East India Company 1650–1750, Stuttgart 1987.

Ambirajan, S., Political Economy and British Policy in India, Cambridge 1978.

Ambirajan, S., Political Economy and Monetary Management. India 1766–1914, Madras 1984.

Bagchi, Amiya Kumar, Private Investment in India 1900–1939, Cambridge 1972.

Bhatia, B. M., Famines in India, London 1963.

Blyn, George, Agricultural Trends in India. Output, Availability and Productivity 1891–1947, Philadelphia 1966.

Bose, Ashish, Population of India. 1991 Census, Results and Methodology, New Delhi 1991.

Cassen, Robert H., India. Population, Economy, Society, London 1978.

Chatterji, Basudev, Trade, Tariffs and Empire. Lancashire and British Policy in India 1919–1939, Delhi 1992.

Chaudhuri, Kirti N., The Trading World of Asia and the East India Company 1660–1760, Cambridge 1978.

Chowdhury, Benoy Bushan, The Growth of Commercial Agriculture in Bengal 1759–1900, Calcutta 1964.

Fischer, Wolfram, und andere (Hrsg.), The Emergence of a World Economy 1500–1914, zwei Bände, Wiesbaden 1986.

Frankel, Francine, India's Green Revolution. Economic Gains and Political Costs, Princeton 1971.

Goldsmith, Raymond W., The Financial Development of India 1860–1977, New Haven 1983.

Government of India (Ministry of Finance), Economic Reforms. Two Years After and the Task Ahead. Discussion Paper, New Delhi 1993.

Government of India (Ministry of Finance), Economic Survey 1993/94, New Delhi 1994 (und frühere Jahrgänge).

Hanson, A. H., The Process of Planning. A Study of India's Five Year Plans 1950–1964, London 1964.

Heston, Alan, National Income, in: Dharma Kumar (Hrsg.), The Cambridge Economic History of India, Bd. 2, c.1757–c.1970, Cambridge 1983.

Hurd, John M., Railways, in: Dharma Kumar (Hrsg.), The Cambridge Economic History of India, Bd. 2, Cambridge 1983.

Khusro, Ali M., The Indian Economy. Stability and Growth, New Delhi 1979.
Khusro, Ali M., Managing the Indian Economy, New Delhi 1993.
Knight, Henry, Food Administration in India 1939–1947, Stanford 1954.
Kohli, Atul, Democracy and Discontent. India's Growing Crisis of Governability, Cambridge 1990.
Kulke, Hermann, und Dietmar Rothermund, Geschichte Indiens, Stuttgart 1982.
Kundu, Amitabh, und Munis Raza, Indian Economy: The Regional Dimension, New Delhi 1982.

Morris, Morris D., The Growth of Large Scale Industry to 1947, in: Dharma Kumar (Hrsg.), The Cambridge Economic History of India, Bd. 2, Cambridge 1983.

Parikh, G. D., und Manabendra Nath Roy, Alphabet of Fascist Economics. A Critique of the Bombay Plan of Economic Development for India, Calcutta 1944.

Raj, K. N., India: Monetary and Financial System, in: Peter Newman und andere (Hrsg.), The New Palgrave Dictionary of Money and Finance, London 1992.
Reserve Bank of India, Report of the Committee to Review the Working of the Monetary System, Bombay 1985.
Rothermund, Dietmar, Indien und die Sowjetunion, Tübingen 1968.
Rothermund, Dietmar, Government, Landlord and Peasant in India. Agrarian Relations under British Rule 1860–1935, Wiesbaden 1978.
Rothermund, Dietmar, Die Anfänge der indischen Wirtschaftsplanung im Zweiten Weltkrieg, in: Peter Halblützel und andere (Hrsg.), Dritte Welt: Historische Prägung und Politische Herausforderung. Festschrift für Rudolf von Albertini, Wiesbaden 1983.
Rothermund, Dietmar, Indiens wirtschaftliche Entwicklung: von der Kolonialherrschaft bis zur Gegenwart, Paderborn 1985.
Rothermund, Dietmar, The Legacy of the British-Indian Empire in Independent India, in: Wolfgang Mommsen und Jürgen Osterhammel (Hrsg.), Imperialism and after, London 1986.
Rothermund, Dietmar, Mahatma Gandhi. Der Revolutionär der Gewaltlosigkeit. Eine politische Biographie, München 1989.
Rothermund, Dietmar (Hrsg.), Erste Heidelberger Südasiengespräche. Indien, Stuttgart 1990.
Rothermund, Dietmar, India in the Great Depression 1929–1939, New Delhi 1992.
Rothermund, Dietmar, An Economic History of India, 2. Aufl., London 1993.
Rothermund, Dietmar, und Surajit K. Saha (Hrsg.), Regional Disparities in India. Rural and Industrial Dimensions, New Delhi 1991.

Schelkle, Waltraud, Konstitution und Erosion einer Geldwirtschaft. Entwicklungsprobleme Indiens seit der Unabhängigkeit, Berlin 1992.
Sen, Sunanda, Colonies and the Empire. India 1890–1914, Calcutta 1992.

Specker, Konrad, Weber im Wettbewerb. Das Schicksal der südindischen Textilhandwerker im 19. Jahrhundert, Wiesbaden 1984.

Thakurdas, Purushotam, und andere, A Brief Memorandum Outlining a Plan of Economic Development for India, Bombay 1944.

Tischner, Heinrich, Die wirtschaftliche Entwicklung Indiens 1951–1978 unter besonderer Berücksichtigung der Auslandshilfe, Berlin 1981.

Tomlinson, B. R., The Economy of Modern India 1860–1970, in: The New Cambridge History of India, Bd. III. 3, Cambridge 1993.

Roderich Ptak

Professor an der Ludwig-Maximilians-Universität München

Auf der Suche nach Glück: Lebensstandard und Regionalismus in der chinesischen Welt

Inhaltsverzeichnis

Einleitung

Der Westen hat sich angewöhnt, China als ein in sich geschlossenes Reich, als Monolithen gigantischen Ausmaßes wahrzunehmen. Die Geschichte zeigt, daß diese Sichtweise nicht uneingeschränkt korrekt ist. Es gab Zeiten, in denen China politisch zerrissen war und aus mehreren Teilstaaten bestand. Diese Perioden der Teilung währten oft mehrere Jahrhunderte, und sie waren stets begleitet von dem Bemühen, die Reichseinheit wieder herbeizuführen. Hatte sich eine Gruppierung schließlich durchgesetzt und ihre Rivalen nach langjährigem Bürgerkrieg vernichtet, so gehörte es zu den ersten Aufgaben der Sieger, alle partikularistischen Tendenzen zu unterdrücken, den Verwaltungs- und Militärapparat zu straffen und eine möglichst starke Zentralregierung aufzubauen. Fast jede der großen Dynastien durchlief dieses Stadium, das in der Regel die Herrschaftszeiten von zwei bis drei Kaisern umfaßte, bis dann – einige Jahrzehnte später – »gemäßigtere« Kräfte in Regierungsämter aufrückten und die einzelnen Regionen, vor allem die peripheren, ihre eigenen Interessen wieder stärker vertreten konnten. Oft setzte in dieser Periode ein wirtschaftlicher Aufschwung ein, der von einer kulturellen Blütezeit begleitet war.
Mit dem wirtschaftlichen und kulturellen Aufstieg, besonders der urbanen Zentren, begann jedoch ein schleichender Verfall der Zentralmacht. In dem Maße, in dem der Kaiserhof nun allmählich die Kontrolle über die Provinzbeamten verlor, bildeten sich immer mehr regionale Interessengruppen heraus, getragen meistens von Kreisen der Oberschicht, der sogenannten *gentry* (in Analogie zu England), gelegentlich aber auch von Militärbeamten und anderen. Im Laufe der Jahre gingen diese Interessengruppen – unter Beugung bestehender Vorschriften und Gesetze – dazu über, die ländlichen Gebiete durch Erhebung übermäßiger Steuern zu »schröpfen«. Während es den Kaufleuten, einigen *gentry*-Familien, teils auch den Handwerkern und überhaupt weiten Teilen der städtischen Bevölkerung in dieser Phase der Entwicklung zumeist gut ging, gerieten die Bauern – die große Mehrheit der Bevölkerung – unter wachsenden Druck. Die Last der Abgaben senkte ihre Nettoeinkommen und trieb viele Familien in die Armut. Parallel dazu schädigten Mißwirtschaft und Korruption die ländliche In-

frastruktur. Stellten sich gar Naturkatastrophen ein, so war die Lage auf dem Land oft verzweifelt. Halbherzig durchgeführte, in der Regel zu spät anberaumte Notprogramme brachten nur selten Hilfe; häufig verhinderten auch die hohen Kosten effiziente Gegenmaßnahmen der Zentralregierung, die längst an Durchsetzungskraft verloren hatte, meist kaum noch Herr der finanziellen Lage war und die Entwicklung in der Provinz falsch einschätzte oder überhaupt nicht wahrnahm. Damit war ein langgezogener Abstieg der Dynastie vorgezeichnet: Die Bauern, denen es an einer adäquaten sozialen Absicherung fehlte, formierten sich zu Banden und bildeten schließlich ganze Bauernheere. Einige der regionalen Machthaber verstanden es, die Unzufriedenen in ihre Dienste zu stellen; so wurden neue Armeen geboren, abseits der eigentlichen Zentralkräfte, die bald keine Möglichkeit mehr sahen, die neuen »Regionaltruppen« zu bändigen. Wurde China gleichzeitig von außen bedroht, etwa durch die Nomaden des Nordens, so war es im Grunde nur noch eine Frage der Zeit, bis das Reich kollabieren, die Dynastie verschwinden und das von allen so gefürchtete Chaos einsetzen würde.

Dieser grobe Raster deckt gewiß nicht alle Facetten der Entwicklung ab, aber er zeigt einige Punkte auf, die zu Vergleichen mit der »jüngeren« Vergangenheit angeregt haben.[1] So können die letzten Jahrzehnte der *Qing*-Herrschaft und die Periode innerer Kriege zu Beginn des 20. Jahrhunderts als Zeit des Niedergangs und der Teilung angesehen werden. Erst 1949 gelang es den Kommunisten unter MAO TSE-TUNG, die »Reichseinheit« auf dem Festland wiederherzustellen. Die von ihnen errichtete »Volksrepublik« zeichnete sich zunächst durch eine starke Zentralmacht aus, weil ein Rückfall in den Regionalismus unter allen Umständen ausgeschlossen werden sollte. Um die Massen hinter sich zu bringen, tat der »Gründerkaiser« im übrigen das, was bereits andere vor ihm getan hatten: Er ließ das Land zugunsten der Bauern umverteilen. Neu war jetzt allerdings, daß sich China an der Sowjetunion orientierte und nach der Umverteilung zur Kollektivierung schritt (1955/56). Doch nicht nur dies ließ die Massen aufhorchen – der Staat mischte sich sehr bald auch in alle anderen Lebensbereiche ein: Er lenkte den Finanzmarkt, tätigte sämtliche Investitionen, koordinierte die Entwicklung der Provinzen und monopolisierte den Au-

1 Vgl. zum Beispiel Helwig Schmidt-Glintzer, China im Blindflug. Oder: Die Teilung Chinas als Chance?, in: Chinablätter, Nr. 18 (1991), S. 305–315.

ßenhandel. Private Initiativen wurden unterdrückt, Widersacher millionenfach liquidiert. In den sechziger und siebziger Jahren durchlief dieses System, das seine Bürger zu unmündigen Knechten erzog und ihnen jegliches Streben nach privatem materiellem Glück verwehrte, schwere innere Krisen. Die Folgen: stagnierende oder sinkende Produktivität, Ineffizienz auf allen Ebenen und ein Verkümmern innovativer Kräfte. Nach dem Tod MAOS war die Zeit somit reif für Reformen. Diese begannen 1978 und kamen in Schüben, jeweils ausgelöst durch die Schaffung entsprechender Rahmenbedingungen. Der Staat setzte jetzt nicht mehr auf das brutale Diktat der Zentrale, sondern auf eine Mischung sozialistischer und marktwirtschaftlicher Elemente: auf die Zulassung privater Initiativen, mehr Eigenverantwortung und begrenzten Wettbewerb. Damit erhielten die Selbstregulierungskräfte des Marktes einen seit 1949 nie dagewesenen Spielraum.

Die Reformperiode hat ganz gewiß einen gewaltigen Wandel hervorgerufen, der von vielen bewundert wird. Doch es sind auch Gefahren zu erkennen: Die Klammer der Zentralmacht scheint heute im Vergleich zu den fünfziger oder sechziger Jahren geschwächt, die Fliehkräfte nehmen wieder zu. Neue Gesellschaftsschichten sind entstanden, alte Rivalitäten brechen auf, regionale Disparitäten verstärken sich. Viele Gesetze unterscheiden sich von Provinz zu Provinz, es werden wieder Binnenabgaben erhoben, Gebietsegoismen treten offen hervor, und Beijing hat den Wettbewerb zwischen den Regionen nach Ansicht vieler längst nicht mehr unter Kontrolle.

Wohin also steuert China? Wie steht es mit der nahezu zyklischen Gesetzmäßigkeit von Vereinigung und Zerfall? Ist die Phase der Reformpolitik seit 1978 tatsächlich in den skizzierten Zyklus einzuordnen? Eine endgültige Antwort kennt niemand, doch die Frage schwebt im Raum, und die Geister scheiden sich hinsichtlich der möglichen Wege, die China mittelfristig einschlagen könnte. Auch diese kurze Studie, die sich ganz auf die Reformphase konzentriert, muß eine Antwort schuldig bleiben. Sie möchte jedoch einige wirtschaftliche Mechanismen beleuchten, die für unser Verständnis der jüngsten Vergangenheit Chinas essentiell sind und durchaus mit der übergeordneten Zukunftsproblematik zusammenhängen.

Zunächst soll gezeigt werden – im ersten Kapitel –, wie die Regierung über das Instrument der Fiskalpolitik zu einer unterschiedlichen Entwicklung der Regionen beigetragen hat. Die Umverteilung und Bereitstellung von Mitteln wurde naturgemäß durch Banken mitbeeinflußt; dies ist Gegenstand des zweiten Kapitels. Wichtig waren außerdem strukturelle Änderungen, vor allem die begrenzte Zulassung individuellen Unternehmertums; hierauf geht das dritte Kapitel ein. Die Freisetzung privater Initiativen führte sodann zu Einkommensgewinnen, und der Lebensstandard stieg; letzterem sind die Kapitel IV bis VIII gewidmet. Hierbei geht es nicht nur um die »gesamtchinesische« Dimension, sondern vor allem um Disparitäten, also um den Vergleich zwischen Stadt und Land und zwischen Provinz und Provinz. Um das Lebensniveau überhaupt »messen« und seine Entwicklung während der letzten Jahre nachvollziehen zu können, muß man auf ausgewählte quantitative Indikatoren zurückgreifen.[2] Das bedeutet, daß neben den Einkommen vor allem Angaben zu den Bereichen Konsum, Gesundheitswesen und Bildung als »Meßlatten« anzulegen sind, wobei das Hauptinteresse eher der zweiten Reformhälfte gilt, also dem Zeitraum zwischen 1985 und 1991.[3] Andere Indikatoren finden am Rande ebenfalls Berücksichtigung, besonders im Schlußteil. Dieser schlägt zugleich den Bogen zurück zu der eingangs gestellten Frage nach der politischen Dimension, die freilich, wie schon angedeutet, offenbleiben muß.

2 Das statistische Material aus der Reformperiode ist nicht unumstritten und oft lückenhaft; es eignet sich nur in ganz wenigen Fällen für Vergleiche mit früheren Perioden. Ersteres ist auch ein Grund dafür, daß in den folgenden Ausführungen der Versuch unterbleibt, die zur Verfügung stehenden Zahlen mittels bestimmter ökonometrischer Theorien zu verknüpfen; die Vorgehensweise orientiert sich statt dessen an Konventionen, wie sie für Untersuchungen der chinesischen Wirtschaft seit einigen Jahren üblich sind. Vgl. insbesondere die Titel von Joseph C. H. Chai, Consumption and Living Standards in China, in: The China Quarterly, Nr. 131 (1992), S. 721–749; Deborah Davis, Chinese Social Welfare: Policies and Outcome, in: The China Quarterly, Nr. 119 (1989), S. 577–597; dieselbe, Unequal Chances, Unequal Outcomes, in: The China Quarterly, Nr. 114 (1988), S. 223–243; Y. Y. Kueh, Food Consumption and Peasant Incomes in the Post-Mao Era, in: The China Quarterly, Nr. 116 (1988), S. 635–670; Xiaoqiang Wang und Nanfeng Bai, The Poverty of Plenty, Hong Kong 1991.

3 Fast alle quantitativen Angaben sind den nationalen und den Provinzstatistiken entnommen. Zum Zeitpunkt des Manuskriptabschlusses waren die Zahlen für 1992 und 1993 noch nicht veröffentlicht.

I. Fiskalpolitik

China kann gleichsam in zwei Sphären gegliedert werden: in die »peripheren« Räume, die zum Teil von Nicht-Chinesen bewohnt sind, und in die »eigentlichen« chinesischen Kerngebiete. Ethnische Kriterien spielen bei dieser Gliederung nur eine sekundäre Rolle, denn die südöstlichen und die mandschurischen Provinzen, in denen überwiegend Chinesen leben, zählen mit zu den »Randzonen« – heute wie in früheren Zeiten. Chinas Einheit beruht auch weniger auf ethnischen Faktoren als auf administrativen und kulturellen »Klammern«. Träger dieser Klammern waren früher vor allem die Vertreter der *gentry*, jetzt sind es die Parteifunktionäre und das Militär.

In Zeiten der inneren Schwäche war fast jede Region mit einem für lokale Alleingänge genügend großen Potential der Versuchung ausgesetzt, sich von der Zentrale »abzukoppeln« oder gar in einen, wie auch immer gearteten, offenen Gegensatz zu dieser zu treten. Lokale Traditionen, die trotz der administrativen Verklammerung unterschwellig weiterlebten, wirtschaftliche und andere Gründe spielten hierbei eine Rolle. So störten sich die weltoffenen Südostprovinzen mitunter daran, daß sie durch den Hof an ihrer Entfaltung gehindert wurden. Ähnlich die westlichen Randgebiete: Sie nahmen materielle Hilfe des Hofes zwar gerne entgegen, brachen aber aus nationalen oder religiösen Erwägungen leicht aus dem »Reichsverbund« aus.

Der Peripherie-Zentrale-Gegensatz wurde häufig von einer zweiten Dimension überlagert: von einem räumlichen Gefälle im Lebens- und Entwicklungsniveau. Ähnliches gilt auch heute: Chinas »wilder Westen«, in dem große Minderheiten leben – Gansu, Qinghai, Tibet, West-Sichuan, Guizhou und Yunnan –, ist arm; die Küstenprovinzen sind dagegen wohlhabend. Es hat sich folglich ein klares Ost-West-Gefälle herausgebildet, das sehr vielschichtig ist und das vor Beginn der Reformen nicht so ausgeprägt war.

Ein Grund für diese Entwicklung ist in der Fiskalpolitik der Volksrepublik China zu sehen. Beijing hatte stets weitreichende Befugnisse gegenüber den Provinzen und konnte unter anderem in deren Haushaltspolitik eingreifen – besonders über die Bank of China (BOC). Provinzguthaben bei den regionalen Filialen dieser Bank wurden zum Beispiel häufig eingezogen und anderen Stellen zugeführt. Ebenso möglich war die Verordnung von Ausgabenkürzungen oder die Vorgabe von Zielwerten im Bereich lokaler Einnahmen. Die zentrale Haushaltsplanung gab der Regierung mithin ein Instrumentarium von Steuerungsmechanismen an die Hand, die es gestatteten, den Entwicklungsprozeß in einzelnen Regionen zu bremsen oder zu beschleunigen, etwa durch größere Geldtransfers, quasi durch »Provinzausgleichszahlungen«. Wichtig dabei: Die Zentrale mußte denjenigen Regionen, die eine hohe Produktivität und ein hohes Steueraufkommen aufwiesen, genügend Wachstumsinitiativen belassen, um sie »melken« zu können.

Seit ihrer Gründung hat die Volksrepublik China mit unterschiedlichen Mustern der Mittelverteilung experimentiert. Es gab Perioden, in denen fast alle Provinzeinnahmen direkt an die Zentrale flossen und zugleich die Ausgaben – unabhängig von der Größe der jeweiligen Einnahmen – zentral gelenkt wurden. Während anderer Phasen waren sämtliche Einnahmen, Ausgaben und Abgaben der Provinzen durch eine Art Verteilungsschlüssel festgelegt, den Beijing im Alleingang oder nach Rücksprache mit den Provinzregierungen – je nach Umständen und Planzielen – änderte. Seltener waren dagegen die Fälle, in denen die Zentrale einzelnen Provinzen die Etatgestaltung weitestgehend überließ und von Vorgaben absah.[4]

Bereits vor Beginn der Reformpolitik kamen vor allem die südlichen Küstenprovinzen Guangdong und Fujian, die zuvor gewissermaßen an ihrer Entwicklung gehindert worden waren, in den Genuß weitgehender fiskalischer Autonomie, die auch in der Reformperiode erhalten blieb – nicht zuletzt mit Blick auf die vier Wirtschaftssonderzonen in diesen Gebieten. Fujian erhielt im Zuge dieser Entwicklungen im übrigen auch noch erhebliche Extrazuwendungen. Begünstigt wurde auch die Insel Hainan, die nach der administrativen Abkoppelung von Guangdong zu einer Provinz

4 Vgl. etwa James Tong, Fiscal Reform, Elite Turnover and Central-Provincial Relations in Post-Mao China, in: The Australian Journal of Chinese Affairs, Nr. 22 (1989), S. 1–28; Mei Xia, Jian Hai Lin und Phillip D. Grub, The Re-Emerging Securities Market in China, Westport-London 1992.

mit Wirtschaftssonderzonenstatus wurde (1988) und inzwischen im Begriff ist, den Zustand eklatanter Rückständigkeit hinter sich zu lassen.[5]
Während somit der Südosten erhebliche Teile seiner Einnahmen behalten und in eigener Regie ausgeben durfte – was das Interesse der Region an der eigenen Entwicklung nur stimulieren konnte –, blieben die meisten anderen Provinzen fiskalisch enger an die Direktiven der Zentrale gebunden. Dies galt vor allem für die industrialisierten provinzgleichen Städte Beijing, Shanghai und Tianjin, die im Konzept der Regierung ohnehin eine besondere Rolle spielten, und für die rückständigen Gebiete, denen die Zentrale offensichtlich nur wenig Eigeninitiative zutraute oder vor deren fiskalischer Verselbständigung sie wohl auch aus politischen Gründen zurückschreckte, insbesondere für weite Teile West- und Zentralchinas. Für den Untersuchungszeitraum ergab sich damit folgendes Bild: Der reichere Südosten wirtschaftete mit einem höheren Maß an Autonomie als der Westen, und der Westen hing via Beijing am Tropf der Reichen. Die Regierung setzte offensichtlich auf Eigendynamik im Osten und Süden und auf Finanzspritzen im Westen, in der Hoffnung, diesen an das Niveau der reicheren Gebiete heranführen zu können. Ersteres erwies sich von der Tendenz her als korrekt, letzteres aber war problematisch, wie wir noch sehen werden.[6]
Über den Grad der Durchsetzbarkeit zentraler Finanzdirektiven in den Provinzen herrscht Unklarheit. Einiges deutet jedoch darauf, daß die Lokalregierungen beim »Verteilungskampf« zunehmend eigene Interessen verfolgten und praktische Schwierigkeiten bei der Steuererhebung, der Berechnung von Abgaben und der Anwendung von Verteilungsschlüsseln zur Selbstbereicherung ausnutzten. Bereits geringfügige Lockerungen führten zu Mehrausgaben, zum Kauf teurer ausländischer Güter und zu unkoordinierten Investitionen; dies wiederum heizte die seit Beginn der Reform aufgekommene Inflation zusätzlich an. Die Zentrale, im Grunde darum bemüht, die Entwicklung der ärmeren Regionen durch Gewährung

5 Zu Hainan vgl. zum Beispiel Roderich Ptak, Zur Entwicklung der Industrie auf Hainan, 1980–1987: Ein Überblick, in: Asien, Deutsche Zeitschrift für Politik, Wirtschaft und Kultur, Nr. 34 (1990), S. 5–21; Bernhard Schäfer, Die Provinz Hainan. Ein Beispiel für raumstrukturellen Wandel in der VR China seit Beginn der 80er Jahre, Köln 1992. Zu Guangdong zum Beispiel Ezra F. Vogel, One Step Ahead in China. Guangdong Under Reform, Cambridge, Mass. und andere 1989, besonders S. 89 f. Dazu ferner GDSTJNJ 1984, S. 107.

6 Vgl. Peter Ferdinand, The Economic and Financial Dimension, in: David S. G. Goodman (Hrsg.), China's Regional Development, London-New York 1989, S. 43 f.

günstiger Bedingungen voranzutreiben, mußte daher in Kauf nehmen, daß ihr häufig negative Bilanzen vorgelegt wurden.
In der Folge nahm die Zahl der Gebiete, die über den »Provinzausgleich« Subventionen bezogen, deutlich zu. Um 1956 gab es vermutlich nur vier Zuschußprovinzen, Mitte der achtziger Jahre waren es 18. Aus der Sicht armer Lokalregierungen war es durchaus vorteilhaft, möglichst geringe Überschüsse, wenn nicht gar negative Bilanzen vorzulegen – zumal sich damit die Chance vergrößerte, weniger Abgaben leisten zu müssen oder auf die Liste der Subventionsempfänger gesetzt zu werden; somit schlug die Haushaltspolitik der Regierung verschiedentlich in einen Wettbewerb um Subventionen um, der sehr bald zu Lasten der zentralen Staatsfinanzen ging. Lediglich mit der maritimen Peripherie und den drei großen Städten konnte die Regierung zufrieden sein.[7]
Während Guangdong und Fujian eigene Wege beschritten und Jiangsu, Zhejiang, Liaoning, Hebei und Shandong große Summen abführten, breitete sich im gebirgigen Westen, der buchstäblich von jedem Fortschritt abgeschnitten war, die Nehmermentalität besonders rasch aus. In Qinghai etwa wuchs der Anteil der Subventionen an den gesamten Provinzeinnahmen während der achtziger Jahre auf über 80 Prozent; in den fünfziger und sechziger Jahren hatte er noch bei rund 50 bis 65 Prozent gelegen. Auch Tibet war stets ein Sorgenkind: Die erwirtschafteten Einnahmen stagnierten oder gingen zurück, gleichzeitig erhöhten sich die Subventionen um ein Vielfaches, was Lhasa allerdings nicht veranlaßte, die eigenen Ausgaben einzuschränken.[8] Besonders ärgerlich: Ein Teil der Hilfsgelder, die in den Westen flossen, versickerte oder blieb ungenutzt, denn sinnvolle Langzeitinvestitionen unterblieben oft. Die fiskalpolitischen Änderungen, die mit der Reformphase eingetreten waren, trugen also nicht zu einer Konsolidierung des Systems bei, sondern dazu, daß sich eine Schere immer weiter öffnete.

7 Vgl. Ferdinand, a. a. O., S. 44 f.
8 Vgl. Wang und Bai, a. a. O., S. 68 f. und S. 73.

II. Banken und Finanzinstitutionen

Mit der Gewährung größerer Entscheidungsautonomie an die Provinzen gingen zahlreiche andere institutionelle Änderungen einher. Sie betrafen zum Beispiel die Form der Betriebe und den Bankensektor. Letzterer war noch während der ersten Reformjahre wenig entwickelt. So mußten viele staatliche Firmen, die zum Teil direkt den Ministerien unterstanden, ihren Zahlungsverkehr über die Filialen der People's Bank of China (PBC) abwickeln. Die PBC fungierte als Buchhalter für Industrie und Regierung, nicht als gewinnorientiertes Unternehmen. Den Firmen standen kaum Möglichkeiten offen, Guthaben nach eigenem Gutdünken in den Investitionsprozeß einfließen zu lassen. Potentiellen Kreditnehmern und eigenverantwortlichen Investoren fehlte es außerdem an finanztechnischem Know-how und legalen Optionen, das staatliche System zu umgehen. Dies galt für alle Provinzen und Landesteile; regionale Unterschiede betrafen, soweit bekannt, allenfalls die Zahl der Bankfilialen und die Höhe der Einlagen.

Mit der Verlagerung von mehr Verantwortlichkeit in den Bereich regionaler Gremien und Betriebe mußten die Instrumentarien der Kreditvergabe erweitert werden, um die Investitionen in Schwung zu bringen; kurzum, es war mehr Flexibilität im Finanzsektor gefragt. Doch wurde diesem Bedürfnis erst 1984 durch eine strukturelle Änderung im Bankenwesen Rechnung getragen. Die PBC erhielt jetzt Funktionen vergleichbar denen einer Zentralbank und konnte damit die Kreditvergabe an jene bestehenden oder neu zu schaffenden Finanzinstitute steuern, die sich künftig auf bestimmte Spezialbereiche konzentrieren sollten. Neben der Kreditvergabe und der Festlegung von Mindestreserven oblag es der PBC, die Zinsstruktur zu steuern.[9]

Obschon mit der neuen Aufgabenverteilung und der Ausweitung des Bankensystems marktwirtschaftliche Ansätze vorgezeichnet waren, hingen die einzelnen Unternehmen offenbar noch zu stark von ihren jeweiligen

9 Vgl. etwa Paul Volcker, Miguel Mancera und Jean Godeaux, Perspectives on the Role of a Central Bank, Washington 1991.

Zentralen ab. Erst als von 1985 an mehrere Städte zu speziellen Finanzzonen erklärt wurden, erhielten die dort angesiedelten Finanzinstitute auch größere Freiheiten in der Kreditvergabe und folglich mehr Spielraum, sich regionalen Marktbedürfnissen anzupassen. Damit aber gab die Zentralregierung, die wohl anfangs gehofft hatte, daß sich der Finanzsektor landesweit einheitlich entwickeln würde, erneut ein Stück Terrain auf, und in den Folgejahren konnten sich die einzelnen Finanzmärkte mit unterschiedlicher Intensität entfalten. Besonders begünstigt war hier abermals die maritime Peripherie, die durch die Nähe der Finanzzentren Hongkong, Macau und Taiwan Standortvorteile genoß und das Auslandsgeschäft für sich entdeckte.

Doch obschon – oder gerade weil – dem Süden und dem Osten größere Freiheiten eingeräumt wurden, entwickelte sich der Bedarf an Kapital dort so rasch, daß die strukturellen Änderungen im Bankensektor bald nicht mehr ausreichten, die steigende Geldnachfrage zu befriedigen. Beijing sah in den Banken zum Teil noch immer Regulativinstrumente, und diese trafen ihre Entscheidungen noch immer nach behördlichen Vorgaben und nicht nach wirtschaftlichen Grundsätzen. Da somit das finanztechnische Instrumentarium hinter der übrigen Entwicklung zurückblieb, versuchte sich der Markt auf andere Weise zu helfen: Es entstanden Investment-, Trust-, Leasing- und Versicherungsfirmen, die oftmals eigene Verbindungen zum Ausland knüpften und an Investitions- und Geldgeschäften mitwirkten. Die Zahl dieser Unternehmen lag vermutlich weit höher, als offiziell Genehmigungen durch die PBC ausgegeben wurden.[10] Damit wurde das bestehende Finanzsystem auf regionaler Ebene unterlaufen – und das vor allem in den Küstenregionen, wo die Eigendynamik der Entwicklung in jeder Beziehung deutlicher zutage trat als im Landesinnern.

Zwar lag der größere Teil des Finanzmarktes wie zuvor in den Händen der eigentlichen Banken, aber diese bekamen jetzt Konkurrenz – Konkurrenz, die vom Fehlen klarer Richtlinien, von Gesetzeslücken und einem immer größer werdenden Kompetenzwirrwarr profitierte. Bald wurden einige der Quasi-Finanzgesellschaften von den Behörden selbst unterstützt – am Ende gar oft im Zusammenwirken mit den etablierten Banken. Dies kam allen zugute: Regionale Bankfilialen erhöhten ihr Gewicht gegenüber

10 Vgl. Xia, Lin und Grub, a. a. O., S. 46 f.

den jeweiligen *head offices*; lokale Behörden erschlossen sich über Finanzgesellschaften neue Geldquellen und stärkten gleichfalls ihre Position gegenüber der Zentrale; und, vielleicht am wichtigsten, die Regionen konnten durch Anlagen ihrer überschüssigen Gelder bei Finanzgesellschaften Steuerabgaben an die Zentrale umgehen.[11]

Während die emsige Küstenbevölkerung so ständig neue Wege ersann, ihr Geld zu mehren, galten im Westen Chinas andere Spielregeln. In eigener Regie erwirtschaftete Überschüsse fielen dort nur selten an, weshalb auch nur wenige Initiativen zur Errichtung komplexer finanztechnischer Instrumentarien aufkamen. Hier herrschte eine traditionelle Denkweise vor: Die Banken bezogen Mittel von »oben«, die an staatliche Firmen weiterflossen; die Staatsunternehmen zahlten diese als Löhne aus, tätigten nur das eben Nötigste an Investitionen und legten den Rest als Reserve bei den Banken an; die Löhne wurden, sofern sie nicht in Form von Konsumausgaben in den Wirtschaftskreislauf flossen, gleichfalls als Sparguthaben bei den Banken verbucht, womit die Banken »Buchhalter« blieben.

Damit stellte sich in einigen unterentwickelten Gebieten eine paradoxe Situation ein: Vielerorts überstiegen die Einlagen die Ausleihungen – oft sogar um ein Mehrfaches. Große Geldbeträge lagerten ungenutzt auf Konten, während die örtlichen Behörden ständig klagten, daß es dem Westen schlecht gehe. Die Inflation verzehrte einen Teil der Bankeinlagen, die Regionalbehörden, träge und einfallslos, klagten weiter und stellten immer höhere Forderungen. Beijing zahlte, die Subventionen fielen größer aus, dringend nötige Investitionen unterblieben aber, und die Banken erwiesen sich als »marktresistent«.

Subventionsmittel – an Firmen weitergegebene und in Form von Löhnen ausgezahlte oder direkt von den Behörden verwaltete – wurden gerne zum Einkauf von Konsumprodukten verwendet, die aus dem Ausland oder den reicheren Provinzen kamen. »Modern« war, wer konsumierte – und linientreu, weil sozialistisch gesinnt, wer nicht in »ausbeuterische« Privatunternehmen investierte. Den reichen Ostprovinzen konnte dies nur recht sein, denn der Absatz brachte Gewinne, die für weitere Investitionen im Osten nötig waren.[12] Vermutlich verschärfte sich damit auch das Qualitätsgefälle: Die Peripherie verkaufte zwar gute Ware an die Westregionen,

11 Vgl. Ferdinand, a. a. O., S. 50.
12 Vgl. Wang und Bai, a. a. O., S. 76–83.

bezog aber – mit den Verkaufserlösen – noch bessere aus dem Ausland. Die Finanzpolitik der Zentrale und die regional unterschiedliche Entwicklung der Finanzinstitutionen trugen somit (wohl größtenteils ungewollt) zur Verstärkung mehrerer makroökonomischer Mechanismen bei, die in Richtung einer Vergrößerung bereits bestehender regionaler Disparitäten wirkten.

III. Betriebsformen

Regional unterschiedliche Entwicklungen im Finanzwesen gingen Hand in Hand mit ebenso unterschiedlichen Entwicklungen im Bereich der Betriebsformen. Vorab ist hier festzuhalten, daß die Reformpolitik das private Unternehmertum in begrenzter Weise zuließ – eine Neuerung gegenüber dem Zeitraum vor 1978. So kann mit Bezug auf die Reformperiode von drei wichtigen Unternehmensformen gesprochen werden: von Staatsbetrieben, von halbstaatlichen Kollektivbetrieben und von »rein« privaten Unternehmen. Der private Bereich weitete sich seit 1978 am schnellsten aus. Er erzielte die höchsten Wachstumsraten in der Produktion und bei der Zahl der Betriebe.[13] Tabelle 1 zeigt unter anderem, daß 1991 im industriellen Bereich nur noch rund 53 Prozent des Bruttoproduktionswertes von staatlichen Betrieben erwirtschaftet wurden, rund 36 Prozent von Kollektivbetrieben und gut 11 Prozent von privaten Betrieben und solchen mit quasi-privatem Status. Wird in Rechnung gestellt, daß auch innerhalb der Kollektivbetriebe immer mehr Elemente eigenverantwortlichen, marktorientierten Verhaltens zur Geltung kamen und daß sich viele Firmen zum Schutz vor behördlichen Maßnahmen als halbstaatlich oder staatlich ausgaben, in Wirklichkeit aber in eigener Regie wirtschafteten, so lag der tatsächliche Anteil der Privatwirtschaft am Bruttoproduktionswert wohl stets weit höher als in den Statistiken ausgewiesen.

Doch zurück zur Ebene der Region. Die Provinzstatistiken belegen, daß die Regionalentwicklung auf dem Gebiet der Betriebsformen nicht einheitlich verlief. So entfielen 1991 zum Beispiel in Guangdong nur noch 38 Prozent des Produktionswertes auf Staatsbetriebe, 33 Prozent auf Kollektivbetriebe und schon 29 Prozent auf private und quasi-private Unternehmen.[14] Ganz anders die Zahlen für die lange vernachlässigte Insel Hainan, die der Staat seit 1987/88 wohlwollend förderte: Hier wurden 1991 mehr als 70

13 Zum Privatsektor vgl. zum Beispiel Willy Kraus, Private Unternehmerschaft in der Volksrepublik China. Wiederbelebung zwischen Ideologie und Pragmatismus, Hamburg 1989.

14 Vgl. ZGTJNJ 1992, S. 409 f. Die Angaben in GDTJNJ weichen zum Teil von denen in ZGTJNJ ab. Vgl. etwa GDTJNJ 1991, S. 154 und S. 166 und ZGTJNJ 1991, S. 397 f.

Tabelle 1: *Industrielle Bruttoproduktion nach Betriebsformen in der Volksrepublik China 1978 bis 1991*

	1978	1982	1985	1988	1990	1991
			(in Milliarden Yuan)			
Gesamtproduktion	423,7	581,1	971,6	1822,4	2392,5	2824,9
Staatliche Betriebe	328,9	432,6	630,2	1035,1	1306,4	1495,5
Kollektivbetriebe	94,8	144,2	311,7	658,7	852,3	1008,5
Private und quasi-private Betriebe	–	4,3	29,7	128,6	233,8	320,9
			(Prozentanteile an der Gesamtproduktion)			
Staatliche Betriebe	77,6	74,5	64,9	56,8	54,6	52,9
Kollektivbetriebe	22,4	24,8	32,1	36,1	35,6	35,7
Private und quasi-private Betriebe	–	0,7	3,0	7,1	9,8	11,4

Quelle: ZGTJNJ, verschiedene Jahrgänge.

Prozent des industriellen Bruttoproduktionswertes von Staatsbetrieben erbracht, nur 5 Prozent von Kollektivbetrieben, aber immerhin schon knapp 25 Prozent von Privat- und anderen Unternehmen, die zum Teil vom Sonderzonenstatus dieser Provinz profitierten.[15] Sehr ungünstig blieb die Situation in den westlichen Teilen Chinas, wie der Fall Gansu zeigt: Rund 95 Prozent des Bruttoproduktionswertes entfielen dort auf Staats- und Kollektivbetriebe, nicht einmal 5 Prozent auf private und andere. Ähnlich schnitten Tibet, Yunnan, Qinghai, Xinjiang und andere Regionen ab.[16] Privatwirtschaftliche Elemente, die ein gewisses Maß an Risikofreudigkeit, Kreditbereitschaft, innovativem Handeln und Know-how sowie eine entsprechende Infrastruktur auf dem Finanzsektor voraussetzen, hatten sich damit in sehr ungleicher Weise verbreitet; der Osten und der Süden waren dem Westen und dem Norden vorausgeeilt, Guangdong und Fujian führten die Privaten an.

Krasse Unterschiede traten auch innerhalb einzelner Provinzen zutage – meist zwischen eher ländlichen und städtischen Regionen. In Haikou, der Hauptstadt Hainans, lag der Anteil der privaten und kapitalgesellschaftlichen Industriebetriebe am örtlichen industriellen Bruttoproduktionswert

15 Vgl. HNTJNJ 1992, S. 239 und S. 242.
16 Vgl. ZGTJNJ 1992, S. 409 f.

1991 bei 28,4 Prozent; Tongshen (Tongzha), im unzugänglichen Zentrum der Insel, hing dagegen mit 3,4 Prozent weit zurück.[17] Ähnliche Verhältnisse galten für die Provinz Guangdong, die trotz zahlreicher Vergünstigungen immer noch mehrere »arme Ecken« mit nur wenig privatwirtschaftlicher Initiative hatte. Interessant ist im übrigen – und dies belegen Haikou und andere Hainan-Kreise sehr deutlich –, daß einzelne Orte in der Lage waren, binnen kürzester Zeit neue Strukturen zu errichten, sofern nur die Bedingungen günstig waren; man bedenke hier, daß die Reformpolitik eigentlich erst von der Mitte der achtziger Jahre an auf Hainan übertragen wurde und die gesamte Insel bis dahin weitgehend unzugänglich geblieben war!

17 Vgl. HNTJNJ 1992, S. 248–250 (Betriebe auf und über xiang- beziehungsweise Dorfebene).

IV. Gehälter

Auch wenn es in Anbetracht statistischer Unzulänglichkeiten und anderer Variablen schwer sein dürfte, zwischen den Betriebsformen und den Durchschnittsgehältern statistisch signifikante Relationen zu finden, so belegen die Jahrbücher der Volksrepublik China doch eindeutig, daß die Gehälter im Bereich der Staatsbetriebe höher lagen als im Bereich der Kollektivbetriebe, aber deutlich niedriger als im Bereich der übrigen, also auch der privaten Unternehmen.[18] Ein Blick auf die Regionalebene zeigt, daß es hier gleichfalls starke Unterschiede gab, wiederum sowohl zwischen einzelnen Provinzen als auch innerhalb einer Provinz. Die Hainan-Jahrbücher – um bei dieser Provinz zu bleiben – weisen zum Beispiel aus, daß die Durchschnittsgehälter, die 1991 in den Staatsbetrieben des Kreises Changjiang gezahlt wurden, höher waren als die in nichtstaatlichen Betrieben gezahlten. Gleiches gilt für vier weitere Kreise Hainans. In Haikou, Sanya und anderenorts konnte man dagegen im nichtstaatlichen Sektor mehr verdienen.[19]

Lagen die Hainan-Gehälter trotz allem oft noch unter dem Landesdurchschnitt, so wurde zum Beispiel in Guangdong, Beijing oder Shanghai deutlich mehr verdient als anderswo. Interessant ist ebenso, daß ausgerechnet die »Subventionsoase« Tibet in einigen Sparten die höchsten Gehälter zahlte – höhere Summen oft, als selbst Guangdong oder Shanghai sie vergaben.[20] In Tibet und anderen Teilen Westchinas hatten die Hilfsgelder, die über die Staatsbanken an die Unternehmen flossen, somit einen sehr direkten Effekt auf die Gehälter.[21] Die tieferen Gründe für die Subventionszahlungen dürften einfach gewesen sein: Chinas Funktionäre, die vermutlich nur ungerne in den »wilden Westen« des Landes gingen, mußten bei Laune gehalten werden, und dafür erwiesen sich Zulagen eben als sehr probates Mittel: Zulagen, die – bei Banken deponiert – bei Rückversetzung ins eigentliche China unter anderem als Startkapital für neue Karrie-

18 Vgl. ZGTJNJ 1991, besonders S. 119 und S. 128–136; ZGTJNJ 1992, besonders S. 119 und S. 128–139.
19 Vgl. HNTJNJ 1992, S. 99.
20 Vgl. ZGTJNJ 1992, S. 132 f.
21 Tibets Städter bezogen die mit Abstand höchsten Subventionen in ganz China. Vgl. ZGTJNJ 1992, S. 288 f.

ren benutzt werden konnten, sofern sie nicht schon in Lhasa, Xining oder anderswo beim Kauf teurer Konsumartikel dahinschwanden. Vergleiche mit der Kolonialzeit wären hier gewiß reizvoll, doch andererseits auch sehr provokant.

Im Zusammenhang mit den Gehältern könnte noch eine weitere These formuliert werden: Die maritime Peripherie mit ihren stark privatwirtschaftlich durchsetzten Unternehmens- und Finanzstrukturen bot zahlreiche Gelegenheiten, reguläre Gehälter durch Nebeneinkünfte aufzubessern – Nebeneinkünfte, die vermutlich nicht immer in die Statistiken eingingen. In den unterentwickelten, sich stark auf die Staatswirtschaft stützenden Gebieten waren entsprechende Möglichkeiten rar. Unter Berücksichtigung der nicht erfaßten – legalen und illegalen – Nebeneinnahmen wären die Einkommen in Guangdong und anderen reichen Gegenden wahrscheinlich weit höher anzusetzen als in den statistischen Jahrbüchern angegeben.[22] Das könnte im Extremfall bedeuten, daß die Subventionen, die ja unter anderem zwecks Aufbesserung der dort zu zahlenden Gehälter an die armen Provinzen gingen, nur die Illusion eines Ausgleichs zwischen Arm und Reich vermittelten, in Wirklichkeit aber die Kluft nicht schließen konnten, was die Armen wiederum dazu trieb, immer neue Zuwendungen zu fordern.

Insgesamt legt jedenfalls die regional unterschiedliche Betriebsform- und Einkommensstruktur nahe, daß offenbar in bestimmten Gebieten ein hoher Grad an Bereitschaft bestand, wenn nicht gar ein durch örtliche Preisstrukturen und besonderes Konsumdenken vorgegebener »Zwang«, reguläre Gehälter durch Zusatzverdienste aufzubessern, während in anderen Landesteilen entsprechende Mechanismen weitestgehend entfielen, da die Zentrale durch ihre Zuschüsse »innovatives« Denken gleichsam erstickte. Privilegien, vergeben an chinesische Kader und andere, die in den Westen gingen, garantierten zwar eine gewisse Loyalität gegenüber dem Staat und seinen Behörden, hemmten aber die Entwicklung.

22 Hiermit ist das Problem illegaler Wirtschaftspraktiken berührt. Vgl. dazu Thomas Heberer, Korruption in China. Analyse eines politischen, ökonomischen und sozialen Problems, Opladen 1991.

V. Pro-Kopf-Einkommen

Im vorigen Kapitel wurden regionale Unterschiede bei den Gehältern und die Auswirkungen von Subventionszahlungen erläutert – hauptsächlich anhand von Daten für das Jahr 1991. Für die Ermittlung des Lebensstandards wesentlich aussagekräftiger sind jedoch die Pro-Kopf-Einkommen. Da in Tibet und anderen ärmeren Provinzen mehr Personen auf einen Haushalt kamen als in den reicheren Gegenden – und daher vermutlich oft weniger Beschäftigte für mehr Familienmitglieder sorgen mußten als zum Beispiel in Beijing oder Shanghai –, fielen die regionalen oder sektoralen Unterschiede bei den Pro-Kopf-Werten natürlich ganz anders aus als bei den Gehältern.

Im folgenden seien deshalb die Pro-Kopf-Einkommen vorgestellt, und zwar nicht so sehr aus statistischer als vielmehr aus diachronischer Sicht, also im Zeitablauf. Hierbei geht es zunächst um Stadt/Land- und Inter-Provinz-Disparitäten; anschließend wird der ländliche Bereich näher beleuchtet. Beginnen wir mit ersterem. Auch wenn der Stadt/Land-Vergleich statistische Probleme aufwirft,[23] so sind doch grundsätzlich folgende Trends festgestellt worden: Während der ersten Reformjahre, also zwischen 1978 und etwa 1984/85, stagnierte oder verringerte sich der Unterschied zwischen städtischen und ländlichen Pro-Kopf-Einkommen leicht, da letztere besonders stark wuchsen. Ausschlaggebend für das Wachstum im ländlichen Sektor waren mehrere Faktoren, darunter steigende staatliche Ankaufspreise für Farmprodukte, günstige Betriebsmittelkosten und – wohl am wichtigsten – hervorragende Wetterbedingungen. Von 1985 an verlangsamte sich dann das Einkommenswachstum in der Landwirtschaft, während der städtische Bereich allmählich »davonzog«. Dies ist insofern

23 Die Abgrenzung zwischen Stadt und Land wurde in China verschiedentlich umdefiniert. Die offiziellen Statistiken gehen leider nicht darauf ein. Es ist darum unmöglich, eine hundertprozentig einheitliche Datenbasis zu erstellen. Wie in anderen Studien, so kann also auch hier nur guter Konvention gefolgt und mit Annäherungswerten gearbeitet werden. Zum Problem der Stadt/Land-Abgrenzung vgl. zum Beispiel Reeitsu Kojima, Urbanization and Urban Problems in China, Tokyo 1987, S. 3–34; Chung-Tong Wu und Xueqiang Xu, Economic Reforms and Rural to Urban Migration, in: G. R. I. Linge und D. K. Forbes (Hrsg.), China's Spatial Economy, Oxford 1990, S. 129–143.

bemerkenswert, als Ankaufspreise und Kostenfaktoren den ländlichen Sektor bis 1988 weiterhin begünstigten, doch offenbar das nunmehr schlechte Wetter alle institutionellen Verbesserungen aufwog und damit stark bremsend wirkte. Folglich begann die Kluft zwischen städtischen und ländlichen Pro-Kopf-Einkommen wieder breiter zu werden. Dazu trug dann auch bei, daß die staatlichen Agrar-Einkaufspreise von 1989 bis 1991 zurückgingen. Der Staat sparte zwar und konnte zugleich größere Subventionen an unzufriedene Städter ausschütten, aber er vergrößerte eben die Stadt/Land-Disparität.[24] Bei der hohen Wetteranfälligkeit des ländlichen Sektors, der immerhin rund 70 Prozent der chinesischen Bevölkerung umfaßt, birgt dieser Trend durchaus gewisse Risiken.

Während keine Zweifel bezüglich der sich erweiternden Stadt/Land-Kluft bei den Pro-Kopf-Einkommen bestehen – zumindest für die Phase 1984/85 bis 1991 –, ist die Entwicklung der regionalen Unterschiede weniger leicht zu erfassen (obschon die gesamtchinesischen Statistiken Zahlen für Gehälter bereithalten, wie wir oben sahen). Es liegen jedoch Angaben zu den Einkommensdisparitäten innerhalb der jeweiligen Sektoren vor, also innerhalb des städtischen Sektors einerseits und innerhalb des ländlichen andererseits. JOSEPH C. H. CHAI, der sich in diesem Zusammenhang auf Berechnungen des GINI-Koeffizienten und andere Indikatoren stützte, hat daraus abgeleitet, daß sich die Unterschiede zwischen den Provinzen auf beiden Ebenen vergrößerten, das heißt, es wuchs die regionale Einkommensdisparität sowohl bei der ländlichen als auch bei der städtischen Bevölkerung.[25] Y. Y. KUEH, der mit dem ATKINSON-Index arbeitete, kam dagegen zu dem Schluß, daß der Unterschied zwischen den Provinzen bei den ländlichen Pro-Kopf-Einkommen zwischen 1978/79 und 1982/83 abnahm und erst danach stieg (KUEHS Darstellung endet mit dem Jahr

24 Vgl. zum Beispiel Chai, a. a. O., S. 723 ff.; Kueh, a. a. O.; ZGTJNJ 1992, S. 263–265.

25 Vgl. Chai, a. a. O., S. 737–739: Gini-Koeffizienten für 1978 bis 1985 (Einkommen ländlicher Sektor) und 1977, 1984, 1989 und 1990 (Einkommen städtischer Sektor); außerdem Variationskoeffizienten für Landwirtschaft 1985 und 1990. Der Gini-Koeffizient kann allgemein von der sogenannten »Lorenz-Kurve« abgeleitet werden; diese stellt einen Bezug her zwischen a) dem Anteil von nach Einkommen gruppierten Haushaltseinheiten an allen Haushalten und b) dem Einkommensanteil der jeweiligen Einheiten an allen Haushaltseinkommen. Weiterhin gilt: Je größer der Koeffizient ausfällt, desto ungleicher ist das Einkommen auf die Haushalte verteilt, das heißt in der Regel, daß wenige Haushalte sehr viel verdienen und viele Haushalte eher wenig. Ein wichtiges Problem hierbei: Wie sind Haushalte zu definieren? Im Falle Chinas wirft dies statistische Probleme auf, wie Chai zeigt. Näheres zum Gini-Koeffizienten zum Beispiel in: A. B. Atkinson, The Economics of Inequality, 2. Aufl., Oxford 1983, S. 15–17 und S. 53–56.

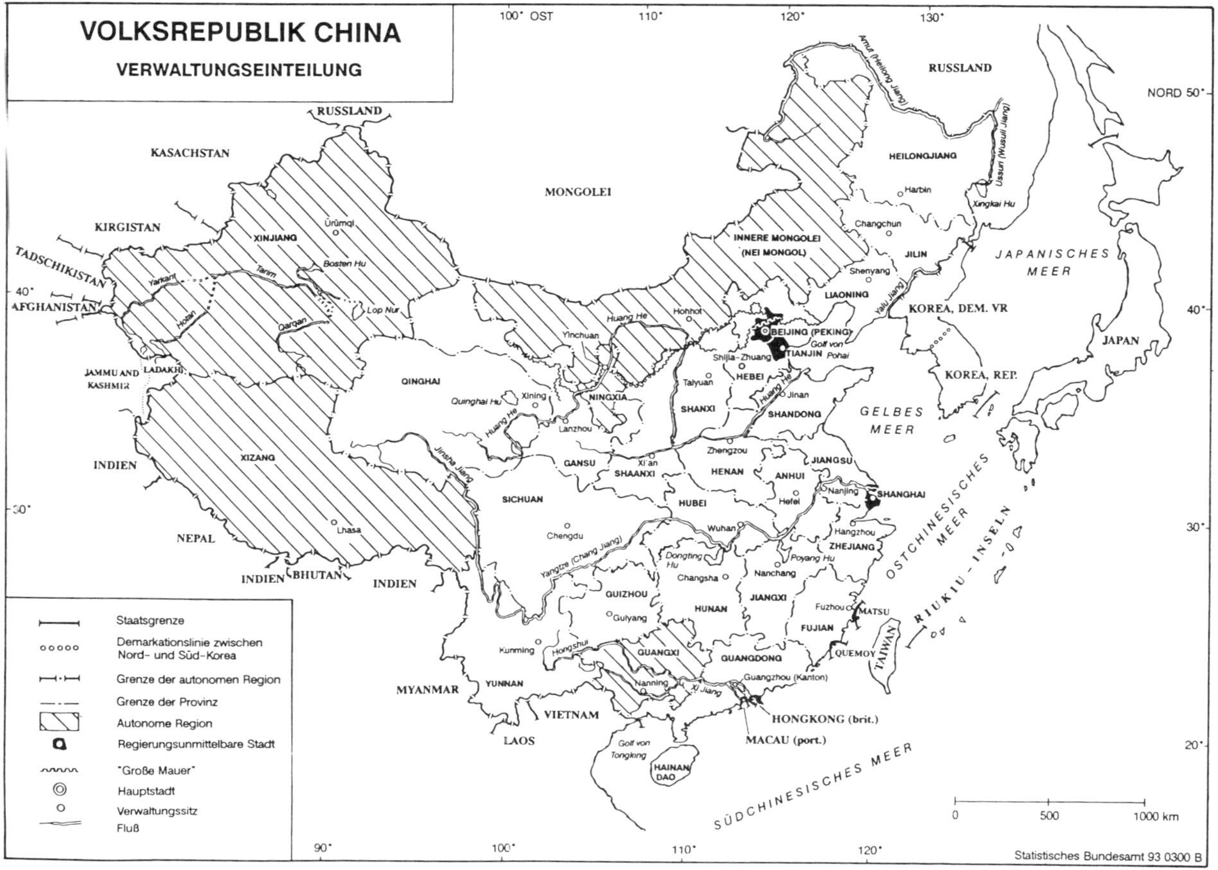

Quelle: Statistisches Bundesamt, Wiesbaden.

Tabelle 2: *Pro-Kopf-Nettoeinkommen in der Landwirtschaft in der Volksrepublik China 1978 bis 1991, nach Provinzen (in Yuan)*

	1978	1985	1987	1989	1990	1991
Landesdurchschnitt	133,6	397,6	462,6	601,5	686,3	708,6
Beijing	224,8	775,1	916,4	1230,7	1297,0	1422,4
Tianjin	178,4	564,0	749,4	1020,2	1069,0	1168,5
Shanghai	290,0	805,9	1059,2	1379,9	1907,3	2003,4
Hebei	91,5	385,2	444,4	589,4	621,7	657,4
Shanxi	.	358,3	376,9	513,6	603,5	567,9
Innere Mongolei	100,3	360,4	388,8	477,5	607,1	518,0
Liaoning	165,2	467,8	599,2	740,2	836,2	896,7
Jilin	179,2	413,7	523,1	624,0	803,5	748,3
Heilongjiang	167,9	397,8	474,5	535,2	759,9	734,8
Shandong	101,2	408,1	517,7	630,6	680,2	764,0
Jiangsu	152,1	492,6	626,5	875,7	959,1	920,7
Zhejiang	.	548,6	725,1	1010,7	1099,0	1210,8
Anhui	101,7	369,4	429,3	515,7	539,2	446,0
Fujian	134,9	396,4	484,9	697,3	764,4	850,0
Jiangxi	.	377,3	429,3	558,7	669,9	702,5
Henan	101,4	329,4	377,7	457,1	526,9	539,3
Hubei	106,5	421,2	460,7	571,8	670,8	626,9
Hunan	134,4	395,3	471,3	558,3	664,2	688,9
Guangdong	182,3	495,3	644,7	955,0	1043,0	1143,1
Guangxi	.	303,0	353,9	483,0	639,4	657,7
Hainan[1]	–	–	–	674,3	696,2	730,1
Sichuan	116,7	315,1	369,5	494,1	557,8	590,2
Guizhou	108,0	287,8	341,8	430,3	435,1	465,5
Yunnan	123,9	338,3	364,6	477,9	540,9	572,6
Shaanxi	.	295,3	329,5	433,7	530,8	534,0
Gansu	98,4	255,2	296,1	365,9	431,0	446,4
Ningxia	.	321,2	382,7	521,9	578,1	590,0
Qinghai	.	342,9	392,1	457,5	559,8	555,6
Tibet (Xizang)	.	353,0	348,4	397,2	649,7	706,7
Xinjiang	.	394,3	452,7	545,6	683,5	703,2

1 Bis 1987 Teil von Guangdong.
Quelle: ZGTJNJ, verschiedene Jahrgänge.

1986).[26] In Anbetracht der sich landesweit vergrößernden Stadt/Land-Kluft (spätestens seit 1984/85) und zunehmender interprovinzieller Disparitäten innerhalb beider Sektoren (zumindest seit 1982/83) kann nun gefolgert werden, daß auch bei Berücksichtigung *sämtlicher* Pro-Kopf-Einkommen (also Stadt und Land zusammengenommen) die Unterschiede von Provinz zu Provinz größer wurden.

Betrachten wir nun den ländlichen Sektor etwas genauer, der um 1990 rund drei Viertel der Bevölkerung umfaßte und daher rein rechnerisch für die Analyse von Wohlstand und Lebensstandard wichtiger ist als der städtische Sektor. Tabelle 2 zeigt, daß sich die Pro-Kopf-(Netto-)Einkommen innerhalb des ländlichen Sektors sehr unterschiedlich entwickelten. Im Jahre 1978 entsprach der in Yuan gemessene Unterschied zwischen der ärmsten gemeldeten Provinz (Hebei) und der reichsten Region (Shanghai) einem Verhältnis von 1:3,2. 1987 lag das Verhältnis zwischen Shanghai und der ärmsten Provinz – inzwischen Gansu – bei 1:3,6, 1990 schon bei 1:4,4, 1991 bei 1:4,5 (einkommensschwächste Provinz war in diesem Jahr erstmalig Anhui). Alle Gebiete westlich der Linie Innere Mongolei-Hebei-Henan-Hubei-Hunan-Guangxi, einschließlich der genannten Provinzen selbst, rangierten 1990/91 und meist auch davor unter dem Landesdurchschnitt; die mandschurischen Provinzen lagen knapp darüber; den Bauern in den maritimen Provinzen und in den Gebieten um die großen städtischen Metropolen ging es dagegen sehr gut, insbesondere in Zhejiang.

Bei den Einkommenszahlen in Tabelle 2 stechen die hohen Werte für Beijing, Tianjin und Shanghai besonders hervor. Sie entfernten sich im Laufe der Zeit immer mehr von den jeweiligen Landesdurchschnitten (absolut und in Prozenten ausgedrückt). Am unteren Ende der Skala, bei den einkommensschwachen Provinzen, fiel die Abweichung vom Mittelwert dagegen etwas geringer aus, obgleich auch hier eine allmähliche Spreizung

26 Vgl. Kueh, a. a. O., S. 659 f. Der Atkinson-Index wird dort mathematisch so definiert: $I = 1 - (\sum_{i=1}^{n} [Yi/\bar{Y}]^{1-E})\ 1 / (1-E)$; es gilt: I = Index; Yi = ländliches Pro-Kopf-Einkommen in der i-ten Provinz; $\bar{Y}$ = entsprechender Durchschnitt aller Provinzen; E = expliziter Distributionsparameter. Vgl. allgemein hierzu etwa Atkinson, a. a. O., S. 56–58. Der Index mißt – in Atkinsons eigenen Worten – "the proportion of the present total income that would be required to achieve the same level of social welfare as at present if incomes were equally distributed". Daraus läßt sich auch der Gewinn ableiten (gemessen in einer prozentualen Einkommensvermehrung), der aus einer Umverteilung der Einkommen gezogen werden könnte. Bei der Berechnung des Index-Wertes spielt der Parameter E eine entscheidende Rolle: "This parameter represents the weight attached by society to inequality in the distribution." Kueh geht von einem Wert von 2,0 aus.

eintrat. Daraus könnte man folgern, daß die sich verändernde Inter-Provinz-Disparität zu einem wesentlichen Teil auf die Einkommensentwicklung im agrarischen Umland der drei großen Städte zurückzuführen ist. Doch wenn man die Zahlen für Beijing, Tianjin und Shanghai unberücksichtigt läßt und nur die Werte für die eigentlichen Flächenprovinzen betrachtet, so erweiterte sich das Verhältnis zwischen der einkommensschwächsten Provinz und der einkommensstärksten (1978 Guangdong, seither Zhejiang) noch immer – und zwar in der folgenden Weise: 1:1,99 (1978); 1:2,15 (1985); 1:2,45 (1987); 1:2,76 (1989); 1:2,55 (1990); 1:2,71 (1991).[27] Interessant ist hierbei im übrigen, daß Jiangsu ab 1985 ins »Führungskolleg« der ersten drei Provinzen (ohne Städte) aufrückte und daß die Nordostprovinzen, die 1978 noch auf den Plätzen 2 bis 4 lagen, allmählich zurückfielen – 1991 auf die Ränge 4, 7 und 8. Die ländlichen Pro-Kopf-Einkommen in den östlichen und südlichen Küstengegenden zogen also davon, auch gegenüber der reichen Mandschurei.

27 Vgl. zu Zhejiang und Jiangsu besonders Uwe Herith, Migration und Mobilität in Ostchina, Hamburg 1991, S. 29–31 und S. 50–53.

VI. Lebenshaltungskosten

A. Gesamtentwicklung: Lebenshaltungskosten und Sparraten

Den Einkommen können nun die Ausgaben gegenübergestellt werden, insbesondere die »Lebenshaltungskosten« (meist *shenghuo xiaofei*).[28] Am Ende dieses Kapitels folgen dann einige kurze Anmerkungen zum Sparverhalten, das in engem Zusammenhang mit den Einkommen und den Konsumausgaben steht.

Im Bereich der Lebenshaltungskosten zeigen sich folgende Entwicklungen: Die Disparität zwischen Stadt und Land, um mit dem größeren Kontext zu beginnen, verringerte sich zunächst und nahm dann von 1984/85 an wieder zu – wohl größtenteils infolge der parallelen Entwicklung im Einkommensbereich. Lag das Konsumniveau (*xiaofei shuiping*) der nichtländlichen Bevölkerung 1985 nur rund 2,2mal höher als das der ländlichen, so vergrößerte sich die Kluft 1990 auf 2,8:1 und 1991 sogar auf 3,0:1.[29] Bei diesen Werten sollte jedoch nicht vergessen werden, daß sie, wie die Einkommenszahlen, bestenfalls als Annäherungsgrößen zu betrachten sind. Größere Migrationen – vom Land in die Stadt –, eine nicht immer einheitlich gehandhabte Abgrenzung zwischen »ländlichem« und »nichtländlichem« (»städtischem«) Bereich, Vergünstigungen für städtische Haushalte, sich gegebenenfalls verschiebende Konsumpräferenzen und andere Faktoren, deren Auswirkungen nicht genau feststellbar sind, könnten die obengenannten Quotienten verringern oder vergrößern.[30] Und auch hier gilt: Werden die großen Metropolen Beijing, Tianjin und Shanghai ausgeklammert, so klafft die Schere nicht ganz so weit auseinander wie im Falle ihrer Einbeziehung in die Auswertung.

28 In den chinesischen Statistiken werden die Ausgaben folgendermaßen aufgesplittet: Barausgaben (xianjin zhichu) = Gesamtausgaben (quanbu zhichu) + Rücklagen und Ausgaben für Geldbeschaffung (jiedai zhichu). Die Lebenshaltungskosten (shenghuofei zhichu beziehungsweise shenghuo xiaofei, eigentlich Lebenshaltungsausgaben) bilden den weitaus wichtigsten Teil der Gesamtausgaben und damit auch der Barausgaben. Sie sind jener Wert, der bei der Beurteilung des Konsumverhaltens in China zugrundegelegt wird.

29 Vgl. ZGTJNJ 1991, S. 270; ZGTJNJ 1992, S. 276.

30 Vgl. Anm. 23. Zur internen Migration vgl. etwa Kojima, a. a. O., S. 3–34; Wu und Xu, a. a. O.; Herith, a. a. O.

Unterschiede lassen sich zugleich beim Vergleich der Provinzen feststellen: Sowohl innerhalb des ländlichen Sektors als auch innerhalb des städtischen Sektors nahmen sie zu, wobei dies wahrscheinlich eng mit der analogen Entwicklung im Einkommensbereich zusammenhing, aber eben auch mit institutionellen und anderen Veränderungen auf der Ebene der Regionen. Werden die Lebenshaltungskosten der städtischen und der ländlichen Bevölkerung zusammengenommen, so ist jedenfalls davon auszugehen, daß sich das Gefälle zwischen den Provinzen insgesamt vergrößerte.

Innerhalb einzelner Provinzen gab es gleichfalls erhebliche Disparitäten – sowohl zwischen einzelnen Kreisen als auch im Stadt/Land-Vergleich. Tibet ist ein krasses Beispiel: Einige Tibeter bezogen üppige Gehälter mit hohem Subventionsanteil, aber diese Gehälter flossen vor allem in städtische Haushalte, während ganze Landstriche gleichsam im Zustand primitiver Subsistenzwirtschaft verharrten. Entsprechend klafften auch die Pro-Kopf-Einkommen auseinander. Dies wiederum beeinflußte die Ausgabenwerte. So war hier das Konsumniveau der nichtländlichen Bevölkerung 1989 fünfmal so hoch wie das der ländlichen. In keinem anderen Gebiet Chinas trat eine derartige Stadt/Land-Kluft zutage, und nirgends (nicht einmal in Shanghai) war das Konsumniveau der nichtländlichen Bevölkerung so hoch wie hier.[31]

Betrachten wir nun das Sparverhalten, das in der Regel durch die sogenannte »Sparrate« ausgedrückt wird. Die offiziellen chinesischen Statistiken bieten zwar nur wenige eindeutige Daten zum Sparverhalten, doch ist in der Literatur hin und wieder die Differenz zwischen den Pro-Kopf-Nettoeinkommen und den Lebenshaltungskosten zur Berechnung der Sparrate herangezogen worden. Diese unterlag im ländlichen Sektor erheblichen Schwankungen. In den ersten Reformjahren stieg sie auf über 20 Prozent – unter anderem, weil nicht alle Einkommenszuwächse in zusätzliche Ausgaben fließen konnten, das Sparen also »erzwungen« war; während der zweiten Reformphase sank sie dann 1991 auf nur noch 12,5 Prozent. Ursächlich für den neuen Trend waren wohl vor allem drei Faktoren: das sich abschwächende Einkommenswachstum, unbefriedigte Konsumwünsche und höhere Inflationserwartungen. Der städtische Sek-

31 Zum Konsumniveau vgl. ZGTJNJ 1991, S. 272; ZGTJNJ 1992, S. 278. Werte für 1991 noch nicht greifbar.

tor verhielt sich durchaus anders. Hier stieg die Sparrate in der zweiten Reformhälfte an. Zuletzt, 1990 und 1991, erreichte sie rund 15 bis 16 Prozent. Ein günstigeres Einkommenswachstum, ein breiteres Spektrum von Anlageofferten des städtischen Bankensektors und teils schon befriedigte grundlegende Konsumwünsche könnten dabei ausschlaggebend gewesen sein. Insofern, als die Sparrate im städtischen Bereich inzwischen höher ist als im ländlichen, trägt also auch sie dazu bei, daß die Kluft zwischen den beiden Sektoren größer wird. Mittelfristig bedeutet das natürlich, daß die Städter – *ceteris paribus* – über mehr Investitions- und Konsumreserven verfügen werden als die Bewohner ländlicher Gebiete.[32]

Beim Vergleich zwischen den Provinzen ist von sehr viel komplexeren Zusammenhängen auszugehen. So lagen die Sparraten der ländlichen Bevölkerung im Umkreis von Tianjin, Shanghai und Beijing zuletzt (1991) bei 31,9, 23,1 und 22,7 Prozent; vermutlich hatte dies unter anderem damit zu tun, daß Preissteigerungen in den nahen städtischen Zentren die Einkommen im ländlichen Bereich hochtrieben und folglich größere Summen als Reserven zurückgelegt werden konnten. Im gleichen Zeitraum wiesen die meisten Flächenprovinzen nur sehr niedrige Raten auf – in der Regel 7 bis 15 Prozent –, und für die ländliche Bevölkerung der Krisenregion Anhui kann sogar nur eine negative Sparrate festgestellt werden.

Der städtische Bereich verhielt sich wieder deutlich anders. Die in Yuan gemessenen Einlagen bei Banken und die Aufwendungen für Kapitalanlagen, im statistischen Jahrbuch für 1991 erstmalig in mehrere Untersparten aufgeteilt, weisen aus, daß die Einwohner von Beijing und Tianjin hier zumeist unter dem Landesdurchschnitt lagen, während Guangdong, Zhejiang und Shanghai sehr gut abschnitten. Für Guangdong werden dort zum Beispiel jährliche Pro-Kopf-Einlagen in Höhe von 436 Yuan angegeben. Interessanter ist jedoch, daß die Region Tibet bei den Bankdepositen mit 424 Yuan an dritter Stelle lag; die Subventionen trieben demnach im gebirgigen Westen nicht nur das Konsumniveau in den Städten hoch, sondern vermehrten zugleich die Ersparnisse.[33] Tibet sticht im übrigen noch mehr

32 Die Sparraten für den ländlichen Sektor können auf Basis der Daten in Tabelle 2 (hier) und in ZGTJNJ 1992, S. 308 und S. 310, ermittelt werden. Entsprechende ältere ZGTJNJ-Jahrgänge können hinzugezogen werden. Bei der Ermittlung der Sparraten im städtischen Sektor wurden die Angaben in ZGTJNJ 1992, S. 282 (Kategorien 6 und 7 der dortigen Tabelle), zugrunde gelegt. Beim Vergleich der ländlichen und städtischen Daten ist zu beachten, daß die statistische Erhebungsweise der in die Berechnung einfließenden ZGTJNJ-Daten für beide Sektoren nicht ganz identisch ist. Der hier vorgenommene Vergleich ist darum eher ein Provisorium.

33 Zu städtischen Sparguthaben vgl. ZGTJNJ 1992, S. 295.

hervor, wenn die Sparrate wie zuvor auf Basis der städtischen Lebenshaltungskosten und Einkünfte berechnet wird. Danach fiel sie in Tibet mit Abstand am höchsten aus (1991: 29,8 Prozent) und in Heilongjiang am niedrigsten (1991: 11,6 Prozent).[34] Diese wenigen Details zeigen, daß die Inter-Provinz-Disparitäten im Bereich des Sparverhaltens gleichfalls sehr ausgeprägt waren und wohl noch länger bleiben werden. Das Zahlenmaterial läßt jedoch kaum direkte Vergleiche zu, so daß weiterführende Aussagen nur über mathematische Umwege möglich wären.

B. Lebensmittel

Kehren wir nun zu den Lebenshaltungskosten zurück, die in den folgenden Kapiteln auf ihre einzelnen Bestandteile hin überprüft werden müssen. Die Zahlen in Tabelle 3 zeigen, daß ländlicher und städtischer Sektor etwa dem gleichen Trend folgten: Die Ausgabenanteile für Lebensmittel und Kleidung gingen leicht zurück, während sich die Aufwendungen für Wohnung und Dienstleistungen erhöhten. Hierin spiegelt sich eine – allerdings nur sehr geringe – Verbesserung der Lebensqualität wider, denn gemessen an internationalen Standards zeigen hohe Nahrungsmittelanteile an den gesamten Lebenshaltungskosten (der sogenannte »ENGEL-Koeffizient«) eher Bedürftigkeit an als Wohlergehen. So werden in reichen Ländern oft weniger als 25 Prozent aller Ausgaben für Nahrungsmittel aufgewendet.[35]

Besonders bedenklich ist die Situation der ländlichen Bevölkerung. Zwar gingen der ENGEL-Koeffizient (von rund 67 Prozent im Jahre 1978) und die Nachfrageelastizitäten für Lebensmittel deutlich zurück, aber innerhalb der Gesamtsparte Lebensmittel lagen die Ausgabenanteile für Grundnahrungsmittel (Reis, Speiseöl und so weiter) zwischen 20 und 30 Prozent. Das heißt, daß sich die ländliche Bevölkerung nur wenige »teure« Lebensmittel mit hohem Nährwert leistete. Den Städtern ging es in dieser Beziehung etwas besser; allerdings hängt die günstigere Verteilung dort wohl in der Hauptsache mit den ungewöhnlich geringen Wohnungskosten zusam-

34 Vgl. ZGTJNJ 1992, S. 288 und S. 293, Kategorien quanbu shouru (alle Einkünfte) und shenghuofei zhichu (Lebenshaltungsausgaben).

35 Vgl. dazu Kueh, a. a. O., S. 648–653; Chai, a. a. O., S. 731, gibt inflationsbereinigte Werte für den Konsumbereich an. Zum Engel-Koeffizienten allgemein vgl. beispielsweise Atkinson, a. a. O., S. 49–51.

men, die das Ergebnis staatlicher Subventionen waren und für »Freiraum« in anderen Konsumbereichen sorgten. Würden die Wohnungssubventionen entfallen und alle Mieten durch Angebot und Nachfrage geregelt werden, so hätte das wahrscheinlich tiefgreifende Folgen für den gesamten städtischen Sektor, also auch die Ausgaben für Lebensmittel.

Tabelle 3: *Konsumstruktur, prozentuale Anteile einzelner Ausgaben an den Lebenshaltungskosten in der Volksrepublik China 1981 bis 1991*

	1981	1985	1987	1989	1990	1991
Ländliche Haushalte (Yuan pro Kopf)	190,8	317,4	398,3	535,4	538,1	619,8
Lebensmittel (%)	59,7	57,8	55,1	54,1[2]	54,9	56,8[2]
– Grundnahrungsmittel (%)	32,1	26,3	22,0	18,6	18,4	21,4
– andere Lebensmittel (%)	27,6	31,5	33,1	33,9	36,5	33,9
Kleidung (%)	12,4	9,9	8,6	8,3	8,4	8,2
Wohnung (%)	9,8	12,4	14,5	14,4	12,9	11,1
Brennstoffe (%)	5,6	5,7	4,8	4,4	4,5	4,3
Andere Ausgaben (%)	12,5	14,2	17,0	18,8	19,3	19,6
– für medizinische Zwecke (%)	.	1,7	1,9	2,1	2,5	2,4
Städtische Haushalte (Yuan pro Kopf)	456,8	673,2	884,4	1210,9	1278,9	1453,8
Lebensmittel (%)	56,7	52,3	53,5	54,5	54,2	53,8
– Grundnahrungsmittel (%)	13,0	9,0	7,6	6,8	6,6	7,1
– andere Lebensmittel (%)	43,7	43,3	45,9	47,7	47,6	46,7
Kleidung (%)	14,8	14,6	13,7	12,3	13,4	13,7
Wohnung (%)	1,4	2,0	2,1	2,1	2,3	2,4
Brennstoffe (%)	1,9	1,7	1,4	1,5	1,6	1,7
Andere Ausgaben (%)	25,2	29,1	29,3	29,6	28,5	28,4
– für medizinische Zwecke (%)	.	1,2[1]	1,3	1,7	2,0	2,2

Anmerkung: Prozentberechnungen auf Basis der Nominalausgaben. – 1 Für 1986. – 2 Statistiken für 1989 und 1991 fehlerhaft, darum ergibt die Addition der Werte nicht 100 Prozent.
Quellen: ZGTJNJ 1991, S. 280, S. 298–299; ZGTJNJ 1992, S. 284, S. 310; Chai, a. a. O., S. 730.

Tabelle 4: *Lebensmittelausgaben pro Kopf und deren prozentualer Anteil an den Pro-Kopf-Lebenshaltungskosten*[1] *in der Volksrepublik China 1991, nach Provinzen*

	Ländliche Haushalte Lebensmittelausgaben insgesamt Yuan	(in % der Lebenshaltungskosten)	Städtische Haushalte Lebensmittelausgaben insgesamt Yuan	(in % der Lebenshaltungskosten)
Landesweit	352,3	(56,8)	782,5	(53,8)
Beijing	534,4	(48,6)	1016,8	(54,7)
Tianjin	413,8	(52,0)	928,4	(58,6)
Shanghai	733,8	(47,7)	1234,1	(57,0)
Hebei	267,6	(47,9)	650,8	(50,3)
Shanxi	263,7	(53,2)	576,2	(49,1)
Innere Mongolei	320,8	(56,2)	540,4	(47,6)
Liaoning	397,2	(51,8)	829,2	(55,9)
Jilin	366,5	(56,5)	638,1	(53,5)
Heilongjiang	356,7	(57,7)	621,3	(50,6)
Shandong	327,6	(53,4)	733,0	(52,1)
Jiangsu	487,5	(55,5)	852,1	(55,7)
Zhejiang	518,1	(50,5)	992,4	(55,0)
Anhui	274,1	(57,7)	767,9	(59,2)
Fujian	440,6	(59,0)	968,3	(60,7)
Jiangxi	377,3	(63,2)	627,2	(57,8)
Henan	242,8	(53,4)	644,3	(53,7)
Hubei	363,9	(59,1)	717,4	(52,0)
Hunan	408,2	(62,3)	723,6	(52,9)
Guangdong	533,7	(56,6)	1267,4	(53,1)
Guangxi	360,1	(62,0)	875,0	(55,3)
Hainan	359,0	(64,1)	986,9	(62,1)
Sichuan	344,6	(62,4)	772,3	(51,9)
Guizhou	283,9	(67,5)	716,9	(56,2)
Yunnan	315,1	(62,8)	763,4	(53,5)
Shaanxi	266,8	(54,8)	650,1	(50,9)
Gansu	238,2	(59,0)	665,8	(53,9)
Ningxia	291,8	(57,4)	654,7	(48,4)
Qinghai	293,3	(60,3)	711,3	(56,9)
Tibet (Xizang)	354,4	(72,3)	1072,5	(63,2)
Xinjiang	311,3	(53,7)	609,7	(48,2)

1 *shenghuo xiaofei.*
Quelle: ZGTJNJ 1992, S. 297, S. 311.

Die gesamtchinesischen Statistiken bieten einige, insgesamt jedoch nur wenige Angaben, die es erlauben, die Konsumpräferenzen der Städter von Provinz zu Provinz zu vergleichen. Für den ländlichen Sektor sind hier etwas mehr Daten vorhanden. Beide Datenbestände lassen oberflächliche Aussagen zu (siehe Tabelle 4). Sie zeigen zum Beispiel, daß in den Städten und den ländlichen Gebieten der reichen Regionen keineswegs am Essen gespart wurde. Dies überrascht in Anbetracht der obigen Ausführungen. Betrachten wir zuerst den ländlichen Sektor: Im Umland von Beijing, Tianjin und Shanghai und in den Provinzen Jiangsu, Zhejiang und Guangdong, wo die ländliche Bevölkerung am meisten Geld ausgab, machten die Aufwendungen für Lebensmittel 1990 zwischen 46 und 54 Prozent der Lebenshaltungskosten aus; 1991 waren es sogar zwischen 47 und 57 Prozent. In Fujian, das trotz guter Einkommen nur eine sehr niedrige Sparrate aufwies, lagen die Anteile sogar bei bis zu 60 Prozent (1990/91). Örtliche Traditionen, die Entwicklung der Gastronomie als Teil eines sich rasch ausbreitenden Tertiärsektors, breitere Angebote, ein steigendes Qualitätsbewußtsein, vielleicht auch ganz allgemein das Streben nach Luxus – all dies sind mögliche Erklärungen für die relativ hohen Lebensmittelausgaben in den reichen Gebieten. Den Wunsch nach höherer Lebensqualität erfüllten sich die Bessergestellten demnach oft in der Weise, daß sie zu immer höherwertigen Nahrungsmitteln griffen.

Etwas anders war die Situation in den übrigen Gebieten. Die Zahlen für 1990 und 1991 belegen zwar, daß die ländliche Bevölkerung der einkommensschwachen Provinzen in vielen Fällen anteilig mehr Geld für Lebensmittel aufwenden mußte als die Bevölkerung in den reichen Regionen – in den Jahren 1990 und 1991 lagen zum Beispiel die entsprechenden Ausgabenanteile in zwölf der 18 armen Provinzen über den Landesdurchschnitten von 54,9 und 56,8 Prozent –, doch hing dies nicht mit einem üppigen Lebensmittelangebot zusammen (das es in den ärmeren Regionen ohnehin nur selten gab), sondern wohl eher damit, daß geringe Pro-Kopf-Einkommen nur wenig Spielraum für andere Ausgaben ließen.[36] Im Sinne der von Yang Shengming und anderen verwendeten Definition von Armut muß die ländliche Bevölkerung in den rückständigen Gebieten somit durchaus als bedürftig bezeichnet werden.[37]

36 Auf Basis von ZGTJNJ 1991, S. 299; ZGTJNJ 1992, S. 311.

37 Vgl. Shengming Yang, Zhongguo xiaofei jieguo yanjiu (Studien zur Konsumstruktur in China), Taiyuan 1986, S. 92.

Betrachten wir nun den städtischen Konsum: Wie im ländlichen Sektor, so wurden auch hier in den einkommensreichen Regionen oft bemerkenswert hohe Anteile der Lebensmittelausgaben festgestellt. In Beijing, Shanghai, Tianjin, Fujian, Jiangsu, Guangdong, Zhejiang und anderen Gebieten machten diese rund 53 bis 61 Prozent der Lebenshaltungskosten aus. Die Städter ärmerer Gebiete erwiesen sich dagegen häufig als sparsamer. So wurden zum Beispiel in der Inneren Mongolei nur 47,5 Prozent der Lebenshaltungskosten für Nahrungsmittel aufgewendet.
In diesem Zusammenhang ist die Aufsplittung der städtischen Lebensmittelausgaben wichtig. Sie zeigt nämlich, daß die größten Unterschiede zwischen den Provinzen nicht bei den Grundnahrungsmitteln auftraten, sondern bei den übrigen Untersparten. Die Pro-Kopf-Ausgaben für erstere schwankten nämlich (sparsamste und ausgabenfreudigste Provinz) lediglich zwischen 75 und 162 Yuan – das entsprach einem Verhältnis von 1:2,16 –, während die Ausgaben für »zusätzliche Lebensmittel« (*fushi*) zwischen 262 und 917 Yuan variierten (ein Verhältnis von 1:3,50), die für »Genußmittel« (»Tabak, Alkohol, Tee«; *yan jiu cha*) zwischen 54 und 252 (Verhältnis 1:4,67) und die für »übrige Lebensmittel« (*qita shipin*) zwischen 75 und 267 Yuan (Verhältnis 1:3,56).[38] Hinter diesen Zahlen verbargen sich unterschiedliche Subventionsleistungen und – vor allem wohl in den reichen Städten – eine immer stärker hervortretende Neigung zum Kauf teurer Qualitätsware.
Hierbei sind allerdings noch andere Faktoren zu berücksichtigen, die sowohl auf den städtischen als auch auf den ländlichen Sektor einwirkten – etwa die Freigabe der Preise und die Abschaffung von Rationierungsvorschriften für bestimmte Produkte. Beide Maßnahmen trugen zur allgemeinen Teuerung bei, kamen vermutlich einigen ländlichen Herstellern entgegen, verhinderten aber andererseits deutliche Konsumsteigerungen oder provozierten Umschichtungen in der Nachfragestruktur, vor allem in den Städten. So stiegen zum Beispiel die in Yuan gemessenen Lebensmittelausgaben der städtischen Bevölkerung Guangdongs von 1978 bis 1990 um 326 Prozent, während die pro Kopf verbrauchten Mengen an Reis (und Getreide), Gemüse und Zigaretten drastisch zurückgingen (um 34, 32 und 41 Prozent) und der Konsum von Fleisch praktisch stagnierte (nur 13 Prozent Zuwachs über den genannten Zeitraum). Lediglich Geflügel, Fisch,

38 Vgl. ZGTJNJ 1992, S. 297.

pflanzliches Speiseöl und Alkohol verzeichneten deutliche Mengengewinne (112, 55, 32 und 122 Prozent), wobei das Gros der Zunahmen in die erste Reformphase fiel. Für den Lebensmittelanteil an den gesamten Lebenshaltungskosten bedeutete all dies, daß er während der ersten Reformphase zeitweilig bei erstaunlichen 70 Prozent lag, danach aber auf rund 53 bis 58 Prozent sank.[39] Hier wirkten offenbar mehrere Effekte zusammen: Einkommenssteigerungen, hohe Substitutionsneigungen, ein Nachholbedarf beim Erwerb höherwertiger Güter, Liberalisierungen auf dem Lebensmittelmarkt und in der zweiten Reformphase – nachdem um 1985 gewissermaßen eine »feste Basis« oder Sättigung erreicht worden war – rasche Preissteigerungen, die Mehrausgaben in anderen Bereichen opportuner erscheinen ließen.

Daß es den Städtern Guangdongs trotz der relativ starken Verteuerung der Nahrungsmittel gut ging, zeigen nicht nur die Umschichtungen innerhalb des Lebensmittelbereichs selbst – von billigen zu teuren Produkten –, sondern ebenso die hohen Ausgaben für andere als »direkte Lebenshaltungszwecke«. Diese übrigen Ausgaben lagen 1991 bei 812 Yuan. Hinter ihnen verbargen sich zum Beispiel Einzahlungen bei Banken, Zahlungen von Darlehenszinsen oder auch Wertpapierkäufe. Werden diese und andere Posten, die bislang leider nur selten in den gesamtchinesischen Statistiken aufgeführt sind, zu den eigentlichen »Lebenshaltungskosten« addiert, so lagen die gesamten Pro-Kopf-Ausgaben der Städter Guangdongs im Jahre 1991 bei 3 200 Yuan.[40] Bei Zugrundelegung dieses Wertes betrugen die Aufwendungen für Lebensmittel nur noch 39,6 Prozent, was den oben vorgestellten Quotienten (das heißt Lebensmittelausgaben / »Lebenshaltungskosten«) durchaus relativiert. In Anbetracht des hohen Konsumniveaus und reger privater Tätigkeiten im Finanzbereich kann Guangdong somit als eine Region betrachtet werden, in der die Ausgangsbedingungen für weitere kräftige Entwicklungsschübe besonders gut sind.

Doch kehren wir zurück zu den eigentlichen Lebensmittelausgaben. Werden diese von Provinz zu Provinz aufgeteilt und verglichen – nach Nahrungsarten, Kalorien, Proteinen und anderen Aspekten, also nicht nach Yuan-Werten –, so lassen sich gleichfalls erhebliche Variationen feststellen, die bis zu einem gewissen Grade unterschiedliche Naturraumbedin-

39 Vgl. GDTJNJ 1991, S. 358 f. Die Daten decken sich nicht ganz mit denen der ZGTJNJ-Statistiken.
40 Vgl. ZGTJNJ 1992, S. 288–296.

gungen reflektieren. In den Küstenprovinzen aß die ländliche Bevölkerung zum Beispiel fünfzehn- oder zwanzigmal soviel Fisch wie die Bevölkerung im Landesinnern; Tibet und Zhejiang fielen dagegen durch einen ungewöhnlich hohen Alkoholkonsum auf, der sich im übrigen auch bei den entsprechenden Yuan-Ausgaben niederschlug; Shanghai meldete den höchsten Pro-Kopf-Verbrauch an Geflügel und Fleisch; die Bevölkerungen einiger der ärmeren Westprovinzen waren gleichfalls große Fleischverzehrer und lagen weit über dem Landesdurchschnitt; Jilin wiederum hatte den mit Abstand größten Pro-Kopf-Konsum an Gemüse.[41]

In einer umfangreichen empirischen Studie, die der Erfassung von mehr als 360 demographischen, medizinischen und biochemischen Indikatoren in 65 chinesischen Kreisen diente, wurde für 1983 festgestellt, daß auch die tägliche Energiezufuhr regionalen Schwankungen unterworfen war; je nach Gebiet lag sie zwischen 1814 und 3704 Kalorien. Im Durchschnitt nahm ein erwachsener Chinese täglich 2641 Kalorien auf – etwas mehr als ein US-Amerikaner. Jedoch ist bei diesem Vergleich zu bedenken, daß in China viel körperliche Arbeit geleistet wurde und der Kalorienbedarf möglicherweise deshalb höher war als in einem Industrieland. Ebenso problematisch ist die Nahrungsmittelkomposition (Fette, Vitamine und so weiter): Die einen behaupten, Chinas Landbevölkerung decke ihren Energiebedarf allzu einseitig durch den Verzehr von Kohlehydraten, es fehle an proteinreicher Kost, es gebe zu wenig tierische Produkte; dagegen die anderen: die überwiegend pflanzliche Diät und die geringe Fetteinnahme seien gesundheitsförderlich.[42] Pauschale Erklärungen hinsichtlich tatsächlicher oder vermeintlicher Mängel auf dem Gebiet der Ernährung sind mithin riskant – selbst wenn in vielen Landstrichen kaum das Nötigste vorhanden ist.

41 Zu den Mengenangaben für 1990 vgl. ZGTJNJ 1991, S. 301; ZGTJNJ 1992, S. 313; Geldausgaben für 1991 in ZGTJNJ 1992, S. 297.

42 Vgl. Junshi Chen, T. Colin Campbell, Li Jumyao und Richard Peto, Diet, Life-Style, and Mortality in China. A Study of the Characteristics of 65 Chinese Counties, Oxford und andere 1990, besonders S. 63; Kueh, a. a. O., S. 655–658.

C. Wohnung

Die Konsumstatistiken zeigen an, daß Chinas Bevölkerung im Vergleich zur Bevölkerung anderer Länder nur wenig Geld für Wohnzwecke ausgab – sowohl auf dem Land als auch in der Stadt. Von einer Sättigung des Wohnungsbedarfs kann jedoch keinesfalls die Rede sein. Im Gegenteil, es fehlt überall an adäquaten Unterkünften. Folglich ist die Elastizität der Nachfrage nach größeren und besseren Wohnungen hoch.
Der Staat hat zwar den Wohnungsbau subventioniert, besonders in den Städten, doch dadurch die Entfaltung eines größeren Immobilienmarktes praktisch verhindert. Obschon das Problem seit langem besteht, konnten die Behörden es noch nicht lösen. Eine völlige Freigabe des Wohnungsmarktes wäre auch extrem riskant, da der Druck auf diesen Markt ohnehin infolge interner Migrationen – vom Land in die Stadt – erheblich gestiegen ist und bei einer weitgehenden Selbstregulierung des Marktes das soziale Gefälle vermutlich drastisch zunehmen würde.
Wie auch immer – insgesamt scheint sich die Wohnungslage auf dem Land etwas günstiger entwickelt zu haben als in den Städten. Im Jahre 1978 standen jedem Städter durchschnittlich 3,6 m^2 Wohnraum zur Verfügung, auf dem Lande waren es dagegen 8,1 m^2 – ein Verhältnis von 1:2,25. Im Jahre 1991 verbesserten sich die entsprechenden Werte auf 6,9 und 18,5 m^2 – das entsprach einem Verhältnis von 1:2,68.[43] Hierbei gab es wieder deutliche Abweichungen zwischen armen und reichen Provinzen und selbst innerhalb einzelner Provinzen. In Guangdong zum Beispiel lagen die städtischen Quadratmeterzahlen weit über dem Landesdurchschnitt, während die ländlichen diesem eher entsprachen, und die qualitativ wohl besten Wohnungen scheinen in der Wirtschaftssonderzone von Zhuhai errichtet worden zu sein.[44]

43 Vgl. ZGTJNJ 1991, S. 306; ZGTJNJ 1992, S. 318.

44 Vgl. GDTJNJ 1991, S. 358 f. und S. 377. Repräsentative Daten, die qualitative Unterschiede innerhalb der Provinz zeigen, vgl. dort S. 372–374.

VII. Medizinische Versorgung

Im Zuge der Reformen und der Auflösung von Kommunen ist das chinesische Gesundheitswesen erheblich verändert worden. Zahlreiche dörfliche Kranken- und Beratungsstationen, über die selbst entlegenste Weiler eine elementare und weitestgehend kostenlose medizinische Versorgung erhalten hatten, verschwanden seit 1978. Parallel dazu ging zugleich die Zahl der »barfüßigen Ärzte« zurück, die in den ärmeren Regionen unerläßliche Arbeit leisteten. Statt dessen boten immer mehr private Ärzte ihre Dienste an und bekam auch die ländliche Bevölkerung allmählich leichteren Zugang zu den sich qualitativ ständig verbessernden städtischen Einrichtungen. Allerdings kostete dies etwas – offenbar bald mehr, als sich der durchschnittliche Landarbeiter leisten konnte.[45]

Während somit eine qualitative Verbesserung des Angebotes in den ländlichen Gegenden sichtbar wurde, schrumpfte die flächendeckende Grundversorgung – vor allem in den ärmsten Landstrichen. Wahrscheinlich hat dies auch dazu beigetragen, daß in den letzten Jahren wieder mehr Infektionskrankheiten und Seuchen auftraten, von denen es früher immer hieß, sie seien vollständig unter Kontrolle. Dies nötigte die Regierung dazu, mit Hilfe internationaler Organisationen Eilprogramme einzuleiten, um die Elementarversorgung in Notstandsgebieten wiederherzustellen.[46]

Doch die Bauern gerieten zunehmend unter Druck – insofern nämlich, als sie immer mehr Kosten der ärztlichen Behandlung privat übernehmen mußten. Bei ihren zum Teil unsicheren, weil hochgradig von den Launen der Natur abhängigen Einkommensverhältnissen konnte dies leicht zu extremen Situationen führen. Den Städtern ging es hier besser. Dort mußten die Arbeiter – vor allem jene, die in Staatsbetrieben tätig waren – nur für einen Bruchteil ihrer Behandlungskosten aufkommen. Zwar ist dieses System in der jüngsten Zeit mehr und mehr aufgelockert worden – zum Beispiel durch die wachsende Zahl privater Betriebe ohne entsprechende

45 Vgl. Davis, Chinese Social Welfare . . ., a. a. O., S. 585–590; Jeffrey Taylor, Rural Employment Trends and Legacy of Surplus Labour 1978–86, in: The China Quarterly, Nr. 116 (1988), S. 757.

46 Vgl. zum Beispiel für die achtziger Jahre Shu-min Huang, Transforming China's Collective Health Care, in: Social Science of Medicine, Nr. 27.9 (1988), S. 879–888.

medizinische Leistungen –, aber das größere Risiko und die höhere Eigenverantwortung trugen in jedem Fall die ländlichen Bevölkerungsschichten, und zwar besonders während der ersten Reformjahre.

Ebenso zu bedenken ist, daß die Zahl der gut ausgebildeten »regulären« Ärzte in den Städten zunahm und daß dort auch immer mehr Spezialinstitutionen zur Verfügung standen, was im ländlichen Bereich nur selten der Fall war. Mit dieser Entwicklung vergrößerte sich der qualitative Unterschied zwischen Stadt und Land.[47] In den Statistiken äußerte sich das zum Beispiel in der folgenden Weise: Zwischen 1980 und 1991 wuchs die Zahl der Krankenhausbetten, des technischen und Pflegepersonals, der Ärzte und der Krankenschwestern in den Städten (*shi*) um 89, 72, 90 und 122 Prozent, während die entsprechenden Werte für die Kreisebene (*xian*), vergleichbar mit dem Land, nur 2, 16, 24 und 108 Prozent betrugen. In einigen Fällen war die Entwicklung auf der Kreisebene sogar rückläufig.[48]

Bemerkenswert ist auch die »Nachfrageseite«: Im Zeitraum von 1985 bis 1991 stiegen die Pro-Kopf-Ausgaben für medizinische Zwecke und Hygieneartikel sehr schnell – und zwar sowohl bei der ländlichen als auch bei der städtischen Bevölkerung. Das Ausgabenwachstum fiel dabei deutlich höher aus als in vielen anderen Lebensbereichen, was auf hohe Nachfrageelastizitäten schließen läßt. Allerdings gab es wiederum einen Stadt/Land-Unterschied: In der Stadt wuchsen die Aufwendungen um 300, auf dem Land nur um 172 Prozent.[49] Dies widerspricht keinesfalls den obigen Feststellungen bezüglich der Angebots- und Versorgungsseite. Vielmehr legen die unterschiedlichen Quoten die Erklärung nahe, daß in der Stadt ein hohes Interesse daran bestand, neue Angebote trotz kostengünstiger Serviceleistungen besser zu nutzen, während die steigende Nachfrage auf dem Land durch den Wegfall elementarer Leistungen erzwungen war.

Neben einem Stadt/Land-Gefälle zeichnete sich im Bereich der ärztlichen Versorgung auch ein Gefälle von Provinz zu Provinz ab, wobei es dem Ostteil des Landes – wie nicht anders zu erwarten – in der Regel etwas besser ging als dem Westteil. Im Jahre 1991 kamen zum Beispiel auf ein Kranken-

47 Vgl. Davis, Unequal Chances . . ., a. a. O.

48 Vgl. ZGTJNJ 1991, S. 773 und S. 778; ZGTJNJ 1992, S. 789.

49 Vgl. ZGTJNJ 1991, S. 280 und S. 198; ZGTJNJ 1992, S. 284 und S. 310 (Achtung: Die Angaben für 1990 weichen in beiden Jahrbüchern ab).

hausbett in Guangxi, Guizhou, Sichuan, Yunnan, Gansu oder Tibet 609, 613, 495, 484, 476 und 452 Personen; in Shanghai und Beijing waren es dagegen nur 185 beziehungsweise 213. Der Landesdurchschnitt lag bei 431 Personen.[50] Wohlstand, gemessen in Form der ärztlichen Versorgung, war damit sehr ungleich verteilt.

50 Vgl. ZGTJNJ 1992, S. 79 (Bevölkerung) und S. 790 (Betten, Personal).

VIII. Bildungssektor

In gewisser Weise brachte die Reformpolitik auch das Bildungssystem aus dem Gleichgewicht. Die Zahl der Hochschulen und hochschulähnlichen Bildungsinstitutionen sowie der »Mittelschulen« (*zhongdeng xuexiao*) mit praxisnaher und berufsvorbereitender Spezialisierung nahm zwischen 1978 und 1988 deutlich zu und stagnierte dann bis 1991 bei nahezu gleichbleibenden Werten; die der nichtspezialisierten Mittelschulen und »Grundschulen« (*xiaoxue*) nahm dagegen drastisch ab. Der Lehrkörper wuchs in fast allen Sparten, nur im Bereich der nichtspezialisierten Mittelschulen schwankten die Zahlen; die Schülerschaft in den Grund- und nichtspezialisierten Mittelschulen ging im allgemeinen zurück (von 1978 bis 1991 um 16,8 beziehungsweise 28,5 Prozent), während die Zahl der an Hochschulen oder hochschulähnlichen Institutionen und auf spezialisierten Mittelschulen Lernenden stieg. Lediglich während der letzten beiden statistisch erfaßten Jahre (1990 und 1991) änderte sich der Trend ein wenig: Die Zahl der Hochschüler ging leicht zurück, und die der Schüler im nichtspezialisierten Sekundarbereich nahm etwas zu.[51]
All dies spiegelt eine allmähliche Verlagerung der Ausbildung in qualitativ bessere Bereiche wider – trotz der Jahre 1990 und 1991. Diese Verlagerung wurde durch die Wiedereinführung von Aufnahmeprüfungen und Strukturänderungen forciert und sollte vornehmlich der wirtschaftlichen Entwicklung dienen. Allzu einseitige Investitionen in berufsnahe und spezialisierte Ausbildungsstätten hatten aber auch negative Folgen. Schrumpfende oder stagnierende Schülerzahlen im Primar- und im allgemeinen Sekundarbereich gingen nämlich nicht nur, wie hin und wieder behauptet wurde, auf sinkende Geburtenraten zurück, sondern zugleich darauf, daß immer mehr Kinder und Jugendliche ihre Ausbildung abbrachen oder gar nicht erst eingeschult wurden. Letzteres hatte komplexe Ursachen: Vor allem die Bauern benötigten – bedingt durch Abwanderung in die Stadte, durch Privatisierungsmaßnahmen und durch den rasch erwachten Wunsch nach besseren materiellen Verhältnissen – häufig zusätzliche

51 Vgl. ZGTJNJ 1991, S. 683–687; ZGTJNJ 1992, S. 699–703.

Arbeitskräfte; so nahm die Kinder- und Heimarbeit zu, denn viele wollten lieber wohlhabend werden als in die Ausbildung ihrer Kinder investieren. Ein oftmals wenig ausgeprägtes Bildungsbewußtsein auf dem Land und die besonders in den letzten Jahren schnell steigenden Schulgebühren verstärkten diesen Trend. Das führte dazu, daß in den späten achtziger Jahren nur noch rund 75 Prozent aller Kinder in ländlichen Gebieten die Schule besuchten.

Nicht ganz so extrem, aber von der Tendenz her ähnlich, entwickelte sich die Situation in den Städten. Auch hier stiegen die privaten Ausgaben für den Schulbesuch (zwischen 1980 und 1985 um 340 Prozent – einer der am schnellsten wachsenden Posten der privaten Aufwendungen), und auch hier gab es immer mehr Kinder und Jugendliche, die nicht die Schule besuchten oder ihre Ausbildung frühzeitig abbrachen, sei es aus finanziellen Gründen oder weil sie gewissermaßen in den Strudel einer neuen Konsumwelt gerieten, die weniger Wert auf Bildung als auf momentane materielle Befriedigung legte.[52]

Die Auswirkungen dieser Entwicklungen waren vielfältig: Die Stadt/Land-Kluft wurde bei den Bildungsangeboten tiefer. Da zugleich der Einkommensunterschied zwischen städtischer und ländlicher Bevölkerung zunahm und die Schulgebühren stiegen, verschlechterten sich die Chancen der Bauern, im Bildungsbereich Anschluß an die Städte zu finden. Praktisch heißt das: Insofern, als heute in vielen Lebensbereichen, besonders bei der Rekrutierung von Führungspersonal, immer häufiger ein höherer Bildungsabschluß, nicht selten gar schon ein Universitätszeugnis, gefragt ist, werden vermutlich nicht mehr so viele Personen aus dem ländlichen Milieu in wichtige politische und andere Schlüsselfunktionen aufsteigen können wie zuvor – es sei denn, daß die neunziger Jahre hier eine klare Trendwende brächten.[53]

Eine zweite Folge der reformbedingten Änderungen im Bildungssektor bestand darin, daß die Berufs- und Aufstiegschancen für Frauen, die zuvor

52 Vgl. Stanley Rosen, New Directions in Secondary Education, in: Ruth Hayhoe (Hrsg.), Contemporary Chinese Education, London-Sydney 1984, S. 87; Billie L. C. Lo, Primary Education: A Two-Track System for Dual Tasks, in: Hayhoe, a. a. O.; Boerge Bakken, Backwards Reform in Chinese Education, in: The Australian Journal of Chinese Affairs, Nr. 19/20 (1988), S. 127–164; Davis, Chinese Social Welfare . . ., a. a. O., S. 581 und Anmerkungen dort; Shan Fang, Mainland China's Worsening Unemployment Problem, in: Issues & Studies, Nr. 26.8 (1990), S. 8–11. Zu privaten Ausgaben städtischer Haushalte ZGTJNJ 1992, S. 284.

53 Vgl. Davis, Chinese Social Welfare . . ., a. a. O., S. 582 f.

verbessert worden waren, in der Reformperiode wieder schlechter wurden. Dies zeigte sich besonders in den ländlichen Regionen, wo »wegrevolutioniert« geglaubte Vorstellungen von der Rolle der Frau in Ehe, Familie und Beruf plötzlich erneut zum Vorschein kamen. So hat man festgestellt, daß die oben geschilderten Entwicklungen – Abbruch der Schulausbildung, unregelmäßiger Schulbesuch, Nichteinschulung aus Kosten- oder Gewinnüberlegungen – vorrangig Mädchen betrafen.[54]

Die dritte Folge der Änderungen im Bildungssektor betraf die Zahl der Analphabeten und Halbanalphabeten (in China meist bezogen auf Personen über 15 Jahre). Insgesamt gewinnt man den Eindruck, daß diese Zahl entweder gleichblieb oder nur unwesentlich sank.[55] Zwischen 1986 und 1990 soll sie von 200 auf 180 Millionen zurückgegangen sein, doch andererseits ist die Zahl der »neuen« Analphabeten und Halbanalphabeten infolge steigender Nichteinschulungsquoten und Schulabbruchraten größer geworden, wohl besonders bei Frauen und Mädchen.[56]

Einige der obigen Indikatoren – Schul-, Schüler- und Lehrerzahlen sowie die Analphabeten- und Halbanalphabetenrate – können auch auf der Ebene der Provinzen untersucht werden. Die Analphabeten- und Halbanalphabetenrate möge als Beispiel dienen. Am höchsten war sie im Westen Chinas und in Anhui; sie lag dort weit über dem Landesdurchschnitt von 22,3 Prozent (1990), wie die folgenden Zahlen belegen: Shaanxi 25,3 Prozent; Ningxia 32,2; Anhui 34,4; Guizhou 36,4; Yunnan 37,5; Gansu 39,8; Qinghai 40,5; und Tibet sogar 67,6 Prozent! Erstaunlich ist, daß auch einige reiche Küstenprovinzen schlecht abschnitten; so meldeten Jiangsu, Zhejiang und Fujian Raten von 22,6 bis 23,2 Prozent. »Fortschrittlicher« waren dagegen die Städte Beijing, Tianjin und Shanghai, die mandschurischen Provinzen, das recht arme Shanxi und die beiden Südprovinzen Guangdong und Guangxi.[57]

54 Vgl. John Bauer und andere, Gender Inequality in Urban China: Education and Employment, in: Modern China, Nr. 18.3 (1992), besonders S. 344–350; Monika Lawo, Chinesische Frauen auf dem Land: Ihre Erwerbstätigkeit und Darstellung in »Women of China« (1979–1991), Diplomarbeit, Germersheim 1992, S. 87–92.

55 In den Quellen finden sich viele widersprüchliche Angaben. Laut ZGTJNJ 1991, S. 85, hatte zum Beispiel Guangdong 1990 eine Analphabeten- beziehungsweise Halbanalphabetenrate von 15,2 Prozent; laut GDTJNJ 1991, S. 14, betrug diese damals nur 10,45 Prozent.

56 Vgl. Lawo, a. a. O., S. 87–92; Statistiken in ZGTJNJ 1991, S. 85, und entsprechende ältere Jahrbücher. ZGTJNJ 1992 enthält keine Angaben zur Analphabetenrate.

57 Vgl. ZGTJNJ 1991, S. 85.

Schlußbetrachtung

In den obigen Kapiteln habe ich zu zeigen versucht, daß in mehreren Bereichen des chinesischen Gesellschafts- und Wirtschaftssystems bis 1991 immer größere Disparitäten auftraten. Diese Disparitäten – im Finanzbereich, auf der Ebene der Betriebsformen, im Einkommenssektor, im Bereich der Lebenshaltungskosten, besonders der Ernährung und der Wohnungsausgaben, im Gesundheitssektor und im Bildungswesen – wurden auf zwei Ebenen sichtbar: beim Vergleich zwischen Stadt und Land und beim Vergleich zwischen einzelnen Provinzen. Vor allem die Daten in Kapitel III bis VIII können – zusammengenommen – als grobe Anhaltspunkte für die Entwicklung des Lebensstandards angesehen werden.
Natürlich gibt es noch zahlreiche andere Indikatoren und qualitative Argumente, die bei einer Beurteilung des Lebensstandards zu berücksichtigen sind. Es ist zum Beispiel bekannt, daß das Transport- und Kommunikationswesen verbessert wurde. Wenngleich auch hier das »übliche« Gefälle zwischen Stadt und Land und zwischen Ost- und Westchina vorliegt, so dürften sich die Änderungen doch insgesamt positiv auf das Wohlergehen des Einzelnen auswirken.
Negativ zu bewerten ist dagegen, daß China mit immer größeren Umweltproblemen zu kämpfen hat, obschon verschiedene Programme angelaufen sind, mit deren Hilfe wenigstens die schlimmsten Folgen jahrzehntelanger Umweltsünden gelindert werden sollen. Aber gegen das Verkehrschaos in den Metropolen, gegen die Verschmutzung der Luft, des Grundwassers, ganzer Flußsysteme und Seen wird viel zu wenig getan. Riesige Slums, wie wir sie aus lateinamerikanischen Vorstädten kennen, fehlen zwar noch, doch die Bedingungen für das Entstehen solcher Elendsquartiere sind im Prinzip gegeben, zumal auch schon die ersten Wellblechsiedlungen am Rande von Städten wie Shanghai entstanden sind. Das soziale Gefälle wird diese Entwicklung zwangsläufig vorantreiben.
Negativ zu bewerten ist gleichfalls, daß Korruption, Vetternwirtschaft und Schwarzmarktaktivitäten in ungeheurem Ausmaß zugenommen haben. Behindern staatliche Vorschriften die Gewinnmaximierung allzusehr, so können umstrittene Wirtschaftspraktiken mitunter Wunder wirken, wenn

sie zum Wohle vieler beitragen und »organisatorische Innovationen« anregen. Die seit Mitte der achtziger Jahre einlaufenden Meldungen vermitteln aber eher den Eindruck, daß es in China kaum noch effiziente Kontrollen gibt und das »Maß längst voll« ist. Von der Parteispitze bis hin zu den untersten Schichten der Bevölkerung wird geschoben und bestochen – Chinas Menschen, denen materielles Glück, Reichtum und Ansehen schon immer wichtig waren, wollen heute nachholen, was ihnen die Partei früher verwehrt hat.

Das Streben nach persönlichem Glück verläuft in jeder Hinsicht ungeordnet. Die Gesetze, die den Wirtschaftskreislauf regulieren, unterscheiden sich auf regionaler Ebene – nicht in allen, aber in einigen Punkten. Sie weisen große Lücken auf, bilden für viele nur einen lästigen Paragraphendschungel und werden häufig von den Behörden selbst umgangen. Die Rechtsunsicherheit ist daher groß geworden. Willkür und Egoismus wuchern wie nie zuvor, die »rechtsfreien Räume« weiten sich aus. Auf die Kraft der Moral, die unter den Kaisern propagiert wurde, um Amtsmißbrauch und Wirtschaftskriminalität einzudämmen, ist längst kein Verlaß mehr; die Kommunistische Partei hat ihr Ansehen verloren, und die von ihr gepredigten Dogmen haben kaum noch Geltung. Kurzum, China ist heute der größte, vielleicht sogar der dynamischste Schwarzmarkt aller Zeiten.

Da auch die Inflation seit Beginn der achtziger Jahre ein ständiges Übel bildet, denken viele Chinesen nur in kurzfristigen Dimensionen. Folglich besteht eine deutliche Neigung, Einnahmen möglichst schnell wieder auszugeben, was den Konsum anheizt und den Konsumgüterherstellern im Ostteil des Landes nützt, aber nicht unbedingt zu einer Stabilisierung des Systems beiträgt. In den Jahren 1990 und 1991 gingen zwar die Teuerungsraten in einigen Bereichen etwas zurück, doch wesentliche Änderungen im Preisgefüge blieben aus.[58]

Längerfristige Planungen und Anlagen sind in China nach wie vor mit Unwägbarkeiten verbunden, so daß sie oft gescheut werden. Das Versicherungsgeschäft blüht – 1991 besonders auf dem Lande, im Bereich von Altersversorgung und Vermögensabsicherung –, aber dies ist wohl kaum ein Indiz für niedrige Inflationserwartungen, sondern eher für Zukunftsangst und Schwund des Vertrauens in staatliche Mechanismen, vielleicht auch

58 Vgl. dazu zum Beispiel die verschiedenen Indizes in Sektion 7 von ZGTJNJ 1992.

ganz einfach für die verbale Überzeugungskunst cleverer Geschäftsleute.[59] Die Frage nach der innenpolitischen Entwicklung spielt hier im übrigen ihren Part.

Doch es gibt auch Anzeichen, die nicht unbedingt negativ sein müssen: Die hohen Bankguthaben, die einige Provinzen meldeten, könnten, so sie nicht auf übermäßige Subventionen, mangelnde Konsumgelegenheiten oder persönliche »Sicherheitsüberlegungen« zurückgehen, als Ausdruck des Vertrauens in die Dynamik der Wirtschaftskraft (nicht der Politik) angesehen werden. Eine Beurteilung ist jedoch schwer, wie wir sahen. Das gilt auch für den Wertpapiermarkt, der zeigt, daß in China bei Anlagen eine hohe Risikobereitschaft besteht. Übertrieben formuliert: Während in Hongkong auf Pferderennen und in Macau auf Roulettekugeln gesetzt wird, treibt es die Festlandchinesen an die Börsen von Shenzhen und Shanghai. Jedes längerfristige Kalkül scheint dabei im Rausch momentaner Gewinnaussichten unterzugehen.[60]

Wie auch immer, China hat längst eine neue, zumeist urbane *gentry* von Millionären, die mit dem Mut zum Risiko reich geworden ist – nicht selten wohl ebenso mit dem Mut zur Korruption, zur illegalen Bereicherung und zur dreisten Ausnutzung von Gesetzeslücken. Ein Teil des neuen Geldadels scheint gar dem Konsumismus verfallen und kennt keine Skrupel: Für ein mittelmäßiges Bankett gibt er so viel aus, wie ein Bauer in Gansu in einem Jahr verdient. Mehr noch: Viele Reiche sind stolz auf ihre unternehmerischen Fähigkeiten. Der Bettler wird dabei mit Leichtigkeit übersehen, das Heer der Analphabeten auch, die alten Ideen von der Gleichmacherei sind vom Tisch, »Ausbeutung« ist wieder statthaft.[61]

Die Reichen haben die urbane Konjunktur angekurbelt, aber gleichzeitig wuchs die Zahl derer, denen es verwehrt war, die Lücken im System für sich auszunutzen. Wie viele Chinesen heute wirklich unter dem Existenzminimum leben, wissen wir nicht. Die Angaben schwanken zwischen 150 und 250 Millionen. Die meisten von ihnen sind Bauern. Der Prozentsatz der Haushalte, die unter einer an sich schon niedrig angesetzten Armutsgrenze wirtschafteten, ging zwar bis 1985 deutlich zurück, doch bis 1990 stieg er wieder – von 12,3 auf 13,1 Prozent. Anders die Situation in den

59 Vgl. ZGTJNJ 1992, S. 664, zu Versicherungen.
60 Vgl. zum Wertpapiermarkt Xia, Lin und Grub, a. a. O.
61 Vgl. die Beispiele in Yuan Wei, New Consumerism in China, in: Economic Reporter (Hong Kong), Nr. 4 (1993), S. 28.

Städten: Dort verringerte sich der Anteil der armen Familien; 1990 lag er angeblich nur noch bei 3,4 Prozent.[62] Im Hinblick auf die wachsenden Unterschiede bei den Einkommen, im Bildungsbereich und in der medizinischen Infrastruktur wird die Wohlstandsschere wohl noch weiter aufgehen.

Angesichts dieser Überlegungen bleibt Lebensstandard ein schwer zu fassender Begriff, an den auch noch sehr unterschiedliche Erwartungen geknüpft werden. Im alten China gehörte nicht nur die Maximierung von Reichtum und Genuß zur Erfüllung des Lebens, sondern ebenso ein möglichst langes Leben im Schoße der Familie. Die kommunistische Herrschaft hat zwar bestimmte Verbesserungen gebracht, aber die Erfüllung privater Wünsche blieb dem Einzelnen bis 1978 verwehrt, und die Familienstruktur wurde weitestgehend zerschlagen. Eines jedoch haben die Kommunisten erreicht: Die Lebenserwartung ist bis 1981 kontinuierlich gestiegen, und die Todesrate sank. Doch ein langes Leben als Knecht, bei erzwungener Minimierung aller persönlichen Ansprüche, dürfte kaum im Sinne dessen gewesen sein, was die Menschen in China und bei uns unter Lebensqualität verstehen . . .

Seit 1978 ist die Erfüllung privater Wünsche wieder möglich geworden, in begrenztem Maße jedenfalls. Da mutet es fast wie ein böser Streich des Schicksals an, daß die Lebenserwartung zuletzt nur noch geringfügig stieg (1981: 68 Jahre; 1989: 70 Jahre) und die Todesrate kaum noch sank.[63] Im »ländlichen« Sektor – das heißt auf *xian*-Ebene – lag letztere stets höher als in den Städten, und mißt man die Kluft zwischen Stadt und Land – in Form eines einfachen Quotienten (das heißt ländliche/städtische Rate) –, so vergrößerte sich diese auch noch: von 1,253 (1978) auf 1,296 (1991).[64] Der Trost, den Chinas Bauern und Bürger haben: Sie sind jetzt freier als zuvor, und dieses wichtige Gut scheint momentan seinen hohen Preis wert – zunehmende Disparität, schleichende Chancenungleichheit, medizinische und andere Versorgungslücken, wachsende Rechtsunsicherheit und eine kranke Umwelt. Nur die Armen, denen der Gott des Geldes (*Cai shen*) nicht hold war, sehnen sich zurück nach der eisernen Fuchtel der Partei . . .

62 Vgl. Chai, a. a. O., S. 741.
63 Vgl. Chai, a. a. O., S. 726.
64 Vgl. ZGTJNJ 1992, S. 78 f.

Wohin China steuert – niemand weiß es. Beijing hat die Dezentralisierung eingeleitet – über die Fiskalpolitik, die Zulassung privater Initiative und andere Mechanismen. Offenbar werden die Konsequenzen toleriert; in den Küstengebieten sind die Erwartungen daher hoch, das Regionalbewußtsein wächst, und mit Bezug auf Guangdong wird schon vom fünften »kleinen Drachen« gesprochen. Sogar von einer großen südchinesischen Einfluß- und Wirtschaftssphäre ist gelegentlich die Rede, denn Hongkong, Macau, Taiwan, die Sonderzonen, Guangdong, Fujian und die Überseechinesen rücken immer enger zusammen. Der Süden weiß um seine Qualitäten – und ahnt zugleich, daß es leichter fiele, die individuelle Lust am Leben in noch schnelleres Wachstum umzusetzen, gäbe es nur die eisige Zentrale im Norden nicht. Korruption und Mißgunst stören den Alltag, aber irgendwie gehört eine gewisse Menge von beidem dazu; auch der Rückstand in den Westprovinzen, das auf bis zu 100 Millionen Menschen geschätzte Heer migrierender Bauern und Arbeiter, kleine örtliche Gewaltkonflikte und das Mißtrauen gegenüber der neuen *gentry* zählen dazu. Unter den Kaisern war dies nicht anders. Die Konsequenz: Der Drache steht entweder vor einem langgezogenen »Abstieg« oder in der »Dynastienmitte« mit dem »üblichen« Maß an Elend und Reichtum, regionalen Alleingängen und illegalen Aktivitäten. Der »Dynastienanfang« jedenfalls ist *passé*.

Summary

One of the recurrent problems in Chinese history is the issue of political unity. In some periods China was split into different regional powers, in others it was unified under one government. The transition from one era to another was usually marked by unrest and war. Very often, this unrest was rooted in a deterioration of living conditions and widespread poverty, particularly in the countryside where the peasants, if exposed to heavy taxation and natural disasters, would quickly arm themselves, follow local leaders, and fight against the government or rival groups over regional authority.

When, after successive decades of internal turmoil, one of the contesting parties had finally gained control over the others, thereby re-unifying the empire and founding a new dynasty, it would try to set up a strong centralized administration and often initiate reform programs to rebuild the economic structure and to improve rural conditions. However, after some years, central authorities would normally relax controls and, as a result, regional interests would revive. This meant increased competition and economic growth in some areas, mostly in the cities, but, at the same time, it also led to growing disparities and poverty in the countryside. The dynasty, having passed its apex by now, would then gradually lose control over the local administration, and the empire would eventually disintegrate.

It is against the background of this cycle that the present paper examines some of the recent economic developments in the People's Republic of China. The first decades of communist rule, as is well-known, were marked by strict central controls and fundamental social changes. But, with the beginning of the reform program in 1978, central authorities set free certain mechanisms which, once again, resulted in the growth of regional disparities. Hence, what we are looking at today is essentially a situation where the cities along the Chinese coast are developing much faster than the rest of the country, particularly the interior and western provinces.

Disparities can be observed on various levels, for example on the interprovincial level or between the rural and urban sectors, and there are various causes for their emergence. The present paper starts by analyzing changes in fiscal policy and by looking at the banking sector. In short, by granting a high degree of fiscal autonomy to areas like Guangdong, the central government favored growth in some parts of the country, particularly in the south, while other regions not enjoying comparable privileges began to lag behind in several ways. As more and more capital became available in surplus regions, this also spurred the local growth of private industries in these areas; by contrast, in areas heavily relying on government subsidies, private initiative remained negligible and the government continued to be the principal "market force".

Different degrees of regional development are also reflected in the data needed to evaluate China's standard of living. Traditionally, living conditions are often measured in terms of per-capita income, various consumption parameters, sometimes also the rate of savings, and a number of determinants derived from the health sector or the educational system. In the present paper all these indicators are discussed on the basis of data published in the statistical yearbooks of China and in selected provincial statistics. Other indicators of "wealth" or "poverty" such as environmental determinants, the rate of illiteracy, and life expectancy are also considered, but in a less systematic way.

Taken together, the official statistics clearly reveal that disparities in major standard-of-living indicators have definitely widened since the early or mid-1980s. This is true for both the rural/urban and the interprovincial levels. Qualitative evidence also suggests widening gaps and, in fact, in some cases one gets the impression that disparities have grown even faster than reflected by the data. There is, today, extreme poverty on the one side, and there is a new money elite with selfish interests on the other. Egalitarian ideals no longer play the role they once did play. Current trends suggest the opposite: there will be sustained growth in the private sector, and local competition is likely to rise.

What does all this imply for China's future? Do we have to interpret growing gaps in China's income pattern, consumption levels, and other standard-of-living indicators as early warnings for up-coming unrest and, in the long run, for renewed disintegration? Of course, there can be no definite answer to this question; but in view of such phenomena as increasing black-market activities, growing insecurity, and millions of unemployed persons migrating from one province to another, it seems plausible to assume that the present "dynasty" has already reached its "apex". In other words, the growth we are presently witnessing in some parts of China might, sooner or later, result in a totally different scenario with unpredictable political consequences.

Literaturverzeichnis

I. Statistiken

GDSTJNJ beziehungsweise GDTJNJ = Guangdong sheng tongjiju beziehungsweise Guangdong tongjiju (Hrsg.): Guangdong sheng tongji nianjian beziehungsweise Guangdong tongji nianjian. Seit 1984 (Statistische Jahrbücher der Provinz Guangdong).

HNTJNJ = Hainan sheng tongjiju beziehungsweise Hainan xingzhengqu tongjiju (Hrsg.): Hainan tongji nianjian. Seit 1987 (Statistische Jahrbücher Hainans).

ZGTJNJ = Guojia tongjiju (Hrsg.): Zhongguo tongji nianjian. Benutzte Bände ab 1985 (Statistische Jahrbücher der Volksrepublik China).

II. Sekundärliteratur

Atkinson, A. B., The Economics of Inequality, 2. Aufl., Oxford 1983.

Bakken, Boerge, Backwards Reform in Chinese Education, in: The Australian Journal of Chinese Affairs, Nr. 19/20 (1988).

Bauer, John, und andere, Gender Inequality in Urban China: Education and Employment, in: Modern China, Nr. 18.3 (1992).

Chai, Joseph C. H., Consumption and Living Standards in China, in: The China Quarterly, Nr. 131 (1992).

Chen, Junshi, T. Colin Campbell, Li Junyao und Richard Peto, Diet, Life-Style, and Mortality in China. A Study of the Characteristics of 65 Chinese Counties, Oxford und andere 1990.

Davis, Deborah, Unequal Chances, Unequal Outcomes, in: The China Quarterly, Nr. 114 (1988).

Davis, Deborah, Chinese Social Welfare: Policies and Outcome, in: The China Quarterly, Nr. 119 (1989).

Fang, Shan, Urbanization in Mainland China, in: Issues & Studies, Nr. 26.2 (1990).

Fang, Shan, Mainland China's Worsening Unemployment Problem, in: Issues & Studies, Nr. 26.8 (1990).

Ferdinand, Peter, The Economic and Financial Dimension, in: David S. G. Goodman (Hrsg.), China's Regional Development, London-New York 1989.

Feuchtwang, S., A. Hussain und T. Pairault (Hrsg.), Transforming China's Economy in the Eighties, Bd. 1: The Rural Sector, Welfare and Employment, Bd. 2: Management and the Urban Economy, Colorado-London 1988.

Goodman, David S. G. (Hrsg.), China's Regional Development, London-New York 1989.

Hayhoe, Ruth (Hrsg.), Contemporary Chinese Education, London-Sydney 1984.
Heberer, Thomas, Korruption in China. Analyse eines politischen, ökonomischen und sozialen Problems, Opladen 1991.
Herith, Uwe, Migration und Mobilität in Ostchina, Hamburg 1991.
Hsiao, Katherine Huang, The Government Budget and Fiscal Policy in Mainland China, Taipei 1987.
Huang, Shu-min, Transforming China's Collective Health Care, in: Social Science of Medicine, Nr. 27.9 (1988).

Kojima, Reeitsu, Urbanization and Urban Problems in China, Tokyo 1987.
Kraus, Willy, Private Unternehmerschaft in der Volksrepublik China. Wiederbelebung zwischen Ideologie und Pragmatismus, Hamburg 1989.
Kueh, Y. Y., Food Consumption and Peasant Incomes in the Post-Mao Era, in: The China Quarterly, Nr. 116 (1988).

Lardy, Nicholas R., Consumption and Living Standards in China 1979–83, in: The China Quarterly, Nr. 100 (1984).
Lawo, Monika, Chinesische Frauen auf dem Land: Ihre Erwerbstätigkeit und Darstellung in »Women of China« (1979–1991), Diplomarbeit, Germersheim 1992.
Lee, Yok-shiu F., Small Towns and China's Urbanization Level, in: The China Quarterly, Nr. 120 (1989).
Linge, G. R. I., und D. K. Forbes (Hrsg.), China's Spatial Economy, Oxford 1990.
Lo, Billie L. C., Primary Education: A Two-Track System for Dual Tasks, in: Ruth Hayhoe (Hrsg.), Contemporary Chinese Education, London-Sydney 1984.

Oksenberg, Michel, und James Tong, The Evolution of Central-Provincial Fiscal Relations in China 1971–1984: The Formal System, in: The China Quarterly, Nr. 125 (1991).

Ptak, Roderich, Zur Entwicklung der Industrie auf Hainan, 1980–1987: Ein Überblick, in: Asien, Deutsche Zeitschrift für Politik, Wirtschaft und Kultur, Nr. 34 (1990).

Rosen, Stanley, New Directions in Secondary Education, in: Ruth Hayhoe (Hrsg.), Contemporary Chinese Education, London-Sydney 1984.

Schäfer, Bernhard, Die Provinz Hainan. Ein Beispiel für raumstrukturellen Wandel in der VR China seit Beginn der 80er Jahre, Köln 1992.
Schmidt-Glintzer, Helwig, China im Blindflug. Oder: Die Teilung Chinas als Chance?, in: Chinablätter, Nr. 18 (1991).

Taylor, Jeffrey, Rural Employment Trends and the Legacy of Surplus Labour 1978–86, in: The China Quarterly, Nr. 116 (1988).
Tong, James, Fiscal Reform, Elite Turnover and Central-Provincial Relations in Post-Mao China, in: The Australian Journal of Chinese Affairs, Nr. 22 (1989).

Vogel, Ezra F., One Step Ahead in China. Guangdong Under Reform, Cambridge, Mass. und andere 1989.
Volcker, Paul, Miguel Mancera und Jean Godeaux, Perspectives on the Role of a Central Bank, Washington 1991.

Wang, Xiaoqiang, und Nanfeng Bai, The Poverty of Plenty, Hong Kong 1991.
Weggel, Oskar, Regionalkonflikte in China: Süd gegen Nord, Hamburg 1992.
Wei, Yuan, New Consumerism in China, in: Economic Reporter (Hong Kong), Nr. 4 (1993).
Wu, Chung-Tong, und Xueqiang Xu, Economic Reforms and Rural to Urban Migration, in: G. R. I. Linge und D. K. Forbes (Hrsg.), China's Spatial Economy, Oxford 1990.

Xia, Mei, Jian Hai Lin und Phillip D. Grub, The Re-Emerging Securities Market in China, Westport-London 1992.

Yang, Shengming, Zhongguo xiaofei jieguo yanjiu (Studien zur Konsumstruktur in China), Taiyuan 1986.
Yang, Shengming, Zhongguo xiaofei moshi de xuanzi (Zur Auswahl von Konsummodellen in China), Beijing 1989.

Zhao, Suisheng, From Coercion to Negotiation: The Changing Central-Local Economic Relationship in China, in: Issues & Studies, Nr. 26.2 (1990).

III. Nach Fertigstellung des Manuskriptes erschienen unter anderem noch die folgenden Veröffentlichungen

Goodman, David S. G., und Gerald Segal (Hrsg.), China Deconstructs. Politics, Trade and Regionalism, London-New York 1994.

Jia, Hao, und Liu Lhimin (Hrsg.), Changing Central-Local Relations in China. Reform and State Capacity, Boulder und andere 1994.

Yang, Richard H., Jason C. Hu, Peter K. H. Yu und Andrew N. D. Yang (Hrsg.), Chinese Regionalism. The Security Dimension, Boulder und andere 1994.
Yeung, Y. M., und David K. Y. Chu (Hrsg.), Guangdong. Survey of a Province Undergoing Rapid Change, Hong Kong 1994.

Erich Pauer

Professor an der Philipps-Universität Marburg

Japans Weg von der Agrar- zur Informationsgesellschaft: Wie Japan durch Vorgabe von Zielen, Aufstellen von Regeln und Nutzung von Informationen zu den westlichen Industrieländern aufschloß

Inhaltsverzeichnis

Einleitung

Das von vielen als unerwartet und plötzlich wahrgenommene Auftreten der Industriemacht Japan auf dem Weltmarkt in den 1960er und 1970er Jahren rief Erschrecken und Staunen hervor. Man nannte den japanischen Erfolg ein »Wunder« und suchte gleichzeitig nach den Gründen. Häufig verwies man auf die geringen Löhne und den niedrigen Lebensstandard der Menschen, auf deren Rücken das Land seine Industrialisierung vorangetrieben habe. Neben solchen ökonomischen Gründen versuchte man aber auch, den Erfolg kulturspezifischen Faktoren zuzuschreiben. Als solche galten der dem Volk scheinbar immanente Fleiß, das Gruppenbewußtsein, der Samuraigeist und anderes mehr. All diese Eigenschaften sind aber – wie sich durch eine historische Analyse rasch beweisen läßt – keineswegs traditionell vorhanden gewesen, sondern sind jeweils nur in bestimmten Zeiträumen hervorgetreten. Antriebskräfte der Industrialisierung waren sie nicht.

Viele der angestellten Überlegungen haben sich bald als obsolet erwiesen. Auch der Versuch, Japan als Modell für die Entwicklungsländer anzupreisen, mußte aufgegeben werden. Aber gerade bei solchen Untersuchungen zeigte sich, daß eine Reihe von Voraussetzungen, die in den Entwicklungsländern fehlten, in Japan vorhanden gewesen waren. Japans wirtschaftlicher Aufstieg und sein hoher Lebensstandard heute können somit nur aus der Geschichte heraus begriffen werden. Nur durch die historische Analyse des Entwicklungsprozesses gelangt man zu einer Antwort auf die Frage, wie Japan es schaffte, zu den westlichen Industrieländern aufzuschließen und heute seiner Bevölkerung einen Lebensstandard zu bieten, der sich von westlichen Standards nicht unterscheidet.

Das sich als modernes Industrieland darstellende Japan verführt Ökonomen immer wieder dazu, davon auszugehen, daß wirtschaftliches Handeln in Japan von denselben Kriterien geleitet wird, wie man sie auch in den westlichen Industrieländern finden kann. Dadurch wird allerdings Japans Modernisierung und Industrialisierung auf einen rein wirtschaftlichen Prozeß reduziert. Versuche, mit einem solchen Ansatz eine Erklärung für Japans Aufstieg zur Weltwirtschaftsmacht zu finden, sind letztlich gescheitert. Zweifellos spielen für das wirtschaftliche Handeln in Japan ökonomische Kriterien eine Rolle. Aber andere, tiefer liegende und schon länger wirkende Verhaltensweisen und Anschauungen beziehungsweise die sich daraus ableitenden Vorstellungen, sozusagen bestimmende Grundmuster des menschlichen Handelns, die tatsächlich als »kulturspezifisch« bezeichnet werden können, bleiben bei der Analyse des wirtschaftlichen Aufstiegs Japans weitgehend unbeachtet. Eine solche – von der in den westlichen Industrieländern verschiedene – Haltung mit in die wirtschaftliche Erörterung einzubeziehen, führt zu einem anderen Erklärungsmuster des wirtschaftlichen Aufstiegs Japans von der Agrar- zur Informationsgesellschaft. Deshalb sind der Betrachtung der historischen Entwicklung bestimmte grundsätzliche Überlegungen voranzustellen, die als Ausgangspunkt für den hier vorgestellten neuen Ansatz dienen.

I. Das Erbe der Vergangenheit: Die Basis für künftigen Wohlstand

Japan befand sich zu Beginn seiner Industrialisierung in der Mitte des 19. Jahrhunderts nicht mehr im Zustand des »finsteren Mittelalters«. In den Jahrhunderten davor hatte sich ein differenziertes Gesellschafts- und Wirtschaftssystem herausgebildet, das in der Edo-Zeit (1600–1868)[1] ein ideologisches Fundament erhielt, das den Staat und seine Wirtschaft in einem Zustand des Gleichgewichtes halten sollte.

A. Fremdbestimmter Lebensstandard und wirtschaftliches Handeln in der Edo-Zeit

Ständesystem und Wirtschaftssystem der Edo-Zeit bauten auf konfuzianischem beziehungsweise neo-konfuzianischem Gedankengut auf. Im Rahmen dieser auf eine Agrargesellschaft und die Naturalwirtschaft ausgerichteten Ideologie stellte die sparsame Lebensführung ein Ideal dar. Ein statisches, hierarchisches Weltbild wies jedem Mitglied der Gesellschaft seinen Platz zu. In diesem Gedankengebäude war das Verhältnis zwischen Herr und Vasall eine tragende Säule, wobei nicht nur die Loyalität der Untertanen wichtig war, sondern in reziproker Weise auch die Verpflichtung des Herrschenden, für das Wohl seiner Untertanen zu sorgen. Aus dem Weltbild wurden bestimmte Anweisungen abgeleitet, die allerdings zunächst politisch im Machterhalt begründet waren: Zahlreiche Regulative dienten dazu, die Angehörigen des Samuraistandes mit Ausgaben zu belasten und einen Teil ihres Einkommens abzuschöpfen. Dadurch sollte ihr Lebensstandard auf einem bestimmten Niveau gehalten werden, um zu verhindern, daß sie der herrschenden TOKUGAWA-Regierung durch kriegerische Aktionen (die ja einen beträchtlichen Teil des Naturaleinkommens erfordern würden) gefährlich werden konnten. Aber auch der Lebensstan-

1 Edo = Sitz des Militärstatthalters/Shôgun aus der Familie Tokugawa und seiner Regierung, des Tokugawa-Shogunats. Der Shôgun übte im Auftrag des in Kyôto residierenden Kaisers die weltliche Macht aus. Die Familie Tokugawa hatte dieses Amt zwischen 1603 und 1868 inne.

dard der anderen Stände (Bauern, Handwerker, Kaufleute) war durch umfassende Regulative von außen bestimmt. Durch solche Regulative ergab sich also für alle vier Stände (Samurai, Bauern, Handwerker, Kaufleute), die in diesem Wirtschaftssystem lebten, ein fremdbestimmter Lebensstandard.

Prägend bei der Ausbildung des naturalwirtschaftlichen Systems waren die Gedanken der Reziprozität von Pflicht und Verpflichtung. So hieß es: Wenn das Lehnstum, das heißt der Lehnsherr (*Daimyô*), reich ist, dann sind auch die Untertanen reich. Die Naturalwirtschaft war ideologiekonform und wurde deshalb in das gesamte staatliche System integriert. Erste Ansätze einer individuellen Lebensführung und damit auch einer Selbstbestimmung des Lebensstandards wurden nur bei Angehörigen jenes Standes sichtbar, der aus ganz praktischen Gründen (und auch geduldet von der Obrigkeit) Geldwirtschaft betrieb: den Kaufleuten. Sie befanden sich zwar am unteren Ende der ständischen Rangskala, konnten sich aber durch den (auch aus der Sicht der Herrschenden notwendigen) Handel und durch die Verwendung von Geld aus den Zwängen der Naturalwirtschaft befreien, wodurch es allerdings auch zu einer Aushöhlung der Ideologie kam. Den Kaufleuten gelang es, ihren Lebensstandard durch eigenverantwortliches wirtschaftliches Handeln selbst zu bestimmen. Die Lehnsherren griffen erst ein, wenn die Lebensführung der Kaufleute zu prunkvoll wurde und sie die herrschende Elite in den Schatten stellten. Dann wurde ihrem Streben nach einem individuellen Lebensstandard zwangsweise eine Grenze gesetzt und die Zurschaustellung von übermäßigem Luxus verhindert.

Das mit der Naturalwirtschaft angestrebte Gleichgewicht wurde aber nicht nur durch den Handel und die Geldwirtschaft gefährdet, sondern auch durch Naturkatastrophen und deren Folgen. Die Zentralregierung versuchte in mehreren großen Reformen, die daraus erwachsenden Schwierigkeiten zu überwinden. Ziel aller Reformen war: zurück zu den (naturalwirtschaftlichen) Zuständen des Tokugawa Ieyasû, des Begründers des Tokugawa-Shogunats, also zu den Zuständen um das Jahr 1600. Für die Reformen wurden immer wieder von der Zentralregierung Ziele formuliert und somit Leitlinien oder Leitbilder vorgegeben. Diese Ziele waren allerdings weder quantitativ noch qualitativ auf Fortschritt oder auf Wachstum ausgerichtet. Das Ziel wurde nie in der Zukunft, sondern immer nur in der Vergangenheit gesehen.

Mit dieser Blickrichtung unterscheidet sich die Zielformulierung und damit der Komplex staatlichen wirtschaftlichen Handelns in der Edo-Zeit eindeutig von dem, was die Regierung nach der Meiji-Restauration von 1868 propagierte. Der Punkt »Zielformulierung« und seine Richtung müssen hier bereits betont werden, da beide bedeutsame Kriterien für die wirtschaftliche Entwicklung Japans bis heute darstellen.

B. Die Grundlage der Modernisierung

Im Verlauf der in den späten 1950er Jahren einsetzenden Diskussion um die Modernisierung Japans arbeitete die sogenannte »Princeton-Schule« Bedingungen heraus, die als Grundlage für die Modernisierung Japans angesehen wurden:[2]

– Konzentration der Bevölkerung in Städten, umfassende Tendenz zur Urbanisierung,
– Nutzung nichtorganischer Energie, weitreichende Warenzirkulation und Tendenz zum Wachstum des Dienstleistungsbereichs,
– Vorhandensein einer breiten horizontalen Interaktion in der Gesellschaft, Beteiligung der Mitglieder der Gesellschaft an wirtschaftlichen und politischen Aktivitäten,
– Verbreitung der Lese- und Schreibfähigkeit in der Bevölkerung, verbunden mit einer zunehmend wissenschaftlichen Sicht der Umwelt,
– ein gut ausgebautes Netzwerk zur »Massenkommunikation«,
– Vorhandensein bestimmter gesellschaftlicher Einrichtungen wie Regierung, Gewerbe und Handel sowie die zunehmende Bürokratisierung derselben,
– zunehmende Vereinigungstendenzen (Nation) und wachsende internationale Beziehungen.

Alle genannten Punkte sind dem für die Modernisierung so wichtigen »Erbe der Vergangenheit« zuzuordnen und entsprechend positiv zu bewerten. Kritisiert aber wurde, daß hier ein Katalog zwar bedeutsamer,

2 Vgl. dazu John Whitney Hall, Changing Conceptions of the Modernization of Japan, in: Marius B. Jansen, Changing Attitudes Toward Modernization, Princeton 1965, S. 7–41, insbesondere S. 19.

letztlich aber zusammenhangloser Phänomene aufgestellt worden war, die Ideenwelt und das Wertesystem aber keine Beachtung gefunden hatten. Dabei ist gerade dieser geistige Hintergrund für die japanische Modernisierung überaus wichtig.

C. Japanische Denkmuster: Ziele und Regeln

Nicht erst jene neuen Elemente, die aus dem Westen von der ersten Hälfte des 19. Jahrhunderts an nach Japan flossen, waren es, die eine Modernisierung in Gang setzten. Natürlich mußten neue technische Kenntnisse, Kenntnisse der Betriebsführung, aber auch verschiedener Wissenschaften in Japan aufgenommen und umgesetzt werden, um die Position Japans zu stärken und dem Land seine Unabhängigkeit zu bewahren. Aber die erfolgreiche Rezeption und Umsetzung neuer Elemente setzt grundsätzlich voraus, daß bereits vorhandene »traditionelle« Institutionen sich auf einem entsprechend hohen Entwicklungsstand befinden und darüber hinaus flexibel genug sind, sich den Erfordernissen einer Modernisierung anzupassen.

Den Ökonomen erscheinen japanische Handlungsweisen in der Wirtschaft früher wie heute oft unverständlich. Allerdings beschränkt sich die Ursachenforschung darauf, die angebliche Abneigung der Japaner gegen abstrakt-rationale Systeme hervorzuheben und ihre eher pragmatisch-empirischen Vorgehensweisen als »intuitiv« zu bezeichnen, um diese Herangehensweise gleich darauf auf die angeblich mangelnde Präzision der japanischen Sprache zurückzuführen. Eine weitere Analyse erfolgt nicht.

Es gab Versuche, das Äquivalent eines »Protestantischen Geistes des Kapitalismus« auch in Japan aufzuspüren. Vergleichbare geistige Ansätze fanden sich zwar, aber sie reichten für eine befriedigende Erklärung des Industrialisierungsprozesses nicht aus. Es stellt sich allerdings die Frage, ob die Suche nach einem solchen »Protestantischen Geist« nicht letztlich ein eurozentristischer Ansatz ist und damit der untaugliche Versuch, den Ablauf der Industriellen Revolution in Japan wieder nur mit europäischen Maßstäben und Kategorien erfassen zu wollen.

Betrachtet man die Institutionen und das Instrumentarium wirtschaftlichen Handelns in Japan, so ähneln diese durchaus denjenigen anderer

Industrienationen. Unterschiede findet man hingegen bei der japanischen Vorgehensweise, die auf unterschiedlichen – und gerade deshalb für den westlichen Betrachter häufig »unverständlichen« – Denkmustern beruht, deren Kenntnis auch die Gründe für den erfolgreichen Industrialisierungsprozeß Japans verdeutlichen hilft.

Während man in den westlichen Industrieländern, aufbauend auf den Gedankengängen klassischer Denker vom antiken Griechenland bis heute, einem »prinzipienorientierten« Denkmuster folgt, haben wir in Japan ein sogenanntes »regelorientiertes« Denken vor uns, das für Personen, die ersterem Denkmuster verhaftet sind, zunächst nicht nachvollziehbar ist. Die »Unverständlichkeit« japanischer Handlungsweisen basiert in erster Linie darauf, daß bislang kaum versucht worden ist, Handlungsmuster auf bestimmte Denkmuster zurückzuführen. Mit eben dieser Vorgehensweise erarbeiten wir uns allerdings ein Instrumentarium, das eine befriedigende Erklärung nicht nur japanischer Handlungs- und Verhaltensweisen, sondern auch der japanischen industriellen Entwicklung ermöglicht.

Das japanische Denken wird durch drei große geistig-religiöse Strömungen beherrscht: Schintoismus, Buddhismus und Konfuzianismus. So unterschiedlich diese geistigen Strömungen auch sind, so tragen sie doch Züge in sich, die sich gegenseitig unterstützen und eine weit und oft unbewußt akzeptierte Grundhaltung der japanischen Bevölkerung prägen.

Der Schintoismus, der kein geschlossenes Gedankengebäude darstellt, setzt sich in erster Linie mit dem diesseitigen Leben auseinander. Das Individuum steht in einem Kontinuum zwischen vergangener und künftiger Welt. Man plant für die Zukunft, formuliert Ziele und versucht, sie zu erreichen, ohne daß dafür absolute Vorschriften vorgegeben werden.

Die buddhistischen Traditionen in Japan haben die Tendenz, die Weltlichkeit, also die praktische Moral und die menschlichen Beziehungen zu betonen. Im Rahmen der »Weltlichkeit« eines solchen Buddhismus richten sich die Bestrebungen darauf, sich mit Problemen nicht so sehr auseinanderzusetzen als sie vielmehr einfach hinzunehmen.

Bei der Übernahme des Konfuzianismus in Japan wurden nur jene Elemente berücksichtigt, die zu den bereits vorhandenen (Schintoismus) oder übernommenen (Buddhismus) Geistesströmungen paßten. Tugenden und soziale Pflichten, die die menschlichen Beziehungen regeln, stehen im Mittelpunkt. Deren Umsetzung erfolgt nicht auf der Grundlage von Geboten, sondern durch »Regeln«, die in der konfuzianischen Lehre nicht explizit gefaßt sind, sondern im Rahmen von Situationen dargestellt und tradiert werden. »Sittlichkeit« ist dabei die Begründung für die Notwendigkeit der Befolgung der Regeln. Ein Hinterfragen der »Sittlichkeit« erfolgt nicht, da im Konfuzianismus die Diskussion um solche metaphysischen Fragestellungen kaum gepflegt wird. Der Konfuzianismus ist demnach in seiner ursprünglichen Spielart auch als »superdominiert« zu bezeichnen. Für die Menschen hieß das, daß Regeln zu befolgen waren, die durch eine nicht näher definierte und auch nicht hinterfragbare »Sittlichkeit« legitimiert waren. »Sittlich« war all das, was gesellschaftlich förderlich war und von der Gemeinschaft als solches angesehen wurde. Zwar lieferte der Neo-Konfuzianismus, der vom 17. Jahrhundert an in Japan die staatstragende Ideologie war, eine metaphysische Begründung der Regeln, doch blieb ein die ganze Welt durchdringendes »vernünftiges Prinzip« weiterhin eine nicht zu hinterfragende Größe.

Gemeinsam ist den drei geistigen Strömungen in ihrer japanischen Ausprägung die starke Diesseitsorientierung. Sie wollen den Menschen bei ihrem diesseitigen Leben Hilfe geben. Wichtig ist, daß dies im Rahmen von Regeln erfolgt, die eher diffus sind und nicht ein geschlossenes Gedankengebäude bilden, aus dem sich Handlungen ableiten oder gar rechtfertigen ließen. Hier zeigt sich ein bedeutender Unterschied zum westlichen Denken, das durch übergeordnete Prinzipien dominiert ist und Axiome besitzt. Aus den Prinzipien lassen sich Regeln beziehungsweise Verhaltensregeln ableiten, und zwar so, daß sie unter bestimmten Bedingungen auch reproduzierbar sind. Eine wiederholbare, zielgerichtete Erstellung von Regeln, die aus diesen Prinzipien abgeleitet werden, ist somit möglich. Das abendländische Denken ist ein – sicherlich nicht ausschließlich, tendenziell aber stärker – prinzipienorientiertes Denken.

Nicht so dagegen das japanische, vor allem konfuzianisch dominierte Denken. Es gibt keine herleitbaren expliziten Normen, die universellen Geltungsanspruch besitzen. Die unter dem Konfuzianismus aufgestellten und von Thematik und Zielsetzung geprägten Regeln sind pragmatisch-spekulativ abgeleitete Handlungsanweisungen, die man an Tugend und »Sittlichkeit« mißt, das heißt, die akzeptiert werden, falls sie für gesellschaftsförderlich – verantwortbar vor der Gesellschaft, hier und heute – gehalten werden. Was unter »gesellschaftsförderlich« zu verstehen ist und wie man sich tatsächlich verhalten soll, wird im Einzelfall entschieden. Ein solches regelorientiertes Gedankengebäude erlaubt die Auswahl bestimm-

ter »Regeln« zur Erlangung eines bestimmten Zieles. Die Zielformulierung ist Ausgangspunkt für die Auswahl der Regeln.[3]
Es ist wichtig, diese Unterscheidung zwischen »Prinzipien« und »Grundsätzen« auf der einen Seite und »Zielen« und »Regeln« auf der anderen Seite zu erkennen und nicht bloß als semantische Spitzfindigkeit abzutun. So ist auch die Suche nach Grundsätzen, langfristigen Konzepten und fest definierten Prinzipien in Japan müßig – es gibt sie nicht. An ihre Stelle treten andere Phänomene. Man handelt nicht nach vorgegebenen oder abgeleiteten Prinzipien, sondern pragmatisch den Umständen entsprechend, um Zielvorgaben zu erreichen. Die Regeln für das tagtägliche Handeln werden *ad hoc* geschaffen; sie sind nicht reproduzierbar, weil ihnen keine Prinzipien unterliegen. Die Handlungsweise wird durch das Ziel, dem kein normatives Konzept zugrundeliegt, vorgegeben, woraus sich der immer wieder beschriebene Pragmatismus Japans ergibt.[4]
Unter »Regel« wird hierbei ein umfangreiches formelles und informelles Instrumentarium (beispielsweise Gesetze, Verordnungen, persönliche Kontakte) zur Durchsetzung bestimmter Ziele subsumiert. Dieses Instrumentarium nutzt der Einzelne zur Erreichung eines Zieles ebenso wie der Staat.

D. Der Weg zum Ziel: Informationen

Die Regelorientierung kann als kulturspezifisches Verhaltensmuster Japans bezeichnet werden.[5] Neben Zielformulierung und Regelorientierung muß allerdings noch ein Element treten, das das Erreichen eines Zieles erst

3 Vgl. dazu ausführlich Ekkehard Moritz, Konfuzianismus - Japan - Technik. Ein alter Hut, neu aufgesetzt, in: Deutsches Museum, Wissenschaftliches Jahrbuch 1991, München 1992, S. 131–175. Anzumerken ist, daß sich innerhalb des regelorientierten Denkmusters nie die Frage nach der Verantwortlichkeit gegenüber einer höheren, metaphysischen Macht, wie etwa im Okzident, stellt. So wird zum Beispiel die im Westen häufig gestellte Frage nach einer Kriegsschuld in Japan nicht verstanden.

4 Die häufig erwähnte Ritualisierung des Alltags in Japan ist ebenfalls Ausdruck der Regelorientierung. Durch Ritualisierung wird dem Einzelnen von einer größeren Einheit quasi eine Anleitung für sein tagtägliches Handeln gegeben, wobei die Befolgung der Rituale als gesellschaftsförderlich erkannt wird.

5 Das Denkmuster kann aber aufgrund der spezifisch japanischen Betonung einzelner Elemente, auf denen dieses Denkmodell fußt, nicht ohne weiteres auf alle jene Länder Ostasiens übertragen werden, in denen es ebenfalls buddhistische oder konfuzianistische Traditionen gibt.

möglich macht: Um Entscheidungen für zielgerichtetes Handeln treffen zu können, sind Informationen nötig. So stehen Zielformulierung, Regelorientierung und Informationssammlung, -aufbereitung und -verwertung in einer unmittelbaren Beziehung. Erst eine ausreichende Menge an Informationen bildet die Grundlage für eine zu treffende Entscheidung, da keine andere Möglichkeit der Ableitung (wie etwa in den westlichen Ländern, aus einem bestimmten Grundsatz, einem Prinzip) zur Verfügung steht.

Ein historischer Exkurs verdeutlicht, daß bereits vor Einsetzen der Industrialisierung in Japan »Informationen« wichtig waren, wobei aber ihr Verständnis wie auch ihre Bedeutung im Rahmen des Denkmusters von Zielvorgaben und Regelorientierung anders gewichtet war.

In der Frühgeschichte Japans, im 7. und 8. Jahrhundert n. Chr., war es zu einer Erneuerung und Umformung praktisch aller politischen und gesellschaftlichen Institutionen gekommen. Die Übernahme des Systems des chinesischen Beamtenstaates führte in Japan zu einem sichtbaren Aufschwung auch im Lebensstandard, der zwar nicht quantitativ meßbar ist, aber in der Beschreibung materieller Güter sichtbar wird. Da keine Einwanderung erfolgte und auch der Transport von Gütern nur in beschränktem Maße möglich war, kann der Transfer solcher Kulturelemente nur mittels Informationen (durch Studenten, Gesandte, Mönche und andere, die oft lange Jahre in China weilten) zustande gekommen sein. Zusätzlich kam es zur Einfuhr einer Fülle technischen Wissens, das in Japan aufgenommen und in der Praxis weiterentwickelt wurde, wodurch die japanischen »Lehrlinge« letztlich oft selbst den »Meister«, nämlich China, übertrafen.

Auch in den folgenden Jahrhunderten kam es immer wieder zur Übernahme fremder Kulturelemente aufgrund des Transfers von Informationen, die in Japan aufgenommen und für das praktische Leben nutzbar gemacht wurden: so im Mittelalter aus Korea, im 16. Jahrhundert aus den europäischen Ländern und zu Beginn des 17. Jahrhunderts wiederum aus China. Erst die Abschließung nach 1638 engte den Informationsfluß zum Teil ein. Die Schwäche der Regierung, des Shogunats, die zu Beginn des 19. Jahrhunderts sichtbar wurde, führte dann zu einer neuen Welle des Imports westlicher (militärischer, technischer, medizinischer und allgemein wissenschaftlicher) Informationen in Form europäischen Schrifttums, gefolgt von dem Versuch, diese Informationen unter Beibehaltung der japanischen geistigen Grundlagen für das Land nutzbringend anzuwenden.[6] Der Prozeß der Übernahme ausländischer Informationen mit nachfolgender Nutzbarmachung und der Notwendigkeit, die Methoden ihrer Umsetzung im Hinblick auf ein angestrebtes Ziel ebenfalls aus dem Ausland zu holen, war somit um die Mitte des 19. Jahrhunderts, am Vorabend der Industrialisierung, ein bereits lange geübter Usus. Informationen besaßen bereits um diese Zeit im Rahmen des wirtschaftlich-technischen Handelns ein größeres Gewicht als in den westlichen Ländern. Auf der Basis dieses aus der Vergangenheit her geprägten unterschiedlichen Verständnisses von Informationen konnte auch der Industrialisierungsprozeß erheblich leichter vonstatten gehen.

So war es nicht Aufgabe, aus einem *Prinzip* den einzig richtigen Weg zur Modernisierung abzuleiten, sondern Informationen über alle möglichen zielführenden Wege zu sammeln und daraus einen oder mehrere optimal erscheinende auszuwählen. Für diesen Weg mußten dann die »Regeln« zur Erreichung eines vorgegebenen Zieles geschaffen werden. Das Sammeln von Informationen ermöglichte es auch, zwischen Alternativen zu wählen.

Die Informationsgesellschaft, die wir heute so hervorheben, ist somit in Japan keine neue Erscheinung, sie erlebt heute nur eine Ausprägung, die geeignet ist, als Charakteristikum für eine ganze Gesellschaftsform zu dienen. Letztlich basiert alles zielgerichtete Handeln in Japan auf Informationen, heute wie früher.

6 Dies wird durch das Schlagwort Wakon yôsai (Japanischer Geist, westliche Technik) verdeutlicht; ausführlich dazu Erich Pauer, Japanischer Geist – westliche Technik: Zur Rezeption westlicher Technologie in Japan, in: SAECULUM XXXVIII:1, 1987, S. 19–51.

II. Losungen und Motivation

Es wurde und wird häufig mißverstanden, daß weder Kapitalzufuhr noch Technologietransfer noch die Schaffung von günstigen Rahmenbedingungen allein wirtschaftliches Wachstum bewirken. Die Frage »What makes it tick?« wird durch eine ökonomische Analyse allein nicht geklärt.
Bei einer Analyse des Industrialisierungs- und Modernisierungsprozesses Japans werden die vielen von der Regierung geprägten Losungen aus der zweiten Hälfte des 19. Jahrhunderts meist als überflüssiges Beiwerk abgetan. Dabei kann aber gerade mit diesen Losungen innerhalb des oben angedeuteten Analyserahmens von Zielen, Regeln und Informationen die Motivierung der Menschen, der Unternehmer im Prozeß der Modernisierung beleuchtet werden. Mit den Losungen formulierte die Regierung ein Ziel, und es ist der Versuch, dieses Ziel zu erreichen, der letztlich den Prozeß in Gang setzt, also das »Ticken« verursacht. Im Hintergrund steht das regelorientierte Denken, das in Zusammenhang mit eben dieser Zielformulierung die Möglichkeit eines breit angelegten Suchens nach Regeln, nach Lösungswegen (also: Import westlicher Maschinen und westlicher Technologie, Anstellung ausländischer Lehrer, Entsendung von Studenten an die Universitäten und von Lehrlingen in die Fabriken des Auslandes und so weiter) schafft und so zum Industrialisierungsprozeß beiträgt.

A. Ziel: Das Wohl des Landes

Im Frühjahr des Jahres 1868, kurz nach dem Sturz des Tokugawa-Shogunats, proklamierte der junge Meiji-Tennô fünf Artikel, die in der westlichen Literatur unter dem Begriff »Eides-Charta« bekannt sind und häufig als »Prinzipien« oder »Grundsätze« der Meiji-Regierung bezeichnet werden.
Nach dem vorgestellten Denkmuster der Regelorientierung ist aber bereits klar, daß es sich *nicht* um »Prinzipien« oder »Grundsätze« der Staatsgestaltung und -führung handeln kann, sondern daß hier Zielvorgaben – also von der Bedeutung her etwas anderes – formuliert werden. So beschreibt

zum Beispiel der fünfte Artikel dieser Eides-Charta auch keinen Grundsatz, sondern spricht eine konkrete Aufforderung aus: Wissen und Kenntnisse der ganzen Welt sollen gesammelt werden, um das Fundament der kaiserlichen Herrschaft zu stärken.[7] Damit wurde ein erstes Ziel der Modernisierung im wissenschaftlich-technischen Bereich vorgegeben. Anschließend begann man nach Möglichkeiten zur Realisierung Ausschau zu halten und »Regeln« zu suchen, um dieses Ziel zu erreichen. Mit der Formulierung dieses Zieles hatte man zugleich auch eine Wendung um 180 Grad gemacht, da nun, im Gegensatz zur Edo-Zeit, kein »Zurück-zu«-Ziel, sondern ein in der Zukunft liegendes Ziel formuliert wurde. Mit dieser Zielformulierung lag nach einem langen Zeitraum der Beharrung erstmals seit dem 7. und 8. Jahrhundert ein dynamischer Ansatz vor.
Was hier 1868, am Beginn der Meiji-Zeit, offiziell als Ziel vorgegeben wurde, war aber bereits – allerdings unter etwas anderen Vorzeichen – Ziel jener Politiker, Wissenschaftler, »Ingenieure« und Techniker gewesen, die seit der ersten Hälfte des 19. Jahrhunderts, verstärkt dann von etwa 1850 an, westliches technisches und industrielles Wissen nach Japan eingeführt hatten. Ziel war es, technisch mit den westlichen Ländern gleichzuziehen, um so Japans Unabhängigkeit erhalten zu können. So begann man das Buchwissen umzusetzen, Geschützgießereien, Hochofenanlagen, Werften und anderes mehr einzurichten und damit entsprechende Verteidigungsmöglichkeiten zu schaffen. Gleichzeitig legte man in dieser »industriellen Lehrzeit« Japans, zwischen etwa 1850 und 1868, einen Teil der industriell-technischen, aber auch betriebswirtschaftlichen Grundlagen für den künftigen wirtschaftlichen Aufschwung.[8] Dieses »Erbe« der industriellen Lehrzeit konnte nun in die Meiji-Zeit eingebracht werden.

1. *»Reiches Land, starke Armee«*

Mit der Losung »Reiches Land, starke Armee« (*fukoku kyôhei*) formulierte man zu Beginn der Meiji-Zeit (1868–1912) ein langfristiges staatliches Ziel, das helfen sollte, die Unabhängigkeit des Landes zu sichern. Gleichzeitig gewann die Erkenntnis an Boden, daß der Technologieimport

7 Vgl. David John Lu, Sources of Japanese History, New York 1974, Vol. 2, S. 35–36; vgl. auch Klaus Antoni, Der himmlische Herrscher und sein Staat, München 1991, S. 20.
8 Vgl. dazu ausführlich Erich Pauer, Japans industrielle Lehrzeit, zwei Bände, Bonn 1983.

eine wichtige Komponente für die Steigerung der Produktivität des Gewerbes darstellte, wodurch man letztlich wirtschaftlich und militärisch, aber auch politisch zu den westlichen Ländern aufschließen konnte, Wohlstand inbegriffen. Technikfeindlichkeit konnte sich so von Beginn der Industrialisierung an kaum entwickeln. Technik wurde (und wird bis heute) positiv betrachtet.

Zu Beginn der 1870er Jahre begann die Meiji-Regierung nun mit zum Teil sehr widersprüchlichen Maßnahmen, gestützt auf die bereits in der »industriellen Lehrzeit« Japans geschaffenen Unternehmen, die Industrialisierung voranzutreiben, wobei es nicht selten zu einer engen Verbindung zwischen dem staatlichen (militärischen) und dem privaten Bereich kam. So verfolgte man mit der Gründung von Heeres- und Marinearsenalen das Ziel der »starken Armee«. Mit dem Import westlicher Maschinen für solche Einrichtungen und ihrem Einsatz unter Anleitung ausländischer Lehrer, Ingenieure und Techniker wurden die Arsenale zu den wichtigsten »Förderbändern« für die Einbringung modernster westlicher (und nicht nur rüstungsrelevanter) Technik in die junge Industrie.[9] Eine hohe Fluktuation der Arbeitskräfte in den Arsenalen führte zu einem *spin-off*[10] an technischem Wissen, und der *spill-over*[11] durch die Arbeitskräfte war nicht selten ein wichtiges Moment für Betriebsgründungen (unter anderem Uhren- und Fahrradindustrie).

Eine stärker auf den wirtschaftlichen Bereich abgestimmte Losung, nämlich »Zunahme der Produktion, Förderung der Industrie« (*shokusan kôgyô*) sollte eine zielgerichtete Zusammenarbeit zwischen der Regierung und den Unternehmern initiieren. Aber viele Betriebsgründer besaßen zunächst keine Kenntnisse in der Betriebsführung. Hier half das regelorientierte Denkmuster weiter, denn es erlaubte, für die Vertreter der Regierung ebenso einsichtig wie für die Privatunternehmer, manches einzuführen und wieder abzuschaffen, vieles auszuprobieren, bis eine Sache für die vorgegebenen Ziele nutzbar gemacht werden konnte. Die auf zeitgenössische ausländische Beobachter häufig wie wirres Durcheinander wirkende frühe Industrialisierungsperiode Japans verdeutlicht gerade diesen Zustand des Suchens nach Regeln für den passenden Weg zum angestrebten Ziel.

9 Vgl. Kozo Yamamura, Success Illgotten? The Role of Meiji Militarism in Japan's Technological Progress, in: Journal of Economic History, Vol. XXXVII, No. 1 (March 1977), S. 113–135.
10 Nebenprodukt, Streuwirkung.
11 Partizipationseffekt.

2. Die ökonomischen Rahmenbedingungen

Mit dem Ziel, Anregungen und Beispiele zu geben, begann die Meiji-Regierung in den 1870er Jahren, in verschiedenen Industriebereichen (Textil, Schiffbau, Eisen und Stahl) unter staatlicher Leitung Pilotfabriken zu gründen. Die negativen Erfahrungen aus diesen Jahren, in denen der Staat als Unternehmer auftrat, führten dazu, daß der größte Teil dieser Unternehmen in den 1880er Jahren wieder abgestoßen wurde und sich der Staat auf seine eigentliche Rolle, nämlich die Formulierung von Zielen und die Schaffung von Rahmenbedingungen, zurückzog. Man überließ es der Privatwirtschaft, nach Regeln zu suchen, um diese Ziele zu erreichen. Von dieser Rolle, die sich in der zweiten Hälfte des 19. Jahrhunderts herausbildete, ist der japanische Staat seither nur kurzzeitig abgewichen.
Der Technologietransfer aus dem Westen nach Japan erfolgte auf verschiedenen Wegen. Der Import westlicher Maschinen war dabei der einfachste. Aber schon von den frühen 1870er Jahren an gingen japanische Kräfte in größerer Zahl ins Ausland, um dort zu studieren und zu arbeiten und dabei moderne technische Informationen aufzunehmen. Meist wurde auf solchen Wegen implizites, an eine Person gebundenes technisches Wissen nach Japan transferiert, also Informationen, die dann in vielfältiger Form weitergegeben werden konnten. Auch stellte man ausländische Ingenieure und Techniker in japanischen Industriebetrieben und Arsenalen, aber auch in Fach- und Gewerbeschulen ein. Gleichzeitig begann der Staat, im Bereich der Humankapitalbildung zu investieren. Dies ermöglichte es dann von der Mitte der 1880er Jahre an, die ausländischen Fachkräfte weitgehend durch einheimische zu ersetzen.
Zusätzlich zu solchen Bemühungen schuf der Staat weitere Rahmenbedingungen, die für einen marktwirtschaftlichen Prozeß nötig waren: die Modernisierung des Geld- und Wechselsystems, die Etablierung eines leistungsfähigen Bankensystems, den Ausbau des Verkehrssystems und die Schaffung einer Infrastruktur inklusive Bahn- beziehungsweise Postverkehr, um nur die wichtigsten Elemente zu nennen. Auf fast allen von diesen Gebieten konnte man auf das »Erbe der Vergangenheit« aufbauen und auf Ansätze oder Vorläuferinstitutionen aus der Edo-Zeit zurückgreifen, wenn schon nicht materiell konkret, so zumindest, was bestimmte Vorstellungen betraf. Die »Modernisierung« war somit in vielen Bereichen nur eine »Veränderung« oder »Erneuerung«, wobei häufig traditionelle

Begriffe mit neuem Inhalt gefüllt wurden und Anwendung fanden. Das erleichterte die Akzeptanz neuer Phänomene.
Die traditionellen beziehungsweise neu geschaffenen ökonomischen Rahmenbedingungen stellten bis etwa zur Jahrhundertwende einen bedeutenden Motivationsfaktor für die Unternehmer dar. Zwar stand der traditionelle Kaufmannsstand dem neuen Staat zunächst skeptisch gegenüber, aber bald waren die im Handel mit Seide oder Baumwolle zu erzielenden Gewinne auch für die Kaufleute Anreiz zur Gründung von Handelsunternehmen, der bald auch die Gründung von Unternehmen für die Verarbeitung landwirtschaftlicher Güter im ländlichen Raum folgte.
Darüber hinaus begünstigte eine geringe Besteuerung Unternehmensgründungen. Aber auch auf dem Kapitalmarkt waren günstige Bedingungen geschaffen worden: Ländliche Banken (durchweg in Form von Aktiengesellschaften, deren gesetzliche Grundlage deutschem Handelsrecht nachempfunden war) schufen die Kapitalbasis für ländliche Unternehmer. Für kleine und kleinste Kapitalien baute der Staat ein flächendeckendes Postsparwesen auf. Dieses Unterfangen war nicht als Selbstzweck gedacht, sondern ermöglichte dem Staat (bis in die jüngste Vergangenheit) die Zusammenführung finanzieller Ressourcen. Sparen selbst wurde als Tugend propagiert. Wohlstand breitete sich deshalb zunächst in den ländlichen Gebieten aus, während es in manchen Großstädten zu slum-ähnlichen Entwicklungen kam.[12]

3. Vom Einzelinteresse zum nationalen Ziel

Hinter den mit zahlreichen Losungen propagierten nationalen Zielen konnte man allerdings große Teile der Bevölkerung, die bislang nur durch kleinere soziale Einheiten (Nachbarschaftsgruppe, Dorf, Lehnstum) geprägt waren, nur versammeln, wenn es gelang, den Staat als Heimat aller Japaner darzustellen und Partikularinteressen auszuschalten. Im Hintergrund stand dabei eine national denkende politische, militärische und wirtschaftliche Elite. Sie hatte mit der Restauration der Kaisermacht im Jahre

12 Vgl. dazu ausführlich Sugihara Kaoru und Tamai Kingo, Taishô Ôsaka suramu (Slums in Ôsaka in der Taishô-Zeit), Tôkyô 1986.

1868 einen Prozeß der Überhöhung der kaiserlichen Macht in Gang gesetzt und eine nationale Identität geschaffen, unterstützt auch durch Gedanken aus dem Schintoismus, für den das Kaiserhaus ja den Ursprung des japanischen Volkes und für das gesamte japanische Volk den Mittler zu den Gottheiten darstellte. So gelang es, die ursprünglich wichtigen kleineren sozialen Einheiten durch eine größere nationale Einheit, Japan, zu ersetzen. Gleichzeitig mit der im traditionellen Familiensystem (dem »Haus«-Denken) angelegten Verpflichtung zur Erhaltung und nach Möglichkeit auch Mehrung des von den Vorfahren übernommenen Wohlstands diente der jetzt in der Meiji-Zeit propagierte Nationalismus dazu, den Einzelnen, zum Beispiel den Unternehmer, zu veranlassen, etwas für sein Land zu tun, insbesondere wenn dieses – vermeintlich oder propagiert – äußerem Druck ausgesetzt war.

Es gelang, die Vorgänge, die ursprünglich nur für die Dorfgemeinschaft Bedeutung hatten, auf die größere Einheit des Staates zu verlagern und so die staatlichen Ziele als Motivation auch für den Einzelnen annehmbar zu machen. Gesellschaftliche Anerkennung von Erfolg, von Wohlstand und Ehre erlangte man nun nicht mehr auf der Ebene des Dorfes, sondern auf nationaler Ebene. War der Einzelne durch sein Tun erfolgreich, so wurde das von der Gesellschaft anerkannt.

Zahlreiche Losungen verdeutlichen diesen Übergang von der Dorfebene auf die Ebene des Staates. Sie heben die zu erwartende gesellschaftliche Anerkennung für diejenigen hervor, die sich den nationalen (wirtschaftlichen) Zielen entsprechend verhalten. So beinhaltet die Losung »Sich ein Ziel setzen und die Heimat verlassen« (*kokorosashi o tatete, kyôkan o izuru*) die Aufforderung, etwas Bedeutendes für die Gesellschaft zu tun, und die Losung »Durch eigene Ehrungen auch der Heimat, dem Vaterland Ehre bringen« (*kokyô ni nishiki o kazaru*) zeigte, daß durch den Erfolg und die Anerkennung des Erfolges durch die Gesellschaft das Handeln des Menschen legitimiert wird.[13] Das (kleinräumige) Heimatbewußtsein wird so in ein Nationalbewußtsein umgedeutet, wodurch Einzelinteressen und gesamtstaatliche Interessen zusammengeführt werden. Für den Staat beziehungsweise für die Nation etwas zu tun heißt demnach auch, für die Gesellschaft etwas zu tun. Das steht auch der Befriedigung von Eigeninter-

13 Vgl. dazu Sumiya Kazuhiko, Überlegungen zum Prozeß der Industrialisierung und Modernisierung Japans und zur wissensgeschichtlichen Analyse, in: Rikkyô keizai-gaku kenkyû, Vol. 43, No. 4, Tôkyô 1990, S. 61–77, insbesondere S. 75.

essen nicht im Wege, falls dieses Tun als »gesellschaftsförderlich« (konfuzianischen Gedankengängen entsprechend) sanktioniert wird.
Neben solchen aus der Vorstellungswelt kleiner sozialer Einheiten entspringenden Losungen entstehen in der Meiji-Zeit aber auch neue, die dann für verschiedene Bevölkerungsgruppen (Jugendliche, angehende Geschäftsleute, Unternehmer/*self-made men*, Studenten, die ins Ausland gehen, Hausfrauen und andere) aufbereitet und in entsprechenden Zeitschriften propagiert werden. Begriffe wie »Emporkommen« oder »Karriere machen« (japanisch *risshin* oder *risshin shusse*) verweisen noch auf den durch die Gesellschaft sanktionierten und bewunderten Erfolg. Hier wird ein Ziel angedeutet, dessen Verfolgung dem Einzelnen in der Gesellschaft Achtung verheißt und soziale Anerkennung verspricht. Diesen für die Zeit vor der Jahrhundertwende wichtigen Losungen folgt nach 1900 mit »*seiko*« ein moderner Begriff, der zwar ebenfalls »Erfolg« bedeutet, aber dem Sinn nach den Erfolg gegenüber anderen.[14] Von dieser Zeit an wird die durch nationale Ziele geprägte Motivation durch weitgehend wirtschaftliche Zielsetzungen abgelöst.
Nicht nur der Unternehmer wird auf ein nationales Ziel quasi »eingeschworen«. Auch für die Familie formuliert man nationale Ziele. Während in der traditionellen Gesellschaft der Edo-Zeit die Frau dem »Haus« (*ie*) dient, wird ihre Aufgabe in der Meiji-Zeit neu beschrieben: Indem die Frau dem »Haus« dient, dient sie dem Staat. Dazu wird die Losung von der »Guten Ehefrau und Weisen Mutter« (*ryôsai kenbo*) propagiert und gleichzeitig auf die politische und nationale Rolle der Familie und der Frau hingewiesen. Die Familie wird als wichtiger Träger der Modernisierungsideale angesehen und der Ehefrau eine unterstützende Rolle bei der Erreichung der staatlichen Ziele der Modernisierung und der Industrialisierung zugeordnet.
Solche Vorstellungen werden bis in die 1920er Jahre hinein aufrechterhalten. Zwar verändert sich das »Haus« (*ie*) langsam zum »Haushalt« (*katei*) und das Zentrum der Familie von der Hausmutter (*kafu*) zur Hausfrau (*shufu*), aber propagiertes Ziel für die Frau bleibt das Wirken für den Staat – dies allerdings weniger durch bestimmte Tugenden, sondern indem

14 Zu diesem Komplex der Motivation vgl. ausführlich Earl H. Kinmonth, The Self-Made Man in Meiji Japanese Thought. From Samurai to Salary Man, Berkeley 1981, insbesondere S. 163.

sie mit Hilfe ihres Wissens verantwortlich in der Familie wirkt und so für Gesundheit, Hygiene und Wirtschaftlichkeit in der Familie sorgt.[15]
Durch Losungen, die sichtbarer Ausdruck einer Zielformulierung sind, und durch das sich im Nationalismus mit dem Tennô als Zentrum herausbildende einigende Band organischer Solidarität der gesamten japanischen Gesellschaft gelang es, die Differenzen zwischen persönlichen und fremden Interessen einzuebnen. So erreichte die japanische Regierung zwischen 1870 und 1920 die Motivierung der Bevölkerung zur Teilnahme am Prozeß der Modernisierung, in der Produktion wie im Konsum, ohne explizite Regeln, sondern durch *ad hoc* geschaffene, wobei die Flexibilität auf der Suche nach Regeln kaum durch äußere Einrichtungen und Kontrollen eingeschränkt wurde. Das wiederum führte zur Bildung von Kooperationsbeziehungen innerhalb der Gesellschaft, mit zunächst schwach ausgebildeten Hierarchien, häufig nur informell geregelten Kompetenzbereichen und ebensolchen informellen Kommunikationslinien. Basis war ein weite Bereiche dieser Gesellschaft erfassender gleichartiger (auf ein Ziel hin ausgerichteter) Sozialisationsprozeß, der zum Teil auf traditionelle Werte, wie etwa Loyalität, zurückgreifen konnte und dadurch eine Verklammerung des Einzelnen als Mitglied der Gesellschaft mit einer konkreten, subjektiv auch so empfundenen Stellung innerhalb derselben bewirkte.

B. Ein Informationsnetzwerk für die Landwirtschaft der Meiji-Zeit

Eine ausreichende Versorgung der in der zweiten Hälfte des 19. Jahrhunderts rasch gewachsenen Bevölkerung mit Nahrungsmitteln war notwendig, um den Erfolg der Industrialisierungsbemühungen nicht in Frage zu stellen. Das staatliche Ziel nach der Meiji-Restauration lautete daher: Unterstützung der Landwirtschaft zur Sicherstellung der Nahrungsmittelversorgung.
Die Rahmenbedingungen für eine Modernisierung der landwirtschaftlichen Produktionsbedingungen schuf der Staat Anfang der 1870er Jahre

15 Vgl. Nagahara Kazuko, Ryôsai kenbo-shugi kyôiku ni okeru 'ie' to shokugyô (»Haus« und Beruf in der Ideologie der Guten Ehefrau und Weisen Mutter), in: Josei-shi sôgô kenkyû-kai (Hrsg.), Nihon josei-shi, Bd. 4, Tôkyô 1982, S. 149–184; Sharon Nolte und Sally Ann Hastings, The Meiji State's Policy Toward Women 1890–1910, in: Gail Lee Bernstein (Hrsg.), Recreating Japanese Women 1600–1945, Berkeley 1991, S. 151–174.

durch Katasteraufnahmen und Feststellung des landwirtschaftlichen Eigentums mittels Landbesitzurkunden, Festsetzung einer Grundsteuer, Übergang von der Teil- zur Fixpacht bei der Steuerberechnung und Erhebung der Grundsteuer in Form von Geld statt Naturalien. Da die Bauern bislang kaum am Marktgeschehen teilgenommen hatten, ergaben sich gerade aus letzterem Punkt zunächst Schwierigkeiten. Als vorteilhaft erwies sich aber die Umstellung auf Fixpacht, die die Möglichkeit bot, Überschüsse zu vermarkten und Gewinne zu erzielen. Es gelang dadurch, die Versorgung der Bevölkerung zu verbessern.

Allerdings war allein durch bessere Rahmenbedingungen noch keine höhere landwirtschaftliche Produktion und damit eine auf Dauer gesicherte Versorgung zu erzielen. Bei der Suche nach Regeln, um dieses Ziel zu erreichen, griff die Administration auf Elemente der Informationsverbreitung zurück, die man in der Landwirtschaft schon in der Edo-Zeit erfolgreich erprobt hatte. Mit dem Nachdruck und der Verteilung älterer edozeitlicher landwirtschaftlicher Traktate wurden jetzt zwar keine neuen landwirtschaftlichen Techniken verbreitet, aber bekannte und bewährte Beispiele der Anwendung von Geräten, Dünger und Reissorten und auch bestimmte Arbeitstechniken vielen Bauern, die bislang keinen Zugang zu solchen Informationen gehabt hatten, nahegebracht. Zudem gründete die Regierung Versuchsanstalten, holte ausländische Experten ins Land und kaufte Muster von ausländischen landwirtschaftlichen Geräten. Diese wurden in einer neuen Fabrik nachgebaut und ihre Anwendung durch dann neu erstellte landwirtschaftliche Schriften propagiert. Dabei stellte man zunächst einmal alle Geräte vor, die in den Ländern des Westens in der Landwirtschaft eingesetzt wurden, selbst die Sense, die für die Reisernte völlig unbrauchbar war. Aber mit der Verbreitung solcher Informationen sollte den Bauern die Möglichkeit zur Auswahl und somit die Möglichkeit, die Instrumente und Regeln zur Erreichung des angestrebten Zieles selbst zu finden, gegeben werden.

Um die Informationen an die potentiellen Nutzer heranzubringen, griff der Staat – allerdings auf indirekte Weise – ein. Man errichtete ein Netz von »landwirtschaftlichen Vereinigungen« (*nô-kai*), ausgehend von Vereinigungen auf Dorfebene, die sich auf Kreis- beziehungsweise Präfekturebene fortsetzten und in einem nationalen Verband mit Verbindung zum zuständigen Ministerium zusammengefaßt wurden. Über dieses Netzwerk gelang es, ein umfassendes Angebot an Informationen über neue landwirtschaftliche Geräte, neue Anbaumethoden und neue Pflanzensorten oder Düngemittel bis in den letzten Winkel des Landes zu bringen. Geleitet wurden die Vereinigungen häufig von Großgrundbesitzern, die früh Interesse an der Vermarktung von Überschüssen gezeigt hatten und deshalb auch die Anwendung von neuen Geräten oder Techniken zur Produktionssteigerung in Betracht zogen. Sie wirkten zudem als Vorbild der Dorfgemeinschaft, was die Verbreitung neuer landwirtschaftlicher Techniken begünstigte.

Auf diese Weise gelang es der Meiji-Regierung, eine Produktionssteigerung in der Landwirtschaft zu erzielen und den Nahrungsmittelbedarf der wachsenden Bevölkerung zu sichern, ohne auf Importe angewiesen zu sein.

III. Staatsziele: Zwischen Laisser-faire und Interventionismus

Der Enthusiasmus für die westliche Technologie, wie er sich zu Beginn der Meiji-Zeit wiederholt manifestiert hatte, ließ bis Mitte der 1880er Jahre nach. Nicht mehr Techniker und Ingenieure waren als Träger und Gestalter der Modernisierung gefragt, sondern Bürokraten mit juristischer Ausbildung. Die »wilde« Zeit der raschen Neuerungen war vorbei.

A. Rahmenbedingungen für den industriellen Aufschwung

Nachdem sich der Staat in den 1880er Jahren aus dem direkten wirtschaftlichen Handeln zurückgezogen hatte, sah er seine wichtigste Aufgabe darin, den einsetzenden Industrialisierungsschub mit Hilfe entsprechender Gesetze zu unterstützen. Ein neues Handelsgesetz ermöglichte es, Aktiengesellschaften zu gründen. Die sich bietenden Exportmöglichkeiten und, damit einhergehend, die Chancen zu raschen und hohen Gewinnen führten zu Unternehmensgründungen in der Textilindustrie, gefolgt von (ländlichen) Unternehmen, die landwirtschaftliche Produkte verarbeiteten. Nach einer ersten Gründungswelle zwischen 1887 und 1895 in der Leichtindustrie folgten zwischen 1895 und 1905 Unternehmensgründungen auch in der Schwerindustrie.

Wachsende Ex- wie Importe hatten zu einer Verknappung von Schiffstonnage geführt. In Japan existierten aber kaum Werften, die imstande waren, den Bedarf an größeren Frachtschiffen zu decken. Fehlende Möglichkeiten, das nötige Rohmaterial – Eisen und Stahl – zu fertigen, waren ebenso wie das Fehlen einer entsprechenden Zulieferindustrie die Gründe für das Zurückbleiben der Werftindustrie in der allgemeinen Industrialisierungswelle gewesen. Hier griff nun der Staat ein und subventionierte von Mitte der 1890er Jahre an mit Hilfe eines »Schiffahrtsförderungsgesetzes« und eines »Schiffbauförderungsgesetzes« den Bau der nötigen Schiffe und den Transport auf ihnen. Ergebnis dieser staatlichen Unterstützung war allerdings nicht die erhoffte rasche Zunahme der Zahl neuer Schiffe, sondern

die umfassende Anhebung des technischen Niveaus der Schiffswerften – eine andere positive, allerdings eher langfristige Wirkung.
Mangelnde Profitaussichten und lange Kapitalbindungszeiten hatten potentielle Investoren bis dahin von einem Engagement im Eisen- und Stahl-Bereich abgeschreckt. So mußte der Staat auch hier als Unternehmer intervenieren. Im Jahre 1901 wurde der erste (mit deutscher technischer Hilfe gebaute) Hochofen im Kaiserlichen Eisen- und Stahlwerk Yawata, in Süd-Japan, angeblasen. Das blieb allerdings auf längere Zeit der einzige Fall direkten staatlichen Eingreifens.
Durch die Politik der »Zunahme der Produktion, Förderung der Industrie« (*shokusan kôgyô*) war eine moderne, mit westlicher Technologie ausgestattete Industrie aufgebaut worden. Dagegen war das traditionelle Gewerbe zurückgeblieben, wodurch sich manche Bevölkerungsschichten von Fortschritt und wachsendem Lebensstandard ausgeschlossen fühlten, so daß sich Unmut breitmachte. Kritiker merkten an, daß durch den Aufbau der Industrie und durch die Einfuhr westlicher Kapitalgüter nur das Staatsdefizit erhöht worden sei. Dagegen hätte sich größeres Engagement in der traditionellen Industrie auch in einem höheren Export niederschlagen können, was einem größeren Teil der Bevölkerung zugute gekommen wäre. In dem ersten Weißbuch (Titel *Kôgyô iken*) von 1884 veröffentlichte deshalb ein Regierungsbeamter neben einer Darstellung des *status quo* auch Vorschläge zur Förderung der bislang vernachlässigten (traditionellen) Industrie.
Gründe für das Zurückbleiben der traditionellen Industrie waren: Kapitalmangel, technische Schwierigkeiten und traditionelles Denken. Den staatlichen Stellen erschien es nun wichtig, beim letzten Punkt anzusetzen und Bereitschaft zu einer Veränderung zu wecken. Ziel war es, durch Anregungen und Anreize zur Vermarktung bereits bekannter, nicht neuer Produkte beizutragen und durch Vorschläge zur qualitativen Verbesserung die Exportchancen dieser Produkte zu erhöhen. Deshalb richtete die Regierung als Gegenstück zu den für die moderne Industrie gegründeten Handelskammern nun Branchengenossenschaften (*dôgyô kumiai*) ein, die Anlaufstellen für die traditionellen Gewerbebetriebe wurden.
Sie stellten Informationen über neue Vertriebswege und zur Qualitätsverbesserung der Produkte durch Erneuerung der Produktionsverfahren zur Verfügung und schulten die Unternehmer mit Hilfe von Vorträgen von Experten. Intensive Qualitätskontrollen exportfähiger Produkte sollten

einmal eröffnete Marktchancen dauerhaft sichern helfen. Unter der Losung (gleichbedeutend mit einer globalen Zielformulierung) »Verbesserung der Produkte« (*bussan kairyô*) trugen diese Genossenschaften zur Erneuerung, Mechanisierung und Maschinisierung (aber nicht durch den Ankauf westlicher, sondern durch technische Verbesserung der bislang eingesetzten eigenen Maschinen und Geräte) der ländlichen Industrie bei.[16] Durch diese Maßnahmen und zusätzlich auch durch die Einrichtung von staatlichen Prüfstellen sowie gewerblichen Aus- und Weiterbildungsstätten für Arbeitskräfte und Fachschulen gelang es, aus einem quasi-landwirtschaftlichen Sektor einen gewerblichen Sektor zu schaffen. Erfolgreich war man in dem Bestreben, den traditionellen Gewerbebereich ohne staatliche Intervention oder direkte Subventionen, nur mit Hilfe der Schaffung bestimmter Rahmenbedingungen, auch zu einem adäquaten und komplementären Partner der modernen Industrie zu machen. Das Resultat war die Herausbildung der die japanische Industrie bis heute prägenden Dualstruktur, mit der Großindustrie auf der einen Seite und der Vielzahl von nicht den Markt, sondern nur ein oder einige wenige Großunternehmen beliefernden Klein- und Mittelbetrieben auf der anderen – ein Prozeß, der zwischen 1905 und 1920 ablief. Um 1920 überstieg der Anteil der Industrieproduktion am Bruttosozialprodukt den Anteil der landwirtschaftlichen Produktion. Seit dieser Zeit ist Japan als Industriestaat anzusprechen.

B. Industrialisierung und Veränderung des Lebensstandards

Angaben hinsichtlich des Lebensstandards der Bevölkerung sind für die erste Hälfte der Meiji-Zeit, also etwa bis 1890, mangels entsprechender Daten schwer möglich. Die kurz vor und nach der Jahrhundertwende einsetzenden Haushaltsuntersuchungen lassen dann aber zumindest für die städtische Bevölkerung erste Aussagen zu. Die urbane Bevölkerung um 1920 kann in drei große Gruppen unterteilt werden: die städtische Unterschicht (bestehend aus Tagelöhnern, Handwerkern, selbständigen Klein-

16 Vgl. Arizawa Hiromi, Nihon sangyô hyakunen-shi (100 Jahre japanische Industrialisierung), Vol. 1, Tôkyô 1967, S. 90 f.

gewerbetreibenden und Unbeschäftigten), ausgebildete Fabrikarbeiter (in erster Linie in der Schwerindustrie tätig) und den neuen Mittelstand (Beamte, Angestellte, Lehrer und ähnliche Berufe).
Der Prozeß der Herausbildung einer modernen städtischen Lebensform kann mit der letzten Phase der Entwicklung Japans zu einem industrialisierten Staat, die um 1920 abgeschlossen war, gleichgesetzt werden. In der Zwischenkriegszeit erfolgt eine Konsolidierung, die in den 1930er Jahren durch einen erneuten Entwicklungsschub bei gleichzeitig stärker werdender Instabilität abgelöst wird. Untersuchungen zum Lebensstandard in dieser Zeit greifen in erster Linie auf Aufnahmen von Einkommen und Ausgaben der Haushalte und die Berechnung des ENGEL-Koeffizienten[17] zurück.
Das Absinken des ENGEL-Koeffizienten, das in allen drei oben genannten Schichten bis 1920 festzustellen ist, kennzeichnet allerdings noch nicht, wie man vermuten könnte, eine Verbesserung des Lebensstandards. Im Gegenteil: Die Angehörigen aller drei Gruppen versuchten das schwierige Leben in den städtischen Regionen zu meistern und mußten, um die Kosten für Wohnung, Kleidung, Erziehung und Bildung, ärztliche Versorgung und so weiter aufzubringen, an den Ausgaben für Nahrungsmittel sparen. In der Mittelschicht ist das deutlich sichtbar. Die Lebensstile der Fabrikarbeiter und des neuen Mittelstandes (die ja zunächst nur einen kleinen Teil der Bevölkerung ausmachten) unterschieden sich vorerst nicht allzusehr voneinander. Mitglieder des neuen Mittelstandes wurden manchmal als »Arme in europäischer Kleidung« bezeichnet. Deutlich wird aber auch, daß das städtische Leben offensichtlich Anreize bot, die alle Schichten veranlaßten, ihr Leben in den Städten zu konsolidieren, um nicht in die ländlichen Herkunftsgebiete zurückkehren zu müssen (was zudem einem Eingeständnis der Erfolglosigkeit gleichgekommen wäre).
Eine rasche Differenzierung der Einkommen und des Lebensstandards trat um 1920 als Folge des durch den Ersten Weltkrieg mittelbar verursachten Industrialisierungsschubs ein. Die Einkommen waren gestiegen, und auch die realen Ausgaben stiegen rasch an. Obwohl der ENGEL-Koeffizient sich nicht veränderte, konnte die Bevölkerung zunächst mehr für Nahrung ausgeben. Als Folge des Einkommenszuwachses veränderten sich die Le-

17 Nach dem Engelschen Gesetz (1857) nimmt bei steigendem Einkommen der Anteil der Nahrungsmittel an den Konsumausgaben ab.

bensstile der drei städtischen Schichten rapide, sie wiesen jetzt deutlich unterschiedliche Ausprägungen auf. Das allmähliche Anwachsen des neuen Mittelstandes veränderte zudem den gesamten Charakter des städtischen Lebens.

Nach der Weltwirtschaftskrise gelang es zunächst nur dem neuen Mittelstand und den Fabrikarbeitern, ihren Lebensstandard und ihre Lebensstile aufrechtzuerhalten. Das untere Stratum der urbanen Bevölkerung wurde von der Krise sofort erfaßt. Trotzdem versuchte man auch in dieser Schicht, den einmal gewonnenen Lebensstil aufrechtzuerhalten und weiter im urbanen Bereich wohnen zu bleiben. Gegen Ende der 1930er Jahre wird ein Sinken des Lebensstandards aber in allen Schichten der städtischen Bevölkerung deutlich.[18]

Ausgehend von den Schwierigkeiten in der Landwirtschaft gegen Ende der 1870er Jahre, hatten zahlreiche Bauern ihr Land verloren und lebten als Pächter (oft auf ihrem früheren Eigentum) weiter. Das Pächterproblem verschärfte sich im Laufe der Zeit, da die Einkommensdisparitäten kaum ausgeglichen werden konnten. Die landwirtschaftliche Bevölkerung stellte in der Zwischenkriegszeit einen ständigen Unruheherd dar, in erster Linie begründet durch niedriges Einkommen, unsichere Arbeitsplätze und die ständige Gefahr der Verpächterung. Einen Ausweg aus dem Kreis der Verarmung bot der Eintritt in das Militär. Das Bewußtsein der Armut der Bevölkerung und der mangelnde Einsatz der Politiker diesem Problem gegenüber führten zur Politisierung des Militärs, zu Putschversuchen und letztlich zu den Militärregierungen, die Japan in den Zweiten Weltkrieg führten.

Waren bislang die Zielformulierungen und die Schaffung von Rahmenbedingungen einschließlich eines nationalistischen Klimas für den wirtschaftlichen Fortschritt ausreichend gewesen, so machten in der Zwischenkriegszeit die Veränderungen in der Gesellschafts- und Wirtschaftsstruktur weitere Mittel und Ebenen nötig, um erwünschte Ziele zu erreichen. Das Bewußtsein der Armut, das heißt, des Auseinanderdriftens der

18 Eine umfassende Darstellung bietet Sôgô kenkyû kaihatsu kikô, Seikatsu suijun no rekishiteki bunseki (Historische Analyse des Lebensstandards), NIRA Output NRC-85-7, Tôkyô 1988; für den städtischen Bereich vgl. Nakagawa Kiyoshi, Kakei shiryô ni miru kindai Nihon no toshi seikatsu (Städtisches Leben, wie es in Haushaltsdaten sichtbar wird), in: Niigata daigaku shôgaku ronshû, Vol. 15, Niigata 1982, S. 141–213; eine englischsprachige Zusammenfassung bietet Nakagawa Kiyoshi, Urban Life in Early 20th-Century Tokyo, in: Nihon joshi daigaku kiyô (Bungaku-bu), Vol. 36, Tôkyô 1987, S. 29–51.

Lebensweise der Bevölkerung in der Zwischenkriegszeit, war Anlaß für die Festsetzung eines gewissen Minimalstandards der Lebensumstände. Die dabei aufgestellten Normen beeinflußten auch die in dieser Zeit entstehende Sozialpolitik. Als ein Instrument der informellen Politikgestaltung – neben den angesprochenen Zielen und Losungen – taucht nun die »Kampagne« auf, wobei die Akteure Staat (Regierung und Administration) und Gesellschaft sind.

Als beispielhaft können die »Kampagne zur Verbesserung der Lebensweise« (Lebensreformkampagne, *Seikatsu kaizen undô*) von 1918 an und die »Rationalisierungskampagne« (*Gôrika undô*) von etwa 1928 an gelten. Gemeinsam ist diesen Kampagnen die Ansteuerung der globalen Ziele (Lebensreform, Rationalisierung) durch die Setzung pragmatischer kurzfristiger Ziele. Dabei blieben die Zielsetzungen in beiden Fällen für unterschiedliche Interpretationen offen; sie konnten deshalb auch verschiedene Bevölkerungsteile ansprechen, die durch eine engere Zieldefinition ausgegrenzt worden wären. So sicherte man sich größtmögliche Beteiligung und dadurch auch zumindest potentiell die größtmögliche Vielfalt an Lösungsmöglichkeiten. Die Formulierung von kurzfristigen Teilzielen (Sparsamkeit, Substituierung bestimmter Lebensmittel, Effizienzsteigerung der privaten Haushaltsführung und so weiter) verhinderte, daß sich solche Kampagnen aufgrund eines allzu diffusen Globalzieles in kurzer Zeit totliefen.

Ziel der Lebensreformkampagne war es, den Auflösungserscheinungen der traditionellen Gesellschaft durch eine Verbesserung der Lebensumstände entgegenzuwirken – ein Versuch, der aufgrund der Krisen und wirtschaftlichen Schwierigkeiten in den 1920er Jahren nur teilweise Erfolg hatte. Anders dagegen die Rationalisierungskampagne, die sich allerdings weniger in einer Produktivitätssteigerung durch technische Verbesserungen auswirkte als vielmehr zu einer administrativen und organisatorischen Erneuerung der Unternehmen führte, was positive Auswirkungen auf den Wirtschaftsaufschwung der 1930er Jahre hatte.

Für diesen Aufschwung mitverantwortlich waren die staatliche Schutzpolitik, die sich nun auswirkende Ausbildung von Humankapital (die dazu geführt hatte, daß Naturwissenschaftler und Techniker in ausreichender Zahl zur Verfügung standen) und die Gründung zahlreicher staatlicher Forschungseinrichtungen. Unterstützend wirkte zudem die ständige Sammlung von Informationen im Ausland, die in Form von Patenten, aber auch Schrifttum aller Art nach Japan gelangten und von der Industrie intensiv ausgewertet wurden. Auslandsreisen, Betriebsbesichtigungen (von den ausländischen Unternehmen als »Industriespionage« apostrophiert), Ankäufe von Musterstücken und ähnliches dienten ebenfalls der Informationsgewinnung auf breitester Basis. Damit, und unter Nutzung der vorhandenen Grundlage technischer Kenntnisse und Fähigkeiten, gelang japanischen Unternehmen der Nachbau ausländischer Produkte, was Japan auf viele Jahre hin den Ruf eines Nachahmers ohne eigene Kreativität einbrachte.

Die Disparitäten der Einkommen von Unternehmen und Personen führten von den 1930er Jahren an zur Suche nach einer neuen Wirtschaftsordnung. Die Mandschurei, die von 1931/32 an in den unmittelbaren Einflußbereich Japans kam, benutzten zunächst die Militärs als Spielwiese für neue Wirtschafts- und Unternehmensformen, wobei von dem lange geübten *Laisser-faire*-Gedanken abgegangen wurde und stärker staatliche, planifikatorische Elemente in den Vordergrund rückten. Dabei wurde auch versucht, auf planwirtschaftliche Überlegungen der Sowjetunion zurückzugreifen. Diese Erfahrungen flossen dann in die nach 1937 planwirtschaftlich geprägte Kriegswirtschaft im japanischen Mutterland ein.

Der dazu notwendige Aufbau einer umfassenden Bürokratie führte allerdings während der Kriegszeit zu den bekannten Schwächeerscheinungen eines gelenkten Systems. Die Ziele der Kriegswirtschaft wurden auch von seiten der Privatwirtschaft, vor allem von den großen Industriekonglomeraten (*Zaibatsu*), abgelehnt und zum Teil unterlaufen. Ebenso scheiterte letztlich der Versuch, neben der Unternehmensseite die Verbraucherseite der staatlichen Planung zu unterwerfen, indem man die einzelnen Verbraucher durch die Nachbarschaftsgruppe als »Konsument« ersetzte.[19] Aus dieser Zeit stammt allerdings die Erfahrung der Wirtschaft im Umgang mit einer großen staatlichen Bürokratie, die ja nach dem Zweiten Weltkrieg zunächst nicht abgebaut, sondern weiterbeschäftigt wurde. Diese Bürokratie konnte in dem dann wiederum marktwirtschaftlich ausgerichteten Wirtschaftssystem der Nachkriegszeit, vor allem durch die Instrumente der Zielformulierung und mit Rückgriff auf Regelorientierung sowie Informationssammlung und -verwertung, zu einer neuen Rolle finden.

19 Vgl. dazu Erich Pauer, Nachbarschaftsgruppen und Versorgung in den japanischen Städten während des Zweiten Weltkrieges, Marburger Japan-Reihe, Bd. 9, Marburg 1993.

IV. Die Nachkriegszeit: Eine neue Rolle für den Staat

Nachdem die Schwierigkeiten der Nahrungsmittelversorgung (Hungerwinter 1945/46) und der Energieversorgung (Intensivierung des Kohleabbaus) gemeistert waren und mit amerikanischer Hilfe auch der Finanzsektor (Dodge-Line 1949) in Ordnung gebracht worden war, wurde der Koreakrieg für die japanische Industrie zum Sprungbrett für die Wiedergewinnung eines Platzes in der Weltwirtschaft. Die 1950er Jahre waren geprägt vom Ausbau der Produktionskapazitäten, die 1960er Jahre durch Modernisierung und Qualitätsverbesserung durch Schließung der technologischen Lücke, die 1970er Jahre im Zuge der Ölkrise durch die Um- beziehungsweise Neustrukturierung der Industrie und die 1980er Jahre durch die Diversifizierung der Industriestrukturen.

A. Abschottung und Technologieimporte

Von 1949 an gingen die Kompetenzen zur Kontrolle des Zahlungsverkehrs mit dem Ausland vermehrt von der Besatzungsmacht auf japanische Einrichtungen über. Das »Gesetz zur Kontrolle des ausländischen Zahlungsverkehrs und des Außenhandels« (1. Dezember 1949) entwickelte sich zu einem (wirtschaftlichen) Lenkungsinstrument des Staates, da dadurch alle Zahlungen, auch im Rahmen eines Vertrages zum Import ausländischer Technologie (Patente, Lizenzen und so weiter beziehungsweise einer »technischen Kooperation«, die als »Dienstleistung« angesehen wurde), genehmigungspflichtig wurden. Für den Technologieimport noch wichtiger wurde das »Gesetz zu ausländischen Investitionen« (8. Juni 1950), das dem Staat die Lenkung und Steuerung der »Art« und der »Dosierung« einer »Infusion« mit ausländischer Technologie[20] ermöglichte. Bedeutsamkeit erlangten in diesem Zusammenhang die »Designationslisten«. Die Regierung war durch diese Gesetze zur Veröffentlichung (vierteljährlich

20 Vgl. Hermann O. Grimm, Die Grundlagen der japanischen Einfuhr ausländischer Technologie, Köln-Opladen 1970, S. 83.

im »Staatsanzeiger«) von in Aussicht genommenen oder erwünschten Lizenz- oder Kooperationsverträgen verpflichtet. Diese zum Teil sehr detailliert ausgearbeiteten Designationslisten stellten wiederum Zielvorgaben dar.
Für die Auswahl einzuführender Technologie stand die umfangreiche Bürokratie der Ministerien zur Verfügung, die mit Hilfe von Beratungsgremien und unter Mitwirkung von Vertretern aus Wissenschaft, Verwaltung, Industrie und Politik Entscheidungen traf. Für die Zielformulierung bedeutend war das 1949 gegründete »Amt für Industrie und Technik«, das zunächst dem Außenhandels- und Industrieministerium MITI[21] unterstand, später allerdings verselbständigt wurde. Es übernahm die staatlichen Forschungseinrichtungen (mit einem damaligen Personalstand von über 4000 Personen), stellte Untersuchungen über einzelne Industriebereiche an, schlug Maßnahmen vor und erarbeitete Leitlinien für die Zukunft, die 1949 in einem ersten Weißbuch niedergelegt wurden. Solche Vorarbeiten führten über parlamentarische Beratungen zu einem ersten wirtschaftlichen Wiederaufbauplan (30. Mai 1949), der drei für die künftige Entwicklung wichtige Forderungen beschrieb: Förderung und Ausweitung der Forschungsaktivitäten, Maßnahmen zur Anwendung der Forschungsergebnisse und planmäßige Aus- und Weiterbildung technischer Kräfte. Dieser Katalog zeigt, daß man in Japan sehr früh die herausragende Bedeutung der Forschung für den wirtschaftlichen Aufschwung und, damit einhergehend, für die Steigerung des Lebensstandards erkannt hat. Weitere wichtige Forderungen des Planes waren die Einsparung von Ressourcen und die Verbesserung der industriellen Technik. Ziel war es, die Unternehmen technisch zu modernisieren und dadurch internationale Konkurrenzfähigkeit zu erlangen. Nicht zuletzt sollte das durch den Import amerikanischer Managementtechniken erreicht werden.

B. Technologie und Organisation

Für den wirtschaftlichen Aufschwung gab ein industriepolitisches Ziel den Ausschlag. So unterstützte die Regierung keine Forderungen nach kurzfristigen Maßnahmen für die arbeitsintensive Textilindustrie, wodurch man

21 Ministry of International Trade and Industry.

die augenblickliche Notlage der Nation, geprägt von Arbeitsplatzmangel beziehungsweise Unterbeschäftigung von Arbeitskräften, rasch hätte überwinden können, sondern sie entschied sich vielmehr für die Förderung der Schwer- und der Chemischen Industrie als Basis für einen künftigen Industriestaat. Zusätzlich dazu wurde der Ausbau der verarbeitenden Industrien vehement vorangetrieben. Diese Industriebereiche – Metallverarbeitung, Elektroindustrie, Optische Industrie und so weiter (sogenannte »Montage-Industrien«, da in erster Linie viele – zum Teil durch Zulieferer produzierte – Einzelteile zusammengebaut werden) – hatten durch die Kriegswirtschaft und die hohen Anforderungen, die in der Kriegszeit in technischer Hinsicht an sie gestellt worden waren, enorme Leistungszuwächse (Präzision, Fertigungszahlen) erzielt. Das kam ihnen jetzt zugute. So ergaben diese neuen Fertigungstechniken ebenso wie die bessere betriebliche Organisation, ergänzt durch neue Informationen über Produktionsmethoden in den USA, für Japan einen Wettbewerbsvorteil. Zunächst wirkte sich die Inlandsnachfrage auf das wirtschaftliche Wachstum aus. Die schon genannte rigorose Abschottungspolitik gegenüber ausländischen Industriegütern zwang die japanische Industrie, teilweise völlig neue Bereiche aufzubauen und dafür ausländische Technologie einzusetzen. Die damit auch entstehende weitgehende Arbeitsteilung in der Industrie und die jungen (und aufgrund des Systems des Senioritätslohns damals noch »billigen«) Arbeitskräfte führten zu später auch auf internationalen Märkten konkurrenzfähigen Produkten, die von der Bevölkerung begierig aufgenommen wurden und zur Verbesserung des Lebensstandards führten.

C. Von »Plänen« zu »Visionen«

Seit Beginn der 1950er Jahre stellte die japanische Regierung im Abstand von mehreren Jahren immer neue Wirtschaftspläne vor. Stand zunächst der wirtschaftliche Fortschritt im Vordergrund, so wurden in den Plänen seit Mitte der 1960er Jahre auch soziale Maßnahmen angesprochen. Der Charakter der Pläne wurde allerdings in den westlichen Industrieländern häufig verkannt. Trotz der Bezeichnung »Plan« wurden keineswegs planwirtschaftliche Überlegungen niedergelegt, sondern in erster Linie Formulierungen von Zielen, die man zunächst nur grob und global anvisierte, wobei ein Erreichen eines konkreten Zieles nicht unbedingt intendiert war. Weder der Übererfüllung des Planes, das heißt, dem frühzeitigen Erreichen des Zieles, noch der Abweichung vom Plan wurde übermäßige Bedeutung zugemessen.[22]

Die Wirtschaftspläne der Nachkriegszeit und die seit den 1970er Jahren bedeutenderen »Visionen« stellten ein Instrument dar, die Nation wiederum – wie schon in der Meiji-Zeit – auf ein gemeinsames, für die Nation als ein Ganzes positiv erscheinendes Ziel einzuschwören. Die Basis, die das ermöglichen sollte – etwa die breite Kreise der Bevölkerung gleichartig erfassenden Sozialisationsprozesse, innerhalb derer bestimmende Werte, Grundmuster, Verhaltens- und Denkweisen erlernt wurden –, hatte sich zwar inhaltlich, nicht aber strukturell verändert und ermöglichte deshalb einen derartigen Prozeß.

Mit den »Visionen« stellt die japanische Regierung wirtschafts- beziehungsweise industriepolitische (globale) Zielformulierungen vor. Diese werden nicht am grünen Tisch von Ministerialbürokraten entwickelt, sondern basieren auf langwierigen Vorarbeiten einschließlich der formellen und informellen Konsultation verschiedener Personen, Beiräte, Gremien und anderer Institutionen, in denen Vertreter verschiedener gesellschaftlicher und wirtschaftlicher Gruppen Mitspracherecht besitzen. Zusätzlich kann der Staat auf seine großen Forschungseinrichtungen zurückgreifen, wobei der Expertise dieser Fachleute auch seitens der Unternehmen – bestärkt durch die Entwicklung der letzten Jahre – vollstes Vertrauen entgegengebracht wird. Sich innerhalb eines zwar diffus erscheinenden, in den »Visionen« aber durch bestimmte Vorgaben abgegrenzten Feldes in die Zukunft zu bewegen, wird von den Unternehmen als weniger risikoreich eingestuft, als sich ganz auf seine eigenen Ideen und Informationen zu verlassen.

Seitens des Staates werden die Rahmenbedingungen, also Regeln (das sind Gesetze und Institutionen) geschaffen, die zur Erreichung des Zieles nötig sind. Die Mitarbeit der Unternehmen an diesem Regelwerk verschafft diesen nicht nur die Möglichkeit der Kooperation mit verschiedenen Institutionen (staatlichen Einrichtungen, Forschungskooperativen, Technologieaustauschzentren oder anderen Unternehmen), wodurch sich wirtschaftli-

22 Diese Art der Wirtschaftslenkung erhielt von westlichen Ökonomen die Bezeichnung »indikative Planung«, wobei an diesem Begriff deutlich wird, daß man zwar die Wichtigkeit der Zielformulierung in der japanischen Wirtschaftspolitik erkannt hatte, sie aber weder deuten noch in einen Gesamtrahmen einordnen konnte.

che Vorteile für die Unternehmen ergeben, sondern auch Möglichkeiten zum Informationsaustausch. Das verhilft zu einem Informationsvorsprung, der in Gewinne umgesetzt werden kann. Ein Ausbrechen aus dem Regelwerk wird zwar meist nicht sanktioniert, führt aber oft zum Verlust an Informationszugang und damit auch zu einem wirtschaftlichen Verlust.[23]

Staatliche Einrichtungen treten zur Erreichung des Zieles nicht als Lenker, sondern als Koordinatoren auf, die auch (indirekte) Hilfe und Förderungen (erhöhte Abschreibungen, Kredite, Arbeitsplatzhilfen in besonders wichtigen Zukunftsindustrien und ähnliches) anbieten, oder aber – heute wichtiger denn je – als Anbieter von Informationen.

D. Die informatisierte Gesellschaft

Die Relevanz der Wissensindustrien wurde in den 1960er und 1970er Jahren in der westlichen Welt diskutiert, und der Begriff der Informationsgesellschaft tauchte seit 1969 auch in den Visionen der japanischen Regierung auf. Allerdings war das, was man im Westen so intensiv diskutierte, in Japan nichts anderes als die Neuformulierung dessen, was bereits gängig war: "If any single factor explains Japanese success, it is the group-directed quest for knowledge. In virtually every important organization and community where people share a common interest, from the national government to individual private firms, from cities to villages, devoted leaders worry about the future of their organizations, and to these leaders, nothing is more important than the information and knowledge that the organizations might one day need. When Daniel Bell, Peter Drucker, and others hailed the coming of the postindustrial society in which knowledge replaced capital as society's most important resource, this new conception became a great rage in Japan's leading circles. But these leading circles were merely articulating the latest formulation of what had already

23 Von außen kommende, beispielsweise ausländische Unternehmen werden allerdings durch ein solches, häufig nicht verstandenes Regelwerk am Markt- und Informationszugang gehindert. Sie haben in Japan den Nachteil, daß sie die Spielregeln dieser ziel- und regelorientierten Marktwirtschaft nicht kennen und die gewachsenen Verbindungen nicht besitzen.

become conventional Japanese wisdom, the supreme importance of the pursuit of knowledge."[24]

Westliche Wissenschaftler erkannten somit zwar bereits die Bedeutung von »Wissen« für Japan, nicht aber die Ursache dafür: Regelorientierung bedarf der Informationssammlung. In der japanischen Industrie nimmt die Bedeutung von Informationsprozessen im Vergleich zu materiellen Prozessen zu. Informationsnetzwerke haben sich auf den verschiedenen Ebenen für unterschiedliche Zielsetzungen etabliert. Formelle und informelle (zum Teil persönliche) Kontakte zwischen Industrie- und Wirtschaftsverbänden, der Außenhandelsorganisation JETRO (Japan External Trade Organization), den einzelnen Ministerien, den Generalhandelshäusern, Handelskammern, Technologieaustauschzentren und anderen werden in diese Netzwerke einbezogen. Nicht bürokratisch schwerfällige Informationsströme werden aufgebaut, sondern informationsintensive, flexible und engmaschige Netzwerke mit zahlreichen raschen Zugriffsmöglichkeiten. Ziel ist es, die Wirtschaft in produktionssteigernde Bahnen – möglichst in Bereiche der *high-tech*-Produkte mit hoher Wertschöpfung – zu lenken und damit letztlich auch für die Bevölkerung eine Steigerung des Lebensstandards zu erzielen. Die Sammlung von Informationen wird auch im Ausland mit Hilfe einer Vielzahl von staatlichen, halbstaatlichen und privaten Organisationen betrieben. Dieses Vorgehen kann als systematisches »*environment scanning*«[25] der ausländischen Märkte bezeichnet werden. Das Sammeln von Informationen über neue technische Produkte, über Verfahren und deren Anwendungen – insbesondere in jenen Bereichen, in denen es strategische Vorgaben gibt, die zum Beispiel in den »Visionen« als Ziel ausgewiesen sind – führt zu einem Zustrom an technischen Informationen, die in Japan selbst dann gefiltert, aufbereitet und angeboten werden. Ein ständiger Import an technischen Informationen – keine Industriespionage ist dazu nötig, sondern nur das Sammeln und

24 Ezra F. Vogel, Japan As Number One. Lessons for America, Tôkyô 1980, S. 27. (»Wenn es einen einzelnen Faktor gibt, der Japans Erfolg erklärt, dann ist es das gruppenbezogene Wissensstreben. In praktisch jeder bedeutenden Organisation oder Gemeinschaft, in der man gemeinsame Interessen verfolgt, von der Zentralregierung bis zum einzelnen Privatunternehmen, von den Städten bis hin zu Dörfern, machen sich Führungspersönlichkeiten sorgenvolle Gedanken über die Zukunft, und dabei beschäftigt sie nichts so stark wie die Frage nach den Informationen und Erkenntnissen, die ihre Organisation eines Tages benötigen könnte. Als Daniel Bell, Peter Drucker und andere den Anbruch der postindustriellen Gesellschaft ausriefen, in der Wissen als wichtigste Ressource an die Stelle des Kapitals getreten sei, wurde diese Sicht für die führenden Kreise in Japan zur großen Mode. Aber diese Führungsschicht artikulierte damit lediglich die jüngste Formulierung eines Konzepts, das in Japan eigentlich bereits ein alter Hut war, nämlich die überragende Bedeutung des Strebens nach Erkenntnis.«)

25 Umfeld-Rasterbeobachtung.

Auswerten von Zeitschriften, Broschüren, Patentschriften, Vorträgen auf Tagungen, Messeinformationen und ähnlichem – ist so das Ergebnis und verschafft der japanischen Industrie einen deutlichen Informationsvorsprung und gleichzeitig einen makroökonomischen Wettbewerbsvorteil. Mit zunehmender Internationalisierung der japanischen Wirtschaft und den vielseitiger und breiter werdenden Tätigkeiten wie auch der Zunahme der umlaufenden Informationen sprach man in den 1980er Jahren von einer »hochentwickelten informatisierten Gesellschaft« (*kôdo jôhô-ka shakai*). Einer Steigerung der Informationsmenge um 64 Prozent zwischen 1973 und 1983 stand eine Steigerung des Informationskonsums um nur 18 Prozent gegenüber.[26] Die Informationsproduktion erreichte einen derartig hohen Sättigungsgrad, daß die weitere Aufnahme von Informationen beschränkt war und sich die bis dahin geübten Methoden der Informationsaufbereitung als unzureichend erwiesen. Hiervon ausgehend, werden in Japan immer neue Methoden der Informationsaufbereitung und -bearbeitung gesucht und entwickelt. Dabei verschafft der hohe Standard der japanischen Elektronikindustrie der japanischen Wirtschaft wiederum einen ungeahnten Vorteil. Seitens der japanischen Regierung fühlt man sich verantwortlich für die Schaffung von Informationsnetzwerken als Rahmenbedingung. Im Frühjahr 1994 verkündete die japanische Regierung ein Programm mit dem Ziel, die Nutzung und Verarbeitung der angebotenen Informationen durch die Schaffung von »Informations-Autobahnen« zu verbessern, wobei auf eine weitgehende Vernetzung der japanischen Industrie unter Einbeziehung auch der privaten Haushalte abgezielt wird.[27] Nicht nur die Versorgung mit materiellen Gütern, sondern auch der ungehinderte Zugang zu Information wird heute als wichtiger Bestandteil des modernen Lebensstandards begriffen.

E. Mittelstandsgesellschaft und Lebensstandard

Die nach Ende des Zweiten Weltkrieges auf Initiative der Besatzungsmacht eingeleiteten Reformen hatten unter anderem zum Ziel, in Japan unter Reduzierung der Einkommensunterschiede eine breite Mittelschicht zu

26 Vgl. Shimogama Masatoshi, OA kiki gyôkai (Die Branche der Büroautomatisierungsgeräte), Tôkyô 1987, S. 19 f.
27 Vgl. dazu die Tageszeitung Asahi Shimbun vom 4. April 1994.

schaffen. Wie nahe man diesem Ziel schon nach kaum zwei Jahrzehnten gekommen war, zeigen die Umfragen seit den 1960er Jahren, denen zufolge sich (je nach die Erhebung durchführender Stelle) zwischen 60 und 90 Prozent der Bevölkerung selbst als dem »Mittelstand« zugehörig einschätzten. Zieht man anstelle dieser subjektiven Einschätzung das Haushaltseinkommen japanischer Familien als Indikator für den Lebensstandard heran, so zeigt sich (anhand des Gini-Koeffizienten)[28] eine gegenüber der Vorkriegszeit zunehmende Homogenität und geringere Einkommensdisparität.[29] Der Wirtschaftsaufschwung bis zur ersten Ölkrise, der geringer ausgeprägte Dualismus der japanischen Industrie und die wachsende Zahl besser ausgebildeter Arbeitskräfte hatten in erster Linie zu einer Verringerung der Einkommensunterschiede beigetragen, wobei sich auch die Unterschiede zwischen städtischen und ländlichen Gebieten einebneten. Wie die Tabelle ausweist, wird für die 1970er Jahre ein »neuer Mittelstand« als eine die Wohlstandsgesellschaft genießende breite Schicht der Bevölkerung erkannt, wobei das Bild einer in Lebensstil und Bewußtsein weitgehend homogenen, massenhaft die Produkte der einheimischen Industrie konsumierenden, im Wohlstand lebenden (Massen-) Gesellschaft gezeichnet wird.

Zu dieser Situation beigetragen hat die andauernde Vollbeschäftigung ebenso wie der hohe Anteil der beschäftigten Frauen. Hinzu kommt das fast völlige Fehlen spezifisch armer Gruppen, etwa Einwanderer und Minderheiten. Allerdings verschleiert das Gesellschaftssystem auch potentiell einkommensschwache Gruppen wie etwa die älteren Menschen, die auf verschiedene Weise Unterstützung erfahren. Deshalb führt ein Vergleich des Lebensstandards in Japan mit dem anderer Länder anhand der Haushaltseinkommen (beziehungsweise des Gini-Koeffizienten), bei dem Japan gut abschneidet, ohne Berücksichtigung konkreter sozialer Umstände zu einem nicht unbedingt richtigen Bild.

Die Einkommenshomogenität veränderte sich bis Ende der 1980er Jahre nicht wesentlich. Allerdings tritt eine Differenzierung der Mittelstands-Massengesellschaft ein. Einer horizontalen Differenzierung in »Teilmas-

28 Konzentrationsmaß, das die Ungleichheit in der personellen Einkommensverteilung angibt. Bei 0 wäre die absolute Gleichverteilung erreicht, bei 1 die absolute Ungleichverteilung.

29 Vgl. Ross Mouer, Income Distribution in Japan: An Examination of the FIES Data, in: Keio Economic Studies, Nr. 10,1 (1973) und Nr. 11,1 (1974).

Tabelle: *Realeinkommen, Gini-Koeffizient und Mittelstandsbewußtsein in Japan 1955 bis 1988*

Jahr	Index des Real-einkommens	Gini-Koeffizient	Anteil des Mittelstandes an der Gesamtbevölkerung in Prozent (Selbsteinschätzung)	Anteil des »mittleren Mittelstandes« an der Gesamtbevölkerung in Prozent (Selbsteinschätzung)
1955	31,5	.301	.	.
1956	33,1	.313	.	.
1957	34,1	.318	.	.
1958	36,3	.321	72,4	37,0
1959	38,2	.317	73,6	37,3
1960	40,9	.322	76,2	40,8
1961	42,9	.318	76,0	41,0
1962	45,2	.308	.	.
1963	46,9	.224	.	.
1964	50,5	.213	87,0	50,0
1965	51,6	.206	86,0	50,0
1966	53,7	.211	87,4	51,7
1967	57,3	.215	88,2	53,2
1968	60,4	.201	87,0	51,4
1969	64,0	.187	88,1	56,3
1970	68,6	.186	89,5	56,8
1971	71,4	.186	89,4	56,3
1972	76,1	.187	89,0	57,0
1973	81,4	.187	90,2	61,3
1974	81,2	.197	90,5	60,9
1975	83,4	.198	89,9	59,4
1976	83,4	.194	90,5	58,1
1977	85,4	.192	90,1	59,2
1978	87,7	.196	89,8	58,4
1979	90,6	.188	91,3	60,6
1980	89,9	.190	89,3	54,4
1981	90,0	.194	88,4	54,4
1982	93,8	.195	89,0	54,8
1983	95,1	.196	89,5	54,6
1984	97,2	.196	89,6	54,6
1985	100,0	.	88,5	53,7
1986	101,4	.	87,6	51,8
1987	103,3	.	89,6	52,5
1988	107,4	.	88,9	52,8

Index des Realeinkommens 1985 = 100; zwischen 1962 und 1963 wurde die Methode der statistischen Erhebung verändert.
Quelle: Mamada Takao, Kaisô kizoku ishiki – Keizai seichô, byôdô-ka to 'chû'-ishiki (Bewußtsein der Schichtenzugehörigkeit – Wirtschaftswachstum, Angleichung und Bewußtsein der »Mitte«), in: Hara Junsuke (Komp.), Kaisô ishiki no dôtai (Gendai Nihon no kaisô kôzô, Bd. 2), Tôkyô 1990, S. 27.

sen« mit gehobenen, aber unterschiedlichen Konsumwünschen folgt gegen Ende der 1980er Jahre eine deutlich sichtbare vertikale Differenzierung des Mittelstandes – die Schicht der »Neuen Reichen« und der »Superreichen« taucht auf. Der Zusammenbruch der *bubble economy*[30] im Jahre 1991 setzte aber diesem neuerlichen Differenzierungsprozeß ein Ende. Er führte zu rasch sinkender Inlandsnachfrage und vergleichsweise niedrigem Einkommenszuwachs. Die Arbeitslosigkeit stieg, die Unsicherheit wuchs. Die Rationalisierung der Industrie, bislang immer wieder Antrieb für einen Produktivitätszuwachs, war bislang fast ausschließlich auf den Produktionsbereich beschränkt geblieben; nun sieht man auch auf der Verwaltungsseite durch den umfassenden Einsatz der Informationstechnologie neue Chancen. Die japanische Spielart des wirtschaftlichen Umbaus (*»re-engineering«*) mit besonderer Betonung der Informationstechnologien erscheint heute als Möglichkeit, das Wirtschaftswachstum aufrechtzuerhalten und den Lebensstandard der japanischen Bevölkerung langfristig zu sichern.

Für die Zeit seit dem Ende des Zweiten Weltkrieges kann jedenfalls insgesamt ein Prozeß der Angleichung der Niveaus zwischen oberen und unteren Einkommensgruppen nachgezeichnet werden, was gleichbedeutend mit einer stärkeren Homogenisierung des Lebensstandards und auch des Lebensstils eines großen Teils der japanischen Bevölkerung ist.

30 Luftblasen-Volkswirtschaft, gekennzeichnet durch zeitweilig inflationierte Bewertung insbesondere von Immobilien und Aktien.

Summary

This essay applies a new concept of "rule orientation" that interlinks the three elements "goals", "rules" and "information", to an inquiry into the causes of Japan's economic progress from an agricultural to an "information age" society. This approach leads beyond previously attempted (and to a certain extent speculative) explanations:
During the second half of the 19th century the Japanese government succeeded in initiating dynamic development of the country's economy by formulating goals for the future on the basis of spiritually and religiously inspired "rule orientation". This process was supported both by the nation's structural heritage and its motivation which was achieved by establishing concurrence between the interests of the individuals and those of the state.
Next to the formulation of goals, the most important feature of this approach consists in the pragmatic search for rules, ways, instruments et cetera conducive to reaching goals. All kinds of information serve as a basis for stating such rules, campaigns ensure their implementation.
By employing this flexibly manageable set of instruments, Japan has been able to attain rapid economic growth and increasing prosperity. Hardly ever during the last 130 years did the state see a reason for its own direct engagement in the economy. To this day, the formulation of goals and the cultivation of an environment that facilitates the access to information have remained the state's main functions in Japan's "rule-oriented market economy".
Due to their special and long-standing appreciation of the importance of "information" for economic development, Japanese enterprises command a macroeconomic competitive edge; this enables them, in the framework of pervasive "informatization" of economy and society toward the end of the 20th century, to sustain economic growth and a high level of individual prosperity.

Literaturverzeichnis

Antoni, Klaus, Der himmlische Herrscher und sein Staat, München 1991.
Arizawa Hiromi, Nihon no seikatsu suijun (Lebensstandard in Japan), Tôkyô 1954.
Arizawa Hiromi, Nihon sangyô hyakunen-shi (100 Jahre japanische Industrialisierung), Vol. 1, Tôkyô 1967.

Chûbachi Masayoshi , Gendai Nihon no seikatsu taikei (Lebensformen im heutigen Japan), Tôkyô 1975.

Grimm, Hermann O., Die Grundlagen der japanischen Einfuhr ausländischer Technologie, Köln-Opladen 1970.

Hall, John Whitney, Changing Conceptions of the Modernization of Japan, in: Marius B. Jansen, Changing Attitudes Toward Modernization, Princeton 1965, S. 7–41.

Kinmonth, Earl H., The Self-Made Man in Meiji Japanese Thought. From Samurai to Salary Man, Berkeley 1981.

Lu, David John, Sources of Japanese History, New York 1974.

Mamada Takao, Kaisô kizoku ishiki – Keizai seichô, byôdô-ka to 'chû'-ishiki (Bewußtsein der Schichtenzugehörigkeit – Wirtschaftswachstum, Angleichung und Bewußtsein der »Mitte«), in: Hara Junsuke (Komp.), Kaisô ishiki no dôtai (Tôkyô daigaku [Hrsg.], Gendai Nihon no kaisô kôzô, Bd. 2), Tôkyô 1990, S. 23–45.
Moritz, Ekkehard, Konfuzianismus – Japan – Technik. Ein alter Hut, neu aufgesetzt, in: Deutsches Museum, Wissenschaftliches Jahrbuch 1991, München 1992, S. 131–175.
Mouer, Ross, Income Distribution in Japan: An Examination of the FIES Data, in: Keio Economic Studies, Nr. 10,1 (1973) und Nr. 11,1 (1974).

Nagahara Kazuko, Ryôsai kenbo-shugi kyôiku ni okeru ›ie‹ to shokugyô (»Haus« und Beruf in der Ideologie der Guten Ehefrau und Weisen Mutter), in: Josei-shi sôgô kenkyûkai (Hrsg.), Nihon josei-shi, Bd. 4, Tôkyô 1982, S. 149–184.
Nakagawa Kiyoshi, Kakei shiryô ni miru kindai Nihon no toshi seikatsu (Städtisches Leben, wie es in Haushaltsdaten sichtbar wird), in: Niigata daigaku shôgaku ronshû, Vol. 15, Niigata 1982, S. 141–213.
Nakagawa Kiyoshi, Urban Life in Early 20th-Century Tokyo, in: Nihon joshi daigaku kiyô (Bungaku-bu), Vol. 36, Tôkyô 1987, S. 29–51.
Nakamura Takafusa, The Postwar Japanese Economy, Tôkyô 1981.
Nakamura Takafusa, Economic Growth in Prewar Japan, New Haven-London 1983.

Nolte, Sharon, und Sally Ann Hastings, The Meiji State's Policy Toward Women, 1890–1910, in: Gail Lee Bernstein (Hrsg.), Recreating Japanese Women 1600–1945, Berkeley 1991, S. 151–174.

Pauer, Erich, Japans industrielle Lehrzeit, zwei Bände, Bonn 1983.

Pauer, Erich, Japanischer Geist – westliche Technik: Zur Rezeption westlicher Technologie in Japan, in: SAECULUM XXXVIII:1 1987, S. 19–51.

Pauer, Erich, Reich, Neu-Reich, Super-Reich. Reichtum in Japan, gestern und heute, in: Peter Pörtner (Hrsg.), Japan. Lesebuch II, Tübingen 1990, S. 201–235.

Pauer, Erich, Nachbarschaftsgruppen und Versorgung in den japanischen Städten während des Zweiten Weltkrieges, Marburger Japan-Reihe, Bd. 9, Marburg 1993.

Sanada Naoshi und Oyama Yôichi (Hrsg.), Gendai Nihon no seikatsu kôzô (Alltagsstruktur des gegenwärtigen Japan), (Gendai Nihon shakai no kôzô henka [Veränderung der Sozialstruktur des gegenwärtigen Japan], Bd. 5), Tôkyô 1986.

Shimogama Masatoshi, OA kiki gyôkai (Die Branche der Büroautomatisierungsgeräte), Tôkyô 1987.

Sôgô kenkyû kaihatsu kikô (Hrsg.), Seikatsu suijun no rekishiteki bunseki (Historische Analyse des Lebensstandards), NIRA Output NRC-85-7, Tôkyô 1988.

Sugihara Kaoru und Tamai Kingo, Taishô Ôsaka suramu (Slums in Ôsaka in der Taishô-Zeit), Tôkyô 1986.

Sumiya Kazuhiko, Überlegungen zum Prozeß der Industrialisierung und Modernisierung Japans und zur wissensgeschichtlichen Analyse, in: Rikkyô keizai-gaku kenkyû, Vol. 43, No. 4, Tôkyô 1990, S. 61–77.

Tôkyô daigaku (Hrsg.), Gendai Nihon no kaisô kôzô (Struktur der sozialen Schichtung des gegenwärtigen Japan), vier Bände, Tôkyô 1990.

Vogel, Ezra F., Japan As Number One. Lessons for America, Tôkyô 1980.

Yamamura, Kozo, Success Illgotten? The Role of Meiji Militarism in Japan's Technological Progress, in: Journal of Economic History, Vol. XXXVII, No. 1 (March 1977), S. 113–135.

Detlef Lorenz

Professor an der Freien Universität Berlin

Lebensstandard und Wirtschaftssystem: Das Beispiel der vier »Tiger« Ostasiens

Inhaltsverzeichnis

I. Die einfache Verbindung

Das Thema erscheint auf den ersten Blick einer Untersuchung kaum bedürftig.[1] Alle Welt kennt die vier sogenannten *kleinen Tiger* oder *Drachen* und hat von ihren großen Erfolgen auch in bezug auf die Steigerung des Lebensstandards gehört. Dabei werden die beiden Stadtstaaten Hongkong und Singapur sowie die beiden Flächenstaaten Taiwan und Süd-Korea seit ihrer *Entdeckung* trotz aller sowohl offenbaren als auch weniger offensichtlichen Unterschiede häufig in einen Topf geworfen. Das hat nicht nur publizistische Gründe. So haben sie ganz dominant eines gemeinsam: den wirtschaftlichen Erfolg *qua* offensiver Wirtschaftsstrategie in einer offenen Weltwirtschaft der marktwirtschaftlichen Konkurrenz. Das Schlagwort von der Strategie des *exportgeführten* Wachstums ist auf sie gemünzt und steht für einen wichtigen Doppelerfolg: überragende und beständige Exporterfolge, verbunden mit einem eindrucksvollen, aber nicht selbstverständlichen parallelen generellen Erfolgserlebnis der Binnenwirtschaft. Die phänomenalen wirtschaftlichen Erfolge kommen besonders markant als Aufholprozesse in der Tabelle 1 zum Ausdruck. Zum Lebensstandard siehe die beiden stellvertretenden Begriffe Einkommen und Arbeitslosenquote der Tabelle 2 des »Asian Development Outlook« 1994. Zur rasanten Exportentwicklung geben die Daten der Tabelle 3 Auskunft.

1 Urteilt man etwa nach der immensen Literatur über »Das ostasiatische Wirtschaftswunder« – so der Titel der jüngsten umfassenden Studie der Weltbank (World Bank, The East Asian Miracle. Economic Growth and Public Policy, A World Bank Policy Research Report, Oxford 1993), die während der Abfassung dieses Beitrages erschien. Wenn im Text von der Weltbank die Rede ist, handelt es sich immer um diesen Bericht. Zur Einführung aus unterschiedlicher Sicht vgl. zum Beispiel Heinz W. Arndt, Industrial Policy in East Asia, in: Industry and Development, No. 22 (1987), S. 1–66; Manuel Castells, Four Asian Tigers With a Dragon Head. A Comparative Analysis of State, Economy and Society in the Asian Pacific Rim, in: Richard P. Appelbaum (Hrsg.), States and Development in the Asian Pacific Rim, Sage 1992; Frederic C. Deyo (Hrsg.), The Political Economy of the New Asian Industrialism, Ithaca 1987; George Hicks, The Four Little Dragons. An Enthusiastic's Reading Guide, in: Asian Pacific Economic Literature, Vol. 3 (1989), S. 35–49; Detlef Lorenz, Newly Industrializing Countries in the World Economy: NICs, SICs, NECs, EPZs or TEs?, in: Carl-Ludwig Holtfrerich (Hrsg.), Interactions in the World Economy, New York 1989; James Riedel, Economic Development in East Asia: Doing What Comes Naturally?, in: Helen Hughes (Hrsg.), Achieving Industrialization in East Asia, Cambridge, Mass. 1988; Tibor Scitovsky, Economic Development in Taiwan and South Korea 1965–1981, in: Lawrence J. Lau (Hrsg.), Models of Development, Revised and Expanded Edition, San Francisco 1990, S. 127–181; Ezra F. Vogel, The Four Little Dragons. The Spread of Industrialization in East Asia, Cambridge, Mass. 1991. Zu einigen statistischen Grunddaten siehe die Tabelle 7.

Tabelle 1: *Merkmale des wirtschaftlichen Aufholprozesses in Japan, Hongkong, Singapur, Taiwan und Süd-Korea 1950 bis 1990*

Indikator	Japan				Hongkong			Singapur			Taiwan			Süd-Korea		
	1950–1960	1960–1970	1970–1980	1980–1990	1960–1970	1970–1980	1980–1990	1960–1970	1970–1980	1980–1990	1960–1970	1970–1980	1980–1990	1960–1970	1970–1980	1980–1990
Wachstumsrate des Pro-Kopf-Einkommens (BIP)[1]	7,1	9,4	4,0	3,4	7,4	7,4	4,6	6,5	7,3	9,1	5,9	6,9	7,0	5,6	7,1	7,1
BIP je Einwohner (Vereinigte Staaten = 100)	17,6	30,3	58,1	71,2	23,5	37,6	63,7	20,7	30,3	51,0	14,1	19,6	31,2	9,4	12,6	20,8
Investitionsquote (Anteil am BIP)	20,0	32,4	39,2	37,2	20,0	19,1	21,1	21,4	39,4	33,0	16,0	25,6	22,6	13,8	20,6	30,5
Ausbildung (Anteil der Schüler in der Sekundarstufe)	67,0	75,0	87,0	93,0	30,0	36,0	64,0	32,0	46,0	58,0	37,0	45,0	63,0	27,0	42,0	76,0
Offenheit (Anteil der Exporte am BIP)	1,7	11,0	11,9	14,6	82,4	101,1	106,7	163,1	113,2	212,2	11,5	30,3	52,5	3,3	14,0	34,0
Inflationsrate[1]	3,1	5,4	9,1	2,5	1,6	7,9	8,7	1,2	5,9	2,8	7,2	11,1	3,1	13,4	15,2	8,4

1 Jahresdurchschnitt.
Quelle: Bernhard Heitger, Wirtschaftliche Aufholprozesse in Ostasien, in: Die Weltwirtschaft, Heft 2 (1992), S. 214 und S. 222.

Das fernöstliche Wirtschaftswunder ist im Hinblick auf die Außen- wie die Binnenwirtschaft vordergründig ganz simpel und überzeugend auf ein gemeinsames Phänomen zurückgeführt worden, nämlich auf eine liberale Wirtschaftsstrategie in Gestalt der Verbindung von internationalem Freihandel mit den nationalen Marktwirtschaften, beides mit hohen Stellenwerten für diverse Liberalisierungs- und Deregulierungsstrategien zum Abbau von Regulierung und Protektion erst im Laufe der Entwicklung. Dabei geht es nicht um *Laisser-faire*-Kapitalismus, sondern nach James Riedel (1988) eher um eine selbstverständliche Entwicklung.
Seit den bahnbrechenden Studien der Organisation für wirtschaftliche Zusammenarbeit und Entwicklung (OECD) und bis hin zur Generalisierung und Propagierung des Modells dieser vier Volkswirtschaften durch die Weltbank[2] gelten die vier *Tiger* demgemäß als schlagender Beweis dafür, daß auch Entwicklungsländer mit Hilfe eines marktwirtschaftlichen Systems und der Eingliederung in die Weltwirtschaft ihr Sozialprodukt und ihren Lebensstandard eindeutig und relativ schnell verbessern und damit zu Schwellenländern werden können.[3] Sie sind damit zum viel zitierten und diskutierten Vorbild für andere Länder und Volkswirtschaften der Dritten Welt geworden. Das Standardmodell der Außenhandels-Lehrbücher von der Wohlstandssteigerung durch weltwirtschaftliche Arbeitsteilung gemäß der Theorie der komparativen Vorteile auf der Basis effizienter Preis- und Marktsteuerung[4] scheint damit weitgehend von der Realität bestätigt worden zu sein.

2 Und zwar der legendären Untersuchung im Auftrage der OECD von Ian M. D. Little und anderen, Industry and Trade in Some Developing Countries, Oxford 1970, sowie des NICs-Berichts der OECD selbst aus dem Jahre 1979. Der letzte Report der Weltbank von 1993 ist weniger einseitig ausgefallen als frühere Weltentwicklungsberichte der Bank; vgl. zur Kritik Sanjaya Lall, The »East Asian Miracle« Study: Does the Bell Toll for Industrial Strategy?, International Development Centre, University of Oxford, Development Studies Working Papers, No. 67 (1993).

3 In der englischsprachigen Literatur werden Schwellenländer bezeichnet als NICs = Newly Industrializing Countries; die asiatischen neuerdings oft als ANIEs = Asian Newly Industrializing Economies (die vier Tiger plus Indonesien, Malaysia, Thailand).

4 Dabei geht es um den populären Richtungsstreit: »getting prices (fundamentals) right« (Weltbank) versus »getting prices wrong« (Alice H. Amsden). Wozu wohl richtig angemerkt worden ist: »Getting relative prices right is not the end of economic development. But getting prices wrong frequently is.« (Zitiert nach Riedel, a. a. O., S. 38).

Tabelle 2: *Die vier »Tiger«: Reallöhne und -gehälter und Arbeitslosenquoten, ausgewählte Jahre*

Jahr	Hongkong Index der Reallöhne und -gehälter 1948 = 100	Arbeitslosenquote (Prozent)
1948	100	.
1960/61	105	1,7
1965	157	.
1970/71	167	4,4
1975/76	194	4,3
1980	253	3,7
1985	301	3,8
1990	405	1,7

Jahr	Süd-Korea Verdienst-Index 1966 = 100	Arbeitslosenquote (Prozent)
1963	.	8,2
1966/67	100	6,2
1971/72	169	4,5
1976	.	3,9
1980/81	306	4,1
1986	421	3,8
1990	660	2,4

Jahr	Singapur Index des durchschnittlichen realen Monatseinkommens pro Arbeiter 1966 = 100	Arbeitslosenquote (Prozent)
1966	100	(1965) 9,1
1975	100	(1977) 4,8
1980	120	3,5
1985	176	4,1
1990	216	2,0

Jahr	Taiwan Index der Reallöhne im Verarbeitenden Gewerbe 1954 = 100	Arbeitslosenquote (Prozent)
1954	100	(1955) 6,3
1960	102	(1963) 4,3
1970	183	(1972) 1,5
1979	400	(1981) 1,3
1985	518	2,9
1990	810	1,7

Quelle: Asian Development Bank, Asian Development Outlook 1994, Oxford 1994, S. 207.

II. Wirtschaftswachstum und Außenhandel als Stellvertreter von Lebensstandard und Wirtschaftssystem

Wendet man sich der Überprüfung der soeben skizzierten einfachen, eindimensionalen Verbindung von Lebensstandard und Wirtschaftssystem zu, so muß man feststellen, daß sich die übliche Verbindung weitgehend über Stellvertreter-Indikatoren herstellt. Der Lebensstandard wird vornehmlich durch die beiden Entwicklungsindikatoren Wachstum des Volkseinkommens pro Kopf und Industrialisierung (*Newly Industrializing Countries!*) erfaßt; das Wirtschaftssystem noch indirekter über die Außenhandelsverflechtung in Gestalt der Ausfuhren gewerblicher Güter oder generell eines hohen Offenheitsgrades der Märkte (siehe Tabelle 1 und 3). Die genannten Stellvertreter-Indikatoren sind einerseits systemneutral, sie werden jedoch andererseits typischerweise durch die Wirtschaftsordnung des Weltwirtschaftssystems systembezogen. Der Systemgehalt der internationalen Wirtschaftsbeziehungen ist gerade für die hier in Rede stehenden *kleinen* National- und Stadtstaaten dominant. Die Effizienz der Arbeitsteilung zwischen alten und neuen, sich entwickelnden Industrieländern hat einen hohen Stellenwert und strahlt auf die Binnenmarktentwicklung aus.

Wollen Entwicklungsländer also durch internationale Arbeitsteilung zu Schwellenländern werden, so müssen sie ihr Spezialisierungspotential zum Zwecke der Wohlstandssteigerung intensiv nutzen. Da nun aber ein effizientes, marktwirtschaftliches und offenes Weltwirtschaftssystem notwendig dazu konforme nationale Wirtschaftsordnungen schon bedingt, hat man auf die genauere Analyse der Determinanten nationaler Wirtschaftssysteme in der eindimensionalen Kasuistik lange verzichtet. Nicht das vieldimensionale und komplexe Wirtschaftssystem selbst, sondern die offensichtlichen und objektiven Daten des *Hyperwachstums* (Edward Chen, 1979) – Sozialprodukt und Industriewarenexporte (beziehungsweise Außenhandel) – kennzeichnen im Urteil insbesondere der Weltbank und der OECD die vier *Tiger*. Infolgedessen werden nicht nur nähere Analysen der spezifischen entwicklungspolitischen Besonderheiten dieser vier Volkswirtschaften weitgehend ausgeblendet; gleiches gilt für die Konsequenzen eines *Fehlschlusses der Verallgemeinerung* für den Fall einer Vor-

Tabelle 3: *Exportmarktanteile ausgewählter ostasiatischer Länder 1965 bis 1990*

Land	Anteil am Weltexport			Anteil am Export der Entwicklungsländer		
	1965	1980	1990	1965	1980	1990
Gesamtausfuhren						
Japan	5,0	7,0	9,0	–	–	–
Vier »Tiger«[1]	1,5	3,8	6,7	6,0	13,3	33,9
Südostasiatische Schwellenländer[2]	1,5	2,2	2,4	6,2	7,8	12,4
Zwischensumme führende ostasiatische Volkswirtschaften	8,0	13,0	18,1	12,2	21,1	46,3
Sämtliche Entwicklungsländer	24,2	28,7	19,8	100,0	100,0	100,0
Welt	100,0	100,0	100,0	–	–	–
Ausfuhren gewerblicher Güter						
Japan	7,8	11,6	11,8	–	–	–
Vier »Tiger«[1]	1,5	5,3	7,9	13,2	44,9	61,5
Südostasiatische Schwellenländer[2]	0,1	0,4	1,5	1,1	3,8	12,0
Zwischensumme führende ostasiatische Volkswirtschaften	9,4	17,3	21,2	14,3	48,7	73,5
Sämtliche Entwicklungsländer	11,1	11,8	12,9	100,0	100,0	100,0
Welt	100,0	100,0	100,0	–	–	–

1 Süd-Korea, Hongkong, Singapur, Taiwan. – 2 Indonesien, Malaysia, Thailand.
Quelle: World Bank, The East Asian Miracle. Economic Growth and Public Policy. A World Bank Policy Research Report, Oxford 1993, S. 38.

bildfunktion der vier *kleinen Tiger* für die weltwirtschaftliche Integration der Entwicklungsländer schlechthin im Hinblick auf die Aggregation der Exporte.[5]

Die konforme Eingliederung in die internationale Arbeitsteilung durch *richtige* Befolgung der Theorie der komparativen Vorteile und eine unverzerrte pretiale Lenkung über international eng verknüpfte (interdependente) Märkte und Firmen (*getting prices right!*) stellt aber auch einen direkten Zusammenhang von Außenhandel und Lebensstandard her, so daß internationale Wirtschaftsbeziehungen nicht nur indirekt das Wirtschaftssystem beeinflussen. Gemeint ist der Niederschlag von außenhandelsbedingt erhöhtem Lebensstandard in Gestalt des deutlichen Anstiegs der Entlohnung des in Entwicklungsländern zunächst reichlich und damit billig verfügbaren Produktionsfaktors Arbeit. Gerade die erfolgreiche Steigerung des Exports arbeitsintensiver Industriewaren durch die Strategie des exportgeführten Wachstums führt entsprechend den Gesetzen des marktwirtschaftlichen Systems zur Verknappung und damit Verteuerung dieses Produktionsfaktors.[6]

Während die übliche Diskussion zum Thema Lebensstandard einige direkte plausible Indikatoren schnell zur Hand hat, gilt das für die Verbindung zum Wirtschaftssystem so nicht. Um dieser Beziehung im Sinne des Themas besser beizukommen, soll der Begriff *Lebensstandard* umfassender interpretiert werden.

5 Zur entwicklungspolitischen Interpretation vgl. die Arbeiten von Collin I. Bradford Jr., Trade and Structural Change. NICs and the Next-Tier NICs as Transitional Economies, in: World Development, Vol. 15 (1987), S. 229–316; derselbe, From Trade-Driven Growth to Growth-Driven Trade: Reappraising the East Asian Development Experience, OECD Development Centre Documents, Paris 1994; Sanjaya Lall, The »East Asian Miracle« Study . . ., a. a. O.; derselbe, Industrial Policy: A Theoretical and Empirical Exposition, International Development Centre, University of Oxford, Development Studies Working Papers, No. 70 (1994). Zur fallacy-of-composition-Problematik siehe Fußnote 57 sowie speziell im Kontext mit der Volksrepublik China die Publikation von Kiichiro Fukasaku und Mingyuan Wu, China as a Leading Pacific Economy, Technical Papers, No. 89, OECD Development Centre, Paris 1993.

6 Vgl. die Ausführungen von Scitovsky zur Entwicklung in Taiwan und Korea: »The increase in consumers' demand was especially great owing to the labor-intensive nature of the export industries . . . it increased the earnings of labor and so improved the distribution of income«, Scitovsky, a. a. O., S. 156. Überdies stiegen auch die Reallöhne nicht zuletzt wegen der erfolgreichen makroökonomischen Stabilisierungspolitik (niedrige Inflationsraten), was besonders von der Weltbank (Kap. 3) unterstrichen wird (siehe zu den Reallöhnen Tabelle 2 und zu den Inflationsraten Tabelle 1).

III. Lebensstandard, soziale Indikatoren und Wirtschaftssystem

Wie bereits bemerkt, wird der Lebensstandard gemeinhin durch die einfachen Indikatoren des Volkseinkommens (Sozialprodukts) – seine absolute Höhe und seine Wachstumsrate, insbesondere pro Kopf – gekennzeichnet und quantifiziert. Darüber hinaus spielt jedoch die *Verwendung* des Einkommens eine eminente Rolle. Dabei sind nicht nur der Konsum und seine problematische Aufteilung in essentiellen Verbrauch (Grundbedürfnisse) und nicht-essentiellen Verbrauch (Luxusgüter) für die Interpretation des Lebensstandards wichtig. Ebenso – und langfristig sowie volkswirtschaftlich noch mehr – kommt es auf die Unterteilung der Verwendung des Volkseinkommens in Konsum und Sparen beziehungsweise Investition an. Weiter läßt sich die Unterteilung in privaten und kollektiven (Staats-) Verbrauch anführen, die gleichfalls für die Entwicklung des Lebensstandards wichtig sein kann, insbesondere dann, wenn man hier entsprechende Verbindungen des Staatsverbrauchs zur Infrastruktur im weitesten Sinne unterstellt (zum Beispiel Bildungssystem). Schließlich spielt die funktionelle und personelle Einkommens*verteilung* als Bestandteil des Lebensstandards eine Rolle, da es sinnvoll ist zu fragen: »Sind die Früchte des Wachstums der arbeitenden Bevölkerung zugute gekommen oder im wesentlichen den vermögenden Schichten der Gesellschaft?«[7] Bezeichnenderweise hat für die *Asian Newly Industrializing Economies* (ANIEs) auch die Erweiterung der Wachstumsstrategie des exportgeführten Wachstums zur Strategie *Wachstum plus Verteilungsgerechtigkeit* eine große Rolle gespielt.[8]

Einer solchen weiten und großzügigen Interpretation des Lebensstandards versucht die seit geraumer Zeit diskutierte Nutzung sogenannter *sozialer Indikatoren* für die Erfassung von Volkswohlstand (Lebensstandard) zu entsprechen.[9] Der Lebensstandard ist dann aber nicht nur harter Kern und

7 Walter Galenson, The Labor Force, Wages and Living Standards, in: derselbe (Hrsg.), Economic Growth and Structural Change in Taiwan, Ithaca 1979, S. 435.

8 Vgl. dazu Gustav Ranis, The Role of Institutions in Transition Growth: The East Asian Newly Industrializing Countries, in: World Development, Vol. 17 (1989), S. 1443–1453, und die Paraderolle Taiwans.

9 Vgl. Egon Tuchtfeldt, Soziale Indikatoren: Ansätze und kontroverse Fragen, in: Hamburger Jahrbuch für Wirtschafts- und Gesellschaftspolitik, 21. Jahr (1976), S. 63–85; sowie mit neuem Material Hans-Rimbert Hemmer, Wirtschaftsprobleme der Entwicklungsländer, 2. Aufl., München 1990.

Ausdruck weiterer (oben genannter) quantitativer Tatbestände, sondern er wird Gegenstand und Bestandteil der *qualitativen* Bestimmung der gesellschaftlichen Wohlfahrt durch soziale Indikatoren.[10] Damit sollen Kennziffern gewonnen werden, die eine vollständigere Erfassung der »Zustände und Änderungen der Lebensbedingungen« (EGON TUCHTFELDT) zulassen. Wie anspruchsvoll und weitreichend dieser Ansatz ist, belegen die zwölf Bereiche, mit denen die Vereinten Nationen bereits 1954 versuchten, die Lebensbedingungen zu messen:

– Gesundheit und demographische Verhältnisse,
– Nahrungsmittel und Ernährung,
– Bildung einschließlich der Beherrschung des Lesens und Schreibens sowie handwerklicher Fertigkeiten,
– Arbeitsbedingungen,
– Beschäftigungslage,
– Gesamtverbrauch und Ersparnisse,
– Verkehrswesen,
– Wohnungswesen und Ausstattung der Privathaushalte,
– Kleidung,
– Erholung und Unterhaltung,
– Soziale Sicherheit,
– Bürgerrechte.[11]

Fügt man noch die in dem japanischen »Weißbuch zum Lebensstandard« von 1969 vorgenommene Unterteilung eines sozialen Gesamtindikators in die beiden großen Bereiche *individueller* und *sozialer Lebensstandard* hinzu, dann sind wesentliche und zugleich wirtschaftssystem-relevante, aber auch entwicklungspolitische Aspekte der Lebensbedingungen und der Entwicklung von Volkswirtschaften angesprochen.[12] Eine viel benutzte Kurzform stellt auch der *Index der materiellen Lebensqualität* dar (siehe Tabelle 4).

Sicherlich müssen dabei die nicht geringen operationalen Probleme einer sinnvollen Erfassung von sozialen Indikatoren und deren internationaler Vergleiche in Rechnung gestellt werden. Ebenso ist darauf hinzuweisen, daß die verfeinerten Ergebnisse der Sozialindikatoren mit den einfachen

10 »While poverty has not diminished everywhere, there is evidence that the indicators of ›quality of life‹ have improved in most developing countries . . . Quality of life in the East Asian countries has improved significantly in the past two decades . . . The four East Asian NICs . . . seem to excell in every respect.« Riedel, a. a. O., S. 21.

11 Vgl. Tuchtfeldt, a. a. O., S. 73.

12 Vgl. Tuchtfeldt, a. a. O., S. 77 f.

Tabelle 4: *Index der materiellen Lebensqualität in sechs Schwellenländern, ausgewählte Jahre*

Jahr	Süd-Korea	Taiwan	Singapur	Hongkong	Brasilien	Mexiko
1950		63			53	
1951						55
1957	58					
1959						65
1960		77		76	63	
1968	76					
1970		87	83		66	71
1971				86		
1980	85	88	86	92	74	78
1985	88	94	91	95	77	84

Quelle: Steven Haggard, Pathways from the Periphery. The Politics of Growth in the Newly Industrializing Countries, Ithaca 1990, S. 231: »Die Höhe des Einkommens kennzeichnet die zur Befriedigung von Bedürfnissen zur Verfügung stehenden Mittel, mißt aber nicht unmittelbar die gesamten Lebensbedingungen. Morris David Morris hat drei Indikatoren für physisches Wohlbefinden zu einem ›Index der physischen (materiellen) Lebensqualität (PQLI)‹ kombiniert: Säuglingssterblichkeit, Lebenserwartungen und Grundkenntnisse im Lesen und Schreiben. Theoretisch kann der PQLI zwischen null und 100 liegen; im Jahre 1970 reichten die Länderwerte von 12 für Guinea-Bissau bis 97 für Schweden. Zu Beginn der siebziger Jahre näherten sich die ostasiatischen NICs bereits dem Niveau der führenden Industrienationen.«

Sozialprodukt-Indikatoren oft erheblich überlappen und die Ergebnisse von Weltranglisten der Lebensqualität von denen der Pro-Kopf-Einkommens-Liga nicht erheblich abweichen. Für die Beziehungen zwischen Lebensstandard und Wirtschaftssystem kommt es darauf aber weniger an; dagegen ist eine weite Interpretation des Lebensstandards im Sinne von *Lebensbedingungen* durch soziale Indikatoren für unsere Fragestellung von erheblicher Bedeutung.
Interessanterweise reichen in dem oben angeführten Katalog der Vereinten Nationen die weitgefächerten Sozialindikatoren zur Bestimmung der Lebensbedingungen oft über die Merkmale des marktwirtschaftlichen Systems im engeren Sinne der Wirtschaftsordnung hinaus und in zusätzliche soziale und politische Bereiche hinein. Zur Debatte steht aber darüber hinaus noch mehr, als Sozialindikatoren erfassen; nämlich das sozio-ökonomische Einwirkungspotential des Staates und das Reaktionspotential der Gesellschaften. Es geht also letztlich um die zentrale Frage, wie ein solches duales Potential des Wirtschafts- und Sozialsystems einschließlich des

politischen Systems auf die Entwicklung der Wirtschaft einwirkt. Auch *self-cultivation* oder *self-improvement* und wesentliche institutionelle Aspekte von Wirtschafts- und Gesellschaftssystemen müssen mit einbezogen werden, die gerade für die neo-konfuzianische Interpretation der vier *Tiger* in Ostasien nach Ezra Vogel und Roy Hofheinz/Kent E. Calder als entscheidend angesehen werden.[13]

Für die Beziehungen von Lebensstandard und Wirtschaftssystem geht es somit nicht nur um einen hohen Lebensstandard im Sinne des materiellen Güterkorbes (vornehmlich für den Konsum) durch eine optimale Verwendung (Allokation) von Ressourcen entsprechend dem neo-klassischen Marktmodell. Im Vordergrund vieler Diskussionen stehen vielmehr die *Eingriffskapazität* (Einwirkungspotential) des sogenannten »Entwicklungsstaates« und die *Motivationskapazität* (Reaktionspotential) der Entwicklungsgesellschaft. Bemerkenswerterweise spielt dabei der viel diskutierte und umstrittene, sicher weitgespannte Begriff des Entwicklungsstaates eine wichtige Rolle, und zwar nicht als ein Anti-Begriff zur marktwirtschaftlichen Ordnung, sondern als konstitutives Element der Wirtschaftssysteme der ANIEs.

Dieser typische ostasiatische Entwicklungsstaat versucht im Rahmen seiner Zielsetzungen und der Transformationsaufgabe, die marktwirtschaftlichen Organisations- und Allokationsmechanismen entwicklungspolitisch zu aktivieren und fruchtbar zu *instrumentalisieren*.[14] Wie die Erfolge der vier *Tiger* zeigen, hat diese *marktwirtschaftsfreundliche*[15] Strategie große Wirkung entfaltet. Die Symbiose von marktwirtschaftlicher (mikroökonomischer) Allokation und volkswirtschaftlicher (makroökonomischer) Entwicklung unter dem Dach des Entwicklungsstaates erzielte jedoch nicht zuletzt deswegen die bekannten bemerkenswerten Erfolge, weil sie bezeichnenderweise mit einer spezifisch *weltwirtschaftlichen Disziplinie-*

13 Vgl. Vogel, a. a. O., S. 100 f.; Hicks, a. a. O., S. 43.

14 Zur Interpretation des Entwicklungsstaates als wichtigem strukturellen, nicht nur kulturellen Element vgl. Roy Hofheinz und Kent E. Calder (zitiert nach Hicks, a. a. O., S. 43); sowie ausführlich Castells, a. a. O., S. 56–66 in seiner komparativen Studie der vier »Tiger«.

15 Der Begriff wird von der Weltbank gebraucht (S. 10 und S. 84 ff.); Amsden verwendet bezeichnenderweise eine etwas andere Unterscheidung. Bei ihr heißt es: »In honor of one crucial difference between the two paradigms – the market-oriented and the institutional – one may use the terms market-conforming and market-augmenting to describe their respective overarching policies.« Alice H. Amsden, Asia's Next Giant. South Korea and Late Industrialization, New York 1989, S. 149. Zum guten Zusammenspiel marktwirtschaftlicher fundamentals und selektiver Interventionen sowie zum Konzept von shared growth vgl. World Bank, a. a. O., S. 24 und Kap. 4.

rung verbunden war.[16] Als kleine Länder mußten sich die *Tiger*-Volkswirtschaften der ständigen Kontrolle des Weltmarktes und dem Diktat der komparativen Vorteile unterwerfen. Die exponierte Strategie exportgeführten Wachstums zur Ausschöpfung des Nachfragepotentials des Weltmarktes machte außerdem eine gemeinsame, preisbewußte und sehr anpassungsfähige Angebotspolitik von Staat und Wirtschaft nach außen und innen erforderlich, so daß im Falle der vier *Tiger* die überholte und allgemeine Dichotomie von Marktwirtschaft *versus* Planwirtschaft überhaupt nicht zur Debatte stand. Gerade wenn der Staat nicht aus ideologischen Gründen industrialisiert, sondern aus entwicklungspolitischen Gründen *nachholt* (Jeoffrey Henderson/Richard P. Appelbaum),[17] dann wird er gerade die Leistungsfähigkeit der Wirtschaft und der Entwicklungsprozesse hoch bewerten, was in Ostasien der Fall war und ist.[18] Häufig geht es schlicht um die pragmatische Ausschöpfung[19] der oben genannten Potentiale im Interesse der Erhöhung des Lebensstandards – und dies im Rahmen der sogenannten *nachholenden Entwicklung* von *late late industrialization*[20] mit Hilfe der beiden Institutionen: des offenen Weltmarktes einerseits und des Entwicklungsstaates andererseits.

16 Die mit der Exportorientierung verbundene Disziplinierung bedeutet nach Anne O. Krueger, Asian Trade and Growth Lessons, in: American Economic Review, Vol. 80 (1990), S. 110, einen neuen Wert: ». . . not only does openness increase competition, permit the realization of comparative advantage, and provide the means for realizing economies of scale and exhausting indivisibilities, it also constrains government policies in ways that make them conform more closely to those conducive to increases in living standards and rapid economic growth«. Im selben Sinne äußert sich: World Bank, a. a. O., zum Beispiel S. 359.

17 Vgl. Jeoffrey Henderson und Richard P. Appelbaum, Situating the State in the East Asian Development Process, in: Richard P. Appelbaum (Hrsg.), States and Development in the Asian Pacific Rim, Sage 1992, S. 18–23.

18 »In late-industrializing countries, the state intervenes with subsidies deliberately to distort relative prices in order to stimulate economic activity . . . in exchange for subsidies, the state has imposed performance standards on private firms. Subsidies have not been giveaways, but instead have been dispensed on the principle of reciprocity. With more disciplined firms, subsidies and protection have been lower and more effective than otherwise.« Amsden, a. a. O., S. 8.

19 Zum in der Literatur oft betonten Pragmatismus vgl. auch das Abschlußkapitel der Weltbank-Untersuchung (World Bank, a. a. O., Kap. 7) mit dem Titel »Policies and Pragmatism in a Changing World«.

20 Vgl. dazu die Ausführungen von Vogel, a. a. O., S. 3–5, in denen auch die strukturelle Notwendigkeit der Koordination und Kooperation von Staat und Wirtschaft gesondert angesprochen wird (S. 5). Zur Anwendung des Konzepts der nachholenden Entwicklung von Gerschenkron für die paradigmatische Untersuchung Süd-Koreas vgl. die wichtige Studie von Amsden, a. a. O.

IV. Systemrelevante Komponenten der Lebensbedingungen

Wie kann nun dieses gemischte, typisch entwicklungsadäquate und sozioökonomische Wirtschaftssystem in Ostasien näher charakterisiert werden, wobei die Betonung auf der nachholenden Transformationsaufgabe als Merkmal des Wirtschaftssystems liegt? Selbstredend verbietet sich im Rahmen eines Aufsatzes ein detailliertes Eingehen auf die jeweiligen Erfolgsstories der vier *kleinen Tiger* (siehe dazu aber Abschnitt V). Abgesehen davon geht es ja gerade auch (in der Literatur) immer wieder um die gemeinsamen Erfolgsmerkmale Ostasiens – nicht zuletzt in der neuesten Studie der Weltbank. Auch für die spezielle Thematik des Lebensstandards beziehungsweise der Lebensbedingungen stehen die gemeinsamen, prinzipiellen Systemelemente (zunächst) im Vordergrund der Überlegungen.

Zu diesem Zweck soll auf vier systemrelevante Komponenten eingegangen werden: zuerst auf eine sozusagen vor die Klammer gezogene *allgemeine* Komponente, nämlich die generelle Bedeutung von Motivation und Flexibilität für Entwicklungsprozesse; ferner auf drei zusätzliche, *spezielle* Komponenten, die zunächst umschrieben seien mit einer dynamischen Interpretation

- der Interdependenz der politischen und wirtschaftlichen Ordnungen,
- der Interdependenz nationaler und internationaler Märkte und schließlich
- der Interdependenz der Lebenslagen.

Von dynamischer Interpretation wird deswegen gesprochen, weil es sich bei diesen Schwellenländern der ersten Stunde in der Tat um Volkswirtschaften im Übergang,[21] um eindeutig transitorische Entwicklungsprozesse der *latecomers,* also um Nachholen und Beschleunigung von Entwicklung handelt. Die Dynamik der drei Interdependenzen erhält demgemäß den Charakter vertikaler Beziehungen. Das Attribut *vertikal* besagt, daß bei allen drei Interdependenzen ein intertemporaler Substitutionsprozeß mit einem späteren Ertrag in Gestalt höherer Lebensstandards oder verbesserter Lebensbedingungen verbunden ist: Einschränkung der

21 Vgl. Bradford, Trade and Structural Change . . ., a. a. O.

marktwirtschaftlich-demokratischen Elemente zugunsten des Entwicklungsregimes (-staates), der Binnenmarktstrategien zugunsten der internationalen Spezialisierung, des gegenwärtigen zugunsten des zukünftigen Lebensstandards, um später weniger staatsnah, weniger extra-regional und schließlich einfach besser zu leben. Diese theoretische Konzeption soll nun näher erläutert werden.

A. Motivierte und flexible Entwicklungsgesellschaften

Im Rahmen der ersten, generellen Komponente ergibt sich bereits für den Bereich der *Motivation* die Bedeutung des eben herausgestellten transitorischen Elementes. Für Übergangsgesellschaften hängt schon prinzipiell viel davon ab, wie motiviert man ist. Soll eine arme Gesellschaft oder Volkswirtschaft sich entwickeln, so entscheidet sicher nicht zuletzt auch die Lebensphilosophie über Dynamik und Zeithorizont der Entwicklung zu höherem Lebensstandard.[22] Sie bekommt einen besonderen Stellenwert, wenn es sich – wie bei den ANIEs – um Gesellschaften handelt, die danach *hungern*, aufzuholen.[23] Im Gegensatz zu den Erfahrungen mit den ehemaligen *real existierenden sozialistischen* Ländern konnte die ökonomische Umwegsproduktion (Abteilung I und II in der marxistischen Diktion) zu höherem Lebensstandard in Ostasien mit viel Pragmatik und wenig Dogmatik erfolgreich angegangen werden. Sosehr die volkswirtschaftliche Weisheit zutrifft, daß es auf den Spar- und Investitionsprozeß vor dem *guten Leben* ankommt,[24] und zwar unter dem Einfluß von Motivation *und* Effizienz (damit der Umweg profitabel durchgehalten werden kann), so wichtig ist es auch, daß diese Aufgabe mit pragmatischem und zugleich ökonomischem wie technokratischem Sachverstand und nicht als Verwirklichung von Heilslehren in die Tat umgesetzt wird. Der aktuelle Vergleich von Osteuropa mit Ostasien besagt hier sehr viel. Hinzuweisen ist *last, but not least* auf die Motivationen der Entwicklungsstaaten der vier *Tiger*

22 Dazu gehört der schillernde und in der Literatur höchst umstrittene Einfluß des Neo-Konfuzianismus. Darauf kann im Rahmen dieses Aufsatzes leider nicht eingegangen werden. Vgl. zum Beispiel Vogel, a. a. O., S. 92–102; William J. O'Malley, Culture and Industrialization, in: Helen Hughes (Hrsg.), Achieving Industrialization in East Asia, Cambridge, Mass. 1988, S. 327–343.

23 Vgl. Amsden, a. a. O., S. 23.

24 Vgl. Hermann Sautter, Ordnung, Moral und wirtschaftliche Entwicklung: Das Beispiel Taiwan, München 1990.

selbst, die ganz entschieden daran interessiert sind, durch ökonomische Effizienz sich zu beweisen und zu legitimieren sowie zur nationalen Identifikation beizutragen![25]
In diesem Zusammenhang ist auch das oft bemühte Argument zu sehen, wonach die vier *kleinen Tiger* ihre Erfolge den günstigen externen beziehungsweise den nicht-ökonomischen Umständen zu verdanken hätten.[26] In der Tat spielen diverse äußere Umstände bei allen vier Volkswirtschaften eine erhebliche Rolle, und zwar nicht nur zu Beginn ihrer Entwicklung, sondern bis heute, wenn zum Beispiel die ganze polit-ökonomische Komplexität und Interdependenz des gegenwärtig so aktuellen chinesischen Wirtschaftsraumes ins Visier genommen wird. In jedem Fall haben die Abspaltung Hongkongs und Taiwans von Festland-China, hat die Trennung Singapurs von Malaysia oder die Teilung Koreas ebenso wie die nicht nur zeitlich begrenzte ökonomische Hilfestellung von außen, insbesondere durch die USA, die Entschlossenheit zur Realisierung und den Zeitdruck zur Verwirklichung des ostasiatischen Wirtschaftswunders – und damit die Motivation zur Selbständigkeit – positiv verstärkt.[27] Jedoch ist dieser Faktor nicht als kritische Relativierung des Erfolges, sondern als Katalysator ohnehin entwickelter interner Motivation zu sehen. Aus der Not eine Tugend zu machen ist erfahrungsgemäß nicht jedermanns Sache!
Neben der Motivation kommt für die Dynamisierung marktwirtschaftlicher Übergangsgesellschaften der *Flexibilität* des volkswirtschaftlichen Potentials sicher gleichrangige Bedeutung zu.[28] In Zeiten des Aufbruchs zu neuen Ufern ist Flexibilität vor allem im Sinne der Bereitstellung von Aufstiegsfähigkeiten und -möglichkeiten für alle Tätigkeitsbereiche sehr wichtig, aber nicht selbstverständlich. Neben der erstmaligen Zuweisung der Produktionsfaktoren kommt es schon sehr früh im Entwicklungsprozeß auf weiterführende Anpassungsprozesse an, wenn ein Entwicklungsprozeß dynamisiert werden und im Sinne des Schlagwortes von der *nachhaltigen* Entwicklung andauern soll. Typischerweise ist die *Verkrustung*

25 Vgl. zu dieser Thematik ausführlich Castells, a. a. O., S. 56–66, sowie insbesondere das Beispiel Singapur. In der Weltbank-Studie wird das Thema unter dem Slogan »Achieving Legitimacy through Shared Growth« behandelt, World Bank, a. a. O., Kap. 4, S. 158 ff.

26 Vgl. zu diesen Vorbedingungen ausführlich Arndt, a. a. O., S. 13–27.

27 Vgl. hierzu insbesondere die positive Interpretation der situational factors, insbesondere sense of political and economic urgency, bei Vogel, a. a. O., S. 85 ff.; und the politics of survival bei Castells, a. a. O., S. 58 f.

28 Zur Flexibilität der Wirtschaftspolitik und der Institutionen vgl. World Bank, a. a. O., S. 12, S. 15 und S. 86 f.; sowie das Diktum von Arndt, a. a. O., S. 30: »A feature of overall economic policy in all these economies, more elusive but probably very important to their success, has been flexibility.«

von Volkswirtschaften und Gesellschaften in der Regel (naturgemäß?) den reifen Wohlfahrtsstaaten vorbehalten.[29]

Was Flexibilität bedeutet, kann überzeugend an den unterschiedlichen Reaktionen der Mehrheit der Entwicklungsländer im Gegensatz zu einer Minderheit in Ostasien bezüglich der Verschlechterung der Austauschverhältnisse im Außenhandel, der sogenannten *terms of trade*, erläutert werden. Statt eine säkulare Verschlechterung der Preisentwicklung für Primärgüter zu beklagen und daraus letztlich den Versuch einer *Neuen Weltwirtschaftsordnung* (1973 ff.) der Vereinten Nationen abzuleiten, wurde das Risiko fallender Preise, also schlechterer *terms of trade* als Folge von hohen Industriewarenexporten der NIEs Ostasiens, von ihnen durchaus eingegangen. Die *Mengenoffensive* mit Billigprodukten der Niedriglohn- beziehungsweise Niedrigpreis-Länder bewies auch, wie man die Wohlfahrtsstaaten der OECD das Fürchten vor Marktzerrüttung lehren konnte.[30] Der Protektionismus der Industrieländer wurde im übrigen durch Umgehungsmethoden porös gemacht und damit wesentlich entschärft.[31]

Mit Flexibilität nach und nach – aber zügig – weltwirtschaftlich mehr Marktanteile und wohlfahrtsökonomisch rasch steigenden Lebensstandard in einer Übergangsökonomie zu erzielen, setzt sicher auch wiederum Motivation (und günstige Umstände) voraus. Beides verstärkt dann jedoch endogen neben den exogenen Einflüssen die laufende Dynamik der Entwicklung im Sinne eines sogenannten *Tugendkreises* und eines kumulativen Prozesses.[32] Was es über die generellen Komponenten Motivation und Flexibilität hinaus mit den drei weiteren oben genannten Komponenten des ostasiatischen Wirtschaftssystems und -wunders auf sich hat, soll jetzt eingehender und grundsätzlicher erörtert werden.

29 Vgl. etwa die wichtige Studie von Mancur Olson, Aufstieg und Niedergang von Nationen, Deutsche Übersetzung, Tübingen 1985 – auch in bezug auf den alten Konfuzianismus kann man wohl sagen, daß er im Gegensatz zum Neo-Konfuzianismus praktisch auf Hierarchien ohne Entwicklungszielsetzungen hinauslief!

30 Zum Verständnis der Problematik ist es notwendig zu wissen, daß es weniger auf das reine Preisverhältnis der Exporte zu den Importen ankommt als auf die sogenannten *income terms of trade*, bei denen die exportierten Mengen die niedrigen Preise erheblich überkompensieren können, so daß die Exporterlöse in Devisen steigen. Zum Vergleich der sehr erfolgreichen Situation der major exporters of manufactures mit anderen Gruppen von Entwicklungsländern, zum Beispiel den Mitgliedstaaten der Organisation der ölexportierenden Länder (OPEC), vgl. die Statistik der UN-Organisation United Nations Conference on Trade and Development (UNCTAD), Handbook of International Trade and Development Statistics, New York 1992, S. 46 f.

31 Vgl. David B. Yoffie, The Newly Industrializing Countries and the Political Economy of Protectionism, in: International Studies Quarterly, Vol. 25 (1981), S. 569–599.

32 Zum Erfolgszyklus siehe auch Vogel, a. a. O., S. 103.

B. Interdependenz der Ordnungen: Wirtschaft und Politik

Die soeben aufgezeigten, für die nachholende Entwicklung der ANIEs elementaren und essentiellen Komponenten Motivation und Flexibilität sind nicht allein ökonomisch zu interpretieren. Politische und sozio-ökonomische Implikationen spielen jedoch noch grundsätzlicher für die Wirtschaftsordnungen selbst eine Rolle. Sie sind seinerzeit schon von Walter Eucken in eine Interdependenz mit den politischen Systemen, den Staatsordnungen, gebracht worden.[33] Diese Interdependenz der Ordnungen für den politischen und den ökonomischen Bereich gilt sicher nicht nur für die beiden Extremsituationen, die Kombination von Diktatur und Planwirtschaft (Zentralverwaltungswirtschaft) einerseits und Demokratie und Marktwirtschaft (dezentrale Koordination) andererseits.

Gerade wenn keine statischen Endzustände, sondern Entwicklungsprozesse von Schwellenländern – transitorischen Volkswirtschaften – vorliegen, ist bereits für den Merkantilismus seinerzeit in Europa von der *staatsgebundenen Grundgestalt* gesprochen worden.[34] Wenn heute in der Entwicklungsländer-Diskussion nachdrücklich, wenn auch strittig, auf die Rolle des bereits erörterten Entwicklungsstaates verwiesen wird, dann ist das zugleich mit zwei anderen Aspekten zu verbinden: den *autoritären Elementen* der politischen und kulturellen Systeme in vielen ANIEs und dem Beitrag der *administrativen Institutionen*, ohne die der ökonomische Erfolg der ANIEs nicht zu erklären ist. Beide Komponenten lassen sich im Sinne des aufgeklärten Absolutismus, des *wohlmeinenden Diktators* der Wohlfahrtsökonomie oder des Sachverstandes der Technokraten interpretieren.[35] Das gilt gerade auch dann, wenn es um das soeben erörterte Motivationsargument geht! Sie sind weitgehend die Ursache dafür, daß das ostasiatische Wirtschaftssystem entwicklungsadäquat durch eine Mischung von sogenannten marktwirtschaftlichen *fundamentals* (Stabilitätspolitik) und interventionistischer Sektor-/Industriepolitik rational auf Entwick-

33 Zur Interdependenz der Ordnungen im Sinne von Walter Eucken und deren entwicklungspolitischer Interpretation vgl. insbesondere Bernhard Külp und Norbert Berthold, Grundlagen der Wirtschaftspolitik, München 1992, S. 246–256.

34 Vgl. Hans-Jürgen Seraphim, Grundzüge der Wirtschaftspolitik, München 1963, S. 143 ff.

35 »Studies of the successful Asian economies have frequently emphasized the authoritarian nature of their leadership. Leaders of these societies are described as benevolent dictators who, in contrast to most other dictators, used their authority to muster business, workers and bureaucrats into a single-minded pursuit of development . . . the leaders of the countries have to various degrees devised mechanisms that effectively deliver the promise of shared growth.« World Bank, a. a. O., S. 187 f.

lungs- und Wachstumskurs gehalten wurde. Nicht nur die Taiwanesen wissen, wie man die Kräfte des Marktes in den Dienst seiner wirtschaftspolitischen Strategien zwingt.[36] Die Instrumentalisierung der Marktwirtschaft durch den Entwicklungsstaat und seine Institutionen ist der konkrete Ausdruck einer erfolgreichen Interdependenz der Ordnungen geworden. Sie ist somit nicht als einfache Kombinatorik, als *a-priori*-Zuordnung von Demokratie und Markt oder Diktatur und Planung aufzufassen, sondern dynamisch und entwicklungsabhängig.

Die Staatsbindung der Wirtschaft hängt demgemäß auch vom Ausmaß der Unterentwicklung ab sowie von den Aussichten, durch Mobilisierung staatlicher und generell institutioneller Entwicklungskapazität die Wirtschaft im Sinne einer *shared partnership* zu motivieren und das wirtschaftliche Defizit an funktionsfähigen Märkten für die spezielle transitorische Entwicklungsaufgabe zu überwinden. Wird das Problem aus der Sicht des Entwicklungsprozesses begriffen, dann kommt es natürlich sehr auf eine möglichst unproblematische Vereinbarkeit der jeweiligen politischen und wirtschaftlichen Ordnungen gesellschaftlicher Systeme an, und zwar im Hinblick auf ganz pragmatische Ziel- und Wertvorstellungen der Entwicklungsländer. Es geht dabei nicht um prinzipielle Werte von Individuen beziehungsweise Kollektiven, sondern um die Bewältigung der Transformation. An die Stelle der richtigen Ordnung des Endzustandes tritt die Aufgabe der erstmaligen Entwicklung einer modernen Industriegesellschaft, wozu offenbar sämtliche gesellschaftlichen Kräfte gebraucht werden. Interdependenz der Ordnungen umfaßt hier die spezifische gegenseitige Abhängigkeit von Politik und Wirtschaft bei der Bewältigung der *gemeinsamen* Aufgabe einer erfolgreichen Entwicklungspolitik.

Um zu diesem Zweck das erwähnte ökonomische Reaktionspotential und die Motivationskapazität der gesellschaftlichen Akteure mikro- wie makroökonomisch für einen erfolgreichen Übergang vom Entwicklungs- zum Schwellen- oder Industrieland zu nutzen und zu entwickeln, bedarf es offenbar eines hohen Entwicklungspotentials und des Einsatzes einer effizienten Eingriffskapazität. Je weniger entwickelt eine Wirtschaft ist, umso notwendiger scheint die Bündelung und Zielgerichtetheit des ökonomischen Potentials durch den Entwicklungsstaat, die ökonomisch *aufgeklärte* Staatsordnung. Solange die Wirtschaft als solche noch zu wenig Potential

36 Vgl. Scitovsky, a. a. O., S. 136.

entwickelt, ist die Staatsordnung gefordert, für die Wirtschaftsordnung ökonomisches Potential freizusetzen.

In diesem Zusammenhang und an dieser Stelle schlägt sich in den ANIEs das autoritäre Element des politischen Systems vor allem in wichtigen, ganz speziellen *institutionellen* Ausprägungen und Funktionen der Bürokratien sowie ihrer Eliten nieder. Die immense Bedeutung relativ entwicklungsbewußter, effizienter und zuverlässiger Bürokratien/Institutionen ist von vielen Autoren, insbesondere von STEVEN HAGGARD und GUSTAV RANIS, herausgearbeitet worden.[37] Auch die Weltbank hat in ihrer neuesten Studie die *institutional basis for shared growth* besonders betont. Ein bemerkenswerter Aspekt im Hinblick auf das autoritäre Element in politischen und ökonomischen Systemen ist dabei die Isolierung der Institutionen von den verschiedensten *pressure groups* im Interesse der effizienten Realisierung volkswirtschaftlicher, nicht partikularistischer Zielsetzungen und Aufgaben. Im Vordergrund steht nach Ansicht der Weltbank »technokratische Isolierung – die Fähigkeit der Wirtschafts-Technokraten, Strategien zu formulieren und umzusetzen, die politisch formulierten nationalen Zielen entsprechen, und dabei das Streben von Politikern und Vertretern von Sonderinteressen nach Vorzugsbehandlung einzudämmen«.[38] Für die entwicklungskonforme, adäquate Funktionsbestimmung des Staates und der Institutionen ergibt sich nun jedoch noch eine weitere Überlegung. Es geht nämlich nicht nur um die gegenseitige grundsätzliche Unterstützung, um die effiziente institutionelle Verzahnung der Elemente des polit-ökonomischen Systems. Hinzu kommen sollte eine ordnungspolitische Bewertung des entwicklungspolitischen Ablaufs.

Die im Entstehen begriffene marktwirtschaftliche Ordnung muß gewissermaßen mit einem Entwicklungsindex versehen werden, denn die Wirtschaft wird von Jahr zu Jahr komplexer. Daraus kann sich dann eine *gegenläufige Dynamik* der Subsysteme ergeben: Je mehr die staatsgebundene (autoritäre) Grundgestalt Entwicklung erfolgreich in Gang setzt und die Lebensbedingungen verbessert, um so mehr könnte sich die Dominanz autoritärer Ordnungen zugunsten einer Dominanz demokratischer Ordnungen verändern. Diese Gegenläufigkeit beinhaltet dann die in der

37 Vgl. Steven Haggard, Pathways from the Periphery. The Politics of Growth in the Newly Industrializing Countries, Ithaca 1990, besonders Kap. 10; und Ranis, The Role of Institutions . . ., a. a. O., S. 1443–1453.

38 World Bank, a. a. O., Kap. 4 und S. 167.

Gegenwart zunehmend diskutierten Möglichkeiten einer Demokratisierung von Politik und Wirtschaft im Entwicklungsablauf. Die sich immer mehr entwickelnde und daher komplexere Wirtschaft braucht immer weniger Bevormundung. Mit der Emanzipation der Wirtschaft sollte dann die Staatsbindung nachlassen – dies auch schon allein deswegen, weil es immer schwerer wird, einen hohen Autoritätsgrad der Staatsordnung ökonomisch und entwicklungspolitisch zu begründen. Im Gegenteil, der demokratische Gehalt beider Ordnungen sollte zunehmen, und insofern könnten sich auch die privaten Lebensbedingungen verbessern.
In gewisser Weise lassen sich diese Überlegungen dahingehend einfach zusammenfassen, daß der Staatsordnung die Rolle der LISTschen Erziehungsfunktion zukommt, was allerdings eine entsprechende Motivationskapazität der Gesellschaft voraussetzt. Ob eine solche entwicklungsbedingte Transformation der Ordnungen Früchte trägt und damit Defizite des Entwicklungsprozesses später kompensiert – wie oben generell formuliert –, wird in den und für die ANIEs (insbesondere Süd-Korea) aktuell diskutiert.[39]

C. Interdependenz der Weltmärkte und der Arbeitsteilung

Zusätzlich zu der Dynamik der Interdependenz der Ordnungen spielt für die ANIEs die Dynamik der Interdependenz der Märkte, und zwar der nationalen mit den internationalen, also die Eingliederung in die Weltwirtschaft, eine große Rolle. In der üblichen Betrachtung und Analyse der vier *Tiger* hat die außenwirtschaftliche Komponente vielleicht die größte Beachtung und Betonung gefunden. Während die sogenannte *Importsubstitutionsstrategie* im Rahmen der Entwicklungspolitik als *inward-looking*-Strategie die nationalen von den internationalen Märkten durch Protektionismus abkoppelt, ist das bei der *outward-looking*-Strategie des exportgeführten Wachstums weitgehend umgekehrt. Die Strategie der erfolgrei-

39 Zur prinzipiellen Erörterung des Verhältnisses von Demokratie und Entwicklungsstaat (autoritärer Prägung) im Entwicklungsprozeß vgl. den interessanten Artikel von Adam Przeworski und Fernando Limongi, Political Regimes and Economic Growth, in: Journal of Economic Perspectives, Vol. 7 (1993), S. 51–69; sowie für die ANIEs Vogel, a. a. O., S. 107–109; Haggard, a. a. O., S. 265 f.

chen Steigerung des Wohlstands durch internationale Arbeitsteilung wurde geradezu zum Markenzeichen für die ANIEs.[40]

Zwei gesamtwirtschaftlichen Auswirkungen kommt besondere Bedeutung zu, worauf Heinz W. Arndt aufmerksam macht: zum einen den Vorteilen der Exportorientierung über die dynamischen Außenhandelsgewinne in Gestalt erheblicher Steigerung der gesamten volkswirtschaftlichen Faktorproduktivität zusammen mit den generellen Anforderungen erhöhten Wettbewerbs (Wettbewerbsdisziplin über Auslandsmärkte) und erhöhter Flexibilität beziehungsweise Anpassungspolitik: »Die Literatur stimmt weitgehend darin überein, daß es im wesentlichen diese Faktoren sind, die die hervorragenden Entwicklungserfolge der ostasiatischen Volkswirtschaften erklären.«[41] Zum anderen war das Hyperwachstum der vier *Tiger* auf der Grundlage arbeitsintensiver Industriewarenexporte »vielleicht der wirksamste Weg zur Verminderung der Armut. Die Reallöhne stiegen in allen vier Volkswirtschaften außerordentlich rasch, und in einigen von ihnen ... erhöhte sich der Anteil der Einkommen aus unselbständiger Arbeit am Volkseinkommen«,[42] am deutlichsten und nachhaltigsten in Taiwan, wo die Strategie von Wachstum plus Verteilungsgerechtigkeit das exportgeführte Wachstum positiv begleitete. Der internationale Wettbewerb spielte sich zunächst auf der untersten Stufe der internationalen Spezialisierungsskala, also der einfachen arbeitsintensiven Industrien ab, was sich relativ leicht mit Hilfe des großen Arbeitsangebotes der Entwicklungsländer in Gang setzen ließ. Dazu kam eine erhebliche Unterstützung durch multinationale Firmen und Technologietransfers, zum Teil im Rahmen der Auslagerungsstrategien der Industrieländer via Exportzonen insbesondere in Taiwan und Korea.

Der Sachverhalt kann im Hinblick auf eine vertikale Interdependenz der Märkte freilich auch etwas anders formuliert werden: Die Übernahme von Arbeitsplätzen der Industrieländer führt zu einer direkten Zunahme des Einkommens (und der Beschäftigung) in den ANIEs, wenn auch die hohe Entlohnung der Industrieländer durch Niedriglohn-Wettbewerber nicht

40 Vgl. dazu neuerdings die umfassende Studie von Peter C. Y. Chow und Mitchell H. Kellmann, Trade. Engine of Growth in East Asia, New York 1993; sowie zur Verbindung von Export- und Stabilitätspolitik Kap. 3 des Weltbank-Reports (World Bank, a. a. O.). Siehe auch Tabelle 3.

41 Arndt, a. a. O., S. 35.

42 Arndt, a. a. O., S. 36.

übernommen werden kann. Dadurch, daß sich hier also zunächst sehr einfache direkte Substitutionsverhältnisse über die internationale Interdependenz der Märkte herstellen lassen – desto eher und besser, je ungehinderter die Interdependenz ist (Freihandel) –, ergibt sich eine bemerkenswerte *weltwirtschaftliche Alimentierung* der Verbesserung des Lebensstandards der ANIEs. Auf diesem komfortablen Sockel der Strategie beruht dann auch der Ansteckungseffekt bezüglich des Motivationspotentials für eine *more sophisticated strategy* zur Eroberung der höheren Stufen auf der Leiter der internationalen Arbeitsteilung, also das Vordringen in Bereiche anspruchsvollerer Industrialisierung nach dem Vorbild des ersten *Newly Industrialized Country* (NIC), nämlich Japans, wie es seit den achtziger Jahren für die ANIEs mehr und mehr typisch geworden ist.[43]
Ein mitunter wenig beachteter, aber wichtiger Effekt dieser Strategie läßt sich nun auch in Analogie zur vertikalen Dynamik der Interdependenz der Ordnungen und Systeme setzen. Während im einen Fall entwicklungsbedingt ein Demokratieverlust in Kauf genommen wurde, übernahm im anderen das internationale System die Patenrolle in Gestalt der Verfügbarkeit von Importmärkten der Industrieländer bei der allmählichen Etablierung und vollen Nutzung des Exportpotentials der ANIEs. Die internationale Interdependenz der Märkte bewirkt, daß der schwierige Prozeß der Kreierung von effizienten Märkten den ANIEs (insbesondere bei Binnenmärkten in kleinen Ländern) durch das Substitutionspotential in den Industrieländern erheblich erleichtert wurde.
Nachholende Entwicklung, die sich vornehmlich auf Arbeitskostenvorteile und Imitationsvorteile stützt, trifft allerdings gerade auf die sensiblen (schwachen, alten) Märkte der Industrieländer und verstärkt dort deren Anpassungsprobleme. Im Unterschied zum komplementären Austausch der Kolonialzeit, als durch die Primärgüterexporte der Entwicklungsländer kaum Produktionsfaktoren in den Industrieländern freigesetzt wurden und sich die Produktionsstrukturen von Industrieländern und Entwicklungsländern vornehmlich ergänzten, ist der Austausch über die neue vertikale internationale Arbeitsteilung der NIEs in erster Linie ein Preiswettbewerb auf Märkten für gleichartige inländische Produkte. Die neuen Anbieter aus den NIEs verdrängen dementsprechend die unterlegenen

43 Vgl. Chow und Kellmann, a. a. O.; und insbesondere Bradford, From Trade-Driven Growth . . ., a. a. O., Kap. 3 und Kap. 4; sowie Lall, Industrial Policy . . ., a. a. O.

Tabelle 5: *Ausfuhren der vier »Tiger« in die Länder der Triade 1966 bis 1982 (USA + EG + Japan = 100 Prozent)*

Markt		Süd-Korea	Taiwan	Singapur	Hongkong
USA	1966	80,5	84,5	50,1	48,7
	1974	48,5	63,8	55,1	48,4
	1982	56,0	71,2	59,6	57,1
EG	1966	11,1	10,9	47,0	48,2
	1974	15,2	19,3	36,3	45,0
	1982	21,1	18,2	32,8	38,1
Japan	1966	8,4	4,6	2,9	3,1
	1974	36,3	16,9	8,6	6,6
	1982	22,9	10,6	7,6	4,8

Quelle: Peter C. Y. Chow und Mitchell H. Kellmann, Trade. Engine of Growth in East Asia, New York 1993, S. 28, S. 31 und S. 34.

herkömmlichen Anbieter aus den Industrieländern via substitutiven Verdrängungswettbewerb.[44]

Die im Rahmen der entwicklungspolitischen Strategie des exportgeführten Wachstums bewirkte Verlagerung der Expansionskräfte und Anpassungsprozesse von den Binnen- auf die Außenmärkte, die Alimentierung der nationalen Entwicklung mit Hilfe der Weltmärkte, ergab dennoch über die Interdependenz der Märkte einen zweiten wichtigen Entwicklungsspielraum. Wie bereits angedeutet, ist er in etwa vergleichbar dem, der in der Interdependenz der Ordnungen mit dem Rückgriff auf die Staatsbindung des Entwicklungssystems entstanden war. Entstand im letzten Fall eine transitorische *Verfremdung* des marktwirtschaftlich-demokratischen Systems, so ergab sich im weltwirtschaftlichen Bereich eine konflikt-

44 »Zwei weitere Entwicklungen treten hinzu, die geeignet sind, den Druck auf strukturellen Wandel in den westlichen Industrieländern zu erhöhen. Erstens hat der Prozeß weltwirtschaftlicher Integration zu einer verstärkten Eingliederung von Volkswirtschaften mit unterschiedlichen ökonomischen, politischen und gesellschaftlichen Anschauungen und Normen geführt. Der internationale Maßstab für die Akzeptanz von Mobilitätsanforderungen hat sich dadurch verändert. Zweitens führt das weltweite Vordringen von Volkswirtschaften mit einer traditionell engen Verzahnung von Wirtschaft und Politik zu einem harten, politisch gestützten Aufholwettbewerb, der aus liberaler Sicht stark neo-merkantilistische Züge aufweist. Diese Entwicklungen tragen dazu bei, daß sich die komparativen Vorteile tendenziell schneller gegen die Produzenten in den Hochlohnländern wenden . . .« Heinz G. Preuße, Handelspessimismus alt und neu, Tübingen 1991, S. 174.

trächtige, nicht zuletzt auch Protektion herausfordernde Konzentration auf die *Umwegsproduktion* der internationalen Arbeitsteilung über die Absatzmärkte der Industrieländer. Indem frühzeitig auf eine wenig aussichtsreiche *inward-looking*-Strategie über die jeweiligen engen Binnenmärkte der ANIEs verzichtet wurde, erhielt die lukrative extra-regionale Spezialisierung auf die Industrieländer (vornehmlich die USA) Priorität (siehe dazu Tabelle 5). Die *intra*-regionale Binnenmarktentwicklung trat erst im späteren Verlaufe des Entwicklungsprozesses – nicht zuletzt aufgrund steigender nationaler Lebensstandards – mehr und mehr in Erscheinung. Vor diesem Hintergrund ist dann die allmähliche Entstehung regionaler Wachstumsmärkte (-dreiecke) einzuordnen.[45]

D. Interdependenz der Lebenslagen

Für Tempo und Intensität der Verbesserung des Lebensstandards hängt schließlich nicht nur viel von der Interdependenz der Ordnungen und der Weltmärkte, sondern ebenfalls viel von der Interdependenz der Lebenslagen in Gegenwart und Zukunft ab. Investitionen in die Zukunft haben auf Staatsebene ebenso wie im Bereich der privaten Wirtschaft zur ökonomischen Voraussetzung einen Verzicht auf Gegenwartsnutzung. Soll ohne Gefährdung der Preisstabilität im gesamtwirtschaftlichen (öffentlichen) Bereich oder ohne leichtsinnige Verschuldung im mikroökonomischen (privaten) Bereich der zukünftige Lebensstandard nachhaltig verbessert werden, so muß *gespart* werden, um beispielsweise über Aufwendungen für die materielle und immaterielle Infrastruktur die zukünftige Situation zu verbessern. Bei den wichtigsten Bereichen der extensiv interpretierten Infrastruktur – Verkehr, Wohnungsbau und insbesondere Ausbildung einschließlich Forschung und Entwicklung – ist das ebenso unmittelbar einsehbar wie für die große grundsätzliche Bedeutung erheblicher Kapitalbildung im allgemeinen, was ja hinlänglich gerade auch für die vier *Tiger* bekannt ist.[46] Für Korea ist das von Alice H. Amsden vor allem unter der These *industrializing through learning* ausführlich belegt worden.

45 Zu verschiedenen Aspekten intra-regionaler und entwicklungspolitischer Beziehungen (Regionalisierung) vgl. insbesondere Detlef Lorenz, Europe and East Asia in the Context of Regionalization: Theory and Economic Policy, in: Journal of Asian Economics, Vol. 4 (1993), S. 263–266.

46 Vgl. World Bank, a. a. O., Kap. 5.

Diese vertikale Interdependenz gilt darüber hinaus aber zusätzlich noch in zweierlei Hinsicht:

– Sie gilt erstens für den äußerst wichtigen, gleichwohl höchst umstrittenen und kritischen Faktor der Lohnbildung. Niedrige Löhne generell und Niedriglohn- oder Preiskonkurrenz international werden gemeinhin auf das große Arbeitsangebot (*Reservearmee*) und auf schwache institutionelle Machtpositionen der Arbeitnehmer auf *repressiven* Arbeitsmärkten zurückgeführt, so daß immer wieder von ungerechter Entlohnung und international von Sozial-Dumping gesprochen wird. Was immer im einzelnen und in bestimmten Situationen an Kritik in dieser Hinsicht berechtigt sein mag, so tritt das generelle und fundamentale Argument doch viel banaler zutage.

Es geht gerade bei einer motivierten und flexiblen Gesellschaft zunächst in erster Linie um den einstweiligen Verzicht auf diverse wohlfahrtsökonomische Forderungen zugunsten der Sicherung und Fortführung einer erfolgreichen Ausgangsposition. Vereinfacht gesagt steht die erstmalige Eingliederung in den Arbeitsmarkt im Vordergrund, nicht die gerechte Entlohnung oder die Vereinnahmung von Renten. Und zur Sicherung der Arbeitsplätze im Wege weltwirtschaftlicher Konkurrenz geht es dann nicht nur um strategische Zurückhaltung in der Lohnpolitik, sondern generell um den Erhalt der Wettbewerbsfähigkeit durch Förderung der Angebotsattraktivität (Standortvorteile) auch von seiten des Produktionsfaktors Arbeit. Steigerung der Produktion über Produktivitätssteigerung und erhöhte Qualität (Ausbildung), verbunden mit Lohnzurückhaltung im Hinblick auf zukünftige Realisierung von Einkommenssteigerungen, sind die pragmatischen Punkte, auf die es ankommt – ». . . die Bereitschaft zu lernen und die Bereitschaft zum Verzicht, so daß Vermögen für künftige Generationen angesammelt werden kann, ist in den meisten ostasiatischen Gesellschaften wohl stärker ausgeprägt als anderswo«.[47]

Die offensichtliche Einsicht in diese Zusammenhänge und ihre erfolgreiche Durchsetzung auf staatlicher und privatwirtschaftlicher Ebene im Rahmen einer hochmotivierten und von entwicklungsbedingten Zwängen hart bedrängten Gesellschaft haben sich für alle ANIEs, insbesondere die

47 Vogel, a. a. O., S. 32.

vier *Tiger*, als einträglich erwiesen.[48] Der Lebensstandard und nicht nur die Reallöhne konnten aufgrund dieser geschickten intertemporalen Strategie nach einer relativ kurzen Anlaufzeit in unerwartetem Ausmaß steigen (siehe auch Tabelle 2). Das Vertrauen in die Zukunft hat sich gerade für die breite Masse der Bevölkerung bis hin zur Verbesserung der Einkommensverteilung offensichtlich stärker ausgezahlt als in den sozialistisch-kommunistischen Parallelbeispielen, die ja gleichfalls eine zukunftsorientierte Umwegsproduktion eingeschlagen hatten, freilich mit einem ungeeigneten Wirtschaftssystem. Der Erfolg der vier *kleinen Tiger* zeigt sich schließlich nicht zuletzt daran, daß sie – wie vordem Japan – die Produktion von billigen, arbeitsintensiven Produkten inzwischen an andere südostasiatische NIEs (oder nach Osteuropa) abgeben mußten, weil der steigende Lebensstandard ursprüngliche komparative Lohnvorteile zunichte gemacht hat (siehe Tabelle 6).

– Um diesen Erfolg ausreichend zu erklären, ist jedoch zweitens auf einen zusätzlichen Faktor zu verweisen. Die Analyse sollte nämlich bei der Entlohnung – gerecht *versus* entwicklungskonform – nicht stehenbleiben. Hinzu kommen muß gerade bezüglich des für die ANIEs wichtigen Motivationsaspektes eine begleitende, die zunächst zurückhaltende Lohnpolitik kompensierende Politik der öffentlichen Hand des Entwicklungsstaates. Hier gibt es viele Beispiele, von der Wohnungsbaupolitik in Singapur und Hongkong (sozialer Wohnungsbau) über die Schul- und sonstige Ausbildungsförderung – freilich zusammen mit den privaten, familiären Investitionen/Opfern – bis hin zu anderen Erfolgen auf den Gebieten der kollektiven materiellen und immateriellen Infrastrukturen.[49] Von daher wurde sowohl der Wille und die Bereitschaft zur Diskontierung der Gegenwart zugunsten des guten Lebens in naher Zukunft gefördert als auch durch kollektive soziale Zuwendungen *private Unterbezahlung* kompensiert.[50]

48 Vgl. World Bank, a. a. O., S. 272; und Amsden, a. a. O., S. 195: »Under conditions of repression, unlimited labor supply, absence of international migration, and weak grouping of skilled workers, one would expect at most stability – if not decline – in real wage rates. Yet average real wages in manufacturing have tended to rise somewhat in late industrializing countries. In Korea, they have positively soared . . . The 1970s were a period of rising real wages in all countries, but in Korea wages rose spectacularly. The index of real wages in Korea increased from a base of 100 in 1970 to 238 in 1979.«

49 Vgl. Arndt, a. a. O., S. 16.

50 »The wide availability of low-cost housing for workers helped to hold down wage demands, subsidizing labor intensive manufacturing.« World Bank, a. a. O., S. 163. Ausführlich dazu Manuel Castells, L. Goh und Ry-W. Kwok, The Shek Kip Mei Syndrome. Economic Development and Public Housing in Hong Kong and Singapore, London 1990.

Tabelle 6: *Arbeitskosten in der Industrie der vier »Tiger« 1990 und 1992 (in D-Mark je Arbeitsstunde)*

		Stundenlohn	Lohnnebenkosten	Arbeitskosten
Hongkong	1990	4,20	0,97	5,17
	1992	5,46	1,26	6,72
Singapur	1990	3,84	2,27	6,11
	1992	5,18	3,08	8,26
Süd-Korea	1990	4,68	2,04	6,72
	1992	6,57	2,90	9,47
Taiwan	1990	5,36	1,07	6,43
	1992	7,49	1,49	8,98

Tabelle 6a: *Arbeitskosten-Vergleich ausgewählter Länder 1992 (Westdeutschland = 100)*

Süd-Korea	22,6
Taiwan	21,4
Portugal	21,3
Singapur	19,7
Hongkong	16,0
Mexiko	10,4
Ungarn	8,8
CSFR	5,3
Polen	4,9

Quelle: Informationsdienst des Instituts der deutschen Wirtschaft, Jg. 19, Nr. 32 (1993), S. 2.

Diese realistische vertikale Interdependenz der Lebenslagen von Gegenwart und Zukunft ist vermutlich als ein weiteres tragendes und strategisches Element einer entwicklungsorientierten Transformation im Rahmen pragmatischer Wirtschaftssysteme in Ostasien – speziell der vier *Tiger* – anzusehen, wodurch andere Interdependenzen – der Märkte und der Ordnungen – konform und generell erheblich unterstützt wurden.

Tabelle 7: *Die vier »Tiger«: Statistische Grunddaten*

	Hongkong	Singapur	Süd-Korea	Taiwan
Fläche (Quadratkilometer)	1,1	626	98 486	36 000
Einwohner (Millionen)	5,9	3,1	39,1	20,6
Bruttoinlandsprodukt (Mrd. Dollar)	77	39	274	176
BIP pro Kopf (Dollar)	13 192	12 869	6 356	8 546
Durchschnittliche jährliche Wachstumsrate des realen BIP				
1965–1980	8,6	10,1	9,5	9,8
1980–1991	6,9	7,1	10,0	7,6
Entstehung des BIP (Anteile in Prozent)				
Landwirtschaft	0,3	0,4	7,1	3,7
Industrie	24,9	37,6	46,6	42,3
darunter: Verarbeitendes Gewerbe	16,7	28,9	33,6	34,2
Dienstleistungen	74,8	62,0	46,3	54,0
Durchschnittliche jährliche Wachstumsrate der Ausfuhren				
1961–1970	11,9	.	30,1	22,0
1971–1980	9,4	7,8	20,3	16,1
1981–1990	13,7	10,2	11,0	11,3

Fortsetzung Tabelle 7

	Hongkong	Singapur	Süd-Korea	Taiwan
Durchschnittliche jährliche Wachstumsrate der Bruttoinlandsinvestitionen[1]				
1961–1970	10,4	24,1	22,0	14,8
1971–1980	13,1	9,6	10,9	12,6
1981–1990	3,6	5,9	12,6	5,2
Wichtigste Exportgüter (fob, Mrd. Dollar)				
	Bekleidung 9,7	Maschinen und Ausrüstungen 29,9	Maschinen und Fahrzeuge 30,0	Textilien 12,0
	Textilien 2,3	Treibstoffe 10,0	Bekleidung 7,4	Elektronische Erzeugnisse 8,2
	Uhren 2,1	Konsumgüter 4,2	Schuhe 3,8	Nachrichtentechnische Erzeugnisse 5,7
Gesamtausfuhren	29,6	58,9	71,9	76,2
Hauptexportmärkte (Anteile in Prozent der gesamten Ausfuhren)				
	China 29,6	USA 19,7	USA 25,8	USA 29,3
	USA 23,0	Malaysia 15,0	Japan 17,2	Hongkong 16,3
	Deutschland 5,3	Japan 8,7	Hongkong 6,6	Japan 12,0

Die Angaben beziehen sich, soweit nicht auf die angegebenen Zeiträume bezogen, auf 1991.
1 Collin I. Bradford Jr., From Trade-Driven Growth to Growth-Driven Trade: Reappraising the East Asian Development Experience, OECD Development Centre Documents, Paris 1994, S. 16 und S. 31.
Quelle: The Economist: Pocket World in Figures 1994, S. 24, S. 26, S. 124, S. 176, S. 180 und S. 188.

V. Ein »Drache« und vier »Tiger«

In Übereinstimmung mit der Literatur zu unterschiedlichen Erklärungen des ostasiatischen Wirtschaftswunders der ANIEs ist auch für das vorliegende Thema der Systembedingtheit steigenden Lebensstandards eine Gemeinschaftsanalyse zugrundegelegt worden. Der *große Drache* China dominiert die *Tiger* bei ihrer Entwicklung zur einmaligen, beispiellosen Steigerung des Lebensstandards in den vergangenen Jahren eindeutig.[51] Dabei wurde keineswegs übersehen, daß alle vier *Tiger* selbstverständlich ihre eigenständige Entwicklung durchlaufen und spezifische Subsysteme entwickelt haben. Diese Differenzierung ist ganz offensichtlich und ausgeprägt; aber folgen daraus unterschiedliche Konsequenzen für die Beziehungen zwischen Lebensstandard und Wirtschaftssystem? Zumindest für die entscheidende Phase (1965–1985) der etwa dreißigjährigen nachholenden Entwicklung ist das zu verneinen. Was verbleibt sind punktuelle, nicht prinzipielle Unterschiede.

Ohne Zweifel haben wir es zum Beispiel in dem einen Fall mit Stadtstaaten und im anderen mit Flächenstaaten zu tun, die im übrigen von zwei sehr unterschiedlichen Kolonialmächten (Großbritannien respektive Japan) geprägt wurden. Die Stadtstaaten haben auch ein erheblich höheres Pro-Kopf-Einkommen erreicht als die Flächenstaaten (siehe Tabelle 7). Dafür hatten sie jedoch eine andere Ausgangsposition, und die Entwicklung konnte sich auf Industrialisierung und Dienstleistungen ohne nennenswerten Primärgütersektor und seine Entwicklungsproblematik konzentrieren. Aber in den entscheidenden Wachstumsraten des Sozialprodukts, der Exporte und der Reallöhne unterscheiden sich die vier Staaten über längere Zeiträume hinweg wenig. Hier war der Erfolgskurs für alle vier sehr ähnlich (siehe zu diesen verschiedenen Aspekten Tabelle 7).

Selbst die oft hervorgehobene Sonderstellung Hongkongs in bezug auf sein Wirtschaftssystem (*laisser-faire*) oder die dortige Abwesenheit eines ausgeprägten Entwicklungsstaates ist bei näherer Analyse nur als Grad-

51 Zur Formulierung »Are they four tigers or one dragon with four tiger tails?« sowie weiteren Ausführungen zur Vergleichbarkeit der vier »Tiger« vgl. Castells, a. a. O., S. 50 ff.

unterschied aufrechtzuerhalten. Und Singapur wiederum als ein Knotenpunkt der marktwirtschaftlichen Akteure der Weltwirtschaft, der multinationalen Firmen, und – wie Hongkong – des Freihandels weist andererseits vermutlich den höchsten Interventions-Index und ausgeprägtesten Wohlfahrtsstaat aller vier *Tiger* auf. Das handfeste Lokalkolorit der beiden unterschiedlichen Stadtstaaten kann jedoch nicht über die gemeinsame Lebensphilosophie und vergleichbare Systemelemente für den Weg zu effizienten und äußerst erfolgreichen *regional centers* im chinesischen Wirtschaftsraum hinwegtäuschen.[52]

Ähnliches läßt sich anhand des detaillierten Vergleichs Taiwans mit Süd-Korea festhalten, den etwa Tibor Scitovsky Mitte der achtziger Jahre unternommen hat. Es gibt viele Unterschiede – von der Einkommensverteilung über die unterschiedliche Kredit-, Zins-, Geldwert- und Industriepolitik bis hin zu den unterschiedlichen Unternehmensformen (Mittel- und Großbetriebe) sowie der Hintergrundphilosophie Taiwans/Süd-Koreas bezüglich ihrer Wirtschaftspolitik. Taiwan schneidet zwar gerade in bezug auf den erreichten Lebensstandard insgesamt etwas besser ab, aber es ergeben sich keine prinzipiellen Unterschiede zu Süd-Korea in bezug auf unser Thema und somit die gemeinsamen Komponenten des vorigen Abschnitts. Auch bei den *Tigern* Ostasiens führen also viele Wege nach Rom; die Ähnlichkeiten »in den Grundvoraussetzungen der beiden Länder müssen nicht nur ihre gleichartigen wirtschaftlichen Erfolge erklären, sondern auch den Ausnahme-Charakter dieser Erfolge im Vergleich mit den Ergebnissen anderer Entwicklungsländer«.[53]

52 Speziell zum Vergleich Singapurs mit Hongkong vgl. die Ausführungen bei Castells, a. a. O., S. 35–37 und S. 45–49; Castells, Goh und Kwok, a. a. O., Kap. 3 und Kap. 6; Haggard, a. a. O., Kap. 5 und S. 125, S. 262, S. 268; Vogel, a. a. O., Kap. 4. Interessante Unterschiede industriepolitischer Provenienz finden sich für alle vier »Tiger« bei Lall, Industrial Policy . . ., a. a. O., S. 21–31.

53 Scitovsky, a. a. O., S. 128 f., S. 135 ff. und S. 142 ff.

VI. Ein Modell für die Entwicklungsländer und die Zukunft?

Obgleich das Wirtschaftssystem nachholender Entwicklung der ANIEs in seinen aufgezeigten generellen Komponenten prinzipieller Natur ist, zeigt die Fragestellung, ob sie ein Modell für die Entwicklungsländer und die Zukunft sind, sehr bald, daß Wirtschaftssysteme nicht im luftleeren Raum existieren. Japan konnte in Ostasien nach dem Zweiten Weltkrieg eine nicht unbeachtliche Vorbildrolle spielen, die aber weitgehend auf Nachbarschaftsverhältnissen beruhte. Abgesehen davon, daß alle erörterten Systemelemente erfolgreich nachholender Entwicklung *à la* Ostasien zur gleichen Zeit verfügbar sein und konvergieren mußten, war dieses Wirtschaftswunder im Urteil der Weltbank letztlich »nur dank höchst ungewöhnlicher historischer und institutioneller Umstände möglich«.[54] Wenn man nicht zu ökonomisch problematischen Konstruktionen Zuflucht nehmen will, muß also eingestanden werden, daß das aufgezeigte Wirtschaftssystem der vier *Tiger* (und Japans) durchaus den Erfolg der enormen Steigerung des Lebensstandards erklären kann, aber zugleich *Singularität* mitliefert.

Warum die Regierungen und Bürger dieser Länder »williger und fähiger« waren als andere, konnte von der Weltbank nicht »voll entdeckt« werden, denn »die Antworten auf diese Frage reichen über Wirtschaftliches hinaus, sie erfordern die Untersuchung von Institutionen und die Betrachtung der einschlägigen Bereiche von Politik, Geschichte und Kultur. Durch die Berücksichtigung solcher weitreichender Sachverhalte wird die Entwicklungs-Aufgabe nicht vereinfacht, sondern erschwert.«[55] Wenn aber eine erfolgreiche Entwicklungs- und Wirtschaftspolitik auf kompatiblen Institutionen basiert und an die institutionellen Kapazitäten und Fähigkeiten recht spezifische und anspruchsvolle Anforderungen stellen muß, dann sind die Aussichten für viele Länder Afrikas und Lateinamerikas offenbar nicht verheißungsvoll, denn dann müßten Systeme nachholender Entwicklung eben auch regionalen Spezifika Rechnung tragen, die für diese

54 World Bank, a. a. O., S. 366.
55 World Bank, a. a. O., S. 367 f.

Regionen (Erdteile) aber anders gelagert sind. Allerdings sollte man in Zukunft viel pragmatischer selektive Lektionen aus den reichhaltigen Erfahrungen der ANIEs ziehen können.[56]
Schließlich taucht für die Zukunft im ökonomisch-weltwirtschaftlichen Bereich ein weiterer *regionaler* Aspekt ganz anderer Art auf. Die freihändige Extrapolation nämlich des Erfolges des exportgeführten Wachstums *kleinerer* Länder in einer Weltwirtschaft mit schnell steigender internationaler Wettbewerbsintensität ist wenig überzeugend. Deshalb greift auch die Weltbank zum Schluß ihrer Untersuchung flüchtig die Fragestellung des *Fehlschlusses der Verallgemeinerung* oder einfacher des Exportpessimismus mit folgender Feststellung auf: »Aber die Weltmärkte wachsen zwar, werden jedoch zugleich immer wettbewerbsintensiver. Jede Volkswirtschaft, die versucht, dem exportorientierten ostasiatischen Vorbild nachzueifern, wird dabei auf Schwierigkeiten stoßen, weil zahlreiche andere Volkswirtschaften das ebenfalls versuchen.«[57] Überraschenderweise spielen dann aber bei der Beantwortung der Frage, »warum es hinlänglich aufnahmefähige Märkte geben wird«, für die Weltbank nicht nur die Strategien des Allgemeinen Zoll- und Handelsabkommens (GATT), sondern auch die Regionalisierungstendenzen der Weltwirtschaft eine Rolle.[58] Das hat aber gerade für das Modell des unbegrenzten exportgeführten Wachstums, dem das ostasiatische Wirtschaftswunder so viel zu verdanken hat, Konsequenzen, die hier nicht mehr erörtert werden können.[59]

56 Vgl. Bradford, From Trade-Driven Growth . . ., a. a. O., S. 42.
57 World Bank, a. a. O., S. 362.
58 Dies ist jedoch ein Fehlschluß. Zum Fehlschluß der Verallgemeinerung, die exportorientierte Entwicklungsstrategie für alle Entwicklungsländer als nachahmenswert zu empfehlen (fallacy of composition), vgl. Lorenz, Newly Industrializing Countries ..., a. a. O., S. 347 und S. 349; und ausführlich Preuße, a. a. O., S. 66 ff.
59 Vgl. zur aktuellen Problematik das Symposium im Journal of Asian Economics, Vol. 2 (1991) mit Beiträgen von Gray, Yoo und Lorenz, S. 145 ff.; sowie Lorenz, Europe and East Asia . . ., a. a. O.

Summary

Section I of the paper sets out from the familiar and simple connection of international free trade and national market economies through the strategy of export-led growth. Sections II and III discuss indicators for the terms *standard of living* and *economic system*, explain the two phenomena, define their mutual relation, and introduce, in particular, the so-called social indicators as a suitable link between them. At the same time, the term *standard of living* is being extended in the direction of general *conditions* of living which are substantially influenced by, among other factors, the typical institution of the East Asian *development state*.

The main part of the paper, section IV, then deals in detail with those components of the conditions of living which are relevant to the specific socio-economic systems of East Asia. Part IV/A lays due emphasis on the importance of the two elements *motivation* and *flexibility* for transformation processes of late-comer economies explicitly pursuing the development goal of catching up with the most advanced economies; then, three dynamic vertical interdependencies that are apt to stimulate economic development are being pinpointed: first (IV/B), the interdependency of the political and the economic systems; then (IV/C), the interaction of international and domestic markets; and finally (IV/D), the temporal interdependency of present and future conditions of living.

These interdependencies serve to demonstrate a considerably extended scope for the development of transitional economies and a positive relation between input and yield with regard to the conditions of living in economies that are about to catch up with the leading nations.

Sections V and VI briefly review the relevance of specific characteristics of the four *Tiger* countries for the general subject, and direct attention to both the conditions prerequisite for the success of the East Asian development model, and problems for the world economy that might emerge if and when other countries succeed in copying this model.

Literaturverzeichnis

Amsden, Alice H., Asia's Next Giant. South Korea and Late Industrialization, New York 1989.

Arndt, Heinz W., Industrial Policy in East Asia, in: Industry and Development, No. 22 (1987), S. 1 66.

Asian Development Bank, Asian Development Outlook 1994, Oxford 1994.

Bradford Jr., Collin I., Trade and Structural Change. NICs and the Next-Tier NICs as Transitional Economies, in: World Development, Vol. 15 (1987), S. 229–316.

Bradford Jr., Collin I., From Trade-Driven Growth to Growth-Driven Trade: Reappraising the East Asian Development Experience, OECD Development Centre Documents, Paris 1994.

Castells, Manuel, Four Asian Tigers With a Dragon Head. A Comparative Analysis of the State, Economy and Society in the Asian Pacific Rim, in: Richard P. Appelbaum (Hrsg.), States and Development in the Asian Pacific Rim, Sage 1992.

Castells, Manuel, L. Goh und Ry-W. Kwok, The Shek Kip Mei Syndrome. Economic Development and Public Housing in Hong Kong and Singapore, London 1990.

Chen, Edward K. Y., Hypergrowth in Asian Economies: A Comparative Survey of Hongkong, Japan, Korea, Singapore and Taiwan, London 1979.

Chow, Peter C. Y., und Mitchell H. Kellmann, Trade. Engine of Growth in East Asia, New York 1993.

Deyo, Frederic C. (Hrsg.), The Political Economy of the New Asian Industrialism, Ithaca 1987.

Fukasaku, Kiichiro, und Mingyuan Wu, China as a Leading Pacific Economy, Technical Papers, No. 89, OECD Development Centre, Paris 1993.

Galenson, Walter, The Labor Force, Wages and Living Standards, in: derselbe (Hrsg.), Economic Growth and Structural Change in Taiwan, Ithaca 1979.

Haggard, Steven, Pathways from the Periphery. The Politics of Growth in the Newly Industrializing Countries, Ithaca 1990.

Heitger, Bernhard, Wirtschaftliche Aufholprozesse in Ostasien, in: Die Weltwirtschaft, Heft 2 (1992), S. 212–226.

Hemmer, Hans-Rimbert, Wirtschaftsprobleme der Entwicklungsländer, 2. Aufl., München 1990.

Henderson, Jeoffrey, und Richard P. Appelbaum, Situating the State in the East Asian Development Process, in: Richard P. Appelbaum (Hrsg.), States and Development in the Asian Pacific Rim, Sage 1992.

Hicks, George, The Four Little Dragons. An Enthusiastic's Reading Guide, in: Asian Pacific Economic Literature, Vol. 3 (1989), S. 35–49.

Krueger, Anne O., Asian Trade and Growth Lessons, in: American Economic Review, Vol. 80 (1990), S. 108–112.
Külp, Bernhard, und Norbert Berthold, Grundlagen der Wirtschaftspolitik, München 1992.

Lall, Sanjaya, The »East Asian Miracle« Study: Does the Bell Toll for Industrial Strategy?, International Development Centre, University of Oxford, Development Studies Working Papers, No. 67 (1993).
Lall, Sanjaya, Industrial Policy: A Theoretical and Empirical Exposition, International Development Centre, University of Oxford, Development Studies Working Papers, No. 70 (1994).
Little, Ian M. D., und andere, Industry and Trade in Some Developing Countries, Oxford 1970.
Lorenz, Detlef, Newly Industrializing Countries in the World Economy: NICs, SICs, NECs, EPZs or TEs?, in: Carl-Ludwig Holtfrerich (Hrsg.), Interactions in the World Economy, New York 1989.
Lorenz, Detlef, Europe and East Asia in the Context of Regionalization: Theory and Economic Policy, in: Journal of Asian Economics, Vol. 4 (1993), S. 255–270.

OECD, The Impact of the Newly Industrializing Countries on Production and Trade in Manufactures, Paris 1979.
Olson, Mancur, Aufstieg und Niedergang von Nationen, Deutsche Übersetzung, Tübingen 1985.
O'Malley, William J., Culture and Industrialization, in: Helen Hughes (Hrsg.), Achieving Industrialization in East Asia, Cambridge, Mass. 1988, S. 327–343.

Preuße, Heinz G., Handelspessimismus alt und neu, Tübingen 1991.
Przeworski, Adam, und Fernando Limongi, Political Regimes and Economic Growth, in: Journal of Economic Perspectives, Vol. 7 (1993), S. 51–69.

Ranis, Gustav, Equity with Growth in Taiwan: How Special is the Special Case?, in: World Development, Vol. 6 (1978), S. 397–406.
Ranis, Gustav, The Role of Institutions in Transition Growth: The East Asian Newly Industrializing Countries, in: World Development, Vol. 17 (1989), S. 1443–1453.
Riedel, James, Economic Development in East Asia: Doing What Comes Naturally?, in: Helen Hughes (Hrsg.), Achieving Industrialization in East Asia, Cambridge, Mass. 1988, S. 1–38.

Sautter, Hermann, Ordnung, Moral und wirtschaftliche Entwicklung: Das Beispiel Taiwan, München 1990.
Scitovsky, Tibor, Economic Development in Taiwan and South Korea 1965–1981, in: Lawrence J. Lau (Hrsg.), Models of Development, Revised and Expanded Edition, San Francisco 1990.
Seraphim, Hans-Jürgen, Grundzüge der Wirtschaftspolitik, München 1963.

Tuchtfeldt, Egon, Soziale Indikatoren: Ansätze und kontroverse Fragen, in: Hamburger Jahrbuch für Wirtschafts- und Gesellschaftspolitik, 21. Jahr (1976), S. 63–85.

Vogel, Ezra F., The Four Little Dragons. The Spread of Industrialization in East Asia, Cambridge, Mass. 1991.

World Bank, The East Asian Miracle. Economic Growth and Public Policy, A World Bank Policy Research Report, Oxford 1993.

Yoffie, David B., The Newly Industrializing Countries and the Political Economy of Protectionism, in: International Studies Quarterly, Vol. 25 (1981), S. 569–599.

Abkürzungsverzeichnis

AAA	Agricultural Adjustment Act (US-Gesetz zur Förderung der Landwirtschaft)
ANIE	Asian Newly Industrializing Economy (asiatische Schwellen-Volkswirtschaft)
AT&T	American Telephone and Telegraph Company (von Graham Bell und anderen 1875 gegründete Fernmelde-Gesellschaft)
BIP	Bruttoinlandsprodukt
BIZ	Bank für Internationalen Zahlungsausgleich, Basel
BJP	Bharatiya Janata Party (radikal-nationalistische Hindu-Partei; Indien)
BOC	Bank of China (Außenhandelsbank der Volksrepublik China), Peking
BR	Bundesrepublik
BSP	Bruttosozialprodukt
CIA	Central Intelligence Agency (US-Auslandsgeheimdienst)
CIMIEX	Centro de Informacion Mexicano dc Importacion y Exportacion (Mexikanische Außenhandels-Informationszentrale), Mexiko-Stadt
CMEA	Council for Mutual Economic Assistance (Comecon; Rat für gegenseitige Wirtschaftshilfe der sozialistischen Länder)
CSFR	Československa Federalni Republika (Tschechoslowakische Bundesrepublik)
CSR	Tschechoslowakische Republik (siehe CSFR)
CSSR	Tschechoslowakische Sozialistische Republik (siehe CSFR)
DDR	Deutsche Demokratische Republik
DIW	Deutsches Institut für Wirtschaftsforschung, Berlin
DMBilG	DMark-Bilanzgesetz
DSE	Deutsche Stiftung für Entwicklungsländer, Berlin
ECA	Economic Commission for Africa (UN-Wirtschaftskommission für Afrika), Addis Abeba
ECE	Economic Commission for Europe (UN-Wirtschaftskommission für Europa), Genf
ECLA	Economic Commission for Latin America (UN-Wirtschaftskommission für Lateinamerika), Santiago de Chile
EG	Europäische Gemeinschaft(en)
EU	Europäische Union
Eurostat	Statistical Office of the European Communities (Statistisches Amt der Europäischen Gemeinschaften), Luxemburg
FDA	Food and Drug Administration (US-Aufsichtsamt für Lebens- und Arzneimittel)
FDGB	Freier Deutscher Gewerkschaftsbund (der DDR)
FDIC	Federal Deposit Insurance Corporation (US-Einlagenversicherung), Washington

FDR	Franklin Delano Roosevelt
FIES	Family Income and Expenditure Survey (Familien-Einkommens- und -Ausgaben-Erhebung; Japan)
FLN	Front de Libération Nationale (Nationale Befreiungsfront; Algerien)
GATT	General Agreement on Tariffs and Trade (Allgemeines Zoll- und Handelsabkommen)
GDP	Gross Domestic Product (Bruttoinlandsprodukt)
GDSTJNJ/ GDTJNJ	Statistisches Jahrbuch der Provinz Guangdong (Volksrepublik China)
GNP	Gross National Product (Bruttosozialprodukt)
HdWW	Handwörterbuch der Wirtschaftswissenschaft, Stuttgart-New York-Tübingen-Göttingen-Zürich 1977–1983
HNTJNJ	Statistisches Jahrbuch der Provinz Hainan (Volksrepublik China)
IBGE	Instituto Brasileiro de Geografia e Estatistica (Brasilianisches Institut für Geographie und Statistik), Rio de Janeiro
IBRD	International Bank for Reconstruction and Development (Internationale Bank für Wiederaufbau und Entwicklung – Weltbank), Washington
ICP	International Product and Purchasing Power Comparison Project (Internationales Realprodukts- und Kaufkraftvergleichs-Projekt)
IEERAL	Instituto de Estudios Economicos sobre la Realidad Argentina y Latino America (Institut für empirische Studien zur Wirtschaft Argentiniens und Lateinamerikas), Buenos Aires
ILO	International Labour Office (Internationales Arbeitsamt), Genf
IMF	International Monetary Fund (Internationaler Währungsfonds), Washington
IWF	Internationaler Währungsfonds, Washington
JETRO	Japan External Trade Organization (Japanische Außenhandelsorganisation)
KAS	Konrad-Adenauer-Stiftung, Sankt Augustin
KGB	Komitet Gossudarstwennoj Besopasnosti (Staatssicherheits-Ausschuß; Geheimdienst der Sowjetunion)
KSZE	Konferenz für Sicherheit und Zusammenarbeit in Europa
Mass.	Massachusetts (US-Bundesstaat)
MBO	Management Buy-Out (Erwerb eines Betriebes oder Betriebsteils durch das Management)
Mercosur	Mercado Comun del Cono Sur (Gemeinsamer Markt im Süden Lateinamerikas)
MEW	Measure of Economic Welfare (Wohlstandsmaß)
MITI	Ministry of International Trade and Industry (Außenhandels- und Industrieministerium; Japan)
NAFTA	North American Free Trade Agreement (Abkommen über die Errichtung der Nordamerikanischen Freihandelszone)
NBER	National Bureau of Economic Research (gemeinnütziges Wirtschaftsforschungsinstitut), New York

NIC	Newly Industrializing Country (Schwellenland; gelegentlich auch: Newly Industrialized Country – junger Industriestaat)
NIE	Newly Industrializing Economy (Schwellen-Volkswirtschaft)
NIF	Nationale(r) Investment-Fonds (Polen)
NIRA	National Industrial Recovery Act (US-Gesetz zur Ankurbelung der Industrie); gelegentlich auch: National Institute for Research Advancement (Nationales Forschungsförderungsinstitut; Japan)
NLRA	National Labor Relations Act (US-Gesetz zur Regelung von Angelegenheiten der Arbeitsmarkt-Parteien)
NLRB	National Labor Relations Board (US-Behörde zur Beaufsichtigung der Arbeitsmarkt-Parteien)
NÖP	Neue Ökonomische Politik (Sowjetunion)
NRA	National Recovery Administration (US-Behörde zur Ankurbelung der Industrie)
OECD	Organization for Economic Cooperation and Development (Organisation für wirtschaftliche Zusammenarbeit und Entwicklung), Paris
OEEC	Organization for European Economic Cooperation (Organisation für europäische wirtschaftliche Zusammenarbeit), Paris
ÖSP	Öko-Sozialprodukt
OPEC	Organization of Petroleum Exporting Countries (Vereinigung ölexportierender Länder), Wien
PBC	People's Bank of China (Zentralbank der Volksrepublik China), Peking
PL	Public Law (US-Gesetz des öffentlichen Rechts)
PPP	Purchasing Power Parity (Kaufkraftparität einer Währung)
PQLI	Physical Quality of Life Index (Index der physisch-materiellen Lebensqualität)
RGW	Rat für gegenseitige Wirtschaftshilfe (siehe CMEA)
RWI	Rheinisch-Westfälisches Institut für Wirtschaftsforschung, Essen
THA	Treuhandanstalt, Berlin
UAR	United Arab Republic (Vereinigte Arabische Republik)
UdSSR	Union der Sozialistischen Sowjetrepubliken
UN	United Nations (Vereinte Nationen)
UNCTAD	United Nations Conference on Trade and Development (UN-Welthandels- und Entwicklungskonferenz), Genf
UNDP	United Nations Development Programme (UN-Entwicklungsprogramm)
UNESCO	United Nations Educational, Scientific and Cultural Organization (UN-Organisation für Erziehung, Wissenschaft und Kultur), Paris
UNO	United Nations Organization (Vereinte Nationen)
UNRISD	United Nations Research Institute for Social Development (UN-Forschungsinstitut für soziale Entwicklung), Genf
VGR	Volkswirtschaftliche Gesamtrechnung
VR	Volksrepublik
WBO	Workers' Buy-Out (Erwerb eines Betriebes oder Betriebsteils durch die Belegschaft)
ZGTJNJ	Statistisches Jahrbuch der Volksrepublik China

Tabellenverzeichnis

Beitrag Angus Maddison

Beitrag Wolfram Fischer

Beitrag Stephan Merl

Beitrag Gert Leptin

Beitrag Peter Temin

Beitrag Albert Fishlow

Beitrag A. Ghanie Ghaussy

Beitrag Dietmar Rothermund

Beitrag Roderich Ptak

Beitrag Erich Pauer

Beitrag Detlef Lorenz

Personenverzeichnis

Sachverzeichnis

Autorenverzeichnis

Fischer Wolfram, geboren 1928 in Weigelsdorf, Ortsteil Tannenberg (Schlesien). Dr. phil. Universität Tübingen 1951, Dr. rer. pol. Freie Universität Berlin 1954, Habilitation für Wirtschafts- und Sozialgeschichte an der Universität Heidelberg 1960. Seit 1964 ordentlicher Professor an der Freien Universität Berlin. Forschungsaufenthalte und Gastprofessuren in Großbritannien, Kanada, den USA und Israel. Gründungsmitglied der Berliner Wissenschaftlichen Gesellschaft, der Akademie der Wissenschaften zu Berlin und der Berlin-Brandenburgischen Akademie der Wissenschaften. Von 1990 bis 1995 Vorsitzender der Historischen Kommission zu Berlin. Arbeitsschwerpunkte: Geschichte der Industrialisierung, deutsche und europäische Wirtschafts- und Sozialgeschichte des 19. und 20. Jahrhunderts, Geschichte der Weltwirtschaft.

Fishlow Albert, geboren 1935. Ph. D. (Economics) Harvard University (Cambridge, Mass.) 1963; Assistant Professor, Associate Professor, Professor an der University of California (Berkeley) 1961 bis 1977; Professor an der Yale University (New Haven, Conn.) 1978 bis 1983; Professor an der University of California (Berkeley) 1984 bis 1994. Forschungsschwerpunkte: Wirtschaftsgeschichte der USA und Lateinamerikas, wirtschaftliche Entwicklung Lateinamerikas.

Ghaussy A. Ghanie, geboren 1932 in Kabul (Afghanistan). Studium der Volkswirtschaftslehre an den Universitäten München und Hamburg; Diplomvolkswirt 1957, Dr. rer. pol. 1959, Habilitation 1964 an der Universität Bern; bis 1972 Professor an der Universität Kabul. Von 1966 bis 1974 ferner Präsident der Afghan National Bank und Mitglied des High Economic Council mehrerer afghanischer Regierungen. 1968 und 1975/76 Forschungstätigkeit in den USA, 1976 Professor an der Universität Hamburg. Seit 1979 Ordinarius an der Universität der Bundeswehr Hamburg. Forschungsschwerpunkte: Internationale Wirtschaftsbeziehungen, Entwicklungsländer, Bankwesen, Islamische Wirtschaftsordnung.

Gutmann Gernot Karl, geboren 1929 in Freiburg (Breisgau). Studium der Volkswirtschaftslehre 1950 bis 1954, Promotion zum Dr. rer. pol. an der Universität Freiburg 1956, Habilitation an der Universität Marburg 1963; Ernennung zum ordentlichen Professor 1971 und Berufung an die Universität zu Köln, 1982 bis 1983 Dekan der Wirtschafts- und Sozialwissenschaftlichen Fakultät und 1983 bis 1985 Rektor der Universität zu Köln. Von 1985 bis 1993 Geschäftsführender Vorstand der Forschungsstelle für gesamtdeutsche wirtschaftliche und soziale Fragen in Berlin; von 1987 bis 1990 Vorsitzender der Gesellschaft für Wirtschafts- und Sozialwissenschaften – Verein für Socialpolitik; von Juni 1988 bis April 1992 Mitglied der Deutschen UNESCO-Kommission. Von 1991 bis 1993 Gründungsdekan der neuaufzubauenden Wirtschaftswissenschaftlichen Fakultät der Universität Leipzig.

LANDES David S., geboren 1924. Coolidge Professor für Geschichte und Professor für Wirtschaftswissenschaften an der Harvard University (Cambridge, Mass.). Member oder Fellow der National Academy of Sciences (USA), der American Philosophical Society, der American Society of Arts and Sciences, der British Academy und der Königlich Belgischen Akademie. Buchveröffentlichungen unter anderem: Bankers and Pashas: International Finance and Economic Imperialism in Egypt (1958); The Unbound Prometheus: Technological Change 1750 to the Present (1969); Revolution in Time: Clocks and the Making of the Modern World (1983), erweiterte und ergänzte französische Ausgabe L'heure qu'il est: les horloges, la mesure du temps et la formation du monde moderne (1987); und The Fable of the Dead Horse; or, The Industrial Revolution Revisited, in: Joel Mokyr (Hrsg.), The British Industrial Revolution: An Economic Perspective (1993). Schreibt gegenwärtig ein Buch mit dem (Arbeits-)Titel »The Wealth and Poverty of Nations: Why Some Are So Rich and Some So Poor«.

LEPTIN Gert, geboren 1929. Diplomkaufmann 1954, Dr. rer. pol. 1961, Habilitation 1970. Industriekaufmann, Studium der Betriebswirtschaftslehre in Hamburg 1951 bis 1954; Wissenschaftlicher Mitarbeiter am HWWA-Institut für Wirtschaftsforschung; Post-Graduate-Studium am Osteuropa-Institut der Freien Universität Berlin 1954 bis 1956; Wissenschaftlicher Angestellter am Osteuropa-Institut, Professor an der Freien Universität Berlin 1970 bis 1994; Gastprofessor an der Columbia University (New York) 1978; Senior Research Fellow am Institute for East-West Security Studies (New York) 1985. Arbeitsgebiete: DDR-Wirtschaft, Wirtschaft der Sowjetunion, Systemvergleich, Ost-West-Handel.

LIPPE Peter von der, geboren 1942. Studium der Rechtswissenschaft und der Volkswirtschaftslehre an den Universitäten München und Marburg; Universitäts-Assistent in Marburg von 1967 an, Promotion dort 1972. Seit 1976 Professor für Statistik an der Universität Essen; Ruf auf den Lehrstuhl für Statistik an der Europa-Universität Viadrina in Frankfurt (Oder) abgelehnt. Mitarbeit an zahlreichen Projekten der amtlichen Statistik auf nationaler und EU-Ebene und Gutachter für die Enquete-Kommission »Aufarbeitung der Geschichte der SED-Diktatur«. Arbeitsschwerpunkte: Volkswirtschaftliche Anwendungen statistischer Methoden, empirische Wirtschaftsforschung, amtliche Statistik.

LORENZ Detlef, geboren 1929. Studium der Wirtschaftswissenschaften an der Freien Universität Berlin; Dr. rer. pol. 1957, Habilitation 1966. British Council Research Associate an der Universität Glasgow 1962/63. Lehrstuhlvertretungen an den Universitäten Hamburg 1967 und Graz 1969, im gleichen Jahr Ruf an die Universität Graz; 1970 Ruf auf einen Lehrstuhl für Volkswirtschaftslehre (Internationale Wirtschaftsbeziehungen) an der Freien Universität Berlin. Visiting Fellow am Institute of Southeast Asian Studies (Singapur) 1986, am East-West Center (Honolulu) 1986 und 1989 sowie an der University of Melbourne und der Australian National University 1992. Arbeitsschwerpunkte: Außenhandelstheorie und -politik, Schwellenländer insbesondere Ostasiens, Regionalisierungstendenzen der Weltwirtschaft.

MADDISON Angus, geboren 1926. Seit 1978 Professor für Wirtschaftswissenschaften an der Universität Groningen (Niederlande). Davor 24 Jahre lang für die OEEC und die OECD in Paris in den Bereichen Wirtschaftspolitik, Entwicklungshilfe sowie Bildungs- und Sozialpolitik tätig, ferner langjähriger Berater der Regierungen Brasiliens, Ghanas, Griechenlands, Mexikos und Pakistans in wirtschaftspolitischen Fragen. Autor zahlreicher Bücher und wissenschaftlicher Artikel zu dem Themenkreis Wirtschaftswachstum und -entwicklung.

MERL Stephan, geboren 1947. Studium der Geschichte, der Politischen Wissenschaften und der Slawistik an der Universität Hamburg; Dr. phil. 1979; 2. Staatsexamen für das Lehramt am Gymnasium 1980; von 1982 bis 1988 Wissenschaftlicher Mitarbeiter am Arbeitsbereich Wirtschafts- und Sozialgeschichte der Freien Universität Berlin; von 1988 bis 1991 Wissenschaftlicher Mitarbeiter am Zentrum für kontinentale Agrar- und Wirtschaftsforschung der Universität Gießen; Habilitation 1990. Seit 1991 Professur für Allgemeine Geschichte unter besonderer Berücksichtigung der osteuropäischen Geschichte an der Universität Bielefeld. Arbeitsschwerpunkte: Wirtschafts- und Sozialgeschichte Osteuropas seit Mitte des 19. Jahrhunderts, Transformationsprozesse im Bereich der Landwirtschaft.

PAUER Erich, geboren 1943. Studium der Japanologie, der Völkerkunde und der Wirtschafts- und Sozialgeschichte an der Universität Wien, Dr. phil. 1972; Post-Graduate-Studium an der Universität Tokio 1972 bis 1974; Universitäts-Assistent an der Universität Wien 1974 bis 1977; Universitäts-Lektor an der Universität Bonn 1977 bis 1981; Wissenschaftlicher Mitarbeiter an einem Projekt der Stiftung Volkswagenwerk an der Universität Bonn 1982 bis 1985; Vertretungen an den Universitäten Trier und Freiburg (Breisgau) 1985 und 1986. Seit 1987 Professor für Japanologie (Gesellschaft und Geschichte) an der Universität Marburg; derzeit Geschäftsführender Direktor des Japan-Zentrums. Arbeitsschwerpunkt: Neuere Technik- und Wirtschaftsgeschichte Japans.

PTAK Roderich, geboren 1955. Studium der Sinologie an der Universität Heidelberg und der Volkswirtschaftslehre an der University of Guelph (Kanada); Dr. phil. (Sinologie) 1978, M. A. (Economics) 1981. Mit DAAD- und DFG-Stipendien Studien- und Forschungsaufenthalte in Peking, Shenyang, Hongkong und Toronto. Sinologische Habilitation in Heidelberg 1984. Professuren: Heidelberg bis 1990, Mainz/Germersheim bis 1994, seither München. Kurzdozenturen in Paris, Macao und Lissabon. Gegenwärtige Arbeitsschwerpunkte: Wirtschaft Südchinas und Macaos, Chinas Beziehungen zu Süd- und Südostasien – wirtschaftsgeschichtlich und historisch-geographisch.

ROTHERMUND Dietmar, geboren 1933. Studium der Geschichte und der Philosophie an den Universitäten Marburg 1953 bis 1954 und München 1954 bis 1956 sowie in Philadelphia; Ph. D. University of Pennsylvania 1959. Mit DFG-Stipendium 1960 bis 1962 Forschungsaufenthalt in Indien. Seit 1963 Mitarbeiter des Südasieninstituts (SAI) der Universität Heidelberg. Habilitation 1967, Professor für Geschichte Südasiens 1968. Seit 1971 mehrfach Geschäftsführender Direktor beziehungsweise Leiter des SAI. Fellow der Royal Historical Society (London) 1988. Arbeitsschwerpunkte: Politische Geschichte und Wirtschaftsgeschichte Indiens.

SIEGENTHALER Hansjörg, geboren 1933. Studium der Wirtschaftsgeschichte in Verbindung mit Wirtschaftstheorie an der Universität Zürich, Dr. phil. I 1961; Post-Graduate-Studium an der Harvard University (Cambridge, Mass.) 1964 bis 1966; Habilitation an der Universität Zürich 1968; Gastprofessur an der Universität Münster Wintersemester 1969/70. Assistenzprofessur 1970, seit 1972 vollamtliche Professur für Wirtschaftsgeschichte und spezielle Gebiete der Volkswirtschaftslehre an der Universität Zürich. Arbeitsschwerpunkte: Wirtschaftliche Entwicklung und sozio-kultureller Wandel.

TEMIN Peter, geboren 1937. B. A. Swarthmore College (Pennsylvania) 1959; Ph. D. Massachusetts Institute of Technology 1964. Assistant Professor für Industriegeschichte an der Sloan School of Management des MIT 1965 bis 1967; Associate Professor für Wirtschaftsgeschichte an der Wirtschaftswissenschaftlichen Fakultät des MIT 1967 bis 1970. Seither Professor für Wirtschaftswissenschaften. Pitt Professor of American History and Institutions an der University of Cambridge 1985 bis 1986; Vorsitzender des Fachbereichs Wirtschaftswissenschaften am MIT 1990 bis 1993. Seit 1993 ferner Elisha Gray II Professor am MIT.

Bisher erschienen in der Schriftenreihe

Veröffentlichungen der DG BANK Deutsche Genossenschaftsbank

Band 1 Dr. Helmut Faust

Die Zentralbank der deutschen Genossenschaften.
Vorgeschichte, Aufbau, Aufgaben und Entwicklung der Deutschen Genossenschaftskasse.
1967 (vergriffen)

Band 2 Konrad Engelmann

Soziologische und psychologische Aspekte des genossenschaftlichen Aufbaues in Entwicklungsländern.
Eindrücke und Erfahrungen aus der Genossenschaftsarbeit des Nahen Ostens, Asiens und Afrikas, ergänzt durch Berichte aus anderen Ländern.
1966 (vergriffen)

Band 3 Nationale Coöperatieve Raad

Das Genossenschaftswesen in den Niederlanden.
1966 (vergriffen)

Band 4 Dr. Erwin Hasselmann

Die Rochdaler Grundsätze im Wandel der Zeit.
1968 (vergriffen)
(Schwedische Übersetzung unter dem Titel Rochdale-grundsatserna, De kooperativa idéernas historia, Stockholm 1971)

Band 5 William Pascoe Watkins

Die internationale Genossenschaftsbewegung.
Ihr Wachstum, ihre Struktur und ihre zukünftigen Möglichkeiten.
1969 (vergriffen)
(Schwedische Übersetzung unter dem Titel Internationall kooperation, Stockholm 1971)
(Englische Übersetzung unter dem Titel The International Co-operative Movement, its Growth, Structure and Future Possibilities, Manchester 1976)
(Spanische Übersetzung unter dem Titel El Movimiento Cooperativo Internacional, Buenos Aires 1977)
(Japanische Übersetzung Tokyo 1979)

Band 6 Genossenschaftswesen in der Schweiz

Mit Beiträgen von Arnold Edelmann, Wilhelm Gasser, Alfred Gutersohn, Ernst Jaggi, Werner Kellerhals, Heinrich Küng, Paul Meyer und Jörg Schuh.
Herausgegeben von Ernst-Bernd Blümle.
1969 (vergriffen)

Band 7 DDr. Hans Georg Ruppe

Das Genossenschaftswesen in Österreich.
1970 (vergriffen)

Band 8 Prof. Dr. Reinhold Henzler

Der genossenschaftliche Grundauftrag: Förderung der Mitglieder.
Gesammelte Abhandlungen und Beiträge.
1970 (vergriffen)

Band 9 Margaret Digby

Das Genossenschaftswesen in Großbritannien.
1971, 230 Seiten, Leinen, DM 56,80

Band 10 Dr. Theodor Bergmann

Die Genossenschaftsbewegung in Indien.
Geschichte, Leistungen, Aufgaben.
1971, 200 Seiten, Leinen, DM 59,80

Band 11 Dr. Felix Viehoff

Zur mittelstandsbezogenen Bankpolitik des Verbundes der Genossenschaftsbanken.
Teil I: Zum Begriff und zur wirtschaftlichen Bedeutung des Mittelstandes (unter Mitarbeit von Eckart Henningsen).
1978 (vergriffen)

Band 12 Dr. Felix Viehoff

Zur mittelstandsbezogenen Bankpolitik des Verbundes der Genossenschaftsbanken.
Teil II: Wirtschaftlicher Mittelstand und genossenschaftliche Bankpolitik (unter Mitarbeit von Gunther Aschhoff).
1979, 150 Seiten, Leinen, DM 32,50

Band 13 Dr. Felix Viehoff

Zur mittelstandsbezogenen Bankpolitik des Verbundes der Genossenschaftsbanken.
Teil III: Zum Zusammenwirken in der kreditgenossenschaftlichen Organisation.
1980, 182 Seiten, Leinen, DM 38,–

Band 14 Prof. Dr. Dr. h. c. Georg Draheim

Grundfragen des Genossenschaftswesens.
Reden und Aufsätze.
1983, 192 Seiten, Leinen, DM 28,–

Band 15 Dr. Gunther Aschhoff / Eckart Henningsen

Das deutsche Genossenschaftswesen.
Entwicklung, Struktur, wirtschaftliches Potential.
Erste Auflage, 1985, 168 Seiten, Leinen, DM 36,–
(Englische Übersetzung unter dem Titel The German Cooperative System. Its History, Structure and Strength, Frankfurt am Main 1986)
(Chinesische Übersetzung Taiyuan, Shanxi 1989)
(Japanische Übersetzung Tokyo 1990)
(Arabische Übersetzung Kairo 1995)
Zweite, völlig überarbeitete und erweiterte Auflage,
1995, 240 Seiten, Leinen, DM 56,–

Band 16 Prof. Dr. Werner Grosskopf

Strukturfragen der deutschen Genossenschaften.
Teil I: Der Förderungsauftrag moderner Genossenschaftsbanken und seine Umsetzung in die Praxis
(unter Mitarbeit von Roman Glaser und Ludwig Glatzner).
1990, 188 Seiten, Leinen, DM 48,50

Band 17 Prof. Dr. Hans-H. Münkner

Strukturfragen der deutschen Genossenschaften.
Teil II: Genossenschaftliche Identität und Identifikation der Mitglieder mit ihrer Genossenschaft.
1990, 257 Seiten, Leinen, DM 56,50

Band 18 Prof. Dr. Horst Seuster / Dr. Stephan Gerhard

Strukturfragen der deutschen Genossenschaften.
Teil III: Verbesserung der Eigenkapitalausstattung bei Kreditgenossenschaften.
1990, 195 Seiten, Leinen, DM 51,80

Band 19 Prof. Dr. Hans-H. Münkner

Strukturfragen der deutschen Genossenschaften.
Teil IV: Chancen der Genossenschaften in den neunziger Jahren.
1991, 240 Seiten, Leinen, DM 58,–

Band 20 Lebensstandard und Wirtschaftssysteme

Mit Beiträgen von Wolfram Fischer, Albert Fishlow, A. Ghanie Ghaussy, Gernot Gutmann, David S. Landes, Gert Leptin, Peter von der Lippe, Detlef Lorenz, Angus Maddison, Stephan Merl, Erich Pauer, Roderich Ptak, Dietmar Rothermund, Hansjörg Siegenthaler und Peter Temin.
Herausgegeben von Wolfram Fischer.
1995, 712 Seiten, Leinen, DM 132,–

Heft 1 Dr. Ulrich Brixner

Credit Unions in den USA.
Struktur, Funktionen, Probleme.
1971, 118 Seiten, broschiert, DM 28,–